인도경영전략 上 – 투자환경론

2007년 1월 20일 초판 인쇄
2007년 1월 25일 초판 발행

저 자 소영일

발행인 주병오
발행처 **지구문화사**
경기도 파주시 교하읍 문발리
파주출판문화정보산업단지 518-2
영업부 (031) 955-7566·7577
편집부 (031) 955-7731~3
FAX (031) 955-7730
등록번호 1979년 7월 13일 제 9-57 호
ISBN 89-7006-399-4

본서의 무단복제 또는 복사는 저작권법
침해이오니 절대 삼가하시기 바랍니다.

www.ji-gu.co.kr

STRATEGIC MANAGEMENT in INDIA

INVESTMENT ENVIRONMENT

경영자를 위한

인도경영전략 上

투자환경론

연세대학교 교수 소 영 일

지구문화사

JIGU PUBLISHING Co.

이 책을 내면서

30여 년간 책을 만들어 오면서 '독자들에게 널리 유익한 책', '경영에 도움이 되는 책' 이라는 두 마리의 토끼를 잡는다는 것이 얼마나 어렵다는 것을 간절히 느껴왔습니다.

따라서 늘 꿈일 뿐, 근시안적으로 그저 책 만드는 데만 매달려오던 차에 연세대학교 소영일 교수님을 만났습니다. 이 분은 세계경제 흐름을 꿰뚫어 '경영전략'을 세우는 분야가 전공이십니다.

소영일 교수님은 "금세기 세계경제의 지각변동과 재편"을 예고하셨습니다. 특히 "친디아(중국과 인도의 용트림 표현)가 세계 정치 · 경제에 미치는 영향에 대해 역설함과 동시에 우리에게 선구적 대안을 제시"하였습니다.

2006년 여름 '중국진출성공전략을 위한' 약 한 트럭분의 자료를 20여명의 연구원이 동원되어 분석하고, 소 교수님이 **〈중국경영전략〉** 집필에 밤낮을 가리지 않고 몰두, 드디어 햇빛을 보게 되었습니다.

〈인도경영전략〉은 그때 경험상 미흡했던 점들을 모두 보완하여, 上卷에서는, 인도의 자연환경은 물론, 종교 · 사회 · 문화 · 정치 · 관습 · 법률 등의 특성을 쉽고 적나라하게 정리하였으며, 下卷에서는 세계 각국의 주요 기업들 및 인도의 토종기업들이 이러한 인도투자환경을 활용하면서 인도시장에서 성공하기 위한 경쟁전략을 어떻게 수립하고 실천하였는가 등을 살펴보게 될 것입니다.

방대한 자료와 함께 컬러사진 · 표 · 현장정보들을 풍부하게 실어 현장감을 더 했습니다. 이와 같은 정보와 자료는, 물론 세계 각국의 도서관 · 언론 · 출판 · 인터넷 등 첨단 데이터群이 모두 동원되었습니다. 특히 주한 인도 대사관 파르타사라티 대사님과 직원여러분께 심심한 감사의 말씀을 드립니다.

모쪼록 그 큰 인도대륙을 농축시킨 이 책이 인도로 진출하고자 하는 기업인은 물론, 세계를 향하는 한국 젊은이들에게 없어서는 안 될 지침서가 되었으면 하는 바램과, 한국과 인도의 친선 · 공영에 이바지되기를 기원해 마지 않습니다.

2007년 새 아침에

지구문화사 대표이사

주 병 오

머리말 PREFACE

오늘날 인도는 '날아오르는 코끼리(Rising Elephant)' 라 불리며 서서히 잠에서 깨어나고 있다. 인도는 바야흐로 지난 수 백년 간의 좌절과 굴욕에서 벗어나고, 지난 50년 간에 걸친 '개발도상국 인도' 와는 결별하면서, 과거 수 천년의 아름다운 역사와 문화를 자랑했던 지난날의 영광을 되찾아 '황금기(黃金期)의 인도(Golden India)' 를 되살리는 '불의 날개(Wings of Fire)' 를 펼치기 시작한 것이다.

인도는 전세계 모든 동 · 식물 종(種)의 다양성이 한 곳에 모여 있는 것 만큼이나 다양하고 많은 자연자원, 세계에서 7번째로 넓고, 남한의 약 33배에 달하는 광활한 국토면적, 중국에 이어 세계에서 2번째로 많은 인구로써 남한인구의 약 23배에 달하는 11억명이 넘는 인구, 그리고 기초과학 · 수학 · 물리학 등을 비롯하여 정보기술(IT)과 생명공학 기술(BT) 등 첨단 분야에서 능력있는 방대한 규모의 인적 자원을 보유하고 있는 나라이다.

또한, 인도는 국제적으로는 '외교의 최고수(最高手)' 라는 칭호를 받을 정도로 능란한 외교전략을 구사하며, 미국 · 러시아 · 중국 · 일본 · EU · 동남아시아 국가 · 아랍 국가들과 자원협력, 경제협력 및 국방협력을 맺고 있다.

오늘날 대부분의 국제 경영 · 경제 전문가들은 인도의 미래를 대단히 밝게 전망하고 있다. 골드만 삭스 및 도이치 방크 등을 비롯한 전문기관들은 인도가 앞으로 20~30년 후에는 그 경제규모가 세계 1~2위에 도달할 것으로 예측하고 있다.

이러한 여러가지 상황을 고려해 볼 때, 지금은 투자자나 경영자들이 인도 시장으로의 진출을 적극적으로 고려해야 할 때라고 생각된다. 이미 인도에는 세계 500대 기업들 중 250개가 넘는 기업들이 진출해 있으며, 지금도 각국의 주요 기업들은 인도 시장에 속속 진입하고 있다.

그러나 인도는 자연 · 역사 · 인구 · 문화 · 정치 · 경제 · 법률 · 사회 등의 각 측면에서 너무나 특이한 성격을 가지고 있기 때문에, 기업은 인도에 본격 진출하기에 앞서 인도의 이러한 각종 투자 환경을 면밀히 연구하고 검토해야 할 것으로 생각된다.

인도 투자환경에 대한 이해와 준비없이 섣불리 진출한 기업들이 실패한 사례가 많은 것은 바로 이러한 투자환경 분석을 소홀히 했기 때문이라는 것을 부인하기 어려울 것이다.

따라서 본서는 경영자나 투자자들이 인도에 진출하기에 앞서 인도의 투자환경을 이해하는데 조금이라도 도움을 드리기 위한 목적으로 쓰여졌다.

이 책의 구성은, 제1부에서는 인도에 대한 개관, 즉 인도의 현재와 미래 및 기본적 정보를 제시하고 있으며, 제2부에서는 인도의 거시 환경으로, 자연 · 인구 · 통치기구 · 정치 · 외교 · 군사 · 법률 · 사회 · 문화 및 경제 환경을 다루고 있다.

제3부에서는 인도의 미시 환경, 즉 산업환경과 투자환경을 다루고, 제4부에서는 결론으로, 인도 투자시 유의사항 및 성공전략을 다루고 있다.

특히 본서를 서술함에 있어서 기본적인 정보뿐만 아니라 현장의 생생한 정보를 가능하면 많이 제시하고자 했는데, 이것은 〈현장정보〉라는 제목으로 각 장의 많은 부분에 제시되어 있다.

끝으로, 본서가 출판되기까지 많은 도움을 주신 지구문화사 주병오 사장님, 이 책의 디자인과 사진선택, 그림 작성 등에서 혼신의 힘을 다해 주신 주서영 디자이너, 인도 정부자료와 사진 등을 허락해주신 인도 정부와 주한 인도 대사관의 N. Parthasarathi 대사 및 대사관 직원들, 많은 자료의 원천이 된 국내외 각종 언론사, 연구기관, 협회, 은행, 국제기관 및 각종 사이트 등에 진심으로 감사드리는 바이다.

일단 원고를 마치고 보니, 앞으로 보완해야 할 자료가 끝없이 존재하고 있음을 느끼며, 한시 바삐 부족한 점을 더욱 보완해야겠다는 마음이 절실하게 느껴진다.

부디 이 책이 인도에의 투자를 희망하는 사업가, 경영자, 회사원 및 학생들에게 부족하나마 안내자로서 조그만 역할을 해드릴 수 있기를 간절히 기대하며, 앞으로 내용 보충에 노력할 것을 약속드리는 바이다.

2007년 1월　소 영 일

이 책의 저작에 관련된 모든 권리는 보호되고 있습니다. 이 책의 어느 부분도 저자 및 출판사의 서면 허가없이는 복사, 녹음, 비디오 테이프 혹은 그 밖의 다른 정보저장 및 검색시스템을 통하여 어떤 형태로도 재생하거나 사용할 수 없습니다.

이 책은 다루고자 하는 주제에 대해서 유익한 정보를 제시하고자 최선을 다해 노력했습니다. 그러나 법률과 제도, 혹은 그 밖의 각종 투자환경은 자주 바뀌며, 이들에 대한 해석 역시 사람에 따라 다를 수 있습니다. 따라서 법률, 회계, 제도 기타 전문 분야에 관한 조언이 필요할 때는 변호사, 회계사 또는 기타 자격을 갖춘 전문가와 상의하시기 바랍니다.

이 책을 이용할 때, 이 책에 포함된 사실과 일반적인 조언 및 정보가 독자의 상황에 적합하고 정확한 가를 확인하는 것은 독자의 몫입니다.

차 례

제2장 | 인도의 기초적 정보

제 2 부 | 거시 환경

제3장 | 자연 환경

차 례

차 례

차 례

차 례

제 3 부 미시 환경

JN443640

차 례

제1부 인도 개관

제1장 인도의 현재와 미래

이 장에서는 인도의 현재와 미래, 즉 잠에서 깨어나는 인도, 인도의 현재, 중국을 능가하는 세계 제조업 중심국가(실현)의 꿈, 세계의 외교 중심에 서 있는 인도, 해외기업을 사냥하는 인도기업들, 인도의 미래전망, 인도시장이 갖는 매력 등을 살펴보기로 한다.

제1절 잠에서 깨어나는 인도

1. 서 론

인도는 우리가 흔히 생각하는 것보다 훨씬 큰 나라이다. 인도는 국토면적이 약 328만km²로서, 러시아 · 캐나다 · 미국 · 중국 · 브라질 · 호주에 이어 세계에서 일곱 번째로 넓은 나라이다.[1] 이는 남한(9만9천km²)의 약 33배에 달한다.

인도의 인구는 약 11억 명으로서, 중국(약 13억 명)에 이어 세계에서 두 번째로 많은 사람들이 인도에서 살고 있다.[2] 이는 남한 (약 4800만 명)의 약 22배를 넘는 인구이다.

뿐만 아니라, 아시아 문명의 원천인 갠지스 문명이 발원(發源)한 곳임과 동시에 인도 문학, 인도 무용, 인도 건축 등이 그 독창성을 인정받고 있을 정도로 그들만의 영역을 구축하고 있는 나라이기도 하다.[3)]

인도는 전세계의 반대와 위협에도 굴복하지 않고 핵실험을 성공시켜 세계 여섯 번째의 핵무기 보유국이 되었고, 1980년에는 독자적으로 개발한 인공위성을 쏘아올린 나라이며, 아시아에서 유일하게 항공모함을 보유하고 있는 군사강국이기도 하다.

또한 인도는 노벨평화상, 물리학상, 경제학상, 문학상 등 5명의 노벨상 수상자를 배출한 과학 · 지식국가이기도 하다.

1인당 국민소득은 연간 518달러(2006년 기준)로 평균적으로 가난한 나라인 것으로 생각되지만, 연간 1,800달러~20,000달러를 버는 중산층이 520만 가구(약 2억 5천만 명~3억 명)나 될 정도로 많은 중산층도 동시에 존재하고 있는 나라이다.[4)]

인도 사회는 아직 신분제도인 카스트(caste system)가 존재하고 있어서 사회 곳곳에 그림자처럼 영향을 미치고 있으며, 종교분쟁으로 인해 지금도 폭탄테러가 계속되고 있는 나라이다.

인도는 오랜 세월 영국의 식민지였다가 1947년 8월 15일에야 독립한 나라이며, 현재도 파키스탄과는 전쟁의 위험이 상존(常存)하고 있다.

또 사회주의적 색채가 강한 정당들이 오랜 기간 집권하였기 때문에 경제발전이나 산업발전 및 기업발전은 매우 더디었고, 1991년에 비로소 경제 · 무역 · 투자 등을 개방화한 나라이다.

한편, 인도는 전력, 도로, 철도, 항만, 공항 등 산업기반시설(infrastructure)이 크게 부족하여 기업활동이 매우 불편하고 비효율적인 나라이다.

이러한 공룡 혹은 코끼리로 표현되는 인도가 바야흐로 긴 잠에서 깨어나 발전을 위한 거대한 기지개를 켜기 시작하고 있다.

인도 동남부의 산업도시 첸나이 곳곳에는 "우리의 꿈에 이르는 길을 건설하자(The road to our dreams is under construction)"라고 큼지막한 글씨로 쓰여진 대형 간판을 흔히 볼 수 있다. 인도 국민들에게 국가 발전의 꿈을 심어주려는 정부의 의지를 보여주는 대목이다.[5)]

2. 인도 정부의 기본 전략

이와 같이 잠에서 깨어난 인도를 발전 · 성장시키기 위하여 인도 정부는 다음과 같은 몇 가지 전략을 수립하였다.

(1) IT 산업 육성 전략

인도 정부는 인도 국민의 우수한 과학 · 기술 인력, 특히 정보통신 인력을 주축으로 IT 산업을 육성하는 것을 제1단계 전략으로 삼았다. 즉, IT(Information & Technology) 산업을 경제발전의 '성장의 기본축'으로 삼겠다는 것이다. 그리고 이를 토대로 세계적 다국적 IT 기업들을 유치하여 그 성장 속도를 더욱 강화하여 세계에서 최강의 IT 국가를 건설하겠다는 것을 첫 번째 목표로 설정했다.

그 예로, 첸나이의 경제 특구인 '타이덜 파크'에는 32개의 IT 전문기업이 입주해 있는데, 이 산업단지의 50%는 세계적인 다국적 기업들이다. 이 지역의 운영책임자인 N.바가바시 회장은 "인도가 아시아 IT 국가들을 한데 연결하는 중심역할을 하겠다."고 자신감을 보였다.[6]

(2) 제조업 육성 전략

인도정부는 IT 산업만으로는 수많은 실업인구를 해소할 수 없고, 농촌 등의 빈곤층을 구제할 수 없다는 것을 알고 있다. 또한 21세기 세계 최강국가로 나아가기 위해서는 제조업 발전이 필수적이라는 것을 인식하고 있다. 따라서 인도 정부는 IT 산업뿐만 아니라 이제는 제조업을 발전시킴으로써, 즉 IT 산업과 제조업을 기본적인 두 축으로 국가발전의 기본토대를 쌓겠다는 것이다. 이를 위해 인도 정부는 일단 고용효과가 큰 세계적 대기업을 유치하려고 노력하고 있다.

인도 상공회의소(FICCI)의 크리냔 칼라 상임고문은 "인도는 중국에 비해 낙후된 산업기반시설(infrastructure)로 인해 그동안 중국에 훨씬 뒤진 제조업을 집중 육성하려는 의지를 가지고 있다. 이를 위해서 세계적 대기업을 대상으로 외자유치에 혼신의 힘을 다하고 있다."라고 밝혔다.

인도 항공부의 R.K.싱 차관은 "도로 · 항만 · 항공 등의 산업기반 시설뿐만 아니라 제조업을 육성하기 위해 주요 산업에 대해 해외 투자를 적극 받아들일 계획이다."라고 강조했다.[7]

(3) 미래 첨단산업 육성 전략

인도정부는 이렇게 IT 산업과 제조업에서 구축된 지식 · 기술 · 노하우 · 자본 등을 밑바탕으로 해서 미래의 국가발전과 기업발전의 가장 핵심이 되는 제약, 의학, 생명공학, 우주공학, 무기산업 및 문화산업 등 주요 산업분야에서 세계적 기술 · 인력 · 자본을 축적한 대기업들을 양성하겠다는 전략이다.[8]

이렇게 함으로써 인도가 전세계에서 과학 · 경제 · 군사 · 문화 등의 면에서 최고 국가가 되겠다는 야심찬 계획을 수립하여 행동에 옮기고 있다.

(4) 금융 · 경제 · 사회개혁 전략

인도정부는 위와 같은 전략들이 충분히 효과를 발휘하고 또 효율적으로 수행될 수 있도록 금융 · 경제 계획과 사회계획을 더욱 선진적으로 수립 · 집행함으로써, 인도의 각 분야별로 체제를 정비하고 사회의 불합리한 요소와 문제점 등을 해결해 나가는 정책을 일관성있고 꾸준하게 실천하겠다는 의지를 가지고 있다.[9)]

(5) 국제적 협력관계 강화전략

인도정부는 아시아국들과의 협력관계를 강화함으로써 아시아의 경제 중심지(economic hub)가 된다는 전략을 수립하였다. 현재 인도는 한국 · 태국 · 싱가포르 등 동아시아를 중시하는 정책을 계속 마련하고 있다. 싱가포르와는 2005년 6월 포괄적 경제협력 협정(CECA)을 맺었고, 태국과는 이미 자유무역 협정(FTA)을 맺은 상태이다. 또 한국과도 FTA 공식 협상을 개시하기로 약정한 바 있다.[10)]

제2절 인도의 현재

여기에서는, 1절에서 살펴본 정부의 발전전략이 어떤 모습으로 진행되고 있고, 또 효과가 어떻게 나타나기 시작했는지 등을 살펴보기로 한다.

1. 인도의 기술인력 창출

먼저 인도정부가 발전과 성장의 가장 중요한 토대가 되는 인력을 양성하기 위하여 어떤 교육정책을 채택하고 있는지, 또 그 교육의 중심지에 있는 인도공과대학(IIT) 등에 대해 살펴보자.

아울러 인도가 이러한 IT 인력을 배경으로 생명공학(BT)분야까지 발전시킬 노력을 하고 있는 것에 대해서도 고찰해 보기로 하자.

(1) 교육정책[11)]

인도에서 정보기술(IT) 인력이 매년 20만 명, 생명공학(BT) 분야는 박사학위 소지자만 연 3,000 명씩 배출되고 있다. 이들은 미국 · 영국 · 싱가포르 등으로 진출하여 지식산업 전문가로 일한다. 그 좋은 예로 미국 실리콘밸리 기술인력의 39%가 인도사람들이다. 최근 통계에 의하면, 이들 지식 전문가들이 인도로 송금한 급여액이 지난 2005년 한해 동안에만 280억 달러(27조 원)에 달했다.

이와 같이 인도가 IT 및 BT 등을 주축으로 하는 첨단 기술인력부문에서 세계적 강자로 떠오른 것은 교육정책의 효과라고 볼 수 있다. 인도정부는 빈곤층을 비롯한 소외계층의 소득증대가 궁극적으로 교육에 달려 있다고 보고, 계층간 · 지역간 균등한 교육기회를 부여하기 위해 국내 총생산의 6%를 교육에 투자하고 있으며, 학교에서는 영어 · 힌디어 · 각 주 공용어 등 최소한 3개 언어를 가르친다. 또한, 아라비아 숫자 제로(0)의 개념을 만들어 낸 나라답게 정부는 수학의 중요성을 강조하고 있다. 예를 들면, 인도 국가 교육개발 양성위원회(NCERT)에서 제작한 국정 수학교과서에는 구구단(9×9단)과는 차원이 다른 19단(19×19단)이 실려 있다.

이러한 교육시스템을 바탕으로, 인도에는 2000개가 넘는 공과대학에서 매년 30만 명 이상의 공학 전문인력이 배출되며, 그 한가운데에 "이 대학을 떨어지면 미국 MIT를 간다."는 말이 있을 정도로 유명한 최고 명문대학인 인도공과대학(IIT)이 자리잡고 있다.

인도에서는 이러한 기술 · 수학 · 물리 · 화학 등의 교육과 아울러 초등학교부터 모든 국정교과서가 영어로 제작되어 있어서, 영어를 완벽하게 구사하는 인력이 1억 5000만 명에 달한다.

이와 같은 공학 · IT 기술 · 영어로 무장된 인력이 IT, BT, 의학, 제약 및 우주공학 등과 같은 인도 지식산업을 창출하고 수출하는 주역들이다.

(2) 인도공과대학과 IT 인력[12)]

인도의 초대 총리 자와할랄 네루가 세운 인도 공과대학(IIT) 출신 엔지니어들은 인도의 자존심이며 성장의 원동력이다.

인도의 최고 일류대학으로 꼽히는 IIT의 연간 졸업생 수는 3000 명이다. 이들을 주축으로 한 벵갈루루(옛이름은 방갈로르)의 IT 엔지니어 수는 15만 명으로, 미국 실리콘 밸리의 13만 명을 추월했다.

인도 공과대학(IIT)

이 엔지니어들은 미국 등에 비해 훨씬 낮은 봉급으로(IIT 졸업생의 최초 연봉은 약 1만~12000 달러, 미국의 과학 및 공학부문 졸업생의 최초 연봉은 50,000 달러 이상), 세계의 IT 서비스를 위협하고 있다. 이로 인해 전세계 서비스 부문은 인도로 대거 아웃소싱되면서 타타, 인포시스, 위프로, 새티암 등과 같은 회사들이 세계 굴지의 IT 회사로 성장했다. 첸나이 시내의 정보기술기업들이 입주한 '타이덜 파크' 인근에서는 세계 최대규모라는 24km의 IT거리가 건설 중에 있다.[13)]

한국을 비롯한 많은 나라들은 회계업체의 장부와 웹페

이지 설계 소프트웨어 · 회계 프로그램 · 시스템 운영 용역은 물론이고, 병원에서 전날 찍은 X-Ray 및 MRI 사진 등이 모두 인도에서 처리되는 시대에 살고 있다. 한국의 2005년 소프트웨어 수출액은 10억 달러였는 데 비해, 인도의 소프트웨어 수출액은 100억 달러였다.

"이제 인도는 정보기술(IT) 산업에서 독보적인 지위를 확보한 데 이어, 생명의학(bio-medical)이나 에너지 산업에서도 괄목할 만한 발전을 이루고 있으며, 인도의 아웃소싱 역시 IT분야에만 머무르지 않고 헐리우드의 영화제작에까지 미치고 있다."라고 애쉬 나레인 로이 〈인도 사회과학 대학원〉 교수는 말했다.[14)]

(3) 인도의 BT 육성 정책[15)]

1965년 인도-파키스탄 전쟁에서 미국이 파키스탄 편을 들어주자, 인도정부는 세계 정치 · 경제에서 믿을 수 있는 것은 독자적인 기술과 실력뿐이라는 것을 실감하고, 성장동력으로서 10년 이내에 소형 및 중형 컴퓨터를 자체 생산하고, 소프트웨어 산업을 정부가 정책적으로 지원하기 시작했다.

이러한 국가정책은 오늘날 중국과 전혀 다른 결과를 가져다 주고 있다.

한 예로, 첸나이 시내에 위치하고 있는 중앙가죽연구소(CLRI)의 실험실에서는, 의과대학과 공동연구를 통해 소(牛)의 내장에서 추출한 콜라겐 성분의 물질을 이용하여 화상을 입은 피부 조직을 재생하는 특수피부조직 등을 연구하고 있다. 이 회사에서 보유 중인 140개의 특허 가운데 10%가 미국 식품의약국(FDA)의 승인을 받았다.

이 연구소의 숩바르마 나이두 수석 사업 담당자는 "중국의 제조업이 저가의 가죽제품을 만들 때, 우리 인도는 생명공학(BT)을 응용해서 고부가가치 기술개발에 승부를 걸고 있다."고 말했다.

2. 글로벌 아웃소싱 기지[16)]

인도는 위에서 설명한 바와 같은 IT 기술인력을 배경으로 현재 세계 최강의 아웃소싱기지로서 정평을 얻고 있다. 2006년 현재 글로벌 아웃소싱 기지로서 경쟁력은 인도가 1위이고, 중국이 2위인 것으로 나타났으며, 한국은 세계 25위권인 것으로 나타났다.

영국 경제연구기관인 EIU의 자료를 한국무역협회가 분석해서 발표한 내용을 보면, 인도 · 중국 · 체코가 각각 세계 1~3위를 차지했으며, 싱가포르 4위에 캐나다 6위 등으로 나타났다.

선진국과 비교적 멀리 떨어져 있는 인도가 1위를 차지한 것은 영어 구사력과 풍부한 IT 인력, 우수한 기초과학 능력 등 기본적인 산업기반시설(infrastruature)

을 갖추고 있기 때문인 것으로 분석됐다.

인도는 노동비용 면에서 중국과 함께 세계 최고 수준의 경쟁력을 갖추고 있으며, 노동의 질 면에서도 캐나다 · 아일랜드 보다 높은 경쟁력을 자랑하고 있는 것으로 조사됐다.

한국은 정보기술 (IT) 산업기반시설에서는 세계 4위로 우수하지만, 노동비용(세계 41위)과 노동의 질(15위)이 낮은 평가를 받아 조사대상 80개국 중 종합순위 25위를 차지했다.

3. 인도 ; 자원 아닌 기술로 일어서는 최초의 개발도상국가[17)]

인도는 천연자원이나 저임금이 아니라 첨단 우수 인력을 기반으로 성장하는 최초의 개발도상국가가 될 것이라는 분석이 나오고 있다. 과거에 한국과 대만이 값싼 노동력으로 개발도상국으로 진입했던 것과는 전혀 다른 모델이다.

인도의 실리콘 밸리라고 불리는 벵갈루루는 미국의 실리콘밸리보다 더 많은 고급 인력을 고용하고 있다. 미국의 대기업들은, 과거에는 근로자들의 저임금과 영어를 능통하게 구사한다는 점에 이끌려 인도에 사업장을 열었지만, 이제 인도는 최고급 두뇌들을 중심으로 첨단 인력 수요까지 대체하고 있다.

이제 인도는 저렴한 노동력 기지(인도의 최고 기술자의 연봉은 1만~2만 달러인데, 이는 미국 기술자 초봉의 1/8 수준에 불과하다)일 뿐만 아니라 이미 첨단 산업기지로 변모했다. 제너널 일렉트릭(GE)은 지난 2000년 인도 벵갈루루에 웰치 기술연구소를 설립했다. 이 연구소는 터빈 엔진 설계에서부터 DVE 핵심부품의 분자구조 연구에 이르기까지 GE가 영위하는 13개 사업부문의 모든 핵심적인 기술을 연구한다.

GE뿐만 아니라 텍사스 인스트루먼트, IBM, 인텔, 마이크로 소프트 등 주요 대기업들도 인도를 핵심 기술기지로 만들어 가고 있다.

미국의 IT 컨설팅 업체인 메타그룹의 부사장 하워드 루빈은 "인도 고급 인력의 등장으로 미국 대기업들은 이미 미국내 IT 기술자들을 500~2000명 가량씩 해고해 왔다."고 지적했다. 또 미국의 시사주간지 〈비즈니스 위크〉 온라인판은 "인도의 최고급 두뇌들이 미국 대기업의 핵심인력을 차지하며 영향력을 키우고 있다."고 보도했다.

현장 정보

■ 인도 과학분야의 지적 자산지수, 세계 최고 수준[18)]

전세계 과학자들 중에서 인도 과학자들의 연구 논문이 국제학술지에 인용된 횟수가 가장 많은 것으로 나타났다고 〈IANS 통신〉이 인도과학산업연구센터의 자료를 인용해 보도했다.

인도과학산업연구센터(CSIR)의 R.L. 마셀카르 사무총장은 국제학술지에서 세계 각국 과학자의 연구 논문이 인용된 횟수를 해당 국가의 국민 소득을 감안해 평가한 결과, 인도 과학자 논문의 인용건수가 77회로서 가장 많아 인도가 '지적 자산지수(知的資産指數)'에서 세계 1위를 차지했다고 발표했다. 이 분석에서 2위는 중국으로 69회가 인용되었고, 3위는 미국으로 60회가 인용되었다.

CSIR 보고서는, 또 특허부여 부문 평가에서는 인도가 미국과 일본에 이어 3위를 기록했다고 발표했다. 4위는 중국, 5위는 독일, 6위는 한국이 차지했다.

마셀카르 사무총장은 "인도는 위대한 비상(飛翔)의 문턱에 서 있다. 연구개발에 충분한 자금만 확보된다면, 인도는 미래에 과학적 연구활동 분야에서 세계를 지배할 수 있을 것이다."라고 강조했다.

---

4. 인도의 국가 경쟁력[19)]

스위스의 국제경영개발원(International Institute for Management Development, IMD)이 2006년도에 발표한, 61개국을 대상으로 실시한 세계 국가경쟁력 조사에서, 인도는 전년도보다 10단계나 순위가 올라 29위로 올라왔다. 중국은 전년도보다 12단계나 올라 19위를 기록했다. 반면 한국은 9단계 하락해 세계 38위로 밀려났다. 이것은 인도가 현재 어떠한 경쟁력을 보유하고 있는지 단적으로 보여주는 사례이다.

표 1-1은 주요 국가의 국가 경쟁력 순위를 보여 주고 있고, 그림 1-1은 인도 · 중국 · 일본 · 한국의 국가 경쟁력 추세를 보여 주고 있다.

IMD는 이와같은 국가 경쟁력을 경제 운영성과, 정부 효율성, 기업 효율성 및 산업기반시설 구축 등 4개 분야로 나누어 평가해서 전체 점수를 구한다. 그림 1-2는 2002년부터 2006년에 걸쳐 인도가 이들 4개 분야에서 어떤 평가를 받았으며, 또 종합순위는 어떻게 변해 왔는가를 보여준다.

5. 세계적 다국적 기업들의 인도투자[23)]

과거에는 다국적 기업들이 인도의 저렴한 인건비를 이용하기 위해 콜 센터를 설치하는 등 지원부서만 인도로 이전했었다. 그러나 이제는 정보통신(IT)에서부터 금융 · 유통 · 통신 · 법률 · 영화까지 거의 모든 분야의 다국적 기업들이 과거와는 달리 연구 · 개발(R&D)이나 디자인 등과 같은 핵심부문을 인도로 이전하고 있다.

표 1-1 주요 국가의 2006년도 국가경쟁력 순위[20]

순위	국가	순위	국가
1	미국(1)	9	룩셈부르크(10)
2	홍콩(2)	10	핀란드(6)
3	싱가포르(3)	15	네덜란드(13)
4	아이슬란드(4)	18	대만(11)
5	덴마크(7)	21	영국(22)
6	오스트레일리아(9)	26	독일(23)
7	캐나다(5)	32	태국(27)
8	스위스(8)	35	프랑스(30)

*괄호안은 지난해 순위 자료 : IMD

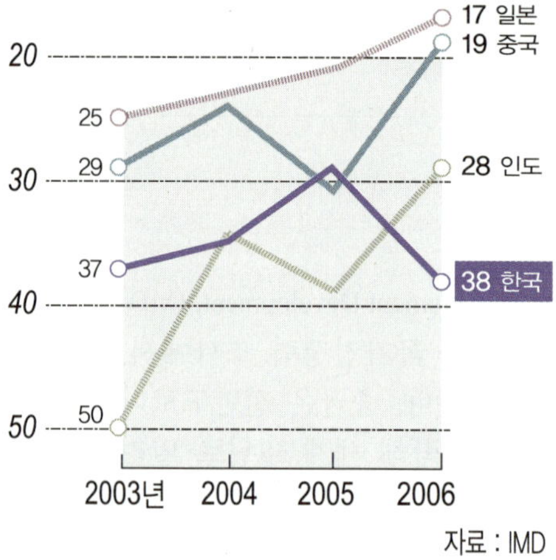

그림 1-1 인도, 중국, 일본, 한국의 국가경쟁력 추세[21]

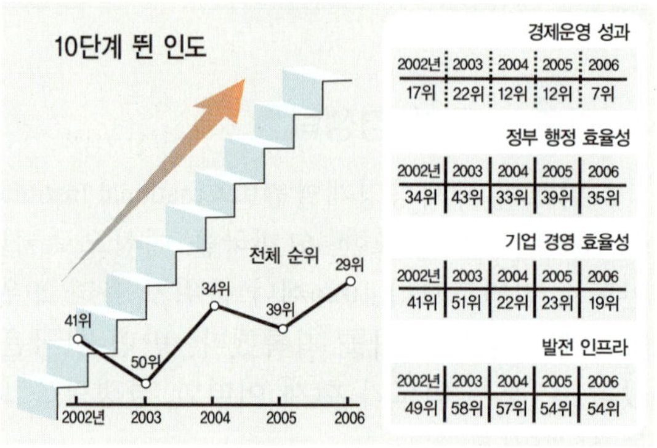

그림 1-2 인도의 국가경쟁력 순위[22]

2006년 3월 20일에는 유럽 최대의 IT 컨설팅업체인 프랑스 '캡제미니'가 인도에서 채용을 확대하여 앞으로 1년 이내에 현재에서 4000명인 인력을 1만 명으로 늘리겠다고 발표했다. 또 같은 날, 세계 최대의 개인용 컴퓨터(PC) 제조업체인 미국의 '델' 컴퓨터도 인도 현지 고용인원을 현재 1만 명에서 앞으로 3년간 2만 명으로 두 배 늘리겠다고 발표했다. 델은 또 현재 4% 수준인 인도 PC 시장 점유율을 더 높이기 위해 인도에 제조공장을 세우기로 했다.

이에 앞서 마이크로 소프트, 시스코 시스템즈, 인텔 등 미국의 세계적 IT 기업들도 인도에 핵심부문을 중심으로 한 대규모 투자와 인력확대 계획을 밝힌 바 있다.

또 영국 최대 소매업체인 '테스코'는 연간 2500억 달러(약 250조 원)에 달하는 인도 소매시장에 진출하기 위해 인도의 '바르티 엔터프라이즈'와 최대 10억 달러 규모의 식료품 체인망 합작회사 설립을 협의 중에 있고, 세계 1위와 2위의 유통업체인 월마트와 까르푸도 인도 진출을 검토하고 있다.

또한, 지난 3년 동안 약 250% 성장한 인도의 뮤추얼 펀드 시장에서 우위를 차지하기 위해 JP 모간 체이스가 2006년 하반기 인도 진출계획을 밝혔고, AIG · 테마섹 등도 같은 계획을 발표했다.

한편 세계 최대 휴대전화 제조업체인 노키아는 인도 남부에 휴대전화 제조공장을 완공했고, 삼성전자도 공장 건립을 완료하고 2006년부터 인도에서 연간 100만 대를 목표로 휴대전화를 생산하기 시작했다.

제3절 인도 ; 중국을 능가하는 세계 제조업 중심국가 꿈 마련

1. 인도 대비 중국

(1) 서 론

현재 중국과 인도를 비교하면, 중국이 경제분야 대부분의 지표에서 우세를 나타내고 있다. 중국은 인도보다 사회기반시설에 투자하는 금액이 8배나 많고, 전기 · 건설 · 교통 · 통신 · 부동산 등에 관련된 금액도 2600억 달러(GDP의 20.3%)로 인도의 310억 달러(6%)와 큰 차이가 난다. 예를 들어, 중국은 고속도로 부문을 위해 연간 240억 달러를 투입하고 있지만, 인도는 절반 수준에 그치고 있다. 소비부문에서는 중국의 지난 10년간 개인 소비지출 성장률이 7.4%로 인도의 3.4%보다 두 배 이상 큰 것으로 나타났다.[24]

1980년 인도와 중국의 1인당 국민소득은 비슷한 수준이었지만, 이제는 중국이 인도를 2배 이상 앞지르고 있다.

최저생활 유지에 필요한 소득 수준인 빈곤선(poverty line) 아래층의 인구비중도 중국은 5% 미만인 반면, 인도는 26%에 이른다. 또 전세계 수출액에서 중국이 차지하는 비중은 5.8%이지만, 인도는 1%가 채 되지 않는다. 외국인 직접 투자(FDI) 규모에서도 인도는 중국의 10분의 1에도 미치지 못한다.[25]

이와같이 인도가 중국에 비해 경제적으로 열세를 보이는 것은 제조업이 취약하기 때문이다. 물론 인도의 정보기술(IT) 서비스 산업은 세계적으로 유명하며 빠른 속도로 성장하고 있다. 그러나 IT 서비스 산업은 인도 GDP(국내 총생산)에서 2% 미만의 비중을 차지할 뿐이다. 그렇다면 인도는 어떻게 해야 할 것인가?

일부에서는 IT를 포함한 서비스 산업에 역량을 집중해야 한다고 주장한다. 그러나 인도 근로자의 60%가 농업에 종사하고 있는 점을 감안하면, 이들을 15년의 정규 교육을 실시하여 서비스 산업 근로자로 바꾸는 일은 불가능하다.

유일한 방법은 전통적인 비숙련 · 노동집약적 제조업을 발전시키는 것이다.

이를 통해 인도 경제는 제조업과 IT라는 '두 개의 발로 걸어가야 한다'(India must walk on two legs)고 미국 콜롬비아대 아르빈드 파나리야 교수가 〈월스트리트 저널〉에 기고한 글에서 주장하였다.[26]

한편, 〈블룸버그 뉴스〉는 모건 스탠리 보고서를 인용해, 인도가 현재는 산업기반시설과 소비부문 등에서 중국에 뒤져 있지만, 은행 · 증권 등 금융기관의 선진화와 정치적 시스템 측면에서는 중국에 비해 경쟁력이 앞서고 있다고 분석했다. 또 인도의 소비증가추세가 중산층의 급속한 증가와 함께 빨라지고 있고, 인도 정부도 산업기반시설부문에 대한 투자를 가속화하고 있으며, 기존의 IT 산업뿐만 아니라 제조업부문도 발전시키겠다는 정부의 의지가 실현된다면, 인도경제는 10~13년 내에 현재 중국 경제수준에 이르고, 그 이후에는 중국을 추월할 전망이라고 보도했다.[27]

(2) 인도가 중국을 앞설 가능성[28]인도의 장점

1) 인도의 장점

아룬 자이틀리 인도 상공부 장관은 아시아 지역 투자 설명회에서 다음과 같이 말했다.

"중국과 비교하지 말라. 인도가 오히려 중국보다 좋다. 중국은 사회주의 국가인 데 반해 인도는 자본주의 국가라서 위험요소(risk)가 적은데다, 중국에서는 중국어를 사용해야 하지만 인도에서는 세계 공용어인 영어를 자유롭게 사용할 수 있다. 또 중국은 취약한 금융 시스템을 갖고 있는 데 비해 인도는 6만 3000여 곳에 금융 네트워크가 형성되어 있어 금융 인프라가 안정되어 있다. 그리고 중국에서 저임금으로 활용할 수 있는 인력은 비숙련 노동자이지만, 인도에서 활용할 수 있는 인력은 정보기술(IT) 분야의 고급 인력이다."라고 인도가 중국에 비해 가지고 있는 비교 우위를 강조했다.

실제로 인도는 세계에서 두 번째로 큰 영어권이다.

이렇게 인도가 중국보다 우월한 점으로 꼽히는 요소는 임금이 중국보다 싸고 영어를 잘하는 고급 인력이 많다는 것이다. 그 대표적 예로, 이제는 '인도의 디트로이트'가 된 타밀나두 주(州)의 주도(州都)인 첸나이를 들 수 있다.

타밀나두주의 주정부 산업안내 · 수출진흥국의 M. 벨무루간 국장은 "타밀나두주는 최근 포드, 현대차, 미쓰비시, BMW 등 글로벌 업체들을 연속해서 유치하는 데 성공했다. 이로 인해 첸나이는 이제 '인도의 디트로이트'가 아니라 '남아시아의 디트로이트'이다. 타밀나두의 장점은 훈련된 값싼 인력이 많고, 좋은 항구가 있으며, 풍부한 부품업체가 있다는 점이다. 첸나이의 안나 대학은 세계 최대의 공과대학이다. 첸나이에 대학본부가 있고, 세인트 존스 · 로욜라 · EVP 공과대 등 252개에서 매년 7만 9800 명을 배출하고 있다. 이 밖에도 타밀나두 주에는 230개의 공과전문대학에서 5만 6000여 명의 졸업생이 배출되고 있다. 타밀나두의 엔지니어 배출 인력은 미국 전체 규모보다 많다."고 말했다.

그는 계속해서 "첸나이는 인건비가 중국보다도 낮다. 전문대학의 초임이 100~200달러로, 미국 근로자 2일간의 급여 수준에 불과하다. 생활비도 적게 든다. 생활비 수준에 관하여 세계 145개 도시를 대상으로 조사한 자료에 따르면, 첸나이는 133위로 나왔다. 베트남의 호치민, 방글라데시의 데카보다 낮다." 고 강조했다.

2) 인도가 중국을 앞설 것이라는 전망

이러한 주장을 뒷받침해 주듯, 〈뉴욕타임즈〉는 "과거에는 자동차 부품에 대해서 중국이 세계 시장의 공급처로 확고한 자리를 잡고 있었다. 그러나 이제는 자동차 부품업체가 점점 인도로 몰려가고 있다. 포드, GM, 도요타 등 세계적인 자동차 회사들과 자동차 부품회사들이 중국에서 인도로 발길을 돌리고 있다. 세계 최대 자동차부품 공급업체인 델파이는 인도에 진출한 계열사를 통해 앞으로 연간 2억 5천만 달러씩 주문량을 확보할 계획이다."라고 보도했다.

그 밖에도 인도가 중국에 비해 갖는 강점으로는, 정비되어 있는 법률체계를 들 수 있다. 인도는 과거 영국 식민지 시대 이후 법치주의 전통을 지키고 있는 사법부가 훌륭한 역할을 하고 있다. 반면 중국은 법률상 정부 권한이 분명치 않아 외국 기업이 활동하기 어렵다.

세계지역 연구센터(KIEP) 동서남아시아팀 최윤정 연구원은 "비효율적인 은행과 부실채권으로 문제가 되는 중국에 비해, 인도의 금융시장은 안정되어 있다."고 말했다.

경제협력개발기구(OECD)는 "인도가 실질 구매력 면에서는 미국 · 중국 · 일본에 이어 세계 4위로서 5위인 독일을 이미 제쳤고, 일본이나 중국을 따라잡는 것도 시간 문제이다."라는 보고서를 발표하였다.

또 야셍 황 MIT 경영대학원 교수와 타런 카나 하버드 경영대학원 교수는 미국 외교 전문지 〈포린 팔러시(Foreign Policy)〉 기고문을 통해 중국과 인도를 비교하며, "중국이 세계 자본을 끌어들이며 승승장구하는 반면, 인도는 상대적으로 외국자본에 의지하지 않고 있다. 앞으로는 인도가 중국을 앞서 나갈 것이다."라고 전망했다.

2006년 현재까지 수치상으로는 중국이 인도보다 국내총생산(GDP)이나 경제성장률 등 거시적인 지표가 더 앞서고 있다. 그러나 성장 전략의 내용을 살펴보면 인도가 중국보다 뛰어나 인도가 중국을 추월하는 것은 시간문제로 보인다고 두 교수는 지적했다. 즉, 중국은 외국인 직접 투자(FDI)에 너무 많이 의지했으며, 다국적기업의 중국내 성장에 비해 토착기업의 성장은 미흡하다. 반면에, 중국보다 10년 늦게 1991년부터 경제개혁을 추진한 인도는 외국인 투자에 개방적이지 않은 대신, 자국의 토착기업 성장을 이끌어 냈다.

현재 FDI 유치 수준이 인도는 중국의 4% 수준에 불과하다. 그러나 황교수와 카나 교수는 "지난해 포브스 200대 기업에 인도는 13개 기업이 들어갔으나, 중국은 4개 회사에 그쳤다는 점을 주목할 필요가 있다. 특히 인도기업은 정보기술(IT) 산업과 제약산업, 바이오 테크놀로지 등 미래 성장산업에서 두각을 나타냈다. '세계의 테크놀로지 센터'로 급성장하고 있는 인도가, '세계의 공장'으로 성장 전략을 잡은 중국을 추월할 것이다."라고 전망했다.

3) 중국이 IT 분야에서도 인도를 앞설 것이라는 주장

그러나 이러한 주장과는 정 반대되는 주장도 있다.[29)]

미국의 경제 주간지 〈비지니스 위크(BW)〉는 "중국은 정보기술(IT)분야에서 인도를 제치고 세계 IT 산업의 허브로 부상할 것이다."라고 보도했다. 이 잡지는 "특히 중국은 아시아에서의 지리적 이점과 한국 · 일본 등 주변 국가들과의 언어 소통의 수월함과 각 부문의 저비용으로 인해 IT 아웃소싱 서비스 산업에서 앞으로 수년간 급성장세를 보일 것이다. 중국의 산업구조가 첨단 정보기술 산업으로 빠르게 이동하고 있으며, 중국이 조만간 IT 분야에서도 인도를 제치고 세계의 공장이 될 것이다."라고 덧붙였다.

시장조사기관인 가트너는 2007년경에는 중국의 IT 산업 수입이 270억 달러(한화 약 26조 원)로 인도와 비슷한 수준에 달할 것이라고 전망한 바 있다.

세계적인 경영 컨설팅 회사인 액센추어는 다리엔(大連)에 소프트웨어 발전기지를 설치하고 직원을 늘리기로 했고, 종합 컨설팅업체인 베어링 포인트는 샹하이(上海)에 소프트웨어 발전센터를 설치 · 운영 중이며, 사업규모가 팽창함에 따라 조만간 직원을 4배로 늘리기로 했다.

〈비지니스 위크〉는 최근 들어 미국은 IT 산업의 미래와 관련, 인도보다는 중국을 더 견제하고 있다고 전했다. 인도가 지금은 비록 영어소통과 고급두뇌로 세계 소프트웨어 시장을 장악하고 있지만 중국이 인도를 제치고 IT 강국으로 나설 날이 멀지 않았다는 지적이다.

중국의 IT 산업 성장을 예상하는 전문가들은 중국이 무엇보다 비용 면에서 인도보다 유리한 위치를 점하고 있다고 주장한다. 실제 베어링 포인트의 경우, 샹하이 직원의 임금은 월 500 달러 선인데 비해, 인도에서는 700 달러이고 미국에서는 4000 달러를 지급하고 있다. 이에 따라 최근에는 인도 IT 서비스 대형 업체들까지도 생존을 위해 중국 진출을 적극적으로 추진하고 있다.

인도 4위의 비즈니스 프로세스 아웃소싱(BPO) 서비스 전문업체인 새티암은 샹하이에 사무실을 개설하고 본격적인 중국 사업에 착수했고, IT 컨설팅 · 소프트웨어 전문업체인 타타(TaTa)는 항저우(杭州)에 소프트웨어 센터를 설치했다.

일부에서는 중국이 영어실력과 기술의 취약성으로 인해 IT 산업의 성장에 한계를 맞을 것이라고 지적하고 있지만, 중국은 외자 진출로 인해 기술이전과 경험 습득 속도가 빨라지면서 이같은 문제를 단기간에 극복하고, 중국의 IT 산업이 앞으로 수년 동안 가파르게 상승할 것으로 IT 산업 전문가들은 예상하고 있다.

2. 제조업의 중요성[30)]

리콴유 전 싱가포르 총리는 2005년 뉴델리에서 열린 자와할랄 네루 인도 초대 총리의 업적을 기리는 행사에 참가한 자리에서 "네루 전 총리가 염원했던 것처럼 아시아가 세계에서 제 위치를 차지할 수 있으려면 무엇보다 인도 · 중국 두 나라가 협력 관계를 강화해야 한다. 인도와 중국은 상대국에 대해 어떤 위치에 있는지를 정확하게 이해하는 것이 중요하다. 특히 패권주의 경쟁에서 서로에 대한 경계나 의심을 풀고 경제적으로 협력 · 경쟁하는 것이 필요하다. 또 양국이 상대의 강점에 대한 벤치마킹과 모방을 통해 스스로 경쟁력을 키워야 한다."고 강조했다.

그는 특히 인도 경제의 잠재력과 관련하여 최근의 성장세에 박수를 보내면서도 "산업혁명 이후 어떤 나라도 제조업 역량을 키우지 않고 서비스 산업만으로 경제력을 키운 나라는 없었다. 인도는 제조업을 발전시키는 데 더욱 분발해야 한다."고 주문했다.

그는 또 인도가 이렇게 발전해 간다면 "인도계 노벨 문학상 수상자인 비디아다르 수라지프라사드 나이폴이 한때 인도를 '상처받은 문명'으로 묘사했지만, 앞으로는 어느 누구도 인도를 감히 그렇게 폄하할 수는 없을 것"이라고 덧붙였다.

3. 인도의 제조업 육성 계획

(1) 청사진[31)]

인도 통상산업부 산하 국가제조업경쟁력위원회(NMCC)는 제조업 분야에서 중국을 따라잡기 위한 '제조업 육성을 위한 개선안'을 2005년에 발표했다. 이 계획은 정부차원에서 근로자 해고를 쉽게 하는 것과 함께 규제 완화 및 산업기반시설 확충 등을 통해 제조업 경쟁력을 높여 중국을 넘어서겠다는 야심찬 청사진이다.

중국은 저임금과 광활한 시장을 무기로 '세계의 공장'으로 급부상하면서, 인도에 상당한 자극을 주었다. 중국은 세계 다국적 기업의 공장 유치에 성공해 현재 국내 총생산(GDP)에서 제조업이 차지하는 비중이 52.3% 수준인 데 반해, 인도는 27%에 그치고 있고 서비스업 부문이 50.8%를 차지하고 있는 대비된 양상을 띠고 있다.

(2) 제조업 육성의 필요성[32)]

인도가 이같은 제조업 육성 계획을 발표한 것은 연 8% 이상의 경제성장률을 유지하면서 농촌에서 이탈하고 있는 몇 백만 명의 비숙련 노동자들에게 일자리를 제공하기 위해서는 제조업 육성이 필수적이라고 판단한 데 따른 것으로 풀이된다.

인도는 농촌 이탈 인력에 일자리를 제공하고 실업률을 적정수준으로 유지하기 위해서는 매년 비(非) 농업 분야에서 700만 개 정도의 일자리를 만들어야 한다고 추산하고 있다. NMCC는 제조업이 지난 10년간 매년 100만 개의 일자리를 창출해 왔지만, 이번에 작성한 개선안을 통해 투자 여건이 좋아질 경우, 연간 250만 개의 일자리를 만들 수 있을 것이라고 전망했다.

특히 농업부문 성장률이 연 2~3%에 그치고 있어 제조업 분야가 연 12% 이상의 성장률을 보여야만 전체적으로 8% 이상의 성장이 가능하기 때문에, 인도는 제조업 육성에 강한 의지를 보이고 있는 것이다. IT 산업만으로는 11억명 인구를 부양하기 어렵다는 판단이다. 이러한 경제적 이유 이외에도 인도정부는 탄탄한 제조업 기반없이 IT 산업 발전 만으로는 초강대국 진입에 한계가 있다고 판단하고 있다.[33)]

4. 인도가 세계의 공장이 될 수 있는 징조[34)]

인도가 1990년대 이후 부동의 '세계 공장' 1위 자리를 지켜온 중국을 조만간 앞지르고 세계 최대의 생산기지로 발돋움할 충분한 잠재력을 지니고 있다고 〈블룸버그 뉴스〉가 컬럼니스트 앤디 무커지의 글을 인용해 보도했다.

즉, '제조업-중국' '서비스업-인도'의 정형화된 공식에 변화가 생길 수 있다는 분석이다. 도이치 은행 이코노미스트 마이클 스펜서는 "1990년대 중국의 상황보다 현재 인도는 글로벌 제조업체들에게 더 매력적인 투자처"라고 분석했다.

그동안 인도는 외국인 투자자들에게 전력 · 도로 · 항구를 중심으로 미비한 산업기반시설 등에서 점수가 깎이면서 외국기업들을 중국으로 향하게 만들어 왔다.

한 예로, 2002년 인텔의 CEO 크레이그 배럴이 인도에 추가 공장 설립을 취소하고 중국으로 방향을 돌린 것은 생산시설을 운영하는 데 인도의 산업기반 시설이 크게 불편하다는 이유였다.

그러나 지난해부터 상황이 크게 달라지고 있다. 2007년까지 완공을 목표로 120억 달러가 투자된 고속도로가 완공되고 나면, 물류 운송시간을 25% 줄여서 연간 17억 달러의 운송비용을 절감할 수 있을 것으로 보인다.

또 내수시장 측면에서 시장이 초고속으로 성장하고 있다. 이동 통신 성장률은 중국보다 4배 이상 빠르며, TV · 냉장고 등 가전제품은 3년 전과 비교해 50% 이상 성장했다.

중국의 제조업이 국외로 수출하기 위한 것이라면, 인도에서 제조된 제품은 상당부분 내수시장을 겨냥하게 된다는 것이다. 이렇게 구매력 측면에서 인도가 중국을 앞설 수 있는 것은 서비스 산업이 크게 발달한 인도의 특성상 중국에 비해 소비여력이 훨씬 빨리 증가하고 있기 때문이다. 이러한 구매력 향상은 외국의 다국적 기업들의 인도 투자를 더욱 증대시킬 것이고, 인도 내에서도 제조업의 발달을 가져올 것이다.

5. 인도의 제조업 발전 모습

(1) 노이다 산업단지[35]

위에서 살펴본 바와 같은 ① 정부의 제조업 육성의지 ② 개선되어가는 산업기반시설 ③ 인도국민들의 구매력 향상 ④ 세계 최고 수준인 IT 산업 등에 힘입어, 인도 곳곳에서 이제는 제조업의 발전 모습을 생생하게 느낄 수 있다.

뉴델리 인근에 있는 노이다(Noida) 산업단지가 그 한 예이다. 뉴델리를 벗어나 노이다로 향하는 고속도로에 들어서면 왕복 6차선의 타지(Taj) 고속도로가 시작되는데, 믿을 수 없을 정도로 최신식으로 잘 닦여 있다. 드넓은 평야에 일직선으로 쭉뻗은 고속도로 주변 여기저기에는 대규모 아파트나 사무실 건축이 한창이고, 자동차도 100km 이상 속도로 달리고 있다.

노이다 시내는 마치 서유럽 신도시에 들어선 느낌이 들 정도이다. 도로는 넓고 깨끗하며, 가로변은 야자수와 푸른 잔디로 잘 단장되어 있고, 주거단지와 건물도 산뜻한 모습을 자랑하고 있으며, 18홀의 아름다운 골프장도 있다.

2만 ha(약 600만 평)에 조성된 이 도시에는 일반제조업뿐만 아니라 정보기술(IT), 의학 및 생명공학(BT) 기업들이 산업별로 입주해 대규모 산업단지를 형성하고 있다. LG 전자와 삼성전자, 펩시콜라, 세계 최대 자동차 부품회산인 델파이, 야마하 오토바이, 혼다 자동차, 포드 트랙터 등 유명 기업들이 이 곳에 입주해 있다.

김광도 LG전자 인도법인장은 "이 곳에는 인도에서 흔히 겪는 전력난도 용수난도 없다. 산업활동을 위한 세계적 수준의 산업기반시설을 갖추고 있다."고 강조했다.

(2) 푸네[36]

뭄바이에서 자동차로 3시간 정도 떨어져 있는 '푸네'는 인도 최대 그룹인 타타그룹의 자동차 공장이 자리잡고 있는 지역이다.

타타 자동차 공장으로 나 있는 도로 양편에는 자동차 부품 업체들이 몇 km 길이로 늘어서 있다. 타타 자동차 생산라인은 첸나이의 현대자동차 공장에 전혀 손색이 없다.

나이크 부장은 "오일실과 가스켓을 빼고는 자동차 부품이 모두 인도산이다. 외국자동차 제조회사들이 필요로 하는 부품을 공급하다 보니 800여 개 하청업체들의 기술은 날로 향상되고 있다."고 말했다.

(3) 철강산업[37]

호랑이가 득실거리는 잠세푸르 밀림에 타타그룹의 창시자 잠세트지 타타가 제철소를 짓겠다고 했을 때 주위에서 모두 만류했다. 하지만 현재 타타 제철은 이 곳에서 가장 싼 값으로 철강을 생산해 내고 있다.

포스코는 최근 인도 오리사주 일관 제철소 건설에 120억 달러를 투자하기로 했다. 이는 단일기업 해외 투자로는 인도 사상 최대 규모이다. 세계 최대 제철업체 미탈 스틸도 인도에 90억 달러를 투자해 연산 1200만 t 규모의 제철소를 짓기로 했다.

(4) 생명공학 산업[38]

생명공학(BT) 산업은 인도에서 가장 빠르게 성장하는 분야이다. 매년 70만 명씩 배출되는 석 · 박사 인력이 게놈 밸리나 바이오 밸리 등에 있는 2500여 개의 제약회사에 취업하여 세계 4위 수준의 의약품을 제조하고 있다.

(5) 석유정제 산업[39]

약 40여 년 전 실(絲) 장사로 출발한 릴라이언스 그룹은 1990년대 초반까지만 해도 평범한 섬유업체에 불과했다. 그러나 1990년대 중반에 들어와 연간 2700만 t 규모의 석유정제공장 등을 건설하고 2002년에는 국영 석유화학 업체(IPCL)의 지분을 전량 인수하면서 중국 시노펙, 대만 포모사에 이어 아시아 3위의 석유화학 업체로 발전했다.

(6) 섬유산업[40]

인도는 세계 면화의 15%를 차지하는 세계 2위 면화생산국이며, 이를 기반으로 섬유산업도 매년 성장세를 지속하고 있다. 2006년 현재 섬유산업이 인도 수출에서 차지하는 비중은 4분의 1이다.

(7) 반도체 산업[41)]

인도정부는 13장에서 자세히 고찰하는 바와 같이, '제조업의 꽃' 이라고 불리는 미래형 첨단 반도체 산업을 집중적으로 육성하기로 했다. 이를 위해 델리와 벵갈루루 및 안드라 프라데슈 주(州)의 하이데라바드 등에 대형 반도체 칩 생산설비를 구축하고 있으며, 여기에는 반도체 칩 제조설비 회사인 NTSI, 텍사스 인스투르먼트, HCL 테크놀로지, Intel, IBM사(社) 등도 동참했다.

(8) 기타[42)]

세계에서 가장 빠르게 성장하고 있는 인도 휴대전화 시장을 공략하기 위해 모토롤라는 인도에 공장을 세웠고, 노키아도 타밀 나두에 공장을 세웠다. 삼성전자도 인도에 휴대전화 공장을 건설하기로 했다. 그 밖에 현대자동차, 혼다자동차, BMW 등 세계적 자동차 제조회사들도 인도에 적극적으로 진출했고 공장을 확대해 가고 있다.

이러한 인도의 제조업 발전 상황을 지켜본 쉬리시 산커 맥킨지 컨설팅 이사는 "인도는 이제 세계 제조업의 허브로서의 도약을 시작했다. 현재 인도의 제조업은 10~15년 전 도약 직전의 중국 상황과 유사하다."고 말했다.

제4절 세계 외교 중심에 서 있는 인도

인도는 바야흐로 전세계 주요 강대국들로부터 친밀하게 지내자는 구애(求愛)를 받고 있는, 세계에서 거의 유일한 국가로 주목받고 있다. 미국과 중국 및 러시아 등이 경쟁적으로 인도와 가까워지려고 노력하고 있으며, 인도는 이들을 적절히 활용하여 외교관계를 이끌어 가고 있다. 다음은 이러한 주장을 뒷받침하는 몇 가지 사례를 제시하고자 한다.

1. 인도와 중국

(1) 서　론[43)]

중국과 인도는 앞으로 세계의 대국으로 발전할 잠재력을 가진 나라들인 브릭스(BRICS-브라질, 러시아, 인도, 중국) 가운데 상호 경쟁이 가장 치열한 나라들이다. 이들 두 나라 간의 경쟁은 권투시합과 같아서 결국 한 쪽만 승자로 남을 것이라고 예측하는 전문가들이 많지만, 이것은 양국 관계를 지나치게 단순화한 시나리오라고 〈헤럴드 트리뷴(Herald Tribune)〉이 분석했다.

외견상으로 볼 때, 중국과 인도는 타고난 경쟁자처럼 보인다. 양국 모두 십수억 명의 인구를 보유하고 있고, 소수의 부유한 도시민과 다수의 빈곤한 농민이 있다. 양쪽 모두 글로벌 기업을 유치하기 위해 저임금 노동자와 증가추세에 있는 소비계층을 활용하고 있다.

2006년 현재에는 중국이 이 게임에서 앞서가고 있다. 중국은 1978년 국제무역과 투자에 대한 문호를 개방했으며, 인도는 이보다 13년 늦게 1991년에 경제를 개방했다. 중국의 경제규모는 인도의 3배에 달한다.

또 다른 점은, 중국은 제조업 분야에서 성공을 거두고 있는 데 반해, 인도는 소프트웨어와 서비스 산업에서 첨단을 달리고 있다. 또 중국의 거대 기업들은 대부분 외국인 소유인 데 반해, 인도의 거대 기업들은 거의 자국기업이다.

이제 인도 경제는 놀라운 속도로 중국을 따라잡기 시작했다. 이에 따라 두 나라가 지난 40여 년 간 국경 분쟁으로 인한 갈등에 종지부를 찍고, 상호의존적으로 발전을 모색할 것이라는 징후가 다음과 같은 여러 가지 면에서 나타나고 있다.

(2) 중국 · 인도 기업들의 협력[44)]

중국은 인도와 국경을 접하고 있는, 낙후된 서부지역 개발을 어떻게 개발할 것인가 하는 과제를 안고 있다. 지리적으로 수출 여건이 나쁜 서부지역은 경제발전에서 소외될 수밖에 없었으며, 서부지역에 거주하는 2억8000만 명에 달하는 주민의 1인당 소득은 중국 평균의 절반수준 정도에 머물고 있다. 중국은 인도의 경제성장이 국경을 접하고 있는 서부지역의 경제 발전에 도움이 될 것이라는 점을 알고 있다. 그뿐만 아니라 중국의 일반 제조업 입장에서 볼 때도, 인도의 대규모 시장은 중국기업들에게 또 한번 도약의 기회를 줄 수 있다는 생각이 팽배해 있다.

인도 역시 중국의 거대한 소프트웨어 시장을 생각하면, 중국에 진출하여 토대를 잡고 싶어한다. 이러한 양국의 입장이 기업 경영자들에 의해 대변되면서 우호적 분위기가 형성되고 있다.

(3) 인도－중국 S/W 업체 협력 강화[45)]

급성장하는 인도와 중국의 소프트웨어 기업이 서구 기업들과 경쟁하기 위해 손을 잡는 사례가 늘고 있다고 〈아시아 월스트리트 저널〉이 보도했다. 풍부한 저임금 노동력과 전문기술로 경쟁력을 축적한 양국의 기업들이 공조체제를 강화하자, 미국을 포함한 선진국 기업들이 긴장하고 있다.

인도의 대표적인 소프트웨어 아웃소싱 기업인 인포시스는 시티그룹과 아메리칸 익스프레스 등과 같은 미국 주요 고객에게 소프트웨어를 공급하기 위해 영어를 구사할 수 있는 몇 천 명의 직원을 고용하고 있다. 이러한 인포시스가 이제는 중국에 진출하여 사업을 벌이고 있다. 그 이유는

첫째, 미국을 포함한 세계적 다국적 기업들이 중국에 진출하면서 소프트웨어 수요가 크게 증가하고 있기 때문에 중국 현지에 진출하여 고객에게 가까이 다가갈 필요가 있다는 점

둘째, 중국 소프트웨어 엔지니어의 인건비가 인도보다 저렴하다는 점

셋째, 중국 소프트웨어 엔지니어들의 영어 구사 능력이 향상되고 있다는 점

넷째, 중국의 산업기반 시설(infrastructure)이 인도보다 뛰어나다는 점

등으로 인해 인도에게는 중국이 매력적인 투자처이기 때문이다.

인포시스 외에도 인도의 최대 소프트웨어 업체인 타타 컨설턴시 서비스(TTC) 역시 중국이 인도 기업에게 매우 유용한 기술적 자원이 될 것으로 보고 2002년 중국 항저우에 진출했으며, 현재 중국에 200명 이상의 중국인 직원을 두고, 인포시스와 마찬가지로 중국에 진출한 다국적 기업을 대상으로 제품 및 서비스를 판매하고 있다. 그 밖에 새티암 컴퓨터 서비스도 중국에 이제 막 뿌리를 내리기 시작했다.

반면, 중국의 제조업체인 플렉스 트로닉스 인터내셔널은 제품 디자인 향상을 위해 인도의 소프트웨어 업체를 인수했다. 중국 통신장비회사인 화웨이 테크놀로지는 2003년 인도의 벵갈루루에 연구개발 센터를 설립하여 인도의 기술진을 확보하였다. 또 중국 최대 가전제품 회사인 칭따오 하이얼은 인도에서 현지 공장을 세워 소프트웨어 설계를 지원받으며 제품을 생산하여 인접국가로 수출하고 있다.

이렇게 인도와 중국의 기업 교류는 양방향으로 이어지고 있다. 가뜩이나 이머징 마켓(emerging market)의 저임금 노동력 때문에 고민하고 있는 미국 기업 입장에서는 악몽 같은 일이지만, 양국의 소프트웨어 기업들의 상부상조는 지속될 것으로 업계 전문가들은 예상하고 있다.

캘리포니아 대학의 기술경영 전략학 교수인 우다이 카마카는 “이같은 현상은 정보 경제 사회의 점진적인 재편성의 일환이다. 소프트웨어 산업이 상품화되어 저임금 국가로 이전되며, 소프트웨어 산업도 제조업과 같은 형태로 변화하고 있다. 특히, 중국과 인도 같은 대규모 국가가 발전하면서 이들 국가의 국민이 정보산업의 주요 고객이 될 수 있기 때문에, 인도와 중국업체 간의 상호 협력은 더욱 강력해질 것이다. 대서양은 이제 더 이상 세계의 중심이 아니다.” 라고 말했다.

(4) 에너지의 안정 조달을 위한 중국과 인도의 협력[46)]

국제 석유시장에서 치열한 원유확보 경쟁을 벌여 왔던 중국과 인도가 앞으로는 특정 석유자산을 매입하기 위한 입찰경쟁을 자제하고, 양국 모두 관심을 갖고 있는 지역에서 공동 프로젝트를 수행하는 방안에 2005년 합의했다.

인도와 중국은 각각 원유공급량의 70%와 40%를 외국에 의존하고 있기 때문에 국제 에너지 입찰경쟁이 불가피했고, 이는 결국 입찰가 상승으로 이어져 양국 모두에게 부담으로 작용했다.

이러한 합의를 이룬 직후 "중국과 인도는 시리아 최대 석유회사 알프렛 프로덕션 컴퍼니(AFPC)의 지분 인수를 위해 공동입찰에 나서는 등 협력체제를 구축하고 있다."고 〈아시아 타임즈〉가 보도했다.

또 "중국 최대 석유회사인 중국 석유 천연가스(CNPC)와 인도 국영 에너지 그룹인 인도 석유 · 천연가스공사(ONGC)가 제 3국에서의 석유 확보와 관련한 상호협력 방안을 마련하기로 했다."라고 〈파이낼셜 타임즈〉가 보도했다.

(5) 인도와 중국, FTA 체결 추진[47)]

인도-중국 양국 간의 무역규모는 이미 두 나라가 뗄 수 없는 동반자로 자리 잡았음을 보여준다. 지난해 양국 교역액은 140억 달러로 전년도 대비 79% 증가했다. 1991년 교역액이 2억 6400만 달러였던 것과 비교하면 53배 이상 폭증한 것이다. 이들 두 나라는 협력기반을 더욱 공공히 하기 위해 FTA 체결에 강한 의지를 보이고 있다.

(6) 중국-인도 군사협력 확대[48)]

인도와 중국의 군사교류가 지금까지 금기 영역이던 공군(空軍) 합동훈련을 추진하는 등, 한 단계 높아질 전망이라고 언론들이 보도했다.

모커지 인도 국방부장관은 〈인디언 타임즈〉 등 자국 언론과의 회견에서 "중국과 인도는 양국 공군의 합동군사훈련 등 구체적이고 실질적인 군사 교류를 더욱 강화할 것이다. 앞으로 중국과 대규모 군사훈련과 군인력 교류를 확대해 나갈 계획이며, 중국에게 공군합동 군사 훈련과 두 나라 국경지대에서 연합 폭동진압훈련 등을 제안할 방침이다."라고 밝혔다.

계속하여 모커지 장관은 "인도 · 중국의 합동훈련의 수준에 대해서는 현재 인도가 미국과 진행하는 공군합동훈련의 수준을 요구할 것이다."라고 말했다.

인도 현지 언론들은 "이런 발언은 몇 년 전까지만 하더라도 상상하기조차 어려운 것"이라고 전했고, 중국의 〈환구시보〉는 "그 동안 인도 언론들은 인도가 미국과 좋은 관계를 유지하기 위해 대(對) 중국 군사교류를 자제할 것이라고 예측했으나, 이러한 관측은 모두 틀리고 말았다."고 전했다.

중국과 인도는 이미 두 차례의 합동 해상훈련을 벌였으며, 육군도 여러 차례 합동훈련을 실시하였지만, 양국 공군 사이의 교류는 그 동안 한 번도 이루어지지 않은 상태이다.

인도 · 중국 두 나라는 2003년 11월 10일 인도 해군함대가 중국을 방문해 5일 동안 양국 해상합동 수색훈련을 벌였고, 2005년 11월 28일에는 중국 해군 함대가 인도를 방문해 4일 동안 두 번째 합동 수색훈련을 한 바 있다. 양국 육군은 또 2004년 8월 28일 해발 4142m의 두 나라 국경 산악지대에서 3km 합동등산훈련을 행하기도 했다.

(7) 미국 · 일본 동맹에 대응하는 전략[49)]

중국과 인도의 협력 기조 배경에는 두 나라가 21세기 세계 정치 · 경제의 신(新)질서에 대해 비슷한 시각을 보여준다. 이들 양국은 국제 관계 민주화와 세계 정치 다극화를 주장하고 있고, 따라서 미국의 '팍스 아메리카나'에 적극 대응한다는 데 인식을 같이 하고 있기 때문이다.

미국 국가정보위원회가 2005년 발표한 '지구의 미래지도'라는 보고서에 따르면, 중국과 인도 등의 비(非) 서구세계가 중심이 되어, 이후 15년 동안 세계 경제를 80% 성장시킬 것으로 예상했다.

2. 인도와 미국[50)]

아시아의 대국 인도를 자국의 우방국가로 만들기 위한 미국의 노력이 본격화되고 있다.

인도는 120만 명의 병력을 보유한 세계 4~5위권 군사대국이며, 최근 연평균 6~8%대의 경제성장율로 초고속 성장을 계속하고 있다.

미국은 중국 세력 견제와 남아시아에서의 영향력 확대 등을 노리고 인도에 대한 전폭적인 협력의지를 과시하고 있다.

그 예로서 미국은 향후 인도와 미사일 방어체계(MD)를 비롯한 안보분야는 물론 이거니와, 첨단 기술 및 경제 · 에너지 분야 협력을 강화하기로 했다고 AFP 등 외신들이 전했다. 구체적으로 미국은 인도에게 패트리어트 미사일 방어 체계나 PC-3 해상 초계기 같은 첨단 무기 판매를 결정했다고 중국 관영 주간 〈세계보(世界報)〉가 보도했다.

또, 번스 미국 국무부 정부차관은 "인도는 미국이 새 상임이사국이 갖추어야 할 기준으로 제시한 기준들을 충족시키고 있다. 인도는 엄청난 인구를 보유하고 있으며, 유엔 평화유지 활동에 많이 기여한 민주주의 국가이고, 테러와의 전쟁에도 강한 의지를 갖고 있다. 따라서 인도는 상임이사국의 완벽한 후보이며, 상임이사국의 지위를 요구할 충분한 권리를 갖고 있다."고 설명했다.[51)]

3. 인도와 러시아[52)]

인도와 전통적인 맹방관계를 유지해온 러시아는 미국의 인도 접근에 촉각을 곤두세우고 있다. 따라서 인도와의 군사 및 경제협력 강화에 박차를 가하면서 샹하이 협력기구(SCO) 회원국인 중국과 3각 동맹을 추진하고 있다. 러시아는 인도 · 파키스탄 · 이란 등을 SCO 옵서버로 참가케 하는 등, 미국 견제의 전선을 넓혀 가고 있다.

또 러시아는 인도양에서 첨단 무기들을 동원해 인도 해군과 함께 사상 최대 규모의 연합 대(對) 테러 해상 훈련을 실시할 계획이다. 또 러시아는 인도군과 연합으로 1주일 동안 파키스탄 국경과 인접한 서북부 타르사막의 육상과 공중에서 대규모 반테러 훈련을 진행할 것이라고 밝혔다. 이번 훈련에서는 테러리스트들의 인질극 등 공격 가능성에 대비해 전투기와 헬기 등을 동원한 전력으로 진압작전 훈련이 실시되고, 향후 제3국에서 평화유지군 임무를 수행하기 위한 작전도 계획할 예정이다.

러시아는 미국이 인도에 대해 전투기를 제공하려는 의사를 내비친 데 대해서는 수호이 30 전투기와 T 90 탱크 등 첨단 무기의 대(對) 인도 판매를 증대시키는 방식으로 미국의 영향력을 줄일 방침이다. 현재 인도 무기의 70%가 러시아제이다.

또 블라디미르 푸틴 러시아 대통령은 인도를 방문한 자리에서 인도 국영 석유회사가 30억 달러를 투자해 러시아 유전개발에 참여하도록 허용함으로써, 인도와의 관계를 개선하는 데 인도가 필요로 하는 석유를 적극 활용하는 모습을 보였다.

4. 인도와 EU[53)]

인도와 유럽연합(EU) 간의 제6차 정상 회담이 2005년 9월 7일 인도 뉴델리에서 열렸다. EU의 순번제 의장국인 영국의 토니 블레어 총리와 인도의 만모한 싱 인도 총리는 정상회담을 열고 지난해의 제5차 회담에서 공식 선언된 인도－EU간 전략적 동반자 관계의 구체적 실현 방안을 협의하였다. 이 협의에서는 양측이 정치적 대화를 확대하고 테러리즘을 비롯한 국제사회의 도전에 대하여 협력을 강화할 계획 등을 논의하였다.

한편, 유럽 제2의 에너지 업체인 쉘(Shell)과 인도의 ONGC가 에너지 탐사를 비롯해 생산, 유통 등 광범위한 전략적 제휴관계를 갖기로 합의했다고 〈파이낸셜 타임즈(FT)〉가 보도했다. 이들 두 회사는 인도와 제3국에서 원유와 천연가스전의 탐사와 확보 · 생산 등에서 협력체제를 구축하고 정유와 석유화학 공장을 공동설립하고, 또 에너지 제품 유통망 확보 등 유통체계 개선에도 공조체계를 갖추기로 했다. 또 쉘이 첨단 탐사기법을 통해서 ONGC 소유 천연가스전을 개발해 상품화하는 방안도 합의했다.

또 이에 앞서 영국의 브리티쉬 페트롤리엄(BP)과 인도의 힌두스탄 페트롤리엄(HP)이 2005년 말에 전략적 제휴를 체결한 바 있다.

5. 인도와 프랑스[54)]

자크 시라크 프랑스 대통령은 인도를 방문하여 만모한 싱 인도 총리와 2006년 2월 20일 양국이 국방 분야의 상호 협력을 확대해 나가기로 합의했다.

양국 정상은 2004년 회계년도에 42억 달러였던 양국 간의 교역 규모를 5년 내에 2배로 늘리기로 합의했고, 또 무기의 조달과 연구 · 개발 · 합동 군사훈련 · 전문가 교환 프로그램 등에 관한 국방협력도 체결했다.

또 시라크 대통령 방문기간 중 인디아 에어라인은 에어버스 항공기 43대를 25억 달러에 구매하는 계약도 공식 체결했다.

특히 프랑스 정부는 자국의 핵기술과 장비를 인도에 공급하는 데 주력하고 있다. 도미니크 기라드 주(駐) 인도 프랑스 대사는 "러시아는 핵기술의 정교함이 떨어지고, 미국은 오랫동안 핵시설을 세우지 않았다. 프랑스는 인도에 기술과 장비뿐만 아니라 모든 것을 제공할 수 있는 나라이다."라고 강조했다.

6. 인도와 일본[55)]

일본은 인도를 이용하여 중국과의 동아시아 주도권 경쟁에서 중국의 부상에 제동을 걸어 유리한 고지를 점령하기 위해서, 또 일본이 인도와 유엔안전보장이사회 상임이사국 공동진출이라는 목표를 달성하기 위해서 인도와의 협력관계를 강화하고자 노력하고 있다.

이러한 목표를 이루기 위해 "아소 다로 일본 외상이 2006년 1월 인도를 방문하여 외무장관급 전략대화 및 자유무역협정(FTA)을 체결할 것을 약속하였다. 또 모리 전(前) 일본 총리도 인도를 방문하여 글로벌 파트너십을 구축하고 경제협력과 인적교류를 활성화할 것을 합의했다."고 니혼게이자이 신문이 보도했다.

또 니혼게이자이 신문은 2006년 2월 5일 "일본은 오는 2010년까지 인도와 자유무역협정(FTA)을 체결하는 방안할 추진할 것"이라고 보도했다.

일본은 현재 싱가포르 · 멕시코와 FTA를 체결한 상태이며, 앞으로 1년 이내에 말레이지아 · 태국 · 필리핀과 FTA 협정에 설명할 예정이다. 또 동남아시아 국가연합 등과도 협상을 진행하고 있는 중이다.

2006년 6월 16일에는 일본은 동경에서 일본－인도 통상 회의 장관을 개최하여 일본 중소기업들의 인도 진출 지원을 확대하기로 합의했으며, 7월에는 인도에 3번째 JETRO(일본무역진흥협회) 사무실을 개설하여, 인도에 진출해 있는 일본 기업들에게 컨설팅 등의 서비스를 강화하기로 했다.

7. 인도와 대만[56)]

대만(Taiwan)은 중국 본토에 대한 경제의존도를 낮추기 위해 남향(南向) 투자 정책의 일환으로 베트남과 필리핀에 이어 인도를 주요 거점으로 확보하여, 해외시장 개척에 적극 나서고 있다고 2006년 2월 16일 대한무역진흥공사(KOTRA)가 전했다.

대만은 인도와 '대만－인도 투자 추진 보호 협정'을 맺었는데, 이 협정에는 양국간 투자 관련 무역분쟁의 해결 이외에도, 무역협회의 추천서만으로도 비지니스 비자가 발급되도록 하여 양국 간의 자유로운 입출국을 가능하게 하는 내용이 포함되어 있다.

또 대만과 인도 정부는 양국간 상호교류 및 대만의 인도 직접투자를 확대하기 위해 2006년 2월 11일 대만－인도 협력회의(Taiwan－India Cooperation Council, TICC)를 설립하고, 앞으로 인도와의 포괄적 경제 협력 방안에 대한 논의를 진행하고, 또 사업 및 학문 공존에 나선다고 〈파이낸셜 타임즈〉가 2006년 1월 17일 보도했다.

2005년 말 기준으로 대만 기업의 인도 투자는 정보 · 전자 · 식품 · 방직 · 기계 · 컴퓨터 · 자동차 부품 등 분야에서 약 1억 달러에 이르고 있는데, 이는 대(對) 중국 투자액 500억 달러에 비하면 매우 낮은 수준이다.

8. 인도와 태국, 사우디 아라비아, 오스트레일리아

그 밖에도 세계 각국들이 인도와의 외교 및 경제관계를 강화하고 있는 사례를 몇 가지 정리하면 다음과 같다.

태국은 인도와 자유무역협정(FTA)을 체결하였는데, 이 협정은 2004년 4월부터 발효되었다.[57)]

사우디 아라비아는 2006년 1월 30일 중국에 이어 인도와도 전략적인 에너지 파트너십 구축에 합의했다. 이에 따라 사우디아라비아는 인도에 원유 공급을 늘리는 한편, 양국 석유업계 간의 협력이 강화되고 또 제3국의 에너지원 개발에도 협력하게 되었다.[58)]

또 오스트레일리아(호주)의 존 하워드 총리는 2006년 3월 6일 인도를 방문하여 인도의 관심사인 우라늄 수출문제 등을 협의했고, 양국 간의 자유무역협정(FTA) 체결을 추진하기로 합의했다.[59)]

9. 인도와 한국[60)]

한국과 인도는 2006년 2월 7일, '포괄적 경제동반자협정(Comprehensive Economic Partnership Agreement, CEPA) 추진을 위한 공동 성명에 서명하고 협상 개시를 공식선언했다. 이 공동성명에서, 양국은 경제 상호 보완성과 잠재력을 확인하고 제품 · 서비스 교역 · 투자 · 경제 협력 등을 포함하는 포괄적 범위의 CEPA를 2007년 말까지 체결하기로 합의했다.

CEPA는 자유무역협정(FTA)의 일종으로, 상품 교역뿐만 아니라 서비스 교역 · 투자 · 경제협력 등을 포괄하는 의미로 사용된다.

현장 정보

■ 세계 각국의 정계 · 재계 인사들의 인도 방문 쇄도[61)]

2005년부터, 특히 2006년에 들어서면서부터는 세계 각국의 주요 인사들이 부쩍 많이 인도를 방문하고 있다. 영어와 IT에 능숙한 우수한 과학기술 인력과 수많은 지하자원을 보유하고 있으며, 현재의 중산층만하더라도 3억 명이 넘는, 그렇지만 1인당 국민소득(GDP)은 약 518달러에 머물러 있는, 다른 말로 하자면 앞으로 무한한 경제성장이 예상되는, 인구 약 11억 명의 거대시장인 인도의 가치를 그만큼 높게 평가하고 있기 때문이다.

2005년 4월에는 원자바오 중국 총리가 무역증대방안 등을 협력하기 위해서, 또 같은 날 고이즈미 준이치로 일본 총리는 유엔 안보리 상임이사국 진출 협력 및 세일즈 외교를 위해서, 12월에는 빌게이츠 마이크로 소프트 회장이 2006년부터 4년간 인도에 17억 달러를 투자하고, 인도내 직원을 4000 명에서 7000 명으로 늘리겠다는 등 인도투자계획을 수립하고 발표하기 위해 인도를 방문했다.

2006년 1월에는 압둘라 사우디 아라비아 국왕이 고도성장을 거듭하고 있는 인도가 앞으로 더 많이 사용할 석유의 수출확대 등 전략적 에너지 협력을 위해서, 2월에는 자크 시라크 프랑스 대통령이 에어버스 20대를 판매하기 위해서, 또 세계 최대의 전자상거래 업체인 '이베이'의 맥 휘트먼 회장이 인도를 해외 제1의 투자 거점으로 삼기 위한 투자계획을 수립하기 위해서, 3월에는 조지 부시 미국 대통령이 원자력 및 핵무기 발전 협력 등을 위해서 인도를 방문했다. 호주의 존 하워드 총리 역시 인도와의 경제 협력을 위해 인도를 찾았다.

이러한 주요 인사들의 방문 이외에도, 현재 인도에서는 소프트웨어 · 자동차 · 철강 · 전자 · 섬유 등 업종별로 다양한 전시회와 세미나가 거의 매일 열리고 있으며, 전 세계 비즈니스맨들이 몰려들면서 뉴델리와 뭄바이 등은 대단한 활기를 보이고 있다. 뉴델리의 인디라 간디 국제공항출입국 로비의 70~80%는 외국인이라고 할 수 있으며, 뉴델리의 대형 호텔 객실은 이미 몇 개월 후까지 예약이 완료되어 객실을 구할 수 없을 정도이다.

제5절 해외 기업을 사냥하는 인도 기업들

1. 서 론[62)]

인도 경제의 성장에 힘입어 급성장하는 인도 대기업들이 거대자본을 앞세워 해외기업 인수에 나서기 시작했다.

인도로 몰려드는 외국인 투자자금을 이용해 기술과 자본을 축적한 인도 대기업들이 이제는 거꾸로 해외기업을 사들이고 있는 것이다. 자동차 부품업체와 제약업체 및 통신 등 다양한 업종에서 해외기업인수가 활발하게 이루어졌다.

인도는 10여 년 전만 하더라도 외화유출을 우려해 외국기업 인수를 제한했었다. 그러나 증권시장 활황과 인도 내 외국인 투자증대로 외환 보유액이 1400억 달러를 넘게 되자 이러한 제한이 풀리게 되었다고 〈비지니스 위크〉가 설명했다. 이제 해외기업 인수에는 정부로부터 별도의 허가를 받지 않아도 되는 상황이다.

인도의 외국기업 사냥은 중국과 달리, 기술력을 갖춘 수익성 높은 매물에만 관심을 갖고 있으며, 평균 인수금액 3000만 달러대로서 중소 규모 기업 위주로 진행되고 있어서, 중국처럼 상대국의 반발을 사지 않으면서도 차분히 진행되고 있다고 비즈니스 위크는 보도했다.

마니샤 기로트라 UBS 인도 대표는 "중소규모 기업들도 해외기업 인수가능성을 타진할 정도이다. 인도의 저비용 생산지기를 기반으로 해외 신시장을 개척하려는 것이 목적"이라고 말했다.

〈비지니스 위크〉는 통신 · 자동차 · 자동차부품 · 제약 · 철강 등 분야에서 세계적 경쟁력을 키운 인도 기업들이 외국 회사 인수를 통해 해외 마케팅과 유통 노하우까지 강화하려 한다고 분석했다. 또 인도 신용평가사인 크리실의 R.라비모한 이사는 "최근 인도 기업들이 해외기업을 인수하는 것은 단편적인 현상이 아니라 구조적 변화를 의미하는 것이다. 각 산업에서 상위 2~3개 기업은 국제 경쟁력을 갖추고 있기 때문에, 해외 M&A를 통해 글로벌 시장에 진출하려 하고 있다"고 설명했다.

이와 함께 그 동안 경쟁력으로 승부했던 인도 기업들이 이제는 브랜드의 필요성을 느끼면서 해외 유명 기업의 매입을 통해 도약하려는 전략으로 풀이된다.[63)]

2. 사 례[64)]

인도 기업들이 해외기업을 사들인 몇 가지 예를 보자.

① 영국의 엔지니어링 디자인 회사인 인카트(INCAT), 미국의 제약회사인 밸리언트 파마가 인도기업에 인수되었다. 또 이탈리아 · 벨기에 · 루마니아의 제약 업체들을 3억2400만 달러에 인수했다.

② 인도의 제약 업체인 랜백시는 프랑스의 제약회사인 아벤티스의 일반의약품 생산사업 부분을 6100만 달러에 사들였다.

③ 이동 통신 사업자인 릴라이언스 인포콤은 영국의 해저케이블 업체인 플랙텔레콤을 2억1100만 달러에 인수했다.

④ ONGC 비데시 에너지 그룹은 수단의 유정(油井) 2곳을 7억5000만 달러에 인수했다.

⑤ 아디타벌라 그룹은 이집트의 섬유회사와 중국의 카본블랙 제조업체, 그리고 호주의 구리 광산을 잇달아 인수했다.

⑥ 인도 타타 그룹의 자회사인 타타 자동차(TaTa Motors)는 한국의 대우 쌍용차를 1억 200만 달러에 인수했다.

⑦ 인도 2위의 철강 업체인 타타철강은 싱가포르 냇스틸의 철강사업 부문을 2억 8500만 달러에 인수했다. 또 타타철강은 2006년 10월 영국 코러스 그룹을 81억 달러에 인수함으로써, 세계 56위의 철강업체에서 단숨에 6위로 뛰어올랐다.

⑧ 인도 출신의 철강재벌 락슈미 미탈은 자신의 이스팟(Ispat) 철강과 LNM 홀딩스를 통해 미국의 인터내셔널 철강 그룹(ISG)를 45억 달러에 인수했다.

⑨ 세계 2위의 자동차 부품 업체인 바라트 포지는 이마트라 킬스타(스웨덴)와 스코티시 스태밍스(영국) 등 선진국 부품업체들을 잇달아 인수했다.

⑩ 뭄바이의 TV 생산업체인 비디오콘은 프랑스 가전업체인 톰슨의 컬러 TV 튜브 제작공장을 2억 6340만 달러에 사들였다.

⑪ 인도의 제약 회사인 매트릭스 래보라토리즈는 중국의 제네릭(복제약) 업체인 엠켐을 인수한 데 이어, 벨기에 제약업체인 독파르마를 2억 달러에 매입했다.

⑫ 인도의 타타 케미컬은 영국의 소다회 생산업체인 브루너몬드를 1억 1200만 달러에 사들였다.

이와 같이 인도기업들이 외국기업들을 인수합병한 사례와 금액을 보면, 인도기업들이 기업인수에 투입한 자금이 2001년에는 1억 7000만 달러, 2002년에는 2억 200만 달러였으나, 2005년에는 37억 달러(134건)에 달한다. 2006년에는 전년도보다 더욱 빠른 속도로 인도기업들이 외국기업들은 인수하고 있다고 월스트리저널(WSJ)과 영국의 시장조사 기관인 딜로딕 홀딩스가 보도했다.

제6절 인도의 미래 전망

1. 인도의 '비전 2020' 중장기 전략[65)]

인도는 '비전 2020' 이란 중장기 발전 전략을 수립하여 지난 15년 간의 경제 개방 성과를 더욱 높이고, 또한 사회개혁을 위한 노력을 계속하고 있다.

인도경제인연합회(CII)의 구르필 싱 부회장은 "인도는 앞으로 30년 내인 2035년 까지는 현재 2위인 일본과 3위인 독일을 제치고 중국과 미국에 이어 세계 3위의 경제 대국으로 도약할 수 있을 것으로 확신한다"고 말했다.

또 나브테즈 사르나 공보관은 "연간 7~8%의 경제성장과 사회개혁이 지속적으로 이루어지면, 늦어도 2020년에는 올림픽을 유치하여 전 세계인이 뉴델리에서 올림픽 경기를 볼 수 있을 것"이라고 강조했다.

인도는 경제개방정책을 시행한 1991년 이전에는 폐쇄적인 경제체제를 고집하는 바람에 3%대의 저성장에 머물렀으나, 개방정책과 함께 성장동력으로 강력히 추진했던 정보기술과 지식산업 부문이 성과를 내기 시작하면서 1996년 이후에는 매년 6~7%의 성장을 계속하고 있다.

현장 정보

■ 압둘 칼람 인도 대통령이 작성한 '인디아 비전'[66)]

압둘 칼람(A.P.J. Abdul Kalam) 인도 대통령은 이제 바야흐로 잠에서 깨어나기 시작한 인도가 꿈꾸는 미래의 목적지에 도달하기 위해서 가장 중요한 엔진은 '비전과 리더십' 이라고 보고 있다. 인도가 비록 풍부한 자연자원과 방대한 인간자원을 가지고 있다고 하더라도 항구를 출발한 배를 목적지까지 인도하는 '비전(Vision)' 과, 국민의 얼굴에 흐르는 눈물을 닦아줌으로써 국가를 하나로 만들고 국민을 하나로 만들며 그래서 국민에게 진정으로 신뢰받는 '리더십(leadership)' 이 없으면, 이러한 모든 자연자원과 인간자원은 잠재력에 불과할 뿐 현실화되지 않는다는 것이다.

그래서 그는 인도가 지향해야 할 비전과 리더십을 찾기 위해 2002년 대통령 취임 직후 10만 명의 초 · 중등학교 학생과 고등학생을 만나고 또 인도의 28개 모든 주를 방문하고 모든 계층의 사람과 대화하며 그들의 고통과 꿈과 마음과 능력을 읽었으며, 이렇게 해서 만들어진 것이, 그가 저술한 '새 천년을 위한 비전(A Vision for the New Millennium)' 및 '인도－나의 꿈(India-my dream)' 이다.

또한 칼람 대통령은 자신이 저술한 '불의 날개(Wings of Fire)' 를 통해, 이러한 인디아 비전을 달성하기 위해서는 인도의 젊은이들은 저마다의 가슴에 불의 날개를 달아야 한다고 주장했다. 인도 젊은이들의 가슴 속에 타오르는 불꽃이야말로 인도를 천

년의 가난과 낙후에서 벗어나게 하여 선진 강대국들의 대열에 들어가게 하는 가장 강력한 에너지라고 하였다.

그는 인도가 이렇게 '비전'을 가지고 항해하며, '리더십'으로서 국민을 통합시키고 그들의 고통을 어루만지고, 또 젊은이들의 가슴 속에 타오르는 '불꽃의 날개'를 가지고 인도의 에너지를 집중시킨다면, 인도는 자연자원과 인간자원 및 과학기술 그리고 경제력을 하나로 연결하고, 사회적 기회를 모든 국민에게 제공함으로써 인도의 잠재력을 재발견하고, 좌절 및 굴욕의 세월과 영원히 이별할 수 있다고 강조했다.

이처럼 꿈(dream)과 비전(vision)을 강조한 압둘 칼람 대통령의 소년시절 꿈은 '전투기 조종사'가 되는 것이었다. 그러나 그는 1950년 공군조종사 시험에서 떨어졌고, 그 후 꿈은 비행체를 연구하는 과학자로 변했으며, 결국 그는 1998년 인도의 수소폭탄 · 원자폭탄 실험 당시 이를 총괄하는 군사과학 전문가로 성공하였다.[67)]

하지만 그는 못내 이루지 못했던 '전투기 조종사의 꿈'을 기어이 이루기 위해서, 2006년 6월 19일 74세의 나이로, 인도 중부 푸네의 로헤가온 공군 기지에서 IAF Sukhoi(수호이) 30 MKI 편대의 아자이 라토이 중령이 조종하는 2인승 전투기 뒷 좌석에 탑승했다. IAF Sukhoi 30 MKI 전투기는 2만 5000 피트(약 7500m) 상공까지 올라갔으며, 음속도 돌파했다. 비행을 마친 후 압둘 칼람 대통령은 "아름다운 경험이었다. 겁이 날 틈도 없었다. 잠깐 조종도 해봤다"며 소년 시절 꿈을 이룬 데 대하여 감격을 나타냈다.[68)]

---

2. 골드만 삭스의 예측[69)]

이러한 인도의 '비전 2020'을 뒷받침해 주는 연구보고서 중의 하나가 골드만 삭스에서 발표한 〈Global Paper 99〉이다. 골드만 삭스는 이 보고서에서 "인도는 2013년이면 이탈리아를, 2018년에는 영국을, 2040년이면 일본을 제치고 세계 3대 경제대국에 올라설 것이다. 그리고 2050년에는 인도의 경제규모가 일본의 3배를 넘을 것이다."라고 예측했다.

이러한 예측의 기반으로서 골드만 삭스는

- 지난 15년간 인도의 평균 경제성장률이 6%로서 중국에 이어 세계 2위이고,
- 세계 500대 기업 중 125개 이상이 인도에 R&D 거점을 가지고 있으며,
- 2006년 IT 관련업계 수익이 360억 달러 이상에 달하고,
- 케이블 TV나 위성 TV의 보유가구수가 6,600만 가구에 달하고
- 이동전화 소유인구가 8000만 명(매달 250만 명이 신규가입)에 달하는 등

멈출 줄 모르는 성장세를 거듭하고 있다는 점을 들었다.

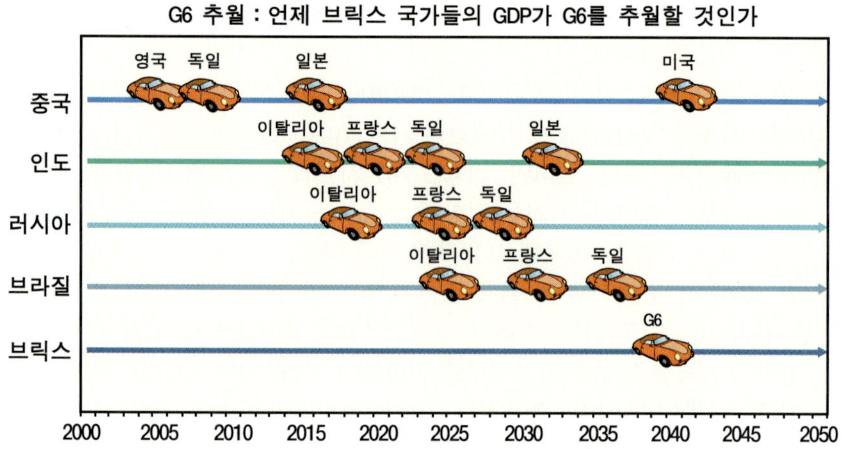

그림 1-3 BRICs 국가들이 G6 국가들을 초월하는 시점[70)]
(자동차 모습은 BRICs 국가들이 GDP 측면에서 언제 G6국가들을 초월하는가를 나타낸다.)

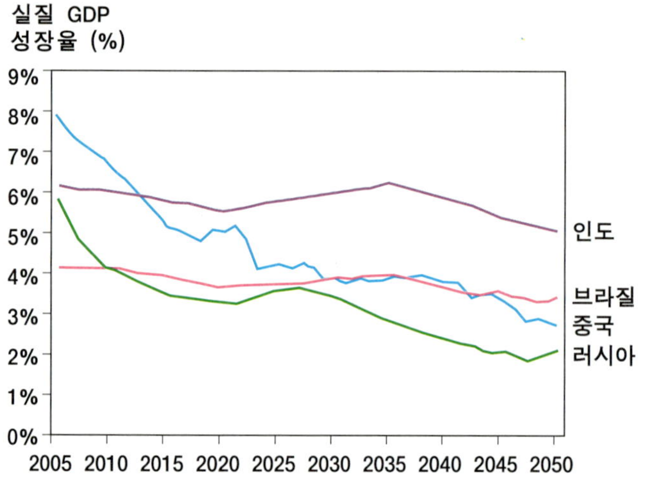

그림 1 - 4 브릭스국가들의 실질 GNP 성장률 예측[71)]

그림 1-3은 브릭스(BRICs) 국가들, 즉 브라질 · 러시아 · 인도 · 중국이 GDP 측면에서 G6 국가들(미국, 일본, 영국, 독일, 프랑스, 이탈리아)을 초월하는 시점을 나타내고 있다.

또 그림 1-4는 브릭스국가들 중 인도가 앞으로 2050년까지 실질 GDP 측면에서 가장 빠르게 성장하는 잠재력을 가지고 있다는 것을 보여준다.

3. 도이치 은행의 예측 — 인도, 2020년에는 세계 3위 경제대국[72)]

또, 향후 15년간 인도가 가장 높은 경제성장률을 유지하여, 2020년에는 일본을 제치고 세계 3위의 경제 대국으로 올라설 것이라는 보고서가 나왔다.

도이치 은행(Deutch Bank)이 최근 주요 32개국을 대상으로 인구증가율 · 인적자본 · 무역개방성 등을 주요 분석요소로 삼은 '포멜 G 분석 모델'을 이용하여 조사한 보고서에 따르면, 2020년의 국가별 GDP(구매력 기준) 규모는 미국이 1위를 유지하고, 중국이 2위이며, 인도가 3위를 차지할 것으로 분석되었다. 4위에서 8위까지는 일본, 독일, 프랑스, 브라질, 영국 순이었다. 한국은 21위로 예상되었다.

한편, 2020년의 1인당 국민소득 전망치는 미국은 5만 달러로 1위, 한국은 2만 3천달러로 21위, 중국은 9천 달러로 29위, 인도는 5천 달러로 31위를 차지할 것으로 예측되었다. 또 도이치 은행은 2006년부터 2020년까지 연평균 경제성장률이 높은 나라로는 인도가 1위로 5.5%, 말레이시아 2위(5.4%), 중국 3위(5.2%), 태국 4위(4.5%), 터키 5위(4.1%) 순으로 조사되었다고 밝혔다. 한국은 8위(3.3%)를 기록할 것으로 전망되었다.

4. 경제전략연구소(ESI)의 예측[73)]

한편, 미국 워싱턴의 경제전략연구소(ESI) 클라이드 프레스토 위츠 소장은 다음과 같은 점을 지적하며, 인도가 앞으로 45년 후에는 미국과 중국을 앞질러 세계 최대 경제대국으로 떠오를 것이라고 전망했다.

① 인도의 자존심으로 불리는 인도 공과대학(IIT)는 세계 어느 대학에도 뒤떨어지지 않는 뛰어난 경쟁력을 갖고 있다.

② 인구 증가세(인구증가율 1.4%)가 계속되고 있는 인도는 전체 인구의 절반이 25세 이하의 젊은 나라이다.(인도의 평균연령은 24.7세, 중국은 32.3세).[74)]

③ 지금까지 인도의 경제성장은, 정부의 각종 규제를 완화하고 민간기업들의 공격적인 투자를 촉진하는 데 초점을 맞추어 제조업 중심으로 성장해 온 중국과 달리, 혁신적인 서비스와 첨단 제품 생산을 위한 기반을 갖추어 왔다. 즉, 인도의 기업 문화가 중국보다 성장에 유리하다.

④ 인도 금융기관은 시장 친화적이고 인도 국민들은 영어를 자유롭게 사용할 수 있다는 강점을 지니고 있다.

5. 50년 후의 G7 판도[75)]

국제금융시장은 물론이고 세계 경제에 막강한 영향력을 행사하는 G7(선진 7개국) 국가는, (국내총생산 규모순으로) 현재 미국 · 일본 · 독일 · 영국 · 프랑스 · 이탈리아 · 캐나다로 구성되어 있다. 앞으로 50년 후에는 G7은 어떻게 구성되어 있을까?

미국 투자은행 골드만 삭스는 〈2050년 세계경제보고서〉에서 "50년 후 G7에는 독일 · 프랑스 · 이탈리아 · 캐나다가 탈락하고 그 대신 브릭스(BRICS) 국가들, 즉 브라질 · 러시아 · 인도 · 중국이 들어가게 될 것"이라고 전망했다. 2050년에도 G7 체계가 존속될 경우, G7에 그대로 남아 있는 국가는 미국 · 일본 · 영국 뿐이며, 중국 · 인도 · 브라질 · 러시아가 독일 · 프랑스 · 이탈리아 · 캐나다를 제치고 G7이 된다는 것이다.

골드만 삭스는 경제성장률 · 환율 · 인구증가율 · 증시 성장률 등을 기준으로 주요국가들의 GDP 총액을 산출해, 오는 2050년 '경제대국 G7'을 이와 같이 선정했다. 또한 2050년 쯤 세계 최대 경제대국은 1위가 중국, 2위는 미국, 3위는 인도, 4위는 일본, 5위는 브라질, 6위는 러시아가 차지하고, 영국은 7위로서 간신히 G7 지위를 유지할 것으로 예상했다.

50년 후 중국의 GDP는 45조 달러(현재 세계 각국의 GDP 합계는 약 34조 달러)에 달해 GDP가 35조 달러에 그칠 미국을 누르고 세계 최대 경제대국이 된다는 것이다.

(현재는 10위권에도 못들고 있는) 인도의 GDP는 28조 달러, 일본의 GDP는 (현재의 4조 3천억 달러에 비해 그다지 늘지 않은) 6조 달러 수준에 머물 것으로 분석했다.

6. ICRIER의 전망 — 인도, 2015년 세계 3위 경제대국, 2035년에는 세계 '제3의 축'으로 발전[76]

인도 국제경제관계연구소(ICRIER)의 아르빈드 비르마니 소장은 아시아 개발은행(ADB)이 발표한 '인도 경제 게시판'의 기고에서 "인도는 오는 2035년이면 세계 GDP(국내 총생산)에서 중국이 30%, 미국이 16%, 그리고 인도가 14.3% 비중을 차지할 것이며, 이에 따라 인도는 세계에서 제3의 축(the third pole)으로 발전하면서 세계 경제성장을 주도할 것"이라고 전망했다.

그는 또 "세계 경제에서 미국이 차지하는 비중이 현재는 21%이지만 미국은 2025년에는 18%로 떨어지는 반면, 인도는 지금의 6%에서 11.2%로 증가하면서 미국 경제의 60%에 육박할 것"이라고 예측했다.

비르마니 소장은 또 "인도 경제는 구매력 기준으로 이미 세계 4위이며, 10년 후인 2015년에는 세계 경제의 8.2%로 인도 경제의 비중이 커지면서 일본을 제치고 세계 3위의 경제 대국으로 부상할 것"이라고 강조했다.

현장 정보

■ 아시안 트라이앵글 — 중국 · 일본 · 인도 체제로 편성[77]

그동안 일본 · 중국과 함께 아시아 경제를 이끌어 온 한국이 '아시안 트라이앵글'(Asian Triangle), 즉 아시아 삼각 경제편대 대열에서 인도에 밀리면서 낙오될 위기에 처해 있다. 이 대열에서 낙오한다는 것은 외국기업이나 투자자들 사이에서 주목을 받지 못한다는 심리적 변화와 더불어 아시아와 세계 경제성장 축에서 밀려난다는 것을 의미한다.

따라서 만일 한국이 이 대열에서 탈락되면, 투자라든지 교역 대상 우선 순위에서 밀리게 됨으로써 외국인들이 기본적인 투자 포트폴리오에서 누락되어 국제 사회 외톨이로 전락할 수 있다.

이러한 움직임은 2006년초 스위스 다보스에서 열렸던 세계 경제 포럼(WEF)에서부터 나타나기 시작했다. 전 세계의 정계 · 재계 주요 인사들이 참석해 앞으로 1년 동안의 핵심 문제를 진단하는 이 포럼에서는 '중국과 인도의 부각'을 5가지 주제 가운데 하나로 선정해 토론을 벌였다.

일본 경제는 사상 두 번째로 긴 호황기를 맞으며, 상장기업들의 설비투자 확대 발표가 매일 이어지고 있고, 상장기업 주식 배당금이 처음으로 10조 원을 돌파할 정도로 이익이 많아지고 있다.

중국은 견고한 경제 성장을 바탕으로 공격적으로 세계로 뻗어나가고 있으며, 향후 5년 이상 8%가 넘는 고성장을 계속할 전망이다.

인도 역시 8%를 훨씬 넘는 고성장을 유지해 가며 빠른 시간 내에 '세계 3대 경제대국'으로 등장한다는 꿈을 키우고 있다. 인도는 '비전 2020'을 수립 · 달성함으로써 현재 600 달러에 못미치는 1인당 소득을 4배 이상으로 끌어올린다는 목표를 향해 달려가고 있다.

제7절 인도 시장이 갖는 매력

1. 인도의 시장 매력[78]

1991년 외국인 투자자유화 · 무역장벽완화 등 개방경제 체제로 전환하면서 서서히 체질을 개선해 온 인도는, 중국에 이어 세계 두 번째 인구 대국이라는 막강한 시장 규모를 바탕으로 전세계인들에게 기회의 땅으로 떠오르고 있다. 여기에 더하여 선진국과 대등한 기초과학 수준, 우수한 정보기술(IT) 산업 경쟁력, 미국 · 러시아 · 중국 · 유럽 등을 적절히 균형있게 활용하고 있는 정치적 · 경제적 · 외교적 실력을 지렛대 삼아 수천 년간 감추어졌던 잠재력을 발휘하기 시작한 것이다.

메릴린치 증권은 인도의 경제 규모가 2010년에는 현재의 2배로 성장할 것으로 예측했다. 중산층의 발전도 눈에 띈다. 최근의 경제 성장을 바탕으로 11억 인구의 15% 정도가 구매력을 갖춘 중산층으로 도약하고 있다.[79]

경제성장률은 2003년 7.4%, 2004년 9.1%, 2005년 10.2%에 달함으로써 인도경제의 힘을 유감없이 보여주고 있다. 인도의 미래 경제 역시 대단히 낙관적으로 예상되고 있다. 세계적 투자은행 골드만 삭스는 인도가 2015년에서 2050년까지 일본, 독일, 미국, 나아가 고도성장을 계속하고 있는 중국을 앞질러 경제규모 면에서 세계 1위를 차지할 것으로 내다보고 있다.

특히 벵갈루루로 대변되는 IT 산업의 발전은 눈부실 정도이다.

IT 산업뿐만 아니라 서비스업과 더불어 경제 발전을 견인하고 있는 제조업은 최근 10% 내외의 성장세를 보이며 외화 수입의 선봉대 역할을 하고 있다.

인도 재무장관은 최근 "인도가 세계의 글로벌 제조업 허브(hub)로 떠오를 것"이라고 자신감을 보였다. 또 경제 예측기관인 글로벌 인사이트는 "2010년~2025년 사이 인도의 평균 외화 보유액은 3,360억 달러에 이를 것"으로 추정했다.

이러한 인도의 장밋빛 미래를 바라보는 세계 각국은 인도진출에 더욱 속도를 내기 시작했다. 예를 들면, 외국인 직접투자(FDI)는 2001년부터 연평균 31억 달러에 이를 정도로 견조하다.

한국 기업들의 진출도 꾸준히 증가하고 있다. 1990년대 중반 · 후반부터 상륙하기 시작한 전자(LG전자 · 삼성전자)와 자동차(현대차)를 중심으로 150개 가량의 관련 업체가 인도에서 활동하고 있다. 한국과 인도 간의 교역 규모도 2000년대 들어 연평균 24%씩 성장하고 있다.

그러나 인도 시장의 규모와 잠재력에 비하면, 한국 기업들의 진출은 오직 몇몇 업종과 대기업에 국한되어 있어서 너무나 부족한 실정이다.

한국뿐만 아니라 다른 나라의 경우도 인도에의 FDI 금액을 보면, 중국 투자의 10분의 1 규모에 불과하다.[80]

이러한 가장 큰 이유는 인도에 대한 '무지(無知)' 탓이라고 할 수 있다. 인도의 역사, 지리, 법률, 통치제도, 정치제도, 경제 시스템, 문화, 관습 등이 자기 나라들과는 너무도 낯선 까닭에 선뜻 도전하기가 어려울 뿐만 아니라 막상 진출해도 난관에 봉착하는 일이 다반사이기 때문이다.

2. 인도의 미래 경쟁력[81]

인도는 구매력 평가기준(Purchasing Power Parity) 면에서 국내총생산(GDP)이 미화 (U$) 3조 달러를 넘는 세계 4대 경제국이며, 또한 인도는 매년 8~9%의 성장을 거듭하고 있는 고성장 국가이다. 또한 전세계적으로도 해외 직접투자(Foreign Direct Investment, FDI) 유치에 가장 유력한 국가로 선호되고 있을 만큼 장기적으로 급성장이 예상되는 국가이다. 그리고 인도는 국가의 지속적인 성장을 위해 해외 직접투자뿐만 아니라 제조업을 비롯한 거의 모든 분야에 대한 투자의 문호를 열고 있을 만큼 개방의 물결이 빠르게 진행되고 있다.

이러한 모든 상황은 인도 정부가 강압이 아닌 원칙과 합의에 의해 구조 조정과 자유화를 추구하고 있다는 점에서, 그리고 국가 지도자들이 인도를 발전·성장시키겠다고 하는 열망이 크다는 점에서, 인도가 미래에는 더욱 세계적인 경쟁력을 갖추게 될 것으로 예상된다.

3. 인도 시장에 투자해야 하는 이유

아래에서는 인도가 투자 매력지임을 주장하는 몇 가지 제안들을 살펴보기로 한다.

(1) 주한 인도 대사관[82)]

주한 (駐韓) 인도 대사관에서는 "왜 인도에 투자해야 하는가?"라는 주제 아래 다음과 같은 사항을 인도 투자의 매력으로 제시하고 있다.

① 구매력 평가기준 측면에서, 미국·중국·일본에 이어 세계에서 4번째의 경제 규모를 갖고 있는 나라이다.

② 빠른 경제 성장률과 더불어 3억 명이 넘는 대규모 중산층 소비시장을 가지고 있다.

③ 국가 전반에 걸쳐 다양한 대규모 산업기반시설(infrastructure)을 갖추려는 노력을 계속하고 있다.

④ 국민총생산의 75%에 달하는 탄탄하고 안정된 민간 부문을 보유하고 있다.

⑤ 어떠한 분야의 제조업이라도 수용할 수 있을 만큼 국토 면적이 넓고, 또한 제조업 기술력을 계속 확보해 가고 있다.

⑥ 선진화된 연구개발 기반시설(R&D infrastructure)과 기술 및 마케팅 서비스 능력이 뛰어나다. 특히 인도는 세계에서 3번째의 인공위성 및 과학기술 인프라 생산국이다.

⑦ 풍부한 천연자원을 보유하고 있고, 농업 부문의 자급자족이 가능하다. 특히 인도는 세계 최대의 설탕·우유·차·바나나·코코넛·버터 등의 생산국이며, 세계 두 번째의 쌀·밀·땅콩 등의 생산국이다.

⑧ 63,000개 이상의 지점을 연결한 상업 전산망을 기반으로 한 선진 뱅킹(banking) 시스템이 구축되어 있다.

⑨ 고도의 기술력과 임금 경쟁력을 갖춘 의욕적이고 창의적인 노동 인력이 존재한다.

⑩ 비즈니스 언어인 영어를 인도 국민들 대다수가 사용하고 있기 때문에, 투자자가 인도에서의 성공을 배경으로 동남 아시아 시장에 대한 전략적 접근을 용이하게 할 수 있다.

⑪ 교육 분야에서 세계 수준의 교육 시스템과 우수한 교사 · 교수들을 확보하고 있다.

⑫ 외국 투자자들을 위하여 경상 계정 호환성(Current Account Convertibility) 및 자본 계정 호환성(Capital Account Convertibility)이 이루어지고 있다.

⑬ 사법부가 독립되어 있고, 법률체계가 선진화되어 있다.

⑭ 견고하고 투명한 회계 시스템(accounting system)이 구축되어 있다.

⑮ 자유롭고 활발한 언론매체(media)를 보유하고 있고, 지적 재산권을 법적으로 보호하고 있다.

⑯ 안정되고 성숙되어 있으며 활기 넘치는 모범적인 민주주의 제도를 갖추고 있으며, 또 민주정치를 기반으로 하여 민주주의를 구현하고 있다.

(2) 맥킨치 컨설팅의 인도 부문 회장 – 인도에 투자해야 할 5가지 이유[83)]

전략 컨설팅 회사인 맥킨지의 란짓 판딧 인도 부문 회장은 "① 친기업 개방 정책 ② 영 · 미식 법률 제도 ③ 선진 금융 시스템 ④ 다양한 인력 풀 ⑤ 강력한 지적재산권 보호 등 최소한 5가지 점에서 인도가 중국보다 낫다."며 다음과 같이 한국 기업의 인도 투자를 적극 권유했다.

1) 정치권의 강력한 개방의지와 친기업(親企業) 정책

인도는 지난 1985년 라지브 간디 총리 이래로 20여 년 동안 여야(與野)가 번갈아 집권했지만 꾸준하게 개방 노선을 걸어왔다. 그 결과 생산성과 투자가 증가했고, 인도와 인도기업의 경쟁력은 중국에 뒤지지 않을 만큼 향상되었다.

인도가 개방정책에 매달리는 이유는, 인도는 매년 2000만 명의 젊은이가 노동시장에 새롭게 유입되는 거대한 나라이므로 개방하지 않으면 고용을 창출할 수 없고, 국민에게 일자리를 주지 못하면 정권도 살아 남을 수 없기 때문이다. 현재 인도 정부는 외국인 투자를 끌어들이기 위해 간접세 인하, 경영자가 고용 · 해고를 좀더 자유롭게 할 수 있는 노동법 개정, 특별 경제 구역(Special Econonic Zone, SEZ, 경제 특구) 확대 등 다양한 정책을 추진 중이다. 이를 통해 인도 경제는 적어도 2015년까지 경제 호황을 누릴 것으로 예상된다.

2) 영국 · 미국식 법률 시스템과 선진 금융 시스템

인도의 또다른 장점으로는 안정적인 사회 시스템을 들 수 있다. 즉, 인도는 영국 식민지였던 탓에 영국 · 미국과 유사한 선진화된 법률 시스템과 금융 시스템을 갖추고 있다.

3) 다양한 인력 풀

또 다른 장점으로는 인구학적 요소를 들 수 있다. 인구학적으로 볼 때, 인도는 중국보다 값싸면서도 숙련된 노동력, 계속적으로 증가하는 중산층, 글로벌 경쟁에 적합한 수학 · 과학 · 공학 · 영어 능력을 갖춘 다양한 인력 풀(manpower pool) 등이 장점으로 작용한다.

4) 강력한 지적 재산권 보호

중국과는 달리, 인도에서는 지적 재산권 보호가 엄격하게 시행되고 있기 때문에 뛰어난 기술과 제품을 가진 한국 기업들에게 훌륭한 생산기지 역할을 할 수 있다. 이 점은, 한국기업들이 중국에서 소위 말하는 불법 복제품('짝퉁') 때문에 큰 손해를 보고 있는 현실과 비교하면, 큰 장점이 된다.

(3) 컨설팅 회사 KPMG의 최고 인도 책임자 — 인도에 투자해야 할 5가지 이유[84)]

회계 컨설팅 회사인 KPMG의 인도 최고 운용책임자(COO)인 리차드 레키는 "인도는 여러 가지 도전 과제들을 안고 있지만, 이를 훌륭하게 극복해 내고 있다."면서 다음과 같이 ① 강력한 내수 시장 ② 활발한 산업기반 시설 투자 ③ 재정수지 적자의 해소 ④ 각종 제도 개혁 ⑤ 대도시의 정체 해소 등 5가지 이유 때문에 한국 기업들의 인도 투자를 적극 권유했다.

1) 강력한 내수 시장

레키 COO는 "인도는 내수시장(內需市場)이 강하므로 고유가(高油價)의 충격을 피할 수 있다."는 점을 인도투자의 첫번째 이유로 제시했다.

2) 활발한 산업기반시설 투자

인도 정부는 인도의 가장 큰 문제로 지적되는 열악한 산업기반시설(infra-structure)에 관련해 민관 합동으로 활발하게 투자를 진행하고 있다. 인도 정부는 외국인 직접 투자를 통해 2460억 달러를 충당해 산업기반시설 투자에 나설 계획이다.

3) 재정수지 적자의 해소

인도 경제성장을 가로막고 있는 만성적인 걸림돌로 지적되어 온 재정수지 적자 문제도 점차 낙관적으로 해소되어 가고 있다. 인도 정부는 재정 개혁에 정책의 중심을 두고 있다. 그러므로 정부의 납세자 기반을 확대하는 등의 정책을 통해 1년 후에는 재정적자가 GDP의 3.8% 수준으로 줄어들 것으로 예상된다.

4) 각종 제도 개혁

인도는 세계적 수준의 각종 제도를 개혁하고 있다는 점도 인도 투자가 갖는 매력이다. 인도의 자본 시장은 매우 활기가 넘치는 곳으로서, 인도 회사 지분 매입에 별다른 규제가 없다. 영국법에 기초한 회사법과 함께 공정거래법이 현재 발효 중에 있다.

또 회계 기준이나 세제(稅制) 등은 국제 기준에 부합하는 방향으로 가고 있다. 그리고 아직 구체적인 일정은 잡히지 않고 있지만, 인도 루피화(貨)의 완전 태환도 진행 중이다.

5) 대도시의 정체 해소

현재 인도의 대도시는 만성적인 정체와 높은 부동산 가격 때문에 많은 문제점을 내포하고 있지만, 펀자브 주(州) 외곽의 찬디가르(Chandigarh)를 비롯하여 뭄바이 인근의 뉴 뭄바이(Navi Mumbai), 우타르 프라데슈 주 근처에 설립된 노이다(Noida) 등에 새로운 신도시들이 건설되고 있다. 또, 뉴델리－콜카타－첸나이－몸바이를 잇는 이른바 '황금 4각형' 프로젝트가 결실을 맺고 있으므로, 그러한 문제점은 해소될 것으로 보인다.

끝으로, 레키 COO는 "향후 인도에서 가장 성장 잠재력이 높은 부문으로 석유 · 가스, 이동통신, 소매유통업, 부동산, 금융업이 가장 투자 유망 분야로 보인다."고 말했다.

(4) 기타

1) 인도 통신정보기술부장관 — "인도, 한국 기업에게는 기회의 나라"[85)]

인도 통신 정보 기술부 다야니디 마란(Dayanidhi Maran) 장관은 "인도를 먼 나라로 간주하지 말고 한국의 일부라는 개념으로 접근해 달라. '인도'라고 하는 투자 기회의 창이 활짝 열려 있는 만큼 기회를 잡는 것은 한국 기업의 몫이라고 생각한다."면서, 다음과 같이 인도 투자가 갖는 매력을 제시했다.

"2005년말 7300만 명 수준이던 이동전화 가입자가 2006년 말에는 1억 5000만 명에 달할 것으로 전망될 만큼 단말기 시장에서 투자기회가 확대되고 있다. 인도 이동통신 시장의 경우, GSM 방식의 단말기 시장이 전체 이동전화 시장의 85%를 차지하고 있고, CDMA 방식은 15%에 불과하다."고 설명했다.

그는 또 "일각에서는 12억 명에 달하는 인도 인구가 국가의 부채(부담)라고 폄하하지만, 우리는 이러한 거대 인구 자체를 자산(assets)이라고 생각한다. 35세 이하 인구가 전체 인구에서 65%를 넘어설 만큼 인도는 젊은 국가로서 소비수요가 확대될 가능성이 있다. 매년 8%대 국내 총생산(GDP) 성장률을 보이는 등 꾸준한 경제성장세를 보이고 있는 점에서 중산층의 소비기반이 확대될 것이다."라고 전망했다.

마란 장관은 또 "인도에서 현대 자동차 · LG전자 · 삼성전자는 한국 기업이 아니라 인도 기업으로 간주될 만큼 이미 시장에 확실히 자리를 잡았다. 그러나 아직 한국 · 인도의 IT 중소기업들 간 교류는 미미한 상태이다. 한국 기업들이 혁신 · 기술 개발 · 소비자 기호 만족 등 마케팅에서 세계 최고 경쟁력을 가지고 있는 반면에, 인도는 풍부한 양질의 노동력과 전세계 IT 수도로 불릴 만큼 IT가 세계적 수준이다. 따라서 양국이 힘을 합치면 지식 초(超) 강국으로 거듭날 수 있을 것이다."라고 강조했다.

2) 인도 상공부장관 — "한국 기업들, 인도에 투자해 달라"[86)]

A. 자이틀리(Jaitley) 인도 상공부 장관은 "인도는 지속적인 경제성장을 하고 있고 자유주의적이며 투명한 경제정책을 펴고 있어서, 외국 투자자들에게 높은 수익성을 달성할 기회를 주고 있다. 미국 상무성 발표에 따르면, 인도에 투자한 미국 기업들의 연간 투자 수익률은 19.33%인 데 반해, 중국에 투자한 경우에는 14.25%였다."며 한국 기업들이 인도에 투자할 것을 권유했다.

그는 또 한국 기업들이 투자할 수 있는 분야로써 "인도 정부는 120억 달러 규모의 고속도로 건설 프로젝트를 진행하고 있고, 200억 달러를 들여 주요 항구를 선진화하고 있다. 뉴델리와 뭄바이 국제공항은 민간 기업을 참여시켜 확장하고 있다. 이러한 인도 정부가 주도하는 산업기반시설 개발사업은 한국 기업에 놀라운 사업기회가 될 것이다."라고 강조했다.

3) 주한 인도 대사 — 한국의 자본과 인도의 인력 결합되면 환상적[87)]

파르타사라티(N. Parthasarathi) 주한 인도 대사는 "한국의 자본에 인도의 숙련된 인력이 더해지면 환상적인 결합이 될 것"이라고 말하며, 한국 기업의 인도 투자를 권유했다.

그는 인도의 강점으로서 "인도는 중산층 수만 3억 명 이상인 거대 시장이다. 또한 인도는 사우디아라비아 · 두바이 · 쿠웨이트 등 중동 지역과 긴밀한 관계를 맺고 있어서, 이들 나라에 대한 진출의 교두보가 된다. 중동 지역에만 인도 사람들이 350만 명 살고 있다. 인도는 또 민주주의와 사법제도가 잘 정비되어 있다. 특히 인도는 오랜 역사를 통해 수학 · 논리학이 발전했고, 여기에 영어까지 더해져 요즘의 IT와 경제성장의 기초가 되었다."는 점을 제시했다.

그는 또 "(인도의 미래를 밝게 해 주는 또 다른 요소로서) 인도에서는 교육열이 높다. 공부 잘하는 아이들은 이공계를 선택한다. 얼마전 한국에 알려진 '19×19단' 은 한 예일 뿐이다. 나는 어렸을 때 100단까지 외웠다. 유럽이나 미국에서 유학하는 인도 학생이 낙제했다는 이야기는 들어본 일이 없다." 고 강조했다.

그는 한국기업의 진출에 대하여 "정유시설 · 도로 · 항만 · 발전소 등 수많은 산업기반시설(infrastructure) 건설에 한국 기업들의 참여율이 점점 높아지고 있다. 포스코 한 개 회사가 인도에 투자한 액수만 120억 달러이다. 현재 델리(Delhi)시의 지하철 공사도 한국 회사가 맡고 있다. 이러한 산업기반시설 분야 외에도, IT · 생명공학 공동 프로젝트 · 자동차 · 섬유산업 등 어떤 분야든 인도는 열려 있으며, 개척할 분야가 무궁무진하다." 고 설명했다.

끝으로 그는 인도와 한국의 외국인 투자 환경을 비교하면서 "인도는 외국인 직접투자(FDI)가 100% 완전 개방되어 있으며, 국가에 중요한 핵심 분야에서도 30%는 개방되어 있다. 한국은 규제가 좀 많은 편인 것 같다." 고 지적했다.

제8절 본서의 구성

이제 경영자나 투자자가 인도에 투자할 것인가를 결정하기 위해서는 무엇보다도 인도의 사업 환경(Business Environment)을 철저히 조사하고 분석하지 않으면 안 된다. 환경을 분석하지 않고 사업에 착수한다는 것은 불빛 하나 없이 어둠 속의 망망대해(茫茫大海)를 항해하려는 것과 전혀 다름이 없는 일이다.

따라서 본서는 경영자나 투자자들에게 이 부분에서 도움을 제공하려는 것을 목적으로 하고 있다.

이를 위해 제2장에서는 인도의 기초적 정보를 살펴본 후, 제2편과 제3편에서는 인도의 환경부문을 거시환경과 미시환경으로 먼저 크게 구분하고 있다.

거시환경에서는 인도의 자연 환경, 역사 환경, 인구 환경, 통치 기구 환경, 정치 · 외교 · 군사 환경, 법률 환경, 사회 환경, 문화 환경 및 경제 환경을 다룬다.

미시환경에서는 산업 환경과 투자 환경을 다룬다.

결론에서는 한국 기업들이 인도에 투자하려고 할 때 주의해야 할 사항을 종합하여 정리하고 있다.

제2장

인도의 기초적 정보

이 장에서는 인도의 기초적 정보로서, 인도의 국명(國名), 인도의 국가 상징인 국기(國旗), 국장(國章), 국가(國歌), 나라 동물, 국조(國鳥), 나라 나무, 국화(國花), 나라 과일, 국기(國技), 국가 표어(標語), 인도의 수도(首都) · 대도시 및 인도의 주(州) 등을 고찰하기로 한다.

제1절 인도의 국명[1)]

인도의 국명은 '인디아' (India/ɪndiə)인데, 이 말은 인더스강(Indus river)을 가리키는 고(古) 페르시아어(語)(old persian)인 '신두' (sindhu)에서 유래하였다. 이것을 고대 인도의 표준문장이었던 산스크리트(Sanskrit)로 표시하면 **भारत**이고, 힌디어(語)(Hindi)로는 **Bhārat**라고 쓰고 '바라트' 라고 읽는다. 이 이름은 바라타(Bharata)라는 산스크리트 이름에서 유래한다. '바라타' 는 인도의 서사시(epic poem)인 마하바라타(Mahabharata)에 등장하는 고대 힌두의 왕(王)의 이름이다. 참고로 '마하바라타' 는 산스크리트로 '바라타 왕조의 대서사시' 라는 뜻인데, 인도의 2대 서사시 중의 하나이다.

마하바라타는 친척인 카우바라가(家)와 판다바가(家) 사이에 한 영웅을 중심으로 권력쟁탈전이 전개되며, 수많은 전설과 교훈적 내용을 담고 있다.[2] 이러한 마하바라타는 2대 서사시의 다른 하나인 라마야나(Ramayana)('라마의 사랑 이야기')와 함께 BC 400~AD 200년경의 힌두교를 이해하는 데 중요한 자료이다.[3]

한편, 인도의 공식 명칭은 '인도공화국'(The Republic of India)인데, 이것을 산스크리트로 표시하면 **भारत गणराज्य**이고, 힌디어로는 **Bhārat Gaṇarājya**라고 쓴다.

제2절 인도의 국가 상징

여기에서는 인도(공식 명칭은 '인도공화국', The Republic of India)를 상징하는 국기(國旗), 국가(國歌), 국조(國鳥), 국화(國花) 및 국가 표어(國家標語) 등에 대하여 살펴보고자 한다.

1. 인도의 국기(國旗 ; Indian National Flag)

인도의 국기(National Flag of India)는 티랑가(Tiranga)라고 불리는데, 인도가 영국으로부터 독립한 날인 1947년 8월 15일보다 며칠 전인 1947년 7월 22일 헌법회의(Constituent Assembly)에서 만들어졌다.[4] 이 국기는 그림 2-1에 나타나 있는 바와 같이 3등분되어 있다. 즉, 맨 위쪽에 새프런 색(saffron), 가운데에 흰색, 맨 아래쪽에는 초록색의 3가지 색으로 이루어져 있다.[5]

(1) 인도의 국기

(2) 아쇼카 차크라(다르마 차크라)

그림 2-1 인도의 국기와 다르마 차크라[8]

새프런 색은 용기와 희생 및 통일의 정신을, 흰색은 순수와 진리를, 초록색은 성실과 다산(多産)을 나타낸다.

가운데의 청색바퀴는 아쇼카 차크라(Ashoka Chakra) 또는 다르마 차크라(Dharma Chakra), 즉 법(法)의 바퀴(Wheel of the Law)를 상징한다. 다르마(dharma)란 '법'이라고 번역되는데, 힌두교·불교·자이나교에서 다양한 의미로 사용되는 중요한 개념이다.[6]

'다르마'는 힌두교에서는 개인의 행위를 지배하는 종교적 계율과 도덕율을 뜻하고, 불교에서는, 우주의 원리로서 모든 시대의 모든 사람에게 공통적으로 적용되는 보편적인 진리를, 자이나교에서는 '도덕' 이라는 일반적인 뜻 이외에도, 모든 존재를 운동할 수 있게 만드는 매개체인 영원한 '실체' (實體)라는 특별한 뜻도 가지고 있다.[7]

인도의 국기와, 그 가운데 청색바퀴인 아쇼가 차크라(또는 다르마 차크라)를 제시하면 그림 2-1과 같다.

2. 인도의 국장(國章, 印章, State Emblem)

그림 2-2
인도의 국장[11]

인도의 국장, 즉 국가의 권위를 나타내는 국가 상징(coat of arms)은 사르나드 라이온(Sarnath Lion)이라고 불리는데, 기원전 3세기 아쇼카(Ashoka) 황제가 부처님이 첫 설법을 한 곳을 기리기 위해 사르나드(Sarnath)에 세운 사자 기둥의 머리 모양을 본따 만든 것이다.[9]

인도의 국장은 1950년 1월 26일 인도 정부에서 채택하였는데, 여기에는 3마리의 사자들이 나타나 있다.(원래는 4마리인데, 한 마리는 가려져 있다.)[10]

또 국장의 아래쪽에 있는 돌에는 다르마 차크라(Dharma Chakra, Wheel of law)가 새겨져 있다.

3. 인도의 국가(國歌)[12]

그림 2-3
인도 국가의 악보[13]

인도의 국가(National Anthem)는 "자나 가나 마나"(Jana Gana Mana)인데, 그 뜻은 "당신은 모든 사람들의 정신의 지배자이십니다."이며, 이는 라빈드라나드 타고르(Rabindranath Tagore)가 지은 것으로, 1950년 1월 24일 인도 국가로 채택되었다. 이 노래는 1911년 12월 27일 캘커타(Calcutta, 현재의 콜카타)에서 인도 국민의회당(Indian National Congress)에 집회에서 처음 불리어졌다. 인도의 국가를 산스크리트 어(語), 즉 데바나가리 문장(Devanagari Text)과 힌디어 번역문을 제시하고, 이를 번역하면 표 2-1과 같다.

또 악보는 그림 2-2에 나타나 있다.

표 2-1 인도의 국가[14)]

जन गण मन अधिनायक जय हे
भारत भाग्यविधाता
पंजाब सिन्धु गुजरात मराठा
द्राविड़ उत्कल बंगा
विन्ध्य हिमाचल यमुना गंगा
उच्छल जलधि तरंगा
तव शुभ नामे जागे
तव शुभ आशीष मांगे
गाहे तव जयगाथा

जन गण मंगलदायक जय हे
भारत भाग्यविधाता
जय हे, जय हे, जय हे
जय जय जय जय हे!

Jana gana mana adhi naayaka jaya hai!
Bhaarat bhaagya vidhaata
Punjab Sindh Gujarat Maraatha,
Dravid Utkala Bangaa.
Vindhya Himachala Yamuna Ganga,
Uchhala jaladhi taranga.
Tava shubh naame jaage,
Tava shubh aashish maage,
Gahe tava jaya-gaatha.
Jana-gana-mangaladayaka jaya hai!
Bharat bhagya vidhata.
Jaya hai! Jaya hai! Jay hai!
Jaya Jaya Jaya Jaya hai!

"당신은 모든 사람들의 정신의 지배자,
인도 문명의 시여자(施與者)이십니다.
그 이름은 펀자브, 신드, 구자라트와 마르타,
드라비드와 오리사와 벵갈의 심장에서 떠오릅니다.
그것은 빈드야와 히말라야의 산에서 메아리치고,
야무나 강과 갠지스 강의 음악 속에서 섞여지고,
또 인도양의 파도 속에서 칭송됩니다.
그들은 그대의 축복을 위하여 기도하고 그들의 찬양을 위하여 노래합니다.
모든 사람들의 구제는 그대의 손에 달려 있고,
그대는 인도 문명의 시여자이십니다.
그대에게 승리를, 승리를, 승리를"

4. 인도의 나라 동물(National Animal)[15)]

그림 2-4
인도의 나라 동물
- 벵골 호랑이

인도의 나라 동물은 호랑이(tiger)인데, 공식적으로는 판테라 티그리스(panthera tigris)라 불린다. 호랑이는 그 힘과 위엄 때문에 인도 국민들이 존중하는 동물이다. 인도 호랑이는 또한 로열 벵골 타이거(Royal Bengal Tiger)라고도 불린다.

현장 정보

■ 인도, 벵골 호랑이 보호 특명[16)]

인도 정부는 벵골 호랑이를 보호하라는 특명을 내리고, 이를 위한 특별팀까지 구성하는 등 벵골 호랑이 보호를 위해 고심하고 있다.

그 이유는 밀렵꾼들이 호랑이를 마구 잡는 바람에 호랑이가 멸종위기에 처했기 때문이다. 밀렵꾼들은 벵골 호랑이를 잡아 전통 약재로 쓰기도 하고, 또는 가죽과 발톱, 뼈 등을 중국 등에 팔아 넘기고 있다. 호랑이 가죽은 5만 달러(약 4800만 원), 뼈(kg 당)와 생식기는 각각 400 달러와 850 달러에 거래된다. 이러다 보니, 전 세계 3500 마리에 달하던 벵골 호랑이 수가 최근 2000 마리 수준으로 떨어졌다고 인도 당국이 발표했다.

파이낸셜 타임즈(FT)는 공무원들이 밀렵꾼들은 도와 주는 대가로 뇌물을 받는 경우도 많다고 지적했다.

인도 북서부 라자스탄 주(州) 사리스카 국립공원에는 24 마리의 호랑이가 서식하고 있는 것으로 알려져 있으나, 최근 6개월간 이 지역에서는 단 한 개의 호랑이 발자국도 발견되지 않았다.

5. 인도의 국조(國鳥, National Bird - 나라 새)[17)]

그림 2-5
인도의 국조 - 공작[8)]

인도의 국조는 파보 크리스타투스(Pavo cristatus)라고 불리는 인도 공작(Indian peacock)이다. 이 공작은 화려한 색깔을 하고 있으며, 크기는 백조 정도이고, 부채 모양의 깃털에 눈 아래에는 흰색 반점이 있으며, 길고 가느다란 목을 가지고 있다.

수컷 공작은 암컷보다 더 화려하며, 반짝이는 푸른 색 가슴과 목, 그리고 청동색깔을 띤 초록색 긴 꼬리 깃털을 약 200여 개 가지고 있다.

암컷 공작은 갈색을 띠고 있고, 수컷보다 크기가 약간 작고 꼬리 깃털이 없다.

수컷 공작이 구혼(求婚)을 하기 위해 꼬리를 들고 깃털을 펼치며 춤을 추는 모습은 가히 장관이라 할 수 있다.

6. 인도의 나라 나무(National Tree)[19]

인도의 나라 나무는 바니얀(banyan)이다. 이 나무는 모든 나무 중에서 그 뿌리가 미치는 범위가 가장 넓은 나무로서, 수천 평의 땅을 쉽게 덮어버릴 정도로 잘 뻗어나간다.

바니얀 나무는 믿을 수 없을 만큼 오랜 시간을 살아오고 있으며, 따라서 불멸의 나무(immortal tree)로 여겨지고 있다.

이 나무는 그 규모가 대단히 크고 또 잎이 울창하게 우거져 있기 때문에, 사람들에게 휴식과 명상할 수 있는 터전을 마련해주고 있고, 또 지금도 인도 사람들이나 인도의 지방 자치 단체들은 이 나무 밑에 모여들어 회의를 하기도 한다.

그림 2-6 인도의 나라 나무 - 바니얀[20]

7. 인도의 국화(國花, National Flower)

인도의 국화는 넬룸보 누시페라 가에르튼(Nelumbo Nucipera Gaertn)이라 불리는 로터스(Lotus)이다.

이 꽃은 신성한 꽃이며, 고대 인도의 예술과 신화에서 독특한 위치를 차지하고 있다.

또 이 꽃은 태고(太古)이래로 인도 문화의 경사스러운 상징으로 여겨져 오고 있다.[21]

또 이 꽃은 장수(長壽, long life)와 명예(honor) 및 행운(good fortune)의 상징이다. 또한 이 꽃은 승리(triumph)의 상징이기도 한데, 그 이유는 이 꽃이 진흙속에 뿌리를 내리고 있으며, 또 수천 년 동안 다시 싹터왔기 때문이다.[22]

그림 2-7 인도의 국화 - 로터스[23]

그림 2-8 인도의 나라 과일 - 망고[25]

그림 2-9 인도의 국기 - 하키

8. 인도의 나라 과일(National fruit)[24]

인도의 나라 과일은 망고(mango)이다. 망고는 인도에서 태고적부터 경작되었으며, 색깔 · 크기 · 모양 등에서 약 100여 종이 넘는 종류가 있다. 망고는 열대 지방에서 널리 볼 수 있는 과일로서, 달콤한 주스와 밝은 색깔, 그리고 비타민 A, C, D가 풍부한 것으로 알려져 있다.

시인(詩人) 칼리다사(Kalidasa)는 망고를 찬양하는 시를 지었고, 알렉산더대왕은 그 맛을 예찬하였다. 또 악바르 대제(Akbar the Great)는 라키 바그(Lakhi Bagh)라고도 알려져 있는 다르방가(Darbhanga)에 100,000 그루의 망고나무를 심었다.[26]

9. 인도의 국기(國技 ; National game)[27]

인도의 국기는 하키(Hocky)이다. 인도는 1928년에서 1956년까지의 올림픽에서 하키 종목으로 6차례 연속하여 금메달을 받은 바 있다.

10. 국가 표어(National Motto)

인도의 표어는 "Satyameva Jayate"인데, 이것을 산스크리트로는 **सत्यमेव जयते** 라고 쓴다. 이것은 "진리는 스스로 승리한다"("Truth Alone Triumphs")는 것을 뜻한다.[28]

참고로, 세계 주요 각국의 표어를 몇 가지 제시하면 다음과 같다.[29]

- 오스트리아(Austria) : *Austria est in orbit ultima*(Latin, "Austria will be the last to perish") : "오스트리아는 결코 멸망하지 않는다"
- 브라질(Brazil) : *Ordem e progresso*(Portuguese, "Order and progress") : "질서와 번영"
- 프랑스(France) : *Liberté, égalité, fraternité*(French, "Liberty, equality, brotherhood" : "자유, 평등, 형제애"

- 독일(Germany) : *Einigkeit und Recht und Freiheit*(German, "Unity and justice and freedom") : "통일과 정의와 자유"
- 그리스(Greece) : *Ελευθερια η θανατος* (transliterated as "Eleutheria i thanatos" (Greek, "Liberty or death") : "자유가 아니면 죽음을 달라"
- 인도(India) : **सत्यमेव जयते** (*Satyameva Jayate*)(Sanskrit, "Truth alone triumphs" : "진리는 스스로 승리한다"
- 인도네시아(Indonesia) : *Bhinneka Tunggal Ika*(Old Javanese, "Unity in diversity") : "다양성 속의 통일"
- 이란(Iran) : *Esteghlâl, Azâdi, Jomhouri-ye Islâmi*(Persian, "Independence, Freedom, Islamic Republic") : "독립, 자유, 이슬람 공화국"
- 북한(Korea, North) : 강성대국(强盛大國) (Korean, "Prosperous and great country")
- 남한(Korea, South) : 홍익인간(弘益人間), 즉 널리 인간을 이롭게 하라(Korean, "Broadly bring benefit to humanity")
- 라오스(Laos) : *Peace, independence, democracy, unity and prosperity*) : "평화, 독립, 민주, 통일 그리고 번영"
- 말레이지아(Malaysia) : Bersekutu Bertambah Mutu(Malay, "Unity increases Strength" : "통일은 힘을 증진시킨다"
- 노르웨이(Norway) : Royal motto : Alt for Norge(Norwegian, "Everything for Norway") : "노르웨이를 위해 모든 것을"
- 파키스탄(Pakistan) : *Yaqeen-mukkam, itthad, nazm*(Urdu : "Faith(self confidence), unity, discipline") : "신념, 통일, 규율"
- 파나마(Panama) : *Pro mundi beneficio*(Latin, "For the benefit of the world") : "세상의 편익을 위하여"
- 페루(Peru) : *Firme y feliz por la Unión*(Spanish : "Steady and happy for the union") : 국가의 안정과 행복"
- 필리핀(Philippines) : *Maka-Diyos, Makatao, Makakalikasan at Makabansa* (Filipino, "God, People, Nature and Country") : 신, 인간, 자연과 국가"
- 폴란드(Poland) : none Unofficial : *Bóg, Honor, Ojczyzna*(Polish, "God, Honour, Fatherland") : "신, 영예, 조국"
- 러시아(Soviet Union)(Russian) : ***Пролетарии всех стран, соединяйтесь!*** ("Workers of the world, unite!" : "세상의 근로자들이여, 하나가 되라"
- 스페인(Spain)(Latin) : *Plus ultra*("Further beyond") : "더 멀리"
- 영국(United Kingdom) Royal motto(French) : Dieu et mon droit("God and my right") : "신과 나의 권리"
- 미국(United States)(Latin) : *E pluribus unum*("Our of many, one")and In God We Trust : "많은 것들 중의 하나" 또 "신의 영역에서 우리는 믿는다"

- 베트남(Vietnam)(Vietnamese) : *Độc lập, tự do, hạnh phúc* ("Independence, liberty, and happiness") : "독립, 자유, 그리고 행복"

제3절 인도의 수도(Capital City) 및 주요 도시

인도의 수도(首都)는 뉴델리(New Delhi)인데, 이곳은 1931년 캘커타(Calcuta)에서 천도(遷都)한 계획도시이다.[30]

참고로 뉴델리 이외에 인도의 대표적인 주요 대도시에는 서부의 뭄바이(Mumbai, 옛 이름은 봄베이, Bombay), 동부의 콜카타(Kolkata, 옛 이름은 캘커타, Calcuta), 남부의 첸나이(Chennai, 옛 이름은 마드라스, Madras), 그리고 남부 중앙의 벵갈루루(Bengaluru, 옛 이름은 방갈로르, Bangalore) 등이 있다.[31]

인도의 수도 및 주요 도시의 위치 주(州)와 연방직할시 및 기타 주요 지역은 그림 2-10에 나타나 있다.

그림 2-10
인도의 수도, 주요 도시 및 주요 지역[32]

제4절 인도의 주 및 연방직할지

인도에는 28개 주와 7개 연방 직할지가 있다. 이들을 구체적으로 살펴보면 다음과 같다.

1. 28개 주(州, states)의 명칭

헌법에 규정되어 있는 28개 주의 명칭은 표 2-2에 나타나 있다 (알파벳 순서).

표 2-2 인도 28개주 명칭[33)]

	명칭			명칭	
1	안드라 프라데슈	(Andhra Pradesh)	15	마하라슈트라	(Maharashtra)
2	아루나찰 프라데슈	(Arunachal Pradesh)	16	마니푸르	(Manipur)
3	아삼	(Assam)	17	메갈라야	(Meghalaya)
4	비하르	(Bihar)	18	미조람	(Mizoram)
5	차티스가르	(Chhattisgarh)	19	나갈란드	(Nagaland)
6	고아	(Goa)	20	오리사	(Orissa)
7	구자라트	(Gujarat)	21	펀자브	(Punjab)
8	하리야나	(Haryana)	22	라자스탄	(Rajasthan)
9	히마찰 프라데슈	(Himachal Pradesh)	23	식킴	(Sikkim)
10	잠무 · 카슈미르	(Jammu and Kashmir)	24	타밀 나두	(Tamil Nadu)
11	자르칸드	(Jharkhand)	25	트리푸라	(Tripura)
12	카르나타카	(Karnataka)	26	우타르 프라데슈	(Uttar Pradesh)
13	케랄라	(Kerala)	27	우타란찰	(Uttaranchal)
14	마디야 프라데슈	(Madhya Pradesh)	28	웨스트 벵골	(West Bengal)

2. 연방직할지(Union Territories)의 명칭

중앙정부의 직접 관할하에 있는 7개 연방직할지의 명칭을 (알파벳 순으로) 표 2-3에 나타나 있다.

표 2-3 인도 7개 연방 직할지의 명칭[34)]

1	안다만 · 니코바르제도(Andaman and Nicobar Islands)
2	찬디가르(Chandigarh)
3	다드라 · 나가르 하벨리(Dadra and Nagar Haveli)
4	다만 · 디우(Daman and Diu)
5	델리(Delhi)
6	락샤드 위프(Lakshadweep)
7	퐁디셰리(Pondicherry)

제5절 인도 28개 주(州) 개관

인도의 28개주의 위치는 그림 2-11에 나타나 있다.

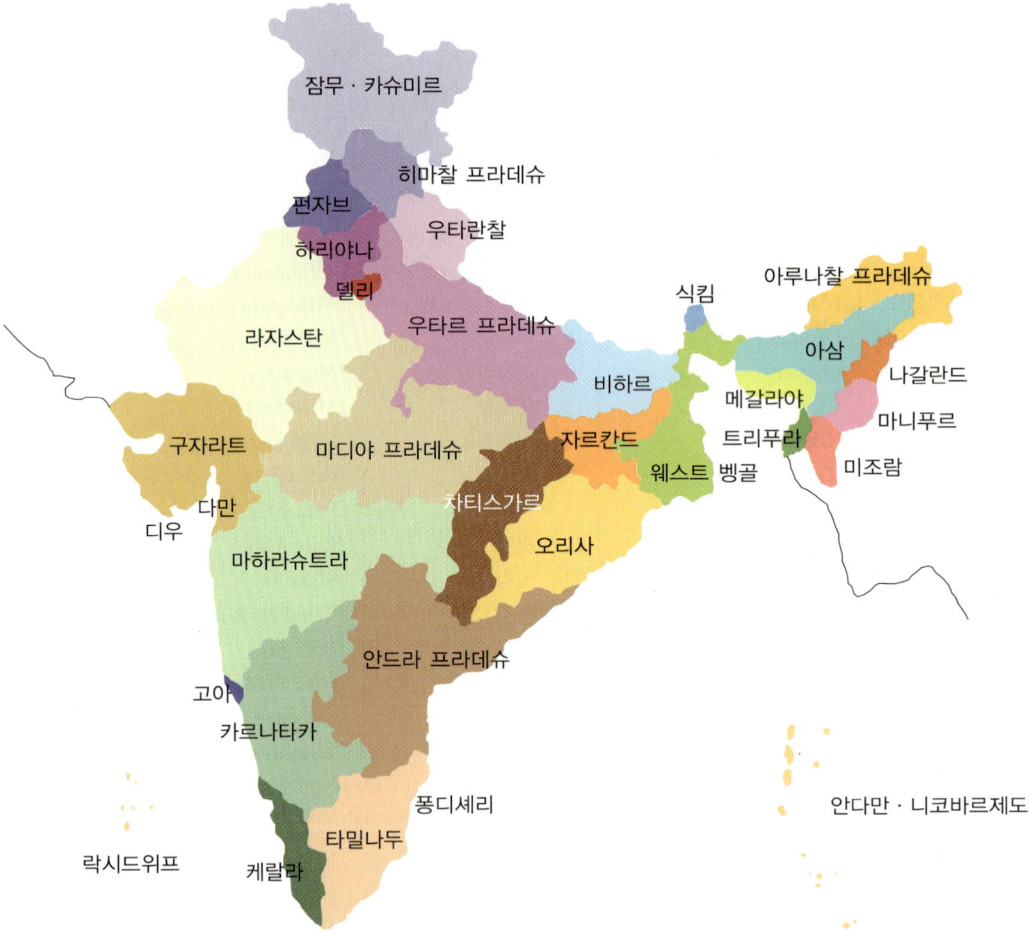

그림 2-11
인도의 28개 주와 연방직할지[35)]

1. 북부 지역

인도 북부 지역에는 잠무 · 카슈미르 주, 펀자브 주, 하리야나 주, 우타란찰 주 등이 자리잡고 있다.

(1) 잠무 · 카슈미르 주(Jammu & Kashmir)

■ 잠무 · 카슈미르의 지도상 위치[36)]

■ 기본 정보[37)]

- 주도(州都, capital) : 여름 주도(summer capital)는 스리나가르(Srinagar)이고, 겨울 주도(winter capital)는 잠무(Jammu)이다.
- 면적 : 222,236km²
- 자치지역(自治地域, districts) : 14개
- 인구 : 약 1천만 명
- 주요언어 : 카슈미르어(Kashmiri), 우르두어(Urdu)

■ 특징[38)]

잠무 · 카슈미르는 인도 · 파키스탄 · 아프가니스탄 · 중국의 국경을 이루는 지역에 위치하고 있다. 특히 카슈미르는 아직도 인도 · 파키스탄 · 중국의 영토 분쟁 지역이다.

잠무 · 카슈미르는 때로는 줄여서 '카슈미르' 라고도 부른다. 이 주는 크게 잠무, 카슈미르 계곡(Kashmir Valley) 및 라다크(Ladakh)의 3개 지역으로 구성되어 있다.

카슈미르는 산스크리트 '카스야파마라(Kasyapamara)' 에서 유래된 말인데, 이 말은 힌두 신(神)인 '카스야파의 땅' (land of Kasyapa)을 뜻한다.

이 주는 90% 이상이 험준한 산악지대로 이루어져 있다. 여기에는 비옥한 잠무 · 푼치평야(해발 300~600m), 빙하로 뒤덮여 있는 피르판잘 산맥(3,750m), 카슈미르 계곡(1,600 m), 카라코람 산맥 등이 펼쳐진다. 카라코람 산맥에는 세계 최고봉인 에베레스트산 다음으로 높은 K2봉(峰; 8,611m)이 솟아 있다. 또 히말라야 서쪽 끝에 있는 낭가파르파트산(8,125m)도 유명하다. 인더스 · 젤룸 · 체나브 · 타위 강(江)이 동쪽에서 서쪽으로 흐르며, 남쪽의 펀자브 히말라야(히말라야 산맥 서쪽 부분)와 북쪽의 카라코람 산맥을 분리하고 있으며, 다알 호(湖) 및 울타르 호(湖) 등의 호수가 있다. 이 지역의 동쪽에는 라다크(Ladakh) 지방이 있는데, 이곳은 잠무 · 카슈미르 주의 절반 이상의 면적을 차지하고 있다. 라다크는 훌륭한 산악 풍경을 배경으로 한 티베트 불교의 중심지의 하나로서 유명하다.

이 지역의 주민들 가운데 약 66%는 이슬람 교도이고, 약 30%는 힌두교도이며, 시크교도 및 불교도가 소수 있다. 이처럼 이 지역은 인도에서 유일하게 이슬람 교도가 다수를 차지하는 주이다.

■ 산업[39)]

주산물은 계단식 경작지에서 쌀 · 옥수수 · 밀 · 보리 · 콩 · 담배 등이 생산되고, 카슈미르 계곡 곳곳에 자리잡고 있는 대규모 과수원에서는 사과 · 배 · 복숭아 · 호두 · 아몬드 등이 생산된다.

목축도 활발한데, 유목민족인 구자르족과 가디족(族)이 양 · 염소 · 조랑말 등을 이동 방목하고 있으며, 유명한 상업용 캐시미어(파슈미나)는 이곳에서 사육되는 염소의 털로 만든 것이다. 임업도 이 지방의 주요 수입원이며, 양잠도 널리 향해지고 있다.[40)]

광물로는 무연탄 · 철광석 · 보크사이트 · 구리 · 아연 · 대리석 등이 소규모 매장되어 있다. 공업부문에서는 정밀기기 · 철물 · 가구 · 수지 · 스포츠용품 등이 주로 생산되고 있다.

주 정부에서는 관광업(tourism)과 원예업(horticulture industry)을 미래의 성장산업으로 육성하려고 노력하고 있다.[41)]

(2) 히마찰 프라데슈 주(Himachal Pradesh)

■ 히마찰 프라데슈의 지도상 위치[42)]

■ 기본 정보[43)]

- 주도 : 심라(Shimla)
- 면적 : 55,673km^2
- 자치지역 : 12개
- 인구 : 약 610만 명
- 주요 언어 : 힌두어(Hindi), 라자스탄어(Rajasthani), 파하리어(Pahari).

■ 특징[44)]

히마찰 프라데슈(Himachal Pradesh)는 산스크리트어로 눈(snow)을 뜻하는 hima와 산맥(mountains)을 뜻하는 chal, 그리고 힌디어로 땅(land)을 뜻하는 pradesh에서 유래되었다. 즉 '히마찰' 은 '눈 덮인 산' 이라는 뜻이다.

히마찰 프라데슈의 지형은 많은 구릉지대, 숲이 우거진 계곡, 강 등으로 다양하게 구성되어 있다. 북쪽으로부터 히말라야 산맥의 피르판잘 산맥, 하티 산맥, 다울라 산맥 등 해발 6,700m에 이르는 산맥들이 남동쪽으로 뻗어 있고, 그 사이를 서쪽의 체나브(또는 찬드라바가) 강(江) · 베아스 강(江)과 동쪽의 수틀레지 강(江) · 야무나 강(江) 등이 흐르며 좁은 하곡(河谷) 평야를 만들고 있다.

종교는 힌두교 외에도 불교 · 시크교 · 이슬람교 · 그리스도교 등이 섞여 있다.

■ 산업[45)]

이 지역은 거의 농업에 기반을 두고 있으며, 인구의 약 80%가 농사 · 원예 · 가축 사육으로 생계를 유지하고 있다. 주산물로는 밀 · 옥수수 · 보리 · 쌀 · 감자 등이다. 주요 과일과 채소, 생강과 버섯, 사과, 복숭아, 살구, 석류 등이 생산된다.

초지에서는 유목민이 양과 염소를 방목하며, 양털과 염소털도 상당량 생산된다.

산지에는 삼림이 무성하여 침엽수림 등의 임업이 이 주의 제1산업으로 되어 있다.

이 주에는 눈이 녹아서 형성된 강이 많고, 계곡과 풍부한 수량(水量)을 이용한 수력발전은 시설용량이 900만 KW가 넘으며, 인도 전체 수력 발전 생산량의 약 20%를 차지하고 있다.

광대한 천연 자원이 보존되어 있으나, 아직까지 체계적으로 개발되지 못하고 있다.

주도인 심라(Shimla)에는 의과 대학을 비롯하여 수십 개의 단과 대학, 인도선진학문연구소 등이 자리잡고 있다.

(3) 펀자브 주(Punjab)

■ 펀자브 주의 지도상 위치[46)]

■ 기본 정보[47)]

- 주도(州都) : 찬디가르(Chandigarh)
- 면적 : 50,362km^2
- 자치지역 : 18개
- 인구 : 약 2,500만 명
- 언어 : 펀자브어(Punjabi),
  힌디어(Hindi)

■ 특징[48)]

'펀자브(punjab)' 라는 말은 ' 다섯(5) '을 뜻하는 페르시아어 ' 판지(panj)' 와 '강(江)' 을 뜻하는 페르시아어 '아브(ab)' 의 합성어로서, 인더스 강의 5개의 지류

(支流), 즉 수틀레지(Sutlej) · 베아스(Beas) · 라비(Ravi) · 체나브(Chenab) · 젤룸(Jhelum) 강이 흐르는 땅을 의미한다. 그러나 오늘 날에는 영토 변경 때문에 그 중 2개의 강(수틀레지 강 및 베아스 강)만이 펀자브 주 경계안을 흐르고 있다.

펀자브 주의 주도(州都)인 찬디가르는 동시에 하리야나(Hariyana)주의 공동주도(共同州都)이기도 하다. 펀자브 주는 95% 이상이 넓은 충적평야로 이루어져 있는 저지 평야지대로서, 해발 275m인 북동부에서 170m인 남서부로 완만한 경사를 이루고 있으며, 예로부터 비옥한 농경지대를 형성해 왔다.

기후는 고온 · 건조하고 연평균 강우량은 북동부 지역의 1,250mm에서 남서부 지역의 360mm까지 다양하다.

B.C. 4세기에는 알렉산드로스 대왕의 침략을 받은 이래 여러 차례 이민족(異民族)의 침입을 받은 영향으로, 이 지역에는 종교적으로 힌두교도와 이슬람 교도가 뒤섞여 살고 있으며, 시크 교도의 본거지가 되었다.

펀자브 주는 인도의 여러 주들 가운데 시크교도가 다수를 차지하고 있는 유일한 주로서 주민의 60% 가량이 시크교를 믿는다. 그 밖에 힌두교도는 주민의 30% 정도이고, 그리스도교 · 자이나교 · 불교도 등이 소수 있다.

언어 역시 힌디어와 펀자브어를 사용하고 있다. 제2차 세계 대전 후 인도와 파키스탄이 분리 · 독립할 때, 이와 같은 종교 · 언어 상의 복잡성 때문에 펀자브 지방이 인도령과 파키스탄령으로 분할되었으며, 두 나라의 국경은 수틀레지 강이다.

1966년에는 힌디어를 사용하는 지역과 펀자브어를 사용하는 지역(여기에는 시크교도가 많다)이 분리되어 하리야나 주와 펀자브 주 2개 주가 되었다.

■ 산업[49)]

펀자브의 지역 경제는 농업과 소규모 공업에 기반을 두고 있다.

펀자브주는 인도에서 최초로 녹색 혁명(green revolution)을 이룬 주로서, 식량생산에 있어서 인도에서 가장 높은 성장률을 보이고 있다.

인구의 70%가 종사하고 있는 농업부문에서 인도 밀 생산량의 약 25%가 생산된다. 또 펀자브에서는 인도에서 생산되는 우유의 33%, 쌀의 10%가 생산된다. 이와 같이 펀자브는 인도의 '빵 바구니(bread basket)' 로 알려져 있다. 이 밖에도 펀자브에서는 목화 · 사탕수수 · 감자 · 옥수수 · 보리 · 조 · 땅콩 등이 재배된다.

펀자브주는 이러한 풍부한 농작물을 활용한 식품가공업과 양말 · 메리야스 · 모직 등의 직물 산업이 발달해 있다. 그리고 자전거 · 자동차 부품 · 농기계 · 수공구(手工具) 등 경공업 제품, 전자, 제약, IT 산업이 발전하고 있다.

편자브 주 정부는 농업가공, 직물, 산업기반시설, 자동차 부품, IT, BT 등에 대한 투자를 유도하기 위한 투자친화적 환경을 만들기 위해 노력하고 있다.

(4) 하리야나 주(Haryana)

■ 하리야나 주의 지도상 위치[50)]

■ 기본 정보[51)]

- 주도(州都) : 찬디가르(Chandigarh)
- 면적 : 44,212km²
- 자치지역 : 19개
- 인구 : 약 2,500만 명
- 주요언어 : 힌디어(Hindi)

■ 특징[52)]

하리야나 주와 편자브 주는 1966년까지 한 개의 주였다. 이들 두 주는 지금도 찬디가르(Chandigarh)를 공동주도(共同州都)로 하고 있다. 인도의 많은 주들은 각 지역에서 사람들이 말하는 언어에 기초를 두고 편성되었는데, 편자브 주와 하리야나 주 역시 이 원칙을 따랐다. 즉, 편자브 주는 편자브어를 말하는 지역이며, 이 곳의 대부분의 주민들은 시크교(Sikh religion)을 신봉한다.

또 하리야나 주에서는 대다수의 사람들은 힌두교(Hindus)를 신봉하며, 이들은 북부 인도의 주요 언어인 힌디어(Hindi)를 사용한다.[53)]

'하리야나(Haryana)' 라는 말은 힌두교의 신(神)인 ' 비슈누(vishnu)' 를 뜻하는 '하리(Hari)' 와 '집(home)' 을 뜻하는 힌디어 ' 아야나(ayana)' 에서 온 말로서, '신의 집(처소)' 을 의미한다.[54)]

이 주는 대부분 지역이 인더스-갠지스 평원에 자리잡고 있으며, 북동쪽으로는 낮은 구릉지대가 있고, 대체로 해발 고도가 210~270m인 평지이다. 야무나(Yamuna) 강이 우타르 프라데슈 주와 동쪽 경계선을 이루면서 흐르고 있고, 강수량이 적어 가뭄이 자주 든다.

하리야나 주는 전설 · 사원 · 사적지 · 고대 유적지가 많이 있는 고장으로서, 인도 역사상 주요한 종교 순례지가 되어 왔다.

■ 산업[55)]

주요 산업은 농업으로, 농업 용수 개발과 토지를 비옥하게 만드는 데 많은 투자를 하여 식량 작물 생산이 크게 증가하고 있다. 그 중에서도 특히 밀 생산이 많다. 겨울에는 주로 밀 · 콩 · 보리 · 겨자 등을 재배하고, 여름에는 옥수수 · 사탕수수 · 벼 · 목화 등을 재배한다.

축산업으로는 식용소와 젖소를 많이 사육한다.

하리야나 주는 수도인 델리(Delhi) 시와 3면이 접하고 있고, 주 전체의 1/3이 수도권에 속해 있다. 오늘날은 양호한 산업기반시설과 교통 · 통신 네트워크, 은행, 시장 등의 기초 위에 빠른 성장을 보이고 있다. 이에 따라 주요 산업도 과거의 농업 위주에서 이제는 자동차, 자동차 부품, 자전거, 트랙터, 기계, 내구성 소비재, 과학 기자재 등으로 그 중심이 이동하고 있다.

특히 하리야나 주 정부는 82개의 산업 지구를 개발하여 구르가온(Gurgaon) 지역에 1,749 에이커 규모의 산업 모델 지구(Industrial Model Township), 레와리(Rewari) 지역에 1,200 에이커의 성장 센터(Growth Center), 발히(Barhi)에 270 에이커의 양말 · 내복 · 의류 복합단지, 쿤드리(Kundli)에 400 에이커의 고도 기술단지(Hi-tech park)와 시르사(Sirsa)에는 종합산업기반시설개발 센터가 이미 건립되었다.

이러한 주정부의 정책에 힘입어 하리야나 주는 인도에서 자동차 및 자동차 부품의 선두 생산지역(Leading producer)이고, 3번째의 IT 및 IT 응용 관련 소프트웨어 수출지역이다.

(5) 우타란찰 주(Uttaranchal)

■ 우타란찰의 지도상 위치[56)]

■ 기본 정보[57)]

- 주도 : 데라둠(Dehradum)
- 면적 : 53,484km²
- 자치지역 : 13개
- 인구 : 약 900만 명
- 주요언어 : 힌두어(Hindi), 가르왈리어(Garhwali), 쿠마오니어(Kumaoni)

■ 특징[58)]

우타란찰 주에는 다양한 성지(聖地, holy places)와 사당(shrines)들이 많이 있기 때문에, 이 주는 때때로 데브 부미(Dev Bhoomi)라고 불리는데, 이것은 '신(神)의 땅(Land of God)' 이라는 의미이다.

현재의 우타란찰 주는 1949년까지는 아그라 및 아와드 연합주(United Province of Agra and Awadh)의 일부였다.

1950년 1월 1일, 이 연합주는 우타르 프라데슈(Uttar pradesh)로 이름이 바뀌었으며, 2000년 11월 9일 우타르 프라데슈에서 분리되어 우타란찰 주가 되었다.

우타란찰 주는 히말라야 산기슭에 자리잡고 있으며, 북쪽으로는 중국(티베트)과 경계선을 이루고 있고, 동쪽으로는 네팔(Nepal)과 경계선을 이루고 있다.

■ 산업[59)]

우타란찰 주의 주민들의 90%는 농업에 종사하고 있으며, 총 경작지는 약 784만 헥타르이다. 이 주에는 강(江)이 많아 수력 발전에서 상당한 잠재력을 지니고 있다. 이 주의 수력발전 잠재력은 15,000MW이지만, 현재는 1124MW만이 생산되고 있다.

바기라티 강(Bhagirathi), 알라크난다 강(Alaknanda), 만다키니 강(Mandakini), 사리유 가우리 강(Saryu Gauri), 코시 강(Kosi), 칼리 강(Kali) 등에서는 수력발전소 건설공사가 진행되고 있다.

우타란찰 주에는 석회암, 대리석, 백운암(白雲巖, dolomite), 마그네사이트, 구리 등의 지하 광물이 많이 매장되어 있다. 우타란찰 주의 대부분의 산업은 임업(林業)에 근거를 두고 있다. 이 주에는 약 54,000개 이상의 수공업 집단(handicraft units)이 자리잡고 있다. 또 데라둠에는 IT 산업 단지가 조성되고 있다.

2. 북동부 지역

인도 북동부지역에는 아루나찰 프라데슈 주, 식킴 주, 아삼 주, 나갈라드 주, 메갈라야 주, 마니푸르 주, 미조람 주 및 트리푸라 주가 자리잡고 있다.

(1) 아루나찰 프라데슈 주(Arunachal Pradesh)

■ 아루나찰 프라데슈의 지도상 위치[60)]

■ 기본 정보[61)]

- 주도 : 이타나가르(Itanagar)
- 면적 : 83,743km^2
- 자치지역 : 15개
- 인구 : 약 110만 명
- 주요언어 : 아디(Adi), 니쉬(Nishi), 몬파(Monpa), 영어

■ 특징[62]

'아루나찰 프라데슈(Arunachal Pradesh)'는 '동틀녘 빛(dawn-lit)'이라는 뜻의 '아루나(Aruna)'와 '산맥(mountains)'이라는 뜻의 '찰(chal)', 그리고 '땅(land)'이라는 뜻의 '프라데슈(land)'가 합해진 말로서, '동틀녘의 빛나는 산맥의 땅(태양이 떠오르는 땅; land of the dawn-lit mountains)'이라는 뜻이다.

아루나찰 프라데슈는 1972년까지는 북동 국경 특별행정구역(North East Frontier Agency, NEFA)으로서 다스려져 왔으나, 1972년에 아루나찰 프라데슈 연방직할지(Union Territory of Arunachal Pradesh)로 되었다. 그러나 동쪽으로 미얀마, 서쪽으로 부탄과 이웃하고 있는 점, 그리고 중국-인도 긴장 관계를 고려한 국가안보차원에서 주(州, state)로 변경되었다.[63] 중국과는 소위 맥마혼 선(線; McMahon Line)이라고 불리는, 히말라야 정상을 따라 펼쳐진 890km의 북쪽 국경선을 사이에 두고 있다.[64]

아루나찰 프라데슈는 아삼 주의 브라마 푸트라 강(江) 평원에서부터 북쪽으로 동(東) 히말라야 산맥 주봉(主峰)과, 동쪽으로 잇따라 펼쳐져 있는 평균 고도 1,982m의 미리 산맥과 다플라 산맥, 미슈미 산맥 등 높은 산봉우리들 사이에 걸쳐 길게 펼쳐져 있다.

이 곳에는 1년에 2,000~4,000mm의 매우 많은 비가 내리는데, 대개 5월에서 9월 중에 집중적으로 내린다.

이 지역의 주민들은 티베트 미얀마 어족(語族)에 속하는 방언을 사용하는 20개의 주요 부족과 그 밖의 다양한 문화·언어·종교를 믿는 82개 부족으로 이루어져 있다.

■ 산업[65]

아루나찰 프다데슈는 절반 이상이 참나무·소나무·단풍나무·전나무·향나무·살나무·티크 나무 등 고산대림·온대림·아열대림으로 덮여 있기 때문에, 주요 산업은 임업과 관련이 있다. 임업에 종사하지 않는 주민들은 주로 농사를 짓는다.

주요 작물은 쌀·옥수수·밀·감자 등이며, 그 밖에도 보리·콩·고추·목화·과일이 재배된다. 석탄·구리·흑연·백운석·석회석·철광석 등 소규모 광산이 있으며, 은세공·철공·직물·등나무 세공 등의 가내 수공업이 이루어지고 있다.

(2) 식킴 주(Sikkim)

■ 식킴의 지도상 위치[66)]

■ 기본 정보[67)]

- 주도 : 강토크(Gangtok)
- 면적 : 7,096km^2
- 자치지역 : 4개
- 인구 : 약 60만 명
- 주요 언어 : 렙차(Lepcha), 부티아(Bhutia), 림부(Limbu), 네팔어(Nepali)

■ 특징[68)]

'식킴(Sikkim)'은 산스크리트어 '식크힘(Shikhim)'에서 나온 말로서 '꼭대기(crested)'를 뜻한다. 따라서 식킴 주는 거의 전 지역이 산맥지역으로 되어 있다.

식킴 주는 히말라야 산맥 동부에 자리 잡고 있으며, 북쪽과 동쪽으로는 중국의 티베트 자치지역, 남동쪽으로는 독립 왕족인 부탄, 서쪽으로는 네팔에 접해 있다. 중국과의 국경에는 히말라야 산맥이 가로 놓여 있는데, 나투라 · 젤라 폴라 등 두 개의 고개를 거쳐 중국과 연결되고 있다.

이와 같이 식킴 주는 지리적 · 국방상 미묘한 위치에 있기 때문에, 면적은 인도 28개 주들 중에서 27번째로 작지만, 전략적 · 정치적으로 매우 큰 중요성을 지니고 있다.

식킴 주에는 인도의 최고봉이며 세계적으로도 3번째로 높은 해발 8,586m의 칸첸중가 산(山, Kanchenjunga)을 비롯하여 7,000m 이상의 고봉이 줄지어 솟아 있어 대부분이 산악 지대로 되어 있다. 동쪽과 서쪽 산맥에는 깊은 골짜기들이 파여져 있는데, 그 중에서 티스타 골짜기가 가장 크다. 티스타(Teesta) 강은 많은 지역을 걸쳐 흐르고 있으며, 중국 국경 근처에서 발원하여 랑푸(롱푸)까지 105km를 흐른다.

식킴 주는 기후가 고도에 따라 크게 달라진다. 해발 1,200m 이하에 있는 낮은 지역은 계절풍의 영향을 크게 받아 6~9월에는 매일같이 비가 내리며, 울창한 열대성 삼림을 이루고 있다. 높이 올라갈수록 온대림 · 냉대림으로 변하고, 해발 고도 3,700m 이상부터는 고산지대를 이루며, 5,000m 이상지대부터는 종종 눈이 30m까지 쌓인다.

식킴 주의 많은 주민들은 영국이 산맥 기슭에서 거대한 차(茶, tea) 농장을 경영한 시기에 네팔로부터 넘어 온 사람들이다. 이들 네팔 사람들은 당시 차농장에서 일했으며, 그 후 계속 머물러 인도 사람이 되었다.

식킴은 수세기 동안 왕국으로 있었으며, 마지막 왕 호우프 쿡(Hope Cook)이 1970년대까지 이 곳을 다스렸다. 그러다가 이 왕국은 국민 투표를 거쳐 인도의 한 주가 되었다.

주민들은 주로 힌두교도와 불교도이며, 도시 인구는 대부분 주도인 강토크에 살고 있다. 강토크에는 드로-둘 초르텐 스투파(Dro-dul Chorten Stupa)라는 유명한 불교 사원이 있다.

■ 산업[69)]

식킴 주의 기본 산업은 농업이다.

주요 작물은 차(茶)·카르다몸(Cardamom, 생강의 일종)·사과·귤이며, 그 밖에도 산비탈을 파서 만든 계단식 경작지에서는 옥수수·쌀·밀·메밀·보리 등이 재배된다.

축산업으로는 길들인 물소·양·염소·돼지·노새·조랑말·가금 등이 사육되고 있다.

광물자원으로는 구리·납·아연·석탄·철광석·흑연·황철광·대리석 등이 매우 풍부하게 매장되어 있다.

전체 주 면적의 1/3 가량을 뒤덮고 있는 삼림은 제재목과 목재 펄프용으로 경제적 가치가 매우 높다. 또 식킴 주는 면모직·양탄자·담요·대나무 제품 등으로 유명하다.

식킴 주정부는 정보기술산업을 발전시키기 위해 최근에 정보기술부(Information Technology Department)를 설치했으며, 이 부서에의 예산 배정을 제1순위로 하고 있다. 식킴 주 정부 정보기술부의 웹 사이트는 www.sikkimgovt.org이다.

(3) 아솜(아삼) 주(Assam)

■ 아삼의 지도상 위치[70]

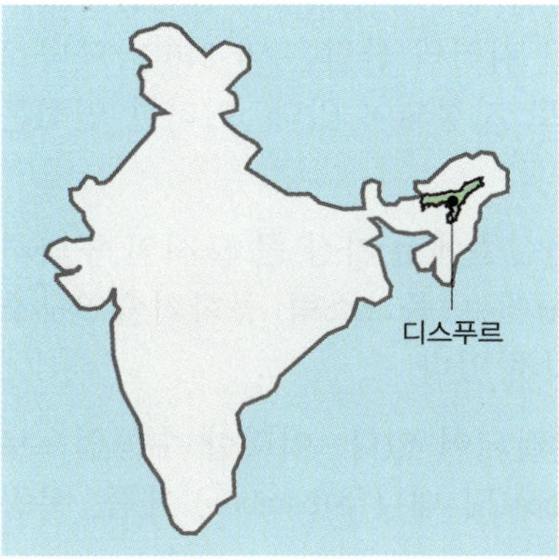

■ 기본 정보[71]

- 주도 : 디스푸르(Dispur)
- 면적 : 78,438km²
- 자치지역 : 23개
- 인구 : 약 2,700만 명
- 주요언어 : 아삼어(Assamese), 보도(Bodo), 카르비(Karbi)

■ 특징[72]

'아삼(Assam)' 은 13세기경에 이 곳을 침략해서 영국에 합병되기 전까지 약 600여 년 간 다스렸던 ' 아홈스(Ahoms)' 로부터 유래했다는 설명과 산스크리트어 '아소마(asoma)' 에서 유래했다는 설명이 있다. ' 아소마' 란 '견줄 것이 없다, 월등하게 좋다(unequalled or unparalleled)' 는 것을 뜻한다. 한편 '아삼' 은 2006년부터는 그 명칭이 '아솜(Asom)' 으로 변경되었다.

T자 모양으로 되어 있는 아삼 주는 대부분이 브라마푸트라 강(Great Brahmaputra River)을 따라 계곡으로 이루어져 있는데, 구체적으로는 북쪽의 브라마 푸트라 계곡(Brahmaputra Valley), 중부의 카르비 및 차차르 언덕(Karbi and Cachar hills), 그리고 남쪽의 바라크 계곡(Barak Valley)로 구성되어 있다.

이 지역은 3월~9월 사이에 매우 많은 비가 내리며, 여름에는 습도가 매우 높다. 아삼 주에는 식물과 수풀 및 야생 동물이 풍부하다.

아삼은 다인종 사회로서, 약 45개의 언어가 사용되고 있다. 주민은 주로 인도 이란족과 몽골족으로 구성되어 있어서, 티베트 · 미얀마 계의 주민이 많다.

주민의 약 65%는 힌두교도, 25%는 이슬람 교도이며, 나머지는 그리스도교와 원시종교 신자들이다. 아삼의 평균 기온은 온화한 편으로, 가장 더운 8월에 약 29°~30°이다. 연간 강우량은 3,000mm를 넘는 세계적인 다우(多雨) 지역이다.

아삼 주에서는 지진이 자주 일어나는데, 1950년에는 역사상 최대 규모의 지진이 발생해 약 1,500명의 인명 피해와 막대한 재산피해가 났다.

■ 산업[73]

아삼 주의 주요 산업은 농업이다. 주요 농작물은 쌀이며, 그 밖에도 황마(黃麻, jute, 밧줄을 만드는 원료) · 면화 · 차(茶) · 사탕수수 · 감자 등이 재배된다.

특히 차(tea)는 세계 생산량의 15%가 이 곳에서 생산되며, 차 경매센터(Tea Auction Center)는 세계에서 가장 큰 규모를 자랑한다.

아삼 주는 풍부한 수풀로 유명하다. 그리하여 귤 · 바나나 · 파인애플 · 코코넛 · 망고 등의 과일이 많이 생산되고 있다. 이 지역의 산림은 약 210만 헥타르에 달하며, 이 중 1,742,000헥타르가 보호림으로 지정되어 있다. 이러한 면적은 인도 전체 산림 면적의 22%를 차지한다.

아삼주에는 6개의 산업발전 센터가 있다. 아삼주에서 가장 큰 도시인 구와하티(Guwahati) 부근에 있는 아밍가온(Amingaon)에는 플라스틱 공학기술연구소(Institute for Plastic Engineering Technology)가 세워져 있다.

아삼은 또 예술과 공예품 관련 수공업이 발달되어 있다. 이러한 수공업으로는 직물(handloom), 양잠(sericulture), 등나무(cane) 및 대나무(bamboo) 제품, 목공품(carpentry), 청동 공예품 등이 있다.

(4) 나갈란드 주(Nagaland)

■ 나갈란드의 지도상 위치[74)]

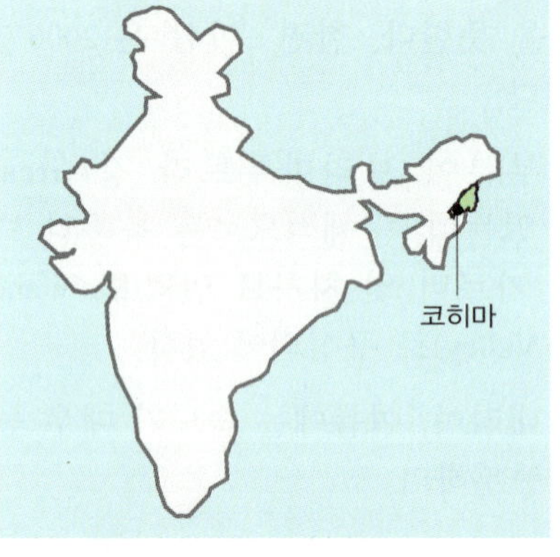

■ 기본 정보[75)]

- 주도 : 코히마(Kohima)
- 면적 : 16,579km²
- 자치 지역 : 11개
- 인구 : 약 200만 명
- 주요언어 : 앙가미어(Angami), 아오어(Ao), 창어(Chang), 로타어(Lotha), 상탐어(Sangtam), 세마어(Sema), 차크헤상어(Chakhesang), 영어.

■ 특징[76)]

나갈라드 주는 인도 16번째 주로서, 1963년 12월 1일 설립되었다.

나갈란드 주는 동쪽으로는 미얀마, 북쪽으로는 아루나찰 프라데슈 주, 서쪽으로는 아삼 주, 남쪽으로는 마니푸르 주와 접하고 있다.

이 주는 아삼 계곡과 경계하고 있는 지역을 제외하고는 대부분 히말라야 산맥의 일부인 구릉지대로 이루어져 있다. 사라마티 산(Mount Saramati)이 고도 3,840m로서 이 주에서 가장 높은 산이고, 이 산 줄기를 따라 나갈란드와 미얀마가 국경을 이루고 있다.

나갈란드의 구릉지대는 고도가 대개 600~1800m에 이르며, 브라마푸트라 평원 남쪽에 솟아 있다.

나갈란드 주의 북서쪽으로는 브라마푸트라 강이 흐르고 있고, 남동쪽으로는 미얀마의 친드윈 강 지류가 흐르고 있으며, 남서쪽으로는 바라크 강 상류가 흐르고 있다.

이 주는 비가 많이 오는 몬순 기후에 속해 있는데, 평균 강우량은 남동부의 1,800mm에서 북동부의 2,500mm에 이르는 편차를 보이며, 7~8월에 비가 가장 많이 내린다.

나갈란드 주의 주민을 가리키는 나가(Naga) 족(族)은 인도-몽골 인종에 속하며, 16개의 상이한 나가 부족으로 구성되어 있다. 이러한 부족의 이름을 들면, 앙가미(Angami), 아오(Ao), 차크헤상(Chakhesang), 창(Chang), 키암니웅간(Khiamniungan), 쿠키(Kuki), 코니야크(Konyak), 로타(Lotha), 폼(Phom), 포추리(Pochury), 렝마(Rengma), 상탐(Sangtam), 수미(Sumi), 임충그루(Yimchungru) 및 젤리앙(Zeliang) 등이다.

나갈란드 주민의 약 90%가 기독교도로서, 인도에서 기독교도가 다수인 3개의 주 중의 하나이며, 기독교도가 90%를 넘는 주는 나갈란드가 유일하다.

■ 산업[77)]

나갈란드 주는 기본적으로 농업에 기반을 두고 있다. 약 90%의 주민이 농업에 종사하고 있다. 주요 농작물로는 쌀 · 사탕수수 · 감자 · 담배 · 기장 · 옥수수 등이 생산되고 있다. 그러나 나갈란드 주는 식량 자급이 되지 않아 다른 주로부터 식량을 수입하지 않으면 안 된다.

임업 역시 주요 소득원이다. 또한 석회암과 석탄이 채광되고 있으며, 디쿠 강 유역에서는 석유가 솟아나오고 있다.

그 밖에 나갈란드에서는 가구제작, 제지 및 펄프 가공, 제당, 과일 통조림 제조 등과 같은 소규모 산업이 이루어지고 있다.

(5) 메갈라야 주(Meghalaya)

■ 메갈라야의 지도상 위치[78)]

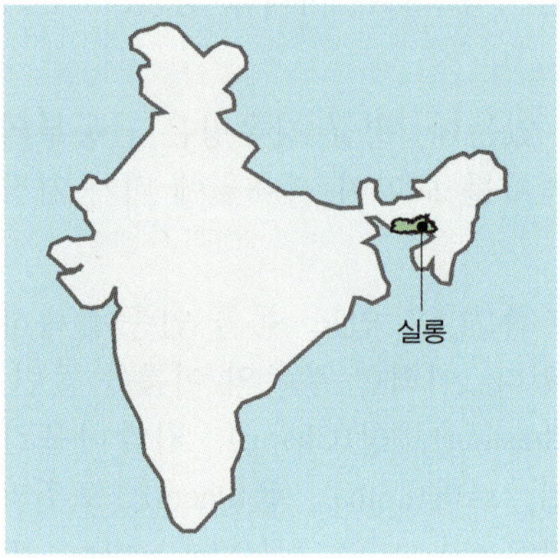

■ 기본 정보[79)]

- 주도 : 실롱(Shillong)
- 면적 : 22,429km^2
- 자치지역 : 7개
- 인구 : 약 250만 명
- 주요 언어 : 카시어(Khasi), 가로어(Garo), 영어

■ 특징[80)]

'메갈라야(Meghalaya)' 는 ' 구름(cloud)' 을 뜻하는 '메가(megha)' 와 ' 집(home)' 을 뜻하는 '알라야(alaya)' 가 합쳐진 말로서, '구름의 집(home of coulds)' 을 의미한다.

메갈라야 주는 1970년 4월 2일까지는 아삼 주의 자치지역이었으나, 1972년 1월 21일 주(州)로 승격되었으며, 북쪽과 동쪽으로는 아삼 주와 경계를 하고 있고, 남쪽과 서쪽으로는 방글라데시와 국경을 이루고 있다.

'메갈라야' 라는 말이 '구름의 집' 이라는 뜻에서 알 수 있듯이, 이 주는 서쪽에서 동쪽으로 가면서 여러 구릉지대로 연결되어 있다. 서쪽에는 브라마푸트라 강 유역에서 시작되는 해발 300m의 가로 구릉지대(Garo Hills)가 있고, 동쪽에는 해발 1200~1800m에 이르는 카시 구릉지대(Khasi Hills) · 자인티아 구릉지대(Jaintia Hills) 등이 펼쳐져 있다. 자인티아 구릉지대에는 가장 높은 1965m의 실롱 고봉(Shillong Peak)이 자리잡고 있다. 또 이 지역에는 석회암 동굴이 많이 있으며, 독특하고 기묘한 모습을 자랑하고 있다.

중앙고원에는 우미암바라파니 강을 비롯한 여러 강들이 주(州)를 가로 지르며 흐른다. 메갈라야의 기후는 대체로 온화한 편이며, 지구상에서 비가 많이 오는 지역 중의 하나이다. 이 주의 중앙에 자리잡고 있는 체라푼지(Cherrapunjee)는 연평균 강우량이 1150cm, 즉 11m 50cm라고 하는 기록적인 강우량을 보유하고 있고, 1876년에는 24시간 연속 강우량이 41인치(약 103.1cm 즉, 1031mm)를 기록하기도 했다.

메갈라야의 주민들의 대부분은 가로(Garo) 구릉지대에 거주하는 티베트 미얀마계 종족과 카시(Khasi) 구릉지대에 거주하는 몬크메르 종족인데, 이들은 각각 티베트 미얀마 어(語)와 몬크메르 어(語)를 사용한다.

메갈라야는 기독교도가 다수인 인도 3개 주 (나갈란드 주, 미조람 주, 메갈라야 주) 중의 하나이다. 나머지는 힌두교, 이슬람교, 불교 등을 신봉한다.

■ 산업[81)]

메갈라야 주의 주요 산업은 농업이며, 주민의 약 80%가 농사일을 하고 있다. 주요 농작물은 쌀 · 옥수수 · 기장 · 감자 · 목화 · 생강 · 황마 · 오렌지 · 바나나 · 파인애플 · 망고 등이다.

이 주에는 석탄 · 석회석 · 고령토 · 석영 · 운모 · 보크사이트 · 규선석(硅線石, 고급 도기를 만드는 원료) 등이 풍부히 매장되어 있지만, 아직 공업은 거의 발달해 있지 않다.

메갈라야 주정부는 산업을 발전시키기 위해 노력하고 있는데, 현재 이 주에는 금융 및 산업 개발을 지원하기 위한 메갈라야 산업개발회사(Meghalaya Industries Development Corporation : MIDC Limited), 소규모 기술산업을 개발하고 촉진하기 위한 메갈라야 카디 및 부락 산업(Meghalaya Khadi and Village Industries Board ; MKVIB), 그리고 메갈라야 직물 및 수공업 개발회사(Meghalaya Handloom and Handicraft Development Corporation ; MHHDC Limited) 등이 설립되어 있다.

(6) 마니푸르 주(Manipur)

■ 마니푸르의 지도상 위치[82)]

■ 기본 정보[83)]

- 주도 : 임팔(Imphal)
- 면적 : 22,327km^2
- 자치지역 : 9개
- 인구 : 약 250만 명
- 주요 언어 : 마니푸르어(Manipuri), 영어

■ 특징[84)]

'마니푸르(Manipur)' 는 '보석으로 장식된 땅(jewelled land)' 이란 뜻이다.

마니푸르 주는 크게 2개의 지역으로 구분되어 있는데, 구릉(hills)으로 구성되어 있는 5개 자치지역과 평야로 구성되어 있는 4개의 자치지역이 그것이다. 동쪽으로는 미얀마와 국경을 이루고 있고, 북쪽으로는 나갈란드 주, 서쪽으로는 아삼 주와 미조람 주, 남쪽으로는 미얀마와 미조람 주와 경계를 이루고 있다.

이 주에는 면적 104km² 가량의 로그타그 호(湖)가 있으며, 이 호수에서 발원하는 마니푸르 강은 남쪽으로 흘러 미얀마로 들어간다.

이 주는 거의 대부분이 수풀로 우거져 있는데, 주변 산악지대의 높이는 해발고도 1,500~1,800m이며, 최고봉은 북쪽에 위치한 테니푸이다. 산맥 서쪽으로는 바라크 강(또는 수르마 강이라고도 부름)이 흘러간다. 강 유역의 기후는 따뜻한 반면에 높은 구릉지대는 추운 편이다. 연평균 강우량은 약 1,650mm로서 풍부하다.

주민의 약 2/3는 메이테이(Meiteis) 족이며, 나머지는 북쪽의 나가(Naga) 족, 남쪽의 쿠키(Kuki) 족 등으로, 약 29개의 여러 종족들이다.

이들 주민의 약 60%가 마니푸르어(語)를 영어와 함께 공용어로 사용하며, 나머지는 티베트 · 미얀마 계열의 여러 언어를 사용한다. 마니푸르 지방은 마니푸르 춤으로 알려져 있는 토착적인 고전 무용이 발생한 곳이기도 하다.

마니푸르 주에는 HPC · KNF · UNLF 등 약 33개의 분리주의 단체(Separatist Groups)들이 독립을 위한 무장투쟁 또는 종족들 간의 투쟁을 벌이고 있어서, 지난 30여 년 간 치안이 매우 불안한 곳이다.

■ 산업[85)]

마니푸르 주의 주요 산업은 농업과 임업이며, 주민의 2/3가 농업에 종사하고 있다.

주요 농작물은 쌀이고, 그 밖에도 토양이 기름져 사탕수수 · 겨자 · 담배 · 콩 · 과일 등이 많이 생산된다. 주요 임산물은 티크와 대나무이며, 그 밖에도 참나무 · 목련 · 밤나무 등도 많이 자라고 있다. 죽세공품 · 양잠 · 수직물(手織物) 등이 유명하며, 비누제조업 · 목공업 · 가죽제조업 등이 가내 공업으로 행하여 지고 있다.

주정부는 1995년 미얀마와 국경 무역 협정을 맺고 무역을 증진시키려고 노력하고 있다.

(7) 미조람 주(Mizoram)

■ 미조람의 지도상 위치[86)]

■ 기본 정보[87)]

- 주도 : 아이잘(Aizawl)
- 면적 : 21,081km²
- 자치지역 : 8개
- 인구 : 약 90만 명
- 주요 언어 : 미조어(Mizo), 영어

■ 특징[88)]

'미조람(Mizoram)' 은 ' 미조 족(族)의 땅(the land of Mizos)' 이라는 뜻이다. 또 '미조 족(Mizo)' 은 ' 고지대(高地帶) 사람들(highlanders)' 이라는 의미를 갖는다.

미조 족들은 독립 국가를 건설하기 위해 약 20년 간을 투쟁한 끝에 1987년 마침내 인도의 주(州)로 승격되었으며, 미조 족이 이끄는 주 정부가 들어서자 투쟁이 가라앉았다.

인도 북동쪽 모서리에 위치한 미조람 주는 동쪽과 남쪽으로는 미얀마, 서쪽으로는 방글라데시와 국경을 이루고 있어서, 외교적 · 전략적 중요성이 매우 큰 지역이다.

미조람 주는 아리칸 산맥의 북단에 있는 미조 구릉지대를 중심으로 이루어진 산악지대로서, 대부분이 수풀로 덮여 있다. 미조 구릉지대는 거의 해발 고도 150~900m이며, 높은 지대는 1,500m인 곳도 있다.

이 지역에는 수많은 하천이 흐르고 있는데, 이들 대부분은 쿠시야라 강의 지류들이다. 쿠시야라 강은 서쪽으로 흘러 미조람을 거쳐 마지막으로 갠지스 강 하류로 흘러들어간다.

미조람 주는 1920년 대 영국 선교사들이 활동을 벌인 곳으로서, 그 영향을 받아 주민 대부분이 기독교도이며, 미조어(語) 및 영어를 사용한다.

■ 산업[89)]

미조람 주의 주민의 약 60%가 농업에 종사하고 있으며, 주요 농산물은 쌀 · 옥수수 · 콩 · 사탕수수 · 감자 등이다.

주요 원예작물로는 오렌지 · 레몬 · 파인애플 · 파파야 · 카그지 라임(Kagzi

lime) 등이 재배된다. 공업은 모직 양탄자, 바구니 등이 가내 공업을 통해 생산된다.

이와 같이 미조람은 그동안 산업이 거의 발전하지 않은 지역이었다. 그러나 주정부는 10여 년 전부터 미조람 주의 산업을 발전시키기 위해 노력하고 있다. 그 중점 산업은 농업 및 임업에 기반을 둔 산업, 수공예품 및 직물, 전자산업, 소비자 용품 산업, 양잠업 등이다.

(8) 트리푸라 주(Tripura)

■ 트리푸라의 지도상 위치[90)]

■ 기본 정보[91)]

- 주도 : 아가르탈라(Agartala)
- 면적 : 10,492km²
- 자치지역 : 4개
- 인구 : 약 320만 명
- 주요 언어 : 벵골어(Bengali), 코크보로크어(Kokborok), 트리푸르어, 마나푸르어

■ 특징[92)]

'트리푸라(Tripura)'는 '투이프라(tuipra)'에서 유래된 말인데, 이것은 '물에 인접해 있는 땅(land adjoining the water)'이란 뜻이다.

트리푸라는 북쪽 · 서쪽 · 남쪽의 3면이 방글라데시에 거의 둘러 쌓여 있으며, 인도 동부 끝 부분에 있는 7개 주 가운데 가장 작은 주이다.

트리푸라 주는 낮은 산맥으로 서로 분리되어 있는 북부의 4개 강 유역(다르마나가르, 카일라샤하르, 카말푸르, 코와이 강)과 남부의 아가르탈라 평원 지역으로 나누어진다. 트리푸라의 약 절반은 산림으로 덮여 있다. 이 지역은 여러 개의 강이 흐르는데, 그 중에서 굼티 강이 가장 크다.

기후는 강 유역지대는 더운 반면, 산악지대는 서늘한 편이다. 장마철은 6~9월인데, 이 때는 2,000mm 이상의 비가 내린다.

트리푸라 주에서는 인구의 절반 이상이 벵골어를 사용하며, 그 밖에 코크보로크어와 트리푸리어 및 마니푸르어가 사용된다. 인구의 절반 가량이 힌두교를 믿고 있으며, 이슬람교와 불교를 믿는 주민들도 소수 있다.

■ 산업[93)]

트리푸라의 주요 산업은 농업이다.

주요 산물은 쌀 · 황마 · 목화 · 차(茶) 등인데, 특히 차는 고지대에서 잘 자라서 이 지역의 주수입원이 되고 있다. 임업으로는 목재 · 대나무 · 장작 · 숯 등이 생산되며, 양잠도 널리 행해지고 있다.

제조업은 대부분 소규모 가내 수공업으로 이루어지며, 직조 · 목공 · 바구니 세공 · 도기 제조 · 재목 · 농기구 · 과일 통조림 · 신발 · 설탕 등이 생산되고 있다.

3. 동부지역

인도 동부지역에는 비하르 주, 자르칸드 주, 웨스트 벵골 주 및 오리사 주가 있다.

(1) 비하르 주(Bihar)

■ 비하르의 지도상 위치[94)]

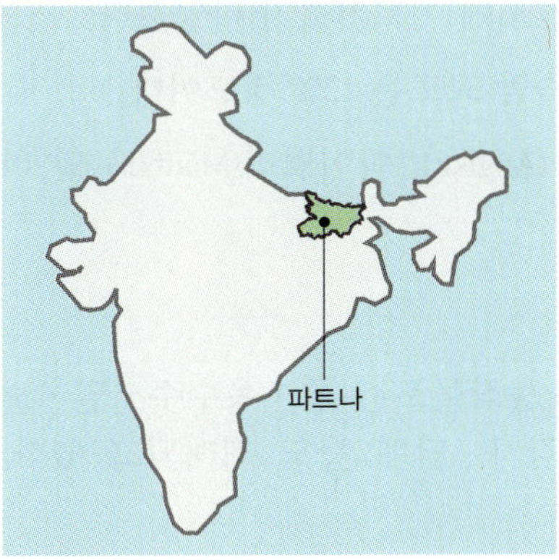

■ 기본정보[95)]

- 주도 : 파트나(Patna)
- 면적 : 94,163km²
- 자치지역 : 37개
- 인구 : 약 8,300만 명
- 주요 언어 : 힌두어(Hindi), 앙기카어(Angika), 마가히어(Magahi), 마이틸리어(Maithili), 보주푸리어(Bhojpuri)

■ 특징[96)]

'비하르(Bihar)'는 산스크리트어로 '비하라(vihara)'를 뜻하는데, 이것은 '수도원(monastery)'을 의미한다. 비하르 주의 옛 수도는 중요한 불교 수도원이었다. 비하르 주는 옛날 석가모니(Buddha, 붓다)가 활동한 주요 지역이었다.

이러한 비하르 주는 힌두교, 불교, 시크교 및 수피교(sufi)의 많은 성지(聖地)들이 있는 신성한 지역으로 간주되고 있다. 비하르 주의 중앙에 있는 보드가야(Bodhigaya)에는 B.C.600년경에 석가모니가 '깨달음(enlightenment)'을 얻었다고 하는 신성한 나무(보리수)가 있다. 가야(Gaya)는 힌두교의 주요 순례지이고, 파바푸리는 자이나교의 중심지이다. 성도(聖都) 데오가르는 바이디아나트(시바)

사원으로 유명하다.

비하르 주는 영국의 지배에 대항해서 1857년과 1859년 발생한 대규모 인도 폭동의 중심지였으며, 그 후에 일어난 다양한 인도 민족주의 운동에서 적극적인 역할을 했다. 또 북부 지방에서는 마하트마 간디가 유럽인 농장주들에게 대항하는 사티야그라하 운동(satyagraha, 불복종저항운동)을 전개하였다.

비하르는 북쪽으로는 네팔, 동쪽으로는 웨스트 벵골주, 서쪽으로는 우타르 프라데슈 주, 남쪽으로는 자르칸드 주에 둘러싸여 있다.

비하르 주는 지형상으로 북부의 갠지스 강을 중심으로 한 갠지스 평야와, 남부의 고원 · 구릉지대 · 계곡 등으로 이루어진 초타 나그푸르 고원(Chota Nagpur Plateau)으로 이루어져 있다.[97]

비하르 주에는 갠지스(Ganga), 선(Son), 바그마티(Bagmati), 코시(Kosi), 부디 간다크(Budhi Gandak), 팔구(Falgu) 강(江) 등 많은 강물이 흐르고 있다.

날씨는 겨울인 12월 1월에는 약간 추우며, 최저 기온은 5도~10℃ 가량이다. 여름은 3월부터 6월까지인데, 이 때는 기온이 40도~45℃가 되는 날도 많다.

7월부터 10월까지는 비가 많이 오는 몬순(monsoon), 즉 우기(雨期)이다. 연평균 강우량은 지역에 따라 1,000mm에서 1,500mm에 이르기까지 다양하다.

비하르 주민의 약 85%는 힌두교도이고, 이슬람 교도는 12% 정도이다.

주민들은 힌디(Hindi), 우르두(Urdu), 앙기카(Angika), 마이틸리(Maithili) 및 마가히(Magahi) 언어를 주로 사용한다.

■ 산업[98]

비하르 주의 주요 산업은 농업이다. 주요 농작물로는 쌀 · 옥수수 · 밀 · 보리 · 콩이며, 과일 · 채소 · 황마 · 사탕수수 · 감자 · 담배 등도 재배되고 있다. 최근에는 낙농업도 발전하고 있다.

비하르 주에는 구리 · 운모 · 보크사이트 · 철광석 · 석탄 · 망간 등을 비롯한 훌륭한 지하자원이 많이 매장되어 있으며, 인도 전체에서 산출되는 광물의 약 40%가 이 곳에서 생산된다. 비하르 주는 인도에서 가장 발전이 안 된 곳이며, 1인당 국민소득도 인도에서 최저이다. 또 주민의 42.6%가 빈곤선(poverty line) 아래에 머물러 있는데, 이는 인도 평균 26.1%에 비하면 매우 높은 수준이다.

비하르 주가 현재 이렇게 가난한 주로 남아 있는 이유는 농업과 산업기반시설 및 교육에 대한 투자가 적었기 때문이다. 그러나 비하르 주는 오늘날 산업 발전을 위해 노력하고 있으며, 많은 공업 단지가 들어서고 있다.

그 예로서는 무자파르푸르(Muzaffarpur)와 모카마(Mokamah)에 있는 철도차량 제작 공장, 바라우니(Barauni)에 있는 석유 정제공장, 피리테스(Pyrites)에 있는 비료 제조공장, 암지호르(Amjhor)에 있는 인산 · 화학(Phosphates & Chemicals)공장, 하지푸르(Hajipur)에 있는 제약공장 등을 들 수 있다.

(2) 자르칸드 주(Jharkhand)

■ 자르칸드의 지도상 위치[99]

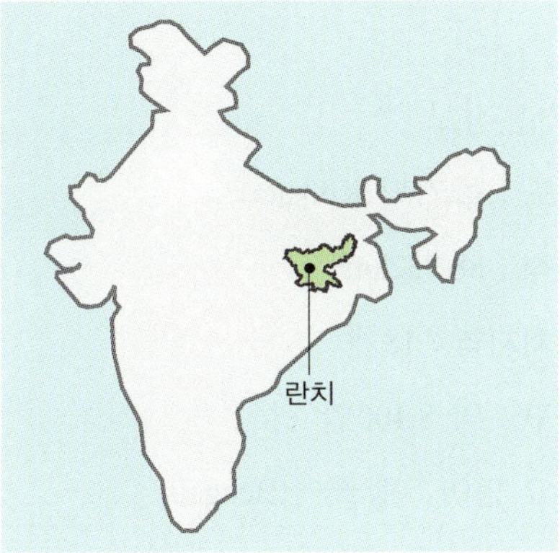

■ 기본정보[100]

- 주도 : 란치(Ranchi)
- 면적 : 79,714km²
- 자치지역 : 22개
- 인구 : 약 2,700만 명
- 주요 언어 : 힌두어(Hindi)

■ 특징[101]

'자르칸드(Jharkhand)' 는 ' 숲의 나라(forest country)' 라는 뜻인데, 2000년 11월 15일 이 곳 종족들의 수세기에 걸친 염원이 받아들여져 인도의 맨 마지막 주, 즉 28번째 주(州)가 되었다. 자르칸드 주는 수풀이 우거져 있는 초타 나그푸르 고원(Chhota Nagpur Plateau) 위에 자리잡고 있다.

초타 나그푸르 고원은 코엘(Koel) · 다모다르(Damodar) · 브라마니(Brahmani) · 카르카이(Kharkai) 및 수바르나레카(Subarnarekha) 강(江)의 발원지이다. 이 주는 약 18,423 km²에 이르는 우거진 삼림으로 인하여 호랑이와 코끼리가 생존을 유지하고 있는 곳이기도 하다. 또 자르칸드 주의 셀라 호(Sela Lake)는 아름다운 경관을 자랑한다.

■ 산업[102]

자르칸드 주의 주요 산업은 농업 및 관련 산업이다. 그러나 경작 가능한 면적은 380만 헥타르에 불과하다. 또, 이 중에서 관개용수를 활용할 수 있는 면적은 157,000 헥타르밖에 되지 않는다.

그러나 자르칸드 주에는 광대한 지하자원이 매장되어 있다. 이들 지하자원에는(괄호안 숫자는 인도 전체에서의 매장량 순위를 가리킴), 철광석(1), 석탄(3), 구리(1), 운모(mica, 1), 보크사이트(3), 망간 · 석회석 · 점토 · 흑연(8), 카이닛(kainite, 1), 크롬철광(2), 석면(1), 토륨(3), 우라늄(1), 금(6) 등이 있다. 그 밖에도 은 · 벤토나이트(bentonite) · 석영 · 규석(silica) 등이 풍부하게 매장되어 있다.

오늘 날 주 정부는 이러한 지하자원을 이용하여 산업발전에 적극 나서고 있다. 그 예로서는 잠세드푸르(Jamshedpur)에 있는 철광석 공장, 신드리(Sindri)에 있는 인도 최대의 비료 공장, 고미아(Gomia)에 있는 폭발물 제조공장, 팔라무(Palamu)에 있는 시멘트 공장, 무사바니(Mussabani)에 있는 구리제련 공장 등을 들 수 있다.

(3) 웨스트 벵골 주(West Bengal)

■ 웨스트 벵골의 지도상 위치[103)]

■ 기본정보[104)]

- 주도 : 콜카타(Kolkata)
- 면적 : 88,752km²
- 자치지역 : 18개
- 인구 : 약 8,100만 명
- 주요 언어 : 벵골어(Bengali)

■ 특징[105)]

'웨스트 벵골(West Bengal)' 은 ' 벵골의 서쪽 부분(Western part of Bengal)' 을 뜻하는데, '벵골' 은 '방글라(bangla)' 종족을 의미한다.

1947년 인도와 파키스탄이 분리되어 각각 독립국가가 되기 전까지는 웨스트 벵골과 방글라데시는 하나의 벵골 주였다.

웨스트 벵골주는 동쪽으로는 방글라데시, 서쪽으로는 네팔, 북동쪽으로는 부탄과 국경을 접하고 있다. 또 남쪽으로는 벵골 만(Bay of Bengal)과 접해 있다.

이 주는 크게 2개의 지역, 즉 남쪽의 갠지스 평원 지역과 북쪽의 히말라야 산맥 지역으로 나누어진다. 남쪽의 갠지스 평원지역에는 많은 저습지와 호수들이 있다. 북쪽의 히말라야 산맥 지역은 '두아르스' 또는 '테라이' 로 알려져 있으며 높은 산봉우리들과 인접해 있다.

웨스트 벵골 주에는 산탄 족 · 오라온 족 · 문다 족 · 렙차 족 · 부티아 족 등 부족들이 있으며, 주민 대부분은 벵골어를 사용하고 힌디어 · 영어도 사용되고 있다.

주민의 약 80%는 힌두교도이고, 나머지는 이슬람교도이며, 불교도 · 자이나교 · 그리스도 교도 · 시크교도 등도 극소수 있다.

웨스트 벵골 주 태생의 유명 인물로는, 1913년 '기탄잘리(Gitanjali)'로 노벨 문학상을 받은 라빈드라나드 타고르(Rabindranath Tagore)와 1998년 노벨 경제학상을 받은 아마르티야 센(Amartya Sen)이 있다.

■ 산업[106)]

웨스트 벵골 주의 주요 산업은 농업이며, 인구의 3/4은 직접 · 간접적으로 농업 관련 일을 하고 있다. 주요 농작물로는 쌀 · 밀 · 옥수수 · 포도 · 담배 · 콩 · 감자 · 야채 · 과일 · 차(茶)이다. 그러나 웨스트 벵골 주는 인도의 경제 개방 이후 산업이 급격히 발전하고 있다. 즉, 이 주는 인구 8천만 명의 풍부한 인적 자원과 함께, 콜카타(Kolkata) 및 할디아(Haldia) 항구를 보유하고 있는 동부 지역의 관문이다.

주요 자원으로는 석탄, 고령토, 인회암, 석회암, 화강암 등이 매장되어 있다.

웨스트 벵골 주의 주 정부는 산업발전을 위해 전력 분야와 산업 및 사회부문 기반시설(infrastructure) 개선 등을 위해 노력하고 있다. 그 결과로 현재의 주요 산업으로는 화학, 섬유, 석탄, 철강, 소프트웨어 및 정보기술, 엔지니어링, 자동차, 보석, 의약, 알미늄, 도자기, 플라스틱, 전자 · 전기, 기관차, 양조 등의 산업이 발전하고 있다.

특히 웨스트 벵골 주에서는 IT 부분이 급속히 발전하고 있는데, 현재 180개 이상의 IT 관련 기업들이 있고, 이들 기업은 15,000 여 명의 IT 전문가를 고용하고 있다. 2010년까지는 이 주의 IT 부문이 인도 경제에 기여하는 비중이 현재의 3%에서 15~20% 높아질 것으로 예상된다.

(4) 오리사 주(Orissa)

■ 지도상 위치[107)]

■ 기본 정보[108)]

- 주도 : 부바네스와르(Bhubaneswar)
- 면적 : 155,707km²
- 자치지역 : 30개
- 인구 : 약 3,700만 명
- 주요 언어 : 오리야어(Oriya)

■ 특징[109)]

'오리사(Orissa)' 는 부족이름인 ' 오리야(Oriya)' 와 '땅(state)' 이라는 뜻의 ' 데샤(deshah)' 가 합쳐진 말로서, '오리야 족의 땅(state of Oriya)' 을 의미한다.

오리사 주의 서부와 북부에는 동 고츠(Eastern Ghats) 산맥과 초타 나그푸르(Chota Nagpur) 고원지대가 자리잡고 있고, 마하나디(Mahanadi) · 브라마니(Brahmani) · 바이타라니(Baitarani) 강 유역에는 비옥한 평원이 펼쳐져 있으며, 이들 강(江)은 벵골 만으로 흘러든다.

기후는 몬순 계절풍이 부는 열대 지대에 속하며, 연평균 강우량은 1,500mm이다.

오리사 주에는 오리야어(語), 드라비다어, 문다어를 사용하는 많은 종족들이 살고 있다. 주민의 90% 이상이 힌두 교도이며, 나머지는 불교 및 자이나교 등을 신봉한다.

이 주에는 오리시(Orissi)로 알려져 있는 독특한 고전 무용이 700년 이상 사원(寺院) 무용으로 전승되고 있고, 10월~11월의 보름달이 뜨기 전에 열리는 보이타 반다나('배(船)에 대한 숭배' 라는 뜻) 축제가 유명한데, 이 축제 때는 사람들이 강둑이나 해변에 모여 자신들을 태우고 먼 동쪽 나라로 떠나는 것을 상징하는 작은 모형 배를 띄워 보낸다.

오리사 주에는 태양 사원(Sun Temple)으로 알려진 코나르크 사원(Konark Temple) 및 자가나스 사원(Jagannath Temple)이 특히 유명하다.

■ 산업[110)]

오리사 주의 주요 산업은 농업으로서, 주민의 65%가 직접 · 간접적으로 농업 관련 일을 하고 있다. 주요 작물은 쌀 · 황마 · 사탕수수 · 코코넛 등이다.

주요 광물로는 크롬철광 · 철광석 · 마그네슘 · 석탄 · 석회암 · 백운석 · 흑연 · 보크사이트 등이 풍부하게 매장되어 있다. 특히 석탄은 인도 전체 매장량의 1/5, 철광석은 1/4, 보크사이트는 1/3, 그리고 크롬철광은 거의 대부분이 오리사 주에 매장되어 있다.

최근에는 43개의 철강회사가 오리사 주에서 거대한 제철소를 짓고 있는데, 특히 한국의 포스코(Posco)는 인도 투자 역사상 가장 많은 120억 달러를 투자하여 이 주에 제철소를 건설하고 있다.

현재는 마하다니 강 어귀의 파라디프(Paradip) 항이 오리사 주에서 가장 큰 항구이지만, 다므라(Dhamra) 및 고팔푸르(Gopalpur) 역시 주요 항구로 개발되고 있다.

또 인도 최대의 담수호인 칠카 호(湖)에서는 어업도 행하여지고 있다.

4. 서부 지역

인도 서부 지역에는 라자스탄 주와 구자라트 주 및 마하라 슈트라 주가 있다.

(1) 라자스탄 주(Rajasthan)

■ 라자스탄의 지도상 위치[111)]

■ 기본 정보[112)]

- 주도 : 자이푸르(Jaipur)
- 면적 : 342,239km²
- 자치지역 : 32개
- 인구 : 약 5,700만 명
- 주요 언어 : 힌디어, 라자스탄어 (Rajasthani)

■ 특징[113)]

'라자스탄(Rajasthan)' 이란 '왕(King)' 이라는 뜻의 '라자(raja)' 와 '땅(land)' 이라는 뜻의 '스탄(sthan)' 이 합쳐진 말로, '왕이 사는 곳' 을 의미한다. 옛날에는 라지푸트(Rajput, 라자의 아들, 왕의 아들)을 뜻하는 라지푸타나라는 이름으로 알려져 있었다.

라자스탄 주는 인도의 모든 주들 중에서 면적이 가장 넓으며, 인구 밀도는 가장 희박한 지역이다. 이 주의 중앙에는 남서부에서 북동부 방향으로 아라발리 산맥(Aravalli Range)이 뻗어 있으며, 이 산맥에서 가장 높은 산은 고도 1,722m의 아부산(Mount Abu)이다.

라자스탄 주의 면적의 3/5을 차지하는 북서쪽 지역은 타르사막(Thar Desert)을 포함해서 대부분이 모래로 덮여 있는 불모지이다. 이 지역의 연간 평균 강우량은 750mm 정도이며, 여름 온도는 45°C를 넘고, 겨울에는 영하로 떨어진다.

이 주에는 가가르 강(Ghaggar River) 및 루니 강(Luni River)이 흐르며, 삼바르 호(湖)는 인도에서 가장 큰 염호(鹽湖)이다.

라자스탄 주에는 미나족 · 메오족 · 반자라족 · 빌족 · 가디아로하르족 · 그라시아족 · 카토티족 등이 살고 있다.

언어는 인도아리아어 계통의 라자스탄어인데, 힌디어를 사용하는 비중이 점점 늘고 있다.

주민 대부분은 힌두교도이며, 이슬람교도 및 시크교도 등도 약간 있다.

라자스탄에서는 11월에 사막에서 거대한 낙타 시장(camel fair)이 열리는데, 이 때는 낙타 · 물소 · 황소 등이 거래된다. 이 때에는 음악, 춤, 낙타 경주 대회 등이 열린다. 또 3월에는 자이푸르(Jaipur)에서 코끼리 축제(Elephant Festival)가 열리는데, 여기서는 수백 마리의 코끼리들이 아름다운 의상과 보석으로 장식하고 거리를 행진한다.

■ 산업[114)]

라자스탄 주의 주요 산업은 농업 · 목축업이다. 주요 작물로는 인도에서 가장 많은 양모가 생산되며, 쌀 · 옥수수 · 밀 · 보리 · 쌀 · 기장 · 면화 · 콩 · 담배 등이 생산된다.

라자스탄 주에는 아연 · 구리 · 석면 · 석류석 · 석회석 · 대리석 · 에메랄드 · 은 · 납 등의 광물이 풍부하게 매장되어 있다. 특히 아연 · 에메랄드 · 납은 인도에서 생산되는 양의 거의 전부가 이 곳에서 생산되고 있고, 석고 · 은광석의 90%가 이 곳에서 생산된다.

주요 제조업으로는 면직물, 설탕, 시멘트, 유리, 나트륨, 비료, 시멘트, 철도 차량, 텔레비전 세트, 나일론, 타이어 등이 발달해 있다.

라자스탄 주에서는 최근에 석유와 천연가스가 매장되어 있는 것이 발견되었으며, 주정부는 정보통신(IT) 산업을 발전시키려고 노력하고 있다.

또 라자스탄 주는 관광 산업이 활성화되어 있는데, 이 주의 소득의 15%는 관광 수입으로 채워진다. 또 해외에서 인도를 방문하는 관광객의 10%는 이 주를 찾고 있다.

(2) 구자라트 주(Gujarat)

■ 구자라트의 지도상 위치[115)]

■ 기본 정보[116)]

- 주도 : 간디나가르(Gandhinagar)
- 면적 : 196,024km^2
- 자치지역 : 25개
- 인구 : 약 5,100만 명
- 주요 언어 : 구자라트어(Gujarati)

■ 특징[117)]

'구자라트(Gujarat)' 는 산스크리트어 ' 구자라(Gujara)' 에서 온 말인데, 이는 구라자 종족의 이름이다.

구라자트 주는 북서쪽으로 파키스탄과 국경선을 접하고 있으며, 서쪽은 아라비아 해(海)(Arabian Sea)에 접해 있다. 이 주의 현재 주도(州都)는 계획도시인 간디나가르이며, 이전의 주도는 아메다바드(Ahmedabad)였다. 아메다바드는 현재 구자라트의 상업 중심지이다.

1947년 인도가 독립한 후, 구자라트의 대부분은 봄베이 주(Bombay State)에 속하게 되었는데, 그 후 1960년 봄베이 주는 지역 주민이 사용하는 언어에 기준해서 구자라트 주와 마하라슈트라 주로 분리되었다.

구자라트는 인도의 가장 서쪽에 자리잡고 있는 주이다. 지리적으로는, 대부분 건조한 편인데, 북서부 지역은 쿠치(Kutch) 지역을 비롯한 사막지대이고, 남부 지역은 심한 몬순 기후의 영향으로 습한 곳이 많다. 여름에는 기온이 48°C까지 올라간 적도 있으며, 겨울에는 영하로 떨어지기도 한다.

나르마다 강(Narmada River)에는 댐이 건설되어 있어서 농업 용수를 공급해 주고 있으며, 가장 건조한 지역들인 쿠치(Kutch)와 사우라슈트라(Saurashtra)에는 550km에 이르는 긴 운하(canal)가 건설되어 있다.

구자라트 주에는 2001년 1월 26일 오전 9시 대규모 지진이 일어나 20,000명이 목숨을 잃었고, 200,000명이 부상을 당했으며, 약 4,000만 명의 주민들이 생계에 심각한 영향을 받은 적이 있다.

이 주에는 나르마다(Narmada) · 사바르마티(Sabarmati) · 마히(Mahi)강, 사우라슈트라 지역을 흐르는 미티(Mithi) · 카리(Khari) · 보가보(Bhogavo) 강, 그리고 남부를 흐르는 타피(Tapi) · 푸르나(Purna) · 암비카(Ambika) · 아우랑가(Auranga) · 다망가나(Damangana) 강 등 강이 많은 것이 특징이다.

구자라트 주에는 유명한 4개의 국립공원이 있는데, 기르 산림 국립공원(Gir Forest National Park), 블랙벅 국립공원(Blackbuck National Park), 반스다 국립공원(Vansda National Park) 및 마린 국립공원(Marine National Park)이 그것이다.

마하트마 간디(Mahatma Gandhi)가 태어난 곳이 바로 이 구자라트 주이며, 그는 영국으로부터 독립하기 위해 이 곳에서 시민 불복종 운동(civil disobedience)을 시작하였다. 특히 당시 영국법에 의하면 모든 인도 사람들은 소금을 동인도회사로부터만 구입해야 하며 소금을 만드는 사람들로부터 직접 구입하는 것을 금지하고 있었다. 간디는 이에 반항하여 일단의 주민들을 이끌고 해변까지 행진해 가서 직접 소금을 수집한, 소위 '소금 행진(Salt March)' 을 하였는데, 이것은 시민 불복종 운동의 유명한 사례로 기록되고 있다.

■ 산업[118]

구자라트 주는 인도에서 가장 부유한 주 중의 하나이며, 또 산업이 상당히 발달한 주이다.

주민의 2/3 가량은 농업에 종사하고 있으며, 쌀 · 밀 · 설탕 · 목화 · 땅콩 · 담배 · 바나나 · 사탕수수 · 망고 · 소금 등이 생산되고 있다.

주요 산업으로는 낙농, 전자, 화학, 석유화학, 의약품, 시멘트, 도자기, 섬유, 엔지니어링, 보석류, 소다회, 분유 등이 발달해 있다. 특히 제조업 분야가 발달하여 인도 제조업 생산의 20%, 인도 수출의 21%를 기록하고 있다.

(3) 마하라슈트라 주(Maharashtra)

■ 마하라슈트라의 지도상 위치[119]

■ 기본 정보[120]

- 주도 : 뭄바이(Mumbai)
- 면적 : 307,713km^2
- 자치지역 : 35개
- 인구 : 약 9,700만 명
- 주요 언어 : 마라티어(Marathi)

■ 특징[121]

'마하라슈트라(Maharashtra)'는 산스크리트어로 '위대한 왕국(Great Kingdom)'이라는 뜻이다. 주도(州都)인 뭄바이(옛 이름은 봄베이)는 인도의 정치사 · 사회사(史)에서 중요한 역할을 해온 섬도시로서, 본토와는 도로와 철도편으로 연결된다.

마하라슈트라는 대부분 데칸고원(Deccan Plateau)이 차지하고 있으며, 서쪽에는 서고츠 산맥(West Ghats)이 남북으로 640km 뻗어 있으며, 북쪽에는 1,340m가 넘는 봉우리들이 솟아 있다.

서고츠 산맥으로부터는 고다바리 강(Gadavari)과 크리슈나 강(Krishna)이 발원하며, 이들 강은 동쪽으로 흘러 벵골만으로 흘러 들어간다. 또 북쪽에서는 타피 강(Tapi)과 나르마다(Narmada) 강이 서쪽으로 흐르며, 아라비아 해(海)로 흘러 들어간다.

마하라슈트라 주는 계절풍 기후권에 속하며 4계절이 구분된다. 비가 가장 많이 오는 지역은 1년에 6,350mm의 강우량을 기록하기도 했다.

마하라슈트라 주에는 빌족 · 왈리족 · 곤드족 · 코르쿠족 · 고와르족 · 쿤비마라타족 등이 살고 있으며, 이들은 50% 이상이 마라티어(語)를 사용하고 있고, 그 밖에도 구자라트어 · 힌디어 · 텔루구어 등을 사용한다. 주민의 80% 이상은 힌두교도들이다.

마하라슈트라 주는 영국으로부터 자유를 쟁취하기 위한 투쟁의 최전방이었으며, 이 주에서 인도국민의회당(Indian National Congress)이 창설되었다.

■ 산업[122)]

마라하슈트라 주민의 약 65%는 농업에 종사하며, 목화 · 땅콩 · 잡곡 · 쌀 · 밀 · 사탕수수 · 담배 · 망고 · 바나나 · 오렌지 등을 경작한다.

주요 자원으로는 망간 · 석탄 · 철광석 · 석회암 · 구리 · 보크사이트 등이 상당량 매장되어 있다.

마하라슈트라는 인도에서 산업이 발달한 주 중의 하나이며, 육상 · 해상 · 항공 교통망의 발달과 투자 친화 정책으로 인해 투자 선호 지역 1순위로 꼽히고 있다. 특히 주도(州都)인 뭄바이는 인도 금융과 상업의 중심지로 자리잡고 있다. 인도 연방은행(Reserve Bank of India, 인도 중앙은행)이 뭄바이에 소재하고 있으며, 또 인도의 2대 증권거래소인 봄베이 증권거래소(Bombay Stock Exchange, BSE)와 국립증권거래소(National Stock Exchange, NSE)가 역시 뭄바이에 자리잡고 있는데, 이들 두 증권거래소는 인도 전체 주식시장 거래량의 95%를 취급하고 있다.

주요 산업으로는 자동차, 자동차부품, 소프트웨어, 철강, 식료품 가공, 담배, 면직물, 제지, 인쇄, 석유, 화학, 의약, 금속제품, 전기 · 기계류, 수송 장비 등을 들 수 있다. 특히 제약산업은 이 주에서 인도 전체 의약품 생산의 40%를 차지한다.

이 주의 수출은 국가 총 수출액의 35%를 차지하고 있으며, 주요 수출품은 엔지니어링 · 화학 · 의복 · 가죽 · 전자 · 보석류 · 소프트웨어 제품 등이다.

5. 중부지역

인도 중부지역에는 우타르 프라데슈 주, 마디야 프라데슈 주, 차티스가르 주 및 안드라 프라데슈 주 등이 자리잡고 있다.

(1) 우타르 프라데슈 주(Uttar Pradesh)

■ 우타르 프라데슈의 지도상 위치[123)]

■ 기본 정보[124)]

- 주도 : 러크나우(Lucknow)
- 면적 : 238,566km^2
- 자치지역 : 70개
- 인구 : 약 1억 6,700만 명
- 주요 언어 : 힌디어(Hindi), 우르두어(Urdu)

■ 특징[125)]

'우타르 프라데슈(Uttar Pradesh)'는 산스크리트어로 '위쪽 혹은 북쪽(upper or northern)'이라는 뜻인 '우타르(uttarah)'와 '주(州), 땅(state)'이라는 뜻인 '프라데슈(pradesh)'가 합쳐진 말이다.

우타르 프라데슈 주는 북쪽으로 네팔 및 티베트와 국경을 접하고 있다. 이 주의 인구는 약 1억 6700만 명으로서 인도에서 인구가 가장 많은 주이며, 세계에서도 중국 · 미국 · 인도네시아 · 브라질만이 이 주보다 더 많은 인구를 보유하고 있다.

우타르 프라데슈 주는 1857년 영국의 지배에 저항하여 반기를 든 인도 폭동의 주요 거점이었으며, 인도 독립 운동에서 최전선 역할을 했다. 또 정치적으로는 자와할랄 네루, 랄 바하두르 샤스트리, 인디라 간디 등 인도의 제 1대, 2대, 3대 총리 3명이 이곳 출신이다. 또 비슈와나드 프라탑 싱 및 라지브 간디 역시 이 곳에서 배출된 인도 총리들이다.

주도 러크나우는 이슬람 문화의 중심지였다. 그 밖에 힌두교도의 성지(聖地)인 바라나시(Varanasi)와 알라하바드(Allahabad), 타지마할이 있는 아그라(Agra) 등이 유명한 도시이다.

우타르 프라데슈 주는 지형상으로 4개 지역으로 나누어 볼 수 있는데, 첫째는 해발 7,000m가 넘는 높은 산봉우리들이 솟아 있는 북부 히말라야 산맥지역, 둘째는 삼림이 울창한 산기슭 지역, 셋째는 이 주의 대부분을 차지하며 거의 평지로 되어 있는 갠지스 평원지역, 넷째는 구릉 및 고원으로 이루어져 있는 남부지역이다.

이 주에는 강이 많은데, 북서부 산악지대에서는 빙하가 녹아 시작되는 갠지스 강이 흐르기 시작하며, 그 지류(支流)인 야무나 · 람강가 · 곰티 · 가가라 강이 흐르고, 또 야무나 강의 지류인 참발 · 베트와 · 켄 강 및 손 강이 흐른다.

북부 지방을 제외한 우타르 프라데슈 주의 대부분은 열대 계절풍 기후를 보이며, 갠지스 평원은 1월 평균 기온이 13°~17°C이고, 여름에는 최고 45°C까지 올라가는 때도 있다.

우타르 프라데슈 주의 북부 지방에는 몽골 민족이 살고 있고, 나머지 지역에서는 드라비다 계통 종족이 살고 있다. 주민의 약 80%는 힌두교를 믿고 있고, 나머지는 이슬람교와 자이나교를 믿고 있다. 주민들의 약 90%는 힌디어를 사용하고, 나머지는 우르두어를 사용한다.

인도의 2대 서사시 라마야나(Ramayana)와 마하바라타(Mahabharata)가 우타르 프라데슈 주에서 영감을 받아 쓰여졌다고 알려져 있다.

■ 산업[126)]

우타르 프라데슈 주의 주요 산업은 농업이며, 인구의 약 73%가 농사일을 하고 있다.

주요 농작물은 쌀 · 밀 · 보리 · 옥수수 · 사탕수수 · 감자 · 목화 · 담배 · 황마 등이며, 인도의 아편이 주로 이 주에서 생산된다.

광물 자원으로는 무수규산이 인도에서 가장 많이 생산되고, 석회암은 두 번째로 많이 생산된다. 그 밖에 유리, 마그네사이트, 실리콘석, 백운암(dolomite), 석탄, 내화점토, 인회암(phosphate rock) 등이 매장되어 있다.

주요 공업으로는 면직물, 자동차, 정밀기기, 화학, 항생물질, 디젤 기관차, 질소비료, 정유 공장 등이 있다. 또 최근에는 전기 · 전자 산업 및 정보기술(IT) 산업 등도 발전하고 있다.

또 이 주에서 가장 많은 인구를 가진 칸푸르(Kanpur)에는 섬유 · 피혁 · 무기 · 항공기 제조 공장이 자리잡고 있다.

(2) 마디아 프라데슈 주(Madhya Pradesh)

■ 마디아 프라데슈의 지도상 위치[127)]

■ 기본 정보[128)]

- 주도 : 보팔(Bhopal)
- 면적 : 308,144km²
- 자치지역 : 48개
- 인구 : 약 6,100만 명
- 주요 언어 : 힌디어

■ 특징[129]

'마디야 프라데슈(Madhya Pradesh)' 는 힌디어로 '중앙 지역(central province)' 라는 뜻이다. 이 말 뜻 그대로, 마디야 프라데슈는 인도의 중심부에 자리잡고 있다.

이 주의 동쪽에서 서쪽으로 나르마다 강(Narmada River)이 빈디야 산맥(Vindhya)과 사트푸라 산맥(Satpura ranges) 사이를 흘러간다.

마디야 프라데슈는 주 면적의 약 31%인 95,221km²가 삼림으로 덮여 있으며, 이 삼림 면적은 인도 전체 삼림 면적의 12.44%를 차지한다. 숲 속에는 호랑이 · 표범 · 들소 · 곰 · 사슴 등 많은 야생동물이 살고 있다.

보팔은 이 주의 주도(州都)인데, 과거에 미국계 회사인 유니온 카바이드(Union Carbide) 공장에서 독가스가 새어 나와 주민 3,000 명의 목숨을 앗아갔고, 또 몇 천 명의 인근 주민들의 건강을 심각하게 해친 사건으로 유명해졌다.

대다수의 주민들은 힌두교도들이며, 그밖에 이슬람교 · 자이나교 · 시크교 · 불교신도들이 약간씩 있다. 언어는 힌디어가 가장 널리 사용되며, 다음으로는 마라타어가 사용된다.

주민은 빌 족, 바이가 족, 곤드 족, 코르쿠 족, 카마르 족, 마리아 족 등 수많은 부족들로 구성되어 있다.

■ 산업[130]

마디야 프라데슈 주의 주요 산업은 농업이며, 주민의 약 75%가 농촌에 살고 있다. 또 이 주의 약 49%가 농경지이다. 주요 작물로는 쌀 · 수수 · 밀 · 콩 · 목화 · 사탕수수 · 땅콩 등이 재배된다.

마디야 프라데슈 주에는 석탄 · 철광석 · 망간 · 보크사이트 · 내화점토 · 고령토 등 21종의 광물이 매우 풍부하게 매장되어 있다.

주요 산업은 방적 · 제재 · 제지 · 제당 · 양탄자 · 시멘트 · 중전기(重電氣) · 전통공예품 등이 발달해 있다.

최근에 주정부는 전자 · 텔레커뮤니케이션 · 자동차 등과 같은 고(高)기술산업(High-tech industry)을 발전시키기 위해 노력하고 있으며, 텔레커뮤니케이션 산업에 필요한 광(光)섬유(optical fibre)를 생산하고 있다. 또 인도르(Indore) 부근에 있는 피탐푸르(Pithampur)에서는 많은 수의 대규모 자동차 공장이 세워져 있다.

(3) 차티스가르 주(Chhattisgarh)

■ 차티스가르의 지도상 위치[131]

■ 기본 정보[132]

- 주도 : 라이푸르(Raipur)
- 면적 : 136,034km²
- 자치지역 : 16개
- 인구 : 약 2,100만 명
- 주요 언어 : 힌디어, 차티스가르어(Chhattisgarhi)

■ 특징[133]

'차티스가르(Chhattisgarh)'는 '36'이라는 뜻의 '차티스(Chhattis)'와 '성채, 요새'라는 뜻의 '가르(garh)'가 합해진 말로서, 즉 이 주내에 '36개의 성채'가 있음을 의미한다.

차티스가르 주는 2000년 11월 1일, 마디야 프라데슈 주로부터 분리되어 인도 26번째 주로 탄생하였다.

이 주의 북쪽 지역은 인도－갠지스 평원(Indo－Gangetic plain)이며, 갠지스 강의 지류인 리한드 강(Rihand River)이 흐르고 있다. 동쪽 지역에는 사트푸라 산맥(Satpura Range), 서쪽 지역에는 초타 나그푸르 고원(Chota Nagpur Plateau)이 자리잡고 있다.

중부지역은 마하나디(Mahanadi) 강 유역의 비옥한 평야로서, 벼농사가 집중적으로 이루어지고 있다. 따라서 차티스가르 중부지역은 중부 인도의 '쌀그릇(Rice Bowl)'이라고도 불린다. 남쪽 지역은 데칸 고원이며, 고다바리 강(Godavari River)과 그 지류인 인드라바티(Indravati) 강이 흐르고 있다.

차티스가르 주의 약 45%는 산림으로 덮여 있으며, 이 면적은 인도 전체 산림 면적의 12%에 달한다. 이 산림에는 수많은 야생동물과 200종이 넘는 나무가 자라고 있으며, 10개의 야생동물 보호구역이 지정되어 있다.

차티스가르 주의 주민은 다양한 종족들로 구성되어 있다. 즉, 곤드(Gonds), 무리아(Muria), 붐자(Bhumja), 바이가(Baiga), 카나르(Kanars), 카와르(Kawars), 할바(Halbas) 족 등이 그것이다.

■ 산업[134)]

차티스가르 주의 주민들의 약 80%는 농업에 종사하고 있으며, 주 전체 면적 중 35%가 농경지이다. 주요 농산물은 쌀이고, 그밖에 옥수수 · 밀 · 땅콩 · 콩 등이 주산물이다. 또 원예 농작물이 123,000 헥타르에서 재배되고 있다.

차티스카르 주에는 풍부한 광물이 매장되어 있다. 주요 광물로는 석탄, 철광석, 석회석, 보크사이트, 백운암(dolomite), 주석, 다이아몬드가 많은 양이 매장되어 있다. 그밖에도 금, 석영암, 형석(fluroite), 흑연, 운모 등이 상당량 매장되어 있다.

정부는 산업 구조를 개혁하기 위해 노력하고 있는데, 현재 인도 전체 철강생산량의 약 20%를 생산하고 있다. 그 밖에 시멘트, 화학, 플라스틱, 건축자재, 식품가공, 임산물 공업 등이 발전하고 있다.

(4) 안드라 프라데슈 주(Andhra Pradesh)

■ 안드라 프라데슈의 지도상 위치[135)]

■ 기본 정보[136)]

- 주도 : 히데라바드(Hyderabad)
- 면적 : 275,069km^2
- 자치지역 : 23개
- 인구 : 약 7,700만 명
- 주요 언어 : 텔루구어(Telugu), 우르두어(Urdu)

■ 특징[137)]

'안드라 프라데슈(Andhra Pradesh)'는 '전투에서 승리한 자(one who wins in battle)'를 뜻하는 힌디어 '안드라(andhra)'와 '땅(state, region, land)'을 뜻하는 '프라데슈(pradesh)'가 결합된 말이다.

안드라 프라데슈 주에는 두 개의 주요 강(江)인 고다바리(Godavari) 강과 크리슈나(Krishna) 강이 흐르고 있다. 이 주는 지형적으로는 연안 안드라와 텔랑가나 및 라야라시마 등과 같은 3개 지역으로 구분된다.

연안 안드라(Coastal Andhra)는 동고츠 산맥(Eastern Ghats ranges)과 벵골만과의 사이에 있는 연안 평야 지역이다.

텔랑가나(Telangana)는 데칸 고원에 있는 고츠 산맥의 서쪽 지역을 말하며, 고다바리 강과 크리슈나 강이 카르나타카 주와 마하라슈트 주의 서고츠 산맥(Western Ghats ranges)에서 발원하여 텔랑가나를 거쳐 동쪽으로 흘러 벵골만으로 흘러들며, 두 강의 하구 삼각주(river delta)를 형성한다.

라야라시마(Rayalaseema)는 데칸 고원의 남동쪽에 있는 지역이며, 펜네르 강(Penner River)의 유역 지역을 가리킨다.

안드라 프라데슈 주민의 약 90%는 텔루구어를 사용하고, 나머지는 주로 이슬람 계통 언어인 우르두어를 사용한다.

■ 산업[138)]

안드라 프라데슈 주민의 약 62%는 농업에 종사하고 있다. 주요 농작물로는 인도에서 가장 많이 생산되는 쌀 및 버지니아 담배를 비롯하여 칠리고추 · 콩 · 사탕수수 · 면화 · 옥수수 · 밀 등이 생산된다.

삼림지역은 이 주의 23%를 차지하고 있으며, 티크 · 유칼립투스 · 대나무 · 캐슈고무나무 등이 주요 임산물이다. 주요 지하자원으로는 감람석 · 석면 · 구리 · 자철광 · 운모 · 석탄 · 석회석 · 석유 및 천연가스 · 실리카 · 납 · 철광석 · 보크사이트 등이 풍부하게 매장되어 있다.

주요 산업은 기계공구, 제약, 전기, 선박, 비료, 전자 장비, 항공기 부품, 시멘트, 화학, 보석류, 유리, 시계 등이다.

오늘날 안드라 프라데슈 주는 주축 산업이 정보기술(IT)산업 및 생명과학(BT) 산업으로 신속하게 이동하고 있다. 특히 주도인 히데라바드에는 인도에서 가장 큰 IT 기술단지(Technology Park)가 있다. 또 인도 전체 소프트웨어 인력의 약 23%가 이 주에 자리잡고 있다. 경제 도시인 비샤크하파트남(Vishakhapatnam) 항구 역시 경제 중심지로서 국제무역의 관문역할을 수행하고 있다.

특히 안드라 프라데슈 주는 세제혜택 · 주정부 정책의 유연성 · 정책이행 · 행정의 질적 측면에서 매우 우수하며, 국내 및 해외 투자가들로부터 '투자 친화적인 주' 라고 하는 좋은 평판을 받고 있다.

6. 남부지역

인도 남부지역에는 고아 주, 카르나타카 주, 케랄라 주 및 타밀나두 주 등이 자리잡고 있다.

(1) 고아 주(Goa)

■ 고아의 지도상 위치[139)]

■ 기본 정보[140)]

- 주도 : 파나지(Panaji)
- 면적 : 3,702km²
- 자치지역 : 2개
- 인구 : 약 140만 명
- 주요 언어 : 콘카니어(Konkani), 마라티어(Marathi), 영어, 포르투갈어

■ 특징[141)]

인도의 서사시 마하바라타(Mahahharata)에서는 '고아'를 '고파라슈트라(Goparashtra)'라고 부르고 있는데, 이 말은 '소치는 사람들의 나라(a nation of cowherds)'란 뜻이다.

1500년대 인도에 도착한 포르투갈인들이 당시의 이슬람 왕국으로부터 '고아'를 탈취했고, 그 때부터 고아는 포르투갈령이 되었다. 1947년 영국으로부터 독립한 인도정부는 포르투갈에 고아를 넘겨달라고 요구하기 시작했으며, 몇 년 동안 양국 간에 게릴라전이 있은 다음, 1961년 12월에 인도 군대가 무력으로 고아로 쳐들어가 마침내 이 지역을 차지했다. 당시 고아는 다만 · 디우와 함께 포르투갈 총독이 다스리는 단일 행정단위이자 카톨릭 대주교 관구였다.

1987년 5월 30일 고아는 따로 분리되어 별개의 주(州)가 되었고, 나머지 두 지역인 다만과 디우(Daman & Diu)는 새로이 연방직할지가 되었다.

고아 주에는 만도비(Mandovi) · 주아리(Zuari) · 테레콜(Terekhol) · 차포라(Chapora) · 베툴(Betul) 강 등 곳곳에 강물이 흐르며, 안주나비치(Anjunabeach) 등과 같이 야자수와 백사장으로 둘러싸인 아름다운 해변이 세계적으로 유명하다. 고아 주에는 해마다 수십만 명의 국 · 내외 관광객들이 몰려들고 있다.

고아 주는 인도의 28개 주 중에서 면적이 가장 작은 주이다. 이 주의 주민들은 오랫동안 포르투갈의 지배를 받아왔기 때문에 주민들의 약 30%가 카톨릭 신자들이며, 아름다운 고아 주의 전역에 걸쳐서 크고 작은 성당들이 많이 세워져 있다. 특히 유명한 성당으로는 봄 지저스 바실리카(Boom Jesus Basilica) 성당을 들 수 있다.

■ 산업[142)]

고아 주의 주요 작물은 쌀이고, 그 밖에 사탕수수 · 콩 · 코코야자 · 캐슈너트 · 빈랑나무 · 망고 · 파인애플 · 바나나 등이 많이 산출된다.

해안에서는 어업 · 제염업도 활발해서 어류 · 소금 등을 수출하고 있다.

고아 주에는 품질이 우수한 철광석 · 망간 광석 · 보크사이크 등이 풍부하게 매장되어 있으며, 1,424km² 이상이 산림으로 덮여 있으므로 임업도 성행하고 있다.

이 주에는 5,765개의 소규모 산업단지와 140개의 대규모 및 중간 규모의 산업단지가 자리잡고 있다.

(2) 카르나타카 주(Karnataka)

■ 카르나타카의 지도상 위치[143)]

■ 기본 정보[144)]

- 주도 : 벵갈루루(Bengaluru)
- 면적 : 191,791km²
- 자치지역 : 27개
- 인구 : 약 5,600만 명
- 주요 언어 : 칸나다어(Kannada) · 텔루구어 · 타밀어

■ 특징[145)]

'카르나타카(Karnataka)'는 칸나다어로 '고귀한 땅(lofty land)'이란 뜻이다. 카르나타카 주는 지형적으로 해안 평야와 서고츠 산맥 및 데칸 고원의 3개 지역으로 구분된다.

해안 평야 지역(Coastal Strip)은 서고츠 산맥과 아라비아 해(海)의 사이에 있는 지역으로서, 저지대(低地帶)이며 적절한 양의 비가 내린다. 이 지역은 길이 320km와 폭 48~64km에 이르는 곳이다.

서고츠 산맥 지역(Western Ghats)은 아라비아 해로부터 내륙 쪽으로 뻗어 있는 구릉지대로서, 평균 높이는 900m이고, 적절한 양의 비가 내리는 곳이다.

데칸 고원 지역(Deccan Plateau)는 이 주의 내륙 중앙부이며, 평균 고도는 약 900m이고, 습도는 50%를 넘는 일이 없는 곳이다.

카르나타카 주는 높은 폭포와 깊은 동굴로 유명하다. 유명한 폭포에는 조그 폭포(Jog Falls), 마고드 폭포(Magod Falls), 랄구릴리 폭포(Lalgulli Falls), 사토디 폭포(Sathodi Falls), 운찰리 폭포(Unchalli Falls), 루싱톤 폭포(Lushington Falls), 쉬바강가 폭포(Shivaganga Falls), 발무리 폭포(Balmuri Falls), 고카크 폭포(Gokak Falls), 아베 폭포(Abbe Falls) 등이 있다.

또 유명한 동굴에는 야나 동굴(Yana caves)과 카바라 동굴(Kavala caves) 등이 있다.

카라나타카 주는 또한 암벽타기를 좋아하는 사람들의 낙원이다. 야나(Yana), 람나가라(Ramnagara), 시바강(Shivagange) 및 테칼(Tekal) 등의 바위 절벽이 유명하다.

람나가라에는 General Thimmaiah Rock Climbing Academy이라고 하는 등산 대학이 세워져 있다.

카르나타카 주의 주민은 주로 고대 인도의 원주민들인 드라비다 인(人)으로 구성되어 있다. 이 주의 주요 종교는 힌두교이며, 자이나 교도와 불교도 역시 약간 있다. 주민들 가운데 70%는 칸나다 어를 사용한다.

■ 산업[146)]

카르나타카 주의 약 56%의 주민들은 농업에 종사하고 있다.

주요 농산물은 쌀이고, 그 밖에 사탕수수 · 기장 · 목화 · 담배 · 커피 · 고무 등이 재배되고 있다. 특히 인도 전체 커피 생산량의 약 70%가 카르나타카 주에서 생산되고 있다.

주요 지하 자원으로는 철광석, 구리, 크롬, 망간, 석회석, 금, 자철광, 고령토 등이 풍부히 매장되어 있다. 특히 금(金)은 인도 전체 생산량의 90%가 카르나타카 주에서 생산되며, 석회석과 철광석도 이 주에서 가장 많이 생산된다.

주도(州都)인 벵갈루루는 인도에서 가장 기후가 좋은 도시로서, '인도의 실리콘 밸리' 라고 불릴 정도로 IT 산업이 발달해 있다. 이에 힘입어 카르나타카 주는 인도 전체에서 IT 수출액이 가장 많은 주이며, 또 생명공학(BT) 기업들도 이 주에 가장 많이 소재해 있다. 인도 전체 전자 하드웨어 제품 수출의 20%와 소프트웨어의 30%가 이 주에서 수출된다.

그 밖에도 카르나타카 주에는 항공기, 공작기계, 철도차량, 전화기, 우주 항공 산업, 전자 · 통신, 유리, 오토바이, 전기모터, 섬유, 비단, 시멘트, 비료 등의 산업이 매우 급속히 발달하고 있다.

(3) 케랄라 주(Kerala)

■ 케랄라의 지도상 위치[147)]

■ 기본 정보[148)]

- 주도 : 티루바난 타푸람 (Thiruvananthapuram)
- 면적 : 38,863km²
- 자치지역 : 14개
- 인구 : 약 3,200만 명
- 주요 언어 : 말라얄람어(Malayalam)

■ 특징[149)]

'케랄라(Kerala)' 는 한 가지 설명에 의하면 '코코넛 야자 나무(coconut palm tree)' 를 뜻하는 '케라(Kera)' 와 '땅 또는 지역(land or location)' 을 뜻하는 '알람(alam)' 이 합쳐진 말이다. 또 다른 설명으로는 예로부터 남인도의 왕국이었던 체라(Chera)왕국에서 유래하였다는 것으로서 체라 알람(Chera alam), 즉 '체라의 땅(land of chera)' 을 의미한다는 것이다.

케랄라 주는 자연 환경이 매우 아름다운 지역으로 정평이 나 있는데, 웅장한 서(西)고츠 산맥의 고지대에서부터 산림으로 뒤덮인 강유역이 끝없이 펼쳐져 있다.

케랄라 주에는 페르야르 · 팜바 · 바라타푸자 강 등 41개의 강물이 흐르고 있다. 기후는 온화한 편이며, 연평균 강우량이 3,000mm에 이를 정도로 풍부하다.

케랄라 주는 1956년에 주민들이 사용하는 언어에 기초하여 말라얄람어(語)를 쓰는 여러 지역을 합하여 케랄라 주로 편성되었다. 케랄라 주의 대부분의 주민은 고대 인도 원주민인 말라얄리 드라비다 족(Malayali Dravidians)에 속하며, 아랍인 · 유대인 · 포르투갈인 · 독일인 · 영국인의 후손들도 약간 있다. 주민들의 대다수는 힌두교를 신봉하며, 이슬람교와 그리스도교 역시 소수인들이 신봉하고 있다.

케랄라 주는 인도에서 가장 부유한 주에 속한다. 다른 많은 주와는 달리, 케랄라 주의 주민들의 대부분은 기초 교육을 받았고, 따라서 거의 전부가 글을 읽고 쓸 줄 안다.

■ 산업[150)]

케랄라 주는 농업이 중심을 이루고 있으며, 주민들의 50%가 농사일을 하고 있으며, 주요 농작물로서 쌀 · 코코넛 · 코코아 · 커피 · 차 · 고무 · 후추 · 카르다몸 등이 산출된다.

산림에서는 대나무, 목재, 펌프, 숯, 고무, 수지, 티크 등이 생산되고 있다.

오늘날은 공업도 발전하고 있어서 비료, 화학제품, 전기기구, 티타늄, 합성섬유, 금속공업 등이 활발하다.

(4) 타밀 나두 주(Tamil Nadu)

■ 타밀 나두의 지도상 위치[151)]

■ 기본 정보[152)]

- 주도 : 첸나이(Chennai)
- 면적 : 130,058km²
- 자치지역 : 30개
- 인구 : 약 6,300만 명
- 주요 언어 : 타밀어(Tamil)

■ 특징[153)]

'타밀 나두(Tamil Nadu)' 는 산스크리트어로 '타밀 종족의 땅' 혹은 '타밀인(人)의 나라' (Land of the Tamils)라는 뜻이다.

타밀 나두 주는 아라비아 해(海)와 인도양 및 벵골만이라고 하는 3개의 해역(海域)이 만나는 곳이다. 이 주는 지형적으로 동부 해안을 따라 넓게 펼쳐진 코베리 삼각주 · 라마나타푸람 평원 · 마두라이 평원 지역, 서쪽 경계를 따라 솟아 있는 서고츠 산맥 지역, 그리고 이보다 낮은 동고츠 산맥의 산들이 솟아 있는 중앙 지역으로 나누어진다.

타밀 나두 주에는 코베리 · 폰나이야르 · 팔라르 · 바이가이 · 탐브라 파르니 강 등 많은 강이 흐르며, 이 지역에 물과 전력을 공급해 준다.

기후는 열대지역으로, 여름에는 43°C를 넘는 경우도 있고, 겨울에도 18°C 이하로 내려가는 경우는 거의 없다.

주민의 대부분은 타밀 족으로서, 이들은 수세기 동안 드라비다어와 문화를 지켜오고 있다는 강한 자부심을 갖고 있다. 이 때문에 타밀 나두 주는 '드라비다다사(Dravidadasa)' 라고도 불리는데, 그것은 "드라비다 사람들의 땅(land of Dravidian people)" 이라는 뜻이다.

언어는 타밀어가 널리 사용되며, 소수 주민들은 텔루구어 · 칸나다어 · 우르두어 · 말라얄람어 · 영어를 사용한다.

타밀 나두 주의 주민의 약 90%는 힌두교도이며, 그리스도교가 약 5%를 차지하고 있다.

■ 산업[154)]

동부 해안의 비옥한 삼각주를 비롯한 평원지역에서는 다량의 쌀과 사탕수수가 생산되고 있으며, 그밖에도 목화 · 기장 · 땅콩 · 커피 · 차 · 옥수수 · 고무 등이 많이 산출되고 있다.

주요 지하자원으로는 자철광, 석영, 장석, 보크사이트, 갈탄, 운모, 석고, 석회석, 망간, 마그네슘, 크롬 등의 광물이 풍부하게 매장되어 있다.

주요 산업으로는 면직물, 자동차, 자동차 부품, 철도차량, 발전 펌프, 디젤 엔진, 시멘트, 화학제품, 설탕, 제지 등이 발전해 있다.

타밀 나두는 최근 소프트웨어 수출이 연평균 700%씩 증가하고 있으며, 인도에서 자동차 부품 생산의 선두를 달리고 있다. 또 이 주에는 최대 규모의 IT 산업 단지가 자리잡고 있으며, 최근에는 생명공학(BT) 산업도 급속히 발전하고 있다.

또한, 두 개의 해저 케이블이 첸나이와 싱가포르를 잇고 있어서, 첸나이를 '인도의 연결 관문(Connectivity Gateway of India)' 으로 만들어 주고 있다.

제6절 인도 7개 연방직할지 개관

연방직할지(Union Territory, UT)는 그 지방 자신의 정부를 가지고 있으나, 뉴델리에 소재한 중앙정부(Central Government)의 직접 관할하에 있다. 즉, 연방직할지는 자신들의 수상과 각료들을 선출하지만, 이 지역에서 제정된 법률과 입법 규정(legislative regulations)들은 중앙정부의 승인(sanction)이나 재가(ratification)를 받아야 한다.[155)]

(1) 델리 연방직할지(Delhi)

■ 델리의 지도상 위치[156)]

■ 기본 정보[157)]

- 공식 명칭 : 델리 수도(首都)지역 (National Capital Territory of Delhi, NCT)
- 수도 : 뉴 델리(New Delhi)
- 면적 : 1483km^2
- 인구 : 약 1,600만 명
- 주요 언어 : 힌디어(Hindi), 펀자브어 (Punjabi), 우르두어(Urdu), 영어

■ 특징[158)]

'델리(Delhi)' 라는 이름은 '입구, 국경(threshold, frontier)' 을 뜻하는 페르시아어 '달리즈(Dahleez)' 에서 유래하였다는 설(說), 인도 고대(古代)의 마우리안 왕조의 왕이었던 '라자 딜루(Raja Dhillu)' 에서 유래하였다는 설, 혹은 A.D.750년 경 힌두교의 여신(女神) 딜리카(Dhillika)의 이름을 따라 지어졌던 이 도시의 원래 '딜리카' 에서 유래하였다는 설 등 3가지 설이 있다.

델리 연방직할지역(델리 수도 지역)은 오울드 델리(Old Delhi)로도 알려져 있는 델리와 1931년 남쪽에 새로 건설된 뉴 델리(New Delhi), 그리고 부근의 농촌 지역 등으로 이루어져 있다.

델리는 17~18세기에 이슬람 교도들이 세운 무굴제국의 수도로서 번영하였으며, 1912년에 영국이 캘커타를 대신하여 당시 영국령 인도 전체의 수도로서 지정되어 더욱 발전하게 되었다.

그림 2-12 뉴델리의 라이시나힐(Raisina Hill)에 있는 인도 국회의사당[159)]

오울드 델리는 많은 사람들이 몰려 상업 활동을 하고 경제 중심지인 반면에, 뉴 델리는 인도의 정식 수도로서 인도 국회의사당 등과 같은 관청이 집중되어 있다.

오울드 델리는 나선형 도로망으로 되어 있고 인구 밀도가 뉴 델리보다 2배(몇 몇 지역은 5배)나 되어 답답한 느낌을 주지만, 뉴 델리는 질서 정연한 대각선 교통망으로 되어 있고 탁 트여서 조용한 느낌을 준다.

오울드 델리는 면적이 932km²이고, 뉴델리는 438km²이다.

델리는 갠지스 강(江)의 지류인 야무나 강의 서쪽 기슭에 자리잡고 있으며, 델리 서쪽에는 '델리 능선' 이라고 하는 아라발리 산맥이 뻗어 있다.

그림 2-13 로터스 사원[160]

델리의 고적으로서는 붉은 색 사암(砂岩)으로 쌓은 성곽인 '랄 킬라(Lal Qila)' 붉은 요새(Red Fort)와 그 안에 지어진 궁전이 유명한데, 그 중 특히 보석이 박혀진 벽이나 대리석 기둥이 서 있는 '디와니이하스트' 궁전이 특히 유명하다. 또 성(城)의 남서쪽에는 인도에서 최대 규모를 자랑하는 이슬람교 사원인 '자마마스지드' 대사원이 있다.

그림 2-14 쿠투브 미나르 탑[161]

그 밖에 흔히 델리의 랜드마크로 여겨지는 '로터스 사원(Lotus Temple)' 및 붉은 색 벽돌로 지어진 72.5m 높이의 뾰족탑을 자랑하는 '쿠투브 미나르(Qutub Minar)' 탑이 유명하다.

■ 산업[162]

델리는 인도의 수도로서 여러 세기 동안 인도 북부의 무역 · 산업 · 금융의 중심지였다.

주요 산업은 금 · 은 · 상아 등 전통적인 미술 공예품 생산에서부터 관광 · 섬유 · 화학 · 비료 · 공작기계 · 전자부품 · 텔레비전 · 자동차부품 · 스포츠 용품 · 의약 · 가죽제품 · 소프트웨어 제품에 이르기까지 다양한 범위에 걸쳐 있다. 델리는 이러한 제조업을 지원하기 위해 여러 개의 산업 지역(Industrial Area)을 건설하였다.

델리는 산업 발전의 새로운 방향으로 하이테크, 첨단 전자제품, 텔리커뮤니케이션, 소프트웨어 산업, IT 응용 서비스 산업으로 나갈 것을 설정하였다.

(2) 찬디가르 연방직할지(Chandigarh)

■ 찬디가르의 지도상 위치[163]

■ 기본 정보[164]

- 주도 : 찬디가르(Chandigarh)
- 면적 : 114km²
- 인구 : 약 100만 명
- 주요 언어 : 힌디어, 펀자브어, 영어

■ 특징[165]

찬디가르(Chandigarh)는 힌두교의 여신 두르가(Durga)를 가리키는 '찬디(Chandi)'와 '성채, 요새(fort)'를 뜻하는 '가르(garh)'가 합해진 말이다.

찬디가르는 하리야나 주와 펀자브 주의 공동 주도(共同州都)이면서 별개의 연방직할지이다. 그러나 이 도시는 하리야나 주나 펀자브 주의 어느 주에도 소속되어 있지 않으며, 연방 정부에 의해 관리되고, 따라서 별개의 연방직할지인 것이다.

찬디가르는 1947년 인도와 파키스탄이 분리 독립되면서 파키스탄으로 넘어간 옛 주도(州都) 라호르를 대신하여 인도쪽에서 펀자브 주의 새로운 주도가 필요해졌기 때문에 건설되었으며, 1966년에는 신설된 하리야나 주의 주도를 겸하게 된 것이다.

찬디가르는 히말라야에 가까운 시발리크 구릉(Shivalik hills)의 해발고도 400m 고원에 위치하고 있으며, '아름다운 도시(The City Beautiful)'라는 칭호를 얻을 정도로 탁월한 아름다움을 자랑한다. 이 도시는 프랑스 건축가인 르 코르뷔지에(Le Corbusier)의 설계에 의해 건설된 계획도시이며, 36개의 직사각형 구역 내에 25개가 주거 구역이다.

그림 2-15 찬디가르의 집회빌딩[166]

찬디가르의 아름다움을 상징하는 대표적 명소(名所)로는 르 코르뷔지에가 설계한 '집회 건물(Assembly Building)' 및 '바위 정원(Rock Garden)' 등을 들 수 있다.

또 주요 행사로는 꽃 박람회(Flower Show) 등이 있다.

그림 2-17 찬디가르의 꽃 박람회[168]

그림 2-16 찬디가르의 바위정원(Rock Garden)[167]

■ 산업[169]

찬디가르는 도시의 확장에 따라 농지를 점점 잠식해 가고 있으며, 농지면적이 1966년의 5,441 헥타르에서 2003년에는 1,400 헥타르로 감소되었다.

주요 농산물은 밀인데, 이것은 약 700 헥타르에서 경작되고 있다. 주정부는 다양한 노력을 통해 농업 생산성을 향상시키려고 노력하고 있다.

찬디가르에는 15개의 대규모 및 중간 규모의 산업 단지가 있고, 3,140개의 소규모 산업 단지가 있어서 약 8만 명의 주민을 고용하고 있다. 이들 산업 단지에서는 가구 · 공작기계 · 비누 및 세제 · 제약 · 전기와 전자제품 · 스포츠 용품 · 위생용품 · 플라스틱 제품 등을 생산하고 있으며, 특히 최근에는 기술단지(Technology Park)가 건설되어 하이테크 전자 및 정보기술 산업이 발전하고 있다.

(3) 다만 · 디우 연방직할지(Daman & Diu)

■ 다만 · 디우의 지도상 위치[170]

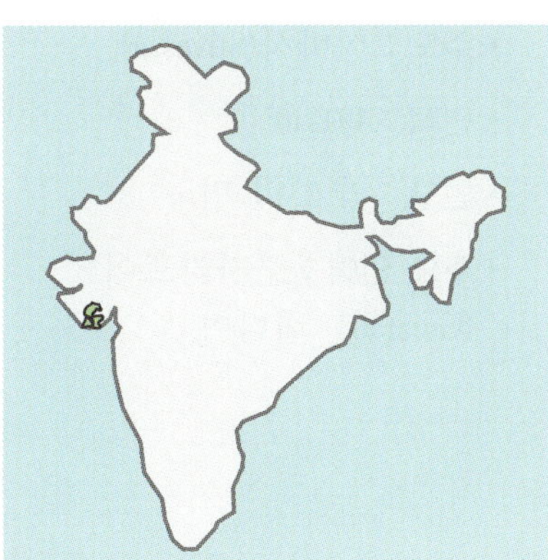

■ 기본 정보[171]

- 주도 : 다만(Daman)
- 면적 : 112km^2
- 인구 : 약 17만 명
- 주요 언어 : 구자라트어(Gujarati), 마라티어(Marathi)

■ 특징[172)]

다만 · 디우는 고아(Goa)와 함께 인도가 독립한 후에도 포르투갈의 식민지로 남아 있었다. 1961년 12월 19일 인도 군대가 무력으로 이 지역들을 점령하였다. 1987년 5월 30일에 고아가 주(州)로 승격된 이후, 서로 멀리 떨어져 있는 2개의 행정구로 이루어져 있는 다만(Daman)과 디우(Diu)는 별개의 연방직할지로 되었다.

다만은 인도 서해안의 고립된 지역인데, 북쪽 · 동쪽 · 남쪽으로는 구자라트 주의 발사드 지역(Valsad district), 서쪽으로는 아라비아 해에 접해 있으며, 면적은 72km²이고 인구는 약 12만 명이며, 다만 강가 강(Daman Ganga River)의 입구에 자리잡고 있다.

디우는 구자라트 주의 남쪽해안의 카티아와르(Kathiawar) 반도에서 떨어져 있는 하나의 섬으로서 본토와는 2개의 다리로 연결되어 있으며, 면적은 40km²이고 인구는 약 5만 명이다.

주민들의 대부분은 힌두교도들이고, 언어는 구자라트어를 사용한다.

■ 산업[173)]

다만 · 디우는 농업과 어업을 주로 하며, 주요 농작물은 쌀 · 옥수수 · 사탕수수 · 땅콩 · 바나나 · 코코넛 등이다.

이 지역에는 다브헬(Dabhel), 빔포르(Bhimpore), 카치감(Kachigam), 카다이야(Kadaiya)에 1,746개의 중소규모 산업 단지들이 있다.

또 다만과 디우는 빼어나게 아름다운 경치로 인해 관광 산업이 발달해 있다. 유명한 관광 명소로는 나고아 해변(Nagoa beach), 잠포르 · 데브카 해변(Jampore and Devka Beaches), 파골라 정원(Pargola Garden), 미라솔 정원(Mirasol Garden) 등이 있다.

(4) 다드라 · 나가르 하벨리 연방직할지(Dadra & Nagar Haveli)

■ 다드라 · 나가르 하벨리의 지도상 위치[174)]

■ 기본 정보[175)]

- 주도 : 실바사(Silvassa)
- 면적 : 491km²
- 인구 : 약 23만 명
- 주요 언어 : 구자라트어(Gujarati), 힌디어.

■ 특징[176)]

다드라 · 나가르 하벨리는 과거에 포르투갈령이었으나 독자적인 독립운동이 일어나 1954년 8월 2일에 독립하였으며, “자유 다르다 · 나가르 하벨리 행정구(行政區; Free Dadra and Nagar Haveli Administration)”로 거의 독립적으로 관리되었다. 그 후 이 지역은 1961년 8월 11일 인도 연방에 통합되어 인도의 연방직할지가 되었다.

다드라 · 나가르 하벨리는 인도서부의 구자라트 주(州)와 마하라슈트라 주(州) 사이에 놓여 있으며, 3개 마을로 이루어진 다드라(Dadra)와 69개 마을로 이루어진 나가르 하벨리(Nagar Haveli) 두 지역으로 구성되어 있다. 이 지역은 다만 강가 강(Daman Ganga River) 유역에 자리잡고 있으며, 동쪽으로는 서고츠 산맥(Western Ghats range)이 솟아 있다.

주민의 대부분은 아디바시 부족이며, 이들은 대부분 힌두교도이다.

■ 산업[177)]

다드라 · 나가르 하벨리는 전체 면적의 40%가 숲으로 덮여 있으며, 나머지는 초지(草地)와 농경지이다. 약 21,115 헥타르의 농경지에서 주민의 약 79%가 농업에 종사하고 있다.

주요 농작물은 쌀이고, 그 밖에 망고 · 바나나 · 치쿠(Chiku) 등의 과일이 생산된다.

이 지역에는 1965년 경까지는 거의 산업이 없었으나, 그 후 실바사(Silbassa) · 마사트(Masat) · 카돌리(Khadoli) 등과 같은 도시를 중심으로 산업이 발달하기 시작하였고, 현재는 1,600개의 크고 작은 산업 단지에 섬유 · 엔지니어링 · 플라스틱 · 전자 · 화학 · 제약 공장 등이 들어서 있다.

이 지역은 빽빽한 산림과 좋은 기후로 인하여 관광에서 크게 발달하고 있다. 유명한 관광 명소에는 실바사에 있는 히르바반 정원(Hirvavan Garden), 칸벨(Khanvel)에 있는 사슴공원(Deer Park), 방강가 호수(Vanganga Lake) 등이 있다. 또 정부는 이 지역의 관광 산업을 활성화하기 위해 타르파 축제(Tarpa Festival)나 키트 축제(Kite Festival) 등을 매년 개최하고 있다.

(5) 퐁디셰리 연방직할지(Pondicherry)

■ 퐁디셰리의 지도상 위치[178]

■ 기본 정보[179]

- 주도 : 퐁디셰리(Pondicherry)
- 면적 : 492km²
- 자치지역 : 4개
- 인구 : 약 100만 명
- 주요 언어 : 타밀어(Tamil), 텔루구어(Telugu), 말라얄람어(Malayalam), 영어, 프랑 스어.

■ 특징[180]

'퐁디셰리(Pondicherry)'는 '새로운(new)'을 뜻하는 타밀어 '푸두(pudu)'와 '마을, 도시(town, village)'를 뜻하는 '셰리(cherry)'가 합쳐진 말로서, '새마을(new village)'을 의미한다.

퐁디셰리 연방직할지는 1720년경부터 프랑스의 옛 식민지였던 퐁디셰리(pondicherry) · 카라이칼(Karaikal) · 야남(Yanam) · 마헤(Mahe) 등과 같은 4개의 따로 떨어진 지역이 1954년에 인도에 병합되면서 생겨났다.

퐁디셰리 · 카라이칼 · 야남은 벵골만에 접해 있고, 마헤는 아라비아 해(海)에 접해 있다. 면적은 퐁디셰리 293km², 카라이칼 160km², 야남 30km², 마헤 9km²이다.

퐁디셰리와 카라이칼 지방에서는 주로 타밀어를 사용하고, 야남 지방에서는 텔루구어, 마헤 지방에서는 말라얄람어를 사용한다. 주민은 거의 힌두교도들이다.

퐁디셰리 연방직할지는 약 300여 년 동안 프랑스의 지배를 받아왔기 때문에, 오늘날 인도에서 프랑스 문화 흔적이 가장 많이 남아있는 곳이다.

그림 2-18 아우로빌[182]

■ 산업[181]

퐁디셰리 연방직할지 주민의 약 45%는 농업에 종사하고 있다.

주요 농산물은 쌀, 콩, 사탕수

수, 목화, 땅콩 등이다.

이 지역은 모두가 유명한 해변 관광 휴양지이며, 따라서 관광산업이 발전되어 있다.

유명한 관광지로는 사마코일 교회, 사네슈와르 사원(Saneeshwar Temple), 아우로빌(Auroville) 등이 있다.

(6) 락샤드위프 제도(諸島) 연방직할지(Lakshadweep Islands)

■ 락샤드위프의 지도상 위치[183)]

■ 기본 정보[184)]

- 주도 : 카바라티(Kavaratti)
- 면적 : 32km²
- 인구 : 약 70,000명
- 주요 언어 : 말라얄람어(Malayalam)

■ 특징[185)]

'락샤드위프(Lakshadweep)' 는 '십만(100,000)' 을 뜻하는 산스크리트어 '락샤(laksha)' 와 '섬(islands)' 을 뜻하는 '드비파(dvipa)' 가 합쳐진 말, 즉 '십만 개의 섬' 을 의미한다.

락샤드위프 제도(諸島)는 아라비아 해(海)에 있는 36개의 섬으로 이루어져 있으며, 인도 남서 해안에서 약 280km~480km 정도 떨어져 있다. 이 가운데 11개 섬에서만 사람이 살고 있고, 나머지는 20여 개가 넘는 산호초 섬이다. 이 섬들 중 몇 개의 이름을 제시하면, 북쪽에는 체틀라드 · 카르다멈 · 킬탄 등의 섬이 있고, 남쪽에는 카바라티(Kavaratti) · 칼페니(Kalpeni) · 미니코이(Minicoy) 섬 등이 있다.

1498년 포르투칼인들이 처음 이곳에 와서 요새를 건설했으나, 1877년에는 영국으로 지배권이 넘어갔다가, 1956년부터 인도가 통치하게 되었다.

이 곳 대부분의 주민들은 이슬람 사람들이며, 그들은 수천 년 전에 이 지역에 들어왔다.

■ 산업[186)]

주요 농작물로는 곡물 · 콩 · 바나나 · 야채를 재배한다. 가장 수확이 많은 과일은 코코넛이며, 가장 큰 산업은 코코넛 껍질의 섬유질로 만든 코이어(coir)인데, 이것으로 밧줄 · 베개 · 침대요(mattress) 등을 만든다.

이 지역에서는 또한 어업이 주요한 산업인데, 인도 전체에서 1인당 어획량이 가장 많다.

이 섬들 중에서 외국인은 몇 몇 호텔이 있는 섬 한 곳에만 들어갈 수 있는데, 그 이유는 이곳 주민들은 관광객들이 환경을 파괴하고 자신들의 문화에 악영향을 줄 것을 우려하고 있기 때문이다.

(7) 안다만 · 니코바르 제도(諸島) 연방직할지(Andaman & Nicobar Islands)

■ 안다만 · 니코바르 제도의 지도상 위치[187)]

■ 기본 정보[188)]

- 주도 : 포트 블레어(Port Blair)
- 면적 : 8,249km²
- 인구 : 약 40만 명
- 주요 언어 : 힌디어, 벵골어, 타밀어, 말라얄람어, 텔루구어, 니코바르어(Nicobarese)

■ 특징[189)]

'안다만(Andaman)'은 인도의 서사시 라마야나(Ramayana)에 나오는 힌두 신(神) 하누만(Hanuman)을 가리키는 한두만에서 유래하였고, '니코바르(Nicobar)'는 '나체의 땅(land of the naked people)'을 뜻한다.

그림 2-19 안다만제도의 해변[191)]

안다만 · 니코바르 제도는 인도 본토의 동쪽으로 수천 마일 떨어져 있으며, 벵골만에 자리잡고 있는 572개의 섬들로 이루어져 있다. 이들 중 38개 섬에만 주민이 살고 있다.

안다만 제도에는 550개 섬이 있는데 이들 중 26개에 사람이 살고 있고, 니코바르 제도에는 22개의 섬이 있으며, 이들 중 12개에 사람이 살고 있다. 안다만 제도와 니코바르 제도는 너비 150km의 텐 디그리 해협(Ten Degree Channel)에 의해 분리되어 있다.

1857년 인도의 첫 번째 독립 전쟁이 있은 후, 영국 총독부는 1858년 이들 섬에 독립운동가들을 유배하기 위한 '칼라파니(Kalapani)' 라고 불리는 감옥을 세웠다. 제2차 세계 대전 중 이들 제도가 일본군에 잠시 점령당했으나, 영국군이 다시 탈환하였고, 인도가 독립한 1947년까지 영국이 다스렸다.

1950년대에는 안다만 제도가 동(東) 파키스탄(현재의 방글라데시)의 난민들과 미얀마의 피난민들, 영국령 기아나(지금의 가이아나)에서 이주해 온 인도 사람들을 수용하는 장소로 이용되었다.

섬에 거주하는 원주민들은 4개의 니그리토 족(Negrito tribes, 오세아니아 주 및 동남아시아의 왜소한 준(準) 흑색 인종), 즉 그레이트 안다만(Great Andamanese), 옹그(Onge), 자라와(Jarawa) 및 세티날레스(Sentinalese) 족으로 구분할 수 있다.

또 니코바르 섬에 거주하는 원주민들은 2개의 몽골 족, 즉 니코바레세(Nicobarese) 족 및 숌펜(Shompens) 족으로 구분된다.

■ 산업[190)]

안다만 · 니코바르 제도의 원주민들은 숲 속에 살면서 사냥과 고기잡이를 주로 한다.

이들 섬의 51,694 헥타르 면적이 농사를 짓는데 이용되고 있으며, 주요 농산물로는 코코넛 · 콩 · 야채 등이 재배되고, 후추 · 정향(丁香, clove) · 육두구(nutmeg) · 계피(cinnamon) 등의 양념 및 향신료가 산출된다. 그밖에 망고 · 사포타 · 오렌지 · 바나나 · 파파야 · 파인애플 등이 재배되고 있다.

이들 섬의 7,171km^{2}가 수풀로 덮여 있으며, 목재로는 삼나무 · 합판용 거목, 연질 목재 등이 수출된다.

또 안다만 · 니코바르제도에는 1,600여 개의 소규모 수공업 단지가 있으며, 2개 단지는 물고기 · 새우 등을 가공처리하여 수출만을 담당하고 있다. 그 밖에 조개 · 목재를 이용한 공예 단지도 있으며, 소프트 음료 · 가구 및 의류 등도 생산된다.

주민들은 환경친화적인 관광업도 발전시키고 있다. 주요 관광 명소에는 독방감옥(Cellular Jail), 로스 섬(Ross Island), 비퍼 섬(Viper Island) 등이 있다.

그림 2-20 안다만제도의 독방감옥[192)]

제2부 거시 환경

제3장

자연 환경

이 장에서는 인도의 자연 · 환경으로서 지리환경, 기후 환경, 식물환경 및 동물환경 등을 고찰하기로 한다.

제1절 지리환경(Geography)

여기에서는 인도의 면적, 위치, 지형 등을 살펴보자.

1. 면 적[1]

인도의 총 면적은 3,281,253km^2로서, 세계에서 7번째로 넓은 나라이다.

표 3-1는 세계 주요 각국의 면적을 순위별로 정리한 것이다. 이 면적은 육지와 대륙 수면(호수, 저수지, 강)을 합한 것이다.

2. 위치(Location)[2]

인도 반도(Indian Peninsular)는 히말라야 산맥에 의해 아시아 대륙과 구분되어

표 3-1 국가별 면적과 순위

순위	국 가	면적(km^2)	순위	국 가	면적(km^2)
	전세계 510,065,284km^2(지구 전체표면의 70.8%는 물이고, 29.2%는 육지(148,939,063km^2)이다.		62	노르웨이 (Norway)	385,155
			63	일본 (Japan)	377,873
			64	독일 (Germany)	357,022
1	러시아 (Russia)	17,098,242	⋮	⋮	⋮
2	캐나다 (Canada)	9,970,610	66	핀란드 (Finland)	338,145
3	미국 (United States)	9,629,091	67	베트남 (Vietnam)	331,689
4	중국 (People's Republic of China)	9,596,961	68	말레이지아 (Malaysia)	329,847
5	브라질 (Brazil)	8,514,877	⋮	⋮	⋮
6	호주 (Australia)	7,741,220	72	이탈리아 (Italy)	301,318
7	인도 (India)	3,287,253	73	필리핀 (Philippines)	300,000
8	아르젠티나 (Argertiona)	2,780,400	⋮	⋮	⋮
9	카자흐스탄 (Kazakhstan)	2,724,900	76	뉴질랜드 (NewZealand)	270,534
10	수단 (Sudan)	2,505,813	⋮	⋮	⋮
⋮	⋮	⋮	80	영국 (United Kingdom)	242,900
13	사우디아라비아 (Saudi Arabia)	2,149,690	⋮	⋮	⋮
14	멕시코 (Mexico)	1,958,201	94	네팔 (Nepal)	147,181
15	인도네시아 (Indonesia)	1,904,569	95	방글라데시 (Bangladesh)	143,998
⋮	⋮	⋮	⋮	⋮	⋮
17	이란 (Iran)	1,648,195	97	그리스 (Greece)	131,957
⋮	⋮	⋮	⋮	⋮	⋮
29	이집트 (Egypt)	1,001,449	100	북한 (North Korea)	120,538
⋮	⋮	⋮	⋮	⋮	⋮
34	파키스탄 (Pakistan)	796,095	110	남한 (South Korea)	99,538
⋮	⋮	⋮	⋮	⋮	⋮
49	프랑스 (France)	551,500	137	대만 (Taiwan)	35,980
⋮	⋮	⋮	⋮	⋮	⋮
52	스페인 (Spain)	505,992	153	이스라엘 (Israel)	20,770
⋮	⋮	⋮	⋮	⋮	⋮
56	스웨덴 (Sweden)	449,964	194	모나코 (Monaco)	1.95
⋮	⋮	⋮	195	바티칸시티 (Vatican city)	0.44

(자료원 ; Wikipedia, List of countries and outlying territories by area)

있다. 구체적으로, 북서쪽으로는 아프가니스탄과 파키스탄, 북동쪽으로는 중국 · 네팔 · 부탄, 동쪽으로는 미얀마와 국경을 접하며, 그리고 북동부는 방글라데시를 3면으로 둘러싸고 있다.[3] 동쪽으로는 벵골만(Ban of Bengal), 서쪽으로는 아라비아 해(海; Arabian Sea), 그리고 남쪽으로는 인도양(Indian Ocean)과 접하고 있다. 남동쪽으로 인도해협을 건너 약간 떨어진 앞바다에는 섬나라인 스리랑카(SriLanka)가 있다.

그림 3-1
인도와 인접국가[4)]

인도는 또한 북반구에 위치하고 있으며, 적도 북쪽으로 위도 8° 4′ 와 37° 6′ 사이, 그리고 경도 68° 7′ 과 97° 25′ 사이에 자리잡고 있다.

인도의 표준시간(Indian Standard time)은 GMT(Greenwich Mean Time)+05 : 30이다. 즉, 그리니치(영국 런던 동남부 교외지역으로서, 본초 자오선의 기점인 천문대가 있던 곳) 평균시간에 5시간 30분을 더한 시간이다.

해안선(Coastline)은 인도 본토, 락샤드위프 제도(諸島; Lakshadweep Island) 및 안다만-니코바르 제도(Andaman & Nicobar Islands)를 포함하여 모두 7,516.6km이다.

인도 인접국가 및 인도 국내의 주(州) 및 주요도시에 대해서는 그림 3-2를 참조하라.

3. 지형(Terrain)

지형적으로 인도 본토는 크게 6개 지역(regions)으로 구분되는데, 히말라야 산맥지대, 인도 · 갠지스 평원지대, 고원지대, 남부 섬 지대, 사막지대, 그리고 강(江)이 그것이다. 아래에서는 이들에 대해 구체적으로 살펴보기로 한다.

(1) 히말라야 산맥지대(Himalayan Mountain Range)[5)]

히말라야 산맥지대는 인도의 북쪽 경계를 이루며, 파키스탄에서 미얀마 국경에 걸쳐 동서로 가로지르는 세계적인 고산 지대이다. 히말라야 산맥은 거대한 고원(plateaus)과 마을에 걸쳐서 산재되어 있는데, 이들 마을 중 카슈미르(Kashmir)와 쿨루(Kullu) 마을 같은 것은 비옥하고 넓으며 또 경치가 매우 아름다운 곳이다. 히말라야는 고대 산스크리트(범어, 梵語)의 '눈'(雪)을 뜻하는 히마(hima)와 '거처'를 뜻하는 알라야(alaya)의 2개 낱말이 결합된 복합어이다.[6)]

히말라야 산맥의 길이는 동서로 2,400km가 넘게 뻗어 있으며, 그 너비는 약 20km에 달한다. 히말라야 산맥은 해발 7,500m가 넘으며, 세계 최고봉 10여 개가 이 곳에 자리잡고 있다.

히말라야 산맥은 맨 앞쪽의 힌두스탄 평원에 면하면서 비교적 낮은 시왈리크 산맥과, 그 뒤쪽에 있는 소(小) 히말라야 산맥, 그리고 산맥의 주축에 해당하는 대(大)히말라야 산맥의 3개의 산계(山界)로 나뉘어져 있다.[7)]

대빙하와 만년설로 뒤덮여 있는 대히말라야 산맥에는 해발 8,848m인 에베레스트 산을 비롯하여 8,000m 내외의 고봉이 인도쪽에만 14개가 솟아 있다. 소히말라야 산맥은 봉우리는 5,000m, 계곡은 1,000m 정도의 높이를 이루고 있다. 히말라야 산맥의 남쪽에 있는 시왈리크 산맥은 남쪽을 향해 급경사를 이루고 있다.

그림 3-2 잠무카슈미르에서 아루나찰 프라데슈까지 뻗어있는 히말라야 산맥[8)]

히말라야 산맥지대에는 에베레스트 산 이외에도 난다데비(7,817m) · 라메트(7,756m) · 트리슐(7,120mm) 등의 고봉이 솟아 있는 눈덮인 만년설, 아래로 녹아 내리면서 북부 인도의 여러 강들도 유입되는 세계 최대 규모의 대빙하, 서쪽 카슈미르로부터 동쪽 아삼까지 거의 40,000km²에 이르도록 뻗어 있는 광대한 설원(雪源)지대, 높이 솟아 있는 절벽들 사이로 떨어지는 폭포, 넓은 계곡 등 다양한 경관을 이루고 있다.

이러한 히말라야 산맥은 북쪽으로는 잠무 · 카슈미르(Jammu and Kashmir)와 히마찰 프라데슈(Himachal Pradesh)를 거쳐 아루나찰 프라데슈(Arunachal Pradesh)에 이르며, 인도북동부의 대부분의 경계를 이루고 있다.

(2) 인도-갠지스 평원지역(Indo-Gangetic Plain)[9)]

인도-갠지스 평원은 인도대륙 중부에 있는 드넓은 평야 지역인데, 동쪽으로는 벵골 만에서 서쪽으로는 아프가니스탄 국경 및 아라비아 해(海)까지 펼쳐져 있는 길이 2,400km, 너비 240~320km, 면적 100만 km^2에 달하는 광대한 평원이다. 이 지역은 인도 반도에서 집약적인 농업이 행해지고 있는 가장 비옥하고 인구가 밀접해 있는 지역으로, 그 대부분은 동쪽의 갠지스 강(Ganga) 및 브라마푸트라 강(Brahmaputra)과 서쪽의 인더스 강(Indus)이 북쪽의 산악지역과 남쪽의 고원지역에서 많은 토사를 운반 · 퇴적시키면서 형성된 넓고 비옥한 충적 평야 지대이다.

인도-갠지스 평원지역은, 겨울에는 비가 조금 오거나 가뭄이 드는 반면, 여름에는 비가 많이 와서 상당히 넓은 지역이 물에 잠겨 습지나 얕은 호수가 되며, 북서 쪽으로 갈수록 점점 건조해져서 파키스탄 서부에 이르면 완전히 사막으로 변한다.

(3) 고원지대(Plateau)

1) 데칸 고원(Deccan plateau)

'데칸' 이라는 이름은 '남쪽' 이라는 뜻의 산스크리트 '닥시나' 에서 따온 말이다.[10)] 데칸고원은 면적이 약 160만 km^2에 달한다. 남부인도는 거의 전부가 삼각형의 데칸 고원지대로 이루어져 있다. 동쪽으로는 동 고츠 산맥(Eastern Ghats), 서쪽으로는 서 고츠 산맥(Western Ghats), 북쪽으로는 빈디아 산맥(Vindhya Range) 및 삿푸라 산맥(Satpura)을 경계로 다른 지역과 구분된다.[11)] 데칸 고원은 북쪽의 빈디아 산맥을 사이에 두고 인도-갠지스 평원과 맞닿아 있다. 빈디아 산맥은 인도 중앙 고지대의 남쪽 급경사면을 형성하는 구릉지대로 이루어져 있는 산맥인데, 이 산맥은 서쪽의 구자라트 주에서 마디아 프라데슈 주를 가로질러 약 1,086km를 뻗어 내려 바라나시 가까이에서 갠지스 강 유역에 이르는 산맥이다.[12)]

그림 3-3 인도 데칸 고원 남단 카르나타카 주 마이소르시[16)]

동고츠 산맥의 평균 높이는 610m이고, 서고츠 산맥은 일반적으로 높이가

915m～ 1,220m이며 가장 높은 곳은 2,440m에 달한다.[13] 이러한 데칸고원의 평균 높이는 약 600m이며, 대체로 동쪽을 향해 기울어져 있다.[14]

기후는 해안지방보다 건조한 편이며, 황무지에 가까운 곳도 있다.[15]

2) 라다크 고원(Ladakh)[17]

고원지대는 데칸 고원뿐만 아니라 인도의 다른 지역에서도 발견된다. 널리 알려진 고원은 라다크 고원지대인데, 이 고원은 인도 대륙 북부 잠무카슈미르 주에 속하는 카슈미르 동부지역이며, 평균고도는 5,220m이다. 라다크 고원의 면적은 약 11만 7,000km²로서 히말라야 산맥 서쪽의 라다크 산맥을 비롯해 카라코람 산맥과 인더스 강 상류지역을 포함한다. 라다크는 연중 맑은 날씨가 계속되지만, 연평균 강우량이 84mm밖에 되지 않는 건조기후 지역이다. 가느다란 눈발이 자주 내리고 가끔 큰 눈이 오기도 한다. 라다크는 인도와 파키스탄 사이에 분쟁을 일으켰던 지역이었으나, 1949년에 체결한 휴전협정으로 남쪽은 인도, 북쪽은 파키스탄에 속하게 되었다. 1960년대에는 인도가 지배하던 라다크 북동지역이 중국군대에 점령되었다.

(4) 섬(Offshore islands)

인도양에 있는 몇 개의 군도(群島)들이 인도에 속해 있는데, 이들 중 대표적인 것이 락샤드위프 제도(Lakshadweep Islands)와 안다만-니코바르 제도(Andaman and Nicohar Islands)이다.

1) 락샤드위프 제도[18]

락샤드위프 제도는 아라비아 해 및 말라바르 해안 서쪽에 분포한 여러 섬들로 이루어진 인도의 연방직할 주(州)로서 이 제도(諸島)는 20개의 산호초와 섬들로 이루어져 있으며, 이들 가운데 11개 섬에 주민이 살고 있다.

그림 3-4 락샤드위프 제도의 방가람 섬 해안가[19]

이들 섬은 1498년 5월 포르투갈인이 처음 이곳에 요새를 건설했으나, 1877년에는 영국으로 지배권이 넘어갔다가, 1956년부터 인도가 관할하게 되었으며, 1973년 연방직할지가 되었다. 이 제도의 총 면적은 32km²이며, 곡물 · 콩류 · 바나나 · 야채를 재배하며 코브라를 길러 인도 본토에서 나는 쌀과 교환한다.

2) 안다만-니코바르 제도[20)]

안다만-니코바르 제도는 인도 반도 동부해안에서 멀리 떨어진 곳에 있는데, 벵골만에 있는 2개의 제도(諸島)로 이루어진 인도의 연방직할지이다.

이 제도는 너비 145km의 텐 디그리 해협(Ten Degree Channel)에 의해 북쪽의 안다만제도(Andaman Islands)와 남쪽의 니코바르제도(Nicobar Islands)로 분리되어 있다.

안다만 제도는 너무 가깝게 붙어 있어 '대(大)안다만' 이라고 알려져 있는 3개의 주요 섬들, 즉 북(北)안다만 · 중(中) 안다만 · 남(南) 안다만 섬을 포함해 550개의 크고 작은 섬들로 이루어져 있다.

니코바르제도는 최남단에 있는 가장 큰 대(大) 니코바르 섬과 중앙부의 카모르타 · 난코우리 섬, 북부의 카르니코바르 섬 등 모두 22개-사람이 사는 12개의 섬과 10개의 무인도-로 이루어져 있다.

18세기 중엽 영국은 안다만-니코바르제도에 범죄자를 수용하는 식민지를 건설했는데, 1942~1945년에는 일본에 점령되었으며, 1947년 인도가 독립하면서 인도에 편입되었다. 이 제도의 총면적은 8,249km²이며, 삼나무 · 합판용 거목 · 연질 목재 등의 목재류와 코코넛 및 코브라 등이 수출된다.

(5) 사막지대(Deserts region)[21)]

인도의 사막지대는 크게 두 부분, 즉 대(大)사막(Great Desert)과 소(小)사막(Little Desert)으로 구분할 수 있다. 대(大) 사막은 타르사막(Thar Desert)이라고도 불린다. 그런데 이 사막은 인도의 4개 주(州), 즉 펀자브 · 하리야나 · 라자스탄 · 구자라트와 파키스탄의 2개 주에 걸쳐 펼쳐져 있으며, 총면적은 약 20만 km²에 이른다.[22)] 구체적으로 대사막은 쿠치(kutch)와 란(Rann)의 끝부분에서부터 북쪽으로는 루니(Runi) 강까지 펼쳐져 있다. 라자스탄-신드의 경계선이 이 사막을 따라 형성되어 있다.

소 사막은 루니에서부터 자이살메르(Jaisalmer)와 조드푸르(Jodhpur)의 사이를 거쳐 북쪽 황무지에까지 걸쳐 있다. 대 사막과 소 사막 사이에는 바위와 석회암 능선으로 이루어져 있는 완전한 불모지역이 가로놓여 있다.

(6) 강(Rivers)

인도의 강은 크게 4개의 범주, 즉 히말라야 강과 데칸 강과 해안 강 및 (바다로 흘러들지 않는) 내륙분지 강 등으로 나누어진다.[23)]

1) 히말라야 강(Himalayan Rivers)[24)]

히말라야 강(Himalayan Rivers)은 눈과 빙하가 녹아 형성되었으며, 따라서 연중 내내 끊임없이 흐른다. 몬순 계절(Monsoon, 특히 인도양에서 여름은 남서, 겨울은 북동쪽에서 부는 계절풍) 기간 동안에는, 히말라야에는 비가 매우 많이 내리며 따라서 강물이 범람하여 홍수가 일어난다.

반면에 데칸 강(Deccan Rivers)은 강우량이 일정치 않고 따라서 흐르는 강물의 양도 일정치 않다. 해안 강(coastal rivers)은 특히 서해안 쪽에 있는데, 길이가 짧고 또 그 유역(流域, catchment's area)도 한정되어 있다. 이들 대부분은 늘 흐르는 강이 아니다(non-perennial). 히말라야 강의 주류(主流)는 인더스(Indus) 강과 갠지스(Ganga) 강－브라마푸트라(Brahmaputura) 강－메그나(Meghna) 강이다.

① 인더스 강

인더스 강은 갠지스 강 및 브라마푸트라 강과 함께 인도의 3대강(大江)을 이루고 있는 강으로서 세계에서 아주 긴 강 중의 하나이다.[25)]

인더스강은 히말라야 북쪽의 티베트 남서쪽 카일라스 산맥 북쪽에서 발원(發源)하여 1,100km를 북서 방향으로 흘러 잠무 · 카슈미르 지방의 북부를 거쳐 라다크 산지를 횡단한다. 그 곳에서 남서쪽으로 흐름의 방향을 바꾸어 파키스탄 본토로 흘러 들어간다.[26)]

파키스탄의 산간고지를 타고 흐르던 물줄기는 스와트 · 하자라 지역 사이를 빠른 속도로 흘러 솔트 산맥을 가로지른 다음, 반(半)건조지대인 펀자브 평원으로 들어서며, 이 곳에서 펀자브(Punjab, '5개의 강이 흐르는 땅' 이라는 뜻) 동쪽에서 흘러 들어오는 젤룸 · 체나브 · 라비 · 베아스 · 수틀레지 강 등의 5개 지류들을 받아들이게 된다.[27)] 이들 강줄기와 합류한 뒤에 인더스 강은 그 폭이 넓어지고 유속(流速)도 느려지며, 그 후 타타 부근에서 삼각주를 형성하면서 여러 분류(分流)로 나뉘어 흐르다가 카라치(Karachi) 남동쪽의 여러 지점을 거쳐 마지막으로 아라비아 해(Arabian Sea)로 흘러 들어간다.[28)]

인더스 강의 총 길이는 2,900km이고 유역 면적은 116만 5,500km^{2}이며, 나일강의 2배에 이른다.[29)]

② 갠지스 강－브라마푸트라 강－메그나 강[30)]

갠지스 강－브라마푸트라 강－메그나 강은 인도의 또다른 중요한 강 줄기인데, 이들은 바기라티(Bhagirathi)와 알라크난다(Alaknanda)에서 발원하여 데브 프라야그(Dev Prayag)에서 합류하며 갠지스 강(Ganges River, 힌두어로는 Ganga)으로 흘러든다. 이러한 갠지스강은 우타란찰(Uttaranchal), 우타르 프라데슈(Uttar Pradesh), 비하르(Bihar)와 서벵골(West Bengal) 주에 걸쳐 있는 갠지스 평원을 가로지르며 남동쪽으로 2,510km를 흐른다.[31)]

갠지스 강의 주요 지류(支流)는 야무나(Yamuna) 강, 람강가(Ramganga) 강, 가가(Ghagha) 강, 코시(Kosi) 강, 마하난다(Mahananda) 강 및 소네(Sone) 강 등이다. 참발(Chambal) 강과 베트와(Betwa) 강은 또다른 지류들인데, 이들은 야무나 강과 합류한 후에 갠지스 강으로 흘러든다. 파드마(Padma)강과 브라마푸트라(Brahmaputra) 강은 방글라데시 내부에서 합류한 뒤 갠지스 강으로 흘러든다.

브라마푸트라 강('브라마푸트라'는 산스크리트로 '성자(聖者)의 자식'이라는 뜻임.)[32]은 티베트의 히말라야 산맥에서 발원하여 약 2,900km의 먼 거리를 흘러 인도의 아루나찰 프라데슈를 가로지르고 있다. 파시가트(Passighat) 강, 데방(Debang) 강 및 로히트(Lohit) 강 등이 브라마푸트라 강과 합류한 다음, 이들 강은 아삼(Assam)의 계곡을 따라 흐르며 방글라데시를 가로지른다.

인도의 브라마푸트라 강의 주요 지류는 수반시리(Subansiri) 강, 지아 바레리(Jia Bhareli) 강, 단시리(Dhansiri) 강, 푸티마리(Puthimari) 강, 파그라디야(Pagladiya) 강 및 마나스(Manas) 강이다. 방글라데시에서 브라마푸트라 강은 티스타(Tista) 강 등과 합류한 뒤에 최종적으로는 갠지스 강으로 흘러들게 된다. 브라마푸트라 강의 총 유역면적은 93만km²이다.[33]

메그나 강의 주류(主流)인 바라크(Barak) 강은 마니푸르(Manipur)에서 발원한다. 그 주요 지류는 막쿠(Makku), 트랑(Trang), 지리(Jiri), 소나이(Sonai), 루크니(Rukni), 카타크할(Katakhal), 다레스와리(Dhaleswari), 랑가치니(Langachini), 마두바(Maduva) 및 자팅가(Jatinga) 강 등이다. 바라크 강은 방글라데시를 지나 흐르다가 바이라브 바자르(Bhairab Bazar) 부근에서 갠지스 강-브라마 푸트라 강과 합류하게 된다.

이렇게 하여 형성된 갠지스 강은 총 유역면적이 97만 5,900km²로서 인도 국토면적의 약 1/4을 차지하며, 거의 5억 명의 인구를 부양할 수 있는 거대한 강으로써 힌두교도들이 '성스러운 강'으로 숭배하는 강이다.[34]

2) 데칸 강(Deccan Rivers)[35]

데칸 지역에서는 대부분의 주요 강들은 동쪽으로 흘러 벵골만으로 흘러든다. 동쪽으로 흐르는 이들 주요 강에는 고다바리(Godavari) 강, 크리슈나(Krishna) 강, 카우베리(Cauvery) 강, 마하나디(Mahanadi) 강 등이 있다. 나르마다(Narmada) 강과 타프티(Tapti) 강은 서쪽으로 흐르는 주요 강들이다.

인도 반도 남서쪽에 있는 고다바리 강은 인도전체 면적의 10%를 차지하는 유역(流域)면적을 가지고 있으며, 이는 인도의 강들 중에 두번째 크기이다. 그 다음으로 넓은 유역면적을 가지고 있는 강은 크리슈나 강이고, 그 다음은 마하나디 강이다.

나르마다 강은 데카고원에서 발원한 후에 서쪽으로는 아라비아 해로 흘러들고, 남쪽으로는 카베리(Kaveri)로 흐르다가 벵골만으로 흘러드는데, 강물의 폭은 거의 비슷하지만 그 특징과 모습은 매우 상이하다.

3) 해안 강(Coastal Rivers)[36]

그 밖에도 많은 해안 강들이 있는데, 이들은 비교적 작은 강들이다. 이들 중 몇 개만이 서쪽 삼각주(delta) 부근에 있는 바다로 흘러드는데, 이렇게 서쪽 해안에는 약 600여 개의 강이 있다.

4) 내륙분지 강(Inland drainage basin)[37]

라자스탄에 있는 몇몇 강들은 바다로 흘러들지 않는다. 이들 강은 인도 최대의 염호인 삼바르 염호(Sambhar Salt Lake, 라자스탄 주 북서쪽에 있는 넓이 약 230km²의 소금 호수)[38] 등과 같은 염호(salt lakes)들로 흘러들며 또 모래 속에 스며들어 바다로 나갈 배출구가 없다. 이들 외에도 사막 강(Desert Rivers)들이 있는데, 이들은 어느 정도의 거리를 흐르다가 사막에서 사라지고 만다. 이들 강에는 마치후(Machhu) 강, 사라스와티(Saraswati) 강, 바나스(Banas) 강 및 가가르(Ghaggar) 강 등이 있다.

제2절 기후 환경(Climate)

인도의 기후는 전체적으로 열대 몬순(tropical monsoon), 즉 열대 계절풍의 기후를 나타낸다.

1. 기상학적인 4계절[39]

기상학적으로 인도에는 다음과 같은 4계절이 있다.

① 12월에서 2월까지의 비교적 건조하고 추운 겨울

② 3월에서 5월까지의 건조하고 더운 여름

③ 6월에서 8월까지의 인도 거의 전 지역에 많은 비를 내리게 하는, 남서 해양풍(southeast maritime winds)이 부는 남서 몬순(southeast monsoon) 계절

④ 9월에서 10월까지의, 몬순이 물러가기 시작하는, 인도 반도 남부의 북서 몬순(northeast monsoon) 계절

인도의 기후는 두 개의 계절풍(seasonal winds), 즉 북서(北西) 몬순과 남서(南西)몬순의 영향을 받는다.[40] 북서 몬순은, 흔히 겨울 몬순(winter monsoon)으로 알려져 있는데, 육지에서 바다로 분다. 반면에 남서 몬순은, 여름몬순(summer monsoon)으로 알려져 있는데, 인도양(Indian Ocean)과 아라비아 해(Arabian Sea)

및 벵골만(Bay of Bengal)을 건너 바다에서 육지로 분다.[41] 남서 몬순은 인도에서 1년 중 내리는 비의 거의 전부를 내리게 한다.[42]

2. 지역별 강우량

인도 북동부 메갈라야 주(州)의 실롱고원에 자리잡고 있는 체라푼지(Cherrapunji)는 연간 평균 강우량이 11,430mm나 되는 세계 제1의 다우(多雨) 지역으로 유명하다(1861년에는 22,987mm였다).[43]

강우량이 4,000mm 이상되는 곳은 아삼 지방과 서고츠 산맥 서쪽 사면(斜面)이고, 2,000mm 이상 되는 곳은 벵골 평야이며, 갠지스 강 중류에서는 1,000mm 그리고 델리 부근에서는 600mm로 강우량이 감소한다.[44] 그러나 첸나이(마드라스) 부근과 같은 인도 반도 남동부는 벵골만을 건너오는 겨울 몬순이 비를 가져와 1,000mm 이상이 된다.[45]

현장 정보

■ 인도, 몬순을 이용한 비(雨)관광 상품 개발[46]

인도양(Indian Ocean) 주변에 있는 인도와 파키스탄이 장마철인 몬순(Monsoon) 기간 동안 내리는 비(雨)가 무더위에 지친 아랍인들의 관광 상품으로 각광을 받고 있다고 월스트리트 저널(WST)이 2005년 8월 23일 보도했다. 아랍인들이 몬순을 찾아 떠나는 것은 너무나 무더운 기후 사정 때문이다. 석유를 팔아 벌어들인 돈으로 세계 최첨단 오락시설, 식당, 스키 슬로프를 갖춘 돔(dome) 구장 등을 건설할 수 있지만 '비'는 살 수 없기 때문이다.

특히 몬순 관광지로 유명한 인도 서부 해안의 '고아(Goa)' 주 및 파키스탄 북쪽 지역의 리조트들은 비를 즐기려는 휴양지로 이미 자리잡았다. 몬순기간 동안 고아 주를 다녀간 아랍인 관광객은 5만 5000명으로서 2년 전에 비해 3배 가량 증가했다.

아랍 에미레이트, 카타르, 쿠웨이트 등 걸프만 주변에 있는 나라의 여행사들은 "비를 느껴보세요"라는 문구의 포스터까지 만들어서 관광객들을 유혹하고 있다.

인도 리조트들도 "비와 함께 댄스를!"이라는 노천 디스코텍을 비롯해 "비와 함께 산책을!"이라는 주제의 도보 여행 상품을 개발하여 비에 목말라하는 아랍인들을 유혹하고 있다. 또 '하얏트 고아 리조트 앤 스파'는 떨어지는 비를 직접 맞을 수 있도록 아예 지붕을 없앤 방까지 등장시켰다.

아랍인들의 반응은 폭발적이다. 쿠웨이트에서 온 어느 관광객은 "에어컨을 원했다면 그냥 쿠웨이트에 있었을 것"이라고 강조했다.

3. 건조 정도에 따른 3계절[47)]

인도의 계절을 건조 정도에 따라 구분하면, 3월에서 5월까지의 건조혹서기(乾燥酷暑期), 6월에서 10월 상순까지의 습윤고온기(濕潤高溫期), 그리고 10월 중순에서 2월까지의 건조한랭기(乾燥寒冷期) 등과 같은 3계절로 나누어진다.

해안 가까이에 있는 캘커타에서는 낮에도 그늘의 기온이 40℃를 넘는 경우가 종종 있으며, 갠지스 강 중류지역에서는 43℃ 정도로 오르는 날이 많이 있다.

야간에도 실내는 몹시 덥기 때문에 인도 사람들은 마당이나 길가에서 노숙을 하는 경우가 흔하다. 남부 인도는 원래 상하(常夏)의 지방이지만, 북부 인도의 겨울은 기온이 내려가므로 서늘해지고 하늘은 맑게 개어 인도 사람들에게 순례(巡禮)의 계절이 된다.

제3절 식물환경(Flora)

1. 식물군 종류와 지역

인도는 남북간 위도 차이가 크고 기후 역시 매우 뜨거운 곳(torrid)에서부터 몹시 추운곳(arctic)에 이르기까지 차이가 크기 때문에 지역에 따라 매우 다양하고 풍부한 식물이 자라고 있다.[48)] 인도의 식물은 전국적으로 약 47,000종에 이르는데, 열대 식물로부터 한대 식물에 이르기까지, 또 사막의 선인장에서부터 열대의 밀림에 가까운 상록수림까지 다양하다.[49)]

인도는 다음과 같은 8개의 식물군지역(植物群地域, floristic regions), 즉 서부 히말라야, 동부 히말라야, 아삼, 인더스 평야, 갠지스 평야, 데칸, 말라바르, 그리고 안다만 등으로 나누어진다.[50)]

(1) 서부 히말라야 지역(Western Himalayan region)[51)]

서부 히말라야 지역은 카슈미르에서부터 쿠아온(Kumaon)에 이른다. 이 지역에는 치르(chir)와 소나무 및 그밖의 침엽수와 활엽수 등이 자라고 있다. 더 위쪽으로 올라가면 히말라야삼목(杉木, deodor), 푸른소나무(blue pine), 가문비나무(spruce, 갯솔 · 전나무 등), 은전나무(silver fir) 등이 나타난다. 이러한 고산지대(高山地帶, alpine zone)는 약 4,750m 이상에까지 펼쳐진다. 이 지역에서 특색있는 나무는 은자작나무(silver birch)와 노간주나무(junipers)이다.

(2) 동부 히말라야 지역(Eastern Himalayan region)[52)]

동부 히말라야 지역은 식킴(Sikkim) 동부 쪽에서부터 펼쳐지며, 다르질링(Darjeeling) · 쿠르세옹(Kurseong)과 그 밖의 인접지역을 포함하고 있다. 이 지역에서는 오우크(oaks, 떡갈나무 · 참나무 · 가시나무 등), 월계수(laurels), 단풍나무(maples), 철쭉(rhododendrons), 오리나무(alders) 등이 자라고 있다. 많은 침엽수(conifers)와 자작나무(birch) 및 버드나무(dwarf willows) 등도 이 곳에서 볼 수 있다.

(3) 아삼 지역(Assam region)[53)]

아삼(오늘날은 아솜(Asom)이라 부름) 지역은 브라마푸트라(Brahmaputra)와 수르마 계곡(Surma Valleys)을 포괄하는데, 여기는 상록수 숲(evergreen forests)이 많고, 가끔 대나무 덤불도 볼 수 있다.

(4) 인더스 평야 지역(Indus plain region)[54)]

인더스 평야 지역은 펀자브 평야와, 서부 라자스탄(Western Rajastan) 및 북부 구자라트(Gujarat)로 이루어져 있다. 이 지역은 건조하고 더우며 식물이 잘 자라는 곳이다.

(5) 갠지스 평야 지역(Ganga plain region)[55)]

갠지스 평야 지역은 갠지스 강 유역의 토사(土沙)가 충적(沖積)된 평야인데, 이 지역에서는 밀과 사탕수수 및 쌀 등이 재배되고 있다. 이 곳의 얼마 안 되는 지역에서만 매우 다양한 종류의 수풀이 우거져 있다.

(6) 데칸 지역(Deccan region)[56)]

데칸 지역은 인도 반도의 전체 고원지역을 이루고 있으며, 덤불(관목) 밀림에서부터 낙엽수들의 수풀에 이르기까지 다양한 종류의 나무들이 자라고 있다.

(7) 말라바르 지역(Malabar region)[57)]

말라바르 지역은 인도 반도의 서쪽 해안을 따라 매우 습도가 높은 산악지역으로 이루어져 있다. 이 지역에서는 수풀이 무성하게 우거져 있을 뿐만 아니라, 코코넛 · 빈랑나무의 열매(betel nut) · 후추 · 커피 · 홍차 · 고무 · 옻나무(cashew, 점성고무가 채취되는 열대 옻나무과의 식물) 등과 같은 중요한 상업용 작물이 생산되고 있다.

(8) 안다만 지역(Andaman region)[58)]

안다만 지역에는 상록수와 홍수림(紅樹林, 열대의 강변 · 해변 · 소택지의 숲)과 해변 및 홍적(洪積, 홍수로 생겨난 토지) 수풀이 무성하다.

2. 식물의 위기[59)]

콜카타(Kolkata)에 본부가 있는 인도식물조사국(Botanical Survey of India; BSI)에 의하면, 농업과 산업 및 도시개발 등으로 인한 수풀 파괴가 계속 진행되고 있기 때문에, 인도의 몇몇 식물들은 사라질 운명에 놓여 있다. 약 1,336종의 식물들이 특히 소멸될 위기에 처해 있다. 또 약 20여 종의 식물들은 지난 60년~100년 동안 볼 수가 없었기 때문에 이미 멸종한 것으로 분류되고 있다. BSI는 이렇게 위기에 처해 있는 식물들을 조사하여 '레드 데이터 북'(Red Data Book)에서 공표하고 있다.

제4절 동물 환경(Fauna)

1. 동물의 종류[60)]

콜카타(Kolkata)에 본부가 있는 인도 동물조사국(Zoological Survey of India)에 의하면, 인도에는 약 89,451 종의 동물이 살고 있다.

포유동물(浦乳動物, mammals)에는 코끼리, 인도산 들소(gaur 또는 Indian bison), 인도산 코뿔소(Indian rhinoceros), 거대한 히말라야 산양, 뿔이 4개인 영양(羚羊, nilgai) 등 40여 종이 있다. 코끼리는 사람의 접근이 어려운 산림지역에서 목재를 운반하거나 축제 · 행사할 때에 행진하는 데 이용된다.[61)]

고양이과 동물에는 호랑이, 사자, 표범 등이 살고 있다. 호랑이와 표범은 히말라야 산맥을 포함한 인도 전 지역의 초원 · 늪지 · 삼림에서 볼 수 있으나, 날쌔기로 이름난 치타는 사실상 멸종되었다.[62)] 사자 역시 한때는 인도 전 지역에 걸쳐 살았으나, 지금은 국립공원에서 볼 수 있을 뿐이다.[63)]

조류는 약 1,200종에 달하는데, 독수리 · 매 · 펠리컨 · 물총새 · 왜가리 · 도요새 · 꿩 · 앵무새 · 거위 · 오리 · 구관조(mynah) · 잉꼬 · 비둘기 · 두루미 · 꼬뿔새(hornbill) · 태양조(sunbird) · 공작(peacock) 등이 수풀과 습지에서 살고 있다. 특히 휘황찬란한 깃털을 가진 공작은 국조(國鳥, national bird)로 지정되어 보호하고 있다.[64)]

강물과 호수에는 50여 종의 거북, 3종의 악어(crocodiles)와 갈리알(gharials)이 살고 있는데, 특히 갈리알은 전 세계에서 인도에만 서식하는 악어 종류이다.

동부 해안과 안다만-니코바르 제도(諸島)에는 소금물 악어(salt-water crocodiles)가 살고 있다. 1974년에 시작된 악어 양육계획은 악어가 멸종하는 것을 막는데 상당한 효과가 있는 것으로 평가되고 있다.

대(大) 히말라야 산맥지대에는 야생 염소(markhor) 및 테이퍼(tapir) 등이 산다. 팬더(panda, 히말라야 등지에서 서식하는 작은 곰의 일종)와 스노우 표범(snow leopard)은 산속 고지대에서 찾아볼 수 있다.

인도의 뱀은 약 400종에 달하는데, 이들 중에서 길이 4m가 넘는 코브라 등의 11종은 독사이다.[65] 그 밖에 살모사류 20여 종과 여러가지 일반 뱀류가 발견되고 있다.[66]

그 외에도 인도에는 1,650종에 달하는 물고기가 서식하고 있다.[67]

2. 동물의 위기[68]

농업지역의 확장, 서식지의 파괴, 과도한 개발, 공해, 전염병, 홍수, 가뭄 및 폭풍(cyclones) 등으로 인하여 동물들이 사라져 가고 있다. 39종 이상의 포유동물, 72종의 조류(鳥類), 17종의 파충류, 3종의 양서류(兩捿類, 수륙양용동물, amphibians), 2종의 어류(魚類) 및 수많은 나비 · 나방 · 딱정벌레 등이 사라질 위기를 맞고 있다.

제4장

역사 환경

이 장에서는 인도의 역사환경으로서 선사시대, 베다시대의 전개, 왕국의 성립, 중세시대, 근세시대 및 인도공화국 등을 고찰하기로 한다.

제1절 서 론[1]

인도의 각 지역은 각각 다른 역사와 전설을 가지고 있다. 즉, 이 나라의 각 지역에 사는 인도사람들은 자신들의 과거를 다른 지역 사람들과는 다른 관점에서 바라본다. 예를 들면, 힌두 사람(Hindus)들은 자신들의 종교 역사가 수백만 년 전부터 이루어져 왔다고 믿고 있다. 그들은 이 세상이 몇 백만 년마다 창조되고 또 파괴된다고 믿고 있다. 이러한 믿음은 인도 역사가 5000년은 되지 않는다고 주장하는 일반적으로 인정된 역사 이론과는 다르다.

일반적으로 인도 역사는 인도의 상이한 지역별로 상이한 왕국(different kingdoms)에 의하여, 어떤 것은 외국의 침입자들에 의하여 수립되었다. 아래에서는 고대에서부터 현대에 이르기까지의 인도 역사를 정리해 보기로 한다.

제2절 고 대

1. 선사시대(先史時代)

(1) 신석기 시대[2)]

인도 대륙에서 인류가 살았던 흔적은 멀리 신석기 시대에서부터 나타나고 있다. 지금까지 밝혀진 기록에 따르면, 이 시기의 인류가 초기에는 주로 사냥과 채집생활에 그 삶을 의존했던 것으로 보이지만, 후기에는 소·양·물소 등의 가축을 길렀던 것으로 보인다. 이러한 추론은 당시의 수렵에 사용된 활, 화살, 날카로운 돌조각을 이용한 작살이나 도끼 등이 발견된 것에 근거를 두고 있다. 이 시기의 대표적인 유적지로서는 케랄라 동쪽 산기슭의 마라이유르, 구자라트의 랑나지, 라자스탄의 바고르, 마디야 프라데슈 부근의 모샹가바드 등을 들 수 있다.

(2) 인더스 문명(Indus Valley Civilization)[3)]

수렵과 채집 생활을 영위한 신석기 시대를 거친 인도대륙은 점차 인더스강 유역을 중심으로 정착 문화를 형성하며 도시문명이 싹트게 된다. 이 시기의 도시문명을 인더스 문명이라고 부르는데, 이는 세계 고대(古代) 문명의 발상지 중의 하나로 기록되고 있다.

이러한 인더스 문명은 BC 4000년경 발루치스탄 고원지대에서 발달하기 시작한 농경 문화가 BC 3000년경 인더스강 유역으로 확대되면서 꽃피기 시작한 문화이다.

그림 4-1 인더스 문명지역[4)]

인더스 문명의 가장 큰 특징은 도시설계를 계획적으로 했다는 점이다. 예를 들면, 건물들 사이는 일정한 간격을 두어 바둑판 모양으 로 설계되어 있고, 골목길 상하좌우로는 벽돌의 높이를 조절하여 사방으로 연결되는 수로(水路)를 판 흔적이 있는 것으로 볼 때, 상·하수도 시설도 갖추고 있었던 것으로 보인다.

북서 지역의 유적지로서 유명한 곳은 모헨조다로(Mohenjo-daro)·

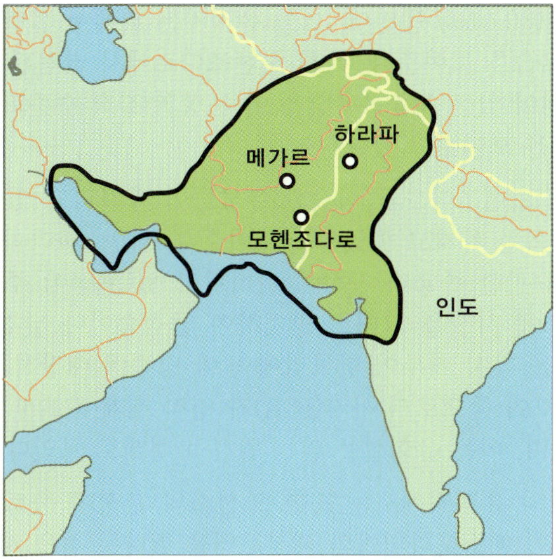

그림 4-2
인더스 문명과 유적지[5)]

그림 4-3
하라파 유적지[6)]

그림 4-4 고고학자들이 상상하는 인더스 문명시대의 고대도시(로탈)의 모습[7)]

하라파(Harappa) · 로탈(Lothal) 등인데, 이들 유적지는 위에서 설명한 바와 같이 잘 계획된 도시의 모습을 보여준다. 특히 모헨조다로에서 발견된 약 $83m^2$ 크기의 벽돌 구조물로 되어 있는 대중목욕탕은 이 문명의 질적 수준과 더불어 당시 사람들의 일상 생활을 보여주고 있다.

하라파 지역 역시 모헨조다로와 비슷한 유물들이 발견되고 있어 두 지역이 모두 대동소이한 문화를 가지고 있었음을 보여준다. 다만, 하라파의 유적 중에서는 장례와 죽음에 관한 종교적 사상이 나타나고 있는 점이 주목할 만하다. 그들은 일정한 장소에 시신을 그대로 방치하여 들짐승이나 날짐승의 먹이가 되게 한 후, 유골만을 다시 거두어 항아리에 담아 땅속에 매장하는, 이른바 조장(鳥葬)의 풍습을 보여 줌으로써 사자(死者)가 영적 세계(靈的世界)로 가는 데 도움을 받고자 했으며, 이는 윤회설을 믿는 원시적 형태로 보인다.

이들 인더스 문명의 유적지에서는 또한 조선소의 흔적이 출토되고 있는데, 이것은 당시 사람들이 메소포타미아와 해상무역을 했다는 점을 시사한다.

2. 베다(Veda) 시대의 전개

(1) 인더스 문명의 멸망[8)]

최근 과학기술로 개발된 방사성 동위원소를 이용한 연대측정방법에 따르면, 인더스문명은 BC 2300년경~1750년에 존재하다가 BC 1750년 무렵을 전후하여 멸망한 것으로 추정된다. 그 멸망의 원인에 대해서는 학자들마다 의견이 다르다. 어떤 학자들은 중앙아시아 및 서부아시아로부터의 침략자들이 인더스 문명, 특히 하라파 도시의 '파괴자(destroyers)'였다고 주장한다. 그러나 보다 더 일반적인 견해는 지질 구조 변화에 의해 야기된 빈번한 홍수와 토양의 염분화(soil salinity) 및 사막화(desertification) 때문이라는 것이다.[9)]

(2) 아리아 인(Aryans)들의 침입[10)]

모헨조다로와 하라파로 대표되던 인더스강 유역의 문명이 몰락하면서 인도 문명의 중심지는 갠지스강 유역과 남인도의 해안지역으로 옮겨져 이 지역을 중심으로 새로운 형태의 도시문화가 발달하게 된다. 이 문화의 형성시기를 전후하여 인도-유럽어(Indo-European)를 사용하는 일련의 반(半) 유목민(seminomads)들이 인도 대륙에 이동해와 정착하게 되었다.

원래 아리아인은 시베리아 남북부와 투르키스탄 등지에서 살던 유목민이었다. 이들은 오늘날 유럽인종의 조상으로써 게르만, 앵글로색슨, 그리고 슬라브에 이르기까지 유럽을 활동무대로 삼고 있는 서양인들의 선조였다. 이들은 BC 1800년~1700년경부터 중앙아시아와 서부아시아를 가로지르면서 목초지를 따라 민족을 이동시키면서 하나의 세력 집단을 형성하며 BC 1500년~1300년 카이발 고개를 넘어 인도 대륙에 도달하였다.

문자 사용 이전(preliterate)의 민족이었던 아리아인들은 초기 형태의 산스크리트(Sanskrit) 언어를 사용했다. 산스크리트는 고대 인도아리아 어(語)로써 인도 힌두교도들이 쓰는 문어(文語)[11]인데, 이 언어는 이란(Iran)의 아베스탄(Avestan : Avesta 경전의 언어), 그리고 고대 그리스어 및 라틴어 등과 같은 유사한 인도-유럽어와 비슷하였다.

아리안(Aryan)이라는 용어는 '순수하다(pure)'를 뜻하는데, 이것은 이들 침략자들이 원주민(原住民)들과 사회적 거리를 유지하면서 자기 종족의 정체성(tribal identity)과 뿌리를 의식적으로 유지하려고 시도했던 것을 암시한다.

(3) 베다(Veda)의 중시와 카스트(Caste)의 정착

1) 아리아인의 정착[12]

인도에 침입한 아리아인들은 처음에는 펀자브(Punjab) 지방에 정착했으나, 서서히 그 활동무대를 갠지스강 중류지역으로 옮겨 갔는데, 이 곳에서 그들은 유목생활을 청산하고, 그 곳의 원주민들을 지배하며 농경을 주업으로 하는 정착생활을 시작하게 되었다.

당시 인도에는 드라비다인(Dravidians)을 비롯한 몇몇 부족의 원주민들이 살고 있었던 것으로 추정되는데, 오늘날의 인도사람들은 이 드라비다인과 아리아인의 혼혈이다.

2) 카스트제도의 정착[13]

침략자였던 아리아인들은 원주민들과의 전쟁에서 비교적 쉽게 승리했는데, 그 이유는 아리아인들이 유목민이었기 때문에 기동성이 뛰어나고 전쟁경험이 많았다는 점, 원주민들은 겨우 청동기 문명 단계에 머물고 있었지만 아리아인들은 이미 철기문명 단계에 접어들어 있었다는 점, 그리고 아리아인들은 월등한 체력조건을 갖추고 있었다는 점 때문이었다.

아리아인들은 전쟁에서 승리한 정복민족으로서의 우월의식을 강조하기 위해 원주민들을 노예화하고, 이것을 사회제도화하였는데, 이것이 바로 카스트제도이다. 즉, 아리아인들은 신(神)들의 찬가인 베다(Veda)를 중시했다. 베다는 고어체(古語體) 산스크리트로 쓰여졌으며, 이러한 베다는 이란지역에서 인도로 들어온 인도-유럽어족 사이에서 유행한 신들을 찬양한 성스러운 찬가 또는 시(詩)로써, 주로 불(아그니) · 태양(수리아와 사비트리) · 여명(우샤스) · 폭풍(루드라) · 전쟁과 비(인드라) · 자비(미트라) · 신의 권위(바루나) · 창조(인드라, 부분적으로 비슈누 신의 도움을 받음)의 신을 찬양했고, 대부분 제사 때 불리었다. 가장 오래된 베다는 이러한 신들을 찬양하고 경건하게 예배드리는 법식을 집대성한 성전, 즉 〈리그베다, Rigveda〉이며, 제사장(hotr)들은 여기에서 찬가를 뽑아내어 암송했다. 사제는 제사 때 사용하는 불을 담당하고 의식을 주관했는데, 이들은 성스러운 주문(呪文), 즉 만트라(mantra, 진언, 眞言)를 암송했다. 이러한 주문과 시들이 모아져서 〈야주르베다, Yajurveda〉로 집성되었다. 그 밖에도 찬송자(讚頌者, udgatr)가 이끄는 3번째 사제 그룹이 운문에 가락을 붙여 만든 찬송의 베다인 〈사마베다, Samaveda〉와 송가(頌歌)와 주문 모음인 〈아타르바베다, Atharvaveda〉 등이 있다. 특히 〈리그베다〉, 〈야주르베다〉 및 〈사마베다〉는 '트라이비디아' (3방면의 지혜서)로 알려져 있다.[14]

이처럼 베다를 중시한 아리아인들은 사제(司祭)에게 특권적인 지위를 부여했는데, 이러한 사제를 정점으로 한 신분제도가 바르나(varna)–이른바 카스트제도–라고 칭해짐으로써 오늘날에 이르기까지의 인도사회를 규정하고 있다.[15]

'바르나'란 산스크리트어로 '색깔' (color)을 뜻하며, 인도 힌두교의 전통적인 4성(四性)계급 차별이 피부색의 정도 차이에 기초를 둔 것(살갗이 흰 아리아인과 살갗이 검은 고대 토착 인도인)으로 추론된다. 예를 들어, 〈야주르베다〉가 백과 흑 2부분으로 구성되어 있는 것처럼 색깔은 종종 분류의 기준으로 사용되었다.

이러한 바르나에 기초를 두고 카스트제도가 정착된 것인데, 원래 카스트(caste)는 '족속' '혈통' '계보'라는 뜻의 포르투갈어 및 스페인어였던 카스타(casta)에서 유래된 것이다.

3. 왕국(Kingdoms and Empires)의 성립

(1) 고대 도시국가의 성립[16]

최초에 펀자브 지역에 정착했다가 갠지스강 중류 유역으로 진출한 아리아인들은 밀림지대를 개간하며 서서히 동쪽으로 침투해 가기 시작했으며, BC 1500년에서 800년경에는 강가(Garnga)와 야무나(Yamuna, Jamuna)평원에 걸쳐 나타나게 되었다.[17] 이 시기의 국가형태는 부족연맹과 전제왕권의 중간적 성격을 띠고 있었다. BC 7세기를 전후해서 번창한 국가로는 북부의 코살라, 중부의 마가다, 남부의 비데하, 그 밖에 카시 왕국 등을 들 수 있다.

특히, 마가다 왕국의 왕 '빔비사라' (BC 582~554 재위)는, 한편으로는 부족장들을 누르고 강력한 왕권을 구축해 가면서 다른 한편으로는 주변 소왕국들을 합병해 가는 확장 정책을 추구하였다. 이즈음 BC 560년에 태어나 BC 480년에 80세의 나이로 세상을 떠난 '고타마 싯달타(Gautama Siddhartha)'에 의해 불교(Buddhism)가 일어나게 된다. 빔비사라의 아들 아자타샤트루(BC 554~527 재위)는 계속되는 정복전쟁을 승리로 이끌며 카시 · 코살라 · 비데아 왕국 등을 차례로 정복하여 인도대륙의 최강 왕국으로 떠올랐다. 마가다 왕국은 그 전성기에 서쪽으로는 야무나 강에서부터 동쪽으로는 칼링가에 이르는 광활한 지역을 지배했으며, 알렉산드로스 대왕의 침입(BC 327~326) 때에는 난다 왕조와 더불어 가장 강력하게 저항하였다.

(2) 알렉산드로스 3세(Alexander III)의 침입[18)]

BC 326년, 마케도니아의 알렉산드로스 3세, 즉 알렉산더 대왕(BC 336~232 재위, 별칭은 Alexander the Great, Alexander of Macedonia)이 아토크 부근에서 인더스강을 건너 탁실라(Taxila)로 진격해 들어갔다. 그는 히다스페스(지금의 젤룸, Jhelum)강과 아케시네스(지금의 체나브, Chenab)강 사이의 지역을 지배하고 있던 포루스(Porus) 왕과 전투를 하게 되었다. 인도 사람들은 코끼리를 타고 격렬하게 전투에 임했으나 패배하고 말았다. 알렉산더는 포루스를 생포했으나, 그가 계속 자신의 영토를 지배하도록 허락했다.

알렉산더가 히다스페스(Hydaspes)강과 인더스강 남부로 진군해 가는 동안, 그는 유명한 지식인이었던 인도철학자 브라민스(Brahmins)를 찾아갔으며, 그와 함께 철학적 문제에 대해 토론하기도 하였다. 알렉산더는 한편으로는 현명한 철학자로서, 다른 한편으로는 대담무쌍한 정복자로서 수세기 동안에 걸쳐 인도의 전설이 되었다.

알렉산더대왕의 군대와 처절한 전투를 치른 인도부족장 중의 한 사람은 말리스(Mallis)였는데, 그는 인도 북부에서 가장 전투적인 사람으로 알려져 있다. 알렉산더는 이 전투에서 몇 차례 부상을 입었는데, 가장 심각했던 상황은 가슴에 화살이 박힌 것이었으며, 마케도니아 장교들이 간신히 그를 마을에서 구출했다.

알렉산더와 그의 부대는 BC 325년 7월 인더스강 입구에 도달한 후, 고국으로 가는 서쪽으로 철군했다.

알렉산더대왕의 인도침입은 정치 · 종교 · 문화 · 예술 등에 걸쳐 커다란 영향을 미쳤다. 특히 동서 문화와 사상이 서로 교류 · 융합하는 계기가 되었으며, 이른바 '간다라 예술'이라고 불리는 독특한 조각 양식이 그 예이다. 정치적으로는 외부의 침입에 무력했던 인도 사람들은 알렉산더대왕의 침입을 계기로 민족의식에 눈뜨게 되었으며, 이러한 민족정신의 고양에 힘입어 인도를 통일하게 된 왕이 바로 마우리아 제국의 찬드라 굽타이다.

(3) 마우리아 제국(Mauriyan Empire)

1) 마우리아 제국의 건설[19]

마우리아 제국(BC 322~BC 185)은 인도 역사에서 신기원을 이룩하였다. 이것은 연대기(年代記, chronology)가 명확한 기간으로 알려져 있다. 이 시기는 정치 · 예술 · 무역 · 상업이 인도를 영광의 절정으로 올려놓은 시기였다. 마우리아 왕국은 갈라져 있던 왕국들을 하나로 통일시킨 최초의 통일국가였다. 나아가서 이 시기에는 인도가 외부 세계와의 교제를 효과적으로 확립한 때이기도 했다.

마우리아 제국의 왕 찬드라 굽타(Chandragupta)는 알렉산더 대왕의 갑작스런 사망으로 빚어진 혼란을 틈타, 인도를 그리스의 속박으로부터 해방시키는 기회를 갖게 되었다. 그는 펀자브 지역과 신드(Sindh) 지역을 점령했으며, 계속해서 서북인도를 평정하고, 인더스강 유역에서 그리스 세력을 완전히 축출했다. 그는 나아가서 마가다(Magadha) 지역의 난다(Nandas) 왕조를 무너뜨리고, 오늘날의 카르나타가 남부지역과 아프가니스탄의 일부를 제외한 인도의 전지역을 통일하여 BC 322년 위대한 마우리아 제국을 건설했다.

찬드라 굽타왕은 BC 324년부터 BC 301년까지 마우리아 제국을 통치했으며, 바라타의 해방자이면서 최초의 바라타 제왕(Emperor of Bharata)이라는 칭호를 얻게 되었다. '바라타'란 인도 대륙(India lands)의 고대(古代) 원래 이름이며, 또한 독립국 인도(Independent India), 즉 바라트 힌디(Bharat in Hindi)를 뜻한다.[21]

나이가 든 찬드라 굽타는 종교에 흥미를 느끼게 되어, BC 301년 그의 아들 빈두사(Bindusar)에게 왕위를 넘겨주었다. 빈두사는 28년의 통치기간 중 데칸 고지(Highland of Deccan)를 점령하였으며, BC 273년 자신의 아들 아쇼카(Ashoka)에게 왕위를 물려주었다.

그림 4-5 마우리아 제국이 가장 넓은 영토를 지배했던 BC 250년경의 통치영역[20]

아쇼카왕(BC 273년~232년 재위)은 마우리아 제국의 가장 유명한 왕으로서뿐만 아니라 인도의 위대한 왕들 중의 한 사람으로 간주되고 있다. 그는 데칸 동부해안의 칼링가 왕국을 정복하는 등 남인도의 키스트나강 유역까지 영토를 확장시켰고, 서쪽으로는 아프가니스탄 동부까지, 북쪽으로는 카슈미르 및 네팔까지 영토에 편입시킴으로써, 인도 반도의 남단부인 타밀 지역을 제외한 전(全) 인도를 왕국에 편

입시켰다.[22)]

아쇼카 왕은 무력전쟁, 특히 칼링가(Kalinga), 즉 오늘날의 오리사(Orissa) 주(州) 전투에서의 피비린내 나는 살륙과 파괴에 회의를 느끼고, 정복이 갖는 사악함과 도덕의 아름다움, 그리고 영적(靈的) 승리(spiritual triumph)를 깨달았다.[23)] 그래서 그는 스스로 붓다(Buddha)의 가르침을 국가 통치의 기본이념으로 삼고, 스스로 불교에 귀의했으며, 살생금지 및 비폭력이라는 불교정신에 기초하여 국가를 자비로 다스리고자 했다.[24)]

그는 다르마 비자야(Dharma Vijaya), 즉 '신앙심에 의한 정복' (Conquest by piety) 정책을 제창했던 것이다.

2) 마우리아 제국의 몰락[25)]

아쇼카 왕의 사후에는 나약한 통치자들로 마우리아 제국은 분열과 몰락의 길을 걷게 된다. 몰락의 주요 원인으로는, 여러 왕자들이 각자의 영역을 분할 통치함으로써 중앙집권체제가 효과적으로 운영되지 못했다는 점, 이들 후계자들 상호간의 다툼으로 국가는 더욱 약하게 되어갔다는 점, 그리고 각 지방마다 서로 다른 화폐와 언어를 사용함으로써 사회적 · 경제적으로 통일제국의 기능이 원활하게 이루어지지 못했던 점 등을 들 수 있다.

그리하여 마우리아 제국의 분열과 쇠퇴로 인하여 인도대륙은 다시 수많은 군소왕국들의 투쟁의 장(場)으로 바뀌게 되었다.

(4) 쿠샤나 왕국(Kushana Dynasty)[26)]

AD 1세기가 시작할 무렵, 쿠샤나(Kushanas)가 인도의 북서부지역에 걸쳐 왕국을 건설하였다. 쿠샤나 왕들 중에서 가장 유명한 왕은 카니슈카(Kanishka, AD 125년~162년)인데, 그는 쿠샤나 왕국의 제3대 왕이다. 이 왕국은 AD 3세기 중엽까지 존속하였다. 이 시기의 가장 중요한 치적은 간다라 예술(Gandhara School of Art)의 발전과 아시아의 다른 먼 지역으로까지 불교를 더욱 전파한 것이었다.

(5) 굽타 왕국(Gupta Dynasty)

1) 굽타 왕국의 성립과 번영[27)]

쿠샤나 왕국 이후에는 굽타 왕국이 가장 중요한 왕국이다. 굽타 왕국은 AD 320년에서 540년에 걸쳐 인도의 북부지역과 중서부의 일부지역(지금의 비하르 지방)을 지배한 왕조이다.[28)] 창건자는 찬드라 굽타 1세(Chandragupta 1)이다. 굽타 왕국은 인도 역사에서의 황금기(Golden Age)로 불리운다.

AD 330년에는 찬드라 굽타 1세에 이어 사무드라굽타(Samudragupta)가 왕위에

그림 4-6 굽타제국[32)]

올랐으며, 그는 약 40년 동안 왕국을 통치했다. 그는 위대한 군사전문가였으며, 데칸고지를 점령하였고, 또 빈디야(Vindhya) 지역을 정복했다.

사무드라 굽타의 뒤를 이어 찬드라 굽타 2세가 왕위에 올랐는데, 그는 말와(Malwa)와 구자라트(Gujarat) 및 카티아와르(Kathiawar) 등과 같은 광대한 지역을 점령하였다. 이 시기에 굽타 왕조는 서방국가들과 해상무역에 종사하기도 했다. 이러한 굽타 왕조시기에는 칼리다사(Kalidasa) 같은 유명한 산스크리트 시인이며 극작가와 그 밖의 많은 과학자와 철학자들이 번창했다.

칼리다사는 당대의 가장 위대한 극작가로 알려져 있는데, 그가 직접 저술한 것으로 알려진 작품에는 〈아비지냐나 샤쿤탈라, Abhijnanasakuntala('샤쿤탈라의 삶')〉, 〈비크라 모르바시, Vikramorvasi('용기로 얻은 모르바시')〉, 〈말라비크아그니미트라, Malavikagnimitra('말라비크와 아그니미트라')〉, 서사시 〈라구방샤, Raghuvamsa('라구 왕조')〉, 〈쿠마라상바바, Kumarasambhava('전쟁신의 탄생')〉, 그리고 서정시 〈메가두타, Meghaduta('구름 전령')〉 등 6개 작품이 있다.[29)]

이처럼 굽타 왕조는 인도 고전문화의 부흥기로 불릴 만큼 문학과 예술 등 다방면에 걸쳐 많은 공헌을 했으며, 특히 산스크리트로 씌어진 시와 산문이 왕실의 후원을 얻어 활발하게 저술되었으며, 그 밖에도 십진법과 힌두 미술을 탄생시켰고, 천문학 · 수학 · 야금술도 발달했다.[30)]

특히 이 때부터 힌두교는 그 세력을 점차 인도 전역으로 확대시켜 나가게 되었지만, 불교는 서서히 쇠퇴의 길을 걷기 시작했다.[31)]

2) 굽타 왕국의 쇠퇴[33)]

북부인도에서 굽타 왕국은 AD 5세기 말에서 AD 6세기에 걸쳐 쇠락의 길을 걷게 되는데, 이로 인해 다양한 소규모 왕국이 등장하게 되고, 또한 외부에서는 훈족(Hun, 흉노족, 4~5세기 경 유럽을 휩쓴 아시아의 유목민)의 침입을 받게 되었다.

토라마라(Toramara)는 훈족의 지도자였는데, 굽타 왕국의 광대한 지역을 합병하는 데 성공했다. 그의 아들 미히라쿠라(Mihirakula)는 잔인한 야만인이었으며, 최악의 폭군이었다. 인도의 강력한 두 토착 왕국의 왕자들인 말와의 야소다르만(Yasodharman of Malwa)과 마가다의 바라디티야(Baladitya of Magadha)가 그의 세력을 꺾고 인도에서의 통치에 종지부를 찍었다.[34)]

(6) 하르샤 왕국(Harsha's Empire)[35)]

굽타 왕국이 멸망한 후, 7세기 초에 타네슈아르와르(Thaneshwar)와 칸나우지(Kannauj)의 국왕 하르샤(Harsha)는 자신의 통치기간 중 북부인도를 재통일시키는 데 성공했다.[36)]

AD 620년, 하르샤 바르다나는 푸라케신 2세(Pulakesin II)가 통치하고 있던 데칸(Deccan)의 찰루키야(Chalukyas) 왕국에 침입하였다. 찰루키야는 완강히 저항하였으나 패배하고 말았다.

하르샤 바르다나는 종교적 관용과 유능한 통치, 그리고 능숙한 외교관계로 유명하였다. 그는 중국과의 외교관계를 적절히 유지했으며, 외교사절을 파견하여 중국 지도자들과 통치이념을 교환하였고, 상호간의 이해를 증진시켰다. 하르샤의 사망 후 인도에는 중앙집권적인 권력이 없는 상태로 빠져들게 되었다.

7세기부터 9세기까지 3개의 왕조, 즉 말와의 프라티하라스(Pratiharas), 벵갈의 파라스(Palas of Bengal), 그리고 데칸의 라슈트라쿠타스(Rashtrakutas of Deccan)들이 북부인도를 통치하기 위해 투쟁을 벌였다.[37)]

(7) 찰루키야 왕국(Chalukyas)[38)]

바다미(Badami)의 찰루키야 왕조는 AD 6세기부터 8세기까지 남부인도와 중부인도를 지배하고 있던 강력한 세력이었다.

AD 540년 최초의 국왕 푸라케신 1세(Pulakesin Ⅰ)는 여러 차례의 큰 전투에서 승리하여 강력한 왕국을 건설하였다. 그의 아들들인 키르티바르만(Kirtivarman)과 망가레사(Mangalesa)는 콘칸의 마우리안(Manryans of the Konkans)을 포함하여 여러 인접 왕국과의 많은 전투에서 승리하여 왕국을 더욱 확장시켰다.

키르티바르만의 아들 푸라케신 2세는 찰루키아 왕국의 위대한 왕들 중의 한 사람이었다. 그는 왕위에 있던 34년 동안 마하라슈트라(Maharashtra)를 정복하였고, 또 데칸의 대부분을 복속시켰다.

그러나 푸라케신은 AD 642년, 팔라바(Pallavas)왕 나라심하바르만(Narasimhavarman)에게 패배하여 사망하고 말았다. 그 후 그의 아들 비크라마디티야(Vikramaditya)가 왕위를 물려받아 남부의 적들을 공격하였으며, 찰루키야 왕조의 과거의 영토를 대부분 회복하였다. 그의 손자 비크라마디티야 2세 역시 훌륭한 전략가였다. AD 753년, 비크라마디티야와 그의 아들은 단티두르가(Dantidurga) 장군에게 정복되었는데, 그는 나중에 라슈트라쿠타스(Rastrakutas)

라 불리는 카르나타카(Karnataka)와 마하라슈트라(Maharastra) 왕국의 기초를 놓았다.

(8) 팔라바 왕국(Pallavas)[39)]

칸치(Kanchi)의 팔라바 왕조는 AD 6세기 말경에 크리슈나(Krishna)강과 카우베리(Cauveri)강 사이의 영토를 지배했던 왕국이다.

마헨드라바르만(Maherndravarman)은 찰루키야왕 푸라케신 2세에게 패배하여 자기 왕국의 북쪽 지역을 잃었으나, 그의 아들 나르심하바르만 1세(Narsimhavarman Ⅰ)가 찰루키야를 분쇄하였다. 팔라바 왕국은 나르심하바르만 2세 재위시 영광의 절정에 이르는데, 그는 특히 건축분야에 조예가 깊었다. 그는 많은 사원을 건설했으며, 그의 집권기간 동안 예술과 문학이 번창했다. 위대한 산스크리트 학자였던 단딘(Dandin)은 그의 궁궐에서 살았다. 그러나 그가 세상을 떠난 후에 팔라바 왕조는 쇠퇴하기 시작했고, 결국 촐라 왕조(Cholas)가 팔라바 왕 아파라지타(Aparajita)를 격퇴하고 AD 9세기 말에 그의 왕국을 점령했다.

(9) 촐라 왕국(Chola Empire)[40)]

촐라 왕국은 9세기경 인도 남부에서 가장 강력한 왕국으로 등장했으며, 비자야나가르(Vijayanagar) 왕국이 건설된 13세기까지 확고한 지위를 유지하고 있었다.

비자얄라야(850년경~870년 재위)는 팔라바 왕국의 영토를 점령하기 시작했으며, 이 영토는 아디티야 1세(870년경~907 재위)의 통치하에서 더욱 확장되었다. 파란타카 1세(907~953년경 재위)는 실론(지금의 스리랑카) 침입자들을 패주시켰다.

강력한 통치자였던 라자라자 1세(985~1014년 재위)는 강가바디 영토(카르나타카 왕국)를 점령했고, 996년경에는 케랄라(체라 왕국)를 점령했으며, 북부 실론을 획득했다. 그는 이렇게 얻은 전승기념으로 탄조르(탄자부르)에 대(大)브리아디슈바라 사원을 건설했다. 그의 아들 라젠드라 촐라 데바 1세(1014~44년 재위)는 1021년경 실론 정복을 완료했으며, 데칸을 공격하고, 1023년에는 원정대를 북부 갠지스강으로 침투시켜 갠지스 강물을 새 수도(首都)인 강가이콘다촐라푸람으로 끌어들였다.[41)]

촐라의 해군은 매우 강력했으며, 이웃 섬인 랑카(Lanka)와 그 밖의 벵골만을 가로질러 다른 지역도 정복했다.

(10) 프라티하라 왕국, 팔라 왕국 및 라슈트라쿠타 왕국[42)]

프라티하라(Pratiharas) 왕국은 구르자라-프라티하라(Gurjara-Pratiharas) 왕국으로 불리는데, 6세기부터 11세기에 걸쳐 라자스탄(Rajasthan)과 북부 인도를 지배한 왕국이었다. 팔라 왕국(Pala empire)은 8세기부터 12세기까지 비하르(Bihar)와 벵골(Bengal)을 다스렸다. 말크헤드(Malkhed, Karnataka)의 라슈트라쿠타(Rashtrakutas)는 찰루키야 왕국이 멸망한 후 8세기부터 10세기까지 데칸을 다스린 왕국이었다. 이들 세 왕국은 촐라 왕국이 남부에서 번영하고 있을 당시 북부 인도지역에서 투쟁하던 나라들이었다.

(11) 라지푸드 왕국(Rajput Kingdoms) 등[43)]

라지푸트 왕국은 6세기경 라자스탄(Rajasthan)에서 등장하였다가, 나중에는 메와르(Mewar) · 구자라트(Gujarat) · 말와(Malwa) · 분델크한드(Bundelkhand) 및 하리야나(Haryana) 등을 포함하는 북부 인도의 대부분을 다스린 왕조이다.

그밖에도 야다브(Yadav), 체라(Chera), 할레비두(Hoysala)의 호이살라(Halebidu), 세나(Sena) 왕국 등이 자신들의 국가를 통치했다.

제3절 중세시대(中世時代)

1. 남부아시아에서 이슬람의 등장[44)]

10세기 말에 접어들면서 인도대륙은 투르크와 아랍계 이민족들의 잦은 침입에 시달리다가 마침내 그들의 지배를 받게 되었다. 이 때 인도를 침입하여 유린한 대표적 세력이 가즈나 왕국(Ghaznavid dynasty, 이란 북동부의 호라산, 아프가니스탄, 인도 북서지역을 977년~1186년까지 다스렸던 투르크 왕조)의 마흐무드와 그가 사망한 후 혼란기를 틈타 가즈나를 타도하여 지배하게 된 구르 왕조(Ghurid Sultanatel, 12세기 중반에서 13세기 초에 아프가니스탄 북서부 구르, '지금의 고르' 를 중심으로 발전한 왕조)의 무하마드 등이다.[45)]

이슬람(Islam)이 최초로 남부아시아에 들어온 것은 예언자 무하마드(마흐메트, Prophet Muhammad, Mahoment, Mohammed, AD 570~632)가 사망한 후 첫 1세기 동안이었다. 다마스커스(Damasucs)의 우마야드(Umayyad) 칼리프(Caliph, 무하마드 후계자의 칭호)는 711년, 무하마드 빈 카심(Muhammad bin Qasim)이 이끄는 원정대를 발루키스탄(Baluchistan)과 신드(Sindh)에 보냈다. 그는 신드 지방과 물탄(Multan)을 점령했다. 그가 사망하고 나서 300년이 지난 후 가즈나 왕국의 술탄 마흐무드(Sultan Mahmud, 998~1030 재위)는 라지푸트 왕국(Rajput kingdoms)과 부유한 힌두사원들을 여러 차례 공략했으며, 후일 침략을 위해 펀자브 지방에 군사기지를 마련해 놓았다.

1024년 술탄 마흐무드는 아라비아 해(Arabian Sea)를 따라 카티야와르(Kathiawar) 남부해안으로 자신의 마지막 원정을 떠났는데, 여기서 그는 솜나스

(Somnath) 시(市)와 그 곳의 유명한 힌두 사원(Hindu temple)을 점령하였다.

2. 무슬림(Muslim, 이슬람교도)의 인도 침략[46)]

무하마드 고리(Muhammad Ghori)는 AD 1175년 인도를 침략하였다. 물탄과 펀자브를 정복한 이후, 그는 델리(Delhi)로 진격하였다.

프리스비 라지 차우한(Prithvi Raj Chauhan)이 이끄는 북부 인도의 용감한 라지푸트족(族. Rajput, 주로 인도 중부와 북부, 특히 옛 라지푸타나 - '라지푸트의 영토' 라는 뜻 - 지역에 사는 토지 소유자의 집단)[47)] 지도자들이 AD 1191년 테라인(Terrain)의 첫 전투에서 그를 격퇴하였다. 약 1년 후, 무하마드 고리는 복수를 위해 다시 침략해 왔다.

AD 1192년 테라인에서 다시 격렬한 전투가 있었는데, 여기에서 라지푸트 족은 패배하였고, 프리스비 라지 차우한은 전사하였다. 그러나 테라인에서의 이러한 두번째 전쟁은 무슬림 규율이 북부 인도에 적용되는 초석이 되는 결정적인 전투로 작용하게 되었다.

3. 델리 술탄 왕국(Delhi Sultanate)

AD 1206년에서 AD 1526년까지의 인도역사는 델리 술탄 왕국이라 불린다.[48)] 즉, 10세기와 11세기에 투르크(Turks)와 아프간(Afghans)족들이 북부 인도에 침략해 왔으며, 이들이 13세기 초에 델리 술탄 왕국을 건설한 것이다.[49)] 이 왕국은 13세기부터 16세기까지 무굴 제국(Mughal Empire)이 들어서기까지 북부 인도의 역사를 주도했다.[50)]

델리는 갠지스 강유역과 중부 · 서부 인도를 연결하는 전략적 요충지이면서 아프가니스탄으로 통하는 길목이기도 했기 때문에, 투르크와 아프가니스탄의 여러 세력들이 번갈아 가면서 델리에 왕국을 세우고 술탄(Sultan)임을 자처했는데, 이들 왕조를 델리 술탄 왕국이라 부르는 것이다.[51)]

'술탄' 이란 원래의 뜻은 이슬람 세계에서 도덕적 또는 정신적 권위를 뜻하는데, 이 말은 후에 정치권력 또는 지배권력을 나타내게 되었고, 11세기부터는 이슬람 군주를 칭하는 호칭이 되었다.[52)]

300년 이상 존속한 이러한 델리 술탄 왕국 기간 동안 5개의 왕조가 델리를 다스렸다. 이 왕조들은 노예 왕조(1206~1290), 칼지 왕조(1290~1320), 투글루크 왕조(1320~1413), 사이이드 왕조(1414~1451), 그리고 로디 왕조(1451~1526)이다.[53)]

(1) 노예 왕조(Slave Dynasty)[54)]

이슬람(무슬림)에서의 평등성(平等性, equality)의 개념은 노예들이 술탄의 지위에 오른 남부 아시아의 역사에서 절정을 이룬다. 노예 왕조는 인도 대륙의 일부를 약 84년 동안 다스렸다. 이것은 인도를 통치한 첫번째 무슬림 왕국(Muslim dynasty)이었다. 이슬람 장군이며 나중에 구르의 술탄이 된 무하마드 고리(Muhammad Ghori)가 총애하던 쿠트브 웃 딘 아이바크(Qutub-ud-din-Aibak)가 자신의 주인이 사망한 후에 이 왕조를 세웠다.

쿠트브 웃 딘 아이바크는 이슬람교도 지배자로서는 최초로 델리에 웅대한 궁전과 모스크(이슬람 사원) 및 쿠트브 미나르(Qutub Minar)라 알려져 있는 238피트 높이의 거대한 탑(Minar)을 세웠다.[55)]

그는 북부 인도를 더이상 아프가니스탄 왕국의 확장으로 보지 않고 델리를 수도로 하여 인도에 본격적인 이슬람 정권을 세웠다.[56)] 이 왕조는 그 후계자들이 쿠트브 웃 딘 아이바크와 마찬가지로 투르크계 궁정 노예 출신이거나 그 직계 자손들이었으므로 노예 왕조라 불린다.[57)]

노예 왕조의 두번째 중요한 왕은 샴 웃 딘 일투트무시(Shams-ud-din Iltutmush)인데, 그 자신도 쿠트브 웃 딘 아이바크의 노예였다. 일투트무시는 1211년부터 1236년까지 약 26년 동안 이 왕조를 통치했다. 그는 술탄의 위치를 더욱 강화하고 불만세력이던 투르크계 귀족들의 힘을 약화시켰으며, 대외적으로는 인더스강 유역의 북부 변경지방을 병합하고(1220년), 1225년에는 벵골을, 1228년에는 신드지방을 각각 점령했으며, 1229년에는 마침내 바그다드의 칼리프로부터 정식으로 술탄의 칭호를 수여받았다.[58)]

일투트무시의 유능한 딸이었던 라지아 베굼(Razia Begum)은 델리의 왕좌를 차지한 첫번째의 그리고 유일한 무슬림 여자였다. 그녀는 용감하게 싸웠지만 패배하여 사망하고 말았다.

마지막으로, 일투트무시의 어린아들 나시르 웃 딘 마흐무드(Nasir-ud-din Mahmud)가 1245년 술탄이 되었다. 마흐무드는 약 20년 동안 인도를 다스렸으나, 실권은 총리였던 발반(Balban)의 손에 쥐어져 있었다. 마흐무드가 사망하자, 발반은 왕권을 장악하고 델리를 다스렸다. 발반은 자신의 통치기간 1226년부터 1287년까지 왕국의 행정체계를 확립했다.

(2) 칼지 왕조(Khalji Dynasty)[59)]

발반이 사망하자 술탄왕국은 약해졌으며, 여러 곳에서 반란이 일어났다. 이때 귀족 계급에 의해 추대된 왕이 잘랄 웃 딘 칼지(Jalal-ud-din Khalji)인데, 그는 AD 1290년 칼지 왕조를 수립했다. 잘랄 웃 딘 칼지의 조카 알라 웃 딘 칼지는 음모를 꾸며 잘랄 웃 딘 칼지를 죽이고, 1296년 자신이 술탄임을 선포했다.

알라 웃 딘 칼지는 자신의 영토가 인도의 남부 끝까지 이르는 거의 인도 전역을 통치한 첫번째 무슬림 지배자였다. 그는 많은 전투 끝에 구자라트

(Gujarat), 란탐보르(Ranthambhor), 치토르(Chittor), 말와(Malwa) 및 데칸(Deccan)을 정복했다. 20여 년의 통치기간 중 몽골군이 여러 차례 인도를 침략해 왔지만, 그는 이들을 성공적으로 격퇴했다. 그는 1308년에는 자신의 부관 말리크 카푸르를 남쪽으로 원정보내 와랑갈을 점령하고 크리슈나 강 남쪽의 호이샬라 왕조를 정복했으며, 최남단의 마두라를 차지했다.[60]

알라 웃 딘 칼지는 AD 1316년에 사망했으며, 그의 죽음과 함께 얼마 가지 않아서 칼지 왕조도 멸망하고 말았다.

(3) 투글루크 왕조(Tughluq Dynasty)[61]

알라 웃 딘의 사망 후에 몇 년 동안은 계속 왕이 바뀌어 칼지 왕조는 혼란에 쌓이게 되었는데, 이 때 두각을 나타낸 사람이 알라 웃 딘의 통치기간 중 펀자브지방을 다스리고 있던 기야스 웃 딘 투글루크(Ghyas-ud-din Tughluq)이며, 그는 1320년 술탄의 자리에 올라 투글루크 왕조시대를 열었다.[62]

그는 와랑갈(Warrangal)을 점령하였고 벵골의 반란을 진압했다. 무하마드 빈 투글루크(Muhammad-Bin-Tughluq)가 부친의 뒤를 계승했으며, 인도의 경계를 넘어 중앙아시아까지 왕국을 확장했다. 투글루크 왕조시대에도 몽골군이 침입해 왔으나 역시 패배하고 말았다.

무하마드 빈 투글루크는 수도를 델리에서 데칸의 데바기리(Devagiri)로 옮겼으나, 2년 후 다시 델리로 옮겨왔다. 그는 광대한 왕국을 물려 받았지만 매우 넓은 지역, 특히 데칸과 벵골을 상실했다. 그는 AD 1351년 사망했으며, 페로즈 투글루크(Feroz Tughluq)가 왕위를 계승했다.

페로즈 투글루크는 자신이 물려받은 왕국의 영토 확장에는 별로 공헌하지 못했다. 그는 백성들이 풍요로운 삶을 살도록 하는 데 노력을 기울였다. 1338년 그가 사망하자 투글루크 왕조는 실제로는 거의 멸망한 것이나 다름없었다. 비록 투글루크 왕조가 1413년까지 존속하기는 했지만, 1398년에 티무르(Timur)가 델리를 공격해오자 투글루크 왕조는 멸망의 길을 걷게 되었다.

(4) 사이이드 왕조(Sayyid Dynasty)[63]

사이이드 왕조는 투글루크 왕조에 이어 아프간의 로디 왕조에 의해 멸망할 때까지 인도 델리의 술탄 왕국을 지배한 왕조이다. 이 왕조는 자신들을 사이이드, 즉 모하메드의 후계자라고 주장했다. 사이이드 왕조의 첫번째 통치자는 키자르 칸(Khizar Khan, 1414~1421 재위)으로, 그는 이전에 펀자브의 지방장관이었다. 키자르의 후계자인 무바라크 샤는 왕조를 어느 정도 잘 수호했으나, 1413년에 그가 암살된 다음, 그의 후계자들인 무하마드 샤 및 알람 샤는 왕조를 잘 지켜내지 못했다.

사이이드 왕조의 마지막 왕은 무하마드 빈 파리드(Muhammad-Bin-Farid)인데, 그의 통치기간 중 혼란과 폭동이 빈발하였으며, 1451년 그가 사망하자 이 왕조는 멸망하였다.[64)]

(5) 로디 왕조(Lodhi Dynasty)[65)]

로디 왕조는 델리술탄 왕국 최후의 왕조로써 AD 1451~1526년까지 존속한 왕조이다.

부룰 칸 로디(Buhlul Khan Lodhi, AD 1451~1489 재위)는 원래 펀자브의 통치자였는데, 그가 사이이드 왕조의 마지막 왕을 축출하고 왕위에 오르면서 로디 왕조시대를 열었다. 그는 1476년경에는 자운푸르(Jaunpur)를 정복하였고, 나아가서 갈리오르(Gwalior) 및 우타르 프라데슈(Uttar Pradesh)까지 영토를 확장했다.

부룰 칸 로디의 사망 후, 그의 둘째 아들 시칸다르 칸 로디(Sikandar Kahn Lodhi, AD 1489~1517 재위)가 자신이 왕임을 선언하고, 펀자브에서 비하르(Bihar)에 이르기까지 영토를 계속 확장해 나갔으며, 시칸다라바드에 근대적 도시 아그라를 건설했다. 그는 훌륭한 행정가였으며, 예술과 문학을 애호하였다. 그는 AD 1517년에 사망했다.

시칸다르가 사망하자, 그의 아들 이브라힘 칸 로디(Ibrahim Kahn Lodhi, AD 1489~1526)가 왕위에 올랐다. 그는 유능한 지배자가 아니었다. 그는 귀족들을 가혹하리만큼 엄격하게 다스리면서 왕권을 강화하려 했으며, 귀족들을 모욕하는 일이 잦았다. 이러한 모욕에 분노한 당시 라호르(Lahore) 총독이었던 다울라트 칸 로디(Daulat Khan Lodhi)와 술탄 이브라힘 로디의 삼촌이었던 알람 칸(Alam Khan)이 무굴제국 카불(Kabul)의 통치자였던 바부르(Babur)를 불러들여 인도를 침략하게 했다. 이브라힘 로디는 AD 1526년, 파니파트(Panipat) 전투에서 바부르의 군대에게 전사하였다. 그리하여 델리 술탄 왕국은 멸망하였고, 인도에서 무굴 제국(Mughal Empire)이 수립되었다.

4. 비자야나가르 왕조(Vijayanagar Empire)와 바마니 왕조(Bahmani Kingdom)

한편, 남부 인도에서는 그들을 정복하려는 술탄 왕국의 원정을 여러 차례에 걸쳐 성공적으로 격퇴시키는 과정에서 세력 기반을 갖춘 왕조들이 등장하였는데, 13세기 말의 이후부터 약 200여 년 동안 남부 데칸을 지배한 비자야나가르 왕조(AD 1336~1565)와 북부 데칸을 지배한 바마니 왕조(AD 1347~1527)가 그것들이다. 비자야나가르 왕조와 바마니 왕조의 경계선은 크리슈나강이었다.[66)]

(1) 비자야나가르 왕조(Vijayanagar Empire)[67]

무하마드 투글루크(Muhammad Tughluq)가 데칸에서 세력을 잃어 가고 있을 때, 두 명의 힌두 왕자들인 하리하르(Harihar)와 부카(Bukka)가 크리슈나(Krishna)강과 퉁가바드라(Tungabhadra)강 사이의 지역에 1336년 독립된 왕국을 세웠다. 그들은 곧 북부의 크리슈나 강과 남부의 카우베리(Cauveri)강 사이에 있는 지역까지의 모든 영토를 지배하게 되었다. 비자야나가르 왕조의 건국으로 인하여 주변의 많은 세력들과 투쟁이 벌어지기 시작했고, 특히 바마니 왕조와는 빈번한 전투가 일어났다.

비자야나가르 왕국의 가장 유명한 왕은 크리슈나데바 라야(Krishnadeva Raya, 1509~1529 재위)인데, 그는 1512년에는 퉁가바드라 강과 크리슈나 강 사이에 있는 라이추르도아브를 점령했고, 1514년에는 우다야기리를 비롯한 여러 도시들을 점령해 오리사의 힌두교도들을 통치했으며, 1520년에는 비자푸르 왕국의 술탄을 패배시켰고,[68] 또 비자이와다(Vijaywada)와 라지마헨드리(Rajmahendri)를 병합했다.

크리슈나데바 라야는 서방국가들과의 무역을 장려했다. 그는 포르투갈인들과 친밀한 관계를 유지했으며, 인도의 서부해안에 무역중심지를 세우기도 했다. 그는 위대한 전투가였을 뿐만 아니라 극작가였으며, 또 학문을 애호하였다. 텔레구(Telegu) 문학이 그의 장려하에 번성하였고, 그림 · 조각 · 춤 · 음악이 크게 발전하였다.

비자야나가르 왕국은 1529년 크리슈나데바 라야가 사망하면서 기울기 시작했다. 이 왕국은 1565년, 비자야나가르 제국의 대신이었던 라므라이(Ramrai)가 탈리코타(Talikota) 전투에서 아딜샤히(Adilshahi), 니잠샤이(Nizamshahi), 쿠투브샤히(Qutubshahi) 및 바리드샤히(Baridshahi) 등의 이슬람 연합군에게 패배하면서 멸망하였다. 그 이후 이 왕국은 작은 나라들로 분리되고 말았다.

(2) 바마니 왕국(Bahmani Kingdom)[69]

바마니 왕조, 또는 바만 술탄 왕국(Bahmai Sultanate)은 인도 북부 데칸고원에 있던 이슬람 국가(Muslim Kingdom)이다.[70]

바마니 왕조는 당시 델리의 술탄 무하마드 투글루크(Sultan Muhammad Tughluq)의 강압 정책에 대항하여 반란을 일으킨 데칸의 군사지도자와 귀족들의 지지를 얻어, 1347년에 하산(Hasan)이 압둘 마자파르 알라 웃 딘 바만 샤(Abdul Muzaffar Ala-ud-din Bahman Sha)의 이름으로 창건하였다. 이 왕조는 약 175년 동안 지속하였으며, 모두 18명의 왕이 나라를 다스렸다.

바마니 왕조의 절정기에 북쪽으로는 크리슈나강 북부에서부터 나르마다(Narmada)까지, 그리고 동서쪽으로는 벵골만에서부터 아라비아 해(海)까지 영토가 확장되었다. 바마니 왕조의 왕들은 때때로 이웃의 힌두 왕국이었던 비자야나가르 왕조와 전쟁을 벌이기도 했다.

바마니 왕조에서 가장 유명한 인물은 아미르 울 울므라(Amir-ul-Ulmra) 주(州)의 총리였던 마흐무드 가완(Mahmud Gawan)이다.

그는 자신이 총리로 재직하던 1441년~1481년의 20여 년 동안 많은 전투를 치르며 여러 왕들을 복종시키고, 많은 지역을 바마니 왕조에 병합하였다. 그는 또한 행정조직을 정비하고, 금융기관을 조직하고, 공공교육을 장려하고, 세금제도를 개혁하고, 군대를 강화시키고, 부패를 추방했다.

바마니 왕조는 1527년에 마지막 왕인 칼리물라(Kalimullah)가 사망하자 멸망하였다. 그후 바마니 왕국은 아마드나가르(Ahmadnagar), 비자푸르(Bijapur), 베라르(Berar), 비다르(Bidar), 골콘다(Golkonda) 등 5개의 독립된 지역세력으로 나뉘게 되었다.

5. 무굴 제국(Mughal Empire; AD 1526~1761)

(1) 무굴 제국의 등장[71)]

16세기 중앙아시아의 티무르(Timur) 제국이 멸망하면서 티무르 일족인 바부르(Babur)가 북인도에 남하(南下)해 왔는데, 1526년 4월 로디 왕조의 마지막 술탄이었던 이브라힘과 델리 근교의 파니파트에서 전투를 벌인 끝에 이브라힘의 군대를 격파하고, 이들 세력을 몰아낸 다음에 무굴 제국을 건국하였다.[72)]

무굴 제국은 수억 명의 사람들을 통치했으며, 인도는 하나의 제국(one rule)하에 통합되었고, 또 문화와 정치가 번성하였다. 약 200년 가량 지속된 무굴 제국 기간은 인도 대륙에서 커다란 사회변동이 있었다.[73)] 예를 들면, 대다수 힌두교(Hindu)들이 무굴 왕들의 지배를 받았는데, 어떤 왕들은 힌두교를 용납하는 태도를 취했고, 힌두문화를 애호하였으며, 또 어떤 왕들은 힌두의 역사적 사원을 파괴하고 또 무슬림(Muslim, 이슬람교도)이 아닌 사람들에게 세금을 부과하

표 4-1 무굴제국의 왕[75)]

왕	통치시작 연도	통치종료 연도
바부르(Babur)	1526	1530
후마윤(Humayun)	1530	1556
악바르(Akbar)	1556	1605
자한기르(Jahangir)	1605	1627
샤 자한(Shah Jahan)	1627	1658
아우랑제브(Aurangzeb)	1658	1707

기도 하였다.[74]

무굴 제국의 역대 왕들을 정리하면 표 4-1과 같다.

1) 바부르(Babur)[76]

바부르(Babur)는 무굴 제국의 첫번째 왕이었다. 그는 1526년 제1차 파니파트 전투에서 로디 왕조의 군대를 격파하였다. 그는 파니파트 전투에서의 승리를 발판으로 델리에서 아그라(Agra)로 곧바로 진격하여, 스스로 인도의 파드샤(역대 무굴왕들의 칭호)임을 선포하고 인도 대륙에 무굴제국을 건설했다.[77]

그 후 바부르는 파트나 근교의 고구르 지역에서 아프가니스탄 군대를 패퇴시키고 비하르 지방을 직할령으로 복속시켰으며, 벵골의 이슬람 술탄으로부터도 충성을 확약받았다. 이렇게 해서 바부르는 서쪽의 야무나 강으로부터 바다흐샨과 카불을 거친 다음, 동쪽으로는 벵골, 남쪽으로는 나르마다 강에 이르는 광활한 영토를 지배함으로써 무굴 제국의 초석을 닦음과 동시에 그 첫번째 왕이 되었다. 바부르는 1530년까지 통치했으며, 자신의 아들 후마윤이 왕위를 계승했다.[78]

2) 후마윤(Humayun)[79]

후마윤은 바부르왕의 장남으로 부왕의 뒤를 이어 무굴 제국의 제2대 왕으로 즉위하였다. 그는 약 10년 동안 인도를 다스렸지만, 아편과 점성술 등에 탐닉하다가 아프간 출신 장군인 세르 샤 수리(Sher Shah Suri)에 의해 축출되었다. 후마윤은 그 후 15년 동안 페르시아로 망명했다가, 세르 샤 수리가 죽자 그의 후계자 시칸다르 수리(Sikandar Suri)를 격파하고 힌두스탄의 왕위를 되찾았다.

그러나 그 후 얼마되지 않아 그는 48세의 젊은 나이로 1556년에 사망했다. 델리에 있는 후마윤의 왕릉(Humayun's Tomb)은 무굴제국시대의 건축양식을 보여주는 중요한 이정표로 간주되고 있다.

그림 4-5 델리에 후마윤의 왕

3) 악바르(Akbar)[81)]

후마윤의 상속자였던 악바르('위대한 인물'이라는 뜻)는 부친의 망명 생활 중에 태어났는데, 자신의 아버지가 사망했을 때에 그는 겨우 13살이었다. 악바르는 뛰어난 군사전략가로서 전략을 수립하고 집행하는 상황판단이 탁월했고, 신속한 기동력을 보유하고 있었으며, 자신에게 주의를 집중시키는 인간적 흡인력을 지니고 있었다.[82)] 이러한 능력을 토대로 악바르 왕은 무굴제국을 북인도의 전지역과 데칸과 벵골만 및 아라비아해에 이르는 명실상부한 대제국의 위치로 끌어올렸다.

악바르 왕은 위대한 정복자이긴 하였지만, 그는 여러 민족으로 구성된 제국의 백성들을 무력으로 복종시키기보다는 결혼정책이나 종족 간의 타협을 통해 힌두문화와 이슬람문화의 실질적 융합을 도모함으로써 힌두의 여러 세력들을 무굴제국의 실질적 동반자로 흡수하려고 노력했다. 악바르는 왕위에 오른 후 약 50년 동안 무굴제국을 통치하다가 1605년에 사망했으며, 시칸드라(Sikandra)의 아그라(Agra) 외곽에 묻혔다.[82)]

4) 자한기르(Jahangir)[83)]

악바르 왕의 뒤를 이어 그의 아들 살림(Salim)이 자한기르(Jahangir 또는 Tehangir)라는 이름으로 왕위에 올랐다. 이는 '세계의 정복자'(Conqueror of the World)라는 뜻이다. 그는 메르 운 니사(Mehr-un-Nisa)와 결혼하였는데, 왕비에게는 누르 자한(Nur Jahan), 즉 '세상의 빛'(light of the world)이라는 칭호를 주었다. 그는 사회를 개혁하려고 노력했으며 힌두교, 기독교, 유대교 등에 대해서 관용을 베풀었다.

자한기르 왕의 통치기간 중 예술 · 문학 · 건축이 발달했으며, 스리나가르

그림 4-6 자한기르의 왕궁[84)]

(Srinagar)에 있는 무굴 정원(Mughal gardens)은 그가 예술을 얼마나 애호했는가를 보여 준다. 자한기르의 왕궁은 그림 4-6에 나타나 있다.

5) 샤 자한(Shah Jahan)[85]

쟈한기르의 뒤를 이어 그의 둘째 아들 쿠람(Khurrma)이 '샤 자한'이라는 이름으로 왕위에 올랐는데, 이것은 '세계의 제왕'(Kandhar)이라는 뜻이다. 그는 자신의 영토를 북부에 있는 칸다르(Kandhar)까지 확장시켰고, 남부 인도의 대부분의 지역을 점령하였다. 무굴 제국은 샤 자한의 통치기간 중에 그 절정을 이루었다. 이 기간 중 무굴 제국의 문화와 예술은 독특한 면을 보여주고 있다. 샤 자한은 여러 건축물을 세운 "건축가 왕"(architect king)으로 불리고 있으며, 특히 그가 세운 타지마할(Taj Mahal)은 오늘날까지도 유명하며, 세계 문화유산으로 지정되어 있다.

타지마할은 샤 자한왕이 자신의 왕비 뭄타즈 마할(Mumtaz Mahal)을 기리기 위해 아그라(Agra)에 있는 야무나 강(Yumana River)가에 세운 거대한 대리석 무덤이다. 아그라에 소재한 타지마할의 전경은 그림 4-7에 나타나 있다.

현장 정보

■ 타지마할(Taj Mahal)[87]

샤 자한 왕의 왕비 뭄타즈 마할(Mumtaz Mahal)은 미모와 지혜를 겸비하여 샤 자한 왕의 사랑을 독차지했는데, 왕비가 출산 도중 갑자기 세상을 떠나자 샤 자한의 충격과 슬픔은 이루 말할 수 없었다. 그래서 왕비가 죽은 이듬해인 1632년부터 약 22

그림 4-7 타지마할[86]

년 동안 그녀를 기리는 묘인 타지마할을 아그라에 있는 야무나(Yamuna) 강변에 지었다.

타지마할의 순백(純白)의 대리석과 거기에 새겨진 꽃과 잎 모양은 화려하기 그지 없으며, 이란 출신의 건축가가 설계하고 이탈리아 · 프랑스 · 터키 · 중국 등에서 기술자들이 동원되었으며, 인부 20여만 명이 동원되었다. 샤 자한은 이러한 타지마할을 짓느라 국고를 탕진했고, 백성들의 원성을 샀다. 결국 말기에는 장남에게 왕권을 양위하려 했으나 3남인 아우랑제브에 의해 쫓겨나서 타지마할에서 약 2km 떨어진 아그라 포트(Agra port)에 갇히게 된다.

아그라 포트는 원래 선대(先代)에 성(城)으로 축조된 것을 샤 자한이 궁전으로 개조한 것이었는데, 그 내부의 무삼만 부르지(포로의 탑)에 자신이 갇히고 만 것이다. 그 곳에서 샤 자한은 멀리 보이는 타지마할(왕비의 묘)을 사무치게 바라보다가 죽었고, 생전의 소원대로 타지마할의 왕비 옆에 안치되었다.

---

6) 아우랑제브(Aurangzeb)[88]

아우랑제브는 1658년 알람기르('세계의 정복자' 라는 뜻)라는 이름으로 왕위에 오른 후 1707년까지 약 50여 년 간 무굴제국을 통치했다. 그러나 불행하게도 그는 자신의 다섯 아들들을 황궁에서 살지 못하게 했는데, 이로 인해 그 어느 아들도 국가를 통치하는 훈련을 받지 못했다. 이것은 나중에 무굴 제국의 운명에 치명적으로 작용하게 된다.

아우랑제브는 자신의 통치기간 동안 인도 대륙 전체를 단 하나의 지배하에 두려는 야망을 품고 노력했다. 그러나 아우랑 제브는 종래의 종교적 관용책을 채택하지 않고 엄격한 이슬람교 수니파에 근거하는 통치를 실시했기 때문에 각지에서 반란이 빈번하게 일어났다.[89] 결국 그는 자신의 야망을 이루지 못한 채 건강이 악화되어 1707년 후계자를 남기지 못하고 세상을 떠났다. 그가 사망하자 분열의 조짐이 여기저기서 나타나기 시작하였고, 무굴제국은 쇠퇴의 길을 걷게 되었다.

(2) 무굴 제국의 쇠퇴[90]

무굴 제국은 1707년 아우랑제브의 사망 후 힌두교도와 이슬람교도 간의 반목이 재현되면서 분열되기 시작했다. 그의 아들이며 후계자인 바하두르 샤 자파르(Bahadur Shan Zafar)가 왕위를 물려받았을 때는 나이가 너무 많았으며, 또 반란이 끊임없이 일어났다. 무굴제국은 특히 마라타 족(Marathas)의 도전에 직면했다. 마라타 왕국은 인도 서해안의 봄베이(뭄바이)에서 고아까지와 나그푸르 동쪽으로 약 100km 떨어진 내륙의 마하라 슈트라 지방을 본거지로 활동하던 강력한 전사(戰士)집단이었는데, 이러한 마라타족의 흥성은 무굴제국에게 큰 위협이 아닐 수 없었다.[91]

마라타족은 지적이고 배타적인 소수의 브라만과 다수의 농노계층인 수드라로 구성되어 있었으며, 이들은 그들의 영웅 시바지(Sivaji, 1627~1680)를 중심으로 일치 단결하여 무굴제국으로부터 독립을 쟁취했을 뿐만 아니라, 고츠 산맥을 따라 세력을 남북으로 확대하기 시작했다.[92]

이후 마라타족은 세력을 더욱 확장했으며, 1738년에는 드디어 무굴 제국의 심장부인 델리 근교를 공격하기에 이르렀고, 말와 지방을 점령했으며, 나아가서 인도대륙의 한 부족국가의 위치에서 벗어나 인도 대륙 전체를 지배하고자 하는 야심을 가질 정도가 되었다.[93] 그러나 마라타족은 1761년 7월 파니파트 대평원에서 대결한 아프가니스탄 군대에게 대패함으로써 세력 확장에 제동이 걸렸다.[94] 그 이후 북부 인도는 마라타 및 아프가니스탄, 그리고 쇠퇴의 길에 접어든 무굴제국 등이 힘의 공백기를 맞아 혼란과 분열이 가속화되었으며, 이 혼란을 틈타 유럽의 열강들이 인도 대륙을 넘보기 시작했다.[95]

무굴제국은 급속히 축소되어 델리 주변의 작은 지역만을 지배하게 되었다. 비록 과거의 권위와 영광을 결코 되찾지는 못했지만 그들은 1850년까지 인도의 적어도 일부지역을 통치하려고 노력했다. 무굴제국은 바하두르 샤 2세(Bahadur Shah II)가 세포이 항쟁(Sepoy mutineer)을 지원했다는 혐의를 받고 영국에 의해 랑군(Rangoom)으로 강제추방되자 종말을 고하게 되었다. 그는 그 곳에서 1862년에 사망했다.

이로써 인도의 중세사(中世史)는 막을 내리고, 점차 영국이 인도에 대해 지배력을 행사하게 되며, 또한 인도사람들의 독립투쟁이 시작된다.

제4절 근세시대(近世時代)

1. 유럽 제국의 인도 진출(1498~1857)[96]

유럽은 인도에 대해 오랜전부터 관심을 가지고 있었다. 그 이유는 무엇보다도 유럽에 필요로 하는 향료와 직물 및 그 밖의 진귀한 상품들이 인도에서 생산되고 있었기 때문이다. 특히 향료는 고기의 부패를 막아주는 작용을 하므로 육류를 좋아하는 유럽인들에게는 반드시 필요한 물품이었다.

유럽 각국 간의 경쟁은 이러한 인도와의 상품 교역을 독점하려는 상업적 열망을 더욱 부채질하였는데, 1498년에는 포르투갈의 바스코 다 가마(Vasco da Gama)가 인도의 캘리컷에 도착했으며, 포르투갈인들은 월등한 해군력을 바탕으로 당시의 아랍 상인들을 제압하고 향료 무역을 독점하게 되었다.

1510년 포르투갈의 아포노 알부케르케는 비자푸르의 술탄으로부터 인도의 서해안 지방인 고아(Goa)를 탈취하여 이 곳을 동방 포르투갈령의 수도로 삼았다. 그러나 1580년 포르투갈은 스페인에게 점령당함으로써 포르투갈에 뒤이어 스페인이 인도로 진출하게 되었다.

그후 네덜란드 · 프랑스 · 영국 등이 인도로 들어와 동인도회사(East India Company)를 설립하고 무역 독점 경쟁에 돌입했다. 특히 세계 무역을 지배하려는 영국과 프랑스는 치열한 투쟁을 벌였으나, 카르나티크 전쟁(1744~1748, 1750~1754, 1758~1763년) 및 플라시 전쟁(1757년)에서 영국이 프랑스에 대승함으로써 두 제국 간의 식민지 쟁탈전에서 강자의 위치를 차지하게 되었다.

1765년 영국은, 벵골 지방의 징세권(徵稅權)을 획득한 것을 시작으로 영국 동인도회사가 주도하는 식민지화를 진행시켜 1 · 2 · 3차 마라타 전쟁, 1 · 2차 시크전쟁 등을 치루면서 인도의 거의 전지역을 영국령으로 만들었다.[97)]

마라타 전쟁(Maratha Wars)이란 영국과 마라타 동맹(Maratha Confederacy ; 18세기 무굴제국의 압력으로 인도 서부 마하라슈트라의 시바지 왕국이 붕괴된 후, 시바지의 손자 샤후의 지도아래 신디아 · 홀카르 · 본슬레 · 가익와드 등의 가문이 인도 북부와 중앙부에서 결성한 동맹) 사이에서 벌어진 3차례의 전쟁, 즉 1775~1782년의 제1차전쟁, 1803년~1805년의 제2차 전쟁, 그리고 1817년~1818년의 제3차 전쟁을 말한다.[98)] 이 전쟁에서 마라타 동맹이 패하여 영국은 인도에서 완전히 통치권을 확보하게 되었다.[99)]

또 시크전쟁(Sikh Wars)이란 시크교도와 영국 사이에 벌어진 2차례의 전쟁(1845~1846, 1848~1849)을 말하며, 이 전쟁에서 시크교도가 패배하여 북서 인도의 펀자브 지방이 영국령으로 병합되었다.[100)]

영국의 인도지배가 점차 확대되어 가면서 그에 대한 반감이나 분노도 크게 나타나기 시작했다.[101)] 1857년에는 세포이 항쟁(Sepoy Mutiny)이 일어났다.[102)]

세포이 항쟁이란 세포이(Sepoy, 영국 육군에 고용된 인도 병사)들이 영국의 인도지배에 저항하여 일으킨 반란으로, 미루트에서 시작하여 델리 · 아그라 · 칸포르 · 러크나우 지역으로 확대되었지만 성공하지는 못했다.[103)] 반란을 철저하게 진압한 영국은 다음 해에 무굴제국을 완전하게 멸망시키고 인도 전역을 직접 통치하에 두었다. 20년 후인 1877년에는 영국 여왕이 인도 황제를 겸임하는 영국령 인도 제국이 성립되었다.[104)]

2. 인도의 독립운동[105)]

1919년 제1차 세계 대전이 끝날 무렵에는 인도의 민족주의 운동이 대단히 왕성했으며, 1919년 4월의 암리차르 대학살(Amritsar Massacre)로 영국의 탄압도 절정에 달했다. 암리차르 대학살은 영국군 지역 사령관이 집회에 참석하기 위해 모여 있던 비무장의 인도사람들에게 발포명령을 내린 사건이었는데, 이 사건으로 379명이 죽고, 200명 이상이 중상을 입었다.[106)]

영국은 인도를 통치함에 있어서 지식인 계층을 회유하기 위해 어느 정도의 자치를 허용하는 수법을 사용했다. 즉, 19세기 후반 '영국령 인도'(British India)는 인도 의원(Indian Councillors)을 임명하여 총독을 자문하게 했고, 인도 사람들로 이루어진 주 의회(Provincial Councils)를 설립했으며, 나중에는 국회에도 인도 사람들의 참여를 확대해 나아갔다. 한편, 1885년에는 영국으로부터 인도의 독립을 쟁취하기 위하여 인도 국민의회당(Indian National Congress, 별칭은 Congress Party)이 창설되었고, 1906년에는 전(全)인도 이슬람연맹이 창설되었다.

1920년대 초, 마하트마 간디(Mahatma Gandh, '마하트마'란 '위대한 영혼[Great Soul]'이란 뜻임)로도 알려져 있는 모한다스 K. 간디(Mohandas Karamchand Gandhi)와 수브하스 찬드라 보세(Subhas Chandra Bose)는 인도 국민의회당을 영국식민지 통치법에 항의하는 대중운동으로 변환시켰다.

특히, 영국인들이 제1차 세계대전(1914~1918년)에 협력하는 대가로 인도인들에게 자치를 약속했다. 그러나 제1차 세계대전이 끝난 후에도 그 약속이 이행되지 않자, 인도사람들은 간디를 선두로 범국민적인 반영국(反英國)운동을 전개해 나갔다.[107)] 영국제품 불매운동과 물레의 장려 등으로 상징되는 간디의 무저항 비폭력주의는 인도 전국민의 반향을 불러일으켰고, 이를 계기로 인도 사람들은 조국애로 뭉치게 되었다.[108)]

3. 인도의 독립

1947년 2월, 마침내 영국의 애틀리 정부는 '1948년 6월 이전에 책임있는 인도사람들로 구성된 단체에게 권력을 이양할 것'이라고 발표했다.[109)] 또한 이 제안에 대해 이슬람교도들은 파키스탄의 독립도 요구했기 때문에, 그들을 제외한 인도 국민의회당 중심의 임시정부가 수립되었으며, 그 수반은 네루(Nehru)가 맡았다.[110)] 그러나 여기에 반대하는 이슬람교도들이 펀자브와 그 벵골 및 델리를 비롯한 전국 각지에서 폭동을 일으켰고, 힌두교도들과 이슬람교도들 간의 충돌은 날이 갈수록 격화되어 약 20여만 명의 사망자가 발생했다.[111)]

결국 1947년 8월 15일 인도는 영국으로부터 독립을 선포하였고, 영국연방 국가들 중에서 총리 네루의 지도하에 주권을 가진 나라가 되었다.[112)] 그 하루 전날인 1947년 8월 14일에는 파키스탄이 영국으로부터 독립하였다.[113)] 이리하여 영국령 인도(British India)에서 두 개의 공화국, 즉 힌두교도가 대다수인 인도와 이슬람교도가 대다수인 파키스탄이 동시에 탄생하게 되었다.[114] 당시 파키스탄은 서(西) 파키스탄(West Pakistan)과 동(東) 파키스탄(East Pakistan)으로 인도의 서쪽과 동쪽으로 국토가 나누어져 있었으나, 서 파키스탄은 오늘날 파키스탄으로 불리고 있고, 동 파키스탄은 독립국인 방글라데시(Bangladesh)로 되었다.[115]

그로부터 3년 후인 1950년 1월 26일, 인도는 새헌법을 공포한 후 인도 공화국(Republic of India)이 되었다.[116] 한편, 파키스탄은 1956년 파키스탄 이슬람 공화국(Islamic Republic of Pakistan)을 선언한 이래 오늘날에 이르고 있다.[117]

지금까지도 이 두 나라는 민족적인 갈등과 종교적인 문제로 끊임없는 분쟁에 휩싸여 왔다.[118] 특히 펀자브와 벵골지방은 주민들의 종교 성향에 따라 각각 2개로 분리되어 양국에 포함되었으며, 카슈미르는 아직도 분쟁이 계속되는 상태에 있다.[119] 일반적으로 이러한 분쟁은 힌두교도(Hindus)와 이슬람교도(Muslims)들 간의 투쟁인데, 시크교도(Sikhs)들은 힌두교도들 편을 들고 있다.[120]

제5장

인구 환경

이 장에서는 인도의 인구 환경(Demographic Environment)으로서 인구수, 인구밀도와 인구증가율, 인구관련 각종 지수, 해외정주(海外定住) 인도 주민, 인종, 종교 및 언어 등을 고찰하기로 한다.

제1절 인구 수[1](Population)

2005년말 기준으로 인도의 인구는 10억 8천만 264,388명으로 세계에서 두번째로 많은 인구 수를 기록하고 있다. 인도의 인구수는 세계 전체 인구의 약 16.7%에 달한다. 표 5-1은 세계 주요 각국의 인구 수를 순위별로 보여주고 있다.

표 5－1 주요 국가별 인구 수[2)]

순위	국가	인구 수(명)
－	세계(World)	6,446,131,400
1	중국 (People's Repulic of China)	1,306,313,812
2	인도 (India)	1,080,264,388
－	EU (European Union)	459,488,400
3	미국 (United States)	298,290,000
4	인도네시아 (Indonesia)	241,973,879
5	브라질 (Brazil)	185,800,837
6	파키스탄 (Pakistan)	162,419,946
7	방글라데시 (Bangladesh)	144,319,628
8	러시아 (Russia)	142,800,000
9	나이제리아 (Nigeria)	137,000,000
10	일본 (Japen)	127,417,244
11	멕시코 (Mexico)	106,202,903
12	필리핀 (Philippines)	87,857,473
13	베트남 (Vietnam)	83,535,576
14	독일 (Germany)	82,468,000
15	이집트 (Egypt)	77,505,756
16	에디오피아 (Ethiopia)	73,053,286
17	터키 (Turkey)	69,660,559
18	이란 (Iran)	68,017,860
19	타일랜드 (Thailand)	65,444,371
20	프랑스 (France)	61,044,684
21	영국 (United Kingdom)	60,441,457
22	콩고민주공화국 (Denocratic Republic of Congo)	60,085,804
23	이탈리아 (Italy)	58,103,033
24	남한 (South Korea)	48,422,644
27	스페인 (Spain)	44,108,530
37	캐나다 (Canada)	32,461,109
40	네팔 (Nepal)	27,676,547
43	사우디아라비아 (Sandi Arabia)	26,417,599
44	말레지아 (Malaysia)	26,207,102
47	북한 (North Korea)	22,912,177
48	대만 (Taiwan)	22,894,384
52	호주 (Anstralia)	20,229,800
53	스리랑카 (Sri Lanka)	20,064,776
72	그리스 (Greece)	11,244,118
84	스웨덴 (Sweden)	9,001,774
114	노르웨이 (Norway)	4,593,041
118	싱가포르 (Singapore)	4,425,720
121	뉴질랜드 (New Zealand)	4,098,200
189	모나코 (Monaco)	32,409
194	바티칸시티 (Vatican City)	921

인도의 인구[3)]

현재 세계 인구 10명 중 4명이 중국과 인도에 살고 있다.

통계청이 세계 인구의 날(7월 11일)을 맞아 내놓은 '세계 및 한국의 인구 현황'을 보면, 2005년 7월 1일 현재 세계 인구는 64억7천만 명이며, 2050년에는 90억8천만 명이 될 것으로 전망됐다.

세계인구 중 20.4%인 13억 1600만 명이 중국, 17.1%인 11억 300만 명이 인도에 살고 있어서, 전세계 인구의 37.5%가 중국과 인도에 몰려 사는 것으로 나타났다.

한편, 유엔(UN)이 발표한 '세계 인구 전망' 보고서에 따르면, 인도 인구는 2025년 13억 9500만 명, 2050년 15억9300만 명으로 계속 증가하는 반면, 중국 인구는 2025년 14억 4100만 명으로 인도보다 약간 많다가 그 후 2030년 이전에 중국 인구는 인도에 추월당하고, 2050년에는 13억9200만 명까지 줄어들 전망이다. 결국, 인도가 당초 예상보다 5년쯤 빠른 2030년 이전에 중국을 제치고 세계 최대 인구대국으로 부상할 전망이다.

유엔소속 인구학자 체릴 소여는 "현재 인도의 출산율은 여자 1명당 3명을 넘어서는 등 과거 예상보다 높아지고 있으나, 중국의 출산율은 약 1.7명으로 과거보다 낮아지고 있다."고 말했다.

유엔 보고서는 2050년 세계 인구는 현재의 65억 명에서 91억 명으로 증가할 것이라고 전망했다. 또 통계청은 '세계 및 한국의 인구 현황' 보고서에서, 전세계적으로 1초에 4.2명이 태어나고 1.8명이 숨져 1초마다 2.4명이 순수증가하는 것으로 추계했다. 이에 비해 남한은 인구 1명이 증가하는 데 148.8초나 걸리는 등 저출산 현상이 심각해, 세계 인구에서 차지하는 비중이 현재 0.7%(4800만명)에서 2050년에는 0.5%(4200만 명, 세계 45위)로 줄 것으로 전망됐다.

또 다른 인구관련 연구기관인 미국의 인구평가국(PRB)은 '세계 인구 통계' 보고서에서 2050년 세계 인구는 93억 명이며, 인도가 중국을 제치고 최대의 인구 대국이 될 것이라고 전망했다.[4)] 인도의 인구가 현재 11억300만 명에서 2050년에는 16억 2800만 명으로 약 50% 증가하여, 중국(13억1600만 명 → 14억7600만 명)을 앞설 것이라는 예상이다.

대륙별로는

- 아시아 · 대양주(인도 · 중국 제외) 15억2000만 명 → 23억6700만 명
- 아프리카 8억8500만 명 → 19억4100만 명
- 유럽 7억2800만 명 → 6억6800만 명
- 남아메리카 5억4900만 명 → 7억7800만 명
- 북아메리카 3억2600만 명 → 4억5700만 명

특히, 일본은 현재의 1억2760만 명에서 1억60만 명으로 17% 감소하고, 전체인구 중 15세 이하와 65세 이상 인구 비중이 14 대 19로 될 전망이다.

유럽 역시 이 비율이 17 대 15가 될 것으로 관측됐다.

한국은 2050년 인구가 4,820만 명에서 4,430만 명으로 감소하여, 네팔(2479만 명 → 5080만 명)보다도 뒤질 것으로 전망됐다.

그런데 도이치 은행(Deutsch Bank)은 '인구가 국력'이라고 주장하며 인구증가율이 높은 나라가 경제성장률을 높은 수준으로 유지할 수 있으므로 경제대국이 될 수 있다고 지적했다.[5)]

제2절 인구밀도와 인구증가율

1. 인구밀도(Population Density)[6)]

인구밀도는 인구가 얼마나 밀집해 있는가를 보여주는 지수로서 1평방 킬로미터(km^2)당 인구수로 정의된다. 인도의 인구밀도는 2001년에는 1평방킬로미터당 324명이었는데, 2005년에는 328명으로 증가하였다.

인도의 인구밀도는 인도의 모든 주(州)와 연방직할지에서 증가하고 있다. 특히 웨스트 벵골(West Bengal) 주는 인구밀도가 가장 높은 903명을 기록하였다. 인구밀도가 두번째로 높은 주는 비하르(Bihar)주이고, 세번째로 높은 주는 케랄라(Kerala)주이다.

2. 인구증가율[7)]

인도의 지난 10년 동안의 인구증가율(percent decadal growth of population)은 케랄라(Kerala)주의 9.42%로부터 나갈란드(Nagaland)주의 64.41%에 이르기까지 편차가 크다. 수도인 델리(Delhi)는 46.31%, 찬디가르(Chandigarth) 연방직할지 40.33%, 식킴(Sikkim)주 32.98% 등과 같은 지역은 인구증가율이 매우 높다. 케랄라 주뿐만 아니라 타밀 나두(Tamil Nadu)주와 안드라 프라데슈(Andhra Pradesh)주도 낮은 인구증가율을 보여주고 있다.

인도의 모든 주(States)와 연방직할지(Union Territories)들의 지난 10년간 평균 인구증가율은 약 32%였다.

한편, 인도 인구의 1년간 증가율은 2000년을 기준으로 약 1.58%였고, 2005년을 기준으로는 약 1.4%였다.[8)]

제3절 인구관련 각종 지수(指數)

1. 출생률과 사망률[9)]

인도의 출생률(birth rate)은 2000년을 기준으로 인구 11,000명당 24.79명이었고, 2005년 기준으로는 인구 1,000명당 22.32명이었다.

한편 사망률(death rate)은 2000년을 기준으로 인구 1,000명당 8.88명이었고, 2005년 기준으로는 인구 1,000명당 8.28명이었다.

2. 성별(性別) 비율[10)]

여자 100명당 남자의 수는 일정한 시점에 있어서 남자와 여자 간의 평등의 정도를 측정하는 주요한 사회지표가 된다. 인도에서 이러한 성별 비율(sex ratio)은 언제나 여자에게 불리하게 나타나고 있다. 이 비율은 20세기 초에는 102.8명이었으며, 그후 계속 증가하고 있다.(이 비율을 반대로 남자 100명당 여자의 수로 환산하면 97.2명이 된다.)

이러한 성별 비율을 2000년을 기준으로 보다 더 자세하게 나누어 살펴보면 다음과 같다.[11)]

- 출생시점에서는 남자 105명/여자 100명
- 15세 미만에서는 남자 106명/여자 100명
- 15세~64세에서는 남자 107명/여자 100명
- 65세 이상에서는 남자 103명/여자 100명
- 총 인구에서는 남자 107명/여자 100명

현장 정보

■ 태아 성감별 의사 징역형[12)]

인도에서는 뿌리깊은 남아선호사상으로 인해 점점 심각해지는 성비(性比) 불균형을 막기 위해 1994년부터 '반(反) 태아 성감별법'을 시행해 오고 있다. 인도 북부 하리야나 주(州)의 팔왈 지방법원은 태아의 성을 감별해 준 의사 아닐 시바니에게 2년 징역형과 함께 5000루피(약 11만 원) 벌금형을 2006년 2월 27일 선고했다. 법원은 "피고와 같은 의사들이 범한 불법행위 때문에 인도의 여성 비율이 충격적일 만큼 낮아졌다."고 판결이유를 밝혔다.

2006년 초 인도와 캐나다의 연구팀은 1997년 인도 전지역의 110만 가구에서 태어난 13만 명의 성비(性比)를 분석한 결과, 인도에서는 태아 성감별 및 낙태로 인해 지난 20년간 최소 1000만 명의 여아(女兒)가 태어나지 못했다고 로이터 통신이 전했다. 1년에 50만 명의 딸이 태어나기도 전에 사라지고 있는 것이다. 뉴델리 같은 인도 주요 도시에서는 남아 1000명당 여아는 800명에 불과하다고 로이터 통신은 덧붙였다.

---

3. 총 출산율[13)]

인도의 출산율은 점점 감소해 가고 있는 추세이다. 즉, 여성 1명이 낳는 아이의 수(총 출산율, total fertility rate)는 1994년에는 3.4명이었으나, 2000년에는 3.11명이었고, 2005년에는 2.78명이었다. 또 2020년에는 이 비율이 2.3명으로 예상된다.

현장 정보

■ 인도에서는 신생아 가운데 42%가 출생신고를 못하고 있다.[14)]

인도에서는 아기가 태어나더라도 너무나 복잡한 행정절차와 행정관료들의 무관심 때문에 신생아 가운데 42%가 출생신고를 못하고 있다고 인터내셔널 헤럴드 트리뷴이 2006년 3월 22일 보도했다.

예를 들면, 북인도의 우타르 프라데슈 주의 바우푸르 마을은 지난 10년간 당국에 출생신고된 사례가 단 한 건도 없는, 즉 태어난 아기가 한 명도 없다는 것이다. 그러나 마을에 가면 10살 미만의 아이들을 쉽게 찾아볼 수 있다고 이 신문은 보도하고 있다. 이 마을이 주 정부로부터 워낙 외진 곳에 떨어져 있다보니 주 정부는 지난 5~6년 동안 출생신고서 양식을 아예 보내지도 않았다. 또 출생신고가 한 장 남아 있다고 하더라도 이것을 복사하려면 마을에서 110km를 가야만 복사기를 구경할 수 있다. 게다가 주민이 종이에 적어 제출한 출생기록을 컴퓨터에 입력시켜야 주 정부의 출생통계에 잡히지만, 이 마을에는 컴퓨터는 고사하고 타자기조차 없기 때문에 컴퓨터 입력은 불가능한 일이다.

이렇게 출생신고가 되지 않은 아이는 '무적자'(無籍者)가 되는데, 자라면서 최소한의 의료혜택이나 교육혜택도 받지 못하게 된다.

---

4. 기 타

(1) 연령 구조

인도의 연령 구조(age structure)를 2000년[15)]과 2005년[16)]을 기준으로 비교하면 표 5-2와 같다.

표 5-2 인도의 연령구조

연령	2000년			2005년		
	비율	남자	여자	비율	남자	여자
0~14세	34%	175,228,164	165,190,9551	31.2%	173,634,432	163,932,475
15~64세	62%	324,699,562	301,821,393	63.9%	356,932,082	333,283,590
65세 이상	4%	23,925,371	23,138,386	4.9%	26,542,025	25,939,784

(2) 평균 연령

전체 인도인의 평균 연령(average age)는 2005년을 기준으로 26세이다.[17)]

(3) 직업 참여율[18)]

인도인의 직업 참여율(Work Participation Rate, WPR), 즉 총인구 중 근로자의 비율은 39.1%인데, 이들 중 남자의 WPR은 51.7%이고 여자의 WPR은 25.6%이다.

(4) 문자 해독률(文字解讀率, Literacy rate)[19)]

인도의 2001년 인구조사(census)에서, 7세 이상인 사람 중에서 어느 언어를 읽을 수 있고 또 쓸 수 있는 능력 모두를 가진 사람을 문자해독자(文字解讀者)로 정의하였고, 읽을 수는 있지만 쓸 수는 없는 사람을 문자해독 불능자(illiterate), 즉 문맹자(文盲者)로 정의하였다.

이러한 정의에 의해 인구조사한 결과를 보면, 인도 전체의 문자 해독률(literacy rate)은 64.84%(즉, 문맹률은 35.16%)였고, 이를 남녀로 나누어 보면 남자 75.26% (즉, 문맹률은 24.74%), 여자 53.67% (즉, 문맹률은 46.33%)였다.

이러한 문자해독률을 지역별로 살펴보면, 케랄라(Kerala)주가 90.86%의 가장 높았고, 그 뒤를 미조람(Mizoram; 88.80%)주와 락샤드위프 제도(Lakshadweep Islands; 86.66%)가 뒤따랐다.

비하르 주(Bihar)는 인도 전 지역에서 문자해독률이 가장 낮은 47%를 기록했으며, 자르칸드 주(Jharkhand)가 그보다 나은 53.56%, 잠무 카슈미르 주(Jammu and Kashmir)가 55.52%를 기록했다.

문자해독률이 가장 높았던 케랄라 주에서는 남자의 문자해독률이 94.24%였고, 여자의 문자해독률은 87.72%였다. 반면에, 문자해독률이 가장 낮았던 비하르 주에서는, 남자의 문자해독률이 59.68%였고, 여자의 문자해독률은 33.12%였다.

제4절 해외 정주(거주) 인도인(NRI)

1. 서 론[20)]

해외에 정주(定住, 거주)하는 중국 사람을 화교(華僑)라고 부르듯이, 인도 밖의 해외에 정주하며 별도의 상권(商圈)을 형성하여 활동하는 인도 사람들을 '해외 정주 인도인(Non Residence Indian, NRI)' 이라고 부른다. 이들 NRI들은 미국에 가서 의사 · 교수 · 과학자 · 소프트웨어 기술자들로 성공한 사람들이 많으며, 그 밖에도 싱가폴이나 홍콩 등과 같은 동남아시아 · 중동 · 아프리카 · 영국 · 네델란드 등지에서 무역이나 보석 상인으로 활동하는 사람들도 많다.

이들이 외국에 나가 사는 이유에는 여러 가지가 있으나, 그 대표적인 이유는 일반적으로 해외의 임금 수준이 인도 국내보다도 월등히 비싸기 때문에, 또는 고학력 및 전문지식인들에 대한 해외 유명기업에서의 취업 요청이 많기 때문이다. 그 밖의 또다른 이유 중의 하나는 수천 년 동안 인도 국민들을 속박하고 있는 종교와 카스트로부터 자유를 얻기 위해서이다. 인도에서의 종교는 그 자체가 생활이며, 서로 다른 종교를 갖는 사람들 간에 결혼하는 일은 용납되지 않는다. 따라서 힌두 청년과 이슬람 처녀가 연애를 하였을 경우, 이들이 주위의 반대를 물리치고 결혼하여 자유롭게 살 수 있는 곳은 외국에서뿐이다.

또 낮은 계층의 카스트 사람들, 예컨대 불가촉천민들이 인도 국내에서 정치 · 사회적으로 아무리 성공했다고 하더라도, 자기 고장에 돌아오면 자신이 속한 카스트 계층을 벗어나지 못하는 현실이므로, 이들은 외국에 진출하여 아예 이름을 바꾸어 살고자 하는 욕구가 강할 수밖에 없다.

현장 정보

■ 해외로 나가는 인도 의사들[21)]

인도의 유력 일간지 〈타임즈 어브 인디어(Times of India)〉는 "인도의 50만 명에 이르는 의과 대학 졸업자 중 12%가 인도에서보다도 훨씬 고소득이 보장되는 미국, 영국, 캐나다, 오스트레일리아 등으로 이민을 떠나고 있다."고 2006년 4월 보도했다.

인도 정부는 인도가 미국(84만 명)에 이어 세계에서 두번째로 많은 의사(약 50만 4000명)를 배출했다고 평가하고 있다. 그러나 인도는 세계에서 첫번째로 많은 의사를 국외에 유출시키고 있는 국가이기도 하다.

2006년 기준으로 미국 의사의 5%인 4만여 명, 또 영국 의사의 11%인 1만5천여 명이 인도출신 의사이다. 오스트레일리아(호주)에서는 인도 출신 의사가 두번째로 많으며, 캐나다에서는 세번째로 많은 2,143명이 인도 출신 의사들이다. 이들 4개국에서만 활동 중인 인도 의사들은 모두 6만여 명이다. 또 싱가포르 역시 자국의 의사 부족을 인도출신 의사들로 메우고 있다.

어떤 의과대학에서는 그동안 배출한 의사 7000여 명 중 2000여 명이 이민 등으로 외국에서 의사생활을 하고 있을 정도이다.

이렇게 인도출신들이 외국으로 나가는 바람에, 미국은 인구 280명당 의사가 1명꼴인 반면에, 인도에서는 인구 2000명당 의사가 1명꼴이다.

인도 의사 치다난드 라즈가타는 "인도에서는 의사 부족으로 인해 영아사망률이 매우 높다. 정보기술관련 고급인력들처럼 미국의 보스턴, 캔버라, 맨체스타 등지에서 그 곳으로 이민간 인도 의사들의 동창회가 열릴지도 모른다."고 우려를 표명했다.

■ 불가촉천민(달리트)[22)]

힌두교 교리에 기반을 두고 있는 카스트제도는 브라만, 크샤트리아, 바이샤, 수트라, 그리고 아예 여기에 끼지도 못하는(인간 이하의 취급을 받는) '불가촉천민(不可觸賤民, 손을 댈 수 없는 천민)과 부족민(Tribes)' 으로 구분하여 모든 인도 사람들을 계층으로 나누어 서열화한다. 오늘날은 헌법 제15조 규정에 따라 종교 · 인종 · 카스트 등에 근거하여 차별하지 못하게 되어 있고, 또 헌법 제17조 규정에 따라 불가촉천민(Untonchability, untouchables)이 폐지되었으며, 이들을 지정 카스트(Scheduled Caste)라고 부른다. 그러나 약 1억7천만 명에 이르는 이들 불가촉천민들은 자신들을 '억압받는 자' 라는 뜻의 '달리트(Dalit)' 라고 부른다.

헌법 규정과는 달리, 인도인들의 의식 속에, 특히 인도 국민의 70% 이상이 살고 있는 농촌에서는, 카스트 제도와 불가촉천민에 대한 차별이 뿌리깊게 남아 있다.

변호사이며 전국 달리트 인권운동가로 활동하고 있는 우마칸트씨는 "인도에는 침묵의 음모가 있다. 상위 카스트 출신들한테는 누구한테 물어봐도 '인도 사회에선 카스트 차별이 없어졌다' 고 주장할 것이다. 그러나 카스트는 인도 사회에 너무나 깊이 뿌리박고 있어서 헌법보다도 훨씬 강력하게 사람들의 삶을 제한하고 있다. 기독교나 무슬림도 카스트의 영향을 받을 정도이다. 인도 사회에 근대적인 평등과 인권의 개념이 아직 뿌리내리지 못했다."고 지적했다.

또 이 단체에서 남부 기독교도 출신으로 사무총장을 맡고 있는 마노하란씨는 "나는 기독교 학교에서 교육을 받아 변호사가 됐고, 내 아내도 공무원이다. 그러나 우리 가족은 달리트(불가촉천민)들이 모여 사는 우리 마을 수백 가구 중에서 처음으로 교육을 받은 사람들이다. 뉴델리에서 변호사로 활동하는 나는 비록 겉으로 드러나는 심각한 차별을 받지는 않지만, 농촌의 고향 마을에 돌아가는 순간, 다시 자동적으로 '달리트' 가 되어 상위 카스트 사람들로부터 인간 이하의 차별을 받는다."고 말했다. 그는 "교육이 달리트의 권리 찾기에 가장 중요한 도구가 되어 왔다. 달리트들은 이미 대학입학 쿼터(대학입시에서 입학정원 중 할당된 숫자)를 갖고 있지만, 다른 소외 계층에도 혜택이 확대되는 것을 지지하고, 또 이들과 연대하겠다. 카스트 문제가 해결되려면 여러 세대가 걸리겠지만, 우리는 교육의 권리와 생존의 권리를 반드시 되찾고 인간의 권리를 인정받을 것이다."라고 다짐했다.

2. NRI의 활동[23)]

인도 사람들 중에서 해외에서 이민 등으로 거주하고 있는 해외동포(NRI)는 약 2,500만 명에 달한다. 해외 이민자들은 미국 · 영국 · 싱가포르 등에서 주로 활동하고 있는데, 특히 미국에서의 활동이 두드러진다. 미국에 살고 있는 인도 사람들은 약 180만 명에 달하고 있으며, 미국 실리콘 밸리 사장과 기술인력의 약 39%를 인도 기술전문가들이 차지하고 있다. 또 미국 의사의 5%와 과학자의 12%, 항공 우주국(NASA) 과학자의 36%를 인도 사람들이 차지하고 있다.[24)]

인도 사람들의 해외 이주는 아시아 일대 사탕수수 농장 등에 노동자로 팔려 갔던 영국 식민지 시절과 가난을 피해 많은 사람들이 조국을 떠나야 했던 1960년대에 대규모로 이루어졌다. 또 1980년대에는 의사 · 변호사 · 컴퓨터 기술자 등 전문지식을 갖춘 많은 젊은 인재들이 직업과 돈을 찾아 서방국가로 떠났다. 1990년~2000년 10년 사이에는 인도 사람들의 미국 진출은 더욱 두드러졌다. 인도는 말 그대로 지구촌 최대의 '인재 수출국'이라고 할 수 있다.[25)]

한국 내에서도 인도 사람들의 활동이 크게 늘고 있다. 정보통신부와 IT벤처기업연합회(KOIVA) 등에 따르면, KOVIA 측이 국내 IT업계의 만성적인 인력난을 해소하기 위해 IT분야 5년 이상 종사 경력을 갖고 있는 외국인 기술 개발 엔지니어 혹은 해외 마케팅 분야에서 5년 이상 근무한 경력이 있는 외국인을 대상으로 발급한 'IT카드' 소지자들 중 50% 이상이 인도 사람들인 것으로 나타났다.

KOVIA는 2002년부터 2005년까지 IT카드 고용추천장 발급건수가 모두 838건이었는데, 이중 절반을 넘는 435건이 인도 사람들에게 발급되었다고 밝혔다. 그 다음으로는 베트남(94건), 러시아(84건), 독립국가연합(CIS, 55건), 중국(47건), 기타(123건)이었다.[26)]

정보통신부 관계자는 "인도 기술자들은 세계적으로 소프트웨어 부문에서 탁월한 기술력을 인정받고 있어서 인도 출신 엔지니어들을 선호하는 국내 기업들이 점점 늘어나고 있다. 이들은 IT업계의 인력난 해소에 큰 도움을 주고 있다."고 말했다.[27)]

현장 정보

■ 미국 전문직 취업인 숫자 — 인도 1위[28)]

미국의 의회 전문지 CQ Weekly는 미국 국무부 통계를 인용해 "1990년부터 2005년 사이에 전문적 취업 비자(Visa)인 H1B 비자 취득건수를 기준으로 할 때, 연인원 5,357만9천여 명의 인도 사람들이 H1B비자를 발급받아 전체건수의 43%를 차지해 압도적인 1위를 차지했다."고 보도했다.

2위는 중국인(711만3천여 명), 3위는 영국인(561만7천여 명), 4위는 일본인(407만3천여 명), 5위는 한국인(383만8천여 명), 6위는 필리핀인(284만9천여 명), 7위는 프랑스인(262만7천여 명), 8위는 독일인(255만여 명), 9위는 멕시코인(250만5천여 명), 10위는 대만인(248만3천여 명)이 미국에서 취업한 것으로 나타났다.

H1B 비자는 유효기간이 3년에 1회 연장(3년)이 가능하며, 영주권을 신청할 자격이 주어지기 때문에, 이 비자를 받고 나서 자기 나라에 귀국하지 않는 나머지 사람들은 미국에 영주하고 있는 것으로 추정되고 있다.

■ 미국에서 가장 성공한 아시아계 — 인도 사람[29)]

로스앤젤레스 타임즈는 미국 연방 인구조사국의 2000년 통계를 인용해 "소득, 학력, 전문적 지위, 영어 구사능력 등의 측면에서 인도계 미국인이 다른 아시아계 보다 뛰어나, 미국에서 가장 성공적인 삶을 살고 있는 것으로 분석됐다."고 2004년 12월 16일 보도했다.

인구조사국은 '미국의 아시아 인(人)'이라는 보고서를 통해 미국내 인도사람의 75%가 미국 외부에서 태어난 이후 유입된 이민자들이지만, 교육 수준이 다른 아시아계 사람들보다 월등히 높고, 또 보다 나은 생활을 영위하려는 욕구가 강해 이러한 결과를 가져왔다."고 설명했다.

미국내 11개 아시아계 소수민족의 학력수준을 보면, 인도 사람들은 63.9%가 학사학위 이상을 갖고 있어 다른 민족을 압도했다. 아시아계 학사학위 취득자 비율평균은 44.1%였는데, 인도계의 뒤를 이어 파키스탄계(54.3%), 중국계(48.1%), 필리핀계(43.8%), 한국계(43.8%), 일본계(41.9%) 등이 중위권 그룹을 형성했다.

이들 아시아계 소수민족의 연간 평균소득은 5만9,324달러로, 미국사람 평균인 5만46달러보다 높았다. 아시아계 중에서는 일본사람이 7만849달러로 가장 높았고, 인도사람은 7만 708달러로 일본에 근소한 차로 뒤졌다. 한국 사람들의 연평균소득은 4만 7624달러로 11개 아시아계 국가에서 중국과 필리핀은 물론이고 파키스탄과 태국에도 떨어지는 7번째에 그쳤다.

인도계의 미국으로의 진출은 최근 급격히 많아졌다. 1960년대 중반까지는 중국계 · 일본계 · 필리핀계가 아시아 이민자 사회를 주도했지만, 1990년~2000년, 즉 10년 사이에 인도계가 2배 이상 급증하면서 총 이민자수도 160만 명을 기록했다. 이는 중국계와 필리핀계에 이어 3번째이다.

---

3. NRI들의 송금액[30)]

세계 은행(World Bank)이 2005년 11월 17일 발표한 '2006 세계경제전망' 보고서에 따르면, 2004년 해외 거주자들로부터 인도에 송금되어 들어온 돈은 217억 달러(약 21조원)로 인도가 1위를 차지했으며, 그 뒤를 213억 달러인 중국과 181억 달러인 멕시코가 차지했다.

이 보고서는 해외에서 각각의 모국으로 송금된 총 2,320억 달러 중 30~45%는 개발도상국이었다면서, 남아시아의 경우에 2005년 총송금액은 320억 달러에 달하는데, 이는 2001년에 비해 67%나 높아진 것이라고 설명했다.

세계은행 관계자는 이 보고서를 해외 송금액과 이민에 초점을 맞춰 작성했으며, 2억 명에 달하는 이민자들은 2025년까지 약 3% 더 증가하여 세계 경제수입을 0.6%, 즉 560억 달러까지 끌어올릴 것으로 전망했다.

한편 해외거주 동포들이 인도 본국으로 송금한 금액이 2001년에는 130억 달러였으나 2004년에는 217억 달러, 그리고 2005년에는 270억 달러로 늘었다.[31]

4. 고국으로 돌아오는 NRI-IT전문가 및 자동차 엔지니어 등

뉴욕 타임즈(NYIT)는 "과거에 보다 나은 교육과 일자리를 찾아 미국, 유럽으로 나갔던 인도의 고급 두뇌들이 최근 인도의 IT산업 등과 같은 경제발전에 발맞춰 고국으로 급속히 회귀하기 시작했다."고 2005년 12월 26일 보도했다. 뉴욕타임즈는 이같은 소식을 전하면서, 이를 '역(逆) 두뇌유출(reverse barain drain)'이라고 표현했다.[32]

또 인도 IT기업협회(나스콤)의 키란 카르닉 회장은 "고국을 떠났던 인재들이 인도의 아웃소싱 산업이 성숙단계에 접어들면서, 지난 2001년 이후 3만 명이 돌아왔고 앞으로도 매년 1만여 명이 회귀하는 등 같은 추세가 지속될 전망이다. 이들은 특히 투자와 해외에서 익힌 선진 기술을 함께 갖고 오고 있다. 인도가 세계적 아웃소싱 목적국으로 부상하면서 재외 인도사람들이 현지에서 하던 일을 조국에서도 할 수 있게 된 점이 이같은 '연어성(鰱魚性) 회귀'의 중요한 요인이다. 그러나 해외에 거주하는 인도 사람들의 귀국을 유인하는 가장 중요한 요소는 다른 무엇보다도 인도와 인도문화에 대한 그들의 애정, 인도에서의 삶의 질 개선 등이다."라고 지적했다.[33]

또 인도에서 인력 컨설턴트로 일하는 로리 블랙맨은 "인도로 돌아오는 인력의 대부분은 이민 1세대들이지만 2세대들도 합류하고 있다"고 말했고, 인포시스의 최고경영자(CEO)인 난단 닐레카니는 "세계에서 활약하고 있는 IT인력의 주축이 인도로 몰려드는 느낌이다"라고 말했다.[34]

이렇게 인도의 해외 IT 두뇌들의 역 이민이 성행하면서 가장 각광 받는 곳은 인도 벵갈루루 외곽의 하이트필드의 팜 메도 지역을 비롯하여 오존 및 레이크 비스타 지역 등이다.[35]

이처럼 인도의 IT두뇌들이 다시 고국으로 돌아오는 것은, 인도가 IT 중심지로 각광을 받으면서 세계적인 기업들이 인도에 R & D(연구개발)센터와 콜센터 등을 경쟁적으로 설치하고 있는 데다 창업도 잇따르면서 고급인력에 대한 수요가 급증하고 있기 때문으로 분석된다. 게다가 인도 내에서도 서구적인 업무

환경에 근무하면서 싼 물가 덕분에 외국에서와 같은 생활수준을 유지할 만큼의 급여를 받을 수 있는 것도 한 요인으로 작용하고 있다.[36] 즉, 절대적인 연봉(엔지니어 초봉)은 미국 실리콘 밸리가 6만 달러이고 인도가 1만 2000달러로 차이가 크지만, 인도의 물가가 워낙 낮아서 실질적인 연봉은 비슷한 수준이다.[37]

인도의 경제지 이코노믹 타임즈는 "이처럼 실리콘 밸리로 이주해 나갔던 인도의 IT인재들이 다시 인도로 돌아오고 있는 가운데, 이제는 디트로이트로 간 자동차 엔지니어들이 인도로 돌아오고 있다"고 2006년 3월 23일 보도했다. 인도의 자동차 시장이 세계에서 가장 빠르게 성장하면서, 마힌드라 & 마힌드라(M & M), 타타 모터스(GM), 아쇽 레이란드 등 인도 자동차 회사의 연구개발(R&D)부문에는 제너럴 모터스(GM)나 포드(Ford)에서 근무한 경험이 있는 인도 출신 엔지니어들이 돌아와 이 부문을 주도하고 있다. 고향으로 돌아온다는 사실과 함께, 엔지니어들에게 동기부여가 되는 것은 인도 국내 기업들이 제공하는 고액 연봉이다.[38]

인도는 지난 1980년대에 많은 젊은 인재들이 직업과 돈을 찾아 서방국가로 떠나면서 심각한 두뇌유출 현상을 겪었다.[39]

이제는 반대로 "인도 출신의 고급인력이 인도로 회귀하는 현상에 대해 미국에서는 자신들이 교육시켜 양성한 고급 두뇌들의 역유출에 대한 우려가 제기되고 있다. 과학적 재능을 가진 우수인력을 뺏기는데다가 혁신의 원동력을 상실하는 일이기 때문이다"라고 뉴욕타임즈가 지적했다.[40]

현장 정보

■ 인도 – 경제성장과 투자 유치를 위해 이중국적 전면 허용[41]

인도 정부는 2006년 1월, 2500만 명에 달하는 해외 동포를 경제성장 동력으로 활용하고 이들로부터의 투자유치를 적극화하기 위해, 이미 외국 국적을 취득한 해외 거주 인도인(NRI)에게 인도 국적을 주기로 결정함으로써, 50여 년간 금지해 온 이중국적을 전면 허용했다.

따라서 미국, 유럽, 서아시아 등 110여개 국가에 이주해 살고 있던 인도사람들은 해당국 국적을 유지한 채 인도 정부로부터 해외 시민권(OCI)을 발급받아 내국인과 거의 똑같은 지위를 누리게 되었다.

이중국적 허용은, 중국이 세계 각국의 화교자본을 경제 성장에 이용한 것처럼, 인도 역시 최대 자산인 11억 명의 '인구'가 갖는 경제적 가치에 주목한 것으로서, 해외 인도 자본의 국내 투자를 활성화하려는 조치이다. 즉, 해외 동포가 인도 본국으로 보내는 송금액은 계속 급증하고 있지만, 송금 · 투자 · 회사설립 등 외국 국적자의 인도 내 경제 활동은 여전히 많은 규제에 묶여 있었는데, 이를 과감히 풀어 해외 인도 자본의 유입을 활성화하려는 것이다.

만모한 싱 인도 총리는 2006년 1월 7일, 남부 도시 하이데라바드에서 개최된 해외동포대회에 참석하여, 해외 시민권 제도의 발효를 공식 선언했다. 해외 시민권을 가지면, 평생 비자가 주어져 제약없이 인도를 드나들고, 대학 등 교육기관에 내국인과 같은 조건으로 등록하며, 자유롭게 부동산 · 기업체 · 금융시장 등에 투자할 수 있다. 아직 투표권과 피선거권이 이번 규제완화 대상에서 제외되었지만, 서아시아 동포를 시작으로 조만간 허용하기로 했다.

싱 총리는 이날 인도계 미국인 기업가인 니브루티 라이 및 이프테카르 샤리프에게 직접 OCI 증서를 수여하며 "해외 동포는 인도의 세계화에 가장 중요한 요소이다"라고 강조했다. OCI증서를 수여받은 니브루티 라이는 인텔의 인도지사 간부인데, 그는 "이제는 더 이상 비자를 갱신하러 정기적으로 영사관에 가지 않아도 된다. 이 시민권으로 고속 성장을 하고 있는 인도 경제에 한 일원(一員)이 되었다"고 말했다.

파이낸셜 타임즈(FT)는 "인도 정부의 이중 국적허용을 매개로 하여, 인도와 해외이민 인도동포사회의 긴밀한 교류가 이루어져 자금 수혈과 새바람 유입, 또한 새로운 투자처 확보 및 뿌리 찾기란 관점에서 양측 모두에게 이익이 될 것이다"라고 분석했다.

제5절 인종(Ethnic Groups)

인도는 다양한 인종이 모여 있는 나라이다.[42] 즉, 역사적으로 인도는 다양한 이주민들이 모여드는 최종 정착지가 되었으며, 이곳에 정착한 이들 이주민들이 계속 뒤섞여 오늘날 백인종 · 황인종 · 흑인종 · 오스트랄로이드(Australoid, 오스트레일리아 원주민 및 그들의 인종적 특징을 공유하는 오스트레일리아 주변의 여러 민족)를 망라하는 복잡한 인구 집단으로 구성되었다.[43]

이들을 민족 집단별로 구분하면, 인도-아리안족(Indo-Aryan) 72%, 드라비다족(Dravidian) 25% 및 기타 몽골족(Mongoloid) · 니그리토 족(Nigrito) · 오스트랄로이드 족(Australoid) 3%이다.[44]

인도-아리안족은 인도에 가장 나중에 이주해 온 사람들이다. 이들은 BC 2000년에서 BC 1500년 사이에 인도로 이주해 왔으며, 주로 북부 및 중부 인도에 많이 거주하고 있다.[45] 드라비다족은 인도-아리아인들이 인도에 이주해 오기 훨씬 이전부터 인도 전역에 걸쳐 살고 있었던 것으로 추정되는 사람들이다.[46] 이들은 남부 인도의 문화를 지켜가고 있다.[47]

몽골족은 인도 북부의 아삼 주, 나갈란드 주, 미조람 주, 메갈라야 주, 아루나찰 프라데슈 주, 마니푸르 주 및 트리푸라 주 등에서 거주하고 있다.

니그리토 족은 아프리카로부터 가장 먼저 인도에 이주해 온 사람들로 추정되는 사람들이다.[48] 그들은 처음 이주해 왔던 안다만-니코바르 제도(諸島)에서 살고 있다.[49]

오스트랄로이드 족은 추정컨대 니그리토 족 다음으로 인도에 이주해 왔다.[50)]이들은 미얀마(Myanmar)와 동남아시아 일부에서 살고 있다. 이들의 언어는 중부 및 동부 인도에 현재까지 남아 있다.[51)]

제6절 종교(Religion)

1. 종교 현황[52)]

인도사람들의 대부분은 힌두교를 믿고 있고, 그 밖에도 이슬람교 · 기독교 · 시크교 · 불교 · 자이나교 및 기타 종교를 믿고 있다. 이들을 인도 인구조사위원회(India Census Commission, ICC)에서 2001년도에 실시한 인구 조사 결과를 토대로 그 구성비율을 소개하면, 힌두교도(Hindn) 80.46%, 이슬람교(Nuslim) 13.43%, 기독교도(Christian) 2.34%, 시크교도(Sikh) 1.87%, 불교도(Buddhist) 0.77%, 자이나교도(Jain) 0.41%, 기타 (조로아스터교 등) 0.72%이다.

ICC에서는 2001년의 인구조사결과 중 종교에 관련된 주요 정보를 표 5-3와 같이 발표하였다.

아래에서는 이들 종교 중 힌두교, 이슬람교, 시크교, 자니아교, 조로아스터교에 대해 간단히 소개하고자 한다.

표 5-3 2001년 인구조사 정보(단위 : %)

구성	힌두교도	이슬람교도	기독교도	시크교도	불교도	자이나교도	기타
2001년 총인구 중 비율	80.46	13.43	2.34	1.87	0.77	0.41	0.72
1991~2001까지의 10년간 증가율	20.3	29.3	22.6	18.2	24.5	26.0	자료없음
문자해독률	65.1	59.1	80.3	69.4	72.7	94.1	47.0
직업참여율	40.0	31.3	40.0	37.7	40.0	32.9	자료없음

2. 힌두교(Hindusim)

(1) 힌두교의 기원

힌두교는 '힌두'(Hindu)와 '이즘'(ism)의 합성어인 '힌두이즘'을 번역한 것이다.

'힌두'라는 말은 고대 페르시아인들이 인더스강을 산스크리트어로 '신두'(Sindu, '큰 강'이라는 뜻)라고 발음한 데서 유래하였다.[53)] 그러므로 '힌두'는 '인디아' 혹은 '힌두스탄'과 같이 '인도'를 가리키는 말이며, 따라서 힌두교는 인도에서 발생한 모든 종교, 즉 '인도의 종교'를 가리키는 말이라고 할 수 있다.[54)]

이러한 관점에서 볼 때, 힌두교는 BC 2500년경의 인더스 문명이 시작했을 때까지 소급해 올라갈 수 있으며, 아리안 족의 침입(BC 2000~BC 1500) 이후에 형성된, 즉 원래 아리안 족의 원시 종교인 브라만교에서 발달하였다.[55] 그 후 이러한 아리안 계통의 브라만교가 인도 토착의 민간신앙과 융합하고, 자이나교 · 불교 등의 영향을 받으면서 300년경부터 종파의 형태를 정비하여 현대 인도의 신앙형태를 이루게 되었다.[56] 따라서 힌두교는 넓게는 브라만교 · 자이나교 · 불교 등을 포함하는 종교가 될 수 있지만, 일반적으로는 베다의 권위를 인정하지 않는 자이나교와 불교를 배제한 좁은 의미로 사용된다.[57]

(2) 힌두교의 포괄 범위

넓은 의미의 힌두교는 베다교, 브라만교, 비슈누교, 시바교 등을 포함한다.[58]

베다교(Vedism)는 BC 1500년경에 이란 지역에서 인도로 들어온 고대 인도 유럽어족의 종교인데, 베다교라는 이름은 '베다'라고 알려진 성전(聖典)에서 유래한다.[59] 즉, 베다(Veda)란 고어체(古語)인 산스크리트로 쓰여져 있는, 고대 인도유럽어족 사이에서 유행했던 성스러운 찬가 또 시(詩)를 뜻하며,[60] '지식' 또는 '종교적 지식'을 의미한다.[61]

브라만교(Bradmanism)는 베다교에서 발전한 고대 인도의 종교로서[62] 브라만 계급을 위주로 〈베다〉를 근거로 생성되었으며, 특정한 교조(敎祖)를 갖지 않는다.[63] 브라만(Brahman)은 우주의 궁극적 실재로서, 브라만교에서는 일체의 우주작용 및 현상계(現象界)가 이러한 브라만이 전개하고 변화하며 생긴 것이라고 믿고 있다.[64]

비슈누교(Vishnuism)는 힌두교의 주요 신(神)의 하나인 비슈누(Vishnu)신을 숭배하는 종교이다.[65] 비슈누는 세계를 지키고 유지하며 다르마(dharma, 개인의 행위를 지배하는 종교적 계율과 도덕률)의 원상복구자로서 숭배되는 신이다.[66]

시바교(Shivism)는 인도의 시바신을 숭배하는 교파이다.[67] 시바(Siwa, shiva)는 산스크리트로 '상서로운 존재'라는 뜻인데, 파괴자인 동시에 재건자이며, 고행자인 동시에 관능의 상징이며, 영혼의 자비로운 목자(牧者)이면서 분노에 가득찬 복수의 신이기도 하는 등, 모순된 특징을 통합하고 있는 인도의 가장 복합적인 신들 중의 하나이다.[68]

(3) 힌두교의 특징

이와 같이 힌두교는 여러 종파를 통합하며 걸쳐 형성되었기 때문에 어떤 특정한 교조(敎祖) · 교리(敎理) · 중앙집권적인 위계조직을 갖고 있지 않다. 또한 힌두교는 이처럼 오랜 시간에 걸쳐 다양한 신앙이 융합되다 보니, 원시적인 물활론(物活論, animism, 목석(木石) 같은 것에도 영혼이 있다고 생각하는 신앙)

에서부터 주술 · 제식 · 고행(苦行)주의 · 신비주의에 이르기까지 거의 모든 형태의 종교적 특징을 포함하고 있다.[69]

다시 말하면 힌두교는 힌두사회, 즉 거의 모든 인도 사회의 철학 · 생활방식 · 신화 · 전설 · 의례 · 제도 · 관습 · 전통 등을 포괄하는 일종의 문화의 집결체라고 할 수 있다.[70]

즉, 한편으로는 깊은 철학을 가진 힌두교는 종교 생활에서도 고행(苦行)과 엄격한 계율을 갖는 것으로부터 성(性)을 숭배함으로써 신(神)에게 접근하려는 것 등 다수의 종파로 나누어지며, 인도 국민의 모든 계층을 포함한다.[71] 인종적 · 언어적으로 서로 다른 사람들이 '힌두교'라는 하나의 종교로 귀일(歸一)함으로써 인도의 민족적 일체감이 조성된다고 할 수 있다.[72]

3. 이슬람교(Islam)

(1) 이슬람교의 인도 전래

인도에 들어온 외래 종교 중에서는 이슬람교도가 가장 많은 신도를 보유하고 있다(13.43%). 이슬람교는 10세기경부터 이슬람 교도군(教徒軍)들이 인도의 델리 지방을 점거하고, 이슬람 왕국을 건설하고 무력으로 힌두교도들을 개종시켰는데, 카스트의 하층계급에 속하는 사람들이 주로 개종했다.[73] 이슬람교는 힌두교와는 달리 알라신 외에는 다른 신이 존재하지 않는 일신교(一神教)로서, 다신교(多神教)인 힌두교처럼 이교도(異教徒)에 대한 관용성이 없다.[74] 따라서 때때로 힌두교도와 이슬람교도들 간에는 충돌이 일어나는 경우도 있는데, 그 가장 큰 사건은 인도가 영국으로부터 독립할 무렵, 힌두교도가 다수였던 인도로부터 이슬람교도가 다수였던 파키스탄이 분리 독립한 일이었다.[75]

(2) 이슬람교의 근원

이슬람교는 아랍의 예언자 마호메트(Mahomet, 이슬람어로는 무하마드, Muhammad (570~632))가 7세기경에 창시한 종교로서, 위에서 설명한 바와 같이 알라신만을 유일신(有一神)으로 믿고, 엄격한 종교의례를 발전시켰다.[76] 즉, 이슬람교도들은 전지전능(全知全能)한 알라신의 가르침이 대천사(大天使) 가브리엘을 통하여 예언자 마호메트에게 계시되었다고 믿는다.[77]

(3) 이슬람교의 지도원리

이슬람교의 기본 지도원리는 114장 6,200여 절로 나뉘어져 코란(Koran)에 기록되어 있다.[78] 이슬람교도가 준수해야 할 사항에는 다음과 같은 다섯가지, 혹은 종파에 따라서는 여기에 한 가지를 더 추가하여 여섯 가지가 있다.[79] 이슬람교도들은 이것을 '다섯 가지(혹은 여섯 가지) 기둥', 즉 '5주(五柱)'(아르칸 알

이슬람, Pillars of Islam)이라고 부른다.[80)]

이들 여섯 가지 지도원리를 간단히 살펴보기로 하자.

첫째, '신앙의 증언 또는 고백(샤하다)'으로서, 이것은 '알라신의 유일성(有一性)과 마호메트는 신이 보낸 예언자' 임을 증언하는 것이다.

둘째, '예배'(살라트)로서, 이것은 하루 5번 – 해뜰 무렵, 정오, 오후 4시경, 해질 무렵, 잠자기 전 – 기도를 올리는 것이다.

셋째, '종교적 희사 또는 헌납'(자카트)은 국가 재정의 근간을 이루며, 강제성을 띠지 않고 개인의 양심에 따라 재산의 일정 부분을 바치는 것이다.

넷째, '단식'(샤움)은 이슬람력(曆) 9번째 달인 라마단(Ramadan) 한달 동안, 매일 해돋이로부터 해지기까지 음식 · 흡연 · 향료 · 성교를 금하고 과격한 말을 삼가며 코란을 외우는 것이다. 그러나 해가 진 후에는 다시 정상생활을 하게 된다.

다섯째, '순례'(하주)는 이슬람력으로 12월 7일부터 10일 사이의 기간 동안, 일생 동안 한 번 이상 마호메트의 탄생지인 메카(Mecca)를 다녀올 의무가 있다는 것이다.

여섯째, 하와리즈 종파에서는 이상과 같은 다섯 가지 준수사항에 성전(聖戰)을 추가하고 있다.

4. 시크교(Sikh)[81)]

(1) 시크교의 창설과 구루

시크교는 힌두교의 박티(bhakti, 산스크리트로 '주다', '존경하다'는 뜻으로서 '信愛'라고 번역된다) 사상과 이슬람교의 신비사상(神秘思想)을 융합한 종교이다.[82)]

시크교(敎, Sikhism)는 16세기초 구루 나나크 데브(Guru Nanak Dev)에 의해 창설되었다. 구루 나나크는 1469년 4월 15일, 서부 펀자브지방의 탈완디(Talwandi, 현재는 파키스탄에 있음) 마을에서 태어났다. 어려서부터 그는 세상 일에는 관심을 두지 않고 깊은 사색에 빠져들었다. 30세에 깨달음을 얻은 후, 그는 여러 곳을 여행했으며 메카(Mecca)와 바그다드(Baghdad)까지 건너가 자신의 교리를 설교하였다. 그가 사망한 후에는 9명의 다른 구루(Guru, 시크교에서 성스러운 안내자, 스승, 훈계자라는 뜻)들이 그의 뒤를 계승했다.

구루 앙가드 데브 지(Angad Dev Ji, 1504~1552)는 30년 동안(1539~1552) 제2대 구루였다. 그는 새로운 글자 구르무키(gurmukhi)를 만들어 시크교도들에게 글로 쓰여진 문자를 제공했다.

그가 사망한 후에는 구루 아마르 다스 지(Guru Amar Das Ji, 1479~1574)가 그의 뒤를 이어 제3대 구루가 되었으며, 그는 대단한 헌신을 했다.

그의 사후에는 제4대 구루인 구루 람 다스 지(Guru Ram Das Ji)가 뒤를 이었으며, 그는 찬송가(hymns)를 작곡하였다.

그 후 구루 아르잔 데브 지(Guru Arjan Dev Ji)가 시크교의 제5대 구루가 되었다.

그는 흔히 황금 사원(Golden Temple)으로 알려져 있는 유명한 하르만다르 사히브(Harmandar Sahib)를 암리차르(Amritsar)에 건설하였다. 그는 또한 신성한 그란스 사히브(Granth Sahib), 즉 시크교의 신성한 종교서(sacred religious book)를 편찬하였다. 그는 1606년 순교(殉敎, martyrdom)했다.

그의 뒤를 이어 시리 구르 하르고빈드(Siri Guru Hargobind)가 제6대 구루의 직위에 올랐다. 그는 상비군을 유지하였으며 '정신적 권력'과 '속세적 권력'을 상징하는 두 개의 칼을 휴대하였다.

제7대 구루는 1630년에 태어난 구루 시리 하르 라이(Guru Siri Har Rai)였는데, 그는 자신의 생애 대부분을 명상과 구루 나나크의 교리를 전파하는 데 보냈다. 그는 1661년에 사망했으며, 자신의 둘째 아들 하르 크리샨(Har Krishan)을 제8대 구루로 임명했다.

제8대 구루인 구루 시리 하르 크리샨 지(Guru Siri Har Krishan Ji)는 1661년 깨달음을 얻었다. 그는 델리에서 전염병에 감염된 사람들은 치료하는 데 헌신했다.

구루 테그 바하두르(Siri Guru Tegh Bahadur)가 1664년 제9대 구루가 되었다. 그는 카슈미르의 무굴 통치자가 힌두교를 강압적으로 개종(改宗)하려 했을 때 이에 투쟁하기로 결정했고, 그 후 순교했다. 구루였던 구루 고빈드 싱(Guru Gobind Singh)은 1666년 태어났는데, 자신의 아버지 구루 테그 바하두르가 순교한 이후 구루가 되었다. 생전에 4명의 아들을 모두 잃은 구루 고빈드 싱은 더 이상 구루를 승계시키지 않는 대신 '구루 그란트 사히브'(Guru Granth Sahib)'에 시크교도의 최고 지위(Supreme head of the Sikhs)를 부여하였다. 현재까지도 시크 교단에서 가장 중요한 역할을 하는 칼사('순수')라는 결사(結社)를 만든 사람이 바로 이 고빈드 싱이다.[84)]

그림 5-1 시크교의 창설과 구루[83)]

(2) 칼사(Khalsa)

구루 고빈드 싱은 시크교도가 무굴제국 아래에서 혹독한 박해를 받고 있던 1699년 아난 푸르에서 호전적인 결사(結社)로서 '칼사'를 창설하였는데, 창설한 지 며칠 내에 8만여 명의 단원이 칼사에 가입하였으므로, 칼사 단원이 즉시 시크교의 주도권을 차지하게 되었다.[85)]

칼사는 모든 남자 단원들을 '싱(Singh)'이라고 부르는데, 이것은 '사자(lion)'를 의미한다. 또 모든 여자 단원들을 '카우르(Kaur)'라고 부르는데, 이것은 '공주(princess)'를 의미한다.[86)]

특히 시크교의 남자 단원들은 칼사 종단의 상징인 '5K(five K's)'를 지킨다. 5K란 다음과 같은 것을 뜻한다.[87)]

첫째, 케슈(Kesh)로서, 머리와 수염을 자르지 않고, 터번(turban)을 쓴다.

둘째, 캉하(Kangha)로서, 나무 혹은 상아로 만든 빗(wooden or ivory comb)을 지니고 다닌다.

셋째, 카차(Kachha)로서, 짧은 바지를 입는다.(하지만 오늘날 대부분의 시크교 남자들은 긴 바지를 입고 있다.)

넷째, 카라(Kara)로서, 강철 팔찌(steel bracelet)를 차고 다닌다.

다섯째, 키르판(Kirpan)으로서, 양날 단도를 지니고 다닌다. 이 단도는 상징적인 소형 칼이다.

(3) 시크교의 교리[88)]

시크교는 이슬람 신앙과 힌두교가 혼합된 것으로서, 신은 오직 하나이며 우상이나 신상(神像)을 만들지 않는다. 인간은 자신의 영혼이 윤회에 의해 여러 가지 모습으로 태어남을 거쳐 궁극적으로 신과 합일(合一)될 때까지 신의 명령에 따르는 선한 생활과 기도를 통해 신을 섬겨야 한다. 의식(儀式)은 주로 그란스(Granth, 성전, 성서)를 읽는 것이다. 예배 장소는 '구르드와라'라고 불린다.

(4) 시크교의 독립시도[89)]

이와 같은 시크교도는 위에서 살펴본 구루들의 생(生)에서 알 수 있듯이 순교(殉敎)정신과 단결정신이 강하다. 역사를 돌이켜보면, 시크교는 그 교리가 매우 평화적임에도 불구하고 다수집단인 힌두교와 이슬람교 사이에서 생존하기 위해 군사적·호전적 태도를 몸에 지니게 되었다.

1947년 인도가 파키스탄과 분할하여 독립하려 했을 때 시크교도들 역시 자신들의 국가를 수립하기를 원했으나 그들의 교도수가 너무 적어 실패하고 말았다. 시크교도들은 역사적으로 자신들에게 적대적이었던 이슬람교도가 세운 파키스탄보다는 인도를 선택할 수밖에 없었다.

그러나 시크교도들은 1981년부터 좀더 구체적으로 분리주의 운동을 결의하고 행동에 옮기기 시작했다. 즉 자신들의 분리를 위해서 UN으로부터 회원국 지위를 인정받자는 결의까지 하였다. 이 때부터 인도정부와 시크교도 사이에 날카로운 대립이 생겼으며, 1984년에는 극단적인 시크교도들이 자신들의 성지(聖地)인 황금사원을 점령하고서 독립을 요구하며 농성을 벌이기 시작했다.

인디라 간디 총리 정부는 같은 해 6월 5일 군대(공수부대)를 투입하여 농성자들의 대부분을 살해하고 황금사원을 파괴하였다. 이 사건으로 시크교도들은 무장하여 저항하기 시작했고, 11월에는 인디라 간디 여사가 자신의 경호원들(시크교도들이었음)에게 암살당하는 사태까지 발생했다. 그 이후 10여 년 간 펀자브 지방은 시크교도 무장단체와 인도정부군 사이의 전투장으로 변화했으며, 지금도 일부 무장단체들은 테러와 과격 행동을 계속하고 있다.

5. 자이나교(Jainism)

(1) 기원[90)]

자이나교는 브라만교에 반기를 든 최초의 종교로서, BC 6세기경에 마하비라(Mahavira)에 의해 창시되었다. 즉, 자이나교는 당시의 정통적인 '베다 의례' (베다시대의 동물 희생제에서 만연했던 살생관행과 관념)에 반기를 들고 창설된 종교이다. 마하비라는 산스크리트어로 '위대한 영웅' 이라는 뜻이다. 마하비라는 본명이 바르다마나(Vardamana)이다.

자이나교에서는 윤회라는 삶의 흐름을 건너는 데 성공하고서 다른 사람들이 따를 길을 만든 최고의 구원자 · 완성자를 지나(Jina) 또는 티르탕카라(Tirthankara)라고 부른다. '지나' 란 애착이나 탐욕과 같은 적들을 정복한 '승리자' 라는 뜻이고, 티르탕카라는 '나루를 만드는 자, 또는 완전히 깨달은 스승' 이라는 뜻이다. 자이나교라는 명칭은 '지나' 에서 유래한 것이다.

자이나교의 창시자인 마하비라가 BC 527년 자신의 생을 마감한 비하르 주에 있는 '파바' 는 자이나교의 주요한 순례지 중의 하나이다.

(2) 교리[91)]

자이나교에서는 모든 사물이 지바(jiva, 영혼, 생명)를 가지고 있다고 본다. 이러한 지바는 인간과 동물 이외에도 식물 · 곤충 · 공간 · 시간 · 물질 · 원자까지도 포괄하는 개념이다. 나무 등은 2개의 지바를 가지고 있고, 동물들은 3개 이상의 지바를 가졌다고 본다.

이러한 지바에 기본을 두고서 발달한 자이나교의 기본 덕목이 아힘사(ahimsa)

이다. 아힘사란 모든 사물이 지바를 지니고 있기 때문에, 사람이나 동물을 죽이는 것 등을 포함하여 부지불식간에 생명체에게 해를 끼치는 일이 없도록 세심한 주의를 기울이는 것이다.

이와 같이 자이나교는 창조신을 믿지 않으며, 어떠한 생명체도 살상하지 않을 것을 윤리의 핵심, 즉 아힘사의 교리로 삼고, 고행과 수도 생활을 통해서 인간의 본성을 완전하게 함으로써 윤회에서 벗어나는 것을 종교적 이상으로 여기고 있다.

(3) 카르마와 해탈[92)]

이렇게 자이나교도들은 힌두교도들처럼 재생의 원칙을 신봉하고 다시 이 세계에 태어나지 않을 것을 목적으로 한다. 자이나교의 교리에서도 카르마(karma, 업, 業)라는 개념이 나오지만, 그 해석에 있어서는 힌두교나 불교와는 다른 관점을 취하고 있다. 즉, 자이나교에서는 카르마가 지바, 즉 영혼(정신)을 물질적인 불결한 것에 집착하게 하여 부정한 것으로 만드는 해로운 것이라고 본다. 따라서 인생의 목적은 여러 생에 걸친 개인적인 참회와 고행을 통해 카르마를 극복하여 영겁의 윤회에서 벗어남으로써, 결국 인간이 노력하여 얻고자 하는 궁극의 목표인 해탈에 이르는 것이다. 즉, 자이나교에서의 영혼은 해탈에 도달한 영혼과 윤회 속에서 아직도 헤매고 있는 영혼으로 나누어지는데, 수행의 궁극적인 목적은 해탈에 도달한 영혼을 얻는 것이다.

이러한 해탈, 즉 초월을 얻기 위해서는 단식, 절식, 육체적 고행, 그리고 높은 윤리적 규칙을 지켜야 한다. 그것은 마음과 몸을 깨끗하게 하고, 결혼의 완전한 정절을 유지하고, 쾌락을 피하고, 출가한 것과 동일하게 생활하고, 수도자를 물질적으로 원조하고, 불살생(不殺生), 즉 모든 생물을 살해하지 않으며, 인생의 마지막에는 사유물을 포기하는 것이다.

(4) 자이나교의 영향[93)]

인도의 정신적 지도자인 마하트마 간디는 자이나교의 아힝사에 교리의 근본을 두고 독립운동과 정치개혁의 방법론으로서 무저항주의를 발전시켰다. 간디는 자서전에서 자신의 어머니가 자이나교의 영향을 받은 힌두교신자였기 때문에, 자신도 자이나교의 불살생(不殺生)의 영향을 크게 받았다고 서술하고 있다. 또 그가 독립운동을 위해 영국과 투쟁할 때 자주 사용했던 말인 '죽음에 이르는 단식' (the fast-unto-death)도 자이나교에서 착안한 것이었다.

현재 인도에서 자이나교도들은 전국민의 약 0.41%(약 400만 명)으로, 주로 인도의 서해안 지역에 거주하고 있다. 이처럼 이들은 교도 숫자는 많지 않지만 상호부조적(相互扶助的)인 성격이 강하고, 정직성이 높으며, '상업에 의한 부

(富)의 축적을 통한 사회봉사' 라는 정신이 원동력이 되어 상인이나 무역상 및 은행가 등 상업부문과 금융부문에서 큰 성공을 거두고 있어 경제적 영향력이 막강하다.

또 힌두교 신자들 입장에서는 자이나교도들이 역사적으로 힌두교에 대한 정치적 · 경제적 위협세력이나 적대세력으로 등장한 일이 없으므로, 자이나교도들의 경제적 · 상업적 성공에 대해 적대감이나 저항감을 별로 느끼지 않고 있다.

6. 조로아스터교(Zoroastrianism)[94]

조로아스터교는 10세기경 페르시아로부터 인도로 이주해 온 사람들의 후손들로서 조로아스터를 신봉하는 종교이다. 조로아스터(Zoroaster)는 이란(Iran)의 예언자였는데, 그는 B.C. 6세기경 이 종교를 창시하였다. 조로아스터는 영어식 표기명이고, 이란어로는 자라투슈트라(Zarathushtra)이다.

지난 번에 실시된 인도의 인구조사에 의하면, 조로아스터교 신자들은 79,382명으로 나타났으며, 이 숫자는 이민과 낮은 출산율 등으로 감소하고 있는 추세이다.

7. 기 타

그 밖에도 인도에는 기독교, 불교, 유대교(Judaism) 등이 신봉되고 있다.

8. 인도 지도층 인사들의 종교분포[95]

인도는 11억 인구 중 80%가 힌두교신자이며, 이슬람신자는 1억5천 명으로 상대적으로 소수이지만, 아시아에서는 인도네시아 다음으로 큰 이슬람국가이다.

특히 인도에서의 종교적 대립은 이슬람 신자들이 많이 살고 있는 카슈미르 지역을 중심으로 첨예하게 벌어지고 있으며, 지금도 인도 전역에서는 폭탄 테러들이 빈번하게 발생하고 있다.[96]

그러나 이러한 인종적 대립이 심각함에도 불구하고 이러한 테러가 전국적으로 확산되지 않고 그때그때 수습이 되고 있는데, 그 가장 큰 이유로서는 인도의 민주국가 전통이 훌륭한 보호벽이 되고 있기 때문이다. 즉, 다원적이고 개방적인 인도 정치 · 사회 · 문화적 특성으로 인해 인도가 제도적인 테러의 길로 접어들지 않게 하는 차단장치가 되고 있다.

그 예로서 인도 지도층 인사들의 분포를 살펴보면, 압둘 칼람 대통령이 이슬람교도이고, 만모한 싱 총리가 시크교도이며, 정치권의 최고 실세인 소냐 간디 국민의회당 대표가 천주교 신자이고, 육군참모총장이 시크교도이다. 즉, 힌두교도에 비해서는 비록 소수이긴 하지만 이슬람교도나 시크교도에게도 성공의 길이 열려 있는 것이다.

정치분야에서뿐만이 아니라 '볼리우드' 로 불리는 인도 영화업계 최대의 스타인 샤룩한, 인도 제2위 갑부인 IT 기업 위프로의 아짐 프렘지 회장, 인도 최고의 여자 테니스 선수 사냐 미르자 등은 모두 이슬람교도들이다.

9. 종교 분쟁

인도에서는 힌두교와 이슬람교간의 종교분쟁이 끊이지 않고 재연되어 왔다. 종교로 인한 주요 분쟁 혹은 폭탄 테러 일지를 정리하면 다음과 같다.

그림 5-2 주요 종교 분쟁 지역

(1) 1992년 아요디야(Ayodhya) 사태[97]

우타르 프라데슈 주의 아요디야는 힌두교의 영웅 '라마' 의 탄생지이다. 그런데 1528년 이슬람 세력인 무굴제국이 이곳을 점령한 뒤 바브리 사원을 건축했다. 이후 500여 년 동안 아요디야 유적지는 힌두교도와 이슬람교도가 서로 자신들의 성지(聖地)라고 주장하며 갈등을 겪어 왔다. 1992년, 힌두교도들이 바브리 사원을 파괴하고 힌두교 사원을 지으려고 하자 양측 종교 집단 간에 충돌이 발생해 2,000여 명이 사망했다. 일부 힌두교 경전에 성지로 언급되고 있는 아요디야는 힌두교도들이 지난 1528년 아요디야에 사원을 완공한 이래 지난 몇 세기 동안 힌두교도들의 성지순례지가 되어 왔다.

아요디야 사원을 둘러싼 힌두교도와 이슬람 교도들의 첫 충돌은 지난 1853년에 발생했으며, 영국 총독부도 문제의 심각성을 고려해 1859년 아요디야에 분리대까지 설치했을 정도였다.[98]

(2) 2002년 아메다바드(Ahmedabad) 힌두 폭동[99]

인도 구자라트 주(州)의 대도시 아메다바드 시내 북동부에 있는 파티야 지역에서는 2002년 2월 28일 힌두교 폭도 1만5천여 명의 공격을 받고 이슬람 주민 84명이 산 채로 불에 타 죽었다. 이 날의 힌두폭동을 시작으로 수라트, 바브나가르, 바도드라, 판다르바다 마을 등 구자라트 전 지역에서 힌두교도들의 이슬람교도들을 향한 폭동이 3개월간 지속되었으며, 이로 인해 2000여명의 사망자들이 발생했는데, 희생자들의 대부분은 이슬람 교도들이었다.

아메다바드 힌두 폭동에 불을 붙인 사건은 '고드라 사건'이다. 고드라 사건이란 2002년 2월 27일 아메다바드에서 동쪽으로 100km 쯤 떨어져 있는 도시 고드라의 기차역에 정차해 있던 기차에서 화재가 발생했고, 기차에 타고 있던 VHP(힌두종교단체로서, 세계힌두위원회) 등 57명이 불에 타 숨진 사건이다. 이 사건의 원인은 명확히 규명되지 않았으나, 당시 힌두 과격파들은 이슬람교도의 음모라고 주장했었다.

2002년 2월 아메다바드 폭동이전에도 구자라트주는 1969년, 1981년, 1992년 등 10여 년 간격으로 대학살을 경험했다. 모두가 종교 폭동이었다. 특히 데리야 푸르 지역 같은 곳은 이슬람교와 힌두교가 거의 비슷한 인구분포를 가지고 있어서 충돌가능성이 늘 잠재해 있다.

(3) 2003년과 2006년 뭄바이(Mumbai) 연쇄폭탄테러[100]

2003년 마하라슈트라 주의 뭄바이에서는 이슬람 무장 단체들이 주도한 연쇄 폭탄테러가 발생하여 200여 명의 사상자가 발생했다. 또 2006년 7월 11일에는 뭄바이에서 연쇄적으로 열차 폭탄 테러가 발생해 200여 명이 사망하고 700여 명이 부상했다.

(4) 2006년 러크나우(Lucknow) 연쇄 충돌[101]

2006년 우타르 프라데슈 주의 러크나우에서는 이슬람 창시자인 마호메트 풍자 만평에 항의하는 이슬람교도들의 대규모 시위가 계속되면서 힌두교도와 충돌이 빚어졌고, 상점과 차량이 불탔다.

(5) 2006년 바라나시(Naranasi) 힌두사원 폭탄 테러[102]

2006년 3월 7일, 인도에서 가장 큰 축제 중의 하나인 힌두교의 봄맞이 축제

'홀리 축제 (색(色)의 향연)' 를 1주일 앞두고 '바라나시' 에서 이슬람과격 단체에 의한 것으로 보이는 3건의 폭탄테러가 발생했다.

이 테러는 기차역과 열차, 그리고 힌두교 최고사원 중의 하나인 하누만 신을 모시는 산 카트 모차나 힌두교 사원과 인근 기차역에서 연쇄 폭발사고가 발생해 28명이 사망하고 100여 명이 부상을 입었다.

바라나시는 인도 북동부의 우타르 프라데슈 주 갠지스 강변에 자리잡고 있는 힌두문화의 중심지로서, 힌두교 최대 성지 가운데 하나로 평소에도 순례객과 외국관광객들로 붐비는 곳이다. 힌두교도들은 살아 생전 바라나시에 와 보는 것이 소원이며, 사후(死後) 이 곳에 유골이 뿌려지는 것이 꿈이다. 순례자들은 모든 죄를 씻고자 이 곳의 갠지스 강물에 몸을 담그고, 탄생과 죽음의 굴레에서 벗어나고자 이 곳에서 죽음을 맞이하기를 바라는 그러한 도시이다.[103]

인도 경찰 당국은 대표적 이슬람 무장 세력 가운데 하나인 '라슈카르 이 타이바' 에 의한 폭탄 테러일 가능성이 큰 것으로 보고 조사하였다.

이날 폭발사고는 인접한 러크나우시(市)에서 힌두교도와 이슬람 교도들 간의 충돌이 발생한 이후 일어났다.

제7절 언어(Languages)

1. 서 론

인도에는 22개의 공식언어, 즉 공용어(official language)와 인도의 각 지역에서 사용되는 844개 이상의 방언이 있다.[104] 인도 전체인구의 45%가 사용하는 힌디어(語; Hindi)가 인도의 국가 공식 언어(official national language)이다.[105] 영어 또한 국가적 · 정치적 · 사업적 의사소통에서 공식 언어로서 널리 사용되고 있다. 데바나가리 문자(Devanagari Script)로 쓰여져 있는 힌디어는 5000여 년 전 인도로 이주해 온 아리아 인(Aryan)들이 사용하던, 고대 인도의 표준 문장어였던 산스크리트(Sanskrit)에 기초를 두고 있다.[106] 특히 베다교의 언어(Vedic language)는 산스크리트로 되어 있다.[107]

2. 산스크리트(Sanskrit)와 힌두어

(1) 서론[108]

산스크리트를 이해하는 것은 인도의 역사 · 종교 · 정치 · 사회 · 문화 · 문학 등을 이해하는 데 가장 기본이 된다고 할 수 있다. 산스크리트(Sanskrit) 는 인도의 인도-유럽계통 언어이며, 힌두교 · 불교 · 자이나교의 전례(典禮) 때 사용되는 언어이다. 산스크리트는 오늘날 인도의 22개 공식언어 중의 하나이며, 인도에서뿐만 아니라 중국, 일본, 타일란드, 베트남 등과 같은 동남아시아 국가에서 불교를 연구하는 학자들 사이에서도 사용되고 있다.

〈모음〉

अ	आ	इ	ई	उ	ऊ
ऋ					
ए	ऐ	ओ	औ	आं	अः

〈자음〉

क	ख	ग	घ	ङ
च	छ	ज	झ	ञ
ट	ठ	ड	ढ	ण
त	थ	द	ध	न
प	फ	ब	भ	म
य	र	ल	व	
श	ष	स		
ह				

〈연결자음〉

क्ष	त्र	ज्ञ	श्र

〈추가적 음(音)〉

क़	ख़	ग़	ज़	फ़
ड़	ढ़			

그림 5-3 인도의 공식언어-데바나가리 문자로 씌여진 힌디어[109)]

(2) 산스크리트 글자

산스크리트 글자는 모음(vowels), 자음(consonats), 연결자음(common conjunct consonants) 및 추가적 음(additional)으로 구성되어 있다. 이와 같은 산스크리트는 데바나가리 문자(Devanagari Script)로 쓰여 있다. 데바나가리 문자로 쓰여진 산스크리트, 즉 힌디어(Hindi)의 문자는 그림 5-3에 제시되어 있다.

(3) 산스크리트 문장의 예

이러한 데바나가리 문자로 쓰여진 작품의 예는 표 5-4에 제시되어 있다. 이 작품은 인도가 영국의 지배를 받던 시절, 시인 알라마 무하마드 이크발(Sir Allama Muhammad Iqbal)이 1904~1905년에 작곡한 시(詩)인데, 제목은 Saare Jahan se Aacha이다. 이 시는 국가와 애국심을 노래하고 있는데, 국가적으로 중요한 행사 때나 학교에서의 아침 기도때 불려지고 있다.[110]

3. 그 밖의 중요한 인도의 언어

힌디어와 영어 이외에도 벵골어(Bengali), 테루구어(Telugu), 마라티어(Marathi), 타밀어(Tamil), 우르두어(Urdu), 구자라티어(Gujarati), 마라야람어(Malayalam), 칸나다어(Kannada), 오리야어(Oriya), 펀자브어(Punjab), 아삼어(Assamese), 캬슈미르어(Kashmiri), 신드어(Sindhi), 힌두스탄어(Hindustan, 북부 인도에 걸쳐 널리 말해지는 힌두/우르두어의 변형), 그리고 앞에서 살펴본 산스크리트어(Sanskrit) 등이 모두 공식언어로서 사용되고 있다.[112]

현장 정보

▪ 인도사람들의 언어 — 3~4개 언어는 기본

인도에는 힌디어를 비롯해 모두 1652개의 지방언어가 있다. 영어는 힌디어와 함께 준(準)공용어이다. 화폐도 18개 언어로 표시된다. 일반적으로 260개 언어가 사용된다. 이러다 보니 연방 의회에서 의원들이 상대방 의원 발언을 통역해서 듣기 위해서 헤드폰을 끼고 있는 모습을 볼 수 있다.[113]

인도 사람들은 대개 3~4개 언어가 기본이다. 일단 자기가 태어나고 자라난 지방의 공용어와 상용어인 영어를 합하면 2개가 된다. 여기에 18개 공용어들 중 가장 대표적인 힌디어, 독어 · 불어 · 일어 등 제 2외국에서 선택하여 배운 언어, 개인적인 필요에 따라 익힌 언어 등을 합치면 3~4가지가 보통이다.

예를 들어, 현대자동차 첸나이 공장에서 근무하는 싱(S. Singh) 씨는 힌디어는 자신이 델리 출신이라 태어나면서부터 익혔고, 영어는 유치원 때 배웠으며, 펀자브어는 자신이 시크교도라서 알게 되었고, 일본어는 대학교때 일본인 관광안내원을 하려고 배웠고, 한국어는 대학 졸업후 한국기업에 취직하려고 배웠다. 이렇게 그는 힌디어, 영어, 펀자브, 일본어, 및 한국어 등 5개 국어를 자유로이 구사하고 있다.[114]

IT산업의 메카인 벵갈루루에 소재하고 있는 LG CNS 현지법인의 정희대 법인장은 "벵갈루루 IT 전문 인력들은 대부분 5개 언어를 구사한다. 프로그램 개발을 위해서 일본어나 중국어가 필요하다면 6개월 정도 어학 센터에 보내면 되는데, 단 6개월만에 놀라울 정도로 어학을 빨리 배운다.

소프트웨어도 일종의 IT 언어라고 볼 수 있다. 인도가 소프트웨어 산업에서 세계

표 5-4 힌디어로 지어진 조국 사랑의 시(詩)[111)]

सारे जहाँ से अच्छा, हिन्दोस्तां हमारा
हम बुलबुले हैं इसकी, वो गुलसितां हमारा

पर्वत वो सबसे ऊँचा, हमसाया आसमाँ का
वो संतरी हमारा, वो पासवां हमारा, सारे...

गोदी में खेलती हैं, जिसकी हज़ारों नदियां
गुलशन है जिसके दम से, रश्क-ए-जिनां हमारा
सारे....

मजहब नहीं सिखाता, आपस में बैर रखना
हिन्दी हैं हम वतन हैं, हिन्दोस्तां हमारा, सारे...

saare ahaan se achcha hindostaan
hamaraa
hum bul bulain hai is kee, ye gulsitan
hamaraa
parbat vo sabse unchaa hum saaya aasma
kaa
vo santaree hamaraa, vo paasbaan
hamaraa
godee mein khel tee hain is kee hazaaron
nadiya
gulshan hai jinke dum se, rashke janna
hamaraa
mazhab nahee sikhataa apas mein bayr
rakhnaa
hindee hai hum, vatan hai hindostaan
hamaraa

이 세상 그 어느 곳 보다도 우리의 인도는 훌륭하다.
우리는 인도의 나이팅게일
(해설 : 밤에 아름다운 소리로 우는 지빠귀과의 작은 새)이고
이 곳은 우리의 정원이다.
그 산은 높고, 이웃은 하늘이다.
그것은 우리의 보초이며, 우리의 보호자이다.
1천개의 강물이 산골짜기를 춤추며 흐르고,
그들이 떠받쳐 주는 정원과 천국(天國)의 부드러움은 우리들 것이다.
우리들 간에는 악의를 품지 말라고 신념은 우리에게 가르친다.
우리는 모두 인도 사람들이며 인도는 우리의 조국이다.

최강의 경쟁력을 확보한 것도 인도 사람들의 천부적인 '멀티 랭귀지(multi-language)' 능력과 무관하지 않은 것 같다."고 설명했다.[115)]

■ MS－인도 14개 언어를 지원하는 윈도우와 오피스 제공[116)]

인도 시장 공략에 총력을 기울이고 있는 마이크로 소프트(MS)의 스티브 발머 최고 경영자(CEO)는 만모한 싱 인도 총리와의 면담에서 "MS는 1년 이내에 14개 인도 언어를 지원하는 윈도우(Window)와 오피스(Office)를 제공하겠다."고 약속했다.

인도의 각 지역별로 그 지역 언어로 된 윈도우 운영체제를 생산하여 제공하는 것이 인도 시장을 석권하는 데 가장 중요한 요소라는 것이 MS의 입장이다.

■ MS의 인도에서의 로고[117)]

인도의 주요 8개 언어로 표기된 마이크로 소프트의 로고를 제시하면 그림 5-3과 같다.

그림 5-3 마이크로 소프트의 인도 로고

4. 요 약[117]

지금까지의 설명을 요약하면, 인도의 언어들 중 힌디어와 영어는 중앙정부가 공식적으로 사용하는 언어이다. 인도에 고유한 전통적 언어로서 대표적인 것은 산스크리트어 및 타밀어(Tamil)이다. 그 밖에도 인도에서 모국어로서 사용되는 언어에는 1,652종류가 있다.

현장 정보

■ 영어－인도 국가 경쟁력의 원천, 성공 · 성장 · 통합의 코드[119]

인도의 경쟁력 원천의 하나로 지적되는 것은 '영어' 이다. IT산업을 비롯하여 무역에서도, 국제금융 서비스에서도, 의료 · 법률 · 교육 산업 등에서도 능통한 영어로 상품과 서비스의 수출과 수입이 자유롭기 때문이다.

영문 서적은 미국, 영국에 이어 세계에서 3번째로 인도에서 가장 많이 출간되고 있으며, 델리 등 수도에서뿐만 아니라 각 지방에서도 영어 신문이 수십 개씩 발행된다. 영국의 파이낸셜 타임즈는 2005년 영자 신문인 '비지니스 스탠다드(Business Standard)' 에 지분율 26%로 출자한 바 있다.

뉴델리 시내 남쪽에 있는 사립학교인 델리공민학교(DPS, Delhi Public School)은 초등 5년, 중 · 고등 7년 과정을 합쳐 12년제인데, 수업은 초등학교 1학년때부터 모두 영어로 진행된다. 교과서도 모두 영어책이고, 도서관에도 영어책들로 가득차 있다.

인도의 대표적 컴퓨터 교육훈련 회사 중의 하나인 '압테크' 는 모든 강의를 영어로 진행한다. 압테크사(社)의 크리슈난 부사장은 "영어로 강의하는 배경은 영어가 IT소프트웨어의 국제 언어인 데다 수강생들은 교육받은 후 대부분이 영어를 사용하는 소프트웨어 업계에서 일하기 때문이다." 라고 설명했다.

즉, 영어는 인도사람들에게 '성공 코드(Success code)' 이다. 인도에서 출세하고 성공하려면 영어는 기본조건이다. 성공한 사람은 예외없이 영어를 잘한다. 그것도 품위있는 영국식 표현과 미국식 발음을 구사하는 고급 영어를 능숙하게 구사한다. 몇년 전부터 델리, 콜카타, 뭄바이 등 대도시 주변에는 인도식 '사투리' 영어를 영 · 미식 '정통 언어' 로 교정해주는 영어 전문학원이 유행하고 있는 것도 이러한 이유에서이다. 이와는 대조적으로, 거리에 숱하게 쏟아져 나와있는 못배우고 가난한 사람들은 대부분 영어를 못한다.

또, 영어는 인도에서 '성장 코드(Growth code)' 이다. 인도 정보통신부 산하기관인 STPI (Software Techcnology Parks of India-Bangalore)의 파타 사라티 부소장은 "인도의 우수한 IT인력들과 세계에서 미국 다음으로 많은 영어 사용 인력들이 '벵갈루루 신화' 의 핵심 원천이다" 라고 강조했다.

정확한 통계는 없지만 인도 사람들 중 약 1억 2000만 명 정도가 영어를 자유롭게 구사하는 것으로 추산되고 있고, 이들 중 5000만 명은 대단히 유창한 영어를 구사하는 것으로 추정되고 있다.

마지막으로, 영어는 '통합 코드(Integration code)'이다. 전술한 바와 같이 인도에는 수많은 지방 언어가 있고, 수많은 사람이 있고, 종교도 많다. 지방분권화에 따라 각 주별로 정치세력도 다양하다. 인도의 대통령, 총리, 각 당의 당수, 각부 장관들은 서로 다른 종교를 갖고 있고, 출신 지역이 다르고, 사용하는 언어가 다르다. 이러한 상황에서 영어는 이처럼 복잡하고 다양한 인도를 하나로 통합시켜주는 핵심고리 역할을 하고 있다.

만일 인도에 영어가 없다면 수없이 다양한 언어와 종교와 이념을 교류할 수가 없다. 벵갈루루 시내 한 복판에는 인도의 성장을 상징하는 기념탑이 자리잡고 있다. 이 탑에 새겨진 말은 '다양성 속에서의 통일'인데, 이 말이 인도의 여러 지방 공용어로 열거된 다음, 맨위에는 'Unity in Diversity'란 영어로서 모든 언어를 묶어주고 있다.

제6장
통치기구 환경

이 장에서는 인도의 통치기구(govermance)환경으로서, 인도의 행정부와 입법부 및 사법부 등을 고찰하기로 한다.

제1절 서 론

인도는 준연방(準聯邦) 형태의 정부(a quasi-federal form of government)와 영국의 회식 양원(兩院 ; a bicameral parliament)제도하에 운영되고 있는 독립 · 사회주의 · 비종교적(非宗敎的) · 민주공화국(a Sovereign, Socialist, secular, Democratic Republic)이다.[1]

인도는 3개의 통치기구(branches of govermance)를 가지고 있는데, 그것은 행정부(Executive), 입법부(Legislature), 그리고 사법부(Judiciary)이다. 아래에서는 이들에 대해 구체적으로 살펴보기로 한다.

제2절 행정부(Executive Branch)

인도의 행정부는 대통령, 부통령, 총리, 그리고 각료회의로 구성되어 있다.[2)]

인도의 대통령(President)은 국가의 수반(Head of the State)인 반면에, 총리(Prime Minister, 국무총리)는 정부의 수반(Head of the Government)으로서 내각(Cabinet Ministry)을 구성하는 각료회의(Council of Ministers)의 지지를 얻어 임무를 수행한다.[3)]

각료회의를 구성하는 장관(Ministers)은 상원(上院)이나 하원(下院)의 구성원(a member of eitler House of Parliament)이어야만 한다.[4)] 아래에서는 이들에 대한 구체적 내용을 살펴보기로 하자.

1. 인도의 대통령(President of India)

(1) 대통령의 권한

인도정부는 행정권력을 인도대통령의 이름 아래에서 행사한다. 대통령은 군대의 최고 명령권자(Superme Commander of the Armed Forces)이고 국가의 수반(首班 ; Head of State)이며, 공화국 헌법의 수호자(Chief Guardian of the Constitution of the Pepublic)이다.[5)]

대통령의 역할은 일반적으로 의례적(儀禮的, ceremonial)인데, 대통령은 헌법을 해석하고, 법률을 서명하고, 사면을 행할 수 있다.[6)]

또 대통령은 인도 군대의 최고명령권자이며, 의회를 해산하고 새로운 선거를 실시하고, 국가 비상사태를 선포하고, 주정부(governments in the states)를 해산할 수 있는 권한을 가지고 있는데, 이러한 모든 권한은 총리 및 선출된 정부의 각료회의(the Council of the prime minister and the elected goverment)의 조언에 근거해야만 한다.[7)]

(2) 대통령의 선거[8)]

대통령은 연방 의회(Federal Parliament), 즉 상·하 양원(上下兩院)과 주의회 의원(legislatures of the states)으로 구성된 특별 선거인단(special electoral college)에 의해서 선출되며, 5년의 임기를 갖는다. 최근 실시된 선거는 2002년 7월 실시되었고, 다음 선거는 2007년 7월 18일 실시된다.

(3) 인도의 역대(歷代) 대통령

인도 헌법이 시행된 1950년 1월 26일 라젠드라 프라사드(Rajendra Prasad)가 초대 대통령으로 취임한 이래, 인도 대통령들의 명단은 표 6-1에 제시되어 있다.

표 6-1 역대 인도 대통령들의 명단[9)]

순서	이 름		취임일자	퇴임일자
01	라젠드라 프라사드	(Dr. Rajendra Prasad)	1950. 1. 26	1962. 5. 13
02	사르베팔리 라다크리쉬난	(Dr. Sarvepalli Radhakrishnan)	1962. 5. 13	1967. 5. 13
03	자키르 후사인	(Dr. Zakir Hussain)	1967. 5. 13	1969. 5. 13
*	바라하기리 벤카타 기리	(Varahagiri Venkata Giri)	1969. 3. 3	1969. 7. 20
*	무하마드 히다야툴라	(Muhammad Hidayatullah)	1969. 7. 20	1969. 8. 24
04	바라하기리 벤카타 기리	(Varahagiri Venkata Giri)	1969. 8. 24	1974. 8. 24
05	파크루딘 알리 아메드	(Fakhruddin Ali Ahmed)	1974. 8. 24	1977. 2. 11
*	바사파 다나파 자티	(Basappa Danappa Jatti)	1977. 2. 11	1977. 7. 25
06	넬람 산지바 레디	(Neelam Sanjiva Reddy)	1977. 7. 25	1982. 7. 25
07	기아니 자일 싱	(Giani Zail Singh)	1982. 7. 25	1987. 7. 25
08	라마스와미 벤카타라만	(Ramaswamy Venkataraman)	1987. 7. 25	1992. 7. 25
09	샹카르 다얄 샤르마	(Dr. Shankar Dayal Sharma)	1992. 7. 25	1997. 7. 25
10	코체릴 라만 나라야난	(Kocheril Raman Narayanan)	1997. 7. 25	2002. 7. 25
11	압둘 칼람	(Dr. A. P. J. Abdul Kalam)	2002. 7. 25	현직 재임

* 대리(代理, acting)

현장 정보

■ 인도의 제10대 대통령-코체릴 라만 나라야난[10)]

코체릴 라만 나라야난(Kocheril Raman Narayanan)은 달리트(Dalit)로 불리는, 인도 최하위 계급인 불가촉 천민(untouchable) 출신으로 인도 대통령 위치에까지 오른 입지전적 인물이다.

1920년 케랄라주 외딴 시골에서 7남매 중 넷째로 태어난 그는 트라반코르 대학에서 학사와 석사과정을 최우등으로 졸업했다. 자격이 충분해 강사를 신청했으나 대학에서는 그가 천민 출신이라는 이유로 이를 거부했다. 대신에 이 대학은 그에게 학교 사무원 자리를 제안했다. 화가 난 그는 사무원 자리는 물론이고 졸업식 참석도 거부했다. 최우등 졸업자로서 학위받기를 거부한 것이다.

50년후 1992년 그가 제9대 인도 부통령 자리에 올랐을 때 대학 당국은 당시 일을 사과하고 못 준 학위를 수여하겠다고 제안했다. 그는 기꺼이 학위를 받았다.

그는 신문기자, 외교관을 거쳐 정계에 투신해 의원과 부통령을 역임한 뒤, 1997년 7월 25일 대통령에 취임했다. 2005년 10월 29일 폐렴과 신장질환 증세로 병원에 입원해서 그동안 약 2주일 동안 생명보조장치에 의존한 채 혼수상태에 빠져 있다가 2005년 11월 11일 타계했다.

어떠한 종교나 계급 및 신분 등에 구애받지 않고 대통령 직무를 수행한 그는 현대 인도의 신분제도 청산에 기여한 상징적 인물로 꼽히고 있다.

■ 인도의 제11대 대통령 – 압둘 칼람(A.P.J. Abdul Kalam)[11)]

압둘–칼람 인도 대통령

2002년 7월 선거에서 상 · 하 양원 및 주의회의원들로 구성된 선거인단의 89.6%의 지지를 얻어 인도의 제11대 대통령으로 당선된 압둘 칼람은 노련한 정치가도, 오랜 민주화 투사도 아니다. 그는 과학자 출신이다.

인도가 이웃 파키스탄과 핵무기 개발 경쟁을 벌이며 전쟁 일보 직전까지 가는 긴장된 상황에서, 인도 국민들은 핵개발의 최전선에서 가장 큰 공을 세운 과학자를 국가원수로 선출한 것이다. 그는 지난 1989년 핵탄두 장착미사일이 가능한 아그니(Agni, 불) 미사일을 개발한 데이어, 1988년 파키스탄과 경쟁을 벌이며 핵폭탄을 개발, 국민적 영웅으로 떠올랐다. 평소에 "힘은 힘을 존경한다"고 주장하는 압둘 칼람은 핵무기 개발에 관한 한 가장 강경한 매파에 속한다. 힌두교와 이슬람교도들 간의 긴장이 고조되고 있는 가운데 소수파인 이슬람교도인 압둘칼람이 대통령으로 선출된 것은 국민 통합에 도움을 주었다. 그는 여러 집단들 간의 합의를 이끌어 내는 데 뛰어난 능력을 가진 것으로 평가되고 있다.

압둘 칼람은 1931년 10월 15일 타밀나두 주의 라메스와람(Rameswaram)에 있는 다누쉬코디(Dhanushkodi)라고 하는 작은 어촌에서 어부의 아들로 태어났다. 그는 집안에서 대학을 졸업한 최초의 사람일 정도로 하급계층에서부터 성공한 입지전적인 인물이다. 어린 시절에는 아버지를 돕기 위해 신문팔이 소년으로 일하다가 학교에서 쫓겨나기도 했으며, 결국 주변의 도움으로 대학을 졸업했다. 그는 박사학위를 받은 적은 없는 것으로 알려졌다. 대신에 그는 30여 개의 명예박사 학위와 3개의 인도명예 훈장을 받았고, 국민들 사이에서는 '핵미사일 박사', '핵폭탄의 아버지', 혹은 '핵미사일의 대부(代父)'로 불리며 국민들의 존경과 사랑을 받아 왔다.

어깨까지 치렁치렁 내려오는 회색머리가 트레이드 마크인 압둘 칼람은 평생 독신이며, 시인이자 음악가이며 채식주의자로 유명하다.

그는 1999년부터 2001년까지는 총리과학 보좌관 등을 역임했고, 정신장애 어린이들을 돕기 위해 뇌 연구센터 개설에 적극적으로 참여했으며, 후진 양성에도 힘써 왔다.

그의 저서에는 India 2020: A vision for the New Millennium, India–my dream, Envisioning an Empowered Nation : Technology for societal Transformation 등 5권이 있으며, 자서전으로는 Scientist to President, · Wing of Fire: An Autobiography 등 5권이 있다.

또 최근에는 시집(詩集) The Luminous Sparks(어둠 속에서 빛나는 불꽃들)과 수필집 Ignited Minds(불꽃이 피어난 마음들)을 저술했다.

2. 인도의 부통령(Vice-president of india)

(1) 부통령의 지위[12)]

인도 헌법 제63조는 "인도에는 부통령을 둔다."라고 규정하고 있다.

부통령은 인도 행정부에서 대통령의 뒤를 이어 두 번째로 서열이 높은 지도자이다. 부통령은 또한 상원(上院), 즉 라자 사바(Rajya Sabha)의 의장(議長, Chairman)으로서 활동하며 입법기능(立法機能, legislative function)을 갖는다.[2)]

(2) 부통령의 선출[13)]

부통령은 그 직위가 공석(空席, vacant)이 되었을 때는 언제든지 상 · 하양원의 모든 구성원들로 구성한 선거인단에서 선출되고, 임기는 5년이며, 몇 번이든지 재임(再任)할 수 있다. 부통령으로 선출될 수 있는 자격은 대통령의 경우와 같다. 최근 실시된 선거는 2002년 8월 실시되었고, 다음 선거는 2007년 8월 실시된다.

(3) 부통령의 직무[14)]

부통령은 대통령이 사망, 사임, 해임 및 기타 사유로 대통령의 직위가 공석이 된 경우에, 새로운 대통령이 선거인단에 의해 선출될 때까지 대통령으로서의 역할을 수행한다(인도 헌법 65조(1)). 또한 대통령이 부재(不在)나 질병 또는 기타 원인으로 직무를 수행할 수 없을 때는, 대통령이 자신의 직무를 다시 맡을 때까지 부통령이 대통령의 직무를 수행한다(인도 헌법 65조(2)).

(4) 인도의 역대 부통령

1952년 3월 13일 사르베팔리 라다크리쉬난(Sarvepalli Radhakrisnan)이 초대 부통령으로 취임한 이래, 인도 부통령들의 명단은 표 6-2에 제시되어 있다.

현장 정보

■ **인도의 부통령 - 바이론 싱 세카와트(Bhairon Singh Shekhawat)[16)]**

제11대 인도 부통령인 바이론 싱 세카와트는 1923년 10월 23일, 라자스탄주의 시카르(sikar) 지역에 있는 카차리아와스(khachariawas) 마을에서 태어났다. 그는 고등학교를 졸업했을 뿐 아버지가 일찍 돌아가셨기 때문에 대학 교육은 마치지 못했다.

표 6 - 2 역대 인도 부통령들의 명단[15)]

순서	이름		취임일자	퇴임일자
01	사르베팔리 라다크리쉬난	(Dr. Sarvepalli Radhakrishnan)	1952. 5. 13	1962. 5. 12
02	자키르 후사인	(Dr. Zakir Hussain)	1962. 5. 13	1961. 5. 12
03	바라하기리 벤카타 기리	(Varahagiri Venkata Giri)	1967. 5. 13	1969. 5. 3
04	고팔 스와루프 파타크	(Gopal Swarup Pathak)	1969. 8. 31	1974. 8. 30
05	바사파 다나파 자티	(Basappa Danappa Jatti)	1974. 8. 31	1979. 8. 30
06	모하메드 히다야툴라	(Mohammed Hidayatullah)	1979. 8. 31	1984. 8. 30
07	라마스와미 벤카타라만	(Ramaswamy Venkataraman)	1984. 8. 31	1987. 7. 27
08	샨카르 다얄 샤르마	(Shankar Dayal Sharma)	1987. 9. 3	1992. 7. 24
09	코체릴 라만 나라야난	(Kocheril Raman Narayanan)	1992. 8. 21	1997. 7. 24
10*	크리샨 칸트	(Krishan Kant)	1997. 8. 21	2002. 7. 27
11	바이론 싱 세카와트	(Bhairon Singh Shekhawat)	2002. 8. 19	현재 재임

* 재임 중 사망

바이론 싱 세카와트 인도 부통령

그는 농업 전문가이다. 그는 1952년~1972년 라자스탄 의회 구성원을 역임한 이래 몇 차례 라자스탄 주 수석 장관을 역임하였다. 그의 저서에는 연설문을 모아놓은 "Chintan Aur Avdharna"가 있다. 그는 자신의 부인 쉬리마티 수라지 칸와르(Shrimati Suraj Kanwar) 여사와의 사이에 1명의 딸을 두고 있다.

3. 각료 회의(閣僚會議, Council of Ministers)

(1) 서론

인도 행정부의 실제 권력은 총리(總理, Prime Minister)이 지휘하는 각료회의(the Council of Ministers), 즉 연방 내각(聯邦內閣, Union Cabinet)에 주어져 있다.[17)] 각료회의는 연방정부의 장관들과 주정부의 장관 · 차관으로 구성되며, 하원(下院), 즉 로크 사바(Lok Sabha)에 대해 책임을 진다.[18)]

대통령은 수상을 임명하는데, 수상은 국회의원 선거 후에 결정된 의회 다수당(parliamentary majority)을 지배하는 정당 혹은 연합정당에 의해 선출(지명)된다.[19)] 모든 중앙정부의 의사결정은 대통령의 이름으로 이루어진다.[20)]

각료회의에는 3가지 형태가 있는데, 그것은 서열순으로 중앙정부의 내각 장관(Cahinet Minister), 즉 연방장관(Union Minister), 독립적 책임을 지는 주(州)장관(Minister of state with independent charge), 그리고 주(州)장관(Minister of state)이다. '내각 장관' (연방장관)과 독립적 책임을 지는 주장관' 은 대개 각료회의에 참석한다.[21)]

(2) 총리(Prime Minister)

1) 총리의 임명

헌법 제76조에 의하면, 총리는 공식적으로는 대통령이 임명한다.[22] 대통령은 하원(下院), 즉 로크 사바(Lok Sabha)에서 다수당의 지도자를 총리도 임명한다. 그러나 어떤 단일 정당이 다수 의석을 차지하지 못했을 때는, 대통령은 로크 사바에서 다수당을 구성하는 정당 연합(a combination of parties constituting the majority)의 지도자, 혹은 로크 사바에서 다수당의 지지를 지배(commanding)하는 가장 큰 단일 정당의 지도자를 총리로 임명할 수 있다.[23]

2) 총리의 권력과 기능[24]

공식적으로는 대통령이 총리의 지위보다 서열이 앞서지만, 앞에서 설명한 바와 같이 대통령의 직무는 대개 의례적(儀禮的, ceremonial)이기 때문에, 실제적으로는 총리가 대통령보다 가장 강력한 권력을 보유하고 있다.

총리는 각료회의 구성원들을 선정하며, 공식적으로는 대통령이 이들을 임명한다 (헌법 제75조). 총리는 장관들을 선택할 수 있고 해임시킬 수도 있다. 총리는 각료회의를 주관하고, 정부의 정책을 결정한다. 그는 여러 부서들(ministries)의 업무를 조정하고, 부서들 간의 갈등을 해결한다.[25]

또한 총리는 모든 중요한 문제들, 예를 들면 고등법원과 대법원 판사 · 중앙선거관리위원회 위원장 · 감사원장을 임명하는 것과 같은 모든 중요한 업무에 대하여 대통령에게 조언한다.[26] 총리는 또한 연방의회의 소집과 정회(停會), 하원(下院, 로크 사바, Lok Sabha)의 해산 및 비상사태의 선포 등에 관하여 대통령에게 조언한다.[27]

3) 인도의 역대 총리

1947년 8월 15일 네루(Jawaharlar Nehru)가 초대 총리로 취임한 이래, 인도 총리들의 명단은 표 6-3에 나타나 있다.

4) 역대 총리의 출신정당

표 1–1에서 볼 수 있듯이, 자와할랄 네루(Jawaharlal Nehru)가 4번(1947~1952, 1952~1957, 1957~1962, 1962~1964), 인디라 간디(Indira Gandhi)가 3번(1966~ 1971, 1971~1977, 1980~1984), 아탈 베하리 바지파에(Atal Behari Vajpayee)가 3번(1996, 1998~1999, 1999~2004) 수상의 직을 맡았다.[29]

또한 인도가 독립한 초기에는 약 30년 동안 인도 국민 의회당(Indian National Congress Party)이 집권했다.[30] 1977년에는 모라지 데사이(Morarji Desai)가 인도 국

표 6－3 역대 인도 총리들의 명단[28]

순 서	이 름		취임일자	퇴임일자	소속정당
01	자와할랄 네루	(Jawaharlal Nehru)	1947.8.15	1964.5.27	INC
*	굴자리랄 난다	(Gulzarilal Nanda)	1964.5.27	1964.7.9	INC
02	랄 바하두르 샤스트리	(Lal Bahadur Shastri)	1964.7.9	1966.1.11	INC
*	굴자리랄 난다	(Gulzarilal Nanda)	1966.1.11	1966.1.24	INC
03	인디라 간디	(Indira Gandhi)	1966.1.24	1977.3.24	INC
04	모라지 데사이	(Morarji Desai)	1977.3.24	1979.7.28	JP
05	초우다리 차란 싱	(Choudhary Charan Singh)	1979.7.28	1980.1.14	JP
**	인디라 간디	(Indira Gandhi)	1980.1.14	1984.10.31	INC
06	라지브 간디	(Rajiv Gandhi)	1984.10.31	1989.12.2	Congress I
07	비슈와나드 프라탑 싱	(Vishwanath Pratap Singh)	1989.12.2	1990.11.10	JD
08	찬드라 세카르	(Chandra Shekhar)	1990.11.10	1991.6.21	JD
09	나라싱하 라오	(P. V. Narasimha Rao)	1991.6.21	1996.5.16	Congress I
10	아탈 베하리 바지파예	(Atal Behari Vajpayee)	1996.5.16	1996.6.1	BJP
11	데베 고다	(H.D. Deve Gowda)	1996.6.1	1997.4.21	JD
12	인데르 쿠마르 구지랄	(Inder Kumar Gujral)	1997.4.21	1998.3.19	JD
*	아탈 베하리 바지파예	(Atal Behari Vajpayee)	1998.3.19	2004.3.22	BJP
13	만모한 싱	(Dr. Manmohan Singh)	2004.3.22	현재 재임	INC

* 대리(代理, acting)
** 직무 재임(resumed office)
INC: Indian National congress (인도 국민의회 당)
JP: Janata party (자나타 당)
Congress I: Indian National Congress, 즉 INC가 Congress I (I for India)로 됨.
JD: Janata Dal Bharatiya (자나타 달 바라티야 당)
BJP: Bharatiya Janata Party (바라티야 자나타 당)

민 의회당이 아닌 첫번째 총리였다.[31] 1996년에는 바라티야 자나타 당(Bharatiya Janata Party)의 아탈 베하리 바지파에(Atal Behari Vaipayee)가 이 당의 첫번째 총리가 되었으며, 1998년에 다시 집권하였다.[32]

2004년 하원(로크 사바) 선거에서는 인도 국민 의회당, 즉 의회당(Congress)이 다시 권력을 잡았는데, 당수(黨首)였던 소니아 간디(Sonia Gandhi)가 총리직을 양보하여 만모한 싱 박사(Dr. Manmohan Singh)이 2004년 5월 19일 총리로 임명되었다.[33] 만모한 싱은 시크교도 출신의 첫번째 인도 총리이다.[34]

■ 인도의 총리 – 만모한 싱 박사(Dr. Manmohan Singh)[35]

만모한 싱 박사

2004년부터 인도의 총리직을 수행하고 있는 마모한 싱 박사는 1932년 9월 26일 펀자브 주의 마을에서 태어났다. 그는 1948년 펀자브 대학(Punjab University) 입학 허가를 받았다. 그후 그는 영국의 케임브리지 대학(University of Cambridge)에 유학을 갔으며, 1957년 최고 우등생으로 경제학 학위(First Class Honours Degree in Economics)를 받았다. 그는 그후 1962년 옥스퍼드 대학의 누필드 칼리지(Nuffield College)에서 경제학 박사 학위를 받았다. 그의 저서 "인도의 수출 추세와 자급자족형 성장에 대한 전망"(India's Export Trends and Prospects for self-sustained Growth clarenden Press, Oxford, 1964)은 인도의 내부지향적 무역 정책을 비판했던 초기의 저술이다. 그는 그 후 펀자브 대학교와 델리대학 경제학부의 교수로 재직했다. 1971년에는, 싱 박사는 인도정부의 무역장관 자문위원으로 활동했고, 1972년에는 재무장관의 수석 경제 자문위원으로 활동했다. 그는 그후 재무장관 비서, 기획위원회 의장, 인도연방은행 총재, 수상 자문위원 등을 역임했다.

싱 박사와 그의 부인 구르샤란 카우르(Gursharan Kaur) 여사에게는 세 딸들이 있다.

(3) 연방 각료회의 장관(The Union Ministers)[36]

인도에서 매일 매일 수행되는 업무 및 외교 업무는 인도 연방의회에서 제정된 다양한 법률 및 연방각료회의 장관들과 부서들(Union Ministers and Departments)에 의해 이루어진다. 각 주(州, States)에 위양된 업무에 대해서는 장관들은 조언 역할을 하고 기금(基金, funding)을 교부한다.

연방 정부부서와 독립부서의 장(長, the heads of the ministries and independent departments)들은 연방 각료회의(Union Cabinet)의 구성원이 된다. 즉, 이들 장관 및 그가 지휘하는 부서 및 독립적 행정업무 대행부서(代行部署, independent executive agencies)들은 총리의 소속기관(administrative arms of the Prime Minister)이라고 할 수 있다.

연방 각료회의 장관들이 주관하는 부서에는 중앙정부 부서(Central Government Ministries)와 중앙정부 독립부서(Central Government Independent Departments)가 있다.

(4) 주 정부(State Government)

인도에는 헌법상 28개의 주(州, States) 그리고 중앙정부의 직접 관할하에 있는 7개 연방직할지(Union Territories)가 있다.[37] 다만 잠무 · 카슈미르 주(州)의 전 지역을 파키스탄이, 또 같은 주의 북부를 중국이 각각 영유권을 주장하고 있고, 아루나찰 프라데슈 주의 대부분을 중국이 영주권을 주장하고 있다.[38] 2000년 11월 15일에는 비하르 주의 남부지역에 자치권이 부여되어 자르칸드 주로서 28번째의 주가 탄생했다.[39]

주정부에는 대통령이 임명하는 주 지사(Governor of a Statate)가 있는데(헌법 제155조), 주지사에게는 주의 행정권력(executive power of the State)이 부여되어 있다(헌법 제153조, 제154조). 또한 주지사를 도와주고 필요한 경우, 조언을 하기 위해 주 총리(Chief Minister)를 수반으로 하는 각료 회의(Council of Ministers)를 둔다. 그리고 각 주마다 주 의회(State Legislature)가 있는데, 대부분의 주(州)는 단원제(單院制), 즉 한 개의 의회(one House)를 두지만, 비하르(Bihar)주, 마하라슈트라(Maharashtra)주, 카르나타카(Karnataka)주, 및 우타르 프라데슈(Uttar Pradesh)주는 양원제(兩院制), 즉 두 개의 의회(two Houses)를 두고 있다(헌법 제168조).

또한 각 연방직할지는 대통령이 임명한 행정관(administrator)에 의해서 운영된다(헌법 제239조).

제3절 입법부(Legislative Branch)

1. 서 론[40]

인도의 의회(議會, Parliament)는 인도에서 최고의 입법부(立法府, legislative branch)이다. 인도의 의회, 즉 연방 의회는 대통령과 상 · 하 양원(兩院, bicameral parliament, 혹은 Sansad)으로 구성된다. 상원(上院, Council of States)은 라자 사바(Rajya Sabha)라고 불리며, 하원(下院, House of People)은 로크 사바(Lok Sabha)라고 불린다. 대통령은 이들 두 의회를 소집(summon)하거나 정회(停會, prorogue) 할 수 있으며, 혹은 로크 사바를 해산(dissolve)할 수 있다.

그림 6-1 인도 국회의사당 건물(Parliament House)[41]

인도 의회 건물이 모습은 그림 6-1에 나타나 있다.

인도 의사당 건물(The Houses of Parliament)은 산사드 바반(Sansad Bhavan)이라고 부르는데, 원형(圓形, circular structure)으로 지어져 있다. 이 건물은 영국 건축가 에드워드 루트엔즈(Edward Lutyens)가 1911년에 설계한 것이다. 건물 밖의 지붕은 257개의 화강암 기둥으로 받쳐져 있다. 이 건물은 뉴델리에 자리잡고 있다.

2. 라자 사바(Rajya Sabha)[42]

상원인 라자 사바는 250명 이내로 구성되는데, 이들 중 238명은 주(States)와 연방직할지(Union Territories)를 대표하는 구성원들로 또 나머지 12명은 대통령이 임명하는 구성원들로 이루어진다(헌법 제80조). 상원에 속한 각 주의 대표자들은 주 입법회의(Legislative Assembly of the State)에 의해 선출되는 간접선거 형식을 취한다. 대통령이 임명하는 의원들은 문학, 과학, 예술, 및 사회봉사 등의 각 분야에서 전문지식과 실무경험을 갖춘 사람들로 구성된다.

그림 6-2 라자 사바[43]

라자 사바는 영속적인 기구(permanent body)로서 해산(解散, dissolution)의 대상이 되지 않는다. 그러나 1/3의 구성원(의원)들은 2년마다 퇴임하며 새로이 선출되는 구성원들이 그 자리를 대체한다. 각 구성원들은 6년의 임기로 선출된다.

인도의 부통령은 직권상(職權上) 라자 사바의 의장(the ex-officio chairman of Rajya Sabha)이다. 라자 사바는 또한 그 구성원들 중에서 대리의장(代理議長, Deputy Chairman)을 선출한다.

수상은 라자 사바의 구성원이기도 한 수석장관(首席長官, senior most Minister)을 라자 사바의 지도자로 임명한다. 라자 사바의 모습은 그림 6-2에 나타나 있다.

3. 로크 사바(Lok Sabha)[44]

(1) 개관

로크 사바는 각 주에서 직접 선거에 의해 선출되는 530명 이내의 구성원(의원)과 연방직할지를 대표하는 직접 선거에 의해 선출되는 20명 이내의 구성원(의원), 그리고 대통령이 임명하는 앵글로-인디언계(Anglo-Indian Community)를 대표하는 2명, 따라서 최대 총 552명을 초과하지 않는 범위 내에서 이러한 대표자들로 구성되어 있다.

로크 사바의 임기는, 해산되지 않는 한, 회기 개시일로부터 5년이다. 그러나 국가비상 사태가 선포되어 있을 때는, 의회(Parliament)는 법률에 의하여 1년을 초과하지 않는 범위 내에서 그리고 어떤 경우에도 비상사태가 종료된 날로부터 6개월을 넘지 않는 범위 내에서, 이 기간을 연장할 수 있다.

로크사바의 모습은 그림 6–3에 나타나 있다.

그림 6–3 로크 사바[45]

(2) 인도의 로크 사바(하원) 의원수[46]

현재 인도의 로크사바를 구성하고 있는 28개 주 및 7개 연방직할지의 하원의 원수는 표 6-4에 나타나 있다.

표 6 – 4 각 주 및 연방직할지의 하원 의원 수 (총 543명)

28개 주 하원 의원 수						7개 연방직할지 하원 의원 수		
1	안드라 프라데슈	42	15	마하라 슈트라	48	1	안다만 · 니코바르 제도	1
2	아루나찰 프라데슈	2	16	마니푸르	2	2	찬디가르	1
3	아삼	14	17	메갈라야	2	3	다드라 · 나가르 하벨리	1
4	비하르	40	18	미조람	1	4	다만 · 디우	1
5	차티스가르	11	19	나갈란드	1	5	델리	7
6	고아	2	20	오리사	21	6	락샤드위프	1
7	구자라트	26	21	펀자브	13	7	퐁디세리	1
8	하리야나	10	22	라자스탄	25			
9	히마찰 프라데슈	4	23	식킴	1			
10	잠무 · 카슈미르	6	24	타밀 나두	39			
11	자르칸드	14	25	트리푸라	2			
12	카르나타카	28	26	우타르 프라데슈	80			
13	케랄라	20	27	우타란찰	5			
14	마디야 프라데슈	29	28	웨스트 벵골	42			

(3) 라자 사바와 로크 사바의 차이

라자 사바와 로크 사바의 차이점을 요약하면 다음과 같다.[47]

① 로크 사바의 구성원들은 유권자들에 의해 직접 선출된다. 라자 사바의 구성원들은 선출된 주 입법회의(State Legislative Assembly)의 구성원들에 의해 간접 선출된다.

② 정상적인 임기가 각각의 로크 사바는 5년에 불과하지만, 라자 사바는 영구적인 기관이다.

③ 로크 사바는 헌법상 내각(Council of Ministers)에 대해 책임을 진다. 재정 법안(Money Bills)은 로크 사바에만 제출될 수 있다. 또한 국가의 행정사무를 운영하는 데 필요한 자금을 허용해 주는 것도 로크 사바이다.

④ 라자 사바는 국가적 이익을 위해 필요하다고 인정할 때에는 주(州)에 관련된 문제에 대하여 법률을 제정할 것을 선언할 수 있다.

(4) 의회(議會, Parliament)의 기능과 권한[48]

연방 의회의 핵심적 기능은 행정업무를 감독하고, 예산을 통과시키고, 공공(公共)불만을 표출하고, 또 개발 계획 · 국제관계 · 국가정책 같은 다양한 주제를 토론하는 것이다. 의회는 또한 일정한 경우에는, 각 주(州)가 독점적으로 보유하고 있는 분야 내에 있는 주제에 대해서도 입법권을 행사할 수 있다.

그리고 의회는 헌법에 규정된 절차에 따라 대통령을 탄핵하고, 대법원과 고등법원의 판사 · 선거관리 위원장 · 감사원장 등을 해임할 수 있는 권한을 가지고 있다.

모든 법률을 제정하기 위해서는 상원과 하원의 동의를 받아야 한다. 의회에는 또한 헌법 개정을 발의(發議, initiate amendments)할 수 있는 권한이 부여되어 있다.

제4절 사법부(司法府, Judicial Branch)

1. 서 론

사법부는 인도 대법원(Supreme Court of India), 주(州) 고등법원(High Courts at the state level), 그리고 하급법원으로서 지역 법원 및 치안 법원(District and Session Court at the district level)으로 구성된다.[49]

2. 대법원(大法院, Supreme Court)

(1) 대법원의 권한[50]

대법원은 인도 사법(司法)체계의 최상층부에 자리잡고 있으며, 인도 헌법과 법률의 최종적인 해석자(interpreter)이다. 대법원은 헌법 해석에 관련된 민사(民事, civil) 및 형사(刑事, criminal) 사건에 관하여 항소 관할권(抗訴官轄權, appellate jurisdiction)을 갖는다. 또 대법원은 (1) 인도정부(Government of India)와 한개 이상의 주(州, states)들 간의 분쟁, (2) 당사자 한 쪽이 인도정부와 한 개 이상의 주(州)이고 다른 한 쪽이 한 개 이상인 주(州)들 간의 분쟁, (3) 두 개 이상의 주(州)들간의 분쟁에 대하여 고유 재판관할권(original jurisdiction)을 갖는다(헌법 제131조).

(2) 대법원장과 대법원 판사의 임명[51)]

헌법상 대법원에는 25명의 대법원 판사(associate justices)와 1명의 대법원장(chief justice)을 둔다(헌법 제124조). 대법원장은 대통령이 임명한다. 대법원 판사들은 대통령이 대법원장과 협의한 후 임명하며, 또 만일 대통령이 필요하다고 생각한다면, 대법원의 다른 판사들 및 주(州) 고등법원의 판사들과 협의한 후 임명한다. 이러한 임명에는 의회의 동의를 필요로 하지 않는다. 판사들은 원칙적으로 65세가 되어 은퇴할 때까지 해임되지 않는다.

(3) 고등 법원(高等法院, High Courts)[52)]

고등법원은 주(州)의 사법업무를 관장하는 최고법원이다. 현재 인도에는 21개의 고등법원이 있는데, 이들 중 3개는 한 개 이상의 주(州)를 관장하고 있다. 연방직할지(Union Territories)는 다른 주(州) 고등법원(State High Court)의 재판 관할권 안에 들어 있는 경우도 있다. 즉, 어떤 고등법원들은 두 개 이상의 주 혹은 연방직할지를 관할한다. 예를 들면, 찬디가르 연방직할지의 고등법원은 펀자브 주와 하리야나 주를 관할하고, 메갈라야 주의 가우하티(Gauhati in Meghalaya) 고등법원은 아삼 주, 나갈란드 주, 메갈라야 주, 미조람 주, 마니푸르 주, 트리푸라 주, 및 아루나찰 프라데슈 주를 관장한다.

사법체계에 있어서, 고등법원은 주의회 및 행정부와 독립되어 있다.

대통령은 대법원장 및 주 지사와 협의한 후 고등법원장을 임명한다. 대통령은 또한 고등법원장과 협의하여 고등법원의 다른 판사들을 임명한다. 나아가서 대통령은 고등법원 판사를 협의없이 전근시킬 수 있다.

그림 6-4는 뭄바이에 있는 봄베이 고등법원, 그림 6-5는 카르나타카 주(州) 고등법원의 모습을 보여 준다.

그림 6-4 뭄바이에 있는 봄베이 고등법원[53)]

그림 6-5
카르나타카 주(州) 고등법원[54)]

(4) 하급법원(Lower Courts)[55]

주(States)는 지역(districts, zillas)으로 구분되는데, 이것은 다시 가장 하급 법원(下級法院, the lowest level of courts)으로서 지역 법원(district court) 및 치안 법원(治安法院, sessions court)으로 나누어진다.

지역 법원 판사는 모든 민사 사건(civil cases)을 관장하는 반면, 치안 법원 판사는 형사 사건(criminal cases)을 관장한다.

이들 하급 법원의 판사들은 주 지사가 주 고등법원과 협의하여 임명한다.

제7장 정치 · 외교 · 군사 환경

이 장에서는 인도의 정치, 외교, 군사 환경으로서 인도 독립이후의 정치적 변혁과정 · 각종 정당 · 정치적 압력 단체 등과 같은 정치환경, 파키스탄 · 중국 · 스리랑카 등 인접국가들과의 국경분쟁 및 군사개입 등과 같은 외교 환경, 그리고 육군 · 해군 · 공군 · 핵무기 등과 같은 군사 환경을 고찰하기로 한다.

제1절 정 치

여기에서는 먼저, 인도가 독립한 후 현재까지의 정치적 변혁과정을 간단히 고찰한 후, 인도의 각종 정당 및 정치적 압력 단체 등에 대하여 살펴보기로 하자.

1. 인도 독립 이후의 정치적 변혁과정

(1) 인도의 독립과 간디[1]

1945년, 영국에 노동당이 집권하면서부터 2년 동안 영국 정부, 마하트마 간디가 이끄는 국민의회당, 및 M.A. 진나가 이끄는 이슬람 동맹들 간의 인도독립

문제에 대한 3자(者)협상이 이루어졌으나, 협상이 계속 진행되던 1946~1947년 동안 힌두교도와 이슬람교도 사이에 유혈충돌이 계속 발생하였다. 간디는 양쪽으로부터의 비난을 무릅쓰고 이들 두 종교의 갈등을 해결하고자 이성(理性)과 정의(正義), 인내와 신뢰를 호소했으나 아무런 소용이 없었다.

그러다가 1947년 8월 14일 인도와 파키스탄의 분리독립이 결정되었고, 이것은 간디의 생애에서 가장 가슴아픈 일이었다. 자신의 모든 노력이 실패로 돌아가자 간디는 단식에 들어갔고, 간디의 단식에 의해 1947년 9월 캘커타(지금의 콜카타)의 폭동이 진정되었고, 1948년 1월에는 델리에서 휴전이 이루어졌다. 그러나 불과 며칠 뒤인 1948년 1월 30일, 간디는 기도회에서 나투람 고드세라고 하는 과격파 힌두교 광신자의 총탄에 암살되었다.

현장 정보

■ 마하트마 간디[2)]

마하트마 간디(Mahatma Gandhi)의 본명은 모한다스 카람찬드 간디(Mohandas Karamchand Gandhi)이다.

그는 1869년 10월 2일, 인도 구자라트 주의 포르반다르에서 태어났다. 1888년 영국으로 건너가 런던에 있는 이너템플 법과대학에 입학했다. 변호사가 된 간디는 후일 정치활동에 참여하게 되었고, 1920년에는 인도에서 가장 영향력 있는 정치적 지도자가 되었다. 그는 창당된 지 35년이 된 인도 국민 의회당을 인도 민족주의를 달성하기 위한 정치기구로 바꾸고, 대도시의 중산층에서부터 시골의 작은 마을에 이르기까지 대중조직을 갖추도록 하였다. 그는 영국 정부에 대한 비폭력 · 불복종운동을 전개하면서 전국민의 독립자각을 일깨웠다.

인도의 시성(詩聖) 타고르는 간디에게 '마하트마(Mahatma)' 라는 칭호를 붙여 주었다. '마하트마' 는 '위대한 영혼' 이라는 뜻으로서, 타고르는 "참된 사람이 인도 문(門) 어귀에 모습을 드러내자 문이 활짝 열렸다. 모든 망설임은 사라졌다. 진리는 진리를 불러 일으켰다. 진리의 힘을 눈에 보이게 한 마하트마를 찬양하라!" 면서 간디에게 '마하트마', 즉 '위대한 영혼' 이란 이름을 선사했던 것이다.[3)]

1932년 9월, 간디는 영국정부의 불가촉천민 선거구 분리정책에 항의하며 단식에 들어갔고, 이 단식은 국민 감정을 격앙시켰다. 그후 1934년, 그는 국민의회당 지도자 직책을 사임하고서, 농민을 교육시키고, 불가촉천민을 위해 계속 투쟁하였다. 힌두교와 이슬람교의 갈등과 분쟁을 해결하려고 노력하던 중 1948년 1월 30일 힌두교 광신자에게 암살당했다.

간디가 태어난 10월 2일은 국경일로 지정되어 있으며, 인도 국민은 이날을 드라이데이(Dry Day)라 하여 자발적으로 술을 마시지 않는다. 또 오늘날 인도의 모든 지폐

에는 간디의 얼굴이 새겨져 있을 정도로 간디는 인도 사람들에게 깊은 영향을 주고 있다.[4)]

---

(2) 각 정당들의 각축(角逐)

인도는 1947년 8월 15일(독립기념일) 영국으로부터 독립을 쟁취한 후, 인도 국민 의회당(Indian National Congress, INC)이 주도권을 갖게 되었다. 인도 국민 의회당은 인도가 독립하기 전인 1885년 12월 창당(創黨)되었던 가장 큰 정치 조직이었던 점을 배경으로, 거의 40여 년 이상을 인도정치를 주도하며 영향력을 행사하였다. 즉, 마하트마 간디와 네루의 국민 의회당은 네루의 영향력 아래 인도를 통치하기 시작했는데, 네루(Jawaharlal Nehru)는 인도가 독립한 1947년 8월 15일 초대 총리로 취임한 이래 그가 사망한 1964년 5월 27일까지 총리로서 인도를 통치하였다.

현장 정보

■ 네루[5)]

독립국 인도의 초대총리(1947~1964)를 지낸 자와할랄 네루(Pandit Jawaharlal Nehru, 1889.11.14~1964.5.27)는 북인도 카슈미르 지방의 부유한 브라만 가문 출신으로, 마하트마 간디의 탁월한 보좌역이며 변호사였던 모틸랄 네루의 2남 2녀 중 장남으로 태어났다. 1905년 영국으로 유학하여 케임브리지 대학 트리니티 칼리지를 졸업하고 그 후 이너템플 대학을 졸업하여 자연과학 학위와 변호사 자격을 취득한 후 1912년 귀국하였다. 1916년 마하트마 간디를 만나 그의 행동주의에 영향을 받아 인도 국민 의회당에 참가하며 정치가의 길을 걷기 시작했다. 1921년 반영(反英) 독립투쟁에서 처음으로 체포된 이래, 1945년까지 8차례 체포되어 9년간 감옥생활을 하였다.

1937년의 간디와 네루[6)]

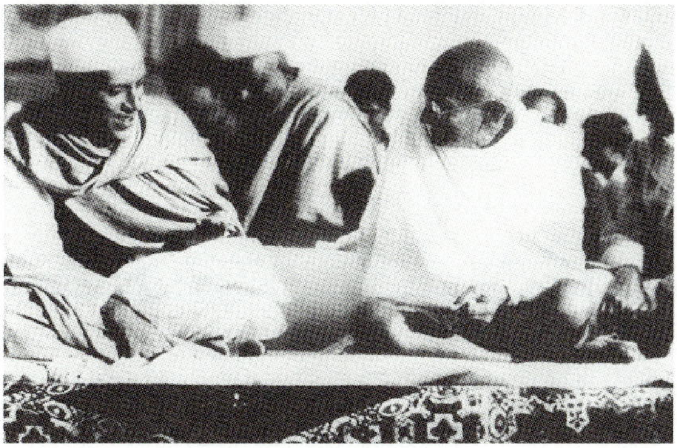

1956년의 네루[7)]

1959년의 네루 수상과 달라이라마[8]

1929년 국민의회당 라호르 대회에서 간디가 네루를 의장으로 지명한 이후, 네루는 1964년 총리 재임 중 사망할 때까지 국민의 영웅이었다. 그는 17년간 총리를 지내면서 민주주의를 통해 사회주의를 성취하고자 하는 민주 사회주의를 통치이념으로 삼았다.

그는 1916년 3월 카말라 카울과 결혼했고, 1917년 그들의 외동딸 인디라 프리야다르시니 (결혼 후의 이름은 인디라 프리야 다르시니 간디)가 태어 났는데, 그녀는 후에 인도 총리가 된다.

그의 저서에는 옥 중에서 쓴 〈인도의 발견〉을 비롯하여, 1966년 총리가 된 외동딸 간디에게 주는 형식의 〈세계 역사 이야기〉 등이 있다.

네루가 사망하자 1964년 5월 27일부터 1966년 1월 24일까지 짧은 기간 동안 역시 인도 국민 의회당의 난다(Gulzarilal Nanda), 샤스트리(Lal Bahadur Shastri)가 총리로서 집권하였다.

그후 1966년 1월 24일부터 1977년 3월 24일까지는 역시 인도 국민 의회당 출신이면서 네루의 딸인 인디라 간디(Indira Priyadarshini Gandhi)가 의회의 지지를 얻어 총리로 취임하여 11년간 인도 사회주의를 추진하였다.

1975년 무렵부터 심각한 정치적 · 경제적 문제에 둘러싸이게 된 인디라 간디 여사는 전국에 국가 비상조치(Emergency Rule)를 선포하고, 1977년 선거를 실시하였다. 이 선거에서 자나타당(Janata Party, JP)이 승리하여 이 당의 데사이가 1977년 3월 24일 총리로 취임하였다. 그리고 데사이의 뒤를 이어 역시 자나타당에서 차란 싱(Choudhary Charan Sing)이 1979년 7월 28일 총리로 취임하여 1980년 1월 14일까지 짧은 기간 동안 권력을 잡았다.

이러한 자나타당의 집권은 정치불안으로 붕괴되었고, 1980년 선거에서 국민의회당의 인디라 간디 여사가 재집권했으나, 1984년 10월 31일 시크교도인 경호원에게 피살당했다. 그리고 그녀의 장남(즉, 네루의 손자)인 라지브 간디(Rajiv Gandhi)가 국민 의회당의 지지를 받아 1984년 10월 31일 총리에 취임하였다.

현장 정보

■ 인디라 간디[9]

인디라 간디(Indira Priyadarshini Gandhi)는 우타르 프라데슈 주의 알라하바드(Allahabad)에서 인도의 초대 총리인 자와할랄 네루의 외동딸로 태어났다. 그녀는 비스바바라티 대학교와 웨스트 벵골 대학교를 마치고 영국의 옥스퍼드 대학에서 역사를 전공하였다. 12살 때부터 인도 독립운동에 참가하였으며, 옥스퍼드 대학 재학 중,

후에 하원의원이 된 페로체 간디(1960년사망)와 결혼하였다. 1938년 인도 국민 의회당에 입당하였으며, 13개월간 투옥되기도 했다. 1955년부터는 국민 의회당 운영위원회에서 활동했고 1959년 당수(黨首)로 선출되었다.

그녀는 1966년 1월 24일부터 1977년 3월 24일까지 제3대 총리로 재직했고, 1980년 1월 14일부터 1984년 10월 31일까지 제6대 총리로 재직했다.

1980년 초반, 펀자브 지방의 시크 과격파들이 폭동을 일으켜 자치권을 얻으려 하자, 인디라 간디는 1984년 6월 군대를 동원해 시크교 최대 사원인 암리차르 황금사원을 공격했으며 450명 이상의 사망자를 냈다. 그녀는 4개월 후 1984년 10월 14일, 시크교도들이었던 자신의 경호원 2명에 의해 암살되었다.

인디라 간디는 아버지 네루가 채택했던 준(準)사회주의 정책을 고수했다.

라지브 간디는 1984년 12월 조기 총선을 실시하여 압승했으나 1989년 11월 실시된 총선거에서 부패혐의를 받고 참패하여 1989년 12월 2일 사임하고, 야당연합 세력인 자나타 달 바라티야 당(Janata Dal Bharatiya, J.D)의 프라탑 싱(Vishwanath Pratap Singh) 총재가 1989년 12월 2일 총리로 선출되었다. 그러나 종교분쟁과 계급갈등으로 인해, 1990년 11월 10일 역시 자타타 달 바라티야 당의 찬드라 세카르(Chandra Shekhar)가 새 총리가 되었다.

라지브간디는 1991년 5월 27일, 타밀나두 지역에서 선거운동을 하던 중 스리랑카의 극렬주의자에게 암살당했다.

그후 이제는 의회 I당(Congress I, I는 India를 뜻함)으로 이름을 바꾼 과거의 국민 의회당의 라오(P.V. Narasimha Rao)가 1991년 6월 21일 총리로 취임하여 1996년 5월 16일까지 집권했다. 이리하여 라오는 약 40여 년 만에 네루 가계(家系)의 출신이 아닌 첫번째 국민의회당 출신의 총재가 되었으며, 라오의 정부는 5년의 임기를 모두 채웠다.

1996년에는 우파(右派) 국가이념(a right-wing nationalist ideology)을 지니고 있던 바라티야 자나타 당(Bharatiya Janata party, BJP)이 가장 큰 단일 정당이 되었으며, 그 동안의 상당히 좌파(左派, a left-wing)적인 의회에 대해 심각하게 반대하는 세력이 되었다. 그리하여 BJP의 바지파에(Atal Behari Vajpayee)가 1996년 5월 16일부터 1996년 6월 1일까지 짧은 기간 동안 총리로 재직하였다.

1996년 6월 1일부터 1998년 3월 19일까지는 권력이 다시 JD당으로 넘어가 데베 고다(Deve Gowda) 총리와 쿠마르 구지랄(Inder Kumar Gujral) 총리가 집권하였다.

그후 1998년, BJP는 소규모 지역 정당들과 함께 국가 민주연합(National Democratic Alliance, NDA)을 결성했으며, BJP의 바지파에(Atal Behari Vajpayee) 총리가 1998년 3월 19일부터 2004년 3월 22일까지 5년의 임기를 모두 채웠다. BJP는 힌두교를 기반으로하는 강한 인도를 목표로 했다.[10)]

그러나 2004년의 인도 선거에서는 INC(인도 국민 의회당)가 선거에서 가장 많은 의석을 차지하며 다시 권력을 장악하였고, 만모한 싱(Manmohan Singh)이 2004년 3월 22일 총리로 취임하였다. INC는 7개의 지역정당들과 연합하여 통일 진보 연합(United Progressive Alliance)이라고 알려진 정부를 구성하였으며, 외부적으로는 인도 공산당(막시스트; Communist Party of India(Marxist), CPI(M))의 지지를 받았다.

BJP가 주도하는 NDA(국가 민주 연합)가 현재는 주요 야당이다.

이와 같이 1996년 이후의 모든 정부는, 지역 정당들이 전국적 수준으로 서서히 떠오름에 따라 단일 정당이 다수 의석을 차지하지 못하고, 정당들이 연합하여 구성되고 있다.

2. 인도의 정당

(1) 서론[11)]

인도의 정당(political party)으로서 활동하려는 정치조직은 인도선거관리 위원회(Election Commission of India : EC)에 등록해야 한다. 인도의 정당은 크게 주(州) 정당(a state party)과 전국 정당(a national party)으로 나누어 볼 수 있다.

'주 정당' 으로 인정받기 위해서는 적어도 5년 이상 계속적으로 어떤 종류의 정치적 활동을 해야 하며, 또 인도의 하원(下院)인 로크 사바(Lok Sabha)에 할당되어 있는 그 주에 대한 의석수(the state's quota)의 적어도 4%를 차지하거나 혹은 주 의회(the state assembly)의 구성원들의 3.3%를 차지해야만 한다. 만일 위와 같은 기준이 충족되지 않았을 때는, 그 정당은 주 혹은 전국 선거에서, 모든 유권자들이 투표한 총 투표수 중에서 적어도 6% 이상을 득표함으로써 정당의 지위를 얻을 수 있다.

만일 어느 정당이 4개 이상의 주에서 위와 같은 기준에 의한 정당 자격을 얻는다면, 그 정당은 EC에 의하여 자동적으로 '전국 정당' 으로 인정받게 된다.

또 선거에 참가하려는 모든 정당은 EC가 제공하는 상징(symbols)들 중에서 어느 하나를 선택해야만 한다.

현재 인도에는 6개의 정당이 전국 정당으로 인정받고 있으며, 약 44개의 정당이 주 정당으로 인정받고 있다.

(2) 전국 정당(全國政黨, National Parties)과 상징(Symbols)

인도에서 전국 정당으로 인정받고 있는 6개 정당과 그 정당의 상징을 창당년도(創黨年度) 순서로 살펴보면 다음과 같다.

1) 인도 국민 의회 당(Indian National Congress, INC)[12)]

인도 국민의회 당(Indian National Congress)은 1885년 창당되었으며, 의회당(Congress Party) 또는 의회(I)(Congress I, I는 India를 뜻함) 또는 줄여서 INC로 흔히 불리운다. 인도 국민의회 당은 창당된 후, 인도의 독립(swaraji) 운동을 주도했다. 이 정당의 이념은 사회민주/인민주의(Social Democratic/ Populist)이다. INC의 2006년 현재 당수는 소니아 간디(Sona Gandhi)이다. INC는 오늘날도 제1당의 지위를 유지하면서 계속 집권하고 있다. 인도 국민의회 당은 뉴델리에 본부를 두고 있다. 웹사이트는 http://www.congress.org.in이다.

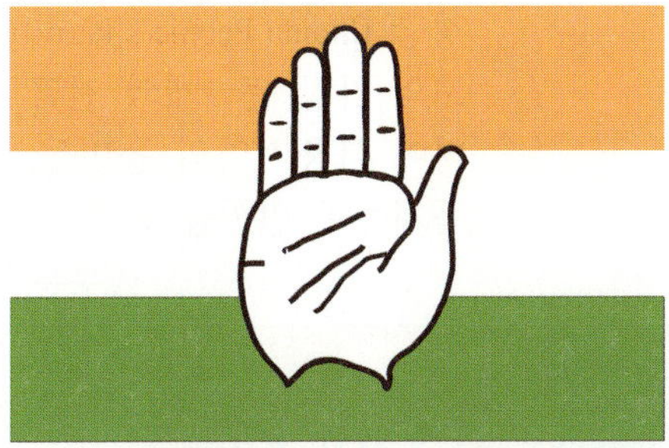

인도국민의회당 상징 – 손(Hand)[13)]

2) 인도 공산당(Communist Party of India, CPI)[14)]

인도 공산당은 1925년 12월 26일에 창당되었다.

이 당은 공산주의 운동(communist movement)을 추진하기 위해 창당되었는데, 1964년에 온건파와 급진파가 분열하여 온건파는 그대로 인도 공산당(CPI)으로 남게 되었고, 급진파는 후술하는 인도 공산당(마르크스주의 파)이 되었다. 인도 공산당(CPI)의 현재 당수는 바르단(A.B. Bardhan)이다. 이 당의 지도이념은 마르크스 주의(Marxist)이다. CPI의 상징은 '낟알과 낫' 이다.

인도 공산당은 뉴델리에 본부를 두고 있다.

웹사이트는 http://www.cpindia.org이다.

인도공산당(CPI)의 상징[15)] – 낟알과 낫(Ears of Corn & Sickle)

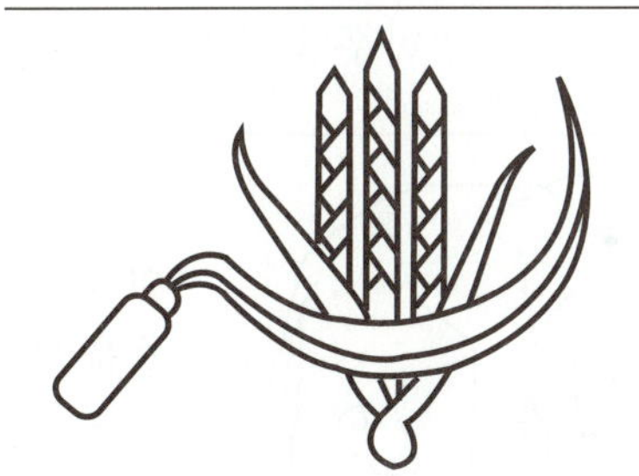

3) 인도 공산당 (마르크스 주의 ; Communist Party of India(Marxist), CPI(M))[16)]

인도 공산당(마르크스 주의)는 1964년에 창당되었다. 이 정당은 흔히 CPI(M)이라고 줄여서 부른다. 이 정당은 1964년에 인도 공산당(Communist Party of India)로부터 분리되어 나왔다. 이 정당은 특히 케랄라(Kerala)주, 웨스트 벵골(West Bengal)주 및 트리푸라(Tripura) 주에서 강한 지지를 받고 있다. 이 정당의 지도이념은 마르크스 주의(Marxist)이다. CPI(M)의 상징은 '망치, 낫, 별' 이다.

이 정당의 현재 당수는 프라카슈 카라트(Prakash Karat)이다. CPI(M)은 뉴델리에 본부를 두고 있다. 웹사이트는 http://cpim.org이다.

CPI(M)의 상징[17)] – 망치, 낫과 별(Hammer Sickle & Star)

4) 바라티야 자나타 당(Bharatiya Janata Party, BJP)[18]

바라티야 자나타 당(Bharatiya Janata Party)은 문자그대로의 뜻이 '인도 국민의 정당' (Indian People's Party)라는 뜻이며, 1980년에 창당되었다. BJP는 오늘날 인도의 가장 큰 2개의 전국 정당들 중의 하나이다. BJP의 고정적인 지도층은 힌디어 사용지역의 농민들, 그리고 최근에 지지층으로 돌아선 도시지역의 저소득계층과 빈민층 등과 같이 교육 수준이 낮고 빈곤한 사람들이다.[19] 이들의 대부분은 사회주의 체제하에서도 또 경제개혁 이후의 시장경제 체제하에서도 개발의 혜택에서 소외된 사람들이다.[20]

BJP의 상징 – 로터스(Lotus)[21]

이 정당의 지도 이념은 힌두트바 우파(右派) 보수주의(Hindutva Right Wing Conservative)이다.

'힌두트바' (Hindutva)란 "힌두교도임"(Hinduness), 또는 문화적 힌두국가주의(Cultural Hindu Nationalism)를 뜻한다.

BJP는 뉴델리에 본부를 두고 있으며, 현재 당수는 라지나트 싱(Rajnath Singh)이다.

웹사이트는 http://bjp.org(http://bjp.org)이다.

5) 바후잔 사마지 당(Bahujan Samaj Party, BSP)[22]

BSP의 상징 – 코끼리(Elephant)[23]

바후잔 사마지 당은 1984년에 창당되었다.

이 당은 인도 카스트제도의 밑바닥에 놓여 있는 낮은 계층의 카스트(caste)와 달리트(Dalit, 불가촉천민, untouchable) 사람들을 대표한다.

이 당은 전국 정당이기는 하지만 우타르 프라데슈 주 이외에서는 아직 큰 영향력을 가지고 있지 않다.

BSP는 뉴델리에 본부를 두고 있으며, 현재 당수는 마야 와티(Maya Wati)이다.

웹사이트는 http://www.bahujansamajparty.com이다.

6) 민족주의 의회 당(Nationalist Congress Party, NCP)[24]

NCP의 상징 – 시계[25]

민족주의 의회 당(NCP)은 1999년에 창당되었다. NCP는 인민주의(人民主義, populist)를 당의 지도이념으로 하고 있다. 즉 NCP는 "민주주의, 평등, 사회정의 및 연방주의"를 추구하는 진보적이고 비(非)종교적(secular)정당이라고 스스로 홍보하고 있다.

이 정당의 선거 상징은 '아날로그 시계' 인데, 10시10분을 가리키고 있다. NCP의 현재 당수는 샤라드 파와르(Sharad Pawar)이며, 뉴델리에 본부를 두고 있다.

웹사이트는 http://www.ncp.org.in이다.

(3) 주 정당(州政黨, State Parties)

인도의 각 주 및 연방직할지에서 활동하고 있는 주 정당은 표 7-1에 제시되어 있다.

표 7-1 인도의 주 정당 및 상징[26)]

주 및 연방직할지의 이름	주 정당의 이름	각 정당의 상징
1. 안드라 프라데슈	텔루구 데삼(Telugu Desam, TDP)	 자전거(bicycle)
2. 아루나찰 프라데슈	아루나찰 의회(Arunachal Congress, AC)	 가로지르는 두개의 칼(two daos intersecting)
3. 아삼	(1) 아솜 가나 파리샤드 (Asom Gana Parishad, AGP)	 코끼리(elephant)
	(2) 인도 공산당(마르크스-레닌주의)(해방) (Communist Party of India (Marxist Leninist)(Liberation), CPI(MLI))	 세 개의 별이 있는 깃발(flag with three stars)
4. 비하르	(1) 자르칸드 무크디 모르차 (Jharkhand Mukti Morcha, JMM)	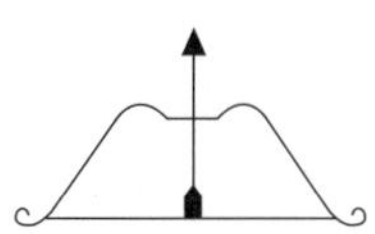 활과 화살 (bow and arrow)
	(2) 라슈트리야 자나타 달 (Rashtriya Janata Dal, RJD)	 내풍(耐風)램프 (hurricane lamp)
	(3) 자나타 달(연합)(Janata Dal(United), JD(U))	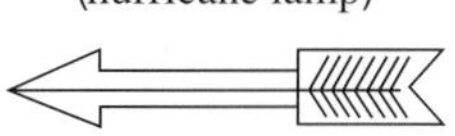 화살(arrow)

표 7-1 인도의 주 정당 및 상징 (2)

주 및 연방직할지의 이름	주 정당의 이름	각 정당의 상징
5. 고아	(1) 마하라슈트와디 고만타크 (Maharashtrawadi Gomantak, MAG)	 사자(lion)
	(2) 연합 고안즈 민주당 (United Goans Democratic Party, UGDP)	 두 개의 잎(two leaves)
6. 하리야나	인도 국가 로크 달 (Indian National Lok Dal, INLD)	 안경(spectacles)
7. 히마찰 프라데슈	히마찰 비카스 의회 (Himachal Vikas Congress, HVC)	 전화(telephone)
8. 잠무 · 카슈미르	(1) 잠무 · 카슈미르 국가 의회(Jammu & Kashmir National Conference, JKNC)	 쟁기(plough)
	(2) 잠무 · 카슈미르 국가 표범(Jammu & Kashmir National Panthers Party, JKNPP)	 자전거(bicycle)
	(3) 잠무 · 카슈미르 인민 민주당(Jammu and Kashmir Peoples Democratic Party, JDP)	 잉크병과 펜(ink pot & pen)
9. 자르칸드	(1) 자르칸드 무크티 모르차 (Jharkhand Mukti Morcha, JMM)	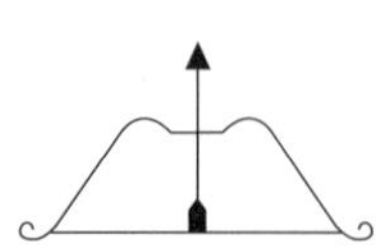 활과 화살(bow and arrow)

표 7-1 인도의 주 정당 및 상징 (3)

주 및 연방직할지의 이름	주 정당의 이름	각 정당의 상징
	(2) 라슈트리야 자나타 달 (Rashtriya Janata Dal, RJD)	 내풍 램프(hurricane lamp)
	(3) 자나타 달(연합 Janata Dal(United), JD(U))	 화살(arrow)
10. 카르나타카	(1) 자나타 달 (비종교) (Janata Dal(Secular), JD(s))	 볏단을 머리에 이고 가는 여자 (a lady farmer carrying paddy on her head)
	(2) 자나타 달(연합) (Janata Dal(United), JD(U))	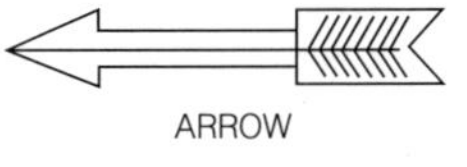 화살(arrow)
11. 케랄라	(1) 케랄라 의회(Kerala Congress, KEC)	 자전거(bicycle)
	(2) 케라라 의회(마니) (Kerala Congress(Mani), KEC(M))	 두 개의 잎(two leaves)
	(3) 이슬람 리그 케랄라 주 의회(Muslim League Kerala State Comittee, MUL)	 사다리(ladder)
	(4) 자나디파티야 사마라크샤나 사미티 (Janadhipathya Samarakshana Samithi, JPSS)	 버스(bus)

표 7-1 인도의 주 정당 및 상징 (4)

주 및 연방직할지의 이름	주 정당의 이름	각 정당의 상징
12. 마디야 프라데슈	사마지와디(Samajwadi Party, SP)	 자전거(bicycle)
13. 마하라 슈트라	시브 세나(Shiv Sena, SS)	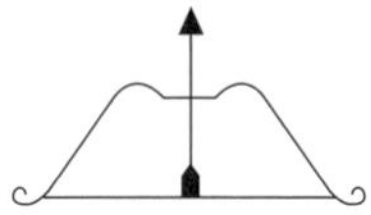 활과 화살 (bow and arrow)
14. 마니푸르	(1) 마니푸르 연방 당 (Federal Party of Manipur, FPM)	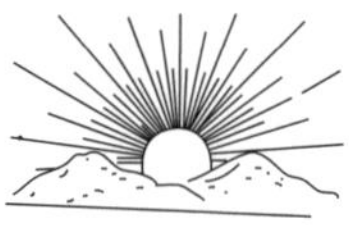 떠오르는 태양(rising sun)
	(2) 마니푸르 인민당 (Manipur People's Party, MPP)	 자전거(bicycle)
15. 메갈라야	(1). 힐 스테이트 인민 민주당(Hill State People's Democratic Party, HSPDP)	 사자(lion)
	(2) 메갈라야 민주당 (Meghalaya Democratic Party, MDP)	(후일 결정될 것임)
	(3) 연합 민주당 (United Democratic Party, UDP)	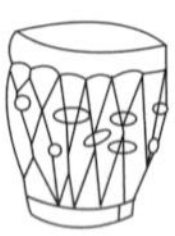 드럼(drum)
16. 미조람	(1) 미조 민족 전선(Mizo National Front, MDF)	 별(star)

표 7-1 인도의 주 정당 및 상징 (5)

주 및 연방직할지의 이름	주 정당의 이름	각 정당의 상징
	(2) 조람 민족당(Zoram Nationalist Party, ZNP)	 (광선이 없는) 태양 (sun(without rays))
	(3) 미조람 인민 의회 (Mizoram People's Conference, MZPC)	 전구(electric bule)
17. 나갈란드	(1) 자나타 달(연합)(Janata Dal(United), JD(S))	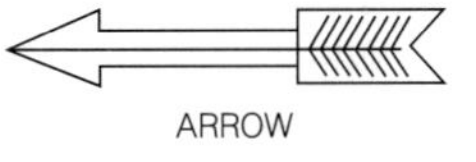 화살(arrow)
	(2) 민족 민주 운동(Nationalist Democratic Movement, NDM)	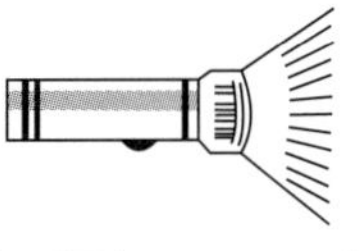 손 전등(battery torch)
	(3) 나갈란드 인민 전선 (Nagaland Peoples Front, NPF)	 닭(cock)
18. 오리사	비주 자나타 달(Biju Janata Dal, BJD)	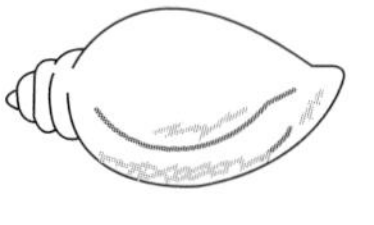 조가비(conch)
19. 퐁디셰리	(1) 전 인도 안나 드라비다 무네트라 카자감 (All India Anna Dravida Munnetra Kazhagam, AIADMK)	 두 개의 잎(two leaves)
	(2) 드라비다 무네트라 카자감 (Dravida Munnetra Kazhagam, DMK)	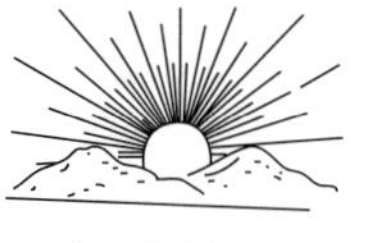 떠오르는 태양(rising sun)

표 7-1 인도의 주 정당 및 상징 (6)

<table>
<tr><th>주 및 연방직할지의 이름</th><th>주 정당의 이름</th><th>각 정당의 상징</th></tr>
<tr><td></td><td>(3) 파타리 마칼 카치
(Pattali Makkal Katchi, PMK)</td><td>
망고(mango)</td></tr>
<tr><td>20. 펀자브</td><td>(1) 쉬로마니 아칼리 달
(Shiromani Akali Dal, SAD)</td><td>
저울(scales)</td></tr>
<tr><td></td><td>(2) 쉬로마니 아칼리 달(심란지트 싱 만)
(Shiromani Akali Dal Simranjit Singh Mann), SAD(M)</td><td>
짐마차(cart)</td></tr>
<tr><td>21. 식킴</td><td>식킴 민주 전선
(Sikkim Democratic Front, SDF)</td><td>
우산(umbrella)</td></tr>
<tr><td>22. 타밀 나두</td><td>(1) 전 인도 안나 드라비다 무네트라 카자감
(All India Anna Dravida Munnetra Kazhagam, AIADMK)</td><td>
두 개의 잎(two leaves)</td></tr>
<tr><td></td><td>(2) 드라비다 무네트라 카자감
(Dravida Munnetra Kazhagam, DMK)</td><td>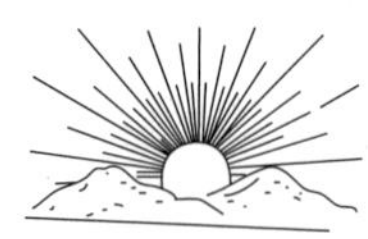
떠오르는 태양(rising sun)</td></tr>
<tr><td></td><td>(3) 마루마라치 드라비다 무네트라 카자감
(Marumalarchi Dravida Munnetra Kazhagam, MDMK)</td><td>
팽이(top)</td></tr>
<tr><td></td><td>(4) 파타리 마칼 카타치
(Pattali Makkal Katachi, PMK)</td><td>
망고(mango)</td></tr>
</table>

표 7-1 인도의 주 정당 및 상징 (7)

주 및 연방직할지의 이름	주 정당의 이름	각 정당의 상징
23. 트리푸라	(1) 트위프라 토착 민족당 (Indigenous Nationalist Party of Twipra, INPT)	 두 개의 잎(two leaves)
	(2) 전 인도 트리나몰 의회 (All India Trinamool Congress, AITC)	 꽃과 풀(flowers & grass)
24. 우타르 프라데슈	(1) 사마지와디 당(Samajwadi Party, SP)	 자전거(bicycle)
	(2) 라슈트리야 로크 달 (Rashtriya Lok Dal, RLD)	 펌프(hand pump)
25. 우타란찰	(1) 사마지와디 당(Samajwadi Party, SP)	 자전거(bicycle)
	(2) 우타라칸드 크란티 달 (Uttarakhand Kranti Dal, UKD)	 걸상(chair)
26. 웨스트 벵골	(1) 전 인도 진보 집단 (All India Forward Bloc, AFBL)	 사자(lion)
	(2) 혁명 사회당 (Revolutionary Socialist Party, RSP)	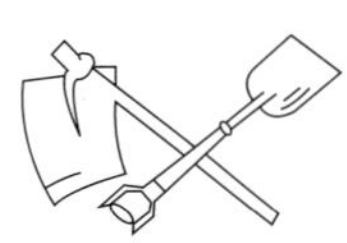 삽과 스토커 (spade & stoker)

표 7-1 인도의 주 정당 및 상징 (8)

주 및 연방직할지의 이름	주 정당의 이름	각 정당의 상징
	(3) 전 인도 트리나물 의회 (All India Trinamool Congress, AITC)	 꽃과 풀(flowers & grass)

현장 정보

■ 로크 사바의 구성현황[27)]

현재 구성되어 있는 하원, 즉 로크 사바는 2004년 4월 20일부터 2004년 5월 10일까지에 걸친 선거에 의해 구성되었으며, 다음 선거는 2009년에 실시된다.

선거결과 각 정당이 얻은 의석수는 다음과 같다.

INC	145	JD(U)	8
BJP	138	SAD	8
CPI(M)	43	PMK	6
SP	36	TDP	5
RJD	24	TRS	5
BSP	19	JMM	5
DMK	16	LJSP	4
SS	12	MDMK	4
BJD	11	무소속	5
CPI	10	기타	30
NCP	9		543

3. 정치적 압력 단체(Political Pressure Groups)

(1) 서론[28)]

인도에는 종교적 극단주의(chauvinistic) 단체들이 많이 있는데, 그 대표적인 것은 비슈와 힌두 파리샤드(Vishwa Hindu Parishad), 바지랑 달(Bajrang Dal) 및 라슈트리야 스와얌세바크 상(Rashtriya Swayamsevak Sangh) 등이다.

또한 더 큰 자치 기구 혹은 지역 자율성을 추구하는 다양한 분리주의자 단체(separatist groups)들이 있는데, 그 대표적인 것은 잠무 · 카슈미르와 펀자브 주에서 진행되었으며 선동이나 폭동이 동원되기도 했다. 이러한 목적으로 조직된 정치적 압력 단체로써는 카슈미르 계곡에 있는 전(全) 정당 후리야트 회의(All Parties Hurriyat Conference)와 북동부의 나갈란드 전국 사회주의 협회(National Socialist Council of Nagaland) 등을 들 수 있다.

그 밖에도 이러한 종교 · 언어 · 인종 계열 · 카스트 등에 근거를 두고 분리주의를 주장하는 단체들뿐만, 거의 순전히 경제적 불평등 해소 · 문화적 독특성 수립 등과 같은 것에 근거를 두고 분리주의를 주장하는 단체들도 있는데, 각 정당들은 이러한 데 근거를 둔 분리주의 단체들과 힘을 합하여 자신들의 입지를 강화하려 하고 있다. 이러한 관점에서 제기된 지역분리 운동의 대표적인 것으로는 텔랑가나 분리운동을 들 수 있다. 아래에서는 텔랑가나 분리 운동을 좀 더 고찰해 보기도 한다.

(2) 텔랑가나 분리 운동(Telangana Movement)

1) 배경과 경과[29)]

경제적 · 문화적 입장에서 지역 분리주의가 가장 먼저 표출된 것은 후일 안드라 프라데슈 주를 탄생시킨 촉진제가 된 텔랑가나 운동이다. 히데라바드(Hyderabad) 지역의 지도자였던 니잠(Nizam)은 1947년에 히데라바드를 독립된 국가(Independent State)로 만들려고 시도했으나 실패했다. 그의 노력은 무장한 대규모의 농민폭동과 동시에 일어났다. 1946년에 공산주의자 게릴라 단체들이 텔루구(Telugu)언어를 사용하는, 집합적으로는 비자야 나가르 왕조 시대 때부터 내려오던 이름인 텔랑가나(Telangana)로 알려져 있는, 히데라바드 지역에서 마을의 봉건영토제도를 무너뜨리고 토지개혁을 이룩하고자 했다.

그리하여 당시 이 지역의 3,000개의 마을과 약 41,000km²가 폭동 속에 말려들었다. 니잠이 자신의 히데라바드 지역을 인도에 양여(讓與)하는 것을 거부하여 폭동을 일으키고 또 공산주의자들이 이 폭동을 더욱 선동하게 되자, 이러한 폭동에 당면한 중앙정부는 1948년 9월 군대를 파견하였다. 1949년 9월에는 히데라바드는 강제적으로 인도 연방에 편입되었으며, 1951년 10월에는 과격한 텔랑가나 운동은 진압되었다.

1946~1951년의 폭동과 1952년 공산당의 선거성공으로 인하여 히데라바드는 붕괴되었고, 언어계열(linguistic lines)에 따라 새로운 주(州)가 수립되는 계기를 맞게 되었다. 1953년, 주 편성 위원회(States Reorganisation Commission)의 권고에 근거하여, 텔구루어를 말하는 지역은 그 이전의 마드라스 주(Madras States)에서

분리되어 안드라(Andhra)주를 형성하였는데, 이것은 인도에서 처음으로 언어계열에 따라 수립된 주이다. 텔랑가나는 그후 1956년 새로운 주(州)로 편성된 안드라 프라데슈(Andhra Pradesh) 주에 합병되었다.

2) 원인[30)]

이러한 텔랑가나 분리운동의 배후에는 여러 가지 원인이 있었다. 이 지역은 안드라(Andhra) 지역보다도 경제는 덜 발달해 있었지만, (금지된 알콜 음료에 더 많은 세금을 부과하고 있었기 때문에) 더 큰 수입원(收入源, revenue base)을 가지고 있었다. 따라서 텔랑가나 지역사람들은 이러한 수입원이 안드라 지역으로 넘어가는 것을 두려워했다. 또한 그들은 크리슈나 강과 고다바리 강에 댐을 설치하려는 계획은 텔랑가나 지역에 비례적인 혜택을 주지 않을 것을 우려했다. 텔랑가나 사람들은 또한 안드라 지역 사람들이 직업, 특히 정부와 교육분야에서 직업을 얻는 데 유리할 것이라는 것을 두려워했다.

이러한 텔랑가나 분리 운동은 그 후 어느 정도는 진정되었으나, 그 지역 사람들의 불만은 여전히 잠재해 있었다. 그러다가 1980년대 후반과 1990년대초, 인도 공산당(막시스트-레닌이스트)의 핵심이었던 인민 전쟁 집단(People's War Group)이 안드라 프라데슈 주에서 다시 폭동을 일으켰으나 주 정부 경찰력에 의해 진압되었다.

텔랑가나 분리운동은, 잠무 · 카슈미르 지역에서의 폭동이나 북부 인도에서의 사회불안과는 달리, 인도연방 자체에 대한 도전은 결코 아니었다는 점에서 특징지어 진다.

즉, 텔랑가나 분리운동은 인종적 동일성 · 언어 · 종교 · 카스트 등과 같은 것에 기초를 둔 것이 아니라, 경제적 불평해소 · 별도의 역사 서술 · 문화적 독특성 수립 등과 같은 것에 근거를 둔 것이었다.

제2절 외 교

1. 서 론

인도는 독립 후 세계에서 7번째로 넓은 국토면적, 세계에서 두번째로 많은 인구, 그 풍부한 역사 · 전통 · 문화, 지형학적 입장에서 볼 때의 전략적 위치, 높은 수준의 과학 및 기술, 빠른 경제 발전 속도, 강력한 군사력 보유 등을 배경으로하여 국제 문제에서 목소리를 높여 가고 있다.

특히 인도는 다른 개발 도상국들과 무역 문제에서부터 환경 보호 문제에 이르기까지 밀접한 관계를 유지해 왔는데, 인도는 개발도상국들의 주도(主導) 국가로서 역할을 하고 있으며, 그동안 대국(大國)들과의 군사동맹을 거부하고 비동맹정책(非同盟政策, Non-Aligned Movement, NAM)을 견지해 왔다.[31)]

그후 인도는 미국, 일본, 유럽 연합(European Union, EU), 이란, 이스라엘, 중국, 동남아시아 국가 연합(Association of South East Asian Nations, ASEAN), 한국 등과 정치적 · 경제적 관계를 강화하기 시작했다.[32)]

특히 인도는 1985년 설립된 남아시아 지역 협력 협정(South Asian Association for Regional Cooperation, SAARC)의 회원 국가로서 적극적으로 참여하고 있다.[33)]

예를 들면, 인도는 SAARC를 통해 방글라데시, 부탄, 몰디브, 네팔, 파키스탄, 스리랑카 등 6개국과 경제 협력을 도모해 왔다.[34)]

또한 1995년 12월에는 남아시아 특혜 무역협정(South Asia Preferential Trade Agreement, SAPTA)을 체결하여 회원국들 간의 자유무역을 확대해 나가고 있다.[35)]

인도는 최근에는 미국, ASEAN, 태국, 싱가포르 등과 자유무역 협정(Free Trade Association, FTA)을 체결하기 위해 노력하고 있다.[36)]

그밖에 인도는 인도양 주변국가 협력 연합(Indian Ocean Rim Association for Regional Cooperation, IORARC)에 적극적으로 참여하고 있는 회원국가이다.[37)]

인도는 과거 오랫동안 UN의 회원국인데, UN 안전보장 이사회(Security Council)의 상임이사국이 되려고 노력하고 있다. 인도는 UN의 평화 유지활동에도 오래 전부터 참여해 오고 있다. 예를 들면 소말리아, 캄보디아, 모잠비크, 쿠웨이트, 보스니아, 르완다, 앙골라, 및 엘살바도르 등에서의 UN 활동에 인력을 파견하였다.[38)]

그러나 인도는 이러한 과정에서도 국경 인접국가들과는 빈번하게 분쟁이 잦았으며, 군사력을 동원한 무력 전쟁을 벌이기도 했다. 아래에서는 인도가 개입된 이러한 무력 전쟁의 내용을 소개하고자 한다.

2. 파키스탄

인도는 파키스탄과는 인도의 최북단에 있는 잠무 · 카슈미르주(州)의 카슈미르(Kashmir) 지역의 영유권(領有權)문제를 둘러싸고 5차례의 전쟁을 겪었으며, 그 후에도 심각한 유혈충돌을 벌인 바 있다. 이를 흔히 카슈미르 분쟁(Kashmir dispute)이라고 한다.

(1) 제1차 인도-파키스탄 전쟁[39)]

잠무와 카슈미르 지역은 과거 역사상 계속 힌두 왕조들의 지배를 받다가 1346년 이슬람 왕조의 통치하에 들어갔으며, 1819년에는 펀자브 지방의 란지트

싱에 의하여 시크 왕국에 편입되었다가, 1846년에는 잠무지방의 도그라 왕국에 합병되었다. 힌두 왕조가 수립한 도그라(Dogra) 왕국은 영국령 인도가 힌두교를 신봉하는 인도와 이슬람교를 신봉하는 파키스탄으로 분할되던 1947년까지 이 지역을 다스렸다. 당시 이 지역은 이슬람 교도가 77%를 차지하고 있었으며, 이 지역을 다스리던 왕은 힌두 왕(Hindu Maharaja)이었던 하리 싱(Hari Singh)이었다.

1947년, 인도 대륙이 영국으로부터 독립되었을 때, 하리 싱은 인도에 합류할 것인가 파키스탄에 합류할 것인가를 결정하지 못하고 있었다. 인도와 파키스탄이 독립된 직후, 파탄 족(Pathan Tribesman)이 파키스탄 군사의 지원을 받으며 파키스탄 북서부 국경선으로부터 도그라 왕국을 쳐들어 왔는데, 그 이유는 힌두왕 하리 싱이 이슬람 교도가 다수인 카슈미르를 인도와 합병한다는 소문이 있었기 때문이다.

군사력이 약했던 힌두 왕은 인도에게 군사 지원을 요청하였다. 당시 인도 총독(Governor-General)이었던 마운트바튼 경(Lord Mountbatten)은 이 지역이 인도에 합병되기를 원하였으며, 힌두 왕도 여기에 동의하였다. 인도연방 가맹을 약속하는 계약서가 서명된 후, 국가 의회(Nation Conference)의 시크 압둘라(Shiekh Abdullah)가 카슈미르 주의 통치권자가 되었다.

1948년 1월, 인도가 이 문제를 UN에 제기하자 파키스탄은 이를 투표에 붙여 결정할 것을 제의했고, 인도는 원칙적으로 이에 동의했으나 이행하지는 않았다.

1948년 8월, 인도 군부대가 이 지역에 진격해 들어갔으며, 이 지역이 인도 연방의 일부임을 주장하였다. 파키스탄은 즉시 그 인도연방 가맹계약에 이의(異意)를 제기하고 카슈미르에 침공해 들어갔다. 몇 달 간의 치열한 전투끝에, 두 나라는 UN의 중재하에 일단 정전(停戰)하고, 그 때의 정전 라인(Line of Control, 통제선)에 의해 이 지역을 인도가 다스리는 (인도령) 카슈미르와 파키스탄이 다스리는 (파키스탄 령) 카슈미르로 분할하기로 동의했다.

현장 정보

■ 인도-파키스탄 '정전 라인(Line of Control, 통제선)' 열리다[40)]

그림 7-1 인도-파키스탄의 정전라인

2005년 10월 8일에 파키스탄령 카슈미르를 강타한 지진을 계기로 인도와 파키스탄 사이의 '정전 라인'이 개방되어, 양국 국민은 57년 만에 걸어서 상대국가를 왕래할 수 있게 되었다. 이를 통해 이산가족 상봉도 이루어질 것으로 보이며, 앙숙인 양국사이에 화해의 기운이 감돌았다.

2005년 10월 23일, AP · AFP 통신에 따르면, 나브테즈 사르나 인도 외무부 대변인은 "강진 피해자를 돕기 위해 카슈미르 정전 라인 인근에 3곳의 구호센터를 설치하고, 파키스탄 주민이 구호 물자를 수령할 수 있도록 정전 라인을 개방하겠다. 2006년 초 버스 개통으로 양측 교류가 제한적으로 이루어졌으나, 정전 라인이 개방되면 1949년 인도－파키스탄 1차 전쟁으로 카슈미르가 분단 이후 처음으로 파키스탄 주민이 걸어서 인도령 카슈미르를 방문하고 친척도 방문할 수 있게 될 것이다."라고 설명했다. 그러나 이런 정전 라인 개방 조치가 영구적인 것인지에 대한 언급은 하지 않았다.

---

(2) 제2차 인도－파키스탄 전쟁[41)]

그러나 파키스탄은 이 지방이 인더스 강 상류를 차지하고 있기 때문에, 하류의 농업과 상류의 수력 발전 가능성 문제로도 이 곳을 중요시하였고, 또 이슬람교도들의 해방을 국가적 목표로 하고 있었기 때문에 정전 라인을 사이에 두고 양국의 분쟁은 끊이지 않았다. 1956년 봄에 시작된 무력 충돌은 9월에는 전차전(戰車戰)과 양국의 주요 도시를 공습하는 본격적 전투로 확대되었으나, UN의 조정으로 정전 협정이 이루어졌다.

(3) 제3차 인도－파키스탄 전쟁[42)]

1965년에는 다시 카슈미르 지방의 영유권 문제를 둘러싸고, 세번째 전쟁이 일어났고, 양국 군대는 크게 충돌하였다.

(4) 제4차 인도－파키스탄 전쟁[43)]

한편, 이슬람교도들로 구성된 동(東) 파키스탄은, 정치 실권을 모두 서(西) 파키스탄(현재의 파키스탄)이 장악하고 있었기 때문에, 식민지 양상을 보이고 있었다. 그러던 중 1970년 집중호우가 내려 동 파키스탄 국토의 대부분이 수몰되었고, 17만 명에 달하는 사망자가 발생하였으나, 본국 정부가 이에 태만하게 대처하자 동파키스탄 국민들은 분개하였다.

따라서 서 파키스탄으로부터 독립하겠다는 운동이 크게 전개되자, 서 파키스탄군대가 그 독립운동을 저지하기 위해 시민들을 진압하기 시작했다. 그러자 많은 동 파키스탄 난민이 발생했고, 난민들은 인도로 흘러들어갔다.

그러나 당시 궁핍했던 인도는 대량의 난민을 받아줄만한 능력이 없었기 때문에, 인도는 동 파키스탄 독립을 위해 개입하였으며, 이로 인해 1971년에 또다시 4번째의 전쟁이 발생했다. 인도는 압도적인 군사력으로 전쟁을 유리하게 진행했고, 전쟁터로부터 거리가 멀리 떨어져 있었던 파키스탄이 패배함으로써 동 파키스탄은 1971년 12월, '방글라데시' 라고 하는 국가로 독립하였다.

(5) 제5차 인도－파키스탄 전쟁[44)]

1999년 5월~7월에 걸쳐 카슈미르 지역에서 또다시 인도-파키스탄 간 유혈 충돌이 발생하였으며, 양국의 사망자 수만 5,000명에 이르는 대규모 유혈 충돌로 확대되었다.

이 결과로 인도의 경우, 집권 BJP 연합이 9~10월초 실시된 13대 총선에서 승리하는 결과를 가져다 주었다. 파키스탄의 경우, 샤리프(Shariff) 민간 정부에 대한 군사 쿠데타가 발생하여 군사 정권이 출범하였으며, 현재까지 지속되고 있다.

(6) 그 후의 동향(動向)[45)]

2001년 5월말 아탈 베하리 바지파에(Atal Behari Bajpayee) 인도 총리의 선제공격 중단 선언 및 파키스탄 군사정부 대통령인 겐 무샤라프(Gen Musharaff)의 공식초청과, 이에 대한 파키스탄의 수락으로 새로운 국면이 전개되고 있는 가운데, 이러한 화해 분위기에 반대하는 강경파들의 테러 활동 역시 강화되고 있는 추세이다.

2006년에는 만모한 싱 인도총리와 무샤라프 파키스탄 대통령 간의 여러 차례에 걸친 협상이 순조롭게 이루어지면서, 양국간 항공 운항재개, 국경인근 버스 운행 개시에 이어 국경무역이 활성화되는 등 매우 우호적인 분위기가 지속되고 있으나, 국경 인근의 무장병력은 아직 과거 상태를 그대로 유지하고 있다.

현장 정보

■ 만모한 싱 인도 총리, 파키스탄에 평화조약 제안[46)]

만모한 싱 인도 총리는 2006년 3월 24일, 파키스탄과의 네번째 버스 노선 개통식이 열린 펀자브 주(州) 암리차르에서 "인도와 파키스탄 양국의 평화협상은 궁극적으로 평화와 안보 및 친선조약을 체결하는 데 있다고 본다. 평화조약이 체결되면 60여년간 두 나라 관계를 괴롭혀 왔던 주요 현안을 해결하는 데 커다란 도움이 될 것이다."라고 평화조약을 체결할 것을 파키스탄에 제안했다.

그러나 싱 총리는 "인도와 파키스탄 양국 관계의 정상화를 카슈미르 문제와 연계시키는 것은 잘못이라고 생각한다"고 말해, 카슈미르 사태가 해결되지 않고는 다른 어떠한 쟁점에 대해서도 협상할 수 없다고 주장하는 파키스탄의 입장에 대해서는 수락할 수 없다는 뜻을 분명히 밝혔다.

파키스탄 정부는 싱총리의 이러한 평화조약 제안이 "긍정적 조치이며, 일단 환영한다."고 발표했다.

인도와 파키스탄 두 나라는 2004년부터 평화회복을 위해 여러 통로를 통한 대화를 하면서 많은 진전을 이루었지만, 아직까지 카슈미르 문제에 대한 해결책은 찾지 못하고 있는 실정이다.

3. 중 국

(1) 분쟁 관계[47]

1962년 10월, 인도가 지배하고 있던 잠무 · 카슈미르의 라다크 지역(Ladakh District) 북동부에 있는 악사이 친(Aksai Chin) 마을에 중국이 인민해방군 군대를 동원해 침입해 들어와 이 마을을 점령하였다. 그후 인도는 이 지역이 인도의 영토임을 끊임없이 주장하며 중국과 국경분쟁을 빚고 있다.

악사이 친은 중국의 신강웨이누얼 자치구(新疆維吾爾自治區)와 시짱 자치구(西藏自治區, 티베트 자치구)를 연결하는 도로가 지나고 있기 때문에, 중국에 전략적으로 중요한 지역이다. 현재 중국이 점령하고 있는 영토의 면적은 약 37,700km²이다. 그 밖에도 중국은 인도 동북부의 아루나찰 프라데슈(90,000km²)에 대한 권리를 주장하고 있다.[48]

그리하여 카슈미르 지역은, 일부는 인도가, 일부는 파키스탄이, 그리고 일부는 중국이 점령하여 계속 자국(自國)의 영유권을 주장하며, 분쟁 상태가 계속되고 있다.

현장 정보

■ 인도-중국 국경선 분쟁과 정치적 해결[49]

인도와 중국은 2005년 9월 26일 양국 관계 개선의 최대 걸림돌이었던 국경선 확정작업에 본격적으로 착수했다.

인도와 중국은 2,000km에 걸쳐 국경을 마주하고 있는데, 이들 양국이 국경분쟁을 빚고 있는 면적은 총 127,700km²이다. 1962년 국경 분쟁 당시 인도는 티베트 고원에 있는 37,700km²의 땅을 중국이 불법 점유했다고 주장하는 반면, 중국은 인도가 동부 국경지대 90,000km²를 강제로 차지했다고 주장하고 있다.

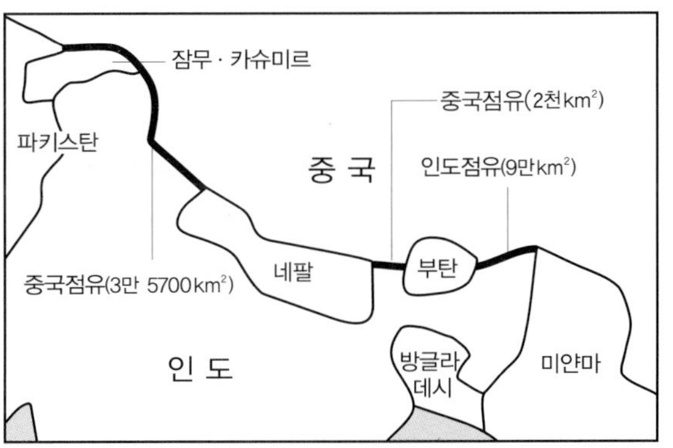

그림 7-2 중국 · 인도 국경 분쟁지역(총 127,700km²)

국제 문제 전문가들은 양국 지도부가 정치적 해결에 합의한 만큼, 현재 점유하고 있는 땅의 기득권을 서로가 인정하는 선에서 분쟁이 마무리 될 것으로 관측하고 있다. 다만 군사적 · 정치적 합의가 이루어지더라도, 인도 의회를 통과해야 하는 문제 등 기술적인 문제 때문에, 양국 국경선의 최종 확정에는 적어도 몇 년이 걸릴 것이라는 전망도 나오고 있다.

---

(2) 화해 노력[50)]

이처럼 1962년~1963년 군사력을 동원해 국경 분쟁까지 일으켰던 중국과 인도 두 나라는 상호간에 화해의 노력을 기울이고 있다.

2003년에는 인도가 중국의 티베트(西藏, 시짱) 영유권을 처음으로 공식 인정했다.[51)] 두 나라는 2005년 4월 원지아바오(溫家寶) 중국총리의 방문을 계기로 그 동안의 적개심을 씻고 '전략적 동반자 관계' 를 선언했다.

또 2006년에는 중국은 "일본과 함께 가지 않는다면 인도가 유엔 안전보장 이사회 상임이사국 지위를 지지할 의사가 있다. 중국은 인도가 유엔을 비롯한 국제사회에서 역할을 해나가기를 바란다."고 쑨위시 주 인도 중국 대사가 밝힌 바 있다.[52)]

현장 정보

■ 중국-인도, 44년 만에 실크 로드(비단 길) 다시 개통하기로 합의[53)]

중국과 인도는 티베트 자치구 수도인 라싸에서 회담을 갖고, 2006년 7월 6일부터 44년간 닫혀 있던 나투라 고갯길(Nathula Pass) 국경 무역을 재개하기로 합의했다고 중국 관영 신화통신이 2006년 6월 19일 보도했다.

이번에 개통되는 나투라 고갯길(나투라 통로)는 네팔과 부탄 사이의 인도령인 '식킴' 주의 주도인 '강토크' 와 중국 남서부의 티베트 '양퉁' 간을 연결하는 62마일(100km)의 전략 요충지역으로서, 과거 중국과 중앙아시아, 유럽을 있는 실크 로드 대동맥 중의 하나였는데, 지난 1962년 중국 · 인도 국경 충돌 이후 44년간 폐쇄됐었다. 이로써 황화 문명과 인더스 문명의 소통로이자 교역로였으며 당나라 현장 법사가 화염산에서 손오공을 만나 인도로 향했던 실크 로드(Silk Road), 즉 비단 길이 다시 열리게 되었다.

그림 7-3 나투라 고갯길[54)]

해발 4545m의 고원에 자리잡고 있는 나투라 고갯길은 중국의 라싸로부터 450km, 인도의 콜카타로부터는 550km 떨어져 있는 곳으로, 1900년대 초반만 해도 양국간 국경 교역량의 80%를 차지할 정도로 활발했으나, 1962년 국경분쟁으로 인해 폐쇄돼 양국간 불신의 상징으로 여겨져 왔다. 이 고갯길은 역사적으로는 티엔샨(天山) 남로(南路)와 북로(北路) 등 실크 로드와 연결되는 중국의 시안(西安)으로 이어지는 유서깊은 교통로이다. 양측의 문명이 이 길을 통해 오고 갔고, 신라의 고승 혜초도 이 길을 통해 인도를 여행한 것으로 알려지고 있다. 그래서 나투라 고갯길은 "중국-인도 실크로드' 라고도 불린다.

전문가들은 나투라 고갯길 재개로 중국과 인도 양국간 교역이 크게 늘어날 것으로 기대하고 있다. 중국 상무부에 따르면, 2005년 중국과 인도 양국간 교역량은 187억 3000만 달러로, 전년보다 37.5% 증가했으며, 2008년에는 200억 달러를 넘을 것으로 전망된다.

나투라 고갯길을 통해서는, 우선 중국은 비단 · 양모 · 허브(식용, 약용 식물) · 전기제품 등 15개 품목을, 인도는 농산물과 철광석 · 가축류 · 가공제품 등 29개 품목을 수출할 전망이다.

---

4. 스리랑카(Sri Lanka)

(1) 스리랑카 내전(內戰)의 배경[55)]

스리랑카는 태국(타일랜드)과 같은 불교국가로서, 신할리 족(Sinhalese)이 다수를 차지하고 있으며 또한 정치를 장악하고 있다. 그런데 스리랑카 북쪽에는 소수 민족인 타밀 족(Tamil)이 살고 있으며, 언어 · 인종 · 문화면에서 인도 가장 남동쪽에 위치한 타밀 나두(Tamil Nadu) 주의 인종과 거의 동일하다. 1970년 초에 들어와서는 신할리 족의 정치 독재에 반항하여 정권 배분과 지역자치를 주장하며 스리랑카 타밀 족의 독립운동이 고조되었으며, 이를 허용하지 않는 스리랑카 정부군과 독립운동의 주축인 LTTE(Libeation Tigers of Tamil Eelam) 분리론자(secessionist) 사이의 내전이 심화되기 시작했고, 지금까지도 계속되고 있다.

인도 정부는 스리랑카에 가까운 타밀 나두 주에는 타밀족을 동정하는 정서가 퍼져 있었고, 또 1977년부터 1987년까지 인도정부가 타밀족 전투사(Tamili militants)의 훈련을 몰래 도와주고 있었기 때문에, 인도는 스리랑카의 타밀족 문제에 개입하고 싶어하던 상황이었다.

(2) 인도의 평화유지군 파견[56)]

1987년 7월 19일 뉴델리에서 맺어진 인도-스리랑카 협약에 의해 인도는 1983년 이후 심각하게 전개되던 인종 폭동을 해결하기 위한 주요 중재자로서 스리랑카에 평화유지군을 파견하기로 하였다.

그리하여 인도는 1987년부터 1990년까지 약 60,000명의 인도 군인을 인도 평화유지군(Indian Peace Keeping Force, IPKF)으로서 파견하였다.

원래 IPKF는 협약에 따라 중립적인 입장을 견지하기로 되어 있었으나, 시간이 지남에 따라 인도 군대는 점점 타밀 족을 적대시하고 스리랑카 정부군의 편을 들기 시작했다. 이러한 입장 변화는 인도 정부의 입장에서 볼 때 스리랑카의 타밀 족 분리독립이 인도의 분립(分立)으로도 이어질 수 있는 가능성이 있었기 때문이다. 즉, 산스크리트어를 기원으로 하고 있는 대부분의 인도 지방언어와는 달리, 타밀어는 그 자체가 고유언어이며, 또 타밀인들은 자신들이야말로 북 인도 아리아 인종이 혼합되지 않은 순수한 인도 사람들이라고 자처하고 있었다.

그리고 스리랑카 중앙 정부와 투쟁관계에 있는 타밀 민족 주의자들이 스리랑카에서 타밀 족의 독립을 획득할 경우에는, 인도의 타밀 나두 주 역시 인도로부터 독립해 함께 '통합 타밀국'을 만들겠다고 선언하고 나섰다. 언어별로 지방자치가 강하게 시행되고 있는 인도에 만일 타밀라두 주가 독립하게 된다면, 다른 언어권의 주들도 각각 독립을 원하게 될 것이기 때문에 인도 정부는 타밀 족을 적대시하고 스리랑카 정부를 간접적으로 돕는 입장으로 변한 것이다.

(3) 피해와 철군[57)]

그 후 IPKF는 70,000명까지 증원되었으나, 북부 스리랑카의 도회지에서 군대를 활용하기가 어려운 점, 스리랑카 정부군이 적극적으로 협조하지 않은 점, 타밀 족의 반항투쟁 등이 결합하여, IPKF는 양쪽 모두로부터 지지를 얻지 못하고 있다가, 1989년 7월부터 철군하기 시작하며 1990년 3월까지는 완전히 철군하였다.

이러한 3년의 군사력 파견 기간 동안, 약 1,500명의 인도 군인들이 사망하였으며, 4,500명은 중상을 입었다. 그리고 인도 정부가 스리랑카에 개입한 또 다른 피해로는 인도의 전(前)총리였던 라지브 간디(Rajiv Gandhi)가 타밀 나두 지역에서 선거운동을 하던 중 타밀족 전투사에 의해 1991년 5월 27일 암살을 당한 일이었다.

(4) 현재의 상황[58)]

1995년 인도정부는 스리랑카 정부의 요청에 따라, LTTE의 본거지가 있는 자프나(Jaffna) 지역 부근에 인도 해군과 공군 정찰기로 하여금 격리지대(quarantine zone)를 설치하였다. 인도 정부의 이러한 군사력 배치는 팔크 해협(Palk Strait)을 건너 불과 35km밖에 떨어져 있지 않은 타밀나두 주의 타밀족 동정자들을 자극하여 언제든지 문제가 발생할 수 있는 상황에 놓여 있다.

5. 미 국

(1) 전통적으로는 비(非) 우호적 관계[59)]

인도는 1947년 영국으로부터 독립한 후, 1955년에는 '반둥회의'에 참가하여 미국 · 소련 주도의 냉전 질서를 거부하는 비동맹(非同盟) 실용주의 외교원칙을 선언하였다.

1970년에는 인도는 핵확산 금지조약(NPT) 가입을 거부하였고, 1974년에는 포크란 사막에서 지하 핵실험을 실행했다. 이에 대해 미국은 1978년 인도와의 핵거래를 전면 중단했다. 인도는 1998년 5차례에 걸쳐 핵실험을 성공적으로 수행한 후에 핵무장 국가임을 선언했고, 이에 대해 미국은 경제제재를 가하기 시작했다.

그러나 2000년 3월 클린턴 미국 대통령이 인도를 방문하고, 2000년 9월에는 바지파이 인도 총리가 미국을 방문하면서 화해분위기를 조성해 오다가, 2001년 9월에는 미국이 테러와의 전쟁을 수행하는 데 인도가 협력해 주는 보상으로, 미국은 인도에 대한 경제 제재를 해제하였다.

(2) 최근에는 전략적 동반자 관계[60)]

그후 2004년에는 미국과 인도 양국은 전략적 파트너십 협정을 위한 협상을 시작하였고, 2005년 7월에는 만모한 싱 총리가 미국을 방문하여, 미국의 민수용 핵 기술 지원 약속 및 핵협력 10개년 상호방위협력 협정을 체결했다. 2006년 3월 1일에는 조지 부시 미국 대통령이 인도를 방문하여 NPT에 가입하지 않은 인도에 대해서 핵 보유국 지위를 인정하고 민수용 핵기술과 핵연료 제공을 확약했다.

이로써 미국은 전통적으로 비호적 관계였던 인도와 전략적 동반자 관계를 구축하고 중국에 필적할 잠재적 거대시장에 진출하기 위한 발판을 마련했다. 인도는 미국과 핵협정을 맺으면서 22개의 원자로 가운데 민수용 14개에 대해서는 국제 원자력 기구(IAEA)의 사찰을 허용하기로 했다. 그 대가로 미국은 인도에 대한 30여 년

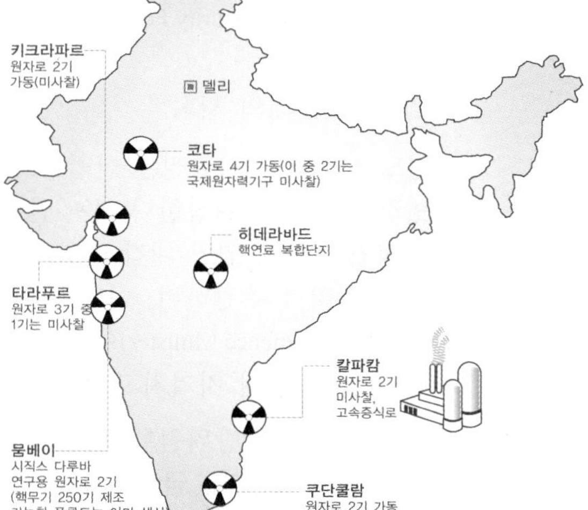

그림 7-4 인도의 주요 핵시설[61)]

간의 핵동결을 풀어주고 핵 연료와 기술을 제공한다는 것이다.

이것은 미국이 나머지 8개의 군사용 원자로를 불문에 붙인다는 뜻이다. 1974년 첫 핵실험에 성공했지만 NPT에 가입하지 않았던 인도가 '핵고립' 에서 벗어나 사실상 핵무기 생산이 가능한 핵무장 국가(핵보유국)의 지위를 인정받게 된 것이다. 만모한 인도 총리도 "우리는 앞으로 민수용이든 군사용이든 핵시설을 만드는 데 아무런 제약도 받지 않는다."고 설명했다.

제3절 군사(軍事, Military)

정치, 외교 및 군사력(軍事力)은 상호간에 밀접한 관계가 있다. 여기에서는 인도의 군사력에 관한 내용을 정리하고자 한다.

1. 인도의 군대 개황

(1) 인도 군대의 편성[62)]

인도의 군대(Indian Armed Forces)는 인도의 가장 중요한 국방조직이며, 크게는 육군(Army), 해군(Navy), 공군(Air Force), 전략핵 사령부(Strategic Nuclear Command, SNC), 해안경비대(Coast Guard) 및 다양한 보안부대(Security Forces), 즉 준부대(準部隊, Paramilitary Forces)로 나누어진다.

준부대에는 또한 국경 보안대(Border Security Forces), 아삼 소총부대(Assam Rifles), 국가 보안대(National Security Guards), 인도-티베트 국경경찰대(Indo-Tibetan Border Police), 특수 국경부대(Special Frontier Force), 중앙 산업 보안대(Central Industrial Security Force), 철도 보안대(Railway Protection Force) 등이 있다.

(2) 인도 군대의 지휘[63)]

인도군의 최고 지휘권은 헌법상으로는 인도 대통령이지만, 실제로는 총리와 국방장관이 이를 관장한다. 즉, 인도의 국방에 관련된 정책 및 군대에 관련된 전반적인 사항은 연방 내각(연방 각료회의)에 의해 편성되고 승인받는다. 연방 내각은 총리가 주관하며, 여러 장관들로 구성되는데, 그 장관들 중의 한 명은 국방부장관(Defence Minister)이다. 국방장관은 문관(文官)으로서 문민 통제(文民統制)의 원칙이 잘 지켜지고 있다.[64)]

연방 내각의 국방위원회(Defence Committee of the Cabinet)는 국방에 관련된 모든 정책을 결정한다. 국방위원회는 총리, 국방부장관, 내무부장관, 재무부 장관, 그리고 교통·통신부장관으로 구성된다.

(3) 병역 제도 및 주요 지표[65)]

병역은 16세 이상의 지원병 제도(voluntary military service)이며, 군대 강제 징집(military draft)은 아직까지 한 번도 시행된 적이 없다.

2006년 기준으로, 인도 군대에 관련된 주요 지표를 살펴보면 다음과 같다.

① 군인 숫자 : 2,414,700명으로서 세계 2위이다. 이들 중 현역 군인(Active troops)은 1,325,000명으로서 세계 3위 수준이고, 준 군인(準軍人, paramilitary forces)은 1,089,700명으로서 세계 1위 수준이다.

② 군대 복무가 가능한 16세~49세의 남자 숫자 : 287,551,111명

③ 국방 예산(US달러) : 188억 6000만 달러

④ GDP중 국방예산이 차지하는 비중 : 2.93%

2. 육군(Indian Army)

(1) 서론[66)]

인도 육군(Indian Army)은 인도의 지상(地上)에 근무하는 부대로서, 지상에서 수행하는 전쟁에 대한 책임을 진다. 인도 육군의 군인 수는 34개 부대(Fields Divisons)에 걸쳐 110만 명 이상이며, 세계에서 3번째로 많은 군인 수를 보유하고 있다. 인도 육군은 육군 사령관(Chief of Army Staff)의 지휘를 받는다. 인도 육군에서의 최고 직위에 있는 사람은 육군원수(元首, Field Marshal)이지만, 이는 거의 의례적(儀禮的, ceremonial) 직위이며, 또 예외적인 경우에만 연방 각료 회의의 조언을 받아 대통령이 임명한다.

현재까지 육군 원수 직위에 오른 사람은 마네크쇼(S.H.F.J) 장군과 카리아파

그림 7-5 인도 육군의 상징[67)]

그림 7-6 공화국 기념일 행사 때 행진하는 인도 육군[68)]

파(K.M.Cariappa) 장군 두 사람뿐이다.

인도육군의 상징은 그림 7-5에 나타나 있다. 인도 육군의 군인을 흔히 자완스(Jawans)라고 부르는데, 그림 7-6는 2004년 공화국기념일 행사때 마드라스 연대의 자완스들이 군사행진하는 모습을 보여 준다.

(2) 인도 육군의 편성 구조[69)]

인도 육군은 6개의 전략 지역 사령부(tactical area commands)와 1개의 훈련 사령부(training commands)를 보유하고 있다.

6개의 전략지역 사령부는 다음과 같다.

① 북부 사령부(Northern Command) : 잠무 · 카슈미르주의 우담푸르(Udhampur)에 본부가 있다.

② 서부 사령부(Western Command) : 펀자브 주와 차디가르 연방직할지에 본부가 있다.

③ 중부 사령부(Central Command) : 우타르 프라데슈 주의 러크나우(Lucknow)에 본부가 있다.

④ 동부 사령부(Eastern Command) : 웨스트 벵골 주의 콜카타(Kolkata)에 본부가 있다.

⑤ 남부 사령부(Southern Command) : 마하라 슈트라 주의 푸네(Pune)에 본부가 있다.

⑥ 남서부 사령부(South Western Command) : 라자스탄 주의 자이푸르(Jaipur)에 본부가 있다.

이들 각 사령부는 육군 중장(Lieutenant General)이 관장한다. 또 각 사령부에는 장갑차부대, 보병 부대, 산악보병 부대, 항공 부대, 포병 부대 등이 소속되어 있다.

그 밖에 일곱번째 전략지역 사령부로서 훈련 사령부(Training Command)가 있는데, 이 부대는 히마찰 프라데슈 주의 심라(Shimla)에 본부를 두고 있다.

(3) 육군의 무기

인도 육군에서 사용하는 주요 무기에는 다음과 같은 것이 있다.

1) 경무기(輕武器, Light weapons)[70)]

경무기에는 GLOCK 179mm 같은 각종 권총, Carbine 1A 9mm 같은 반자동 기관총, INSAS 5.56mm TAR-21 같은 소총, M2HB 같은 기관총, Heckler & Koch MSG-

90 7.62mm 같은 저격용 소총, AGS-17 Plamya 30mm 같은 자동 수류탄 투척기, Carl Gustata 84mm 등과 같은 무반동 총 등이 있다.

2) 전투용 장갑차(Combat vehicles)[71]

전투용 장갑차에는 T-90S Bhishma · Arjun MK1 · T-72 M1 Ajeya 같은 전투용 탱크, PT-76 같은 수륙양용 탱크, AMX-13 같은 경탱크(light tank), BRDM-2 같은 수색용 차량, BMP-1 및 BMP-2 같은 보병용(infantry combat vehicle) 탱크 등이 있다.

그림 7-7 BMP-2[72]

그림 7-7은 BMP-2의 모습을 보여 준다.

3) 대포(Artillery)[73]

대포에는 SS-150/Prithvi-1 및 SS-250/Prithvi-III 같은 단 거리 탄도미사일, GRAD MBRL Smerch 9K 58-300mm · Pinaka-214 · BM-21 같은 다탄도 로켓 발사 시스템, Abbot(105mm) · M-46 Catapult(130mm) 같은 곡사포, Tunguska M1 · ZRK-SD Kvadrat 같은 항공방어 시스템, ZSU-23-4M Shilka 같은 자동발사 항공 방어포 등이 있다.

그림 7-8은 BM-21 로켓포, 그림 7-9는 ZRK-SD Kvadrat 무기 시스템을 보여 준다.

4) 항공기(Aircraft)[76]

항공기에는 Dornier Do 228-101 같은 경 수송기(light transport aircraft), HAL Dhruv · HAL Chetak 같은 다목적 헬리콥터, Harpy UAV · Nishant UAV · SA 315B Lama 같은 육군 작전 수행용 각종 항공기들이 있다.

5) 미사일(Missiles)[77]

미사일에는 Agni 1, 2, 3 같은 중거리 탄도 미사일, BrahMos 같은 초음속 크루

그림 7-8 BM-21로켓포[74]

그림 7-9 ZRK-SD Kvadrat 무기 시스템[75]

즈 미사일, Prithiv 1, 2, 3 같은 단거리 탄도 미사일(사정거리 150~250km) 및 기타 중거리 탄도 미사일(사정거리 1500~2500km), Akash 같은 지대공(地對空) 미사일(surface to air missile), Astra 같은 공대공(空對空) 미사일(air to air missile) 등이 있다.

현장 정보

■ 인도의 미사일 개발

인도 국방부의 미사일 개발 상황을 연도별로 요약하면 다음과 같다.

1. Agni-I[78)]

Agni(아그니)는 인도신화에서 '불의 신'을 뜻하는 말이다. Agni-I은 1993년 첫 시험 발사되었으며, 사거리 1500km로서, 인도 방위 개발기구가 개발한 장거리 미사일과 비슷한 탄두 적재능력을 보유하고 있다.

2. Agni-II[79)]

Agni-II는 핵무기 운반체로 개발되는 중거리 탄도 미사일 시리즈 가운데 두번째(첫번째는 Agni-I)이며, 1999년 4월 처음 시험발사되었다. 2001년 1월 17일에는, 이동발사대에서 발사될 수 있으며 1t무게의 핵탄두를 2500km 이상 운반할 수 있는 Agni-II 미사일 시험발사에 두번째로 성공했다. 이같은 Agni-II 사거리는 파키스탄 영토와 중국의 일부지역까지 도달할 수 있는 것이다.

3. 중거리 탄도 미사일-Agni 미사일 개량형 모델[80)]

인도는 2002년 1월 25일, 동부 오리사 주의 찬디푸르 동부해안에서 핵무기 탑재가 가능한 중거리 탄도 미사일 'Agni 미사일 개량형 모델'의 시험발사에 성공했다. 군사전문가들은 "이번에 발사된 개량형 미사일의 사거리는 700km 정도로 파키스탄을 염두에 두고 인도가 특별히 개발했다."고 지적했다. 외무부 관리들도 "이번 시험은 인도가 1983년 착수한 Agni시리즈의 핵장착 탄도 미사일 개발 프로그램에 따른 예정된 행사였다."고 밝혔다.

인도는 현재 'Prithvi(프리스비)'와 'Agni(아그니)'라는 두 가지 유형의 미사일을 보유하고 있다.

Prithvi미사일의 사거리는 150~350km이며, Agni-I은 1500km, Agni-II는 2500km 등이다.

이번에 발사된 Agni 개량형의 사거리는 700km로, Agni-I의 절반수준에도 못미친다. "10년 넘게 미사일 성능 개발을 추구해 오고 있는 인도가 Agni 개량형 미사일의 사거리를 오히려 단축하여 중거리의 개량형으로 개발하고자 한 것은 당연히 파키스탄을 염두에 둔 때문이라는 것"이 전문가들의 일치된 견해이다.

4. Agni-I 지대지 중거리 탄도 미사일[81)]

인도는 2003년 1월 9일, 동부 오리사 주의 해안 시험발사장에서 핵탄두 탑재가 가능한 Agni-I 지대지(地對地) 중거리 탄도미사일에 대한 시험발사를 실시했다. 특히 이 미사일은 짧은 시간에 철길이나 일반도로에 설치된 발사대를 이용해 발사 할 수 있어, 인도의 전략 타격 능력을 크게 개선할 것으로 군사전문가들은 분석했다.

5. Akash 중거리 지대공 미사일 - 탄두 50kg, 사거리 25km[82)]

인도 국방부는 2004년 1월 13일, 중거리 지대공(地對空) 미사일 'Akash(아카시)'의 시험발사에 성공했다. 이번에 시험발사된 무게 650kg의 Akash에는 50kg짜리 탄두가 장착되어 있고 사(射)거리는 25km이다.

인도는 자체 개발한 Akash가 미국의 Patriot 미사일의 개량형이라고 밝혔다. 'Akash'는 힌두어로 '하늘'이라는 뜻이다.

6. Akash 중거리 지대공 미사일 - 탄두 70kg, 사거리 27km[83)]

인도는 2005년 2월 21일, 동부 오리사 주 주도(州都)인 부바네스와르 북동쪽 200km 해상의 섬에서, Aksah중거리 지대공(地對空) 미사일의 발사실험을 성공적으로 끝냈다고 인도 국방부 관계자가 밝혔다.

전체 무게 700kg으로서 70kg의 탄두를 장착한 이 미사일의 사거리는 27km이고, "발사 실험에서 목표물인 무인 비행기를 정확히 맞혔다."고 인도 국방부는 설명했다.

7. Prithiv[84)]

인도는 2005년, 5월 12일, 동부 오리사 주 찬디푸르 해역의 이동발사대에서, 핵탄두 탑재가 가능한 미사일 Prithiv를 성공적으로 시험발사했다.

이번 발사된 Prithvi는 재래식 무기나 핵탄두를 탑재할 수 있으며, 사거리는 250km이다.

'Prithvi(프리스비)'는 힌두어로 '땅'이라는 뜻이다.

8. Agni-III[85)]

인도는 2006년 7월 9일, 벵골만에 접한 오리사 주 휠러 섬의 미사일 기지에서, 중거리 탄도 미사일(IRBM, Intermeiate Range Ballistic Missile) Agni-III을 사상 첫 시험발사하였다.

인도 국방개발 연구기구(NRDO)가 제작한 이 미사일은 핵탄두를 포함해 1000kg의 탄두를 장착할 수 있으며, 최대 사거리는 4000km이다. 이러한 사거리는 중국의 샹하이 · 광저우 · 선전시뿐만 아니라 수도 베이징(北京)까지 도달할 수 있는 거리이다.

중국은 현재 30~40기의 IRBM을 실전 배치 중인 것으로 알려져 있다.

---

3. 해군(Indian Navy)

(1) 서론[86)]

인도 해군은 그 병력수가 2006년 기준으로 약 53,000명에 이르는데, 이것은 세계에서 5번째로 많은 규모이다. 인도 해군은 인도의 7,500km에 달하는 해안

그림 7-10 인도 해군의 상징[87]

선을 지키고 있으며, 1961년 고아 주 해방(Liberation of Goa) 전투, 1965년의 인도-파키스탄 전쟁에서 큰 성과를 올린 바 있다.

또 인도 해군은 인도 양(Indian Ocean)에서 주로 활동하고 있지만, 때때로 남중국 해(South China Sea), 지중해(Mediterranean) 및 아랍만(Arabian Gulf)에서 활동하는 경우도 있다.

그림 7-10은 인도해군의 상징을 보여준다.

(2) 인도 해군의 편성구조[88]

인도 해군의 총사령부는 뉴델리에 소재하고 있으며, 해군 대장(a full admiral)의 지휘를 받는다. 인도 해군은 다음과 같은 3개의 전략 지역 사령부로 편성되어 있으며, 각 사령부는 함대 사령관(a flag officer)의 지휘를 받는다.

① 서부 해군 사령부(Western Naval Command) : 아라비아 해안(Arabian Sea)에 있는 뭄바이(Mumbai)에 본부가 있다.

② 남부 해군 사령부(Sourthern Naval Command) : 아라비아 해안에 있는, 케랄라주의 코치(Kochi, 또는 코친(Cochin)이라고도 함)에 본부가 있다.

③ 동부 해군 사령부(Eastern Naval Command) : 벵골 만(Bay of Bengal)에 있는, 안드라 프라데슈 주의 비샤크 하파트남(Vishakhapatnam)에 본부가 있다.

그 밖에도 고아주(Goa) 주와 콜카타(Kolkata)에도 중요한 해군 기지가 있다. 또 안다만 · 니코바르 제도(Andaman Nicobar Islands)가 갖는 전략적 중요성을 고려하여, 2001년에는 이곳에 해군 · 육군 · 공군의 통합사령부가 설치되었다.[89]

(3) 해군의 무기

인도 해군은 1대의 항공모함을 비롯하여 180척이 넘는 군함을 보유하고 있으며, 그 밖에도 많은 잠수함, 구축함 · 쾌속함, 순양함, 잠수함 등을 보유하고 있다. 인도 해군의 모든 함선을 'Indian Navy Ships' (INS)라고 부른다.[90]

1) 항공 모함(Aircraft carrier)[91]

인도는 현재 'INS Viraat' 라고 불리는 항공모함을 한 척 보유하고 있는데, 이 항공모함은 조만간 퇴역할 예정이고, 곧 러시아에서 제작한 항공 모함 Admiral Gorshkov를 구입할 것이라고 발표하였다. 이 항공 모함은 INS Vikramaditya로 명명(命名)될 것이다. 45,000톤에 달하는 이 항공모함이 계약가격은 미화(US) 15

억 달러이며, 2008년까지 인도 해군에 양도될 예정이다. 러시아가 인도에 공급하는 것은 항공모함 자체와 탑재 항공기인 Mig(미그)-29K 전투기 28대와 헬기, 그리고 기타 군장비 부속품 등이다.

현장 정보

■ 인도, 항공모함 건조 착수[92)]

인도는 2005년 4월, 326억 1000만 루피(미화 7억6200만 달러)를 들여 길이 252m에 축구장 3개 크기의 활주로를 갖춘 37,500톤의 새로운 항공모함을 케랄라 주 코친에 있는 Cochin Shipyard Limited 국영 조선소에서 제작하기 시작했다. 이 항공 모함은 최고 28노트의 속도로 45일간 연속 항해할 수 있으며, 약 1560명의 해군병력과 30대의 전투기를 탑재(搭載)할 수 있다. 이만한 규모의 항공모함을 보유한 국가는 미국과 러시아, 프랑스 등 3개국밖에 없다는 것이 해군 군사전문가들의 분석이다.

---

2) 구축함(Destroyers)

인도해군은 Type 15/Delhi 및 Rajput 등과 같은 구축함을 보유하고 있다.[93)]

그림 7-11은 INS Rajput 구축함의 모습을 보여 준다.

3) 군함(Frigates)

인도해군은 Type 16 Godavari, Talwar, Brahmaputra, Trishul, Taragiri, Udaygiri 등과 같은 군함을 보유하고 있다.[95)] 그림 7-12는 INS Trishul, 그림 7-13은 INS Udaygiri의 모습을 보여 준다.

4) 쾌속 호위함(Corvettes)

인도해군은 Kora, Khukri, Veer, Nighat 등과 같은 쾌속함을 보유하고 있다.[98)] 그림 7-14는 쾌속 호위함 INS Nirghat의 모습을 보여 준다.

5) 순양함(巡洋艦, Patrol craft)

인도해군은 Sukanya, Trinkat, Bangaram, Super Dvora MK. II 등과 같은 순양함을 보유하고 있다.[100)]

6) 잠수함(Submarines)

인도해군은 Foxtrot, Shishumar(Type 209), Sindhughosh (Kilo) 등과 같은 16척의 디젤 동력 잠수함을 보유하고 있는데, 이들은 주로 러시아제 혹은 독일제이다.[101)]

그림 7-11 구축함 INS Rajput[94]

그림 7-12 INS Trishul[96] - 군함 INS Trishul

그림 7-13 INS Udaygiri[97] - 구축함 INS Udaygiri

그림 7-14 쾌속함 INS Nirghat[99]

4. 공군(Indian Air Force)

(1) 서론[102]

인도 공군은 1932년 10월 8일 Royal Indian Air Force로서 창설되었으며, 1950년 1월 26일 공화국이 된 이후에는 "Indian Air Force"(IAF)로 불리우고 있다.

현재 인도 공군에서 보유하고 있는 공군력은 인력이 약 11만 명이고 전투기가 779대인데, 이것은 세계에서 4번째로 큰 규모이다.

그림 7-15에는 공군의 상징, 즉 인도 공군기(空軍旗, IAF flag)가 나타나 있는데, 여기에서 왼쪽 위에는 인도의 국기(國旗)인 티랑가(Tiranga)가 자리잡고 있고, 오른쪽에는 전투기에서 폭격할 때 사용하는 원형의 표적이 놓여 있다.

그림 7-16에는 "나브하 스파르샴 디프탐(Nabha Sparsham Deeptam)"이라는 표어(motto)가 새겨져 있는 인도공군에서 사용하는 로고(logo)가 나타나 있다. "나

브하 스파르샴 디프탐"이란 "영광으로 하늘을 만진다"(Touching the Sky with Glory)라는 뜻이다.

그림 7-15 인도공군의 상징(공군기)(IAF flag)[103]

그림 7-16 인도공군에서 사용하는 로고(IAF logo)[104]

(2) 공군의 편성구조[105]

인도 공군의 총사령부는 뉴델리에 소재하고 있으며, 공군 대장(air chief marshal)의 지휘를 받는다. 인도 공군은 다음과 같은 5개의 전략지역 사령부로 편성되어 있다.

① 서부 공군 사령부(Western Air Command) : 뉴델리에 본부가 있다.

② 남서부 공군 사령부(Southwesern Air Command) : 라자스탄 주의 조드푸르(Jodhpur)에 본부가 있다.

③ 동부 공군 사령부(Eastern Air Command) : 메갈라야 주의 실롱(Shillong)에 본부가 있다.

④ 중부 공군 사령부(Central Air Command) : 우타르 프라데슈 주의 알라하바드(Allahabad)에 본부가 있다.

⑤ 남부 공군 사령부(Southern Air Command) : 케랄라 주의 트리반드룸(Trivandrum)에 본부가 있다.

그 밖에도, 두 개의 기능 사령부(functional commands)가 있는데, 그 하나는 카르나타카주의 벵갈루루에 있는 훈련 사령부(Training Command)이고, 다른 하나는 마하라 슈트라 주의 나그푸르(Nagpur)에 있는 유지 및 수리 사령부(Maintenance Command)이다.

(3) 무기

인도 공군은 779대 이상의 전투기(combat aircraft)와 42개의 비행 중대(squadrons, 1비행 중대에는 10~18대의 비행기가 소속되어 있음)를 보유하고 있다. 대부분의 IAF(인도공군) 전투기들은 러시아 · 프랑스 · 영국 · 스웨덴에서 제작한 것들이다.[106]

1) 제공(制空) 및 다목적 공군기(Air Superiority and Multi Role)

제공권(制空權)을 장악하려는 다목적 공군기에는 MiG-29k, Mirage 2000 H16, MiG 21, Sukhoi Su-30 MKI, MiG-21Bis 등이 있다.[107] 그림 7-17은 MiG-29K의 모습을, 또 그림 7-18은 IAF Sukhoi Su-30 MKI의 모습을 보여 준다.

그림 7-17 IAF MiG-29K[108]

그림 7-18 IAF Sukhoi Su-30 MKI[109]

2) 지상 공격용 공군기(Ground Attack Aircraft)

지상 공격용 공군기에는 MiG-27, MiG-23, MiG-21 M/MF, Jaguar IS, Jaguar IM, Jaguar IN 등이 있다.[110]

그림 7-19는 IAF MIG-27의 모습을, 그림 7-20은 IAF Jaguar IM의 모습을 보여 준다.

그림 7-19 IAF MiG-27[111]

그림 7-20 IAF Jaguar IM[112]

3) 보조 전투기(Second Line Combat Aircraft)

인도공군의 보유하고 있는 보조 전투기에는 Canberra, MiG-23 MF, MiG-25R, MiG-21FL 등이 있다.[113)]

4) 헬리콥터(Helicopters)

인도 공군이 보유하고 있는 헬리콥터에는 Mi-8, Mi-17, Mi-24/35, Mi-26, Chetak, Cheetah 등이 있다.[114)]

5) 수송용 항공기(Transport Aircraft)

인도 공군이 보유하고 있는 수송용 항공기에는 Il-76MD, Il-78MKI, An-32, HS-748, Do-228, Boeing 737, Embraer 135 BJ, HJT-16 Kiran, HPT-32 Deepak 등이 있다.[115)]

5. 핵무기(Nuclear Weapons)

(1) 인도기 핵실험과 핵무기[116)]

인도의 핵무기 프로그램은 트롬베이(Trombay)에 소재한 바브하 원자 연구센터(Bhabha Atomic Research Center)에서 1950년 중반에 착수되었다. 그 후 인도는 1974년 5월 18일, 제1차 핵실험에 성공해 세계 6번째의 핵무기 보유국이 되었다. 그리고 1998년 5월 11일에는 라자스탄 주(州)의 포크란(Pokhran) 지하 실험소에서 3번의 핵실험을 하였고, 이틀 뒤인 1998년 5월 13일에는 2번의 핵실험을 더하였다. 인도가 실시한 이러한 핵실험 관련 사진에 대해서는 그림 7-21과 그림 7-22를 참조하기 바란다.

그림 7-21은 1974년 5월 18일 라자스탄주 포크란에서 제1차 지하 핵실험 후의 폭발로 땅이 움푹 패인 모습을 보여 준다. 이 핵실험으로 인하여 반지름 47~75m, 깊이 약 10m의 폭발구멍(crater)이 생겼다. 또 그림 7-22는 1998년 5월 11과 13일 포크란에서 핵실험 후 생긴 폭탄구멍의 모습을 보여 준다.

그림 7-21 1974년 5월 18일 포크란에서 실시된 핵실험[117)]

인도가 보유하고 있는 이러한 핵무기는 인도가 이미 자체개발한 지대지(地對地) 프리스비 미사일(사정거리 150~250km)과 중거리 탄도미사일(사정거리 1500~2500km)에

그림 7-22 1998년 5월 11일과 13일 포크란에서 실시된 핵실험[118)]

장착하게 되었고, 현재는 사정거리 5000km까지 발사 가능한 미사일에 핵무기를 장착하였다. 또 항공기로는 미라제-2000, 미그-29K 및 수크호이-30 전투기에도 핵무기를 장착했다.

현장 정보

■ 핵실험 도시 – 포크란[119)]

인도는 서부 타르 사막의 포크란에서 1974년과 1998년에 핵실험을 하였다. 흔히 '포크란 I' '포크란 II' 라고 불리는 실험이다.

핵실험 장소는 인구 1만여 명이 거주하는 사막 도시 포크란에서 북서쪽으로 20여 km 떨어진 곳으로서, 조드푸르(라자스탄주의 제2도시)와 자이살메르의 중간에 있는 지역이다.

인도 정부는 힌두 우파정당인 BJP정권의 아탈 비하리 바지마이 총리가 정권을 잡자마자, 1998년 5월 11일과 13일 양일에 걸쳐 모두 5번의 핵실험을 했다. 암호명은 '샤크티 작전' 이었으며, 지하 300m 사암 지하 동굴에서 실시되었다. 이 핵실험에서는 원자폭탄(15kt급), 수소폭탄(45kt급), 전술 핵무기로 사용할 수 있는 적은 양의 폭탄(5, 3, 2kt급)을 두루 실험함으로써 전세계에 대해 인도의 핵무기 능력을 완벽하게 과시한 실험이었으며, 축구장만한 넓이의 땅이 공중으로 솟아올랐다.

핵실험 도시-포크란

현재 인도 대통령인 압둘 칼람이 당시 인도 정부의 최고 과학 담당관으로 핵실험을 이끌었다. 마을 사람들은 "칼람은 미사일 맨이다. 모든 인도 사람들이 그를 자랑스러워한다."고 말하고 있다.

포크란 마을의 아난드 구치아 시장은 "포크란은

핵실험으로 세계에 알려졌다. 지역 주민으로서 무척 자랑스럽게 생각한다. 특히 1998년 포크란 II 실험 뒤에는 전국에서 10만 명 정도가 이곳으로 몰려왔다. 그 후 6개월간 열기가 대단했다. 주민들은 방문객들에게 무료로 숙박과 식사를 제공했다. 시청마당에서 재우기도 했다."고 그날의 감격을 이야기했다.

---

(2) 파키스탄의 핵실험과 핵무기[120)]

파키스탄의 핵무기 프로그램은 1972년에 착수되었다. 이러한 프로그램을 시작한 사람은 당시 연료 · 동력 및 자연자원 장관이었던 줄피카르 알리 부토(Zulfiqar Ali Bhutto)인데, 그는 후에 파키스탄의 대통령과 총리가 되었다.

인도가 1974년 핵실험에 성공하자, 파키스탄은 이에 크게 자극을 받아 핵개발에 박차를 가했다. 그후 1998년 5월 28일 파키스탄은 5번의 핵실험이 성공적으로 실시되었음을 공표했다. 그리고 이틀 뒤인 5월 30일에는 12킬로톤(Kiloton) 무게의 핵탄두가 장착된 핵실험을 발로치스탄(Balochistan)에서 한번 더 실시하여 성공하였다.

(3) 인도와 파키스탄의 핵전쟁 위협[121)]

인도와 파키스탄은 핵무기 개발을 더욱 치열하게 경쟁적으로 전개하고 있으며, 이는 양국간에 가장 큰 위험이며, 공멸(共滅)하는 위험까지 있지만 서로 양보할 수 없는 대결을 펼치고 있다.

이로 인해 양국의 긴장관계는 과거보다 더욱 고조되고 있는 가운데, 기존 5대 핵강국들 이상으로 핵무기가 확산되는 것을 막기 위해 인도정부를 포괄적 핵실험 금지조약(CTBT)에 가입시키기 위한 미국정부의 압력 및 양국간 협상이 계속 이루어지고 있다.

현재 인도는 CTBT가입조건으로 인도의 핵보유에 대한 국제 사회의 공인(公認)을 요구하고 있으나, 기존 핵보유 5개국의 이해관계가 얽혀 있어 양측 간의 입장차이가 계속되고 있다.

제8장

법률 환경(Ⅰ) : 인도의 기본법 (헌법 · 계약법 · 형법)

이 장에서는 투자자 및 경영자가 인도에서 사업하고 활동하는 데 있어서 반드시 이해하지 않으면 안 될 법률 환경으로서, 가장 기본법이라고 할 수 있는 최고 법률인 헌법을 비롯하여 계약법과 형법 등을 고찰하기로 한다.

제1절 인도의 헌법(Constitution of India)

인도 헌법은 인도의 국가이념 및 모든 국민들에 대하여 권리와 의무를 규정하고, 또 국가 전체의 구조를 규정하고 있다. 인도 헌법은 인도가 영국으로부터 독립하여 자유를 획득한 1947년 8월 15일로부터 약 1년 3개월이 경과한 1949년 11월 26일 헌법 제정회의(Constituent Assembly)를 통과하였으며, 1950년 1월 26일부터 그 효력을 발생하였다.[1] 인도에서는 이 날을 기념하여 1월 26일을 공화국 기념일(共和國記念日, Republic Day)로서 국경일로 규정하여 전국민이 경축하고 있다.[2]

다음은 인도의 헌법 규정들 중에서 주요 규정을 발췌하여 정리하고자 한다.

현장 정보

■ 인도의 헌법회의(constituent Assembly)[3)]

인도의 헌법회의는 인도 각 사회와 지역을 대표하는 구성원들로 1947년 12월 9일 구성되었다. 이 회의에서 당시 중요한 토론을 한 사람들에는 자와할랄 네루(Jawaharlal Nehru), 라젠드라 프라사드(Rajendra Prasad), 사르다르 파텔(Sardar Patel), 마우자나 아불 칼람 아자드(Maulana Abul Kalam Azad) 및 쉬야마 프라사드 무케르지(Shyama Prasad Mukherjee) 등이 포함되어 있다. 헌법회의는 2년 11개월 18일 동안에 걸쳐 166일 동안 회의를 개최하였다. 사진 8-1은 헌법회의 위원장이었던 라젠드라 프라사드 박사를 보여주고 있다. 또 사진 8-2는 인도의 헌법에서 서명하는 자와할랄 네루의 모습을 보여주고 있다.

그림 8-1 헌법회의의 위원장이며 초대 대통령이었던 라젠드라 프라사드 박사[4)]

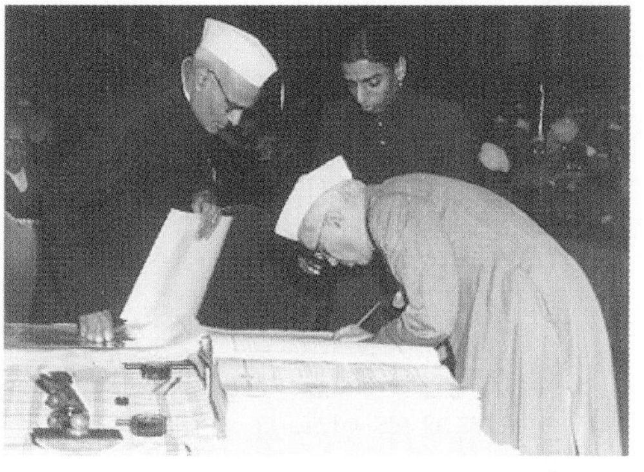

그림 8-2 인도의 헌법에 서명하는 자와할랄 네루[5)]

1. 서문(Preamble)

인도 헌법은 서문에서 "인도공화국은 모든 시민들의 정의(Justice : 사회적, 경제적 및 정치적 정의), 자유(Liberty : 사상, 표현, 신념 및 신앙의 자유), 평등(Equality : 신분 및 기회의 평등) 및 동포애(Fraternity : 개인과 연방과 국가의 존엄성을 보증)를 보장하고 촉진시킨다."고 선언하고 있다.

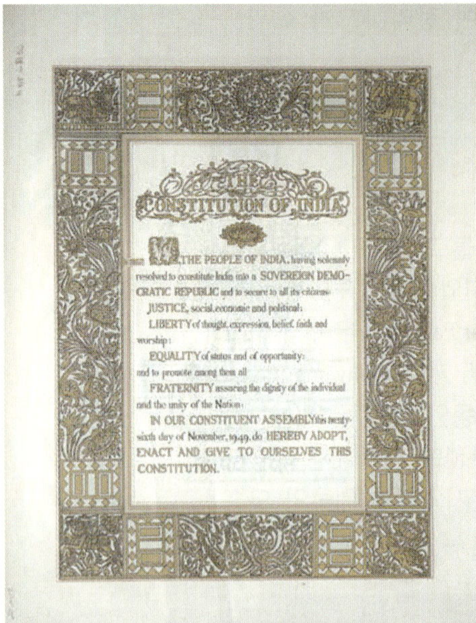

THE CONSTITUTION OF INDIA

WE, THE PEOPLE OF INDIA, having solemnly resolved to constitute India into a SOVEREIGN DEMOCRATIC REPUBLIC and to secure to all its citizens:

JUSTICE, social, economic and political;

LIBERTY of thought, expression, belief, faith and worship;

EQUALITY of status and of opportunity; and to promote among them all

FRATERNITY assuring the dignity of the individual and the unity of the Nation;

IN OUR CONSTITUENT ASSEMBLY this twenty-sixth day of November, 1949, do HEREBY ADOPT, ENACT AND GIVE TO OURSELVES THIS CONSTITUTION.

그림 8-3 인도헌법의 서문[6)]

현장 정보

■ 인도 헌법의 서문

그림 8-3은 1949년 11월 26일 채택되고 1950년 1월 26일부터 그 효력을 발생하며 시행되고 있는 인도 헌법의 서문(序文, preamble)을 보여주고 있다.

---

2. 연방과 연방직할지 (The Union and its Territory)

인도의 연방과 연방직할지에 관해서는 다음과 같이 규정하고 있다.

제1조 (연방의 이름과 영역(Name and territory of the Union))

(1) 인도(India), 즉 바라트(Bharat : India의 힌디어(Hindi) 명칭)는 연방제 국가(a Union of States)이다.

(2) 각 주(州, the States)와 그 영역은 이 헌법의 제1 부속명세서(the First Schedule)에 명시되어 있다.

(3) 인도의 영역은 다음과 같은 것들로 구성된다.

① 주(州)의 영역(the territories of the States)

② 연방직할지(Union Territories)

③ 취득될 수 있는 그 밖의 영역

3. 시민권(Citizenship)

시민권에 관해서는 다음과 같이 규정하고 있다.

제5조 (헌법의 시행 시점에서의 시민권) 이 헌법이 시행되는 시점에서 인도 영역 내에 주소를 갖고 있으며 또

(a) 인도의 영역 내에서 출생했거나, 혹은

(b) 그 부모 중의 한 사람이 인도의 영역 내에서 출생했거나, 혹은

(c) 이 헌법의 시행 직전에 5년 이상 인도의 영역 내에서 정상적으로 거주한 사람들은 인도의 시민이 된다.

4. 기본권(Fundanental Rights)

여기에서는 제12조에서 제35조에 걸쳐 평등권, 자유권, 착취 당하지 않을 권리, 종교자유권 및 문화 및 교육권 등에 대해 규정하고 있다.

이들 주요 규정을 살펴보면 다음과 같다.

(1) 평등권(Right to Equality)

제14조 (법률 앞의 평등) 주(州)는 인도 영역 내에서 어떤 사람에 대해서도 법률 앞의 평등 혹은 법률의 평등 보호를 부정해서는 안된다.

제15조 (종교, 인종, 카스트, 성 혹은 출생장소에 근거한 차별의 금지)

1. 주(州)는 어떤 사람에 대해서도 종교, 인종, 카스트(caste), 성(sex), 출생 장소(place of birth) 등에 근거하여 차별을 해서는 안 된다.
2. 어떤 사람이라도 종교, 인종, 카스트, 성, 출생 장소 등에 근거하여 다음과 같은 것에 관련되어 어떠한 책임이나 제한이나 금지를 받지 않는다.
   ① 상점, 공공 음식점, 호텔, 공공 오락장소 등에 대한 접근
   ② 전적으로 혹은 부분적으로 주(州)의 기금으로 운영되거나 일반 공중의 이용에 기부된 우물, 물탱크, 도로 및 공공시설의 이용
3. 이 조문의 어떤 규정도 주(州)로 하여금 여자와 어린이에 대한 특별 규정을 제정하는 것을 금지하지 않는다.
4. 이 조문의 어떤 규정도 혹은 제29조의 (2)항의 어떤 규정도 주(州)로 하여금 사회적으로 그리고 교육적으로 뒤져있는 시민들의 계급 혹은 카스트 혹은 인종들의 발전을 위한 어떤 특별 규정을 제정하는 것을 금지하지 않는다.

제16조 (공공고용에 있어서 기회의 평등)

① 모든 시민들은 주(州)의 어떤 직위에 대한 고용이나 임명과 관련하여 기회의 평등을 갖는다.

② 어떤 시민이라도 주(州)의 고용이나 직무에 관련하여 종교, 인종, 카스트, 성, 혈통(descent), 출생 장소, 거주지 등의 어떤 것에 근거해서 자격에 제한을 받거나 차별을 받지 아니한다.

제17조 (불가촉천민의 폐지) "불가촉천민(不可觸賤民, untouchability)"은 폐지되며 실무상 어떤 형태로도 금지된다. "불가촉천민"으로부터 야기되는 어떤 무자격(disability)을 집행하는 것은 법률에 따라 처벌받을 수 있는 범죄행위이다.

(2) 자유권(Right to Freedom)

제19조 (언론자유 등에 관한 특정한 권리의 보호)

1. 모든 시민들은 다음과 같은데 대한 권리를 갖는다.
   ① 언론과 표현의 자유(freedem of speech and expression)

② 평화롭고 무장하지 않은 채 집회할 수 있는 권리(to assemble peaceably and without arms)

③ 단체나 조합을 결성할 수 있는 권리(to form associations or unions)

④ 인도의 영역 어디에라도 자유롭게 이동할 수 있는 권리(to move freely throughout the territory of Inda)

⑤ 인도의 영역 어디에서라도 거주하고 정착할 수 있는 권리(to reside and settle in any part of the territory of India)

⑥ 어떤 직업을 개업하거나, 어떤 업무나 무역이나 사업을 경영할 수 있는 권리(to practise any profession, of to carry on any occupation, trade or business)

제20조 (범죄행위에 대한 유죄판결에 관련된 보호)

① 어떤 사람도 범죄행위 당시 시행되고 있는 법률을 위반한 경우를 제외하고는 어떤 행위로 인하여 유죄판결을 받지 않는다.

② 어떤 사람도 동일한 범죄에 대하여 한 번 이상 기소(起訴, prosecuted)되어 처벌받지 아니한다.

③ 범죄행위로 인하여 기소된 어떤 사람도 자기 자신에 대하여 증인이 되도록 강요받지 아니한다.

제21조 (생명과 개인적 자유에 대한 보호) – 어떤 사람도 법률에 의하여 규정된 절차에 따르지 아니하고는 그의 생명 혹은 개인적 자유(life or personal liberty)를 박탈당하지 아니한다.

(3) 착취당하지 않을 권리(Right against Exploitation)

제23조 (인신매매와 강요된 노동의 금지)

① 인신매매(traffic in human beings)와 어떤 형태로든 간에 강제 노동(forced labour)은 금지되며 또 이 조문을 어떤 형태로든 위반한 것은 법률에 따라 처벌받을 수 있는 범죄행위이다.

제24조 (공장 등에서 어린이의 고용 금지) 14세 미만의 어린이는 어떤 공장이나 광산에 고용될 수 없으며 혹은 그 밖의 위험한 고용에 종사할 수 없다.

(4) 종교의 자유에 대한 권리(Right to Freedom of Religion)

제25조 양심의 자유 및 종교의 직업선택, 실행 및 보급에 관한 자유

제26조 종교적 행사를 관리하는 자유

제27조 어떤 특정 종교를 촉진시키기 위한 세금 지불에 관련된 자유

제28조 특정한 교육기관에서의 종교적 교육이나 신앙활동에 참가하는 데 관련된 자유

(5) 문화적 및 교육적 자유(Cultural and Educational Rights)

제29조 (소수 민족의 보호)

① 인도 영역 내에 거주하는 어떤 시민이라도 자신들만의 언어, 문자 혹은 문화를 동일하게 보존할 권리를 갖는다.

② 어떤 시민도 단지 종교, 인종, 카스트, 언어 등에 근거하여 주(州)에서 운영하는 교육기관에 입학하는 것을 금지당하거나 혹은 주기금(州基金)을 수령하는 것을 금지당하지 않는다.

제30조 (소수 민족들이 교육기관을 설립하고 운영할 권리)

① 모든 소수민족들은, 종교에 근거하고 있든지 언어에 근거하고 있든지 간에, 자신들의 선택에 따라 교육기관을 설립하고 운영할 권리를 갖는다.

5. 기본의무(Fundamental Duties)

인도 국민들이 준수해야 할 기본 의무에 관해서는 다음과 같이 규정하고 있다.

제51조A (기본적 의무) 인도의 모든 시민은 다음과 같은 의무를 갖는다.

① 헌법을 준수하고, 헌법의 이념과 제도 및 국기(國旗)와 국가(國歌)를 존중해야 하는 의무
② 우리 조국의 자유를 위한 투쟁을 고취하는 숭고한 이상을 소중히 하고 따를 의무
③ 인도의 주권(主權), 통일성(unity) 및 고결성(integrity)을 지지하고 보호할 의무
④ 국가를 방어하고 국가로부터 부름을 받았을 때 국토방위에 종사할 의무
⑤ 종교, 언어, 지역적 및 분파적 다양성을 초월하여 모든 인도 국민들 간에 공통의 형제애(brotherhood)의 정신을 촉진할 의무
⑥ 우리의 복합적 문화의 풍요로운 유산을 존중하고 보존할 의무
⑦ 수풀, 호수, 강 및 야생동물들을 포함하여 자연자원을 보호하고 증진시키며, 생물에 대한 동정심을 가질 의무
⑧ 과학적 기질, 인본주의 및 연구와 개혁의 정신을 개발시킬 의무
⑨ 공공재산을 보호하고 폭력행위를 하지 않을 의무
⑩ 개인 및 집단활동의 모든 분야에서 조국이 보다 높은 수준의 노력과 성취를 이룩할 수 있도록 탁월성을 향해 투쟁할 의무

6. 연방(The Union)

연방에 관해서는 다음과 같은 규정을 두고 있다.

(1) 행정부(The Executive)

대통령과 부통령

第52조 (인도의 대통령) 인도에는 대통령(a President of India)을 둔다

第53조 (연방의 행정권력, Executive power of the Union)

① 연방의 행정권력은 대통령에게 부여되고 있으며, 이 권력은 대통령 자신이 직접 혹은 이 헌법의 규정에 의하여 그에게 종속되어 있는 공무원을 통하여 행사된다.

② 앞의 규정의 일반적 성격을 손상시킴이 없이, 연방의 국방에 대한 최고 명령권은 대통령에게 부여되어 있으며, 그 권한의 집행은 법률의 규정에 따라야 한다.

第54조 (대통령의 선거) 대통령은

① 상, 하 양원(兩院, both House of Parliament)의 의원 및
② 주 의회(Legislative Assemblies of the States) 의원
들로 구성된 선거인단에 의해 선출된다.

第56조 (대통령의 임기) 대통령의 임기는 5년이다.

第57조 (대통령의 재임) 대통령은 선거에 의해 재임할 수 있다.

第58조 (대통령으로 선출될 수 있는 자격) 대통령으로 선출될 수 있으려면 그는

① 인도의 시민이어야 한다.
② 35세 이상이어야 한다.
③ 하원(下院, House of the people)의 구성원으로서 선출될 자격이 있어야 한다.

第63조 (인도의 부통령) 인도에는 부통령(a Vice - President of India)을 둔다.

第65조 (대통령의 유고시 대통령으로서 직무를 수행하는 부통령)

① 대통령이 사망, 사임, 해임 및 기타 사유로 대통령의 직위가 공석이 된 경우에는, 이 헌법의 규정에 의거하여 새로운 대통령이 선출되는 날까지 부통령이 대통령으로서 행위한다.

② 대통령이 부재(不在), 질병, 또는 기타 원인으로 그의 직무를 수행할 수 없을 때는 부통령은 대통령이 자신의 직무를 다시 맡을 때까지 부통령이 그 직무를 수행해야 한다.

第66조 (부통령의 선거)

① 부통령은 상, 하 양원의 의원들로 구성된 선거인단에 의해서 선출된다.

第67조 (부통령의 임기) 부통령의 임기는 5년이다.

각료 회의(Council of Ministers)

제74조 (대통령을 돕고 조언하기 위한 각료회의)

① 대통령을 도와주고 필요한 경우 조언을 하기 위해 총리(the Prime Minister)를 수반으로 하는 각료회의를 둔다.

제75조 (장관들에 관한 기타 규정)

① 총리는 대통령에 의해 임명되고, 그 밖의 장관들(the other Ministers)은 총리의 조언에 의해서 대통령이 임명한다.

② 장관들은 대통령의 마음이 내키고 있는 동안 직무를 담당한다.

③ 각료회의는 하원에 대해 집합적으로(collectively) 책임을 진다.

법무 장관(Attorney-General for India)

제76조 (인도의 법무장관)

① 대통령은 대법원의 재판관으로 임명될 수 있는 자격을 가진 자를 인도 법무장관으로 임명한다.

② 법무장관은 인도정부에 대하여 법률문제에 관해 조언을 하고, 또 법률적 성격을 지닌 그 밖의 다른 의무를 수행한다.

③ 법무장관은 자신의 직무를 수행함에 있어서 인도영역 내의 모든 법원에서 청취할 수 있는 권리를 갖는다.

④ 법무장관은 대통령의 마음이 내키고 있는 동안 직무를 담당한다.

(2) 의회(Parliament)

제79조 (의회의 구성) 대통령과 상원(the Council of States) 및 하원(the House of the poeple)으로 구성된 연방의회(a Parliament for the Union)를 둔다.

제80조 (상원의 구성)

① 상원은 다음과 같이 구성된다.

② A. 아래의 ③항 규정에 따라 대통령에 의해 임명되는 12명의 대표자들 및

B. 각 주(州, States)와 연방직할지(Union Territories)의 대표자들로서 238명을 초과하지 않는 수

③ 위의 (1)항의 (a)에 의해 대통령이 임명하는 의원들은 문학, 과학, 예술 및 사회봉사 등의 각 분야에서 전문지식과 실무경험을 갖춘 사람들로 구성된다.

④ 상원에 속한 각 주의 대표자들은 주 선거인단(Legislative Assenbly of the

State)에 의해 선출된다.

⑤ 상원에 속한 연방직할지의 대표자들은 의회(Parliament)가 법률에 따라 규정한 방법에 의해 선출된다.

제81조 (하원의 구성)

① 제331조의 규정을 조건으로 하여 하원은 다음과 같이 구성된다.

Ⓐ 각 주에서 직접 선거에 의해 선출되는 530명을 초과하지 않는 수 및

Ⓑ 의회가 법률에 정한 방법에 의해 선출되는 연방직할지를 대표하는 20명을 초과하지 않는 수

제331조 (하원에서의 앵글로-인디언 계(界)의 대표) 위의 제81조의 조항에도 불구하고, 대통령은 만일 자신이 생각하기에 앵글로-인디언 계(Anglo-Indian Community)가 하원에서 적절히 대표되고 있지 않다고 한다면, 그 커뮤니티의 대표로서 2명을 초과하지 않는 수를 하원에 임명할 수 있다.

(3) 연방 사법부(The Union Judiciary)

제124조 대법원의 구성

① 인도 대법원(Supreme Court of India)은 대법원장(Chief Justice of Indai)과 의회가 더 많은 수를 규정할 때까지는 7명의 판사(Judges; 현재는 "25명" 임)[7]들로 구성된다.

제131조 (대법원의 고유 관할권) 대법원은 다음과 같은 분쟁에 대하여 고유의 재판 관할권(original jurisdiction)을 갖는다.

① 인도 정부(Government of India)와 한 개 이상의 주(州; states)들 간의 분쟁

② 당사자 한 쪽이 인도 정부와 어느 주(州) 혹은 주(州)들이고 다른 한 쪽은 한 개 이상의 주(州)들 간의 분쟁

③ 두 개 혹은 그 이상의 주들 간의 분쟁

7. 주(The States)

주(州)에 관해서는 다음과 같이 규정하고 있다.

(1) 행정부(The Executive)

주지사

제153조 (주지사) 각 주에는 주지사(a Governor for each State)를 둔다.

제154조 (주의 행정권력)

① 주의 행정권력(executive power of the State)은 주지사에게 부여되어 있으며,

이 권력은 주지사 자신이 직접 혹은 이 헌법에 따라 그에게 종속되어 있는 공무원을 통하여 행사된다.

제155조 (주지사의 임명) 주지사는 대통령이 임명한다.

제156조 (주지사의 임기) 주지사는 대통령의 마음이 내키고 있는 동안 직무를 수행한다.

제157조 (주지사로 임명되기 위한 자격) 주지사로 임명될 수 있으려면 인도의 시민이어야 하고 35세 이상이어야 한다.

각료 회의(Council of Ministers)

제163조 (주지사를 돕고 조언하기 위한 각료 회의)

① 주지사를 도와주고 필요한 경우에 조언을 하기 위해 주 총리(州總理, the chief Minister)를 수반으로 하는 각료 회의를 둔다.

제164조 (장관들에 관한 기타 규정)

① 주 총리는 주지사에 의해 임명되고, 그 밖의 장관들(the other Ministers)은 주 총리의 조언에 의해서 주지사가 임명하며, 장관들은 주지사의 마음이 내키고 있는 동안 직무를 담당한다.

주 법무장관(The Advocate-General for the State)

① 각 주의 주지사는 주 대법원(High Court)의 재판관으로 임명될 수 있는 자격을 가진 자를 주법무장관으로 임명한다.

② 주 법무장관은 주 정부(Government of the State)에 대하여 법률문제에 관해 조언을 하고, 또 법률적 성격을 지닌 그 밖의 다른 의무를 수행한다.

(2) 주의회(The State Legislature)

제168조 (주 의회의 구성)

① 모든 주에 대해서는 주지사와

A. 비하르(Bihar) 주, 마하라 슈트라(Maharashtra) 주, 카르나타카(Karnataka) 주 및 우타르 프라데슈(Uttar Pradesh) 주에 있어서는 양원(兩院, turo House);

B. 그밖의 주에 있어서는 단원(單院), 즉 한 개의 의회(one House) 로 구성되는 주의회를 둔다.

(3) 주 고등법원(The High counts in the States)

제214조 (주 고등법원) 각 주에는 고등법원을 둔다.

(4) 하급법원(Subordinate Counts)

제233조 (지역법원 판사의 임명)

① 주지사는 주 대법원과 상의하여 지역법원 판사(distric tjudges)를 임명하고 승진시킨다.

8. 연방직할지(The Union Territories)

연방직할지에 관해서는 다음과 같이 규정하고 있다.

제239조 (연방직할지의 운영) 의회가 법률에 의하여 다르게 규정한 경우를 제외하고는, 각 연방직할지는 대통령이 임명한 행정관(administrator)에 의해 운영된다.

9. 인도 영역 내에서 무역, 통상 및 왕래의 자유 (Trade, Commerce and Intercourse within the Territory of India)

무역, 통상 및 왕래의 자유에 대해서는 다음과 같이 규정하고 있다.

제301조 (무역, 통상 및 왕래의 자유) 아래의 규정에 적용을 받으며, 인도의 영역 내에서의 무역, 통상 및 왕래(trade, commerce and intercourse)는 자유이다.

제302조(무역, 통상 및 왕래에 대하여 제한을 가할 수 있는 의회의 권리) 의회는 한 주(州)와 다른 주(州) 간, 혹은 인도 영역의 어느 부분 내에서 공공의 이익을 위해 필요할 때는 무역, 통상 및 왕래의 자유에 대하여 제한을 가할 수 있다.

제303조(연방 및 주들이 무역 및 통상에 대하여 입법권에 대한 제약)

① 제302조의 규정에도 불구하고, 의회나 주(州)의회는 무역과 통상에 관하여 한 주(州)와 다른 주 간에 어떤 차별을 하거나, 혹은 어느 한 주에 대하여 다른 주에 대해서보다도 우선권을 주거나 그러한 행위를 승인하는 법률을 제정할 수 있는 권한을 가지고 있지 아니하다.

② 위 (1)항의 규정에도 불구하고, 의회는 인도 영역의 어느 부분에서 희소성으로 인하여 야기된 상황을 다루기 위한 목적으로 필요할 때에는 그러한 우선권을 주거나 그러한 행위를 승인하는 법률을 제정할 수 있다.

제304조 (주들 간의 무역, 통상 및 왕래에 대한 제한) 제301조와 제303조의 규정에도 불구하고, 주의회는 법률에 의하여 다음과 같은 것을 할 수 있다.

① 다른 주(州)나 연방직할지로부터 수입된 물품에 대하여, 그 주 내에서 생산된 유사한 물품에 대하여 부과하는 것과 같은 세금을 부과할 수 있다. 그러나 이 때에도 그렇게 수입된 물품과 자기 주 내에서 생산된 물품들 간에 차별을 두어서는 안 된다.

② 공공의 이익을 위해서 필요한 경우에는 그 주와 다른 주들 간의 무역, 통상 및 왕래의 자유에 대하여 합리적인 제한을 가할 수 있다.

10. 공식 언어(Official Language)

인도 연방의 공식 언어에 관해서는 다음과 같이 규정하고 있다.

제343조 (연방의 공식언어)

① 연방의 공식언어는 데바나가리(Devanagari Script) 문자로 쓰여진 힌디어(Hindi)이다.

② 제1항의 규정에도 불구하고 이 헌법이 시행된 날로부터 15년 동안은 연방의 모든 공식적 목적을 위해 영어를 계속 사용할 수 있다.

③ 이 조의 다른 조항에도 불구하고 이 헌법이 시행된 날로부터 15년 후에는 의회는 다음과 같은 언어를 사용하도록 법률에 규정할 수 있다.

Ⓐ 영어 혹은

Ⓑ 데바나가리 형식의 숫자(Devanagari form of numerals)

제2절 인도 계약법(The Indian Contract Act)[8)]

계약은 경영자가 인도에서 상거래(商去來)를 할 때 거의 반드시 등장하는 문제이다. 여기에는 인도 계약법 중 중요 내용을 발췌하여 정리하고자 한다.

1. 제안의 표명, 승낙 및 철회 (communication, acceptance and revocation of proposals)

제안의 표명, 승낙 및 철회에 관해서는 다음과 같이 규정하고 있다.

제3조 (제안의 표명, 승낙 및 철회) 제안의 표명(communication of proposals), 제안의 승낙(acceptane) 및 제안과 승낙의 철회(revocation)는 각각 그러한 제안을 하는 또는 승낙 또는 철회를 하는 당사자의 행위(act, 작위, 作爲) 또는 부작위(不作爲, omission)에 의하여 이루어진 것으로 본다.

제4조 (표명의 완성시기)

① 제안의 표명(communication of a proposal)은 상대방이 그것을 알게 되었을 때 완성(complete)된다.

② 승낙의 표명(communication of an acceptance)은 A) 제안자(proposer)에 대해서는, 그것이 승낙자의 영역을 벗어나 전달과정(in the course of transmission)에 들어갔을 때 완성되고, B) 승낙자(acceptor)에 대해서는, 제안자가 그것을 알게 되었을 때 완성된다.

③ 철회의 표명(communication of a revocation)은 A) 그것을 표명한 사람에 대해서는, 그것이 자신의 영역을 벗어나 상대방에 대한 전달과정에 들어갔을

때 완성되고, B) 그 표명이 이루어진 상대방에 대해서는, 그가 그것을 알게 되었을 때 완성된다.

예 시[9)]

(1) A는 일정한 가격에 집을 팔겠다고 편지로 B에게 제안했다.
제안의 표명은 B가 그 편지를 받았을 때 완성된다.
(2) B는 우편으로 보낸 편지에 의해서 A의 제안을 승낙했다. 승낙의 표명은
① A에 대해서는, 그 편지를 우송했을 때 완성되고,
② B에 대해서는, A가 그 편지를 받았을 때 완성된다.
(3) A는 자신의 제안을 전보(telegram)로 철회했다. 그 철회는
① A에 대해서는, 그 전보를 보냈을 때 완성되고,
② B에 대해서는, B가 그것을 받았을 때 완성된다.
(3) B는 자신의 승낙을 전보로 철회했다. B의 철회는
① B에 대해서는, 그 전보를 보냈을 때 완성되고,
② A에 대해서는, 그 전보가 그에게 도달했을 때 완성된다.

제5조 (제안과 승낙의 철회)

제안은 그 제안자에 대해서는, 승낙의 표명이 완성되기 전에는 언제든지 철회될 수 있지만, 그 이후에는 그렇지 아니하다.
승낙은, 그 승낙자에 대해서는, 승낙의 표명이 완성되기 전에는 언제든지 철회할 수 있지만, 그 후에는 그렇지 아니하다.

예 시[10)]

A는 자기 집을 팔겠다고 편지로 B에게 제안했다. B는 그 제안을 받아들이겠다는 뜻의 편지를 우송했다. A는 B가 승낙의 편지를 우송하는 순간까지는, 자신의 제안을 언제든지 철회할 수 있지만, 그 이후에는 그렇지 아니하다.

B는 자신의 편지가 A에게 도달하기 전까지는 자신의 승낙을 언제든지 철회할 수 있지만, 그 이후에는 그러하지 아니하다.

제6조 (철회의 방법)

제안은 다음과 같은 방법으로 철회된다.

① 제안자가 상대방에 대하여 철회의 통지를 표명함으로써,

② 제안 자체에 규정되어 있는 시간이 경과함으로써, 혹은 만일 어떤 시간이 경과함으로써,

③ 승낙자가 승낙의 선행조건(condition precedent, 정지조건)을 완수하지 아니함으로써, 혹은

④ 제안자가 사망 혹은 정신이상 상태가 되었고, 승낙자가 승낙하기 전에 제안자의 사망 혹은 정신이상의 사실을 알게 되었을 때,

2. 취소가능 계약 및 무효의 약정(voidable contracts and void agreement)

취소가능 계약 및 무효의 약정에 관해서는 다음과 같이 규정하고 있다.

제10조 (어떤 약정이 계약인가?)

모든 약정(agreements)은, 만일 그것이 계약능력이 있는 당사자들이 합법적인 목적을 위해 합법적인 대가(代價, consideration)를 지불하고 자유의사로서 합의(free consent)했다면, 그것이 명백하게 무효(void)로 판정되지 않는다면, 그것은 계약이 된다.

제14조 ("자유의사로서 합의"에 대한 정의("Free consent" defined)) 합의(consent)는 다음과 같은 것에 의해 이루어진 것이 아닐 때 "자유의사에 의한 것(free)"이라고 말해진다.

① 강제(conercion)

② 부당한 영향(undue influence)

③ 사기(fraud)

④ 허위 진술(misrepresentation)

⑤ 오류(mistake)

제20조 (양 당사자가 사실상의 문제에 대하여 오해(mistake)했을 때 약정은 무효이다) 약정에 대한 양 당사자가 그 약정에 본질적인 사실상의 문제에 대해 오해했을 때에는, 그 약정은 무효이다.

예 시[11)]

(1) A는 영국으로부터 봄베이로 오기로 되어 있는 특정한 선박에 실린 화물을 B에게 판매하기로 약정하였다. 그러한 거래가 있기 전, 그 선박은 표류하였으며 화물은 모두 분실된 것으로 판명되었다. 어느 쪽 당사자도 그 사실을 몰랐다. 그 약정은 무효이다.

(2) A는 특정한 말(horse)을 B로부터 구입하기로 약정했다. 어느 쪽 당사자도 모르고 있었지만, 그러한 약정시점에 그 말은 이미 죽은 것으로 판명되었다. 그 계약은 무효이다.

제21조 (법률상의 문제에 대한 오해의 효과) 인도에서 시행되고 있는 어떤 법률에 대한 오해로 인하여 야기된 계약은 취소할 수 없다. 그러나 인도에서 시행되고 있지 않은 법률에 대한 오해는 사실에 대한 오해(a mistake of fact)와 동일한 효과가 있다.

예 시[12)]

A와 B는 특정한 부채가 소멸시효에 관한 인도법률에 의해 청구할 수 없는 것이라는 그릇된 신념에 근거하여 계약을 체결하였다. 그 계약은 취소할 수 없다.

제29조 (불확실성, uncentainty)으로 인하여 무효인 약정) 그 의미가 확실하지 않은 혹은 확실하게 될 수 없는, 약정은 무효이다.

예 시[13)]

(a) A는 B에게 "100톤의 기름"을 판매하기로 약정하였다. 어떤 종류의 석유를 의미하는지를 보여주는 어떤 것도 없었다. 이 약정은 불확실성으로 인하여 무효이다.
(b) 코코넛 기름만을 취급하는 딜러인 A는 B에게 "100톤의 기름"을 판매하기로 약정하였다. A의 거래 성격으로 볼 때 그 단어의 의미를 짐작할 수 있으며, 따라서 A는 100톤의 코코넛 기름을 판매하는 계약을 체결했다.
(c) A는 B에게 "람나가(Ramnagar)"에 소재한 나의 곡물창고에 있는 모든 곡물[12)]을 판매하기로 약정하였다. 이 경우에 그 약정을 무효로 만들 어떤 불확실성도 없다.
(d) A는 B에게 "1천톤의 쌀을 C가 결정하는 가격"으로 판매하기로 약정하였다. 가격은 확실하게 결정될 수 있으므로, 이 경우에 그 약정을 무효로 만들 어떤 불확실성도 없다.

제30조 노름에 의한 약정은 무효이다(Agreements by way of weiger void).

3. 불확정 계약(contingent contracts)

불확정 계약에 관해서는 다음과 같이 규정하고 있다.

제31조 (불확정 계약에 대한 정의) "불확정 계약(contingent contract)"이라 함은 그 계약에 부수한 어떤 상황(event)이 만일 발생한다면 혹은 발생하지 않는다면, 무엇인가를 하거나 하지 않기로 하는 계약을 의미한다.

예 시[14)]

A는 만일 B의 집이 불타버리면 B에게 10,000RS(루피)를 지불하기로 계약했다. 이것은 불확정계약이다.

제32조 (상황의 발생에 달려 있는 불확정 계약의 강요) 만일 불확실한 미래에 어떤 상황이 발생하면 무엇을 하거나 하지 않는 다른 불확정 계약은 그 상황이 발생하지 않는 한 계약이행을 강요할 수 없다. 만일 그 상황이 불가능하게 되었다면, 그러한 계약은 무효이다.

예 시[15)]

(a) A는 만일 A가 C보다 오래 생존한다면 B의 집을 구입하기로 B와 계약했다. 이 계약은 A의 생애 중에 C가 사망할 때까지는 이행을 강요할 수 없다.
(b) A는 판매제의를 받은 C가 A의 집을 사는 것을 거절한다면, A의 집을 일정한 가격에 B에게 판매하기로 B와 계약을 체결했다. 이 계약은 C가 그 집을 구입하기를 거절할 때까지는 그 이행을 강요할 수 없다.
(c) A는 B가 C와 결혼할 때 B에게 일정금액을 지불하기로 계약했다. C는 B와 결혼하지 않은 채 사망했다. 이 계약은 무효이다.

제33조 (어떤 상황이 발생하지 않는 데 달려 있는 계약의 이행 강요) 만일 불확실한 미래 상황이 발생하지 않는다면 무엇을 하거나 하지 않는다는 계약은 그 상황의 발생이 불가능하게 되었을 때는 그 계약이행을 강요할 수 있지만, 그 전에는 그렇지 아니하다.

예 시[16)]

A는 어떤 선박이 돌아오지 않는다면 B에게 일정 금액을 지불하기로 약정했다. 그 선박은 침몰했다. 그 배가 침몰할 때에 그 계약은 이행 강요될 수 있다.

제35조 (어떤 특정한 상황이 일정한 기간 내에 발생하는 데 달려 있는 계약은 언제 무효가 되는가?)

만일 특정한(specified) 불확실한 상황이 정해진 기간 내에 발생한다면 무엇을 하거나 하지 않겠다는 불확정계약은, 그 기간이 만료되었을 때 그러한 상황이 발생하지 않았거나, 혹은 그 정해진 기간 전에 그러한 상황이 발생하는 것이 불가능하게 되었을 때는, 무효이다.

(어떤 특정한 상황이 일정한 기간 내에 발생하지 않는 데 달려있는 계약은 언제 그 이행이 강요되는가?)

만일 특정한 불확실한 상황이 정해진 기간 내에 발생하지 않는다면 무엇을 하거나 하지 않겠다는 불확정계약은, 그 정해진 기간이 만료되었고 또 그러한 상황이 발생하지 아니했을 때, 또는 그 정해진 기간이 만료되기 전에 만일 그러한 상황이 발생하지 않을 것이 확실하게 되었을 때, 법률에 의해 그 이행이 강요될 수 있다.

예 시[17)]

(a) A는 만일 특정한 선박이 1년 이내에 돌아온다면 B에게 일정금액을 지불하기로 약속하였다. 이 계약은, 만일 그 선박이 1년 이내에 돌아온다면 강요될 수 있다. 그러나 만일 그 선박이 1년 이내에 불에 타버렸다면, 이 계약은 무효로 된다.

(b) A는 만일 특정한 선박이 1년 이내에 돌아오지 않는다면 B에게 일정금액을 지불하기로 약속하였다. 이 계약은 만일 그 선박이 1년 이내에 돌아오지 않거나, 혹은 1년 이내에 불에 타버렸다면, 강요될 수 있다.

4. 계약의 이행(契約의 履行; performance of contracts)

계약의 이행에 대해서는 다음과 같이 규정하고 있다.

제37조 (계약 당사자들의 의무) 계약의 당사자들(parties to a contract)은, 약속이행이 필요없게 되었거나 혹은 이 법률(계약법)이나 다른 법률의 규정에 의해서 면제되지 않는 한, 각자의 약속을 이행하거나 혹은 이행하겠다는 제의(提議, offer)를 해야만 한다.

약속은, 계약서상 그 반대의 의사표시가 나타나 있지 않는 한, 계약의무 이행자(promisors)가 계약을 이행하기 이전에 사망하였을 경우에는 그 계약 의무자의 대리인(代理人, representatives)을 속박(bind)한다.

예 시[18)]

(a) A는 특정한 날에 B에게 1,000루피를 지불받고 제품을 배달(deliver)하기로 약속하였다. A는 그 전날 사망하였다. A의 대리인은 그 제품을 B에게 배달해야 할 의무가 있고, B는 A의 대리인에게 1,000루피를 지불해야 할 의무가 있다.

(b) A는 어느 특정한 날까지 일정한 가격으로 B의 초상화를 그려 주기로 약속하였다. A는 그 전날 사망하였다. 이 계약은 A의 대리인에 의해서든지 B에 의해서든지 강요될 수 없다.

제38조 (이행의 제의에 대한 승낙을 거절한 경우의 효과) 계약의무 이행자(promisor)가 그 계약 상대방(promisee)에게 계약을 이행하겠다는 제의(offer)를 했을 때, 그 제의가 받아들여지지 않았다면, 계약의무 이행자는 불이행(non-performance)에 대해서 책임을 지지 않으며, 또한 그로 인해 계약상의 자신의 권리를 상실하지 않는다.

모든 그러한 제의는 다음과 같은 조건(conditions)을 충족시켜야 한다.

1) 그것은 무조건적(unconditional)이어야 한다.

2) 그것은 적절한 시간과 장소에서 이루어져야만 하고, 그것은 또한 상대방이 그 곳에 있을 수 있고 또 기꺼이 있으려 하며, 또 계약상 자신이 약속했던 것을 할 수밖에 없도록 그 제의가 들어왔는가를 확인을 할 수 있는 적절한 기회(reasonalble opportunity)를 가질 수 있는 그러한 환경하에 이루어져야만 한다.

3) 만일 그 제의가 어떤 물건을 상대방(promisee)에게 배달하겠다는 제의라면, 그(상대방)는 제의받은 물건이 계약의무 이행자(promisor)가 자신이 배달하겠다고 약속한 그 물건인가를 확인할 수 있는 합리적인 기회를 가질 수 있어야만 한다.

예 시[19)]

A는 특정한 품질의 면화 100꾸러미(hales)를 2007년 3월 1일 B의 창고에서 B에게 배달(인도, 引渡)하기로 약속했다. 이행의 제의가 효과를 가질 수 있으려면, A는 면화를 지정된 날에 B의 창고로 가져가야 하며, 또 B는 제의된 물건이 계약된 품질의 면화이며 또 그것이 100꾸러미인가를 확인할 수 있는 합리적인 기회를 가질 수 있는 그러한 환경에 놓여 있어야 한다.

제39조 (한 당사자가 약속을 완전히 이행할 것을 거부한 경우의 효과) 계약의 한 당사자가 자신의 약속을 완전히 이행할 것을 거부하거나 혹은 이행할 수 없게 되었을 때는, 상대방(promisee)은, 자신의 말이나 행동으로써 계약의 계속을 묵인하겠다는 의사를 표시하지 않는 이상, 그 계약을 종결(해제)할 수 있다.

예 시[20)]

(a) 가수(歌手) A는 극장경영자 B에게 다음 두 달 동안 매주 이틀밤씩 노래를 해주기로 하고, B는 매일 밤 A가 이행을 할 때마다 100루피를 A에게 지불하기로 하는 계약을 체결했다. 여섯번째 밤에 A는 의도적으로 극장에 나가지 않았다. B는 계약을 종결시킬 수 있는 자유를 갖는다.

(b) 가수 A는 극장경영자 B에게 다음 두 달 동안 매주 이틀밤씩 노래를 해주기로 하고, B는 A에게 매일밤 100루피씩을 지불하기로 하는 계약을 체결했다. 여섯 번째 밤에 A는 의도적으로 극장에 나가지 않았다. B의 동의를 얻어 A는 일곱 번째 밤에 노래를 했다. B는 그 계약의 계속을 묵인하는 의사를 표시했으며, 이제는 그 계약을 종결할 수 없다. 그러나 B는 A가 여섯번째 밤에 노래를 하지 않음에 따라 자신이 입은 손해를 배상받을 수 있는 권리가 있다.

제40조 (약속을 이행해야 할 사람)

계약의 성격으로 볼 때, 계약상의 의무를 계약 이행자(promisor) 자신이 수행해야 하는 약속이라면, 그러한 계약은 그 계약의무 이행자에 의해 수행되어야만 한다. 다른 경우에는, 그 계약의무 이행자 혹은 그의 대리인이 그것을 수행할 능력이 있는 사람을 고용할 수 있다.

예 시[21]

(a) A는 B에게 일정한 금액을 지불하기로 약속하였다. A는 자신이 직접 B에게 이 금액을 지불하거나, 혹은 다른 사람으로 하여금 B에게 지불하도록 함으로써, 이 약속을 수행할 수 있다. 만일 A가 계약에서 지정된 시기가 도래하기 전에 사망했다면, 그의 대리인이 이 약속을 이행하거나, 혹은 다른 적절한 사람을 고용하여 이행하게 할 수 있다.

(b) A는 B의 초상화를 그려주기로 약속했다. A는 자신이 직접 이 약속을 이행해야만 한다.

제46조 (어떤 이행청구를 할 필요가 없고 또 시간이 명시되어 있지 않은 경우, 약속의 이행시간) 계약상, 계약의무이행자(promisor)가 계약 상대방(promisee)에 의한 이행청구없이(without application) 자신의 약속을 이행해야 하고 또 약속을 이행해야할 시간이 명시되어 있지 않은 경우에는, 그 약속은 적절한 시간(reasonable time) 내에 이행되어야만 한다.

제47조 (시간이 명시되어 있고 또 어떤 이행청구를 할 필요가 없는 경우, 약속의 이행시간) 약속이 어느 특정한 날에 이행되어야 하고 또 계약의무 이행자가 계약상대방의 이행청구없이 약속을 이행해야 하는 경우에는, 계약의무 이행자는 정규적인 영업일의 영업시간 내에 그 약속이 이행되어야 할 장소에서, 자신의 약속을 이행해야 한다.

예 시[22)]

A는 1월 1일 B의 창고에 물건을 배달하기로 약속하였다. 이날, A는 B의 창고에 물건을 가지고 갔으나 정규적인 영업시간이 끝난 후였고, B는 물건을 수령하지 못했다. A는 자신의 약속을 이행하지 못했다.

제48조 (적당한 시간과 장소에서 특정한 날에 이행하라는 청구) 약속이 어느 특정한 날에 이행되어야 하고 또 계약의무 이행자(promisor)가 계약상대방(promisee)의 청구없이는 그 약속을 이행하지 않는 계약의 경우에는, 적당한 장소에서 정규적인 영업시간 내에 이행해 달라는 청구를 하는 것은 계약 상대방(promisee)의 의무이다.

제49조 (어떤 이행청구를 할 필요가 없고 또 이행장소가 확정되어 있지 않는 경우 약속의 이행장소) 계약 상대방의 이행청구없이 약속이 이행되어야 하고 또 이행을 위한 장소가 확정되어 있지 않는 경우에는, 약속의 이행을 위한 적당한 장소를 지정해 줄 것을 계약상대방(promisee)에게 청구하고 또 그러한 장소에서 이행해야 하는 것은 계약의무 이행자(promisor)의 의무이다.

예 시[23)]

A는 10톤의 섬유를 특정한 날에 B에게 배달하기로 약속하였다. A는 B에게 그 물품을 수령하기 위한 적절한 장소를 지정해 줄 것을 청구해야만 하고, 또 그러한 장소에서 B에게 그 물건을 배달해야만 한다.

제50조 (계약상대방에 의해서 지정된 혹은 허락된 방법 혹은 시간에서의 이행) 어떤 계약의 이행은 계약상대방이 지정한 혹은 허락한 어떤 방법 혹은 어떤 시기에 이루어질 수 있다.

예 시[24)]

(a) B는 A에게 2,000루피를 빚지고 있다. A는 C 은행에 있는 A의 계좌로 B가 그 금액을 지불해 줄 것을 요구했다. 역시 C은행에 계좌가 있는 B는 자신의 계좌로부터 A의 계좌로 그 금액을 전송해 줄 것을 C은행에 지시했으며, C는 그 지시를 따랐다. 나중에 A가 그러한 전송을 알기 전에 C는 파산했다. B에 의한 지불은 유효하다.

(b) A는 B에게 2,000루피를 빚지고 있다. B는 부채를 줄여주는 대가로 약간의 A의 물품을 수령했다. 물품의 배달은 부분지불(일부지불, part payment)로써 작용한다.

(c) A는 자신에게 100루피를 빚지고 있는 B에게 100루피짜리 어음을 보내 줄 것을 요구했다. B가 그 어음을 넣은 편지를 A의 정확한 주소를 적어 우체통에 넣음과 동시에 그 부채는 상환되었다.

제51조 (쌍무계약, 雙務契約; reciprocal promises)의 계약상대방(reciprocal promisee)이 기꺼이 이행할 준비가 되어 있지 않는 한 계약의무 이행자(promisor)는 속박되지 않는다.) 약속이 동시에 이행되어야 한다는 쌍무적 약속(reciprocal promises)으로 구성되어 있을 때는, 계약상대방이 자신의 쌍무적 약속을 기꺼이 이행할 준비가 되어 있지 않는 한, 어떠한 계약의무 이행자도 자신의 약속을 이행할 필요가 없다.

예 시[25)]

(a) A는 B에게 물품을 배달하고 B는 물품의 배달시점에 대금을 지불하기로 A와 B가 계약을 체결했다.
B가 배달시점에 기꺼이 물품대금을 지불할 준비가 되어 있지 않는 한, A는 물품을 배달할 필요가 없다.
A가 기꺼이 물품을 배달할 준비가 되어 있지 않는 한, B는 물품대금을 지불할 의무가 없다.

(b) A는 B에게 물품을 배달하고 B는 할부로 대금을 지불하며, 첫번째 할부금은 배달시점에 지불하기로 A와 B가 계약을 체결했다.
B가 배달시점에 첫번째 할부대금을 기꺼이 지불할 준비가 되어 있지 않는 한, A는 배달할 필요가 없다.
A가 배달시 첫번째 할부금을 지불받는 조건으로 기꺼이 물품을 배달하는 준비가 되어 있지 않는 한, B는 첫번째 할부금을 지불할 필요가 없다.

제52조 (쌍무계약의 이행순서(order of performance of reciprocal promises))
쌍무적 약속이 이행되어야 할 순서가 계약에 분명히 정해져 있는 경우에는, 그 약속은 그 순서에 따라 이행되어야 한다. 만일 그 순서가 계약에 분명히 정해져 있지 않다면, 그 약속은 거래의 성격이 요구하는 바에 따라 이행되어야 한다.

예 시[26)]

(a) A가 일정한 가격으로 B의 주택을 지어주기로 A와 B가 계약을 체결했다. A가 집을 짓겠다는 약속은 B가 그 대금을 지불하겠다는 약속에 앞서 이행되어야 한다.

(b) B는 자신의 주식을 일정한 가격으로 B에게 양도하고, B는 그 대금지불을 위한 보증을 제공하기로 A와 B가 계약을 체결했다. 이러한 거래의 성격은 A가 자신의 주식을 넘겨 주기 전에 보증을 받을 것을 요구하고 있기 때문에, 그러한 보증이 제공되기 전까지는 A의 약속은 이행될 필요가 없다.

제53조 (계약의 효력이 발생하기 위한 상황을 막은 당사자의 책임) 계약이 쌍무적 약속을 포함하고 있고 또 계약의 한 당사자가 다른 당사자로 하여금 자신의 약속을 이행하지 못하게 한 경우에는, 그렇게 방해받은 당사자는 자신의 선택에 따라 그 계약을 취소할 수 있으며, 또 그는 상대방 당사자로부터 계약을 이행하지 않은 결과로 입은 손해를 배상받을 수 있다.

예 시[27)]

B는 1,000루피를 받고 A를 위해 어떤 일을 해주기로 A와 B가 계약을 체결했다. B는 기꺼이 그 일을 수행할 준비가 되어 있었지만, A는 B가 그렇게 하는 것을 막았다. 이 계약은 B의 선택에 따라 취소할 수 있다. 만일 B가 계약을 취소(rescind)하기로 선택했다면, 그는 계약불이행으로 인하여 자신이 입은 어떤 손해를 A로부터 보상받을 권리가 있다.

제54조 (쌍무적 약속으로 이루어져 있는 계약에서, 먼저 이행되어야 할 약속에 관한 불이행의 효과) 계약이 다른 쪽 당사자가 이행할 때까지는 한쪽 당사자가 이행할 수 없거나 혹은 그 이행이 요구될 수 없는 쌍무적 약속으로 구성되어 있고, 또 다른 쪽 당사자가 그 이행을 하지 못했을 때는, 그러한 다른 쪽 당사자는 쌍무적 약속을 이행할 것을 청구할 수 없으며 또 계약불이행으로 인하여 입은 손해를 상대방(한 쪽 당사자)에게 배상해야 한다.

예 시[28)]

(a) A는 자기가 제공하는 화물을 캘커타로부터 마우리티우스까지 운송하기 위해 B의 선박을 용선(傭船, hire)하기로 하고, B는 일정한 운송료를 받기로 계약을 체결했다. A는 그 배에 실을 화물을 제공하지 않았다. A는 B의 약속이행을 청구할 수 없으며, 또 계약의 불이행으로 인해 B가 입은 손해를 B에게 배상해야 한다.

(b) A는 일정한 가격으로 B에게 건설작업을 해주기로 하고, B는 그 작업에 필요한 비계(scaffolding, 고층건물을 지을 때 디디고 서기 위해 긴 나무와 널을 걸쳐 놓은 발판 시설)과 목재를 공급하기로 계약을 체결했다. B는 비계 혹은 목재를 공급하는 것을 거절했으며, 그 작업은 수행될 수가 없었다. A는 그 작업을 수

행할 필요가 없고, B는 계약의 불이행으로 인해 자신이 입힌 손해를 A에게 보상해야 할 책임이 있다.

(c) A는 B에게 100개의 물품을 판매해서 다음날까지 배달하기로 하고, B는 한 달 이내에 그에게 대금을 지불하기로 약속했다. A는 자신이 약속한 배달을 하지 않았다. 대금을 지불하겠다는 B의 약속은 이행될 필요가 없고, A는 손해를 배상해야 한다.

제55조 (1) ("시간이 매우 중요하다(time is essential)"는 규정이 포함되어 있는 계약을 정해진 시간 내에 이행하지 못한 경우의 효과)
계약의 한 당사자가 어떤 일을 지정된 시간 혹은 그 이전에 수행할 것을 약속하였는데, 그 지정된 시간 혹은 그 이전에 그 일을 수행하지 못한 경우, 만일 당사자들의 의도가 시간이 계약의 본질적인 내용이라고 한다면, 그 계약은 상대방(pronisee)의 선택에 따라 취소될 수 있다.

(2) (시간이 매우 중요한 것이 아닌 경우 그 실패의 효과)
만일 시간이 계약의 본질적인 내용이라는 것이 당사자들의 의도가 아니라면, 그 지정된 시간 혹은 그 이전에 그 일을 수행하지 못했다고 해서 계약을 취소할 수는 없다. 그러나 상대방(promisee)은 그러한 계약불이행으로 인한 손해를 계약의무 이행자(promisor)로부터 배상받을 수 있다.

(3) (약정된 이외의 시간에 수행된 업무를 승낙한 경우의 효과)
계약의무이행자가 약정된 시간에 수행해야 할 약속을 어겼기 때문에 취소할 수 있는 계약의 경우에, 만일 그 약정된 시간이 아닌 다른 시간에 계약의무이행자가 약속을 이행하는 것을 상대방이 승낙하였다면, 그러한 승낙을 했을 때 계약의무이행자에게 손해배상을 청구하겠다는 의사를 표명하지 않는 한, 그는 지정된 시간에 약속이 이행되지 않음으로써 입은 손해배상을 청구할 수 없다.

5. 계약 불이행의 결과(consequences of breach of contract)

계약을 이행하지 않았을 때의 효과에 관해서는 다음과 같이 규정하고 있다.

제73조 (계약 불이행에 의해 야기된 손실 혹은 피해의 보상) 계약이 이행되지 않았을 때는, 그러한 불이행으로 인하여 고통을 받은 당사자는 계약을 이행하지 않은 당사자로부터, 그러한 불이행으로부터 자연히 발생하는, 혹은 당사자들이 계약 당시 계약불이행으로부터 초래될 것을 알고 있었던, 그러한 손실(loss)이나 피해(damage)를 보상받을 권리가 있다.

그러나 불이행과는 너무나 관계가 적거나(remote) 혹은 간접적인(indirect) 그러한 손실이나 피해에 대해서는 보상(compensation) 받을 수 없다.

계약 불이행으로 인하여 야기된 손실이나 피해를 추정함에 있어서는 계약불이행 때문에 초래된 불편함(inconvenience)을 고려해야 한다.

예 시[29)]

(a) A는 50개의 부속품을 B에게 판매하고 배달시에 일정한 가격을 받기로 B와 계약을 체결하였다. A는 자신의 약속을 지키지 않았다. B는 그 물품이 배달되었을 시점에 그와 비슷한 품질의 50개의 부속품을 구입하는 데 드는 금액이 계약금액을 초과하는 금액을 보상받을 수 있다.

(b) A는 봄베이로 가는 B의 선박을 용선하여 봄베이에서 1월 1일 자신이 가져오는 화물을 그 배에 실어 캘커타로 보내기로 하고, 운송료는 배에 화물을 실을 때 지불하기로 했다. B의 선박은 봄베이로 가지 않았다. A는 B와의 계약금액보다 더 낮은 가격으로 다른 선박을 용선하여 운송할 수가 있었다. A는 이러한 기회를 유리하게 이용할 수 있었지만, 이러한 과정에서 수고와 비용을 들여야 했다. A는 B로부터 그러한 수고와 비용을 보상받을 수 있다.

(c) A는 B로부터 50가마의 쌀을 일정한 가격으로 구입하기로 계약했는데, 배달하는 시간을 특정하지는 않았다. 그 후 A는 만일 B가 그 쌀을 자기에게 보내온다면 수령하지 않을 것이라고 B에게 통지했다. B는 A가 수령하지 않을 것이라는 그러한 통지를 한 시점에서 B가 얻을 수 있는 쌀 가격을 초과하는 계약금액을 보상받을 수 있다.

(d) A는 B의 선박을 60,000루피에 구입할 것을 계약했지만 그 계약을 파기했다. A는 자신의 약속을 파기한 시점에 B가 다른데서 그 선박을 구입하는 데 드는 금액이 계약금액을 초과하는 금액을 손해배상으로서 B에게 지불해야 한다.

(e) A는 B의 집을 일정한 방식으로 수리하기로 계약하고 대금을 선불로 받았다. A는 그 집을 수리했지만, 계약에서 정한 방식대로 하지는 않았다. B는 계약에 따른 방식으로 수리하는 데 드는 비용을 A로부터 배상받을 수 있다.

(f) A는 자신의 선박을 1월 1일부터 1년 동안 B에게 일정한 운임을 받고 빌려주기로 계약했다. 운임이 상승하였으며, 1월 1일 그 배를 빌리는 데 드는 운임이 계약금액을 초과하였다. A는 자신의 약속을 어겼다. A는 B에게 손해배상으로서 '계약금액'과 'B가 유사한 배를 1월 1일부터 1년동안 빌리는 데 드는 금액'의 차이를 지불해야 한다.

(g) A는 B에게 일정한 양의 철광석을 일정한 가격으로 공급하기로 계약하였는데, 이 계약금액은 A가 그 철광석을 조달해서 배달하는 데 드는 금액을 초과하는 것이었다. B는 그 철광석의 수령을 부당하게 거부했다. B는 A에게 손해배상으로서 '철강석의 계약금액'과 'A가 조달해서 배달할 수 있는 금액'과의 차이를 지불해야 한다.

(h) A는 일반운송업자인 B에게 기계 한 대를 인도하면서 이것을 지체없이 A의 공장으로 운반해 달라고 요청했고, 또 A는 B에게 만일 이 기계가 제때에 도착하

지 않으면 공장가동이 중단된다고 알렸다. B는 이 기계의 배달을 부당하게 지체했으며, 그 결과 A는 정부와의 계약에서 상당한 이익을 볼 수 있는 기회를 상실하고 말았다. A는 B로부터 그 기계가 배달되지 않은 동안 공장의 가동으로부터 얻을 수 있는 평균적인 금액의 이익을 손해배상으로서 지불받을 수 있지만, 정부계약을 상실함으로써 입은 손해는 배상받을 수 없다.

(i) A는 1,000톤의 강철을 1톤당 100루피의 금액으로 일정한 기간에 공급하기로 하는 계약을 B와 체결하였다. 그후 A는 1,000톤의 강철을 1톤당 120루피에 구입하는 계약을 C와 체결하였는데, 이 때 A는 C에게 이 계약은 자신이 B와 맺은 계약을 이행하기 위한 목적으로 체결하는 것이라고 설명하였다. C는 A와 맺은 계약을 이행하지 않았고, 따라서 A는 다른 강철을 조달할 수 없었으며, 그 결과 B는 계약을 취소하였다. C는 A에게 그가 B와의 계약을 이행하였다면 얻을 수 있었던 이익 20,000루피를 지불해야 한다.

(j) A는 B에게 정해진 날에 정해진 가격으로 특정한 기계 한 대를 제작해서 배달하기로 B와 계약을 체결했다. A는 그 기계를 정해진 날에 배달하지 않았으며, 그 결과 B는 그가 A에게 지불하기로 했던 가격보다 더 높은 가격으로 다른 기계를 구입할 수밖에 없었다. 또 B는 자신이 A와 계약을 맺은 시점에 제3자와 이미 체결해 놓고 있었던 계약(그러나 이 사실은 A에게 통지되지 않았었다)을 이행할 수 없었고, 그 결과 B는 제3자에게 계약불이행으로 인한 손해를 배상해 주었다. A는 B에게 손해배상으로서, "기계의 계약금액"과 "B가 다른 기계를 구입하는 데 지불한 금액"의 차이를 지불해야 하지만, B가 제3자에게 손해배상으로서 지불한 금액에 대해서는 A는 B에게 지불할 필요가 없다.

(k) 건축업자인 A는 1월 1일까지 집을 완공하기로 B와 계약을 체결했다. 이 집은 B가 그날 C에게 임대를 하기로 이미 계약되어 있었으며, A는 B와 C 간의 이러한 계약내용을 통지받았다. A는 집을 너무 부실하게 지었기 때문에, 1월 1일 이전에 그 집은 무너져 버렸다. B는 집을 다시 짓지 않으면 안 되었으며, 그 결과 B는 C로부터 받을 수 있는 임대료를 못받게 되었고, 또 C에게 계약불이행으로 인한 손해를 배상해 주어야만 했다. A는 B에게 집을 다시 짓는 데에 든 비용, 손해본 임대료 소득, 그리고 C에게 해준 배상금을 지불해 주어야 한다.

(l) A는 B에게 일정한 상품을 판매하기로 했는데, 이 때 A는 특정한 품질을 보증했다. B는 이러한 보증을 믿고 그 상품을 C에게 판매했으며, 이 때 비슷한 보증을 해주었다. 그 상품은 보증한 바와 같은 품질이 아닌 것으로 판명되었으며, B는 C에게 보상을 해주어야 했다. B는 이 금액을 A로부터 배상받을 수 있다.

(m) A는 B에게 특정한 날에 일정한 금액을 지불하기로 B와 계약을 체결하였다. A는 그 날 그 금액을 지불하지 않았다. 그 날 그 돈을 받지 못한 B는 자신의 부채를 갚을 수 없었고, 그 결과 완전히 망하고 말았다. A는 지불하기로 계약한 원금과 '지불하는 날'까지의 이자에 대해서만 책임이 있고, 그 밖의 다른 손해는 B에게 배상할 필요가 없다.

(n) A는 50톤의 광석을 정해진 가격으로 1월 1일 B에게 배달하기로 B와 계약을

체결했다. 그 후 B는 1월 1일 이전에, 그 광석을 1월 1일의 시장가격보다 더 높은 가격으로 C에게 판매하기로 C와 계약을 체결했다. A는 자신의 약속을 지키지 않았다. A가 B에게 지불해야 할 손해배상액을 산정(算定, estimation)함에 있어서 고려해야 할 것은 1월 1일의 시장가격이며, B가 C에 대한 판매로부터 얻을 수 있는 이익이 아니다.

(o) A는 B에게 500베일(bales)의 면화를 판매하고 이것을 정해진 날에 배달하기로 B와 계약을 체결했다. A는 B가 B자신의 사업을 수행하는 방식에 대해서 아무것도 아는 것이 없었다. A는 자신의 약속을 어겼으며, 면화를 구하지 못한 B는 자신의 공장을 폐쇄할 수밖에 없었다. A는 B가 자신의 공장 문을 닫은 데 따라 야기된 손해에 대해서는 책임이 없다.

(p) A는 B에게 특정한 천(cloth)을 판매하고 이것을 1월 1일에 배달하기로 B와 계약을 체결했다. B는 이 천을 재료로 해서 특정한 종류의 모자를 만들 계획이었는데, 이 모자는 그 계절이외에는 수요가 없는 그러한 것이었다. 이 천은 계약상 정해진 날이 경과한 한참 후에야 배달되었으며, 그것을 모자로 만들기에는 너무 늦었다. B는 A로부터 손해배상으로서 "천의 계약금액"과 "배달한 시점에서의 시장가격"의 차이를 지불받을 권리가 있지만, B가 모자를 만들어서 벌 수 있었던 이익이나 혹은 제조를 위해서 준비하는 데 투입했던 비용에 대해서는 지불받을 권리가 없다.

제74조 (위약금이 명시되어 있는 경우, 계약의 불이행에 대한 보상) 계약이 파기되었을 때, 만일 계약서상에 그러한 계약불이행의 경우에 있어서 지불해야 할 금액이 명시되어 있다면, 혹은 만일 그 계약서상에 위약금(penalty)의 의도(意圖)로 작성된 그 밖의 규정이 포함되어 있다면, 계약불이행으로 인하여 피해를 당한 당사자는, 그러한 계약 불이행으로 인하여 야기된 손실이나 피해를 실제로 입었는지를 증명할 필요 없이, 계약을 파기한 당사자로부터 사안(事案)에 따라(as the case may be) 규정된 위약금을 초과하지 않는 범위 내에서 적절한 배상을 받을 권리가 있다.

(설명) – 계약을 이행하지 않은 날부터 높은 이자율(increased interest)을 지불해야 한다는 규정은 위약금의 의도로 작성된 규정(a stipulation by way of penalty)이다.

예 시[30)]

(a) A는 만일 정해진 날에 500루피를 B에게 지불하지 않는다면 1,000루피를 지불하기로 B와 계약을 체결했다. A는 그 날 500루피를 B에게 지불하지 못했다. B는 1,000루피를 초과하지 않는 범위 내에서 법원(法院, court)이 적당하다고 판단한 금액을 A로부터 배상받을 권리가 있다.

(b) A는 만일 자기가 캘커타에서 외과의사로부터 개업한다면 B에게 5,000루피를 지불하겠다고 B와 계약을 체결했다. A는 캘커타에서 외과의사로서 개업하고 있다. B는 5,000루피를 초과하지 않는 범위 내에서 법원이 적당하다고 판단한 금액을 A로부터 배상받을 권리가 있다.

(c) A는 B에게 6개월의 마지막 날에 1,000루피를 12% 이자율로 지불하기로 하는 채무증서를 주었는데, 여기에는 만일 계약을 이행하지 않으면 계약불이행의 날로부터 이자율 75%로 지불해야 한다는 규정이 포함되어 있다. 이것은 위약금의 의도로 작성된 규정이고, 따라서 B는 법원이 합리적이라고 판단하는 금액을 A로부터 배상받을 수 있을 뿐이다.

(d) 금융업자인 B에게 빚을 지고 있는 A는 10몬드(maunds)의 곡식을 일정한 날에 배달함으로써 빚을 지불하겠다는 약속을 했으며, 또 만일 자신이 그 약속한 날짜에 약속한 물량을 배달하지 않는다면, 그는 20몬드를 배달할 책임이 있다고 약속했다. 이것은 위약금의 의도로(목적으로) 작성된 규정이며, 계약불이행의 경우에는 B는 적절한 보상을 받을 권리가 있다.

(e) A는 B에게서 빌린 1,000루피를 5개월에 걸쳐 한 달에 한번씩 나누어 갚기로 약속했는데, "만일 어느 할부금(installment)을 지불하지 않을 경우에는 전체 금액을 지불해야 한다"는 규정이 포함되어 있다. 이것은 위약금의 의도로 작성된 규정이 아니며, 따라서 계약은 그 조항에 따라 이행되어야만 한다.

(f) A는 B로부터 100루피를 빌린 후 채무증서를 써주었는데, 여기에는 A가 5년 동안 매년 40루피씩 총 200루피를 지불하겠다는 내용과 함께, "만일 어떤 할부금을 지불하지 못했을 때는 전체 금액을 지불해야 한다"는 규정이 들어 있다. 이것은 위약금의 의도로 작성된 규정이다.

제75조 (정당하게 계약을 취소한 당사자의 보상받을 권리)

정당하게 계약을 취소한 사람은 계약의 불이행으로 인하여 자신이 입은 어떤 손해에 대해서도 배상을 받을 권리가 있다.

예 시[31)]

가수 A는 극장 경영자 B와 계약을 체결했는데, 계약 내용은 A가 B의 극장에서 앞으로 두 달 동안 매주 이틀밤씩 노래를 불러 주고, B는 A에게 그가 각 밤에 노래를 해줄 때마다 100루피를 지불하는 것이었다.

여섯번째 밤에, A는 의도적으로 극장에 나가지 않았으며, 그 결과 B는 그 계약을 취소하였다. B는 계약의 불이행으로 인해 자신이 입은 손해를 배상받을 권리가 있다.

---

6. 제품의 판매(Sale of Goods)

여기에 관련된 조항은 '인도 물품판매법(Sale of Goods Act 1930)'으로 대체되었다. 인도물품판매법은 9-1에서 설명하기로 한다.

7. 기 타

계약법에서는 제124조에서 제238조에 걸쳐 다음과 같은 내용을 다루고 있다.

(1) 면책계약(contract of indemnity)과 보증계약(contract of guarantee)(제124조~제147조)

(2) 위탁(bailment)(제148조~제181조)

(3) 대리(代理, agency)(제182조~제238조)

제3절 인도 형법(刑法 ; The Indian Penal Code, 1860)[32)]

사업 투자자와 경영자뿐만 아니라 인도에서 생활하려는 모든 사람은 인도 형법을 이해하고 있지 않으면 안 된다. 형법위반은 재산상 처벌, 즉 손해배상의 문제가 아니라 인신(人身)에 대한 처벌이기 때문에, 그 심각성이 매우 심각하다고 할 수 있다. 여기에서는 인도 형법의 주요 내용을 발췌하여 정리하고자 한다.

인도 형법은 1860년 10월 6일 제정되었으며, 23개 장(chapters)에 걸쳐 총 511조로 구성되어 있다.

1. 서 론(Introduction)

제1조에서부터 제5조까지는 이 법률의 적용범위에 대해 규정하고 있다. 인도 내에서 이 법률을 위반한 모든 사람(제2조), 또 인도국경 밖에서 죄를 범했지만 인도 내에서 재판에 처해질 수 있는 사람은 이 법에 의해 처벌받을 수 있다(제3조).

2. 일반적 설명(General Explanations)

제6조부터 제52조까지는 이 법에서 언급되는 중요 용어들에 대한 정의를 하고 있다. 이들 중 중요한 내용을 소개하면 다음과 같다.

제34조 (일부는 작위(作爲, act, 행위)에 의하여 또 일부는 부작위(不作爲, omission)에 의하여 야기된(초래된) 결과)

어떤 작위 또는 부작위에 의해서 일정한 결과(effect)를 야기하거나 그러한 결과를 야기하려고 의도한 것이 범죄인 경우, 그 결과를 부분적으로는 작위에 의하여 또 부분적으로는 부작위에 의하여 야기한 것은 동일한 범죄(same offence)이다.

예 시[33]

A는 일부는 불법적으로 Z에게 음식물을 공급하지 않음으로써(partly by illegally omitting to give food) 또 일부는 Z를 구타함으로써, 의도적으로 Z의 죽음을 초래하였다면, A는 살인을 한 것이다.

제37조 (한 개의 범죄를 구성하는 여러 행위들 중의 한 개를 범함에 의한 협동(co-operation)) 한 개의 범죄가 여러 행위들에 의해 범해졌을 때, 그러한 행위들의 어느 하나를 함으로써 그 범죄를 범함에 있어서 의도적으로(intentionally) 협동한 사람들은, 그 행위를 혼자했든지 다른 사람들과 공동으로 했든지 간에, 그 죄를 범한 것이다.

예 시[34]

A와 B는 따로따로(severally) 또 상이한 시간에 Z에게 작은 분량의 독약을 줌으로써 Z를 살해하기로 약정했다. A와 B는 Z를 살해할 의도로 그 약정에 따라 독약을 투여했다. Z는 자신에게 그렇게 투여된 몇 차례의 독약을 먹고 죽었다. 여기에서 A와 B는 의도적으로 살인을 하기 위하여 협력했으며, 또 그들 각각은 사망이 초래된 행위를 했으므로, 비록 그들의 행위가 따로따로 행하여졌다고 하더라도, 그들 모두는 고의적 살인(murder)의 죄를 범한 것이다.

제38조 (범죄행위에 관계한 사람은 다른 범죄에 대하여 책임이 있을 수 있다) 여러 사람이 한 개의 범죄행위를 범했을 경우, 그들은 그 행위에 의하여 상이한 범죄를 범할 수 있다.

예 시[35]

A는 Z를 죽이는 것이 고의적 살인(murder)에 해당하지는 않고, 다만 살인(homicide)에만 해당하는 그러한 심각한 도발(grave provocation)이 되는 타격을 가했다. B는 Z에게 악의를 품고 그를 죽일 의도로써, A가 Z를 죽이는 것을 도와주었다. 여기서 비록 A와 B는 Z의 사망을 초래하는 데 관여했지만, B는 살인죄를 범한 것이고, A는 비고의적 살인죄를 범한 것이다.

제39조 (자발적으로(voluntarily)) 자신이 어떤 결과(effect)를 야기할 의도를 가지고 어떤 수단에 의하여 그 결과를 야기했을 때, 혹은 자신이 그러한 수단을 사용했을 때, 그 결과를 초래할 가능성이 있다는 것을 알았거나 그렇게 믿을 만한 이유가 있었을 때는, 그 사람은 그 결과를 "자발적으로" 야기(초래)했다고 말해진다.

예 시[36)]

A는 밤중에 사람이 살고 있는 어느 대도시의 집에 강도를 보다 쉽게 범할 목적으로 불을 질렀는데, 그 집에 살고 있는 사람이 그 화재로 인해 사망하고 말았다. 여기서 A는 사망을 의도하지 않았을 수도 있고, 또 심지어 자신의 행위로 인하여 초래된 그 죽음에 대하여 미안하게 생각할 수도 있다. 그러나 만일 자신의 행위가 사망을 초래할 것을 알고 있었다면, 그는 자발적으로 사망을 초래한 것이다.

제52조 (선의[善意, good faith]) 적당한 조심과 고려(due care and attention)없이 행하였거나 믿었다면, 어떠한 것도 "선의"로 행했거나 믿은 것이 아니다.

3. 처 벌(punishment)

제53조부터 제75조까지는 각종 처벌종류와 감형, 처벌의 한도 및 그 집행방법 등에 대하여 규정하고 있다. 이들 중 주요 내용을 정리하면 다음과 같다.

제53조 (처벌)

이 법의 규정에 따라 책임이 있는 범죄자를 처벌하는 방법에는 다음과 같은 것이 있다.

① 사형(death)
② 무기징역(imprisonment for life)
③ 징역(imprisonment) – 여기에는 두 가지 종류가 있다.
Ⓐ 혹독한(rigorous) 징역, 즉 심한 노동이 가해지는 징역
Ⓑ 평범한(simple) 징역
④ 재산의 몰수(forfeiture of property)
⑤ 벌금(fine)

제73조 (독방감금(solitary confinement)) 어느 사람이 이 법 규정에 의해 법원이 혹독한 징역(rigorous imprisonment)을 선고할 수 있는 권한을 가진 그러한 죄를 범했을 경우에는, 법원은 다음과 같은 방식으로 그 범죄자를 자신이 선고받은 징역 기간 중 모두 합쳐 3개월이 넘지 않는 기간 동안 독방에 감금할 것을 선고할 수 있다.

- 만일 징역기간이 6개월 이하여야 한다면, 1개월이하의 기간
- 만일 징역기간이 6개월 이상 1년 이하여야 한다면, 2개월 이하의 기간
- 만일 징역기간이 1년 이상이어야 한다면, 3개월 이하의 기간

제74조 (독방감금의 한도(limit of solitary confinement)) 독방감금의 선고를 집행함에 있어서는, 그러한 감금은 어떠한 경우에도 한 번에 14일을 초과할 수 없으며, 또 이 경우에 그러한 감금기간들 간에는 그러한 감금기간 이상의 간격을 두어야 한다. 한편 선고받은 징역형이 3개월을 초과하는 경우에는, 독방감금은 선고받은 전체 징역형 기간 중의 어느 한 달에 7일 이상을 초과할 수 없으며, 또 이 경우에 그러한 감금기간들 간에는 그러한 감금기간 이상의 간격을 두어야 한다.

4. 일반적 예외(General Exceptions)

제76조부터 제106까지는 범죄에 대한 일반적 예외 규정을 두고 있다. 이들 중 주요한 내용을 정리하면 다음과 같다.

제79조 (법률에 의하여 정당한 행위, 혹은 사실에 관한 착오로 인하여 자신의 행위가 법률에 의하여 정당하다고 믿은 사람에 의하여 행해진 행위)
법률에 의하여 정당화되어 있는 어떤 사람이 행한 행위, 혹은 사실에 관한 착오(mistake of fact)로서 법률에 관한 착오(mistake of law)로 인한 것이 아닌 이유에 의하여 자신의 행위가 법률에 의하여 정당화되어 있다고 선의로 믿은 어떤 사람이 행한 행위는 범죄가 아니다.

예 시[37)]

A는 A가 보기에 Z가 살인을 행하는 것을 목격했다. A는 선의(善意)로 자신의 판단을 최대로 활용하여, 이러한 사실 상황에서는 법률이 모든 사람들에게 Z를 체포할 수 있는 권리를 부여하고 있다고 믿고, Z를 체포하여 관계 당국에 인도하였다. 비록 나중에 알고 보니 Z가 정당방위를 하고 있었다는 것이 판명될 지라도, A는 죄를 범하지 않았다.

제80조 (합법적인 행위를 하는 동안 발생한 사고(accident in doing a lawful act)) 어떤 합법적인 행위가 범죄의사 없이 합법적인 방법으로 합법적인 수단에 의하여 그리고 적절하게 주의하고 조심하면서 이루어졌다면, 그 행위로 인하여 발생한 사고(accident)나 불운(misfortune)은 범죄가 아니다.

예 시[38)]

A는 도끼로 작업하고 있었는데, 도끼의 머리 부분이 빠져 날아가서 옆에 서 있던 사람을 죽이고 말았다. 여기서, 만일 A가 적절한 주의를 기울이고 있었다면, 그의 행위는 비난할 수 없으며 따라서 범죄행위가 아니다.

제81조 (해악[害惡, harm, 손해, 손상]을 초래할 가능성이 있는 행위이지만 범죄의사(criminal intent) 없이 행해졌고, 또 다른 해악을 방지하기 위한 행위)

만일 어떤 행위가 해악을 초래할 범죄의사없이 행해졌고, 또 선의로 사람이나 재산에 대한 다른 해악을 방지하거나 회피하기 위한 목적으로 행해졌다면, 그 행위가 단지 해악을 초래할 가능성이 있다는 것을 알면서 행해졌다고 해서 범죄가 되지는 않는다.

예 시[39)]

(a) 증기선의 선장인 A는, 갑자기 그리고 자신의 어떠한 실수나 태만없이, 자신의 선박을 멈출 수 있으려면, 자신의 선박의 항로를 변경하지 않는 한, 부득이 (20~30명의 승객을 태우고 있는) 보트 B와 충돌할 수밖에 없다는 것과, 또 만일 자신의 항로를 변경한다면 그는 아마도 충돌을 회피할 수 있는 (오직 2명의 승객만을 태우고 있는) 보트 C와 충돌할 위험을 감수해야만 한다는 것을 깨달았다. 여기서, 만일 A가 보트 C와 충돌할 어떤 의도없이 또 보트 B에 타고 있는 승객들의 위험을 선의로 회피할 목적으로 자신의 항로를 변경했다면, 그가 보트 C와 충돌하게 될 수도 있음을 알면서도 항로를 변경함으로 인하여 실제로 보트 C와 충돌했다고 하더라도, 만일 자신이 회피하려 의도했던 그러한 위험이 보트 C와 충돌하는 위험을 야기한 것에 대한 변명(excuse, 용서) 사유가 될 수 있는 것으로 사실상 판명된다면, 그는 범죄행위를 하지 않은 것이다.

(b) 큰 화재속에 처해 있는 A는 그 큰 화재가 퍼지는 것을 막기 위하여 집들을 무너뜨렸다. 그는 이러한 행위를 인명과 재산을 구하려는 의도로써 선의로 행하였다. 여기서, 만일 방지된 위험이 A의 행위를 용서해 줄 수 있는 그러한 성격을 가지고 있고 또 그토록 긴급한 것이었다면, A는 그 행위에 대하여 죄가 없다.

제88조 (사망을 의도하지 않은 행위로서, 어느 사람의 이익을 위하여 행위)

사망을 의도하지 않은 행위는 만일 그 행위가 어느 사람을 위해 선의로 행하여졌고, 또 동의(consent)를 한 그 사람이 해악(harm)을 감수할 것을 혹은 그 해악을 입을 위험을 감수할 것을 명시적이든지 암시적이든지 동의했다면, 그 행위가 야기할 수도 있는, 혹은 그 행위자에 의하여 의도되었을 수도 있는, 혹은 그 행위로 인하여 야기될 가능성이 있다는 것을 그 행위자가 알고 있었던, 그 해악에 의하여 범죄가 되지 않는다.

예 시[40)]

외과의사인 A는 특정한 수술이 고통스러운 병을 앓고 있는 Z의 사망을 초래할 수도 있다는 것을 알고 있었지만, 그가 Z의 사망을 초래할 의도없이, 선의로, Z의 이익을 위하여 (병을 낫게 하기 위하여) Z의 동의를 얻어 그를 수술하였다면, A는 어떤 죄도 범하지 않았다.

제92조 (어떤 사람의 이익을 위하여 그의 동의 없이 선의로 행해진 행위)

어떤 사람의 이익을 위하여 선의로 한 행위는, 비록 그 사람의 동의없이 행하여졌다고 하더라도, 또 그 행위로 인하여 어떤 해악이 초래되었다고 할지라도, 만일 그 사람이 동의를 하는 것이 불가능하거나 혹은 그 사람이 동의를 할 능력이 없고, 또 그 사람의 이익을 위하여 행위가 이루어진 시점에 동의를 해줄 수 있는 보호자나 법적 책임이 있는 다른 사람이 없다면, 그러한 행위로 인하여 그 사람에게 어떤 해악이 초래되었다고 해서 범죄가 되지 않는다.

단서(provisos) –

첫째, 이 예외는 의도적으로 사망을 초래했을 때 혹은 사망을 초래할 의도로 행하여 진 경우에는 적용되지 않는다.

둘째, 이 예외는, 사망 혹은 중상(重傷)을 방지할 목적 또는 심각한 질병이나 쇠약을 치료할 목적 이외의 다른 목적을 위하여 행해진 행위로써, 그 행위가 사망을 초래할 가능성이 있다는 것을 그 행위자가 알고 있었던 경우에는 적용되지 않는다.

셋째, 이 예외는 사망 혹은 부상을 방지할 목적 이외의 어떤 다른 목적을 위하여, 자발적으로 부상(負傷)을 입게하거나 부상을 입게할 의도로 행하여 진 경우에는 적용되지 않는다.

예 시[41)]

(a) Z는 자신의 말에서 떨어져서 의식을 잃었다. 외과의사 A는 Z가 수술을 받아야 한다고 생각했다. Z의 죽음을 의도하지 않은 A는 Z가 자신을 위해 판단능력을 회복하기 전에 선의로 Z의 이익을 위해 수술을 행하였다. A는 어떤 죄도 범하지 않았다.

(b) Z는 호랑이에게 낚아채졌다. A는 자신이 총을 쏘면 Z가 그 총에 맞아 죽을 수도 있다는 것을 알고 있었지만, 그는 Z를 살해할 의도없이 또 선의로 Z의 이익을 위해서 총을 쏘았다. A가 쏜 총알은 Z에게 치명적인 부상을 입혔다. A는 어떤 죄도 범하지 않았다.

(c) 외과의사 A는 한 어린이가 긴급 수술을 받지 않는다면 목숨을 잃을 가능성이 있는 사고를 당한 것을 보았다. 그 어린이의 보호자에게 알릴 시간이 없었다.

A는 그 어린이의 부탁이 없었음에도 불구하고 선의로 그의 이익을 위해서 수술을 행하였다. A는 어떤 죄도 범하지 않았다.

(d) A는 불이 난 집에서 어린이 Z와 함께 있었다. 아래쪽에 있는 사람들이 담요를 펴들고 있었다. A는 집 꼭대기에서 Z를 떨어뜨리면 그가 죽을 수도 있다는 것을 알고 있었지만, Z를 죽일 의도 없이, 선의로, Z의 이익을 위하여, 그를 집꼭대기에서 떨어뜨렸다. 여기서 비록 Z가 그렇게 떨어져서 죽었다고 하더라도, A는 어떤 죄도 범하지 않았다.

제93조 (선의로 이루어진 의사소통(communication made in good faith))

선의로 이루어진 의사소통(대화)은 그 대화의 상대방이 그로 인해 어떤 해악을 입었다고 하더라도, 만일 그것이 그 사람의 이익을 위해 이루어졌다면, 범죄가 되지 않는다.

예 시[42]

외과의사 A는 선의로, 자신의 환자 Z에게 Z가 살 수 없을 것이라는 의견을 말했다. 그 말을 들은 Z는 충격으로 사망하고 말았다. A는 비록 그 대화가 Z의 사망을 초래할 수도 있다는 것을 알고 있었다고 하더라도, 어떤 죄도 범하지 않았다.

---

5. 교 사(敎唆, Abetment)

교사에 관해서는 다음과 같이 규정하고 있다.

제107조 (교사-범행할 뜻을 갖지 아니한 사람을 부추기어 죄를 범하게 하는 행위)

다음과 같은 경우에는 교사를 하는 것이다.

첫째, 어떤 사람으로 하여금 어떤 일을 하도록 부추기는(선동하는) 행위, 혹은

둘째, 어떤 작위(행동)나 불법적인 부작위에 의해 다른 사람이 어떤 일을 하는 것을 의도적으로 돕는 것

예 시[43]

경찰 공무원 A는 법원으로부터 받은 영장에 의하여 Z를 체포할 권한을 가지고 있다. 이 사실을 알고 있는 B는 C가 Z가 아닌 것을 알고 있으면서, 악의적으로(wilfully) A에게 C가 Z라고 말했고, 그로 인해 A가 C를 체포하도록 의도적으로 야기했다. 여기서 B는 교사에 의하여 C를 체포하도록 한 것이다.

제108조 (교사자[教唆者, abettor])

타인으로 하여금 죄를 범하도록 교사한 자는 교사의 죄를 범한 것이다.

설명 1 : 교사죄(the offence of abetment)를 구성하기 위해서는 교사받은 행위가 실행되어야 한다거나, 혹은 그 죄를 구성하는 데 필요한 결과(effect)가 초래되어야 할 필요가 없다.

예 시[44)]

(a) A는 B에게 C를 살해하도록 부추겼다. B는 그러기를 거부했다.
A는 B로 하여금 살인을 하도록 교사한 죄를 범한 것이다.

(b) A는 B에게 D를 살해하도록 부추겼다. B는 그 교사에 따라 D를 칼로 찔렀다. D는 부상에서 회복되었다. A는 B로 하여금 살인을 하도록 교사한 데 죄를 범한 것이다.

설명 2 : 교사받은 사람이 범죄행위를 범할 법적 능력이 있어야 한다거나, 혹은 그가 교사자와 동일한 간악한 의도(guilty intention)나 인식(knowledge) 혹은 다른 의도나 인식을 가지고 있어야 할 필요가 없다.

예 시[45)]

A는 간악한 의도로써 어린이 혹은 정신병자를 부추겨, 만일 그 범죄를 범할 법적 능력이 있고 또 A와 동일한 의도를 가진 사람이 범했다면 범죄가 되는 행위를 하도록 교사했다.

여기서 A는, 그 행위가 실행되었든지 안되었든지 간에, 교사죄를 범했다.

제109조 (만일 교사받은 행위가 그 결과로 범해졌고, 또 그 처벌에 대하여 어떤 규정이 없을 경우 교사의 처벌)

교사죄를 범한 사람은, 만일 교사받은 행위가 교사의 결과로 인하여 범해졌고, 또 이 법에 그러한 교사에 대한 명시된 처벌 규정이 없다면, 그 범행에 대하여 규정된 처벌로 처벌받는다.

예 시[46)]

A는 B에게 허위증거를 제출하도록 교사했다. B는 이러한 교사에 따라 그 범죄를 범했다. A는 그 범죄를 교사한 죄를 범했으며, 또 B와 동일한 처벌을 받는다.

제120A조 (공모[共謀, criminal conspiracy])

두 명 이상의 사람들이 ① 불법적인 행위 혹은 ② 불법적 수단에 의하여 불법이 아닌 행위를 하기로 약정했을 때, 그러한 행위를 '공모'라 부른다.

6. 국가에 대한 범죄(Offences against the state)

제121조부터 제130조까지는 인도정부와 전쟁을 하거나, 전쟁을 교사하도록 하는 범죄(waging, or attemptiong to wage war, or abetting waging of war, against the Government of India) 등과 같은 국가에 대한 범죄를 규정하고 있다.

7. 군대에 관련된 범죄(Offences relating to the Army)

제131조부터 제140조까지는 육군, 해군 및 공군 군인들을 부추겨 반란을 일으키도록 하는 범죄(abetting mutiny, or attempting to seduce a soldier, sailor, or airman from his duty) 등과 같은 군대에 관련된 범죄를 규정하고 있다.

8. 공공의 평안에 대한 범죄(offences against the Public Tranquillity)

제141조부터 제160조까지는

① 불법집회(unlawful assembly),

② 소요(騷擾, rioting, 여러 사람이 들고 일어나서 폭행·협박을 함으로써 한 지방의 공공질서를 문란케 하는 행위)

③ 국가의 존엄성과 통일성에 해가 되는 비방(誹謗)이나 주장(imputations, assertions prejudicial to national integration)

④ 두 명 이상의 사람이 공공장소에서 싸움으로써 공공의 평화를 어지럽히는 행위(affray)

등과 같은 공공의 평안에 대한 범죄 등을 규정하고 있다.

9. 공무원에 의한 혹은 공무원과 관련된 범죄 (offences by or relation to public servants)

제161조부터 제171조까지는

① 어떤 사람에 해를 끼치기 위한 의도로써 법률을 준수하지 않는 공무원,

② 불법적으로 재산을 구입한 공무원, 공무원 사칭(personating a public servant),

③ 사기 의도(frandulent intent)로써 공무원 복장을 입거나 공무원들이 사용하는 상징물을 휴대하는 행위

④ 선거(elections),

⑤ 뇌물(bribe)

등과 같은 공무원에 의한 혹은 공무원과 관련된 범죄를 규정하고 있다.

10. 공무원의 합법적 권한에 대한 모욕죄 (Contempts of the Lawful Authority of public servants)

제172조부터 제190조까지는

① 소환(召喚, summons; 피고인 · 증인 등에 대해 출두를 명하는 강제처분)을 받거나 혹은 그 밖의 소송절차(proceedings)를 피하기 위하여 도망을 가는 행위(absconding to avoid service of summons or other proceedings),

② 공무원으로부터 출석하라는 명령을 받고도 출석하지 않는 행위,

③ 서류를 제출해야 할 법적 책임이 있는 사람이 그 서류를 공무원에게 제출하지 않는 행위,

④ 허위 정보를 제공하는 행위,

⑤ 공무원이 정당하게 요구했지만 선서(oath) 혹은 증언(affirmation)을 하지 않는 행위,

⑥ 심문하도록 허가된 공무원의 심문에 답변을 거부하는 행위,

⑦ 서류에 서명하는 것을 거절하는 행위,

⑧ 정당한 권한을 가진 공무원이 재산을 가져가는 것을 막는 행위,

⑨ 공무원이 합법적으로 재산을 매각하는 것을 방해하는 행위,

⑩ 공무원이 합법적으로 매각하겠다고 내놓은 재산을 불법적으로 구매하거나 입찰하는 행위,

⑪ 공무원이 도움을 요청했을 때 법적으로 도움을 제공해야 할 시기에 도와주지 않는 행위

⑫ 공무원이 정당하게 선포한 규칙을 준수하지 않는 행위

⑬ 공무원을 상해(傷害)하겠다고 위협하는 행위(threat of injury to public servant)

등과 같은 공무원의 합법적 권한에 대한 모욕죄를 규정하고 있다.

11. 공공의 정의에 대한 허위 증거와 위반 (False Evidence and Oftences against Public Justice)

제191조부터 제229조는

① 허위 증거를 제시하는 행위(giving false evidence)

② 허위증거를 날조(조작)하는 행위(fabricating false evidence)

③ 허위임을 알고 있는 증거를 사용하는 행위

④ 허위 증명서를 발행하거나 서명하는 행위

⑤ 허위임을 알고 있는 선서(declaration)를 진실한 것으로 사용하는 행위,

⑥ 범죄 증거의 인멸(湮滅, disappearance) 혹은 범죄자의 은닉(隱匿, screen, 숨겨주는 것)을 위하여 허위의 정보를 제공하는 행위

⑦ 정보를 제공해야 할 의무가 있는 자가 의도적으로 정보를 제공하지 않는 행위

⑧ 실행된 범죄에 대하여 허위정보를 제공하는 행위

⑨ 증거로서 제출되는 것을 막기 위하여 서류를 파괴하는 행위

⑩ 몰수되거나 강제집행되는 것을 막기 위하여 재산을 사기적(詐欺的)으로(frandulently) 제거하거나 은닉하는 행위

⑪ 범행자가 처벌을 받은 것을 숨겨주기 위하여 선물(gift) 등을 받는 행위

⑫ 범행자를 은닉시켜 주는 대가(代價)로 선물이나 재산을 주는 행위

⑬ 구금(拘禁, custody)이나 체포(apprehension)에서 탈출한 범행자를 은닉하는 행위

⑭ 범행자가 처벌을 받거나 재산을 몰수당하는 것을 피하도록 해주기 위한 의도로써 법률을 준수하지 않는 공무원의 행위

⑮ 재판과정에서 법률에 위반하여 부정하게(corruptly) 보고를 하는 등에 관련된 공무원의 행위

⑯ 체포해야 할 의무가 있는 공무원이 의도적으로 체포하지 않는 행위

⑰ 합법적으로 체포되어야 할 사람이 자신의 체포를 저항하거나 방해하는 행위

⑱ 다른 사람을 합법적으로 체포하는 것을 저항하거나 방해하는 행위

등과 같은 공공의 정의에 대한 허위 증거를 제출하는 행위 및 그 밖의 각종 위반행위에 관하여 규정하고 있다.

12. 화폐와 정부 우표에 관련된 범죄 (Offences relating to Coin and Government Stampts)

제230조부터 제263조는 화폐의 위조, 위조화폐의 판매, 위조화폐의 소유, 위조화폐의 수입 혹은 수출, 위조화폐의 유통, 정부우표를 위조하기 위한 도구의 제작 및 판매 등과 같은 화폐(동전) 및 우표(인지)에 관한 범죄행위를 규정하고 있다.

13. 중량(重量)과 도량(度量)에 관련된 범죄
(Offences relating to Weights and Measures)

제264조부터 제267조까지는

① 무게를 재는 데 사용하는 도구를 사기적으로 사용하는 행위(frandulent use of false instrument for weighting),

② 허위의 무게 혹은 치수를 사기적으로 사용하는 행위(fraudulent use of false weight or measure),

③ 허위의 계량기 혹은 도량형기(度量衡器)를 보유하는 행위(being in possession of false weight or measure)

④ 허위의 계량기 혹은 도량형기를 제작하거나 판매하는 행위(making or selling false weight or measure)

등과 같은 중량과 도량에 관련된 범죄 행위를 규정하고 있다.

14. 공공(公共)의 건강 · 안전 · 편의 · 품위 및 도덕에 영향을 미치는 범죄(Offences affecting the Public Health, Safety, Convenience, Decency, and Morals)

제268조부터 제294조까지는

① 공공불법방해(公共不法妨害)(public nuisance; 일반 대중에 손해, 위험, 불쾌감, 성가심 등을 주는 행위)

② 생명에 위험한 전염병을 퍼뜨릴 가능성이 있는 부주의한 행위(negligent act)

③ 생명에 위험한 전염병을 퍼뜨릴 가능성이 있는 악의적인 행위(malignant act)

④ 검역 규칙에 대한 불복종(disobedience to quarantine rule)

⑤ 판매하기 위한 목적으로 식품이나 음료에 불순물을 섞는 행위(adulteration of food or drink intended for sale)

⑥ 유해식품이나 음료의 판매행위(sale of noxious food or drink)

⑦ 약품에 불순물을 섞는 행위(adulteration of drugs)

⑧ 불순약품의 판매행위

⑨ 공공(公共)의 우물(public spring)이나 저수지(저수탱크, reservoir)의 물을 오염시키는 행위

⑩ 건강에 유해한 환경을 만드는 행위(making atomosphere noxious to health)

⑪ 공공도로에서 무분별하게 운전하거나 승마하는 행위(rash driving or riding on a public way)

⑫ 무분별하게 선박(항공기 등)을 조종하는 행위(rash navigation of vessel)

⑬ 허위의 불빛(light), 표지(mark), 혹은 부표(浮標, 물 위에 띄워 어떤 표적을 삼는 물건)를 보이는 행위(exhibition of false light, mark or buoy).

⑭ 안전하지 않거나 초과승선한 선박에 고용되어 사람을 수송하는 행위(conveying person by water for hire in unsafe or overloded vessel).

⑮ 공공도로 혹은 항해로(航海路)를 위험하게 하거나 방해하는 행위

⑯ 독물(poisonous substance)에 관련된 부주의한 행위

⑰ 화재나 가연성 물질(可燃性 物質, combustible matter; 불에 타기 쉬운 물질)에 관련된 부주의한 행위

⑱ 폭발물에 관련된 부주의한 행위

⑲ 기계에 관련된 부주의한 행위

⑳ 건물을 허물어뜨리거나 수리하는 데 관련된 부주의한 행위

㉑ 동물에 관련된 부주의한 행위

㉒ 음란한 서적, 팜플렛, 서류, 그림 등의 판매 행위

㉓ 음란한 물건을 (20세 미만의) 미성년자에게 판매, 유통하거나 전시하는 행위

㉔ 음란한 행위와 노래(obscene acts and songs)

등과 같은 공공의 건강 · 안전 · 편의 · 품위 및 도덕에 영향을 미치는 범죄행위를 규정하고 있다.

15. 종교에 관련된 범죄(Offences relating to Religion)

제295조부터 제298조까지는

① 어느 부류(部類)의 종교를 모독하기 위한 목적으로 예배장소를 손상시키거나 신성모독하는 행위(injuring or defiling place of worship, with intent to insult the religion of any class)

② 어느 부류의 종교 혹은 종교적 신념을 모독함으로써 그 부류 사람들의 종교적 감정을 격분시킬 의도로 정해진 계획적이고 악의적인 행위

③ 종교집회를 방해하는 행위

④ 어떤 사람의 종교 혹은 감정을 손상시킬 의도로 예배소, 묘소(sepulture), 장례식 등을 무단침범(trespassing)하는 행위

⑤ 종교적 감정을 손상시킬 목적으로 말을 하거나 소리를 내거나 몸짓을 하는 행위(utter words, make sounds, or make gesture)

등과 같은 종교에 관련된 범죄행위를 규정하고 있다.

16. 사람의 신체에 영향을 미치는 범죄(Offences affecting Human Body)

제299조부터 제377조까지는 사람의 신체에 영향을 미치는 범죄 행위를 다음과 같이 크게 6가지로 나누어 규정하고 있다.

① 생명에 영향을 미치는 범죄(offences affecting life)

② 부상을 시키는 범죄(offences of hurt)

③ 불법적인 속박과 불법적인 감금(wrongful restraint and wrongful confinement)

④ 폭력과 폭행(criminal force and assault)

⑤ 납치, 유괴, 인신매매 및 강제노역
(kidnapping, abduction, slavery, and forced labour)

⑥ 성범죄(sexual offences)

이들 내용을 위의 종류별로 나누어 간단히 정리하면 다음과 같다.

(1) 생명에 영향을 미치는 범위(Offences effectiong Life)

제299조부터 제318조까지는

① 비난받을 살인(culpable homicide) – 사망을 초래할 의도로써 혹은 사망을 초래할 수도 있을 그러한 신체적 부상을 초래할 의도로써, 혹은 그러한 행위가 사망을 초래할 수도 있음을 알면서, 어떤 행위를 함으로써 사람의 사망을 초래한 자는 '비난받을 살인죄' 를 범한 것이다.

② 고의 살인(故意殺人, murder)

③ 과실 살인(過失殺人, death by negligence)

④ 어린이나 정신이상자가 자살하도록 교사하는 행위(abetment of suicide of child or insane person)

⑤ 자살의 교사(abetment of suicide)

⑥ 살인미수(attempt to murder)

⑦ 자살 미수(attempt to commit suicide)

⑧ 낙태를 초래하는 행위(causing miscarriage)

⑨ 산모의 동의 없이 낙태를 초래하는 행위(causing miscarriage without woman's consent)

⑩ 부모 혹은 보호자가 12살 미만의 어린이를 유기(遺棄, exposure and abandonment)하는 행위

⑪ 어린이의 시신(屍身)을 비밀리에 매장하는 등의 처분함으로써 출산을 은폐하는 행위(concealment of birth by secret disposal of dead body)

등과 같은 사람의 생명에 영향을 미치는 범죄행위를 규정하고 있다.

(2) 부상을 초래하는 범죄(Offences of hurt)

제319조부터 제338조까지는

① 중상(重傷)(grievous hurt)

② 자발적으로 부상을 초래하는 행위

③ 자발적으로 중상을 초래하는 행위

④ 자발적으로 위험한 무기 혹은 방법으로 부상을 초래하는 행위

⑤ 독약 등의 방법으로 부상을 초래하는 행위

⑥ 강제로 자백을 받아내거나 재산을 반환받기 위하여 자발적으로(voluntarily) 부상 혹은 중상을 초래하는 행위

⑦ 공무원이 자신의 직무를 수행하지 못하도록 하기 위하여 자발적으로 부상 혹은 중상을 초래하는 행위

⑧ 도발(provocation)에 의하여 자발적으로 중상을 초래하는 행위

⑨ 다른 사람의 생명이나 재산을 위험하게 하는 행위

⑩ 다른 사람의 생명이나 재산을 위험하게 하는 행위에 의하여 부상 혹은 중상을 초래하는 행위

등과 같은 부상(負傷)을 야기하는 범죄행위를 규정하고 있다.

(3) 불법적인 속박과 불법적인 감금(wrongful restraint and wrongful confinement)

제339조부터 제348조까지는

① 불법 속박(wrongful restraint) – 다른 사람이 자신이 나아갈 권리가 있는 어떤 방향으로 나아가는 것을 막기 위하여 자발적으로 방해(obstruct)하는 행위

② 불법 감금(wrongful confinement) – 다른 사람이 일정하게 제한된 구역(circumscribing limits)으로부터 나아가지 못하게 하기 위한 방법으로 불법적으로 그 사람을 억류(restrain)하는 행위

③ 3일 이상의 기간 동안의 불법 감금

④ 10일 이상의 기간 동안의 불법 감금

⑤ 석방 영장(liberation writ)이 발행된 사람을 불법적으로 감금하는 행위

⑥ 비밀리에 감금하는 행위(wrongful confinement in secret)

⑦ 재산을 강탈하기 위하여 혹은 불법행위를 강요하기 위하여 불법적으로 감금하는 행위

⑧ 강제로 자백을 받아내거나(extort confession) 재산을 강제로 반환받기 위하여(compel restoration of property) 불법적으로 감금하는 행위

등과 같은 불법 속박과 불법 감금행위에 대하여 규정하고 있다.

(4) 폭력과 폭행(criminal force and assault)

제349조부터 제358조까지는

① 폭력(crimina force)을 가하는 행위

② 폭행(assault)을 가하는 행위

③ 공무원이 자신이 직무를 수행하는 것을 막기 위하여 폭력이나 폭행을 가하는 행위

④ 여자를 강간할 의도로 폭력이나 폭행을 가하는 행위

⑤ 다른 사람이 지니고 있는 재산을 훔치기 위한 목적으로 폭력이나 폭행을 가하는 행위

⑥ 다른 사람을 불법적으로 감금하기 위한 목적으로 폭력이나 폭행을 가하는 행위

⑦ 극악한 도발(grave provocation)을 하기 위하여 폭력이나 폭행을 가하는 행위

등과 같은 폭력과 폭행에 대하여 규정하고 있다.

(5) 납치, 유괴, 인신매매 및 강제노역
(kidnapping, abduction, slavery and forced labour)

제359조부터 제374조까지는

① 납치

② 합법적인 후견인으로부터 납치하는 행위
(kidnapping from lawful guardianship)

③ 유괴하는 행위

④ 미성년자를 구걸시키기 위한 목적으로 납치하거나 또는 (손 · 발을 끊어) 불구자를 만드는 행위(kidnapping or maiming a minor for purposes of begging)

⑤ 고의살인(murder)을 하기 위하여 납치하거나 유괴하는 행위

⑥ 어떤 사람으로 하여금 어떤 행위를 하게 하거나 하지 못하게 하기 위하여, 혹은 몸값 등을 받기 위하여 납치하는 행위

⑦ 비밀리에 그리고 불법적으로 사람을 감금하기 위한 의도로 납치하거나 유괴하는 행위

⑧ 여자로 하여금 결혼하도록 하기 위하여 납치하거나 감금하는 행위

⑨ 18세 미만의 소녀를 성행위 등의 목적으로 납치하거나 유괴하는 행위

⑩ 외국으로부터 소녀를 수입하는 행위(importation of girl from foreign country)

⑪ 어떤 사람을 노예로 구입하거나 판매하는 행위(buying or disposing of any person as a slave)

⑫ 매춘 등의 목적으로 미성년자를 판매하는 행위

등과 같은 납치, 유괴, 인신매매 및 강제노역 등과 같은 범죄행위를 규정하고 있다.

(6) 성범죄(sexual offences)

제375조부터 제377조까지는

강간(rape) 및 비인륜적인 범죄(unnatural offences) 등과 같은 성범죄에 대하여 규정하고 있다.

17. 재산에 대한 범죄(Offences against property)

제378조부터 제462조까지는

① 절도(theft)

② 강탈(extortion)

③ 강도와 집단강도(robbery and dacoity)

④ 재산의 횡령(criminal misappropriation of property)

⑤ 신뢰에 반하는 재산의 횡령(criminal breach of trust)

⑥ 운송업자, 부두관리인, 창고업자 등에 의한 신뢰에 반하는 재산의 횡령(criminal breach of trust by carrier, wharfinger, or warehous-keper)

⑦ 장물의 취득(receiving of stolen property)

⑧ 사기(cheating)

⑨ 부정한 혹은 사기적인 수단에 의한 문서 혹은 재산의 제거, 은닉, 양도

⑩ 재산손상(mischief)

⑪ 불법주거침해(criminal trespass) 혹은 주거침해 목적의 주거파손(house-breaking)

등과 같은 재산에 관한 범죄행위를 규정하고 있다.

18. 문서에 관한 행위(Offences relating to Douments)

제463조부터 제489조까지는

① 위조(forgery)

② 법원 및 등기기관 등의 기록을 위조하는 행위

③ 증권, 유언장 등을 위조하는 행위

④ 사기할 목적으로 위조하는 행위

⑤ 위조문서를 진짜인 것으로 사용하는 행위

⑥ 모조품(counterfeit) 등을 만들거나 소유하는 행위

⑦ 유언장을 사기적으로 취소하거나 파괴하는 등의 행위

⑧ 장부, 서류, 유가 증권, 계정 등을 변조(falsification)하는 행위

⑨ 허위의 재산 표지(property mark : 어떤 동산(動産)이 특정한 개인의 소유라는 것을 나타내는 표지)를 만들거나 사용하는 행위

⑩ 지폐나 은행수표를 변조(變造, counterfeit)하는 행위

⑪ 위조되거나 변조된 지폐나 은행 수표를 진짜인 것으로 사용하는 행위

⑫ 위조되거나 변조된 지폐나 은행 수표를 소유하는 행위

⑬ 지폐나 은행 수표를 위조하거나 변조하기 위한 도구나 물질을 만들거나 소유하는 행위

등과 같은 문서에 관한 범죄행위를 규정하고 있다.

19. 기 타

제490조부터 제511조까지는 다음과 같은 범죄행위를 규정하고 있다.

① 무력한 사람들(helpless persons : (예) 어린이, 정신박약자, 신체박약자 등)을 돌보고 필수품을 공급해야 하는 합법적인 계약을 위반하는 행위

② 결혼에 관련된 사기적 행위 혹은 잔혹한 행위

③ 간통(adultery) 행위

④ 명예 훼손(defamation)

⑤ 협박(criminal intimidation) 및 모욕(Insult)

⑥ 범죄행위의 미수(未遂; attempt to commit offences)

제9장

법률 환경(Ⅱ) : 투자관련법 (물품판매법 · 파트너십법 · 회사법 · 노동관련법)

이 장에서는 투자자 및 경영자가 인도에서 투자하여 사업하는데 있어서 반드시 이해하지 않으면 안될 투자관련법으로서 물품판매법, 파트너쉽법, 회사법, 노동관련법 등을 고찰하기로 한다.

제1절 인도의 물품판매법 (物品販賣法, Sale of Goods Act)[1]

물품판매법은 「인도 계약법」 중에서도 물품(물건, 상품, goods)의 판매에 관한 내용을 전적으로 다루는 법률이다. 인도에 진출한 회사로서 상품 매매를 주업무로 하는 회사라면 이 법률의 기본적 내용을 사전에 일고 있어야 할 필요가 있다. 여기에서는 이러한 인도 물품 판매법 중에서 중요한 내용을 발췌하여 설명하고자 한다.

1. 기본적 사항(preliminary)

물품판매법의 기본적 내용에 관해서는 다음과 같이 규정하고 있다.

제2조 정의(定義)

이 법에서 말하는 아래의 용어는 이 법에 다른 규정이 없는 한 다음과 같은 뜻을 갖는다.

(1) "인도(引渡, delivery, 배달)"는 한 사람으로부터 다른 사람으로 자발적으로 점유(占有, possession)를 이전하는 것을 의미한다.

(2) "미래의 물품(future goods)"은 판매 계약을 체결한 후 판매자에 의해 제조되거나(manufactured) 생산되거나(produced) 혹은 취득된(acquired) 물품을 의미한다.

(3) "물품(goods)"은, 화폐나 재판상 청구권(actionable claims)을 제외한, 이동가능한 모든 형태의 재산(every kind of movable property)을 말하며, 주식(stock and share) · 성장하는 작물(growing crops) · 목초(grass) 및 토지에 부착되어 있거나 토지의 일부를 구성하는 물건으로서 판매 계약상 판매하기 전에 분리(severed)시키기로 합의한 것을 포함한다.

2. 계약의 성립(formation of the contract)

계약의 성립에 관해서는 판매계약, 계약의 대상, 가격 및 조건과 보증으로 나누어 다음과 같이 규정하고 있다.

판매 계약(contract of sale)

제4조 판매 및 판매 약정(sale and agreement to sell)

(1) 물품 판매 계약(a contract of sale of goods)이란 판매자(seller)가 대금(代金)을 받고 구매자(buyer)에게 물품을 이전(transfer)시킬 것을 약정한 계약을 의미한다.

(2) 판매계약은 절대적(absolute, 무조건적) 일수도 있고 조건부(條件附, conditional)일 수도 있다.

(3) 판매계약에 따라 물품이 판매자로부터 구매자로 이전 되는 것을 판매(sale)라 한다. 그러나 물품의 이전이 장래에 이루어지거나, 혹은 그 후 충족되어야 할 어떤 조건에 따라 이루어져야 한다면, 그러한 계약은 판매약정(販賣約定, agreement to sell)이라 한다.

(4) 판매약정은, 시간이 경과했을 때, 혹은 물품이 이전되기 위해서 충족되어야 할 조건이 충족되었을 때, 비로소 판매로 된다.

제5조 판매계약은 어떻게 이루어지는가 –

(1) 판매계약은 일정한 물품 대금(price)으로서 물품을 구매하거나 판매하겠다는 제의(offer, 제안, 신청)를 하고 그러한 제의를 수락(acceptance)함으로써

이루어진다. 계약은 물품의 즉각적인 인도(引渡) 혹은 물품대금의 즉각적인 지불 혹은 이들 두 가지 모두, 또는 분할(分割, installment)로 인도 혹은 지불 혹은 이들 두 가지 모두 연기(延期, postponed)될 수 있는 방식으로 이루어질 수 있다.

(2) 다른 법률에 특별한 규정이 있는 경우를 제외하고는, 판매 계약은 서면(書面)으로(in writing) 혹은 구두(口頭)로(by word of mouth), 혹은 일부는 서면이고 일부는 구두로, 혹은 당사자들의 행위로부터 암시적으로(implied from the conduct)으로 이루어질 수 있다.

계약의 대상(subject matter of contract)

제6조 기존의 물품 혹은 미래의 물품

(1) 판매계약의 대상이 되는 물품은 판매자가 소유하거나 점유하고 있는 기존의 물품(existing goods)일 수도 있고, 미래의 물품(future goods)일 수도 있다.

(2) 판매자가 획득하는 물품이 장래에 발생하거나 발생하지 않을 수도 있는 우발성(contingency)에 달려 있는 그러한 물품 판매 계약도 있을 수 있다.

제7조 계약체결 이전에 없어져버린 물품(goods perishing before making of contract)

어떤 특정 물품에 대하여 판매 계약을 체결했을 때, 만일 그 판매계약이 체결된 시점에 판매자가 알지 못하는 사이에 그 물품이 없어져 버렸거나 혹은 너무나 손상되어서 계약에서 지적한 바에 따를 수 없는 상태로 되어 있을 때에는, 그 계약은 무효이다.

제8조 판매 전(前) 그러나 판매약정 후(後) 없어져 버린 물품(goods perishing before sale but after agreement to sale)

어떤 특정 물품을 판매하겠다는 판매약정(agreement to sell)을 체결했는데, 나중에 판매자 혹은 구매자의 어떠한 잘못없이 그 물품이 없어져 버렸거나, 혹은 구매자에게 위험(risk)이 넘어가기 전에 그 물품이 너무나 손상되어서 약정(agreement)에서 지적한 바에 따를 수 없는 상태로 되어 있을 때는, 그 약정은 무효이다.

가격(The Price)

제9조 가격의 결정(ascertain of price)

(1) 판매 계약의 가격은 계약에 의해 확정될 수도 있고, 다른 방법으로 합의하여 결정하도록 남겨 놓을 수도 있고, 혹은 당사자들간의 거래방식에 의해 결정될 수도 있다.

(2) 위의 조항에 따라 가격이 결정될 수 없을 때에는, 구매자는 판매자에게 적당한 가격(reasonable price)을 지불해야 한다. 무엇이 적당한 가격인가

하는 것은 각 개별 사안(事案)의 상황에 달려있는 사실상의 문제(a question of fact)이다.

조건과 보증(conditions and warranties)

제12조 조건과 보증

(1) 계약상, 물품에 대해 언급한 규정은 조건이 될 수도 있고 보증이 될 수도 있다.

(2) 조건(condition)은 계약의 주목적(main purpose)에 대하여 본질적인(essential) 것이며, 그것을 위약하면 계약을 부인(否認, repudiate)하는 권리를 발생하게 하는 그러한 규정이다.

(3) 보증(warranty)은 계약의 주목적에 대하여 부수적인(collateral) 것이며, 그것을 위약하면 손해배상을 청구할 권리를 발생시키지만, 물품을 거절(reject)할 권리를 발생하게 하여 계약을 부인하는 권리를 발생시키지는 않는 그러한 규정이다.

(4) 판매 계약에 있어서 어떤 규정이 '조건' 인가 '보증' 인가 하는 것은 각각의 계약에 있어서 해석의 문제이다. 어떤 규정은 비록 계약에서 '보증' 으로 불리우고 있지만, '조건' 이 될 수도 있다.

제14조 소유권 등에 대한 암시적 약속(implied undertaking as to title, etc)

판매 계약에 있어서, 다른 의도를 표명한 것이 아닌 한, 다음과 같은 암시적 조건이나 보증이 있다.

(1) 판매 계약의 경우에 있어서는 판매자는 그 물품을 팔 수 있는 권리가 있다는, 또 판매 약정의 경우에 있어서는, 판매자는 그 물품이 자신의 수중에 들어왔을 때 그 물품을 판매할 수 있는 권리를 가질 것이라는, 암시적 조건(implied condition)이 있다.

(2) 구매자는 그 물품의 온화한 (방해 받지 않는, quiet) 점유를 할 것이라는 암시적 보증(implied warranty)이 있다.

(3) 계약이 체결되었을 때 구매자가 알지 못했던 제3자의 어떤 청구권(charge)이나 장애(방해, encumbrance)가 그 물품에는 없을 것이라는 암시적 보증이 있다.

제15조 설명에 의한 판매(sale by description)

설명에 의하여 물품의 판매계약이 체결된 경우에는, 그 물품이 설명과 일치할 것이라는 암시적 조건이 있고, 또 만일 판매가 설명뿐만 아니라 견본(sample)에 의한 경우에는, 그 물품이 만일 설명과 일치하지 않는다면 그 물품의 대부분이 견본과 일치한다고 하는 것은 불충분하다.

제16조 품질이나 적합성에 대한 암시적 조건(implied conditions as to quality or fitness)

다음과 같은 것을 제외하고는, 판매계약에 의해 제공되는 물품이 어떤 특정 목적을 위한 품질이나 적합성을 가지고 있다는 암시적 조건이나 보증이 없다.

(1) 구매자가 판매자의 기술이나 판단에 의존하고 있고 또 그 물품이 그것을 공급하는 판매자의 사업 영역 내에 있을 때, 구매자가 명시적으로 혹은 묵시적으로 자신이 그 물품을 필요로 하는 특별한 목적을 판매자로 하여금 알게 했다면, 그 물품이 그러한 목적에 적절할 것이라는 암시적 조건이 있다.
단, 특허권 혹은 그밖의 다른 상표를 갖고 있는 특정한 물품의 판매 계약의 경우에는, 그것이 어떤 특정한 목적에 적합하리라는 암시적 조건이 없다.

(2) 물품이 판매자의 설명(description)에 의해 구매되었고 또 판매자가 그러한 설명에 해당하는 종류의 물건을 취급하고 있는 경우에는, 그 물품이 매매(賣買)에 적합한 품질(merchatable quality)일 것이라는 암시적 조건이 있다.
단, 만일 구매자가 그 제품을 검사(examined)했다면, 그러한 검사를 통해 발견할 수 있었을 결함(defects)에 대해서는 암시적 조건이 없다.

(3) 어떤 특별한 목적을 위한 품질이나 적합성에 대한 암시적 보증이나 조건은 거래 관행에 따라 부가(추가)될 수 있다.

(4) 명시적 보증이나 조건(express warranty or condition)은, 이 법률과 불일치하는 것이 아닌 한, 이 법률에 의한 보증이나 조건을 부정하지 않는다.

제17조 견본에 의한 판매(sale by sample)

(1) 만일 계약 조항 중에 명시적 혹은 암시적으로 견본 판매라는 규정이 있다면, 그 판매 계약은 견본에 의한 판매 계약이다.

(2) 견본에 의한 판매 계약의 경우에는 다음과 같은 암시적 조건이 있다.

(a) 대부분(the bulk)이 견본의 품질과 일치할 것이다.
(b) 구매자는 대부분을 견본과 비교해 보는 적절한 기회를 가질 것이다.
(c) 견본을 적절하게 검사했을 때 명백하게 드러나지 않는, 그러한 매매에 부적합한(unmerchantable) 결함이 물품에는 없을 것이다.

3. 계약의 이행(performance of the contract)

계약의 이행(수행, 실행, 실천)에 관하여는 다음과 같이 규정하고 있다.

제31조 판매자와 구매자의 의무

판매계약의 조항에 따라 물품을 인도해야 하는 것은 판매자의 의무이고, 그것을 수령하고 대금을 지불해야 하는 것은 구매자의 의무이다.

제32조 지불과 인도는 동시 조건(同時條件, concurrent conditions)이다

다르게 합의하지 않는 한, '물품의 인도' 와 '대금(代金)의 지불' 은 동시적 조건이다. 즉, 판매자는 판매대금과 교환으로 구매자에게 기꺼이 물품의 점유를 이전할 준비가 되어 있어야 하고, 또 구매자는 물품의 점유와 교환으로 기꺼이 판매 대금을 지불할 준비가 되어 있어야 한다.

제33조 인도(delivery)

판매된 제품의 인도는 당사자들이 동의한 방법으로 하여야 하며, 구매자 혹은 구매자를 대신해서 물품을 점유할 수 있는 사람에게 물품의 점유를 이전해야 한다.

제36조 인도에 관한 규칙(rules as to delivery)

(1) 물품의 점유를 확보해야 하는 것이 구매자인가 혹은 물품을 구매자에게 보내야 하는 것이 판매자인가 하는 것은 계약의 각 사안(事案)에 따라서 또 명시적인가 암시적인가에 따라서 결정되어야 할 문제이다. 그러한 계약은 별문제로 하고, 판매된 물품(goods sold)은 계약 당시 그 물품이 있었던 장소에서 인도되어야 하고, 또 판매하기로 약정된 물품(goods agreed to be sold)은 판매 약정된 시기에 그 물품이 있었던 장소에서, 혹은 만일 그 때 그 물품이 존재하고 있지 않다면, 그 물품이 제조되거나 생산될 장소에서 인도되어야 한다.

(2) 판매 계약 상(上) 판매자가 물품을 보내기로 되어 있지만 물품을 보낼 시간이 확정되어 있지 않는 경우에는, 판매자는 적절한 시간 내(within a reasonable time)에 물건을 보내야 한다.

(3) 판매시점에 물품이 제3자의 점유하(占有下)에 있는 경우에는, 그 제3자가 자기가 그 물품을 구매자를 위하여 보유하고 있다는 것을 구매자에게 인정(認定, acknowledge)해야만 비로소 판매자가 구매자에게 인도를 한 것이 된다.

(4) 인도를 요구(demand of delivery)하거나 인도를 제공하는 것(tender of delivery)은 적절한 시간(reasonable hour)에 이루어지지 않으면 효과가 없다. 무엇이 적절한 시간인가 하는 것은 사실상의 문제이다.

(5) 다르게 약정하지 않는 이상, 물품을 인도 가능한 상태(deliverable state)로 만드는 데 필요한 비용은 판매자가 부담한다.

제37조 잘못된 수량의 인도

(1) 판매자가 구매자에게 그가 판매하기로 계약한 수량보다도 더 적은 수량의 물품을 인도(배달)한 경우에는, 구매자는 그것을 거부할 수 있다. 그러나 만일 구매자가 그렇게 인도된 물품을 수령(accept)하였다면, 그는 계약

상의 금액 비율(contract rate)에 따라 대금을 지불해야 한다.

(2) 판매자가 구매자에게 그가 판매하기로 계약한 수량보다도 더 많은 수량의 물품을 인도한 경우에는, 구매자는 계약에 명시된 수량의 물품을 수령할 수도 있고, 혹은 전체를 거부할 수도 있다. 만일 구매자가 그렇게 배달된 물품 전부를 수령하였다면 그는 계약상의 금액 비율에 따라 대금을 지불해야 한다.

(3) 판매자가 구매자에게 그가 판매하기로 계약한 물품과 함께 계약에서 약정했던 것과는 다른 물품을 섞어서 인도한 경우에는, 구매자는 계약과 일치하는 물품만을 수령하고 나머지는 거부할 수도 있고, 혹은 전부를 거부할 수도 있다.

(4) 이 조문의 규정은 거래 관행, 특정한 약정, 또는 당사자들 간의 거래 경험에 따라 다르게 적용될 수 있다.

제38조 분할 인도(instalments deliveries)

(1) 다르게 약정되지 않는 이상, 물품의 구매자는 분할에 의한 인도를 수령해야 할 의무가 없다.

(2) 물품을 분할하여 인도하고 대금은 따로따로 지불하기로 판매계약에 명시되어 있는 경우에, 판매자가 인도를 하지 않았거나 혹은 하나의 혹은 그 이상의 분할 인도에 있어서 결함이 있는 인도를 했을 때, 혹은 구매자가 인도된 물품을 수령하는 것을 게을리하거나 거절했거나 혹은 하나의 혹은 그 이상의 분할 인도에 대한 대금 지불을 게을리 하거나 거절했을 때, 계약의 불이행이 전체 계약의 거부(repudiation of the whole contract)인가 아니면 그것이 보상청구권을 야기시키는 분리가능한 위약(違約, severable breach)일 뿐 전체 계약이 거부된 것으로 취급할 권리는 야기시키지 않는 것인가 하는 것은 계약의 조항과 각 사안(事案)의 상황에 따라 결정해야 할 문제이다.

제39조 운송업자 혹은 부두 관리인에게의 인도(delivery to carrier or wharfinger)

(1) 판매계약에 따라 판매자가 물품을 구매자에게 보내는 것이 승인되어 있거나 요구될 때는, 물품을 구매자에게 전달할 목적으로 (구매자가 지명했던 운송업자이든지 지명하지 않았던 운송업자이든지) 운송업자에게 인도하거나, 혹은 안전하게 보관하기 위해서 물품을 부두 관리인에게 인도하는 것은, 물품을 구매자에게 인도한 것이 분명한 것으로 본다.

(2) 구매자가 달리 승인하지 않는 이상, 판매자는 물품의 성격과 그밖의 다른 상황을 고려하여 구매자를 대신해서 운송업자 혹은 부두 관리인과 그러한 계약을 맺어야 한다. 만일 판매자가 이러한 행위를 하지 않았고 또 운

송 도중 혹은 부두 관리인의 보관하에 있는 도중 물품이 분실되었거나 손상을 입은 경우에는, 구매자는 운송업자 혹은 부두 관리인에 대한 인도를 자신에 대한 인도로 취급하는 것을 거절할 수 있으며, 혹은 판매자에게 손해를 책임지도록 할 수 있다.

(3) 달리 약정되지 않는 한, 보험에 가입하는 것이 일반적인, 해상 운송을 포함하고 있는 경로를 통해 판매자가 구매자에게 물품을 보낸 경우에는, 판매자는 구매자가 해상운송 도중 물품을 보험에 들 수 있도록 구매자에게 통지를 하여야 한다. 만일 판매자가 그러한 통지를 하지 않았다면, 그 물품에 대한 해상 운송 도중의 위험을 판매자가 부담하는 것으로 간주한다.

제40조 원거리에 있는 장소로 물품을 인도할 경우의 위험

물품의 판매자가 판매 당시 물품이 있던 장소 이외의 장소로 자기 자신의 위험으로 그 물품을 배달하기로 약정한 경우에는, 그럼에도 불구하고, 구매자가 달리 약정하지 않는 이상, 구매자는 운송 도중 필연적으로 발생하는 물품에 대한 가치 저하(deterioration)에 대한 위험을 부담한다.

제41조 물품을 검사할 수 있는 구매자의 권리

(1) 자신이 이전에 검사하지 않았던 물품이 구매자에게 배달된 경우에는, 자신이 그 물품이 계약과 일치하는 것인가를 확인할 목적으로 물품을 검사할 적절한 기회를 가질 때까지는 구매자는 물품을 수령한 것으로 간주되지 않는다.

(2) 달리 약정하지 않는 한, 판매자가 구매자에게 물품의 인도를 제공했을 때에는, 판매자는 구매자가 그 물품이 계약과 일치하는 것인가를 확인할 목적으로 물품을 검사할 적절한 기회를 주어야 할 의무가 있다.

제42조 수령(受領, acceptance, 수락, 受諾, 승낙, 承諾)

구매자가 판매자에게 물품을 수령하겠다고 표명했을 때, 혹은 물품이 자신에게 배달되어 왔는데 판매자의 소유권과 일치하지 않는 어떤 행위를 자신이 했을 때, 혹은 적절한 시간이 경과한 후 판매자에게 그 물품을 거절한다는 표명을 하지 않은 채 적절한 시간이 경과 했을 때, 구매자는 물품을 수령한 것으로 간주된다.

제43조 거절한 물품을 반송할 책임이 구매자에게 없다

달리 약정하지 않는 이상, 물품이 구매자에게 배달되어 왔고 또 그가 물품의 수령을 거절할 권리가 있는 상황에서 그 물품의 수령을 거절했을 경우에는, 그는 그 물품을 판매자에게 돌려 보낼 의무를 부담하지 않으며, 판매자에게 자신이 그 물품을 수령하는 것을 거절한다는 표명을 하면 충분하다.

제44조 물품을 인도 받는 것을 게을리 하거나 거절한 구매자의 책임

판매자가 기꺼이 물품을 인도할 준비가 되어 있고 또 구매자에게 인도를 수령할 것을 요구했는데, 구매자가 그러한 요구를 받은 후 적절한 시간 내에 물품의 인도를 받지 않는 때에는, 그는 인도를 받는 것을 게을리 하거나 거절함으로써 발생한 어떠한 손실에 대하여 판매자에게 책임이 있으며, 또한 그 물품의 관리와 보관에 대하여 적절한 비용을 부담해야 할 책임이 있다.

4. 물품 대금을 받지 못한 판매자의 권리
(rights of unpaid seller against the goods)

판매한 물품 대금을 받지 못한 판매자의 권리에 관해서는 다음과 같이 규정하고 있다.

제46조 물품 대금을 받지 못한 판매자의 권리

물품 대금을 받지 못한 판매자는 법률상 다음과 같은 권리를 갖는다.

(a) 자신이 물품의 점유를 하고 있는 동안에는 그 대금에 대하여 물품에 대한 유치권(留置權, lien : 남의 물건의 점유자가 그 점유물로 인해 발생하는 채권의 변제를 받을 때까지 그 물건을 유치하는 권리, 즉 그 물건을 자신의 지배아래에 두는 권리)을 갖는다.
(b) 구매자가 지급 불능(파산, insolvency)이 된 경우, 물품이 판매자의 점유를 떠나 운송 중에 있을 때는, 판매자는 물품의 운송을 중단시킬 수 있는 권리를 갖는다.
(c) 이 법률의 규정에 따라 재판매(再販賣) 할 수 있는 권리(a right of re-sale)를 갖는다.

5. 계약 불이행에 대한 소송(suits for breach of the contract)

계약을 불이행(위반, 위약)했을 때의 소송에 관해서는 다음과 같이 규정하고 있다.

제55조 판매대금에 대한 소송(suit for price)

(1) 판매계약상 물품이 구매자에게 이전되었고 또 구매자가 계약 조항에 따른 물품 대금의 지불을 부당하게 게을리 하거나 거절할 때는, 판매자는 물품 대금을 받기 위하여 구매자를 상대로 소송을 제기할 수 있다.

(2) 판매계약상 인도(배달) 여부에 관계없이 특정한 날짜에 판매대금을 지불하도록 되어 있고 또 구매자가 그러한 대금 지불을 부당하게 게을리 하거나 거절할 때는, 비록 물품이 아직 이전되지 않았고 또 그 물품이 계약에 충당되지(appropriated to the contract) 않았다고 하더라도, 판매자는 물품대금을 받기 위하여 구매자를 상대로 소송을 제기할 수 있다.

제56조 불수령(不受領)에 대한 손해배상(damages for non-acceptance)

구매자가 물품의 수령이나 물품 대금의 지불을 부당하게(wrongfully) 게을리 하거나 거절할 때에는, 판매자는 수령하지 않은데 대한 손해를 배상받기 위하여 구매자를 상대로 소송을 제기할 수 있다.

제57조 불인도(不引渡)에 대한 소송(damages for non-delivery)

판매자가 구매자에게 물품을 인도하는 것을 부당하게 게을리 하거나 거절할 때에는, 구매자는 인도하지 않은 데 대한 손해를 배상받기 위하여 판매자를 상대로 소송을 제기할 수 있다.

제58조 특정이행(特定履行, 강제이행, specific performance)

특정 구제법(Specific Relief Act, 1877) 제11장의 규정의 적용을 받으며, 특정한 혹은 확인된 물품(specific or ascertained goods)을 인도할 계약을 위반한데 관련된 소송에 있어서는, 법원은 원고의 청구에 입각하여, 만일 적절하다고 판단한다면, 피고에게 손해를 배상하고서 물품을 보유할 수 있는 선택권을 주지 않고, 그 계약이 특정하게 이행되어야 한다(the contract shall be performed specifically)는 판결을 내릴 수 있다.
그러한 판결은 무조건적(unconditional)일 수도 있고, 혹은 손해배상이나 대금 지불에 관하여 법원이 판단하기에 적절하다고 생각되는 그러한 조건이 붙여질 수도 있다.

제59조 보증위반에 대한 구제조치(remedy for breach of warranty)

(1) 판매자가 보증을 위반했을 때, 혹은 구매자가 판매자 쪽에서의 어떤 조건의 위반(breach of a condition)을 보증의 위반(breach of warranty)으로 취급하도록 강요될 때에는, 구매자는 그러한 보증위반의 이유만으로 그 물품을 거절할 권리를 갖지 않는다. 그러나 그는
  (a) 판매자로 하여금 대금을 절감시켜 주든지 혹은 아예 면제해주도록(diminution or extinction of the price) 요구할 수 있다. 혹은
  (b) 보증위반으로 인한 손해를 배상받기 위해 판매자를 상대로 소송을 제기할 수 있다.

(2) 구매자가 보증 위반을 이유로 판매대금의 절감 혹은 면제를 주장했다고 하더라도, 만일 구매자가 추가적인 손해를 입었다면, 그는 동일한 보증위반을 이유로 또한 소송을 제기할 수 있다.

제60조 만기 이전에 계약이 거부된 경우(repudiation of contract before due date)

판매계약의 어느 한쪽 당사자가 인도일자(引渡日字) 이전에 계약을 거부한 경우에는, 다른 쪽 당사자는 그 계약이 존속하는 것으로 취급하고서 인도일자까지 기다릴 수도 있고, 혹은 그 계약이 취소된 것으로 취급하고서 계약 불이행으로 인한 손해를 배상받기 위해 소송을 제기할 수도 있다.

제2절 인도 파트너십 법(Indian Partnership Act)[2)]

여기에서는 인도에 투자하려는 사업자가 파트너십, 즉 동업 조합(합명회사)을 형성하여 사업을 영위하려 하는 경우에, 이것을 규율하는 파트너십 법에 대하여 중요한 규정을 발췌하여 정리하고자 한다.

1. 서 론(preliminary)

파트너십 법에서 사용하는 기본적인 용어에 관해서는 다음과 같이 규정하고 있다.

제2조 용어의 정의 – 이 법에서 말하는 용어들은 다음과 같은 뜻을 갖는다.

① "회사의 행위(act of a firm)"란 모든 파트너들, 혹은 어느 파트너, 혹은 회사의 대리인에 의한 어떤 작위(作爲, act, 행위) 혹은 부작위(不作爲, omission)로서 그 회사에 의하여 혹은 회사에 대하여(by or against the firm) 강제할 수 있는 권리를 야기시키는 그러한 작위 또는 부작위를 말한다.

② "사업(business)"이란 모든 거래, 영업 및 직업을 말한다.

③ "제3자(third party)"란 회사의 파트너가 아닌 다른 사람을 말한다.

2. 파트너십의 성격(nature of partnership)

파트너쉽의 기본적인 성격에 관해서는 다음과 같이 규정하고 있다.

제4조 "파트너십", "파트너", "회사", "회사명"에 대한 정의(definition of "partnership" "partner" "firm" and "firm name") –

"파트너십"이란 '전원(全員)' 혹은 '전원을 위해 행동하는 그들 중의 어느 사람' 에 의해서 수행되는 사업의 이익을 분배하기로 동의한 사람들 간의 관계(the relation between persons who have agreed to share the profits or a business carried on by all or any of them acting for all)를 말한다.

상호간에 파트너십을 맺고 있는 사람들을 개별적으로 "파트너(partners)"라고 부르며, 또 집합적으로는 "회사(a firm)"라 부른다. 그리고 그들의 사업이 영위되는 명칭을 "회사명(會社名 ; firm name)"이라고 부른다.

제6조 파트너십의 존재를 결정하는 방법(mode of determining existence of partnership)

어느 사람들의 집단이 회사인가 아닌가, 혹은 어느 사람이 회사의 파트너인가 아닌가를 결정함에 있어서는, 관련된 모든 사실들을 종합적으로 고려하여 진정한 관계(real relation)를 고려해야 한다.

제7조 자의적 파트너십(partnership at will)

파트너들 사이의 계약에서 그들의 파트너십의 지속기간(duration) 혹은 그들의 파트너십의 종료(determination)에 대한 어떤 규정도 없는 경우에는, 그 파트너십은 "자의적(恣意的) 파트너십"이다.

제8조 특정한 파트너십(particular partnership)

한 사람은 특정한 모험 사업(adventures) 혹은 영업(undertakings)에 있어서 다른 사람과 파트너가 될 수 있다.

3. 파트너들 상호간의 관계(relations of partners to one another)

파트너들 상호간의 관계에 관해서는 다음과 같이 규정하고 있다.

제9조 파트너들의 일반적 의무

파트너들은 서로 간에 공동의 이익을 극대화하고 공정(just)하고 성실(faithful)하게 사업을 경영해야 하며, 또 회사 혹은 어느 파트너 혹은 자신의 법적 대표(legal representative)에 영향을 미치는 모든 것들에 대한 진실한 보고(true account)를 하고 완전한 정보를 제공해야 할 의무가 있다.

제10조 사기(詐欺, fraud)로 인하여 야기된 손해에 대한 배상

모든 파트너들은 회사의 사업을 경영함에 있어서 자신의 사기로 야기된 어떤 손해에 대해서 이를 회사에 배상(indemmify)해야 한다.

제11조 (1) 파트너들 간의 계약에 의해서 파트너들의 권리와 의무의 결정

(1) 이 법률의 다른 조항의 적용을 받으며, 회사의 파트너들의 상호 간의 권리와 의무는 파트너들 간의 계약에 의해서 결정될 수 있으며, 또 그러한 계약은 명시적(expressed)인 것일 수도 있고 혹은 거래의 과정(a course of dealing)을 통한 암시적(implied)인 것일 수도 있다.
그러한 계약은 모든 파트너들의 동의(同意, consent)에 의해서 변경될 수 있으며, 또 그러한 동의는 명시적일 수도 있고 혹은 거래의 과정을 통해서 암시적일 수도 있다.

(2) 거래의 제약에 대한 약정(agreements in restraint of trade)
인도계약법(the Indian Contract Act, 1872) 제27조에 포함되어 있는 어떤 규정에도 불구하고, 그러한 계약은 어느 한 파트너가 그가 파트너로 있는 동안은 회사의 사업 이외의 사업을 경영해서는 안 된다고 규정할 수 있다.

제12조 사업의 경영(conduct of the business)

파트너들 간의 계약의 적용을 받으며,

① 모든 파트너들은 사업의 경영에 참여할 권리를 갖는다.
② 모든 파트너들은 사업의 경영에 있어서 자신의 의무를 성실하게 수행해야 할 의무를 갖는다.

③ 사업에 관련된 통상적인 문제(ordinary matters)로 인하여 야기된 의견차이(difference)는 파트너들의 다수결(a majority of the partners)에 의해 결정될 수 있고, 또 모든 파트너들은 그 문제를 결정하기 전에 자신의 의견을 표명하는 권리를 갖는다. 그러나 모든 파트너들의 동의 없이는 사업의 성격에 변화가 있어서는 안된다.

④ 모든 파트너들은 회사의 어떠한 장부(books)에도 접근할 수 있으며 또 이것을 검사하고 복사할 권리를 갖는다.

제13조 상호간의 권리와 책임(mutual rights and liabilities)

파트너들 간의 계약의 적용을 받으며,

① 어느 한 파트너는 사업의 경영에 참가한 보수(remuneration)를 받을 권리가 없다.

② 파트너들은 획득된 수익(the profits earned)을 똑같이 분배받을(share equally) 수 있는 권리가 있으며, 또 회사가 입은 손해를 똑같이 부담(contribute equally)해야 한다.

③ 어느 한 파트너가 자신이 출자한 자본에 대한 이자(interest on the capital subscribed)를 받을 권리가 있는 경우에는, 그러한 이자는 이익(profits)으로부터 지불되어야 한다.

④ 사업의 경영을 위해서 어느 한 파트너가 자신이 출자하기로 동의한 자본액(the amount of capital he has agreed to subscribe)을 초과하여 어떤 지불(payment)을 하거나 선불(advance)을 한 경우에는, 그 파트너는 1년에 6%의 이자율로 그 금액에 대하여 이자를 받을 권리가 있다.

⑤ 회사는 어느 한 파트너가

(i) 사업을 정규적이고 적절하게 수행함으로써, 또

(ii) 그러한 행위를 함에 있어서, 비상 사태에 임하여 회사가 손해를 입는 것을 방지할 목적으로, 정상적인 사려분별을 가진 사람이 유사한 상황에서 취했을 그러한 행위를 함으로써 그 파트너가 지불한 금액과 그 자신이 입은 부채(liability, 책임)를 배상해 주어야 한다.

⑥ 어느 한 파트너는 자신이 회사의 사업을 의도적으로 게을리(태만하게) 함으로써 회사에게 입힌 손해를 회사에게 배상해야 한다.

제14조 회사의 재산(the property of the firm)

파트너들 간의 계약의 적용을 받으며, 회사의 재산은 회사에 최초 투자된 모든 재산(property)과 권리(rights)와 이권(利權, interest)을 포함하고, 또 회사에 의하여 또는 회사를 위하여 획득되거나 구입된 모든 재산과 권리와 이권을 포함하며, 또한 회사의 모든 영업권(goodwill)을 포함한다.

회사에 속한 돈으로 취득한 재산에 있어서의 재산과 권리와 이권은, 반대되는 의도가 나타나 있지 않는 한, 회사를 위하여 취득된 것으로 본다.

제15조 회사의 재산의 사용(application of the property of the firm)

파트너들 간의 계약의 적용을 받으며, 회사의 재산은 오로지 사업 목적을 위해서만 파트너들에 의해서 보유(held)되고 사용(used)되어야 한다.

제16조 파트너들이 벌어들인 개인적 이익(personal profits earned by partners)

파트너들 간의 계약의 적용을 받으며,

① 만일 어느 한 파트너가 회사의 어떤 거래로부터 혹은 회사와 관련되어 있는 재산 혹은 사업 혹은 회사명(firm name)을 이용함으로써, 자신을 위한 어떤 이익을 획득하였다면, 그는 그 이익을 회사에 보고할 책임이 있고 또 그 이익을 회사에 지불해야 한다.

② 만일 어느 한 파트너가 회사의 사업과 동일한 성격을 가진 사업을 영위하며 회사와 경쟁을 하고 있다면, 그는 자신의 그 사업에서 벌어들인 모든 이익을 회사에 보고할 책임이 있고 또 그 이익을 회사에 지불해야 한다.

제17조 파트너들의 권리와 의무

파트너들 간의 계약의 적용을 받으며,

① 회사의 구성(constitution)이 변경된 경우에는, 새로 구성된 회사(the reconstituted firm)에 있어서의 파트너들의 상호간의 권리와 의무는 그러한 변경이 있기 직전의 것과 동일하다.

② 정해진 기간(fixed term) 동안만 사업을 경영하기로 구성되어 있는 회사가 그 기간이 종료된 이후에도 계속해서 사업을 영위하고 있는 경우에는, 파트너들의 상호간의 권리와 의무는, 그러한 권리와 의무가 자의적 파트너십(partnership at will)과 모순이 없다면, 그 종료 이전의 것과 동일하다.

③ 하나 혹은 그 이상의 모험사업(adventures) 혹은 영업(undertakings)을 경영하기로 구성된 회사가 다른 모험사업이나 영업을 경영하는 경우에는, 그 다른 모험사업 혹은 영업에 관한 파트너들의 권리와 의무는 원래의 모험사업 혹은 영업에 있어서의 것과 동일하다.

4. 파트너들과 제3자 간의 관계 (relations of partners to third parties)

파트너들과 제3자 간의 관계에 관해서는 다음과 같이 규정하고 있다.

제18조 이 법의 다른 조항들의 적용을 받으며, 어느 한 파트너는 회사의 사업을 위한 목적으로 회사의 대리인(代理人, agent)이다.

제19조 파트너가 회사의 대리인으로서 갖는 암시적 권한(implied authority of partner as agent of the firm)

① 제22조의 적용을 받으며, 회사에 의해 수행되는 종류의 사업을 통상적인 방법으로 수행한 어느 한 파트너의 행위는 회사를 구속(bind)한다.
이 조항에 의하여 주어진, 회사를 구속하는 어느 한 파트너의 권한(authority)을 "암시적 권한(implied authority)"이라 부른다.

② 그 반대되는 거래 관행이 없는 한, 어느 한 파트너의 암시적 권한은 그에게 다음과 같은 행위를 할 수 있는 권한을 부여하지 않는다.

ⓐ 회사의 사업에 관련된 다툼(dispute)을 중재(仲裁, arbitration)에 회부(submit)하는 행위
ⓑ 회사를 위하여(on behalf of the firm) 자기 자신의 이름으로 은행계좌를 개설하는 행위
ⓒ 회사에 의해 제기된 어떤 청구(請求, claim), 혹은 그 청구의 일부를 타협(화해, compromise)하거나 포기(relinquish)하는 행위
ⓓ 회사를 위하여 제기된 어떤 소송(suit)이나 절차(proceeding)를 철회(withdraw)하는 행위
ⓔ 회사를 상대로 제기된 어떤 소송이나 절차에 있어서의 책임(liability)을 인정(admit)하는 행위
ⓕ 회사를 위하여 부동산(immoveable property)을 취득하는 행위
ⓖ 회사에 속해 있는 부동산을 이전(transfer)하는 행위
ⓗ 회사를 위하여 파트너십을 맺는 행위

제20조 파트너의 암시적 권한의 확장 및 제한

회사의 파트너들은 파트너들 간의 계약에 의해 어느 파트너의 암시적 권한을 확장(extend)하거나 제한(restrict)할 수 있다.
그러한 제약에도 불구하고, 어느 한 파트너가 회사를 위하여 (대신하여) 한 행위로써 자신의 암시적 권한 내에 있는 행위는, 그 파트너와 거래를 한 상대방이 그러한 제한을 알고 있었지 않는 한, 회사를 구속한다.

제21조 비상사태하의 파트너의 권한(partner's authority in an emergency)

어느 한 파트너는 비상사태하에서 회사가 손해를 입는 것을 방지할 목적으로, 정상적인 사려분별을 가진 사람이 유사한 상황에서 취했을 그러한 모든 행위를 할 수 있으며, 또 그러한 행위는 회사를 구속한다.

제22조 회사를 구속하는 행위의 방법

회사를 구속할 수 있으려면, 어느 한 파트너에 의하여 혹은 회사를 대리하는 다른 사람에 의하여 수행되거나 작성된 행위나 서류는 회사명(會社名)으로 혹은 회사를 구속하기 위한 명시적 혹은 암시적 의도로써 그 밖의 다른 방법으로 행해지거나 작성되어야 한다.

제23조 어느 한 파트너에 의한 인정의 효과(effect of admissions by a partner)

회사의 업무에 관하여 어느 한 파트너가 인정(admission)하거나 진술(representation)한 것은, 만일 그것이 통상적인 사업 과정에서 이루어진 것이라면, 회사에 불리한 증거(evidence against the firm)가 된다.

제24조 경영담당 파트너에 대한 통지의 효과(effect of notice to acting partner)

평소에 회사의 사업을 경영하는 어느 한 파트너에게 그 회사의 업무와 관련된 어떤 문제에 대한 통지를 한 것은, 회사에 대해서 그 파트너에 의하여 범해진 혹은 그 파트너의 동의에 의하여 범해진 사기(fraud)의 경우를 제외하고는, 회사에 대한 통지로 된다.

제25조 회사의 행위에 대한 파트너의 책임(liability of partner for acts of the firm)

모든 파트너들은, 자신이 파트너로 있는 동안 행하여진 회사의 모든 행위에 대하여 다른 모든 파트너들과 공동으로(jointly) 책임이 있으며, 또한 개별적으로(severally)도 책임이 있다.

제26조 어느 한 파트너의 잘못된 행위에 대한 회사의 책임 −

회사의 정규적인 사업 과정에서 어느 한 파트너의 잘못된 행위(wrongful act) 혹은 부작위(omission)로 인하여 제3자에게 어떤 손실(loss)이나 손해(injury)가 가해졌다면, 혹은 어떤 벌금(penalty)이 과해졌다면, 회사는 그 파트너와 동일한 정도로 책임이 있다.

제27조 파트너들의 횡령에 대한 회사의 책임(liability of firm for misapplication by partners)

① 자신의 명백한 권한 내에서 행동하는 어느 한 파트너가 제3자로부터 돈이나 재산을 받았고 또 이것을 횡령(남용, 오용, misapply)했다면, 혹은

② 자신의 사업과정에서 회사가 제3자로부터 돈이나 재산을 받았고, 또 그 돈이나 재산이 회사의 보관 중에 있는 동안 어느 파트너들이 그것을 횡령했다면, 회사는 그 손실을 보상할 책임이 있다.

제29조 파트너의 이권(利權)을 양수(讓受)받은 사람의 권리(rights of transferee of a partner's interest)

(1) 어느 한 파트너로부터 그가 회사에 대해 가지고 있는 이권을, 무조건적으로(absolute) 혹은 담보(mortgage)로 혹은 그러한 이권에 대한 청구권(charge)이 발생함에 의하여 양수했다고 하더라도, 그 양수인(讓受人, transferee)은 회사가 존속하고 있는 동안에는 회사의 행위에 간섭하거나, 보고(報告, accounts)를 요구하거나, 혹은 회사의 장부를 검사할 수 없다. 그 양수인은 양도(讓渡)한 파트너(transferring)의 이익을 분배받을 권리가 있을 뿐이며, 파트너들이 동의한 이익에 대한 보고를 수락해야 한다.

제30조 파트너십의 이득을 위해 들어온 미성년자(minors admitted to the benefits of partnership)

(1) 법률의 규정에 따라 회사의 파트너가 될 수 없는 미성년자는 모든 파트너들의 동의에 의해 파트너십의 이득을 위해 들어올 수 있다.
((2) 항에서 (9)항에 걸쳐서는 이러한 미성년자의 권리와 책임 등에 대해서 규정하고 있다.)

5. 신임(新任) 파트너와 퇴임(退任) 파트너 (incoming and outgoing partners)

파트너로 새로 들어오는 사람과 파트너에서부터 퇴임하는 사람에 관해서는 다음과 같이 규정하고 있다.

제31조 파트너의 영입(introduction of a partner)

(1) 파트너들 간의 계약 및 제30조의 적용을 받으며, 어떤 사람도 기존의 모든 파트너들의 동의 없이는 회사의 파트너로서 들어올 수 없다.

(2) 제30조의 적용을 받으며, 파트너로서 회사에 들어온 사람은 자신이 파트너가 되기 전에 회사가 행한 어떤 행위에 대해 책임을 지지 않는다.

제32조 파트너의 퇴임(retirement of a partner)

(1) 파트너는
 (a) 다른 모든 파트너들의 동의를 얻어, 혹은
 (b) 파트너들이 맺은 명백한 약정에 따라, 혹은
 (c) 자의적 파트너십인 경우에는, 자신이 퇴임하겠다는 의도를 다른 모든 파트너들에게 문서로 통지함으로써,
 퇴임할 수 있다.

(2) 퇴임하는 파트너는 자신이 퇴임하기 전에 행하여진 회사의 행위로 인한 다른 제3자에 대한 책임으로부터, 제3자 및 새로 구성된 회사의 파트너들과 체결한 약정에 의해, 면제된다.

(3) 어느 파트너가 회사에서 퇴임했다고 하더라도, 자신의 퇴임을 공표(public notice)할 때까지는 자신의 퇴임전에 행한 행위로서 회사의 행위인 것에 대해서는, 그 파트너와 다른 파트너들은 제3자에 대하여 파트너들로서 계속해서 책임을 진다.

(4) 위 (3)항의 공표(公表)는 퇴임하는 파트너에 의해서 혹은 재구성된 회사의 다른 파트너에 의해서 이루어질 수 있다.

제33조 파트너의 추방(expulsion of a partner)

(1) 어느 한 파트너는, 파트너들 간의 계약에서 부여받은 권한을 선의(善意,

in good faith)로 행사하는 것 이외에는, 파트너들 간의 다수결에 의해서 회사로부터 축출당할 수 없다.

(2) 제32조 (2), (3) 및 (4)항의 규정은 추방당한 파트너에게 마치 그가 퇴임한 파트너인 것처럼 적용된다.

제34조 파트너의 파산(insolvency of a partner)

(1) 회사의 어느 한 파트너가 파산선고를 받았을 경우에는, 회사가 그로 인해 해산되었든지 아니든지 간에, 그는 선고를 받은 날로부터 파트너가 아니게 된다.

(2) 파트너들 간의 계약상 어느 한 파트너가 파산 선고를 받더라도 회사가 해산되지(dissolved) 않는 경우에는, 그 파산선고를 받은 파트너의 남은 재산(estate)은 그 파산 선고가 이루어진 날짜 이후에 행하여진 회사의 행위에 대하여 책임이 없으며 또 회사는 파산선고를 받은 파트너의 어떤 행위에 대하여 책임을 지지 않는다.

제35조 사망한 파트너의 유산(遺産, estate)의 책임

파트너들 간의 계약상 어느 한 파트너가 사망하더라도 회사가 해산되지 않는 경우에는, 사망한 파트너의 유산은 그의 사망후에 행하여진 회사의 어떤 행위에 대하여 책임을 지지 않는다.

제36조 퇴임한 파트너가 경쟁사업을 영위하는 권리(right of outgoing partner to carry on competing business)

(1) 퇴임하는 파트너는 그 회사와 경쟁하는 사업을 영위할 수 있으며, 또 그러한 사업을 광고할 수 있다. 그러나, 반대의 계약의 적용을 받으며, 그는 다음과 같은 것을 할 수 없다.

(a) 회사명(firm name)을 사용하는 행위
(b) 자신이 회사의 사업을 영위한다고 진술하는 행위, 혹은
(c) 자신이 파트너를 그만 두기 전에 회사와 거래하던 사람들에게 자신의 고객이 되어 달라고 권유하는 행위

(2) 어느 한 파트너는 자기의 파트너들과 자기가 파트너를 그만두었을 때는 특정한 기간 혹은 특정한 지역 범위 내에서 회사의 사업과 유사한 사업을 경영하지 않겠다고 하는 약정을 맺을 수 있다.
그리고 인도 계약법 제27조의 규정에도 불구하고, 만일 그러한 제한이 합리적이라면, 그러한 약정은 유효하다.

제37조 퇴임하는 파트너가 일정한 경우에 그 후의 이익(subsequent profits)을 분배받을 권리

(제37조에서는 회사의 어느 구성원이 사망했거나 혹은 그 밖의 다른 이유로

파트너가 아니게 되었으나, 생존한 혹은 계속 남아 있는 다른 파트너들이 재산을 최종 계산 · 정리하지 않고 회사의 재산으로 사업을 영위하는 경우에 퇴임하는 파트너가 이익을 분배받을 권리에 대하여 규정하고 있다.)

6. 회사의 해산(dissolution of a firm)

파트너십의 해산에 관해서는 다음과 같이 규정하고 있다.

제39조 (회사의 해산) 회사의 모든 파트너들 간의 파트너십을 해산하는 것을 "회사의 해산(dissolution of the firm)"이라고 부른다.
(제40조 이하 제44조에 걸쳐서는 약정에 의한 해산(dissolution by agreement), 강제해산(compulsory dissolution), 일정한 상황이 발생했을 경우의 해산(dissolution on the happening of certain contingencies), 자의적 파트너십의 공표에 의한 해산(dissolution by notice of partnership at will), 그리고 법원에 의한 해산(dissolution by the court) 등에 대하여 규정하고 있다.
또 제45조에서 제55조에 걸쳐서는 해산 이후에 행하여진 파트너들의 행위에 대한 책임, 해산 이후에 사업을 청산(wind up)할 수 있는 파트너들의 권리 등에 대하여 규정하고 있다.)

7. 회사의 등록(registration of firms)

파트너십을 맺고 있는 경우 회사의 등록에 관해서는 다음과 같이 규정하고 있다.

제58조 등록 신청(application for registration)

(1) 회사의 등록은 회사의 사업장소에 있는 등록관청(Registrar)에 규정된 비용을 지불하고 규정된 서식에 다음과 같은 내용을 적은 서류를 우편으로 혹은 직접 제출함으로써 효과가 발생한다.

① 회사명
② 회사의 사업이 행하여지는 장소 혹은 주 사업장(the place or principal place of business)
③ 회사가 사업을 영위하는 그밖의 다른 장소의 명칭
④ 각 파트너들이 회사에 합류(join)한 날짜
⑤ 각 파트너들의 이름과 주소
⑥ 회사의 존속기간

이 서류에는 모든 파트너들이, 혹은 각자가 승인한 각각의 대리인이 서명해야 한다.

(2) 이 서류에 서명한 모든 사람들은 규정된 방식에 따라 선서증언(verify)해야 한다.

(3) 회사명에는 다음과 같은 단어가 포함되어서는 안 된다 :
"Crown", "Emperor", "Empress", "Empire", "Imperial", "King", "Queen", "Royal", 혹은 정부로부터 명시적으로 또는 암시적(묵시적)으로 이와 유사한 승인이나 특전을 받은 것으로 보이는 그 밖의 단어.

(제59조에서 제71조에 걸쳐서는 등록절차, 회사명과 주사업장의 변경에 관한 등록, 지점의 폐쇄와 개업의 통지, 파트너들의 이름과 주소의 통지, 회사의 변경과 해산의 등록, 오류의 정정, 법원의 명령에 의한 등록부의 수정, 등록부와 제출된 서류의 검사, 복사본의 신청과 허가, 증거법칙, 등록하지 않았을 때의 효과, 그릇된 서류를 제출했을 때의 벌칙, 그리고 규칙을 제정할 수 있는 권한 등에 대해서 규정하고 있다.)

제3절 인도 회사법(The Companies Act)[3)]

여기에서는 인도에 투자하려는 사업자가 회사를 설립하여 경영하는 데 필요한 회사법의 주요 내용을 발췌하여 정리하고자 한다.

1. 서 론

서론에서는 다음과 같은 사항을 규정하고 있다.

제3조 회사, 기존 회사, 비공개 회사에 대한 정의

(1) 이 법에서 말하는 회사, 기존 회사, 사적 회사 및 공적 회사란 다음과 같은 뜻을 갖는다.

① "회사(company)"는 이 법에 의해 설립되고 등록된 회사 혹은 아래(ii) 항에서 정의된 바와 같은 기존 회사를 뜻한다.

② "기존 회사(existing company)"는 다음과 같은 이전의 법률에 의해서 설립되고 등록된 회사를 의미한다.

(a) 인도 회사법 1866(the Indian Companies Act, 1866(10 of 1866)) 이전에 시행되었던 그리고 그 법에 의해서 폐지되었던 회사에 관련된 모든 법률 ;

(b) 인도 회사법 1866(The Indian Companies Act, 1866(10 of 1866)) ;

(c) 인도 회사법 1882(The Indian Companies Act, 1882(6 of 1882)) ;

(d) 인도 회사법 1913(The Indian Companies Act, 1913(7 of 1913)) ;

(e) 양도된 회사의 등록에 관한 법령 1942(The Registration of Transferred Companies Ordinance 1942(54 of 1942)) ; 및

(f) 위에서 제시한 어떤 법 혹은 법령에 부합하며 시행된 어떤 법(Any law corresponding to any of the Acts or the Ordinance aforesaid and in force)

③ "비공개 회사(非公開會社, private company, 유한회사)"는 그 정관(定款, article)에 다음과 같은 내용이 들어 있는 회사이다 ;

(a) 그 지분(持分, shares)을 양도(transfer)할 권리가 금지(restrict)된다.

(b) 그 구성원의 수가 50명을 넘지 않도록 제한된다.

(c) 회사의 지분 혹은 사채를 공모(invitation to the public to subscribe for any shares in, or debentures of the company)하는 것이 금지된다.

(사채(debenture)란 회사의 자산(資産, assets)에 대한 청구권(chare)을 구성하든지 아니하든지 간에 관계없이, 무상환 사채(無償還社債, debenture stock), 회사채(bonds) 및 그 밖의 다른 유가증권을 의미한다 : 인도 회사법 1913, 제2조(12)).

④ "공개 회사(公開會社, public company)"는 비공개 회사가 아닌 회사를 뜻한다.

제4조 지주 회사(持主會社, holding company) 및 종속 회사(從屬會社, subsidiary, 자회사, 子會社)의 정의

(1) 다음과 같은 회사는 아래 (3)항의 적용을 받으며, 만일 다음과 같은 것일 때에는 다른 회사의 종속회사이다.

① 다른 회사가 이 회사의 이사회(理事會, board of directors)의 구성을 통제할 때, 혹은

② (i) 다른 회사가 기존 회사로서, 이 법의 시행 이전에 발행된 우선주(preference shares)의 소유자들이 모든 면에서 보통주(equity shares) 소유자와 동일하게 이 회사의 총의결권의 과반수 이상을 행사하거나 통제할 때, 혹은

(ii) 다른 회사가 그 밖의 회사로서, 이 회사의 보통주 자본액(equity share capital)의 액면가액(nominal value)의 과반수 이상을 보유하고 있을 때, 혹은

③ 어느 회사가 다른 회사의 종속회사이고, 또 이 회사가 그 어느 회사의 종속회사일 때

예 시[4)]

회사 B는 회사 A의 종속회사이고, 회사 C는 회사 B의 종속회사이다. 회사 B는, 위 (c) 항의 규정에 의하여, 회사 A의 종속회사가 된다. 만일 회사 D가 회사 C의 종속회사라면, 위 (c) 항의 규정에 의하여, 회사 D는 회사 B의 종속회사가 되고 또한 결과적으로 회사 A의 종속회사가 된다. 기타 이와 같은 방식이다.

④ 만일 어느 회사가 다른 회사의 종속회사라면, 그 다른 회사는 어느 회사의 지주회사이다.

2. 회사의 설립과 그에 관련된 문제
(incorporation of company and matters incidental thereto)

회사의 설립에 관련된 제11조에서부터 제54조까지의 내용을 주제별로 정리하면 다음과 같다.

① 어떤 회사, 조합 및 파트너십은 이 법에 따라 회사로서 등록해야 한다. (certain companies, associations and partnership to be registered, as companies under Act, 제11조)

② 회사의 비망록(memorandum of Association, 제12조~제19조)

③ 회사 명칭에 관한 조항(provisions with respect to names of companies, 제20조~제25조)

④ 회사의 정관(articles of association, 제26조~제40조)

⑤ 회사의 구성원(membership of company, 제41조~42조)

⑥ 비공개 회사(private company, 제43조~제44조)

⑦ 법적 최저 한도 이하로 구성원들의 책임(제45조)

⑧ 계약, 서류, 투자, 인장 등(contracts and deeds, investments, seal, etc, 제46조~제50조)

⑨ 문서의 송달(service of documents, 제51조~제54조)

3. 주식 혹은 사채의 발행에 관련된 내용설명서, 배정 및 기타 문제
(prospectus and allotment, and other matters relating to issue of shares or debentures)

주식 혹은 사채의 발행에 관련된 제55조에서부터 제81조까지의 내용을 주제별로 정리하면 다음과 같다.

① 내용설명서(prospectus, 제55조~제68조)

② 배정(allotment, 제69조~제77조)

③ 주식의 할증 발행 및 할인 발행(issue of shares at premium and discount, 제78조~제80조)

④ 추가적인 주식 발행(further issue of capital, 제81조)

4. 주식자본과 사채(share capital and debentures)

주식자본과 사채에 관련된 제82조에서부터 제123조까지의 내용을 주제별로 정리하면 다음과 같다.

① 주식의 성격(nature of shares, 제82조~제84조)

② 주식 자본의 종류(kinds of share capital, 제85조~제90조)

③ 주식 자본에 관한 기타 규정(miscellaneous provisions as to share capital, 제91조~제99조)

④ 주식 자본의 감소(reduction of share capital, 제100조~제107조)

⑤ 주주권의 변경(variation of shareholders rights, 제106조~제107조)

⑥ 주식과 사채의 양도(transfer of shares and debentures, 제108조~제112조)

⑦ 주식 증서(기명주식)의 발행 및 기타(issue of certificate of shares, etc., 제113조)

⑧ 전액 납입 주권(share warrants, 제114조~제115조)

⑨ 주주로 사칭한 것에 대한 벌칙(penalty for personation of shareholder, 제116조)

⑩ 사채에 대한 특별 규정(special provisions as to debentures, 제117조~제123조)

5. **청구권**(부담, 담보)**의 등기**(registration of charges)

제124조에서부터 제145조까지는 청구권에 대한 내용을 규정하고 있다.

여기에서 말하는 청구권(charge)에는 회사에 대한 채권자(creditors)들의 청구권 또는 담보(mortgage)가 포함된다.

6. **경영 및 관리**(management and administration)

경영 및 관리에 관련된 제146조에서 제424조까지의 내용을 주제별로 정리하면 다음과 같다.

(1) **일반 규정**(general provision, 제146조~제251조)

여기에는 다음과 같은 조항들이 규정되어 있다.

① 등기된 사무실과 명칭(registered office and name, 제146조~제147조)

② 수권 자본금과 약정 자본금 및 납입 자본금의 공시(publication of authorised as well as subscribed and paid-up capital)(제148조)

③ 사업의 개시에 대한 제한(restrictions on commencement of business)(제149조)

④ 구성원과 사채권자의 등기(registers of members and debenture holders)(제150조~제154조)

⑤ 외국인 구성원과 사채권자(foreign registers of members debenture holders)(제157조~제158조)

⑥ 연차 보고(annual returns, 제159조~제164조)

⑦ 회의 및 절차(meetings and proceedings, 제165조~제197조)

⑧ 경영자 보수, 기타(managerial remuneration, etc, 제198조~제201조)

⑨ 바람직하지 못한 사람에 의한 경영의 금지(prevention of management by undesirable persons, 제202조~제204조)

⑩ 배당과 그 지불방법 및 시기(dividend and manner and time of payment thereof, 제205조~제207조)

⑪ 자본으로부터 이자의 지불(payment of interest out of capital, 제208조)

⑫ 보고(accounts, 제209조~제223조)

⑬ 감사(audit, 제224조~제233조)

⑭ 등록 관청이 정보를 요구할 수 있는 권리(power of registrar to call for information, etc, 제234조)

⑮ 검사(investigation, 제235조~제251조)

(2) 이사(理事; directors, 제252조~제323조)

여기에는 다음과 같은 조항들이 규정되어 있다.

① 이사회의 구성(constitution of board of directors, 제252조~제266조)

② 경영에 참여하는 이사(즉, 경영담당 이사), 기타(managing directors, etc., 제267조~제274조)

③ 이사로 참여할 수 있는 회사 수의 제한(restrictions on number of directorships, 제275조~제279조)

④ 이사들의 은퇴 연령(retiring age of directors, 제280조~제282조)

⑤ 이사들의 공석(vacation of office by director, 제283조~제284조)

⑥ 이사회 회의(meetings of board, 제285조~제293조)

⑦ 정치자금 기부(political contributions, 제293A~제293B)

⑧ 유일한 판매 대리인의 지정(appointment of sole selling agent, 제294조~제298조)

⑨ 이사가 이해관계를 갖고 있는 경우의 절차 및 기타(procedure, etc., where director interested, 제299조~제302조)

⑩ 이사의 등기 및 기타(register of directors, etc, 제303조~제306조)

⑪ 이사들이 보유하고 있는 주식의 등록(register of directors' shareholdings, 제307조~제308조)

⑫ 이사들에 대한 보수(remuneration of directors, 제309조~제311조)

⑬ 기타 규정(miscellaneous provisions, 제312조~제317조)

⑭ 사무를 맡지 않는데 대한 보수(compensation for loss of office, 제318조~제323조)

(3) 경영 대리인(managing agent, 제324조~제377조)

여기에는 다음과 같은 조항들이 규정되어 있다.

① 어떤 경우에 있어서 경영 대리인으로 지명하는 것의 금지(prohibition of appointment of managing agent in certain cases, 제324조~제325조)

② 사무의 임명과 기간(appointment and term of office, 제326조~제328조)

③ 경영 대리인 약정의 변경(variation of managing agency agreement, 제329조~제331조)

④ 경영 대리인의 수에 관한 제한(restrictions on number of managing agencies, 제332조)

⑤ 자산에 대한 청구권(right to charge on assets, 제333조)

⑥ 사무의 공석, 해임 및 사임(vacation of office, removal and resignation, 제334조~제345조)

⑦ 회사의 구성에 있어서의 변경(changes in constitution of firms and corporations, 제346조~제347조)

⑧ 경영 대리인에 대한 보수(remuneration of managing agents, 제348조~제355조)

⑨ 판매 및 구매 대리인으로서 지명(appointments as selling and buying agents, 제356조~제363조)

⑩ 보수의 양도, 혹은 보수에 대한 청구권(assignment of, or charge on, remuneration, 제364조)

⑪ 사무의 종료에 대한 보상(compensation for termination of office, 제365조~제367조)

⑫ 권한에 대한 제약(restrictions on powers, 제368조~제377조)

(4) 사무책임자 및 경영자(제378조~제388조)

① 사무책임자(secretaries and treasurers, 제378조~제383조)

② 경영자(managers, 제384조~제388조)

(5) 중재, 타협, 조정 및 재구성(arbitration, compromises, arrangements and reconstructions, 제369조~제396조)

(6) 강압과 경영실수의 금지(prevention of oppression and mismagement, 제397조~제409조)

(7) 자문 위원회의 구성과 권한(constitution and powers of advisory committee, 제410조)

(8) 기타 규정(miscellaneous provisions, 제416조~제424조)

7. 해 산(winding up)

회사의 해산에 관련된 제425조에서 제560조까지의 내용을 주제별로 소개하면 다음과 같다.

(1) 서론 (preliminary, 제425조~제432조)

(2) 법원에 의한 해산 (winding up by the court, 제433조~제483조)

(3) 자발적 해산 (voluntary winding up, 제484조~제521조)

(4) 법원의 감독을 받아야 하는 해산 (winding up subject to supervision of court, 제522조~제527조)

(5) 모든 형태의 해산 방식에 적용되는 규정 (provisions applicable to every mode of winding up, 제528조~제560조)

8. 이전의 법률하에서 설립되거나 등기된 회사에 대한 법률의 적용 (application of act to companies formed or registered under previous companies laws)

여기에서는 제561조에서부터 제564조에 걸쳐 이전의 회사법에 의해 설립되거나 등기된 회사에 대하여 이 법률의 적용에 관하여 규정하고 있다.

9. 이 법에 의하여 등기하기 위해서 허가 받은 회사 (companies authorised to registered under this act)

여기에서는 제565조에서부터 제581조에 걸쳐 등기될 수 있는 회사 등에 대하여 규정하고 있다.

10. 등기되지 않은 회사의 해산(winding up of unregistered companies)

여기에서는 제582조에서부터 제590조에 걸쳐 등록되지 않은 회사의 경영과 해산 및 권한 등에 대해 규정하고 있다.

11. 인도 국외에서 설립된 회사(companies incorporated outside India)

여기에서는 제591조에서부터 제608조에 걸쳐 외국 회사(foreign companies)에 관하여 규정하고 있다.

12. 사무실과 사무 담당자의 등기와 비용
(registration offices and officers and fees)

여기에서는 제609조에서부터 제614조에 걸쳐 사무실의 등기, 등기관청에 의한 서류의 보관, 검사와 제출 및 증거 및 비용 등에 대해 규정하고 있다.

13. 일반적인 사항(general)

여기에서는 제615조에서부터 제658조에 걸쳐 회사로부터 정보와 통계 수치의 수집, 공개 기업에 대한 이 법의 적용, 법규 위반, 재판 관할권 및 법적 소송 등에 관하여 규정하고 있다.

제4절 노동 관련법(Various Central Labour Acts)

여기에서는 투자자나 기업 경영자가 인도에서 사업을 할 때 노동자를 고용해서 일을 시키는 것과 관련된 제반 노동 관련 법률을 주제별로 분류한 후, 각 법의 주요 내용을 소개하고자 한다. 인도 중앙 정부에서 제정한 이러한 노동 관련 주요 법률은 다음과 같이 크게 8개 분야로 나누어 볼 수 있다.[5)]

① 산업 관계에 관한 법률(Laws related to Industrial Relations)

② 임금에 관한 법률(Laws related to Wages)

③ 작업시간, 서비스와 고용의 조건에 관한 법률(Laws related to Working Hours, Conditions of Services and Employment)

④ 여자의 평등과 권한에 관한 법률(Laws related to Equality and Empowerment of Women)

⑤ 사회 안전에 관한 법률(Laws related to Social Security)

⑥ 근로 복지에 관한 법률(Laws related to Labour Welfare)

⑦ 고용과 훈련에 관한 법률(Laws related to Employment and Training)

⑧ 사회적 약자에 관한 법률(Laws related to Deprived and Disadvantaged Sections of the Society)

⑨ 기타(others)

1. 산업 관계에 관한 법률(Laws related to Industrial Relations)

산업 관계에 관한 주요 법률에는 크게 다음과 같은 3가지 종류가 있다.

① • 산업고용(내부규정)법(The Industrial Employment(Standing Orders) Act, 1946)
  • 산업고용(내부규정)중앙정부시행규칙(The Industrial Employment (Standing Orders) Central Rules, 1946)

② • 노동조합법(The Trade Unions Act, 1926)
• 노동조합(수정)법(The Trade Unions(Amendments) Act, 2001)

③ 산업분쟁법(The Industrial Dispute Act, 1947)

아래에서는 이러한 법률(및 그 시행 규칙)에 대한 내용을 요약하여 제시하고자 한다.

(1) 산업고용(내부규정)법(The Industrial Employment(Standing Orders) Act, 1946)

산업고용(내부규정)법은 산업시설에 있어서의 고용주들이 그 시설에서의 고용과 그들이 고용한 근로자들의 작업 조건 등을 충분히 정확하게 정의하도록 규제하기 위하여 1946년 4월 23일 제정되었다. 이 법은 총 15개의 조문으로 구성되어 있으며, 그 중요 내용을 발췌하여 소개하면 다음과 같다.

제1조에서는 이 법의 적용범위를 설명하고 있다. 이 법은 100명 이상의 작업자를 고용하고 있거나, 혹은 지난 12개월 동안 어느 하루라도 이 숫자의 작업자가 고용되었던 모든 산업 시설에 적용된다.

제2조에서는 이 법에서 사용하는 주요 용어에 대해 정의하고 있다.

"산업시설(industrial establishment)"이란 다음과 같은 것을 의미한다(제2조 (e)항).

① 임금지급법(the Payment of Wages Act, 1936)의 제2조 (ii)항에서 정의된 산업시설

② 공장법(the Factories Act, 1948)의 제2조 (m)항에서 정의된 공장(factory)

③ 인도 철도법(the Indian Railway Act, 1890)의 제2조 (4)항에서 정의된 철도

④ 어느 산업 시설의 고용주와 맺은 계약을 이행하기 위하여 근로자(workmen)를 고용하고 있는 사람의 시설

"내부 규정(standing orders)"이란 부속 명세서(schedule)에 제시되어 있는 문제들에 관련된 규칙(rule)을 의미한다.

제3조는 고용주가 내부규정 초안(draft standing orders)을 관할 당국에 제출해야 하는 것을 규정하고 있다.

제4조는 내부 규정의 허가 조건(conditions for centification of standing orders)을 규정하고 있다.

제5조에서부터 제15조까지는 내부 규정의 허가, 내부 규정의 실시 일자, 내부 규정의 등록, 내부 규정의 게시, 벌칙과 절차 등에 대하여 규정하고 있다.

부속명세서(The Schedule)에서는 이 법 아래에서 내부 규정에 포함되어야 할 문제들을 열거하고 있다. 그 주요 내용을 제시하면 다음과 같다.

① 근로자의 분류(classification of workmen), 예를 들면, 영구직(permanent), 임시직(temporary), 도제(apprentices), 혹은 수습공(probationers)인가의 여부

② 기간, 작업 시간, 휴일, 봉급 지불일 및 임금 등에 대하여 근로자에게 공표하는 방법

③ 교대작업(shift working)

④ 출근과 지각

⑤ 휴가와 휴일의 조건 및 신청 절차

⑥ 고용주와 근로자에 의한 고용의 종료(termination of employment)와 통지(notice)

⑦ 부정행위로 인한 직무정지 혹은 해고, 그리고 부정행위(misconduct)를 구성하는 작위(acts) 혹은 부작위(omissions)

⑧ 기타 그밖의 다른 규정

또한 이러한 「산업고용(내부규정)법, 1946」의 하위 규칙으로서 「산업고용(내부규정) 중앙정부시행규칙(Industrial Employment(Standing Orders) Central Rules, 1946」이 1946년 12월 18일 제정되었다.

이 규칙에서는 부속명세서 1(Schedule 1)과 부속명세서 2(Schedule 2)에서 모델이 되는 내부규정을 상세히 제시하고 있다.

(2) 노동조합법(The Trade Unions Act, 1926)

노동조합법은 노동조합의 등록과, 등록된 노동조합에 관련된 여러 가지 문제들에 대한 규정을 두기 위해서 1926년 3월 25일 제정되었다. 이 법은 총 5개 장 33개 조문으로 구성되어 있다. 이들을 요약하여 정리하면 다음과 같다.

1) 서론(Preliminary)

제1조와 제2조는 이 법의 명칭과 이 법에서 언급하는 중요 용어에 대한 정의(definition)를 규정하고 있다. 특히 이 법에서 말하는 "노동조합(trade union)"이란 '근로자와 고용주' 혹은 '근로자와 근로자', 혹은 '고용주와 고용주' 사이의 관계를 규제하는 것을 주목적으로 조직된 일시적 혹은 영구적인 조합(combination)을 의미한다.(제2조 (h))

또한 "노동 분규(trade dispute)"란 고용(employment) 혹은 비고용(non-employment), 혹은 고용기간, 혹은 노동조건 등에 관련하여 '고용주(employers)와 근로자(workmen)', 혹은 '근로자와 근로자', 혹은 '고용주와 고용주' 사이에 발생한 분규를 의미하며, 또 "근로자(workmen)"란 산업에서 노동 분규를 야기시킨 고용주에게 고용되었는지에 관계없이 고용된 모든 사람들을 의미한다.(제2조(h))

2) 노동조합의 등록(registration of trade unions)

제13조에서부터 제14조까지는 노동조합의 등록방법, 등록 신청, 등록, 등록 증명서 및 등록 사무소 등에 대하여 규정하고 있다.

3) 노동조합의 권한과 책임(right and liabilities of registered trade unions)

제15조에서 제28조까지는 일반 기금(general funds)이 사용될 수 있는 목적, 정치적 목적을 위한 별도 기금(separate fund)의 구성, 노동분규에 있어서의 형법적 공모(criminal conspiracy), 특정한 경우에 있어서 민사소송으로부터의 면제, 약정의 이행강제성(enforceability of agreements), 노동조합의 장부를 검사할 권리, 명칭의 변경, 노동조합의 합병(amalgamation) 및 명칭 변경 그리고 합병의 통지 등에 대하여 규정하고 있다.

4) 규제(Regulation)

제29조와 제30조에서는 규제를 할 수 있는 권리, 규제의 공표 등에 대해 규정하고 있다.

5) 벌칙과 절차(Penalties and Procedure)

제31조에서부터 제33조까지는 보고서를 제출하지 않았을 때의 벌금, 노동조합에 관하여 허위정보를 제출했을 때의 벌금 및 위반행위에 대한 법원 관할권(cognizance of offences) 등에 대해 규정하고 있다.

이상에서 소개한 「노동조합법, 1926」은 그 규정 중 일부가 「노동조합(수정)법, 2001(The Trade Unions(Amendment) Act.2001)」에 의하여 제4조, 제5조, 제6조, 제9조, 제10조, 제11조, 제22조, 제29조가 수정되었다.

(3) 산업분쟁법(The Industrial Disputes Act, 1947)

산업분쟁법은 산업분쟁의 조사와 해결을 도모하고 노동자들에 대한 일정한 보호조치를 제공하기 위한 규정을 두기 위해서 1947년 3월 11일 제정되었다. 이 법은 총 7개 장(chapters)으로 구성되어 있으며 40개 조문으로 이루어져 있다. 이들을 요약하여 정리하면 다음과 같다.

1) 서론(Preliminary)

제1조에서부터 제3조까지는 이 법의 명칭(title)과, 이 법에서 언급하는 중요 용어에 대한 정의(definition)를 규정하고 있다.

2) 이 법 아래에서의 각종 관계 당국(Authorities under this Act)

제4조에서부터 제9조까지는 이 법에 의해 설치되어 있는 각종 당국을 규정하고 있다.

이러한 관계 당국에는 작업위원회(Work Committee), 조정공무원(Conciliation officers), 조정위원회(Boards of Conciliation), 심리법원(Courts of Inquiry), 노동법원(Labour Courts) 및 심판위원회(Tribunals) 등이 있다.

3) 위원회, 법원, 혹은 심판위원회로의 분쟁의 회부
(Reference of disputes to boards, courts or tribunals)

제10조에서는 분쟁을 위원회(Boards), 노동법원(Labour Courts), 혹은 산업심판위원회(Industrial Tribunals) 등으로 회부하는 등과 같은 이 법의 주요 구조를 규정하고 있다.

4) 관계 당국의 절차, 권한 및 의무(Procedure, Powers and Duties of Authorities)

제11조에서부터 제21조까지는 이 법에서 구성된 각종 당국들, 즉 조정공무원, 위원회, 심판위원회, 노동법원 등의 절차, 권한 및 의무 등에 대해 규정하고 있다.

5) 파업과 공장 폐쇄(Strikes and Lock-Out)

제22조에서부터 제25조까지는 파업과 공장 폐쇄를 금지하고, 파업과 공장 폐쇄를 불법으로 선언하기 위한 규정들과, 임시 해고(layoff), 인원 감축(retrenchment) 등에 대해 규정하고 있다.

6) 벌칙(Penalties)

제26조에서부터 제31조까지는 불법 파업과 공장 폐쇄, 선동(instigation), 불법 파업과 공장 폐쇄에 대한 재정지원, 화해판결의 위반, 비밀정보의 노출 및 그 밖의 이 법에서 정한 규정에 위반한 경우에 대한 벌칙을 규정하고 있다.

7) 기타(Miscellaneous)

제32조에서부터 제40조까지는 회사에 의한 위반행위, 어떤 절차를 다른 법원 등으로 이송시키는 권한, 당사자의 대리 등과 같은 기타 사항에 대해 규정하고 있다.

2. 임금에 관한 법률

임금에 관한 주요 법률에는 크게 다음과 같은 3가지 (및 그 하위규칙) 종류가 있다.

① • 임금지급법 (The Payment of Wages Act, 1936)
• 임금지급시행규칙 (The Payment of Wages Rules, 1937)
• 임금지급법(수정) (The Payment of Wages(AMENDMENT) Act, 1936)

② • 최저임금법 (The Minimum Wages Act, 1948)

• 최저임금(중앙)시행규칙 (The Minimum Wages (Central) Rules, 1950)

③ • 상여금지급법 (The Payment of Bonus Act, 1965)
• 상여금지급시행규칙 (The Payment of Bonus Rules, 1975)

아래에서는 이러한 법률에 대한 기본적 내용을 요약하여 제시하고자 한다.

(1) 임금지급법(The Payment of Wages Act, 1936)

임금지급법은 고용된 사람들(employed persons)에 대한 임금의 지급을 규제하기 위해 1936년 4월 23일 제정되었다.

이 법은 총 26개 조문으로 구성되어 있으며, 임금 지불에 대한 책임, 임금 지불 기간의 고정(fixation), 임금 지불의 시기, 임금으로부터 차감될 수 있는 공제(deductions), 공장 검사관(inspectors), 청원(appeal), 이 법률의 규정을 위반한 경우의 벌칙(penalty) 및 위반에 대한 재판 절차 등에 대해 규정하고 있다.

이러한 「임금지급법, 1936」은 「임금지급수정법, 1936」 (The Payment of Wages (Amendment) Act, 1936)에 의해 그 일부조항(예 : 제1조, 제2조, 제3조, 제7조, 제8조, 제15조, 제20조, 제24조, 제26조 등)이 수정되었다.

또 이러한 「임금지급법(1936)」의 하위 법령으로서는 「임금지급시행규칙, 1937」(The Payment of Wages Rules, 1937)이 있다.

(2) 최저임금법(The Minimum Wages Act, 1948)

최저 임금법은 일정한 고용에 있어서의 최저 임금을 확정하기 위하여 1948년 3월 15일 제정되었다. 이 법은 총 30개 조문으로 구성되어 있으며, 최저임금액의 확정(fixing of minimum rates of wages), 최저 임금(minimum rate of wages), 최저임금을 확정하고 수정하기 위한 절차, 자문위원회(advisory board), 위원회의 구성, 임금의 종류, 최저임금의 지불, 정규 작업일에 대한 시간의 확정, 두 가지 종류 이상의 작업에 대한 임금, 기록의 보관, 검사관, 불평 청구, 이 법을 위반하는 데 따른 벌칙, 회사에 의한 위반 등에 대해 규정하고 있다.

또 이러한 「최저임금법, 1948」의 하위 법령으로서는 「최저임금(중앙)시행규칙, 1950」(The minimum wages(central) Rules, 1950)이 있다.

(3) 상여금지급법(The Payment of Bonus Act, 1965)

상여금지급법은 근로자에 대한 상여금 지급을 규제하기 위하여 1965년 제정되었다. 또 이러한 「상여금지급법, 1965」의 하위 법령으로는 「상여금지급규칙, 1975」(The Payment of Bonus Rules, 1975)가 있다. 이 규칙에서는 Form A에서부터 Form D에 걸쳐 지급할 상여금을 계산하고 제출하는 각종 서식이 제시되어 있다.

임금에 관한 법률에는 위에서 소개한 법률 이외에도 다음과 같은 것이 있는데, 여기에서는 이들 법률의 명칭만을 소개하는 데 그치고자 한다.

- The Working Journalist(Fixation of Rates of Wages) Act, 1958
- Working Journalist(Conditions of Service) and Miscellaneous Provisions Rules, 1957

3. 작업시간, 서비스와 고용의 조건에 관한 법률 (Laws related to Working Hours, Conditions of Services and Employment)

작업시간, 서비스와 고용의 조건에 관한 주요 법률에는 크게 다음과 같은 7가지가 종류가 있다.

① 공장법(The Factories Act, 1948)

② 선박법(The Merchant Shipping Act, 1961)

③ 자동차운수근로자법(The Motor Transport Workers Act, 1961)

④ • 계약직근로자(규제와 폐지)법(The Contract Labour(Regulation & Abolition) Act, 1970)

• 계약직근로자(규제와 폐지) 중앙시행규칙(The Contract Labour(Regulation & Abolition) Central Rules, 1971)

⑤ • 판매촉진종업원(서비스의 조건)법(The Sales Promotion Employees (Conditions of Service) Act, 1976)

• 판매촉진종업원(서비스의 조건) 규칙(The Sales Promotion Employees (Conditions of Service) Rules, 1976)

⑥ 부두노동자(고용 규제)법(The Dock Workers(Regulation of Employment) Act, 1948)

⑦ 부두노동자(고용 규제)(주요 항구에의 비적용)법(The Dock Workers (Regulation of Employment)(inapplicability to Major Ports) Act, 1997)

아래에서는 이러한 법률 (및 그 하위규칙)에 대한 내용을 요약하여 제시하고자 한다.

(1) 공장법(The Factories Act, 1948)[6)]

공장법은 공장 근로자의 건강, 안전, 복지, 성인의 작업시간, 미성년자의 고용, 연가(年暇)와 임금, 벌칙 및 절차 등을 규제하기 위하여 1948년 제정되었으며, 총 9개 장에 걸쳐 모두 120개 조항과 3개의 부속명세서로 구성되어 있다. 여기에서는 이들 조항의 주요 내용을 간략히 정리하고자 한다.

1) 서론(Preliminary)

제1조부터 제7조까지는 이 법이 인도 전역에 적용된다는 것과, 이 법에서 언급하는 중요 용어에 대한 정의를 하고 있다. 특히 이 법에서 말하는 '공장(factory)' 이란 다음과 같은 구역(precincts)을 포함한 어떤 구내(premises)를 의미한다.(제2조 (m)).

① 10명 이상의 근로자들이 일하고 있거나 혹은 지난 12개월 동안 어느 하루라도 일을 하고 있었으며, 또 제조 과정(manufacturing process)이 수행되는 부문 중 어느 한 부문이라도 동력(power)을 지원받아 이루어지는 곳, 혹은

② 20명 이상의 근로자들이 일하고 있거나 혹은 지난 12개월 동안 어느 하루라도 일을 하고 있었으며, 또 제조과정이 수행되는 부문 중 어느 부문도 동력을 지원받지 않고 이루어지는 곳.

2) 검사관(The Inspecting Staff)

제8조부터 제10조까지는 이 법률의 집행을 감독하기 위하여 검사관(inspector)을 임명할 수 있다는 것과, 그러한 검사관의 권한 등을 규정하고 있다.

3) 건강(Health)

제11조부터 제20조까지는 청결, 쓰레기와 폐수의 처리, 환기와 온도, 인공 가습(加濕), 혼잡, 먼지와 가스, 조명, 음료수 및 화장실 등과 같은 근로자의 건강에 관련된 문제들을 규제하고 있다.

4) 안전(Safety)

제21조부터 제41조까지는 기계 주위의 보호장치, 작동 중인 기계 부근에서의 작업, 위험한 기계에 대한 어린이의 고용, 자동 기계, 회전기계, 승강기, 마루, 계단, 초과 중량, 눈의 보호(protection of eyes), 폭발물 혹은 가연성 가스나 먼지, 건물과 기계의 안전 및 화재시의 예방 조치 등과 같은 근로자의 안전을 보호하기 위한 각종 규정을 두고 있다.

5) 복지(Welfare)

제42조부터 제50조까지는 세탁 설비, 옷의 보관과 건조 설비, 좌석, 구급용 도구, 편의 시설, 복지 담당 직원 등과 같은 근로자의 복지를 증진시키기 위한 규정을 두고 있다.

6) 성인의 작업시간(Working hours of adults)

제51조부터 제66조까지는 주당 작업시간, 주당 휴일, 1일 작업시간, 야간 교

대, 하루 중의 총 작업시간 및 초과 근무 수당 등과 같은 성인의 작업시간에 관해 세부 규정을 두고 있다.

7) 어린이의 고용(Employment of young persons)

제67조부터 제77조까지는 어린이의 고용 금지, 어린이의 작업 시간, 어린이 작업 시간에 대한 통지, 어린이 작업자의 등록 등과 같은 미성년자의 고용에 관한 규정을 두고 있다.

8) 유급 휴가(Annual leave with wages)

제78조부터 제84조는 유급휴가 기간, 휴가 기간 중의 급료, 일정한 경우에 있어서 임금의 선불, 미지급 급료를 받는 방법 등과 같은 유급 휴가에 관련된 규정을 두고 있다.

9) 특별 규정(Special Provisions)

제85조로부터 제91조까지는 위험한 작업, 일정한 사고의 통지, 일정한 질병의 통지 등과 같은 특별 규정을 두고 있다.

10) 벌칙과 절차(Penalties ana Procedure)

제92조부터 제106조까지는 위반에 대한 일반적 처벌, 검사관을 방해한데 대한 벌칙, 작업자에 의한 위반 및 재판관할권 등과 같은 이 법을 위반한데 대한 벌칙과 그 처리에 관련된 규정을 두고 있다.

11) 부록(Supplemental)

제107조로부터 제120조까지는 통지의 송달, 보고서, 작업자의 책임, 규칙을 만들 수 있는 일반적 권한 등과 같은 이 법의 집행에 필요한 보충 사항을 규정하고 있다.

(2) 선박법(The Merchant Shipping Act, 1958)[7)]

선박법(船舶法)은 인도의 선박(Indian mercantile marine, 사업 목적용의 배)을 국가의 이익에 가장 적절한 방법으로 발전시키고 효율적으로 유지하기 위하여, 또 인도 선박의 등록 등을 관리하기 위한 선박위원회를 설립하기 위한 목적으로 1958년 10월 30일 제정되었다.

이 법은 총 18개장에 걸쳐 모두 461개 장으로 구성되어 있다. 그 주요 구성 내용은 다음과 같다.

① 서론(Preliminary, 제1조~제3조)

② 국립선박위원회(National Shipping Board, 제4조~제6조)

③ 일반 관리(General Administration, 제7조~제13조)

④ 인도 선박의 등록(Registration of Indian Ships, 제20조~제74조)

⑤ 고급선원증명서(Certificate of Officers) – 선장(masters), 항해사(mates), 엔지니어(engineers) 등에 대한 선원증명서(제75조~제87조)

⑥ 선원과 수습 선원(Seaman and apprentices, 제88조~제218조)

⑦ 여객선(Passengers ship, 제219조~제282조)

⑧ 안전(Safety, 제283조~제344조)

⑨ 원자력 선박(Nuclear ships) – 핵 발전설비가 장착된 선박(제344 A)

⑩ 해상에서의 충돌, 사고 및 책임(Collisions, Accidents at Sea, and Liability, 제345조~제352F)

⑪ 기름 오염 피해에 대한 민사상 책임(Civil Liability for Oil Pollution Damage, 제352G~제352R)

⑫ 항해(Navigation)(제353조~제356조)

⑬ 기름에 의한 바다 오염의 방지와 봉쇄(Prevention and Containment of Pollution of the Sea by Oil, 제356A~제356I)

⑭ 사고로 인한 오염을 봉쇄하기 위한 규정(Provisions for Containment of Accidental Pollution, 제356J~제356O)

⑮ 조사와 심문(Investigations and Inquiries, 제357조~제389조)

⑯ 난파와 해난 구조(Wreck and Salvage, 제390조~제404조)

⑰ 항해 선박(Sailing Vessels, 제415조~제435조)

⑱ 낚시 보트(Fishing Boat, 제435A)

⑲ 벌칙과 절차(Penalties and Procedure, 제436조~제460조)

(3) 자동차운수근로자법(The Motor Transport Workers Act, 1961)[8)]

자동차운수(運輸)근로자법은 자동차 운수 근로자의 복지를 규정하고 그들의 작업조건을 규제하기 위한 목적으로 1961년 5월 20일 제정되었다. 이 법은 총 7개장에 걸쳐 모두 40조로 구성되어 있다. 이 법의 주요 내용을 제시하면 다음과 같다.

1) 서론(Preliminary, 제1조~제2조)

여기에서는 이 법의 적용 범위와 중요 용어에 대해 정의를 하고 있다.

제1조는 이 법이 인도 전역에 적용된다는 것을 규정하고 있다.

제2조는 이 법에서 사용되는 중요 용어에 대해 정의하고 있다. 이들 중 몇 가지를 살펴보면 다음과 같다.

"자동차운수업(motor transport undertaking)"이란 봉급(for hire)이나 보수(reward)를 받고 도로를 이용하여 승객이나 물품을 운송하는 사업을 말하며, 개별 운송업자(private carrier)를 포함한다.

"자동차 운수 근로자(motor transport worker)"란, 임금을 받건 그렇지 않건 간에, 운송 자동차(transport vehicle)에 관한 전문지식을 갖추고서 일하기 위하여 혹은 그러한 운송 자동차의 도착 · 출발 · 화물 적재 · 하역 등에 관련된 직무를 수행하기 위하여 자동차 운수업에 고용된 사람을 말하며, 운전사, 차장, 청소부, 장부 기록원, 금전 출납자, 차고 직원, 시간 기록원 및 경비원 등을 포함한다.

2) 자동차 운수업의 등록(Registration of Motor Transport Undertakings, 제3조)

여기에서는 자동차 운수업의 등록에 관한 사항에 대해 규정하고 있다.

3) 검사관(Inspecting Staff, 제4조~제7조)

여기에서는 주정부에서 검사관을 임명할 수 있다는 것과, 그러한 검사관의 권한 등에 대해 규정하고 있다.

4) 복지와 안전(Welfare and Health, 제8조~제12조)

여기에서는 편의 시설, 휴게실, 복장, 의료 시설, 구급 시설 등에 대해 규정하고 있다.

5) 고용 시간과 제한(Hours and Limitation of Employment, 제13조~제20조)

여기에서는 성인 자동차 운수 근로자의 작업시간, 자동차 운수 근로자로 채용된 미성년자의 작업시간, 하루 중의 작업 시간 간격, 하루 중의 총 작업 시간, 작업 시간의 통지, 1주일 중의 휴식일 및 휴식일 중의 보상 등에 대해 규정하고 있다.

6) 미성년자의 고용(제21조~제24조)

여기에서는 미성년자 고용의 금지, 건강 진단 등에 대해 규정하고 있다.

7) 임금과 휴가(Wages and Leave, 제25조~제28조)

여기에서는 초과 근무시간에 대한 초과 임금, 연간 유급 휴가 및 휴가 기간 중의 급여 등에 대해 규정하고 있다.

8) 벌칙과 절차(Penalties and Procedure, 제29조~제36조)

여기에서는 이 법에 대한 위반이 되는 각종 위반 행위와 그것에 대한 벌칙 및 법원 관할권 등에 대해 규정하고 있다.

9) 기타(제37조~제40조)

여기에서는 이상에서 규정하지 않은 기타 사항에 대해 규정하고 있다.

(4) 계약직근로자(규제와 폐지)법
(The Contract Labour(Regulation and Abolition) Act, 1970)[9)]

계약직근로자(규제와 폐지)법은 일정한 시설에 있어서의 계약직 근로자(contract labour)의 고용을 규제하고, 또 일정한 상황에 있어서 그리고 그에 관련된 문제에 대하여 그것을 폐지를 규정하기 위하여 1970년 9월 5일 제정되었다. 이 법은 총 5개 장에 걸쳐 모두 35개 조문으로 구성되어 있다.

이 법의 주요 내용을 간단히 정리하면 다음과 같다.

1) 서론(Preliminary, 제1조~제2조)

여기에서는 이 법이 인도의 모든 영역에 적용된다는 것과, 이 법에 언급되는 중요 용어에 대한 정의를 하고 있다.

2) 조언위원회(The Advisory Boards, 제3조~제5조)

여기에서는 중앙 정부가 중앙조언위원회(Central Advisory Board)를 구성할 수 있다는 것과 그 구성 인원, 그리고 주 조언위원회(State Advisory Board) 등을 규정하고 있다.

3) 계약직 근로자를 고용하는 시설의 등록(Registration of Establishments Employing Contract Labour, 제6조~제10조)

여기에서는 등록 공무원의 임명, 일정한 시설(establishment)의 등록, 일정한 경우에 있어서 등록의 취소, 등록하지 않았을 때의 효과, 일정한 경우에 있어서 어느 시설에 있어서의 어떤 공정(process), 작업(operation) 혹은 그 밖의 다른 업무에 계약직 근로자를 고용하는 것의 금지 등을 규정하고 있다.

4) 계약자의 허가(Licensing of Contractors, 제11조~제15조)

여기에서는 허가 공무원의 임명, 계약자에 대한 허가(면허), 허가의 수여, 허가의 취소, 중지 및 수정 및 상소(appeal) 등을 규정하고 있다.

5) 계약직 근로자의 복지와 건강
(Welfare and Health of Contract Labour, 제16조~제21조)

여기에서는 편의 시설, 휴게실, 그 밖의 시설, 구급 시설, 일정한 경우에 있어서 고용주의 책임, 그리고 임금 지불의 책임 등을 규정하고 있다.

6) 벌칙과 절차(Penalites and Procedure, 제22조~제27조)

여기에서는 검사관에 대한 직무 수행의 방해, 그 밖의 위반 행위, 회사에 의한 위반, 위반에 대한 법원 관할권 등을 규정하고 있다.

7) 기타(Miscellaneous, 제28조~제35조)

여기에서는 검사관(inspecting staff), 등록부와 기록부의 보관, 중앙 정부가 지시를 할 수 있는 권한, 그리고 중앙 정부가 규칙을 제정할 수 있는 권한 등을 규정하고 있다.

(5) 판매촉진종업원(서비스의 조건)법

(The Sales Promotion Employees (Conditions of Service) Act, 1976)[10)]

판매촉진종업원(서비스의 조건)법은 일정한 시설에 있어서의 판매 촉진 종업원들의 일정한 서비스 조건을 규제하기 위해 1976년 1월 25일 제정되었다.

이 법은 총 12개 조문으로 구성되어 있으며, 그 주요 내용을 발췌하여 소개하면 다음과 같다.

제1조에서는 이 법의 적용범위를 설명하고 있다. 이 법은 인도 전역에 적용된다.

제2조에서는 이 법에서 언급하는 주요 용어에 대해 정의하고 있다.

(a) 이 법에서 말하는 "시설(establishment)"이란 제약 산업(pharmaceutical industry), 혹은 중앙 정부가 지정한 그 밖의 다른 산업에서 사용되고 있는 시설을 말한다.

(b) "판매 촉진 종업원(asles promotion employees)"이란 그 명칭이 무엇이든 간에(수습 직원, apprentice을 포함한다) 어느 시설에 임금을 받고 고용되어 있거나(for hire) 혹은 판매 혹은 사업의 촉진에 관련된 어떤 일에 대한 보상(reward)을 받기로 하고 고용되어 있는 사람을 의미하며, 다음과 같은 사람은 제외된다.

① 감독자(supervisory capacity)로서 고용되어 있으면서, 한 달(per mensem)에 1,600루피 이상을 받는 사람.

② 주로 경영자(managerial) 혹은 관리자(administrative capacity)로서 고용되어 있는 사람.

제3조에서는 중앙정부가 다른 어떤 산업(제약산업이 아닌 산업)의 성격, 판매 혹은 사업의 촉진 활동과 관련하여 고용되어 있는 종업원들의 수, 그러한 종업원들의 서비스의 조건 등을 고려하여 일정한 산업을 이 법의 적용을 받는 산업으로 적용할 수 있다는 것을 규정하고 있다.

제4조에서는 공식 휴일에 추가하여 임시 휴가 혹은 혹은 규정된 다른 휴가를 허가받을 수 있다는 것과, 그러한 경우의 조건 등에 관하여 규정하고 있다.

제5조에서는 모든 고용주들이 판매촉진 종업원들에게 임명장(a letter of appointment)을 발행해야 한다는 것과, 그것에 관련된 규정을 하고 있다.

제6조에서는 다른 일정한 법률이 판매 촉진 종업원에게 적용된다는 것을 규정하고 있다. 여기서 말하는 다른 일정한 법률이란

① 근로자보상법(The Workmen's Compensation Act, 1923)
② 산업분쟁법(The Industrial Disputes Act, 1947)
③ 최저임금법(The Minimum Wages Act, 1948)
④ 임산부급부법(The Maternity Benefit Act, 1961)
⑤ 상여금지급법(The Payment of Bonus Act, 1965)
⑥ 연금(퇴직금)지급법(The Payment of Gratuity Act, 1972)

제7조는 이 법의 적용을 받는 시설의 모든 고용주들은 기록부 및 기타 문서를 보관하고 관리해야 한다는 것을 규정하고 있다.

제8조는 주정부가 이 법의 적절한 적용을 위하여 검사관(Inspecters)을 임명할 수 있다는 것과, 검사관의 업무를 규정하고 있다.

제9조는 이 법의 제4조, 제5조, 혹은 제7조를 위반한 고용주들에 대한 벌칙을 규정하고 있다.

제11조는 이 법을 위반한 경우에 대한 법원 관할권을 규정하고 있다.

또한 이러한 「판매촉진종업원(서비스의 조건)법, 1976」의 하위 규칙으로서 「판매촉진종업원(서비스의 조건)규칙, 1976(The Sales Promotion Employees (Conditions of Service) Rules, 1976)이 1976년 3월 8일 제정되었다.

(6) 부두노동자(고용규제)법

(The Dock Workers(Regulation of Employment) Act, 1948)[11]

부두노동자(고용 규제)법은 부두 노동자의 고용을 규제하기 위하여 1948년 3월 4일 제정되었다. 이 법은 총 9개 조문으로 구성되어 있으며, 권고위원회(Advisory Committees), 부두노동자위원회(Dock Labour Boards), 위원회의 기능, 회계와 감사, 연차보고서, 검사관, 심문할 수 있는 권리, 위반행위에 대한 법원 관할권 및 정부의 규칙 제정권 등을 규정하고 있다.

(7) 부두노동자(고용 규제)(주요 항구에의 비적용)법(The Dock Worker (Regulation of Employment)(Inapplicability to Major Ports) Act, 1997)[12)]

「부두노동자(고용 규제)(주요 항구에의 비적용)법」은 「부두 노동자(고용규제)법, 1948」이 주요 항구 트러스트(major port trusts)의 노동자들에게는 적용되지 않는다는 내용을 규정하기 위하여 1997년 8월 18일 제정되었으며, 총 4개의 조문으로 구성되어 있다. 이 법에서 말하는 "주요 항구(major port)"는 「인도 항구법(The Indian Ports Act, 1908」에서와 동일한 의미를 갖는다.

작업시간, 서비스와 고용의 조건에 관한 법률에는 위에서 소개한 법률 이외에도 다음과 같은 10가지 종류가 있다. 여기에서는 이들 법률의 명칭만을 소개하는 데 그치고자 한다.

① The Plantation Labour Act, 1951
② The Mines Act, 1952
③ • The Working Journalists and Newspaper Employees'(Conditions of Service and Misc. Provisions) Act, 1955
  • The Working Journalists and other Newspaper Employees'(Conditions of Service and Misc. Provisions) Rules, 1957
④ The Beedi & Cigar Workers(Conditions of Employment) Act, 1966
⑤ The Inter-State Migrant Workmen(Regulation of Employment and Conditions of Service) Act, 1979
⑥ The Shops and Establishments Act
⑦ • The Cinema Workers and Cinema Theatre Workers(Regulation of Employment) Act, 1981
  • The Cinema Workers and Cinema Theatre Workers(Regulation of Employment) Rules, 1984
⑧ The Cine Workers' Welfare Fund Act, 1981.
⑨ The Dock Workers(Safety, Health & Welfare) Act, 1986
⑩ The Building & Other Construction Workers(Regulation of Employment & Conditions of Service) Act, 1996

4. 여자의 평등과 권한에 관한 법률 (Laws related to Equality and Empowerment of Women)

여자의 평등과 작업 시간에 관한 법률에는 다음과 같은 두 가지가 있다.

① 임산부급부법(姙産婦給付法, The Maternity Benefit Act, 1961)

② 평등임금법(The Equal Remuneration Act, 1976)

다음은 이러한 법률에 대한 내용을 요약하여 제시하고자 한다.

(1) 임산부급부법(The Maternity Benefit Act, 1961)[13)]

임산부급부법은 일정한 시설(공장, 광산, 농장 등)에 근무하는 여자들에 대하여 출산 전 및 출산 후 일정한 기간 동안의 고용을 규제하고, 또 이들에 대한 출산 급부(maternity benefit) 및 그 밖의 급부를 규정하기 위하여 1961년 12월 12일 제정되었다.

이 법은 총 30개 조문으로 구성되어 있으며, 이 법이 인도 전역에 적용된다는 것과, 일정한 기간 동안 임산부들의 고용 혹은 작업의 금지, 임산부 급부를 받을 권리, 임산부 급부의 청구와 지불, 임산부의 사망시의 임산부 급부의 지불, 의료 상여금의 지불, 유산시의 급료, 임신 · 조산 · 유산 등으로 인한 휴가, 임신으로 인한 결근 기간 중의 해고 금지, 검사관의 임명, 검사관의 권리와 의무, 등록, 법률 위반에 대한 벌칙 및 법원 관할권 등에 대해서 규정하고 있다.

(2) 평등임금법(The Equal Remuneration Act, 1976)[14)]

평등임금법은 고용에 있어서 성(性)에 근거하여 남자와 여자 간에 여자에 불리하게 차별을 하는 것을 금지하고, 남자와 여자 간에 동일한 임금을 지급하는 것을 규정하기 위하여 1976년 2월 11일 제정되었다.

이 법은 총 3개장에 걸쳐 모두 18개 조문으로 구성되어 있는데, 이 법이 인도 전역에 적용된다는 것, 고용주는 동일 노동 혹은 유사한 성격을 가진 노동에 대하여 남자 근로자와 여자 근로자 간에 동일한 임금을 지불해야 할 의무가 있다는 것, 또 남자 근로자와 여자 근로자를 모집할 때 차별을 두어서는 안 된다는 것 등을 규정하고 있다.

5. 사회 안전에 관한 법률(Laws related to Social Security)

사회 안전에 관한 주요 법률에는 크게 다음과 같은 두 가지 종류가 있다.

① • 근로자보상법(The Workmen's Compensation Act, 1923)
  • 근로자보상(수정)법(The Workmen's Compensation(Amendments) Act, 2000)

② 연금(퇴직금)지급법(The Payment of Gratuity Act, 1972)

아래에서는 이러한 법률에 대한 내용을 요약하여 제시하고자 한다.

(1) 근로자보상법(The Workmen's Compensation Act, 1923)[15)]

근로자보상법은 일정한 부류의 고용주들이 사고로 인하여 상해(傷害, injury)를 입은 자신의 근로자들에게 보상금을 지불하는 것을 규정하기 위하여 1923년 5월 5일 제정되었다.

이 법은 총 4개장에 걸쳐 모두 36조문으로 구성되어 있다. 그 주요 내용을 요약하면 다음과 같다.

1) 서론(Preliminary, 제1조~제2조)

여기에서는 이 법이 인도 영역 전체에 적용된다는 것과 중요 용어에 대한 정의를 하고 있다.

2) 근로자의 보상(Workmen's Compensation, 제3조~제18조)

여기에서는 고용주의 보상책임, 보상금액, 임금의 계산 방법, 보상금의 분배, 감독관에게 보상금의 통지와 청구, 건강진단, 계약직 근로자에 대한 보상, 선장과 선원에 관련된 특별 규정, 보상금에 관련된 보고서의 제출 및 이들 법규 위반에 대한 벌칙을 규정하고 있다.

3) 감독관(Commissioners, 제19조~제30조)

여기에서는 주 정부의 감독관 임명, 감독관의 권한과 절차, 증거를 기록하는 방법 및 상소(appeal) 등에 관해 규정하고 있다.

4) 규칙(Rules, 제32조~제36조)

여기에서는 주 정부가 이 법의 목적을 수행하기 위하여 규칙을 제정할 수 있다는 것과, 규칙의 공표 등에 관해 규정하고 있다.

한편 이와 같은 「근로자보상법, 1923」중의 제2조, 제4조, 제4조 A를 수정하기 위하여 「근로자보상(수정)법, 2000」[16]이 2000년 12월 8일 제정되었다.

(2) 연금(퇴직금)지급법(The Payment of Gratuity Act, 1972)[17]

연금(퇴직금)지급법은 공장, 광산, 유전(油田), 농장, 항구, 철도 회사, 상점 혹은 기타 시설에 고용되어 있는 종업원들이 은퇴 · 사임 · 질병이나 사고로 인한 사망 혹은 신체 장애를 당했을 때 그들에게 지급하는 연금 혹은 퇴직금을 지급하는 것을 규정하기 위하여 1972년 8월 21일 제정되었다.

이 법은 총 15개 조문으로 구성되어 있으며, 그 주요 내용으로는 이 법이 인도 전역에 적용된다는 것, 이 법에서 언급하는 중요 용어에 대한 정의, 감독기관, 연금 혹은 퇴직금의 지급, 강제 보험(compulsory insurance) 연금(혹은 퇴직금)의 금액 결정, 검사관(inspector), 검사관의 권한 및 이 법의 조항을 위반한 데 대한 벌칙 등을 규정하고 있다.

사회 안전에 관한 법률에는 위에서 소개한 법률 이외에도 다음과 같은 두 가지 법률이 있다. 여기에서는 이들 법률의 명칭만을 소개하는 데 그치고자 한다.

① The Employees' State Insurance Act, 1948
② The Employees' Provident Fund & Miscellaneous Provisions Act, 1952

6. 근로 복지에 관한 법률(Laws related to Labour Welfare)

근로 복지에 관한 법률에는 다음과 같은 9가지 종류가 있는데, 여기에서는 이들 법률의 명칭만을 소개하는 데 그치고자 한다.

① The Mica Mines Labour Welfare Fund Act, 1946
② The Limestone & Dolomite Mines Labour Welfare Fund Act, 1972
③ The Beedi Workers Welfare Fund Act, 1976
④ The Beedi Workers Welfare Cess Act, 1976
⑤ The Iron Ore Mines, Manganese Ore Mines & Chrome Ore Mines Labour Welfare Fund Act, 1976
⑥ The Iron Ore Mines, Manganese Ore Mines & Chrome Ore Mines Labour Welfare Cess Act, 1976
⑦ The Cine Workers Welfare Fund Act, 1981
⑧ The Cine Workers Welfare Cess Act, 1981
⑨ The Employment of Manual Scavengers and Construction of Dry latrines Prohibition Act, 1993

7. 고용과 훈련에 관한 법률(Laws related to Employment & Training)

고용과 훈련에 관한 법률에는 크게 다음과 같은 두 가지 종류가 있다.

① • 직업안정국(결원의 의무적 통지)법(The Employment Exchanges(Compulsory Notification of Vacancies) Act, 1959)
 • 직업안정국(결원의 의무적 통지) 시행규칙(The Employment Exchanges (Compulsory Notification of Vacancies) Rules, 1960)

② • 도제법(徒弟法, The Apprentices Act, 1961)
 • 도제법시행규칙(The Apprenticeship Rules, 1992)

아래에서는 이러한 법률에 대한 내용을 요약하여 제시하고자 한다.

(1) 직업안정국(결원의 의무적 통지) 법, 1959[18)]

직업안정국(결원의 의무적 통지)법은 종업원이 결원(缺員)되었을 때, 정부에서 설립하여 운영하는 직업안정국(職業安定局, employment exchange)에 고용주가 이 사실을 의무적으로 통지하는 것을 규정하기 위하여 1959년 9월 2일 제정되었다. 이 법은 총 10개 조문으로 구성되어 있으며, 그 주요 내용은 다음과 같다.

제1조　이 법은 인도 전역에 적용된다(제1조)

제2조 (2) (d) "직업 안정국"은 다음과 같은 것에 관련된 정보를 수집, 보관하고 제공한다.

① 종업원을 고용하려는 사람들
② 직업을 찾는 사람들
③ 직업을 찾는 사람들을 배정할 수 있는 결원된 자리(vacancies)

제4조 결원이 생겼을 때 고용주는 이 사실을 직업 안정국에 통지해야 할 의무가 있다.

제5조 고용주는 정해진 양식에 따라 정보를 제공하고 보고해야 한다.

제6조 이 법에 의하여 규정된 공무원, 혹은 그 사람에 의하여 허가 받은 사람은 서면으로 기록 혹은 문서에 접근할 수 있는 권리가 있다.

그 밖에 제7조에서는 이 법을 위반한 데 대한 벌칙, 제8조는 법원 관할권, 제10조는 중앙 정부의 규칙 제정권을 규정하고 있다.

한편, 이러한 「직업안정국(결원의 의무적 통지) 법, 1959」에 대해서는 「직업안정국(결원의 의무적 통지) 시행규칙(The Employment Exchanges(Compulsory Notification of Vacancies) Rules, 1960)」이 1960년 4월 26일 제정되었다.

(2) 도제법(The Apprentices Act, 1961)[19)]

도제법은 도제(apprentices, 수습직원, 실습공)의 훈련을 규제하고 통제하기 위하여 1961년 12월 12일 제정되었다.

이 법은 총 3개장에 걸쳐 모두 38개 조문으로 구성되어 있다. 이 법의 주요 내용을 요약하면 다음과 같다.

1) 서론(Preliminary, 제1조~제2조)

여기에서는 이 법이 인도에 모두 적용된다는 것과, 이 법에서 언급하는 중요 용어에 대한 정의를 하고 있다.

2) 도제와 훈련(제3조~제22조)

여기에서는 도제로서 고용될 수 있는 자격, 도제 관계를 맺는 계약, 도제 훈련 기간, 특정 사업 분야에 대한 도제의 수, 도제에 대한 실무적이고 기본적인 훈련, 고용주의 의무, 도제의 의무, 도제에 대한 임금지불, 작업시간 · 초과 근무시간 · 휴가 및 휴일, 부상(負傷)에 대한 고용주의 보상책임, 행동과 규율, 기록과 보고, 분쟁의 해결, 고용의 제안과 승낙 등에 대하여 규정하고 있다.

3) 관계당국(Authorities, 제23조~제38조)

여기에서는 이 법을 시행하는 각종 정부관계 당국, 위원회의 구성, 도제훈련

조언자, 검사권한, 이 법을 위반한 데 대한 벌칙, 회사에 의한 위반 행위, 법원 관할권 및 중앙정부의 규칙제정권 등을 규정하고 있다.

한편 도제법(1961)에 대한 하위 규칙으로서 도제법 시행규칙(Apprenticeship Rules, 1992)가 제정되었다.

8. 사회적 약자(社會的 弱者)의 보호에 관한 법률 (Laws related to Deprived and Disadvantaged Sections of the Society)

사회적 약자의 보호에 관한 법률에는 다음과 같은 두 가지가 있는데, 여기에서는 이들 법률의 명칭만을 소개하는 데 그치고자 한다.

① The Bonded Labour System(Abolition) Act, 1976

② The Child Labour(Prohibition & Regulation) Act, 1986

9. 기타(Others)

그 밖의 노동관련 주요 법률에는 다음과 같은 것들이 있다.

① 치명적사고법(The Fatal Accidents Act, 1855)

② 신체상해(비상사태 규정)법(The Personal Injuries(Emergency Provisions) Act, 1962)

③ 신체상해(보상 보험)법(The Personal Injuries(Compensation Insurance) Act, 1963)

④ 공공책임보험법(The Public Liability Insurance Act, 1991)

아래에서는 이러한 법률에 대한 내용을 요약하여 제시하고자 한다.

(1) 치명적사고법(The Fatal Accidents Act, 1855)[20]

치명적 사고 법은 소송 가능한 잘못(actionable wrong), 즉 그릇된 행동(wrongful act), 부주의(neglect) 혹은 의무 불이행(default)으로 인하여 다른 사람을 사망하게 했을 때, 그로 인해 발생한 손해를 그 사망자의 가족에게 보상하는 것을 규정하기 위하여 1855년 3월 27일 제정되었으며, 총 4개 조문으로 구성되어 있다.

(2) 신체상해(비상사태 규정)법 (The Personal Injuries(Emergency Provisions) Act, 1962)[21]

이 법은 비상사태 기간 중(the period of the emergency) 근로자가 입은 일정한 신체 상해(personal injury)에 대하여 보상하기 위해 1962년 12월 19일 제정되었다.

이 법은 총 8개의 조문으로 구성되어 있다. 이 법에서 말하는 "비상사태 기간 중"이란 헌법 제352조 (1)항의 「비상 사태의 선포」에서 규정한 일정한 비상 사태(즉, 전쟁, 적국의 침범, 무장 폭동 등) 기간을 의미한다.

또 "신체 상해"란 ① 미사일의 발사, ② 무기, 폭발물 혹은 그 밖의 유독물질, 혹은 ③ 그 밖의 다른 유해한 행위에 의해 야기된 육체적 혹은 정신적 부상 혹은 질병을 의미한다.

(3) 신체상해(보상 보험)법(The Personal Injuries(Compensation Insurance) Act, 1963)[22)]

신체상해(보상 보험)법은 부상을 당한 근로자에게 보상금을 지불하기 위하여 고용주에게 책임을 부담시키기 위하여 또 그러한 책임에 대한 고용주의 보험을 규정하기 위해 1963년 10월 8일 제정되었으며, 총 24개 조문으로 구성되어 있다.

(4) 공공책임보험법(The Public Liability Insurance Act, 1991)[23)]

공공책임보험법(公共責任保險法)은 어떤 위험한 물질을 취급하는 과정에서 혹은 그 물질에 관련되어서 발생한 사고를 당한 개인들을 즉각적으로 원조하기 위한 목적으로 공공책임 보험을 규정하기 위하여 1991년 1월 22일 제정되었다. 이 법은 총 23개 조문으로 구성되어 있다.

그 밖의 노동 관련 주요 법률에는 위에서 소개한 법률 이외에도 다음과 같은 것들이 있는 바, 여기에서는 이들 법률의 명칭만을 소개하고자 한다.

① The War Injuries Ordinance Act, 1941

② The War Injuries(Compensation Insurance) Act, 1943

③ The Coal Mines(Conservation and Development) Act, 1974

④ • The Emigration Act, 1983
  • The Emigration Rule, 1983

⑤ The Labour(Exemption from Furnishing Returns and Maintaining Register by Certain Establishments) Act, 1988

⑥ The Weekly Holiday Act, 1942

⑦ The National and Festival Holidays Act.

제10장
사회 환경

이 장에서는 인도의 사회 환경으로서, 인도 사회의 인구 구조와 변화, 건강, 교육, 종교와 사회, 언어와 사회, 가족제도, 계급과 카스트 및 대중매체 등을 고찰하기로 한다.

제1절 인도 사회의 인구 구조와 변화

제5장 〈인구환경〉에서는 인구에 관한 기본적인 내용을 살펴보았지만, 여기에서는 이러한 인구 문제를 사회적 상황 속에서 재조명해 보기로 한다.

1. 인구의 규모와 변화(Size and Increase of Population)[1]

인도의 인구조사국과 UN의 국제경제사회문제 부서의 인구국(Population Division of UN Department of International Economic and Social Affairs) 및 UN의 아시아 · 태평양경제사회위원회(UN Economic and Social Commission for Asia and Pacific, ESCAP), 그리고 UN 인구조사국(UN Bureau of Census)의 자료에 따르면, 인도의 인구는 1991년 8억 4630만 명, 1993년 8억 9650만 명, 1995년 9억 3655만 명,

2005년 10억8626만 명을 기록하였으며, 지난 15년 동안 약 2억4천만 명의 인구가 증가함으로써, 1년 평균 1600만 명이 증가하고, 연평균 약 1.8%의 증가율을 보이고 있다.

이렇게 인도에서 1년간 증가하는 인구 수는 호주(Australia) 혹은 스리랑카(Sri Lanka)의 전체 인구수와 비슷하며, 인도의 전체 인구수는 북아메리카 및 남아메리카의 전체 인구를 합한 것보다 더 많다. 특히 인도 인구는 1947년과 1991년 사이에는 2배 이상 증가하였다.

2. 인구 통계학적 변화(Demographic Transition)[2)]

지난 20세기 동안, 인도는 인구 통계학적으로 큰 변화를 기록하였다. 20세기 초에는 풍토병, 주기적인 전염병, 기온과 흉작으로 인하여 사망률이 높았고, 이러한 높은 사망률은 높은 출생률과 거의 동일하였다. 즉 1911년과 1920년 사이에는 인구 1000명당 48명이 태어나고 48명이 사망함으로써 출생률과 사망률이 균형을 이루고 있었다. 그 후 치료약 및 예방 접종약 등의 발달로 인하여 사망률은 서서히 감소해갔다. 1990년대 중반에는 출생률은 인구 1000명 당 28명이었던 것에 비해 사망률은 10명으로 떨어졌으며, 2000년에는 출생률은 인구 1000명 당 24.79명이었고 사망률은 8.88명으로, 또 2005년에는 출생률은 인구 1000명 당 22.32명이었는데 사망률은 8.28명으로 사망률은 더욱 감소해가고 있다.

3. 인구밀도의 변화(Population Density Transition)[3)]

위와 같은 인구의 대규모 증가에 동반하여 인구밀도 역시 증가해 가고 있다. 인도의 인구 밀도는 1911년에는 1km^2당 77명이었으나, 1981년에는 216명, 1991년에는 267명, 2001년에는 324명, 2005년에는 328명으로 증가하였다. 이러한 높은 인구밀도는 도시지역에서뿐만 아니라 농촌 지역에서도 똑같이 나타나고 있다. 특히 농촌은 1950년부터 1970년 사이에 실시된 농업 개발계획의 영향을 받은 바가 크다.

4. 도시와 농촌의 인구(Urban and Agricultural Area)[4)]

인도 인구조사국의 자료에 따르면, 인도 인구의 약 26.1%가 도시지역에 거주하고 있고, 이들 도시지역 인구의 약 16%는 299개의 주요 도시에서 살고 있다. 특히 뭄바이나 콜카타 등과 같은 가장 큰 4개의 도시에서는 도시인구의 약 51%가 살고 있는데, 뭄바이에는 1260만 명, 콜카타에는 1090만 명이 거주하고 있다.

1990년대 초에는 중부 및 남부 인도의 도시에서 인구가 특히 급증했는데, 이들 두 지역에 있는 21개 시(市)에서의 인구는 1981년과 1991년을 비교해 볼 때

약 100%가 증가하였다. 이렇게 이들 도시 지역에서 인구가 증가한 것은 출생률이 높은 것에도 기인하지만, 그 밖에도 방글라데시 · 버마 · 스리랑카 등으로부터 난민(refugee)들이 몰려 들어와 정착한 데도 큰 영향을 받았다. 이들 국가로부터 피난 온 난민들 이외에도, 많은 숫자는 아니지만, 1950년대 티베트가 중국에 병합되면서, 티베트로부터의 난민들도 인도로 몰려 들어왔다.

5. 인구 전망(Population Projection)[5)]

인도의 인구조사국(Registrar General and Census Commissioner of India)의 자료 및 기타 자료에 의하면, 인도의 연간 인구 증가율은 1993년 1.9%, 2000년 1.58%, 2005년 1.4%를 기록했다가, 2011년에는 1.3%, 그리고 2021년에는 0.9%일 것으로 예상된다. 그러나 이러한 증가율로 인하여 인도의 인구가 2011년에는 12억 명, 2021년에는 13억 명이 될 것으로 예상하였다.

ESCAP의 예측은 인도 인구 조사국의 예측자료와 대개 비슷하지만, 2010년에 인도의 인구가 12억 명이 될 것으로, 또 중국은 14억 명이 될 것으로 예측하고 있다.

한편 워싱턴 인구조사국은 인도의 인구가 2010년에는 12억 명, 그리고 2025년에는 14억 명이 될 것으로 보고 있다. 그 밖의 다른 UN 인구 관련 기관에 의하면, 인도의 인구는 2060년에 약 17억 명이 되어서 안정될 것으로 예상하고 있다.

이들 인구조사 기관들은 또한 고령화 인구와 그 비율도 예측하고 있는데, 60세 이상의 인구가 2001년에는 7600만 명(총 인구의 8%)이었으나 2011년에는 1억 2백만 명(9%), 2021년에는 1억 3700만 명(11%)이 될 것으로 보고 있다.

6. 인구와 가족 계획 정책(Family Planning Policy)[6)]

인도 정부는 인구 증가로 인한 많은 문제점을 인식하고 1950년대부터 가족 계획 정책을 고려하기 시작했다. 1950년대에는 많은 병원들과 건강 관련 시설들이 가족 계획에 관한 정보를 제공했지만 피임도구의 사용이라든지 가족 규모의 제한 등과 같은 적극적인 정책은 사용하지 않았다.

1960년 후반, 정책 입안자들은 높은 인구 증가율이 경제 발전에 가장 큰 장애가 됨과 동시에, 지나치게 많은 가족 규모는 빈곤의 원천이 된다는 것을 인식하였다. 그래서 정부는 당시의 인구 1000명당 출생아 41명을 1970년 중반까지 인구 1000명당 출생아 25명으로 하는 목표를 세우고서, 인구 문제에 관한 교육을 시키고 정부에서 주도하여 불임시술 등을 행하였다.

1980년대에는 중앙 정부에서 주 정부에 재정적 지원을 해 줌으로써 가족 계획 프로그램을 더욱 적극적으로 장려하였다. 시골에서는 주로 보건소 및 기타 공공의료시설을 통하여 이 계획이 더욱 확장되었다. 당시 인도에서 가족 계획

프로그램이 실시된 공공 의료시설의 수는 150,000개에 이르렀다. 이러한 가족 계획은 당시의 제 7차 5개년 계획(1985~1989년)에도 반영되어 실시되었다.

그 후 정부는 한 가족당 2명의 아이들이 있는 것을 이상적으로 여기고 계속적이며 적극적으로 다양한 가족 계획 프로그램을 실시하고 있으나, 그 효과는 별로 나타나지 않는 것으로 조사되고 있다. 여기에는 크게 다음과 같은 두 가지 이유가 있다.

첫째, 여자들이 일찍 결혼을 하고 있다는 사실 때문이다. 여자들의 평균 결혼 연령은 18세이다. 여자들이 불임(不姙)하기로 결정할 때는 자금지원은 별로 동기가 되지 않는다. 여자들이 불임하기로 결정한 시기는, 평균적으로 보았을 때, 이미 4명의 아이들을 가졌을 때(그리고 그 중에는 2명의 아들이 포함되어 있을 때)이다.

둘째, 아들에 대한 강력한 선호 사상이 깊게 자리잡고 있기 때문이다. 이러한 아들 선호 사상은 경제적 뿌리에 기반을 둔 문화적 이유에 근거를 두고 있다. 아들들은 성장함에 따라서 농장 노동을 도울 수 있을 뿐만 아니라, 부모가 아프거나 직장을 잃었을 때 노동력을 제공해서 집안을 이끌어 가 주며, 특히 부모가 나이들었을 때는 부모의 생계에 대한 유일한 보장이 된다고 생각하고 있다.

뉴델리 연구 기관(New Delhi Operations Research Group)의 조사 결과에 의하면, 시골 지역 부모들의 72%가 아들이 최소한 2명이 될 때까지는 계속 아이를 갖고 있으며, 도시 지역 부모들의 53%가 아들을 최소한 2명 이상 갖는 것을 선호하고 있다. 일단 이러한 목표가 달성되고 나면, 특히 시골 지역에서는 가족 계획이 실행될 수도 있고 실행되지 않을 수도 있는데, 만일 가정을 위하여 나중에 노동력이 더 필요하다고 생각되면 가족 계획이 실행되지 않는다.

이러한 아들 선호 사상으로 인하여, 인도 인구 구성에서는 여자 숫자가 부족한 실정이다. 여자 아이의 사망률(1000명당 79명)이 남자 아이의 사망률(1000명당 78명)보다 약간 높은 이유는 낮은 수준의 의료 서비스, 여아(女兒)를 임신했을 때의 낙태, 여자 아이가 태어나자마자 젖먹이 시절에 죽이는 여아 영아 살해(女兒嬰兒殺害, female infanticide) 등의 이유에 근거한다.

인권 운동가들은 인도 전역에서 해마다 10,000건의 여아 영아 살해가 이루어지고 있다고 주장하고 있다. 이론적으로는 불법(不法)인 다우리(dowry, 신부의 혼인 지참금)제도와 딸이 결혼하고 나면 그녀를 결혼한 인척 집안(姻戚, in-law's family)에 빼앗긴다고 하는 의식 때문에 어떤 부모들은 딸을 갖는 것을 덜 선호하는 이유가 되고 있다.

과거의 인구 조사 자료에 의하면 인도 전국의 여자 대 남자의 성비(性比)가 20세기 초에는 여자 100명당 남자 102.8명이었는데, 1991년 이후에는 여자 100명당 남자 107명 정도를 유지해 오고 있다.[7)]

제2절 건강(Health)

1. 출생시의 기대 수명, 사망률 및 유아 사망률, 영양상태

(1) 출생시의 기대 수명(life expectancy at birth)[8)]

1995년에 태어난 평균적인 인도 남자는 58.5년 동안 살 수 있을 것으로 기대되었고, 여자는 59.6년 동안 살 수 있을 것으로 기대되었다. (즉, 1995년 태어난 남자의 기대 수명은 58.5세, 여자는 59.6년이었다.)

한편 2000년에 태어난 사람들의 평균 기대 수명은 남자가 61.89세였고 여자는 63.13세로서 약간 증가하였다. 또한 2005년을 기준으로 하면, 총 인구의 평균수명은 64.5세이고, 이를 남녀로 나누어 보면 남자 63.57세이고 여자 65.16세이다.

(2) 사망률 및 유아 사망률[9)]

전술한 바와 같이, 인도의 사망률(death rate)은 1910~1920년 기간 동안에는 인구 1,000명당 48.6명이 사망했고, 1970년대에는 15명, 1990년대에는 10명, 2000년에는 8.8명, 2005년에는 8.28명으로 계속 감소해 가고 있다.

그러나 유아 사망률(infant mortality rate)은 1995년에는 태어난 1000명의 유아들 중 76명이었으며, 2000년에는 64.9명, 2005년에는 55.9명이 사망함으로써 유아 사망률 역시 계속 감소해 가고 있다. 그러나 태어난 아이들 중 30%는 적정 체중 미달이며, 1살에서 4살 사이에 사망하는 사망률이 인구 1000명당 10명에 달하고 있다.

(3) 영양 상태[10)]

국립영양조사국(National Nutrition Monitoring Bureau)의 보고서에 의하면, 인도 국민들의 15% 이하만이 적절한 영양분을 섭취하고 있는 것으로 나타났다. 또한 인도 정부는 국민 한 사람의 소득과 그에 따른 필요 최소 영양기준을 달성하고 있느냐에 기준을 두어 빈곤 수준(poverty level)을 추정하고 있는데, 이러한 기준에 따르면 현재 약 3억3200만 명이 빈곤 수준 이하에 머물러 있고, 또 이들 대부분은 시골 지역에 거주하고 있는 사람들로 나타났다.

2. 전염병 및 비(非)전염병
(Communicable and Noncommunicable Diseases)

(1) 서론[11)]

인도에서는 수 많은 풍토성(風土性) 전염병(endemic communicable diseases)이 국민 건강에 큰 위협이 되고 있다. 몇 년 동안 인도 정부는 이들 질병, 예컨대 말라리아 혹은 필라리아(filaria, 사상충, 絲狀蟲)를 제압하기 위한 국립 말라리아 근절 프로그램(National Malaria Eradication Programme)과 국립 필라리아 통제 프로그램(National Filaria Control Programme)을 비롯한 다양한 프로그램을 수립하여 실시하고 있다. 그 밖에도 호흡기 전염병, 콜레라, 설사, 트라코마, 갑상선종 및 성병 등의 발병을 억제하기 위한 노력을 계속하고 있다.

(2) 각종 질병 현황 및 원인[12)]

천연두(smallpox)는 과거에는 심각한 사망 원인이었으나, 이를 박멸하기 위한 노력 끝에 인도는 1975년에 천연두가 완전히 박멸되었음을 공식 선언하였다.

말라리아(Malaria)는 인도가 독립된 이후 비록 그 발생 빈도는 크게 감소하고 있으나, 지금도 건강에 심각한 영향을 미치고 있으며, 인도는 전세계에서 말라리아가 가장 많이 발생하는 국가에 머물러 있는 실정이다. 고도(高度) 1,500m 이상의 히말라야 산맥 지대에서만 말라리아가 발생하지 않고 있다.

인도의 말라리아 발병빈도는 독립하기 전 시대에는 말라리아가 1년에 7500만 건이 발생하였으나, 1965년에는 15만 건으로 크게 감소하였다. 그러나 말라리아 기생충이 살충제에 면역성을 갖게 되면서 1970년 중반에는 거의 650만 건이 발생하였다. 그러다가 정부의 계속적인 예방 노력에 힘입어 1982년에는 발병 건수가 약 2/3로 줄었으며, 1987년 이후부터는 연간 170만 건 이하로 보고되고 있다.

필라리아(filaria) 역시 1990년대 초에는 연간 389만 명이 그것의 감염 위험에 노출되어 있었고, 19만 명이 필라리아 증세를 보였으며, 25만 명이 그 기생충의 숙주(宿主, host)로 생각되었다. 현재 정부는 약 200개의 실시기관을 운영하는 국립 필라리아 통제 프로그램을 시행하고 있다.

나병(leprosy, 한센병) 역시 주요한 공공위생 및 사회문제가 되고 있는 풍토병이기 때문에, 정부는 국립 나병 근절 프로그램(National Leprosy Eradication Programme)을 실시하고 있으며, 이를 위해 900개의 실시 기관을 운영하고 있다.

인도에서는 그 밖에도 다양한 전염병이 발생하고 있으며, 이로 인해 수 많은 사람들이 사망하고 있다. 결핵(tuberculosis)과 트라코마(trachoma) 및 갑상선종(甲狀腺腫, 종기) 등은 전염병이다.

설사병(diarrheael disease)은 유아가 어렸을 때 사망하는 주요 원인인데, 이것은 부적절한 하수(下水) 처리와 깨끗한 물을 마시지 못했기 때문이다. 설사병의 약 50%는 위생 상태가 좋지 못한 데 기인하며, 시골지역에서는 약 80%의 어린이들이 기생충에 감염되어 있는 실정이다.

정부 발표에 의하면, 도시 사람들의 80% 이상은 적당하게 깨끗한 물을 마실 수 있지만, 시골 사람들은 5% 이하만이 그럴 수 있는 형편이다. 또 도시 거주자의 30% 정도만이 적절한 하수처리 시설을 갖추고 있으며, 그 밖의 지역에서는 그러고 있지 못하다.

인도에서는 150만 명에서 200만 명 정도가 암(cancer)에 걸려 있는 것으로 추정되고 있으며, 해마다 50만 건 정도가 새로이 암에 걸려 가고 있다. 암으로 인한 사망자는 연간 약 30만 명 정도이다. 가장 많이 걸리는 암은 구강암(oral cavity)과 자궁암(cervix) 및 폐암(breast)이다.

심장 혈관병(cardiovascular disease) 역시 주요한 건강 문제인데, 대략 남자가 1400만 명, 여자가 1300만 명이 이 병에 걸려 있다.

(3) AIDS(Acquired Immune Deficiency Syndrome)[13]

후천성 면역 결핍증(AIDS)은 다른 나라에서와 마찬가지로 인도에서도 점점 증가해 가고 있는 심각한 병이다. AIDS 바이러스는 도시에서의 매춘 등과 같은 이성(異性) 간의 성접촉에 의해 주로 전파되고 있으며, 또한 외국에서 AIDS에 감염된 채 일하러 들어온 근로자 · 살균되지 않은 주삿바늘과 주사기를 사용하는 의사 · 마약 사용자들의 정맥 주사 · 감염된 사람들의 헌혈 등이 그 밖의 주요 원인이다.

인도 정부는 국립 AIDS 통제 프로그램(National AIDS Control Programme)을 수립하여 헌혈시 혈액검사를 강화하고, TV를 통하여 AIDS 예방 캠페인을 실시하고 있으며, 거의 곳곳에 AIDS 경고 간판을 세우고, 또 숙박업소 등에서 콘돔을 판매하도록 하고 있다. 그러나 이러한 노력에도 불구하고 AIDS는 인도 사회의 더욱 커다란 문제가 되어 가고 있다.

현장 정보

■ 에이즈[14]

인도에서 에이즈 바이러스(HIV) 보균자는 510만 명에 이르며, 에이즈로 인하여 매년 31만 명이 사망하고 있다.

인도가 이렇게 에이즈 대국이 된 이유로 아그라 시(市)의 한 시민은 "장거리를 운행하는 트럭 기사들을 상대로 이루어지는 매춘이 에이즈를 퍼뜨리는 주요 통로이다.

당국이 종교적 · 도덕적 이유로 성(性)을 억압하다 보니 먹고 살기 위한 성매매가 더욱 음성화되고 있는 것 같다."고 말했다.

인도에서는 공개된 유흥가를 거의 찾아볼 수 없다. 최대의 경제 활동 도시인 뭄바이에서는 맥주바 수준의 술집이 성행했으나, 2005년말 주정부는 "퇴폐 문화를 조장한다."는 이유로 이를 폐쇄해 버렸다.

---

3. 건강에 관련된 정부의 역할

인도 헌법은 주민의 건강을 보살펴야 할 정부의 의무를 선언하고 있다. 즉, 헌법 제4부의 제47조는 "영양 수준과 생활의 수준을 향상시키고 공공 건강을 개선해야 할 주(州)의 의무"라는 제목 아래 "주(州) 정부는 사람들의 영양 수준과 생활 수준을 증진시키고 공공 건강을 개선하는 것을 그 주요한 의무로 여겨야 하며, 또 주정부는, 의료 목적을 위한 경우를 제외하고는, 건강에 해로운 독물(intoxicating drinks)과 약물(drugs)의 사용을 금지하기 위한 노력을 해야 한다."고 규정하고 있다.[15]

이를 실현하기 위한 중앙 정부는 주 정부와 함께 5개년 계획에 따라 건강 증진을 위한 예산과 기금을 편성하고 주요 건강 프로그램을 후원하고 있다.[16]

제3절 교육(Education)

1. 서 론[17]

인도에서의 교육은 일차적으로 주 정부(州政府)의 책임 아래에 있고, 연방정부는 주로 교육 시설의 조정 · 고등교육의 학제(學制) 결정 · 연구 및 과학 기술 교육 등에 관여하며, 중앙 교육 자문위원회가 있어서 전반적인 교육정책을 수립한다.[18]

교육은 크게 취학전(preprimary), 초등(primary), 중등(middle 혹은 intermediate), 고등(secondary 혹은 high school) 및 고급(higher levels) 수준으로 나누어진다.

초등학교(primary school)는 6세에서 10세까지의 어린이들을 교육시키며, 1학년부터 5학년까지로 구성된다.

중등학교(middle school)는 11세에서 13세까지의 학생들을 교육시키며, 6학년부터 8학년까지로 구성된다.

고등학교(high school)는 14세에서 17세까지의 학생들을 교육시키며, 9학년부터 12학년까지로 구성된다.

고급교육(higher education)에는 기술학교(technical schools)와 단과 대학(colleges) 및 종합대학교(universities)가 포함된다.

인적자원개발부(Ministry of Human Resource Development)의 일부 부서인 교육담당국(Department of Education)은 교육문제에 관한 중앙 정부의 책임을 집행한다. 인적자원개발부는 주 정부와 교육정책을 조정하고 실험 프로그램(experimental programs)을 위한 기금을 제공하며, 대학교부금위원회(University Grants Commission) 및 국립교육연구·훈련위원회(National Council of Educational Research and Training)를 통하여 그 업무를 수행한다.

주(州) 교육부는 지방 수준에서의 교육 프로그램을 조정한다. 인도가 독립된 이후 중앙 정부가 5개년 계획에서 설정된 교육 개발비를 점점 더 많이 부담해 가고는 있지만, 아직은 주 정부가 대부분의 교육기금을 제공하고 있다. 현재 인도는 평균적으로 GNP의 약 3%를 교육 예산에 할당하여 집행하고 있다.

2. 초등 교육 및 중등 교육

(1) 등록률과 출석률[19)]

인도에서의 기초 교육은 몇 가지 요소들로 인하여 장해를 받고 있다. 인도 법률에 의하면 어린이를 공장에서 고용하는 것이 금지되어 있지만, 가내공업(家內工業, cottage industry) ·가사(家事)·음식점·농업 분야에서는 일을 시키는 것을 허용하고 있다. 초등교육 및 중등교육은 의무교육이다. 그러나 6세부터 13세까지의 어린이들 중 학교에 등록한 비율은 상당히 높은 편이지만, 실제로 학교에 다니고 있는 비율은 50%가 조금 넘고 있을 뿐이다.

학교에 다니는 비율은 지역에 따라서 다르고 성별에 따라서 다르다.

(2) 문자해독률[20)]

제5장 〈인구 환경〉에서 살펴보았듯이, 문자해독률(literacy rate, 읽고 쓸 수 있는 비율)은 1981년에는 43.7%였으나, 1991년에는 52.2%(남자 63.9%, 여자 39.4 %)가 되어 처음으로 50%대를 넘어섰으며, 2001년에는 64.84%(남자 75.26%, 여자 53.67%)로 증가하고 있다.

또 지역별로는, 케랄라 주(州)는 문자해독률이 1991년에는 89.8%였고 2001년에는 90.86%(남자 94.24%, 여자 87.72%)로 인도 전역에서 가장 높은 비율을 기록하였다.

그러나 비하르 주는 문자해독률이 1991년에는 39%(남자 53%, 여자 23%)였고 2001년에는 47%(남자 59.68%, 여자 33.12%)로서 인도 전역에서 가장 낮은 비율을 기록하였다.

인도 정부는 문자해독률을 높이기 위하여 약 1천만 명의 자원봉사자들을 동원하여 범국가적인 캠페인을 벌이고 있으며, 정부는 그 숫자가 앞으로 1억 명이 될 것으로 예상하고 있다.

(3) 중도 탈락 비율[21)]

인적자원개발부에서 작성한 〈교육의 도전 : 정책적 관점〉(Challenge of Education : Policy Perspective)이라는 보고서에 의하며, 약 50%의 어린이들이 1학년부터 5학년까지 사이에 중도 탈락하고 있다. 그리고 1학년에 등록한 100명의 어린이들 중 8학년까지 도달하는 어린이는 23명에 불과했다. 비록 많은 어린이들이 초등학교에서 1km 범위 내에서 거주하고 있지만, 어린이들의 거의 20%는 부근에 학교가 없는 곳에 살고 있었다.

(4) 학교 시설[22)]

초등학교의 약 60%는 음료수를 공급하는 시설을 갖추고 있지 않았고, 70%는 도서관이 없었으며, 89%는 화장실이 없었다. 교사가 1명뿐인 학교도 많았다.

인도 정부는 독립 이후 5개년 계획을 실행해 가면서 초등학교와 중학교 숫자를 크게 늘이고 있으며, 자격을 갖춘 교사들도 대폭 양성하고 있다. 그러나 아직도 이들이 지역별로는 많은 차이를 보이고 있다.

(5) 학교 형태[23)]

인도의 학교에는 공립학교뿐만 아니라 다양한 사립학교도 많다.

어떤 학교는 철저하게 사립이지만, 어떤 학교는 정부의 보조금을 받고 있는 사립학교이다. 종교단체에서 운영하는 학교가 사립학교의 일반적인 형태이다. 예를 들면 이슬람 민족들 사이에서는 이슬람 성원(聖院, mosque)에 부속되어 있는 마드라사(madrasa)라고 불리는 학교가 교육에서 중요한 역할을 담당하고 있다.

인도의 모든 어린이들 중 약 10%가 사립학교에 등록해 있는데, 이들 사립학교에서의 학생 탈락률은 거의 없는 상황이다. 또 중산층 가정에서는 대개 자녀들을 사립학교에 입학시키고 있는 반면, 저소득계층 가정에서는 자녀들을 공립학교에 보내고 있다. 이들 사립학교에는 입학면담 절차가 매우 까다롭고, 수업시간이 길고 숙제 부담도 매우 많으며, 또 등록금도 매우 높은 실정으로서 어린이들은 공부하느라 어린 시절을 잃어버리고 있고 부모들은 높은 학비 부담에 시달리고 있다.

현장 정보

■ 인도의 명문 사립학교－Doon School[24)]

인도 히말라야 산기슭에 자리잡은 인도의 한 사립학교 졸업생들이 미국의 월가를 비롯한 각 분야에서 막강한 영향력을 행사하고 있다.

둔스쿨의 위치

월스트리트 저널(WST)은 "둔 스쿨(Doon School)이라는 인도 사립학교 출신들이 미국 사회에서 막강한 네트워크를 형성하고 있다"고 2006년 6월 보도했다.

둔 스쿨은 1935년 수도 뉴델리에서 북동쪽으로 225km 떨어진 주민 70만명인 데라둔 시(市)에서 개교한 학교인데, 엄격한 스파르타식으로 교육하며 수도사(修道司)적 생활방식을 가르치는 인도의 엘리트 사립학교이다. 이 학교는 인도의 전(前) 총리 라지브 간디를 비롯한 여러 유명 정치인과 인도의 대표적 작가 시크람 세스 등과 같은 문학인, 및 기업인을 길러낸 대표적인 엘리트 양성학교로서, '인도판 이튼 스쿨'로 불리기도 한다.

현재 71년 전통의 둔 스쿨의 졸업생들은 시티 그룹, 골드만 삭스, 메릴린치 등과 같은 세계 굴지의 금융회사와 군수방위 산업체 레이시온, 유명 컨설팅 회사 매킨지 등에서 핵심적인 자리를 차지하고 있다. 이들은 대학을 마치고 기업에서 일자리를 구하려는 후배들을 적극 지원한다.

둔 스쿨의 전교생은 500명인데, 이 곳을 졸업하고 미국과 영국의 명문대학에 진학하는 둔 스쿨 졸업생 비중이 3~4년 전에는 30~35%였지만 2005년에는 80%를 넘어섰다.

---

(6) 언어 교육[25)]

인도 정부는 전통 교육 및 현대 교육과 각 종족 언어를 격려하는 정책을 취함으로써, 영어뿐만 아니라 각 지역 언어 교육을 강화하고 있고, 또 힌디어(Hindi)를 사용하지 않는 주(州)에서는 힌디어를 가르치도록 하고 있다.

그 결과, 비록 초등학교에서는 영어를 가르치고 있지만, 중등학교 수준 이상에서는 전통언어와 외국어를 가르치고 있는 등 다양한 언어 교육을 실행하고 있다.

(7) 수학 교육

인도의 정규교과 과정은 초등학교에서부터 국제 공용어인 영어와 과학의 기초가 되는 수학교육에 초점이 맞추어져 있다. 실리콘 밸리 연구원의 약 50%와 미국 이공계 대학 교수 7000명을 배출해 낸 인도의 경쟁력은 바로 이러한 영어와 수학교육에서 나온다.[26)]

인도 학생들이 특히 강한 과목은 수학이다. 인도의 초등학교나 중 · 고등학교에서 배우는 수학교과서의 내용과 분량은 놀랄 만한 수준이며, 인도 학생들은 거의 모든 국제 수학 경시대회에서 최고상을 독점하다시피 하고 있다.[27)]

인도의 수학연구소(School of Mathmatics)는 10년전 '수학 비전 2020' 을 발표했다. 기초과학의 '기초' 가 되는 인도 수학을 2020년 안에 세계 최고수준으로 끌어올리겠다는 것이 주요 내용이다. 교육 당국인 CBSE(Central Board of Secondary Education)의 야쇼크 강굴리 의장은 "수학의 힘이 없었다면 인도의 IT 및 우주 · 핵 기술의 발달은 힘들었을 것이다" 라고 말했다.[28)]

CBSE는 2005년, 초 · 중 · 고등 학교의 각급 학교에 수학 실험실(Math Lab)의 설치를 의무화했다. CBSE 장학관 P. 마니씨는 "수학 실험실에서는 문제를 푸는 일반 수업때와는 달리 공식이 왜 나오게 되었는지 원리 중심의 심층적인 내용을 가르친다." 고 설명했다.

현장 정보

▪ 인도-숫자 0(zero)의 발견[29)]

현대 인류가 사용하고 있는 아라비아 숫자는 원래 인도에서 만들어져 아라비아로 전파된 것이다. 특히, 인도는 0을 본격적인 숫자로 인정하였는데, 이것은 인도가 불교의 발원지라는 점과 무관하지 않다.

대승 불교에서 중요한 개념 중의하나는 '비어 있다' 는 것, 즉 공(空)인데, 인도에서는 '공' 이라는 아이디어를 수(number)로 표현한 0을 하나의 수(數)로 자연스럽게 받아들일 수 있었다. 영(零, zero)은 산스크리트어로 수냐(sunya)라고 부른다.[30)]

이와 비슷한 맥락에서, 중국의 전통적인 음양(陰陽) 사상에서, 중국이 양수와 음수를 일찍이 받아들였다고 볼 수 있다.

▪ 인도의 전설적인 수학자-라마누잔[31)]

중세에 발전했던 인도 수학의 맥을 이은 사람은 특히 정수론(整數論) 분야에서 뛰어난 업적을 남긴, 20세기 초의 전설적인 수학자 라마누잔(Ramanujan, 1887~ 1920)이다.

라마누잔은 처음에는 정규 교육을 제대로 받지 못했는데, 이러한 라마누잔을 발탁하여 영국 왕립 학술원 회원이 되도록 하기까지 중요한 역할을 한 영국의 수학자 하디(Hardy)와 라마누잔 사이에는 다음과 같은 재미있는 일화가 있다.

라마누잔이 병석에 누워있던 어느날 하디가 문병을 갔는데, 하디는 자신이 타고 온 택시 번호 1729가 별 특징이 없는 수라고 말했다. 하디는 1729가 133×13이므로 1729의 약수로 13이 포함되어 있다는 것 이외에는 특별한 의미가 없기 때문에 그렇게 말한 것이었다.

그러자 그 말을 들은 라마누잔은 병석에 누워서도 즉시 "아니오, 1729는 특별한 수입니다. 1729는 9와 10을 각각 세제곱한 수의 합계(9^3+10^3, 즉 729+1000)이며, 또 1과 12를 각각 세제곱한 수의 합계(1^3+12^3, 즉 1+1728)입니다. 따라서 두 가지 다른 세제곱의 합계로 구분할 수 있는 최초의 수입니다"라고 대답했다고 한다.

즉, $1729=9^3+10^3=1^3+12^3$이라는 것이다.

나중에 라마누잔은 케임브리지 대학에서 학위도 받고 영국 왕립학술원 회원으로 선출되었지만, 32세의 젊은 나이로 요절하였다.[32)]

라마누잔이 사망할 때까지 연구한 내용은 1976년에야 발견되었는데, 이것을 라마누잔의 '잃어버린 노트(Lost Notebooks)'라고 부른다. '잃어버린 노트'에서 제시된 이론 중에는 아직도 증명되지 않은 것이 수백 가지나 된다.[33)]

또 라마누잔의 공식을 증명하는 과정에서 새로운 수학적 원리가 발견되는 일도 가끔 있다.[34)]

라마누잔이 관심을 가진 무한 급수이론에는, 1985년 MIT의 빌 고스퍼(Bill Gosper)가 컴퓨터로 π값을 소수점 아래 1700만 자리까지 계산하는 데 사용한, 연분수(continued fraction) 공식도 있다.[35)]

또 라마누잔이 이룩한 업적 가운데 분할 이론(theory of partitions)이 있는데, 현대 물리학자들은 통계 역학 문제에 라마누잔의 분할 이론을 적용하고 있다.[36)]

■ 인도에서의 수(數)의 단위[37)]

숫자를 세는 단위가 서양과 한국 및 인도에서 각각 다르다.

서양에서 수를 세는 단위는 천(thousand), 백만(million), 10억(billion) 등과 같이 기본적으로 세자리이다.

한국에서는, 지금은 서양식으로 세자리마다 끊어 쓰지만, 원래는 만(萬)이나 억(億) 등 4자리이다.

그런데 인도는 이보다 단위가 훨씬 크다. 라크(Lakh)와 크로르(crore)가 있다. 라크는 '십만' 즉 5자리이고, 크로르는 '천만' 즉 7자리이다.

예를 들어 123456789원을 서양, 한국, 인도 단위로 읽어보자.

서양은 123,456,789로 끊어서 123백만(million) 456(thousand) 789원,

한국은 1,2345,6789 끊어서 1억 2345만 6789원, (물론 요즈음은 한국에서도 서양식으로 읽어 123456789원을 123,456,789원, 즉 1억 2천 3백 4십 5만 6천 789원으로 읽는다.)

인도는 1234,56789 끊어서 1234라크(lakh) 56789원,

또는 12,3456789로 끊어서 12크로르 3456789원으로 읽는다.

따라서, 예를 들어 인도 화폐의 단위인 Rs(루피, Rupees) 3 Crore라고 하면, '3천만루피'이다.

그 밖에도, 인도에는 이렇게 수를 이용한 개념으로서 다음과 같은 것이 있다.[38]

10을 52번 제곱한 수(10^{52})를 '항하사(恒河沙)'라고 하는데, '항하'는 인도 갠지스강의 한자 표현이다. 즉, '항하사'는 '인도 갠지스강의 모래만큼이나 많은 수'라는 뜻이다.

또 표현할 수 없을 만큼 이상한 일을 뜻하는 '불가사의(不可思議)'는 10을 64번 제곱한 수(10^{64})를 말한다. 너무나 큰 수이기 때문에 상상하기 조차 힘들다는 측면에서 언어적 의미와 수학적 의미가 연결된 것으로 볼 수 있다.

또 무한대를 뜻하는 '무량수(無量數)' 또는 무량대수(無量大數)'는 10을 68번 제곱한 수(10^{68})를 말한다.'

수를 이해하는 단위가 이렇게 크다 보니 인도 사람들이 셈에도 밝을 수밖에 없다. 이런 수의 단위는 인도를 발원지로 하는 불교의 '화엄경(華嚴經)'에서 나온다.

---

3. 단과 대학(college) 및 종합 대학교(university)

(1) 서론[39]

인도에서는 대학교육을 받는다는 것이 과거에는 부(富)를 얻고 특권을 누릴 수 있는 거의 유일한 방법이었다. 1950~1951년에는 약 36만 명의 학생들이 대학 및 대학교에 등록하였으며, 1990~1991년에는 그 수가 거의 400만 명으로 10배 이상 증가하였다. 또 현재는 그 수가 더욱 큰 폭으로 증가하고 있다. 대학교의 숫자는 1990~1991년에는 177개였으나 현재는 연방정부와 주정부들이 대학교 설립 계획을 계속 발표하고 있다.

(2) 단과 대학[40]

인도의 단과 대학(College)에는 3가지 종류가 있다.

첫 번째 종류는 주립 단과대학(government colleges)으로서, 이것은 사기업체(私企業體, private enterprise)가 별로 없던 식민지 시대 때, 즉 1757년~1857년경에 세운 것들이다.

두 번째 종류는 종교단체나 개인들이 운영하는 단과대학이다. 특히 후자는 1947년 이후 부유한 기업체 소유자들이 세운 것이거나, 혹은 정치가들이 지역에서 명성을 얻기 위해 세운 것들이다.

세 번째 종류는 전문 단과대학(professional colleges)으로서, 그 대표적인 것은

의학대학, 교육대학, 공학대학, 법과대학 및 농과대학 등이다. 이들 중 50% 이상이 정부의 자금지원을 받고 있으며, 또 정부에서 운영하고 있다. 그러나 이들 전문 단과대학들 중 약 5%는 정부의 자금지원 없이 사립으로 운영되고 있다. 이들 사립전문 단과대학의 학비는 정부가 운영하는 전문 단과대학보다 10배에서 12배 정도 비싸다.

전(全)인도 기술교육위원회(All-India Council of Technical Education)는 사립 전문 단과대학(private professional college)이 너무 많아지는 것을 제한하기 위하여 이들의 신설을 규제할 수 있는 권한을 부여받고 있다. 한편 1992년에는, 카르나타카 주 고등법원은 이 주에서 신규로 허가받은 공과 전문 단과대학과 의학 전문 단과대학의 허가를 주 정부가 취소하도록 하는 판결을 내리기도 했다.

특히 농업 · 의학 · 치과학 · 경영 분야의 전문 단과대학에 입학허가를 얻는 일은 대단히 어려운 것으로 정평이 나있다.

(3) 종합 대학교(Universities)[41)]

종합 대학교에는 네 가지 종류가 있다.

첫째는 교육 종합대학교(teaching universities)로서, 이들은 각각 대단히 많은 단과대학(colleges)들을 운영하고 있다.

둘째는 알라하바드 종합대학교(Allahabad University)와 러크나우 종합대학교(Lucknow University) 같은 한 단위로 조직되어 있는 기관(Unitary Institution)들이다.

셋째는 26개의 농업 종합대학교(Agricultural Universities)들인데, 이들은 각 대학교가 위치해 있는 주(州)에 소재하고 있다.

넷째는 기술 종합대학교(Technical Universities)이다. 1980년에는 자와할랄 네루 기술 종합대학교(Jawaharlal Nehru Technological University) 등과 같은 기술 종합대학교들이 더욱 많이 설립되었다.

이들 종합대학교들의 대부분은 주(州)에서 자금을 제공하여 설립 · 운영하고 있다.

인도에서 대학교를 졸업하는 것은 쉬운 일이 아니다. 대부분의 학생들은 두 번 이상 시험에 실패하여 학점을 받지 못하고 있으며, 또 많은 수의 학생들은 중도에서 탈락하고 있고, 4명 중 1명 정도만이 대학 과정을 성공적으로 마치고 있다.

이렇게 해서 성공적으로 대학교를 졸업하여 학사 학위를 받더라도 오늘날은 그것이 취업을 보장하는 것은 아니며, 다만 비교적 적당한 급료를 받고 화이트 컬러 근로자가 될 수 있는 가능성을 부여해 줄 뿐이다.

현장 정보

■ 인도의 공과대학(IIT)

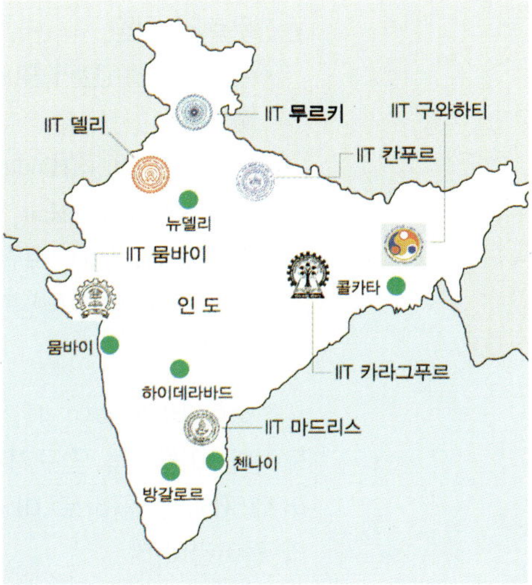

그림 10-1 인도 IIT 캠퍼스 위치도[45]

인도에서 공학 및 기술 등의 이공계 교육을 담당하는 대학 수준의 공과 대학에는 7개의 인도 국립공과대학(IIT)을 비롯하여 43개의 지역 공과대학, 그리고 860개의 4년제 대학 등이 있다.[42]

이들 정규 교육기관 중 가장 대표적인 것은 인도 국립공과대학(India Institute of Information Technology, IIT)이다.[43]

현재 인도 국립 공과대학(IIT)은 7개의 캠퍼스를 갖고 있는데, IIT 대학은 대학 캠퍼스 로고를 서로 다르게 사용할 정도로 독립적이다.[44] 캠퍼스의 위치는 그림 10-1을 참조하라.

IIT의 철학은 엄격한 성적관리를 통해서 최고 중의 최고만을 배출하겠다는 것이다. 1년에 총 1000만 명이 넘는 고교졸업생들 중에서 가장 우수한 12만여 명이 이 대학을 응시하는데, 이들 중 3500여 명~5천여 명만이 합격된다.[46] 이렇게 합격된 학생들 중에서 무사히 졸업하는 학생은 이에 훨씬 못 미치는 2700명선에 불과하다. 학생수에 상관없이 과목당 1등과 2등에게만 각각 A학점과 B학점을 주고, 나머지는 C를 주는 거의 '살인적인' 학점관리제도 때문이다.[47]

한편, 압둘 칼람 인도 대통령은 뉴델리에서 열린 '마이크로 소프트(MS) 2005 정상회의'에 참가하여 "세계 최고의 정보기술(IT) 인재와 기업가를 길러내는 국립공과대학(IIT)을 현재의 7개에서 (몇 년 내에 5개를 추가 설립하여) 12개로 늘릴 계획이다."라고 말했다.[48]

■ IIT출신 인사(IItians)[49]

IIT 출신으로서 세계적으로 명성을 날리고 있는 몇몇 인사들을 제시하면 다음과 같다.

- 선 마이크로 시스템스(Sun Micro systems) 공동 창업자인 비노드 코슬라(Vinod Khosla, IIT델리 출신)
- 맥킨지 컨설팅 회사(Mackinsy & Co.)의 최고경영자(CEO)인 라자 굽타(Raja Gupta, IIT델리 출신)
- 시스카모르 네트워크스(Syscamore Networks)의 회장인 구루라지 데슈판데(Gururaj Deshpande, IIT첸나이 출신)
- 보다폰(Voda Phone)의 최고경영자(CEO)인 아룬 샤린
- 유나이티 항공사(United Airlines)의 사장인 로노 두타(Rono Dutta, IIT 카라그 푸르 출신)

또 인도 내에서 이름을 날리고 있는 몇몇 인사들을 제시하면 다음과 같다.

- 인도의 대표적인 정보 통신 기업 인포시스(Infosys Technology)의 회장인 나라야나 무르티 회장
- 릴라이언스 텔레콤(Reliance Telecom)의 회장인 싱갈(B.K. Syngal, IIT 카라그푸르 출신)
- 힌두스탄 항공(Hindustan Aeronautics)의 경영담당이사(MD) 인 크리슈나다스 나일(C.G. Krishnadas Nair, IIT 첸나이 출신)
- ITC의 회장인 데브슈와르(Y.C.Deveshwar, IIT 델리 출신)
- HDFC의 경영 담당이사(MD)인 데파크 사트와레카(Deepak Satwalekar, IIT 뭄바이 출신)

전술한 바와 같이 IIT가 1년 동안 배출하는 졸업생은 학사기준으로 약 2700명 정도이다. 이들 중, 연구기관이나 석사 · 박사 학위 과정에 입학하는 인원을 제외한 나머지(50%)는 곧바로 미국으로 가서 미국 유수의 기업 중 자신이 원하는 기업을 골라 들어간다.[50)]

IFCI의 벤처 캐피털리스트 라울 굽다는 "IIT는 미국 실리콘 밸리에서 거대한 '인도 네트워크'를 형성하는 큰 축이다. 미국 IT 기업의 CTO(Chief Technology Officer, 최고기술임원) 중 30~40%가 IIT 출신들이다. 또 신생 벤처기업 CEO의 50%는 IIT 출신이 주축이 된 인도 사람이다. 인도의 저력은 바로 IIT에서 나온다고 해도 지나친 말이 아니다."라고 강조했다.[51)]

■ 세계 대학 순위－IIT는 세계의 공과 대학 중에서 3위 차지[52)]

영국의 더 타임즈(The Times)는 2005년 10월 28일 발행한 '고등교육 부록'에서 세계 200대 대학의 순위를 발표했다.

이 자료를 분석해 보면, 1위는 미국 하버드대, 2위는 미국 매사추세츠 공대(MIT), 3위는 영국 케임브리지대, 4위는 영국 옥스퍼드대, 5위는 미국 스탠퍼드대가 차지했다.

아시아권에서는, 1년전에는 17위였던 중국 베이징대가 이번에는 12위로 뛰어올라 아시아권 최고 대학 자리를 차지했다. 일본의 동경대학은 1년전에는 12위였으나 이번에는 16위로 순위가 하락했다.

또 싱가포르 국립대가 22위, 일보의 교토대가 31위, 홍콩대 41위, 홍콩과학기술대가 43위, 인도의 국립 공과대(IIT)가 50위, 중국의 칭화대가 62위, 인도 경영대가 84위를 기록했다.

한국의 서울대는 1년 전에는 118위였으나, 이번에는 93위로 뛰어올라 한국대학으로는 사상처음으로 100위권에 진입했다.

한편, 이러한 더 타임즈의 자료를 공과대학만을 대상으로 분석한 자료에 따르면, 인도의 IIT는 MIT 및 UC버클리대에 이어 세계에서 3위를 차지했다.[53)]

제4절 종교와 사회

1. 서 론[54)]

인도의 종교는 대부분의 인도 사람들의 매일매일의 개인적인 생활과 사회적 생활에 영향을 미치고 있기 때문에, 인도 사람들이 믿는 종교적 신념과 그 실행방법 등을 이해하지 않고서는 인도를 이해한다고 하는 것이 불가능하다. 따라서 제5장 〈인구 환경〉에서는 인도 주요 종교들의 개념에 대해 살펴보았지만, 여기에서는 이들 종교가 갖는 사회적 영향을 중심으로 고찰하기로 한다.

2. 각 종교가 차지하는 인구비중[55)]

힌두교(Hinduism)는 2001년 인구조사에서 총 인구의 80.46%의 신도를 갖고 있었으며, 이는 총 인구의 82%를 차지하였다.

같은 시기 불교(Buddhism)는 총 인구의 0.77%를 차지하였고, 자이나교(Jainism)는 0.41%를 차지하였다.

8세기 초 인도에 들어온 이슬람교(Islam)는 인도의 소수 종교 중에서 가장 큰 종교이며, 2001년 인구조사에서 총인구의 13.43%의 신도를 갖고 있었다. 이러한 인도에서의 이슬람교 신자 수는 인도네시아 · 파키스탄 · 방글라데시에 이어 세계에서 네 번째로 많다.

16세기경 펀자브(Punjab) 주에서 발생한 시크교(Sikhism)는 19세기 이후 인도의 전지역에 퍼져 있으며, 인도 총인구의 1.87%를 신도로 갖고 있다.

기독교(Christianity)는 총인구의 2.34%를 차지하고 있으며, 서양의 무역 상인들과 망명자들로부터 전파된 유대교(Judaism)와 조로아스터교(Zoroastrianism)는 인도에서 차지하는 비중이 극히 작으며, 주로 인도의 서부 해안에서 신봉되고 있다. 그 밖의 각종 토착 종교 집단들 역시 자신들만의 독특한 인종에 따른 전통을 지니고 있다.

3. 현대 사회에서의 변화[56)]

이들 각 종교는 복잡한 교리와 전통을 갖고 있으며, 어느 사상(思想)을 강조하는가 또는 어떤 방식으로 섬기는가에 따라 많은 종파(宗派)로 나누어져 있다. 또한 오늘 날 인도에서는 많은 사람들이 도시로 몰려 들어가는 현상과 현대화(modernization) 현상이 맞물리면서 새로운 종교가 출현하기도 하고, 과거의 종교 전통이 되살아나기도 하며, 혹은 새로운 형태로 재편성되고 있다.

반면에, 산스크리트 언어 혹은 각 지역 언어에 보존되어 있는 문학과 의식적(儀式的) 전통에 기반을 두고서 자신들의 문화를 통합시키는 현상도 나타나고 있다.

나아가서 각 마을 · 카스트 · 종족 및 상이한 언어에 기반을 두고 있는 전통과 신념들 간의 상호작용은 인도 전지역에 걸쳐 다양한 종류의 기도방식과 신화를 끊임없이 창조해 내고 있다.

4. 종교의 자유와 인도 헌법 및 그 영향[57)]

인도 헌법은 제25조에서부터 제28조까지에 걸쳐 종교의 자유를 선언하고 있다. 이를 구체적으로 살펴보면 다음과 같다.

제25조에서는 공공질서 · 도덕성 · 건강을 해치지 않는 범위 내에서 모든 국민들은 양심의 자유를 가지며 또 종교를 자유롭게 신앙하고, 실천하고, 전파할 권리를 갖는다고 규정하고 있다.

제26조에서는 공공질서 · 도덕성 · 건강을 해치지 않는 범위 내에서, 모든 종교 교단 혹은 그것의 종파는 다음과 같은 권리를 갖는다고 규정하고 있다.

(a) 종교 목적 및 자선 목적을 위해 조직(기구)을 설립하고 유지할 수 있는 권리
(b) 자신의 종교에 관련된 문제를 다룰 수 있는 권리
(c) 동산 및 부동산을 소유할 수 있는 권리
(d) 그러한 재산을 법률에 따라 운영할 수 있는 권리

제27조는 어떠한 사람도 특정한 종교 혹은 교단을 유지하거나 촉진하는 데 지불한 비용에 대하여 세금을 강제로 납부당하지 않는다고 규정하고 있다.

제28조는 완전히 주정부에서 지원한 기금으로 운영되는 어떠한 교육기관에서는 종교 교육을 실시해서는 안 된다고 규정하고 있다.

인도가 독립한 이후 이와 같은 헌법 규정에 따라 인도 정부는 종교에 대하여 초연한 입장을 취하고 있다. 즉, 인도정부는 공식적으로는 어느 특정 종교로부터 독립되어 있으며, 모든 형태의 종교가 법률 앞에 동일한 지위를 갖고 있다. 그러나 실무적으로는 정부업무와 종교와의 제휴를 구분하는 것이 매우 어렵다. 즉, 대다수의 주민들이 어느 한 종교를 믿고 있는 주(州)에서는, 정부와 종교는 서로 밀접하게 스며들어 있다. 예를 들면, 타밀 나두 주에서는 주 정부가 힌두교 사원을 유지 · 관리하고 있는 반면에, 펀자브 주에서는 시크교 정당(Sikh political party)이 공공연하게 주의회(州議會, state assembly)를 좌우하고 있다.

5. 종교 분쟁[58)]

인도는 이렇게 다양한 종교를 가지고 있고, 또 이들 종교들 간의 교리와 역사적 배경이 크게 다르기 때문에 종교 분쟁, 특히 힌두교 극우파들이 타종교를 탄압함에 따른 종교 분쟁이 끊이지 않고 일어나고 있는 나라이다. 이슬람 사원

이 파손되고, 기독교 목사가 가족과 함께 인명 피해를 당하고, 수녀원은 정치적 조직 폭력배들에 의해 집단으로 짓밟히는 일도 일어나고 있다. 특히 역사적으로는 힌두교, 이슬람교, 불교 등의 종교적 이유로 인하여 나라 자체가 인도와 파키스탄 그리고 스리랑카로 국가분립이 이루어지기까지 했다.

제5절 언어와 사회

1. 서 론[59)]

제5장 〈인구환경〉에서 인도에서 사용되는 언어에 관한 대략적인 내용을 살펴보았다. 여기에서는 이들 언어가 갖는 의미를 사회적 상황속에서 좀더 구체적으로 고찰해 보기로 한다.

인도에는 22개의 공용어와 844개 이상의 방언이 있는 것으로 알려져 있으나, 전체 인구의 약 90%는 인도－아리안(Indo-Aryan)계(界)의 9개 방언, 드라비다(Dravidian)계의 4개의 방언을 쓰고 있는 것으로 조사되었다.[60)]

북부 인도는 특히 마을마다 방언이 심하다. 인도 속담에 "2마일마다 물이 바뀌고, 4마일마다 언어가 바뀐다."는 말이 있을 정도이다. 마을들 간의 간격이 벌어질수록 서로 간에 의사소통이 거의 불가능할 정도이다. 어떤 경우에는 같은 마을 내에 다양한 카스트 방언(caste dialects)들이 공존하고 있다. 나아가서, 가까운 도시나 시장에서 사업을 할 때 마을 사람들이 따로 사용하는 수많은 지역 방언(regional dialects)들도 있다.

18세기 후반과 19세기 초 이후에는 벵골어(Bengali), 펀자브어(Punjabi), 마라티어(Marathi) 등과 같은 지역 언어들이 상대적으로 표준화되기 시작했으며, 오늘날은 이들의 각 지역에서 행정 · 사업 · 사회교류 등에서 대부분 사용되고 있다.

2. 공식 언어[61)]

이러한 수많은 언어들 중에서 인도 헌법은 힌디어(Hindi language)를 연방의 표준어로 채택하였다. 즉, 인도 헌법은 제343조 제1항에서 "인도 연방의 공식 언어는 데바나가리 문자로 쓰여진 힌디어(Hindi in Devanagari Script)로 한다."고 규정하고, 제2항에서는 "제1항의 규정에도 불구하고 이 헌법이 시행된 날로부터 15년 동안은 연방의 모든 공식적 목적을 위해 영어를 계속 사용할 수 있다."고 규정했으며, 제3항에서는 "이 조의 다른 조항에도 불구하고 이 헌법이 시행된 날로부터 15년 후에는 의회는 (a) 영어, 혹은 (b) 데바나가리 형식의 숫자를 사용하도록 법률에 규정할 수 있다."고 규정하였다.

즉, 인도 헌법은 1965년에 힌디어가 강제로 사용될 때까지는 중앙정부의 의

사소통을 위하여 힌디어와 영어가 함께 사용될 수 있음을 규정하였다. 이러한 강제규정에 따라 1963년 제정된 공식언어법(Official Languages Act)은 1965년에 힌디어가 유일한 국가 공식 언어라고 규정하고, 영어는 "보조적이고 추가적인 언어"라고 규정하였다.

1964년에는 내무부(Ministry of Home Attairs)가 모든 주(州)에 대하여 자신들의 주에서 사용하는 언어를 1965년의 규정된 일자로부터 힌디어로 변경하는 계획은 제출하도록 요구하였다.

이러한 지시 내용이 보도되자, 1964년 말과 1965년 초 타밀나두 주에서는 대규모 폭동과 자살소동이 일어났으며, 중앙 정부도 그 입장을 후퇴할 수밖에 없었다.

그 후 1965년 7월 뉴델리에서 의회 지도자 · 내각의 장관 및 모든 주의 장관들이 모여 회의를 개최하였으며, 만일 어느 한 주(州)라도 반대한다면, 힌디어를 사용하지 않는 주(non-Hindi speaking states)에 대하여 중앙 정부와 각 주(州) 간의 의사소통에 있어서 힌디어를 유일한 언어로 부과하지 않을 것이라는 데 합의했다.

표 10-1 인도에서 사용되는 언어 요약[63)]

분류	언어
국가 공식언어	힌디어(Hindi)
사업상 사용하는 언어	영어(English)
공용어	힌디어, 영어 및 기타 20개 언어
기타 주요 언어	산스크리트(Sanskrit)
베다 언어(Vedic language)	산스크리트

3. 각 주(州)에서 사용하는 언어

이처럼 힌디어가 국가 공식언어이기는 하지만, 그 밖에도 22개의 언어가 공인된 언어, 즉 공용어(official language)로 사용되고 있고, 영어 역시 힌디어와 함께 공식언어로서 사용되고 있다.[62)]

이를 요약하면 표 10-1과 같다.

한편 이들 언어를 각각 주(州)별로 나누어 정리하면 표 10-2와 같다.

표 10－2 각각의 주에서 사용하는 언어[64]

주(State)	주요 사용언어(Language spoken)
안다만 · 니코바르 제도	안다만어(Andamanese)
안드라 프라데슈	텔루구어(Telugu) 및 기타
아삼	아삼어(Assamese) 및 기타
비하르	힌디어, 우르두어(Urdu), 벵골어(Bengali) 및 기타
델리	힌디어, 영어, 펀자브어 및 기타
구자라트	구자라트어(Gujarati)
고아	콘카니어(Konkani)
하리야나	힌디어, 하리야나어(Haryanvi)
잠무 · 카슈미르	카슈미르어(Ksahmiri), 라다크어(Ladakhi), 펀자브어(Punjabi), 우르두어, 힌디어 및 기타
자르칸드	산탈리어(Santhali), 문다리어(Mundari), 사드리어(Sadri), 힌디어, 우르두어, 벵골어 및 기타
카르나타카	칸나드어(Kannad)
케랄라	말라야람어(Malayalam)
마디야 프레데슈	힌디어, 우르두어
마하라 슈트라	힌디어, 마라티어(Marathi)
메갈라야	가로어(Garo), 카시어(Khasi)
미조람	미조람어(Mizo)
나갈란드	나갈란드어(Nagal)
오리사	오리야어(Oriya)
펀자브	펀자브어(Punjabi), 힌디어, 우르두어
라자스탄	힌디어, 라자스탄어(Rajasthani), 마르와디어(Marwadi), 우르두어
타밀 나두	타밀어(Tamil)
트리푸라	트리푸라어(Tripuri), 벵골어, 쿠키어(Kuki)
우타르 프라데슈	힌디어, 파하디어(Pahadi) 및 기타
우타란찰	힌디어, 파하디어, 아바드히어(Avadhi)
웨스트 벵골	벵골어(Bengali)

제6절 가족제도(Family and Kinship)

1. 서 론[65]

인도 사회제도에서 가족은 매우 중요한 위치를 차지하고 있다. 인도 대부분의 지역을 통해서 사회의 기본 단위는 부계(父系)의 가족 단위(patrilineal family unit)와 더 넓은 범위의 친척집단(kinship groupings)이다. 인도 사람들이 가장 이상적으로 생각하는 주거단위는 3세대 내지 4세대가 한 지붕아래에서 살며, 일하고 먹고, 기도하고 협동하는 것이다.

이러한 대가족제도는 오늘날의 현대화된 인도사회에서는 지역 · 사회적 지위 · 경제적 상황에 따라 어느 정도 신축적으로 적용되고 있지만, 아직도 대부분의 농촌 마을에서는 농사일을 공동으로 할 필요가 크기 때문에 친척들의 도움없이 경제적으로 독립되어 살겠다고 하는 사람들은 거의 없다. 도시에서도 이러한 친척들 간의 유대관계는 역시 일반적인 현상인데, 그 이유는 직업을 얻는 데 혹은 재정지원을 받는 데 절대적으로 중요하기 때문이다.

현재 인도에서 매우 유명한 가문들, 예컨대 타타(Tatas) · 빌라(Birlas) · 사라바이(Sarabhais) 가문들도 인도에서 매우 거대한 부(富)를 축적한 가문이지만, 대가족제도(joint family)를 그대로 유지하고 있다.

2. 대규모 친족 집단(Large Kinship Groups)

(1) 가족과 친척 및 결혼[66)]

힌두교도가 대부분인 인도사회에서 사람들은 함께 거주하는 가족 집단에 속해 있을 뿐만 아니라 더 큰 친척들의 집단에도 속해 있다. 부계(父系)를 중심으로 가족이 편성되어 있는 것을 북부 인도와 중부 인도에서는 칸단(Khandan), 쿠툼브(Kutumb) 혹은 쿨(kul)이라고 부르며, 아버지가 아내 및 아들, 그리고 결혼하지 않은 딸과 함께 사는 형태이다. 이러한 부계가족보다 더 큰 단위가 씨족(氏族, clan)인데, 이것은 흔히 고트라(gotra) 혹은 고트(got)라고 부르며, 부계에 관련된 남자들과 그들의 부인들 및 딸들을 모두 포함한다.

힌두교의 직계가족과 씨족가족은 엄격하게 이족결혼(異族結婚, exogamy) 제도를 유지하고 있다. 즉, 자신의 직계 혹은 친척 구성원과는 결혼을 하거나 성관계를 맺는 것을 금지하고 있으며, 만일 그러한 행위를 하는 것은 근친상간(近親相姦, incestuous)으로 간주된다.

북부 인도에서는, 그 규칙이 더욱 엄격하여 어떤 사람과 그 사람의 모계(母系)의 직계 구성원 간의 결혼도 금지된다. 북부지역의 어떤 높은 카스트 계층에서는 이족결혼제도는 어머니의 친척, 아버지의 어머니의 친척, 그리고 어머니의 어머니의 친척까지에도 확대되어 있다. 반면에, 남부 인도에서는, 어머니의 친척집단의 구성원과 결혼하는 것은 장려되고 있다.

(2) 가족과 친척들간의 상호의존성[67)]

인도 사람들의 생활에서 가장 큰 주제는 사회적 상호의존성(相互依存性, social interdependence)이다. 사람들은 태어나면서부터 어느 집단, 즉 가족 · 친척 · 카스트 · 종교단체 등에 소속되어 있으며, 이들 집단의 일부가 되어 있고 또 이들 집단과 분리해서는 살아갈 수가 없다. 그 결과, 어느 사람이 행하는 모든 것은 당연히 다른 사람들과의 상호작용(interaction)을 내포하고 있다.

따라서 아마도 사람들이 가장 두려워하는 것은 다른 사람들의 사회적 지원을 받지 않고 혼자 남아있게 될 가능성이며, 이것은 그 사람의 생존자체에 대한 도전으로 여겨진다. 이러한 사고방식은 신(神)의 영역으로까지 확대되어 있는데, 인간의 삶 자체가 다른 사람들과의 계속적인 관계를 유지하도록 신으로부터 숙명적으로 부여받았다고 믿는다.

이와 같은 사회적 상호작용(상호의존성)은 인도 사람들에게 가장 높은 우선순위를 가지고 있으며, 사회적 유대관계가 영원하리라고 생각하고 있다. 서양문화에서는 인간적인 내용을 품고 있지 않은 경제적 활동조차도 인도에서는 사회적 상황 속에 깊이 스며들어 있다. 모든 사회적 상호작용은 계층 · 존경 · 명예 · 다른 사람들의 감정 · 권리 · 의무 · 환대 · 음식이나 의복 등과 같은 선물 등에 대한 끊임없는 배려를 내포하고 있는 것이다. 훌륭하게 예절을 지키는 일은 각 개인이 많은 사회관계를 맺는 것을 도와준다.

인도를 방문하는 서양 사람들은 중요한 정부 공무원이나 사업상 고위 책임자들이 자기 사촌의 결혼식에 참석하기 위해 혹은 먼 곳에 떨어져 있는 지역에서 개최되는 종교 활동에 참석하기 위해, 어떤 경우에는 며칠씩이나 자리를 비우는 것을 보고 놀랄 때가 있다.

이때 자리를 지키고 있는 동료직원이 "그 사람은 지금 여기에 없고 사촌 결혼식이 끝난 후 1주일이나 2주일 후에 돌아올 것입니다."라고 덤덤하게 설명하는 것은 흔히 있는 일이다. 즉, 그 사람이 결근한 이유는 게을러서 혹은 개인적으로 놀러간 때문이 아니라, 그 사람의 친척, 카스트 동료, 그리고 신(神)과의 사회적 유대관계를 지속적으로 유지하기 위한 필요에서라는 것이다. 일생을 통하여 그러한 유대관계 속에 들어가 있지 않으면, 그 사람은 경제적으로나 사회적으로 생존하거나 성공한다는 희망을 가질 수가 없다. 친척들과의 사회적 연결 끈은 가족의 중대사(重大事)라든지 종교집단에서의 의식(儀式)에서 더욱 강조될 수밖에 없다. 만일 그렇지 않았다가는, 인생을 살아가는 많은 과정에서 절대적으로 중요한 지원을 해 줄 수 있는 사람으로부터 멀어지게 되고 만다.

3. 사회적 유대관계[68)]

모든 활동영역에서는, 사회적 유대관계가 사람을 도와 줄 수 있다는 것 그리고 그러한 유대관계의 결핍은 실패를 가져올 것이라는 가정(假定)이 놓여 있다. 사람들은 자기 자신이 할 수 있는 단순한 일조차도 혼자서는 하지 않는다.

태어나면서부터 어린이는 자신의 "운명"(fate)이 신(神)의 힘에 의하여 이미 "기록되어 있다"(written)고 배우며, 자신의 인생은 신의 강력한 의지에 의해 결정된 것이라는 것을 배운다. 어린 아이가 음식을 먹을 때는 어머니가 손수 아이의 입에 먹을 것을 넣어준다. 소년이 나무에 올라가 망고를 딸 때에는, 다른 아이는 과일을 받기 위해 밑에서 광주리를 들고 서 있다.

소녀가 우물에서 물을 길러 물동이를 머리에 이고 집에 돌아가면 집에 있던 누군가가 물동이를 내려준다. 농부가 곡식더미를 우마차에 실을 때는, 자신은 우마차 위해 올라가 서서, 밑에서 아들이 던져주는 곡식더미를 받아 쌓는다.

대학교에 입학하려는 학생은 자신의 영향력있는 친척이나 가족이 학장에게 좋은 추천서를 써 주기를 희망한다. 결혼 연령에 달해 있는 젊은이는 부모가 좋은 신랑이나 신부를 구해 주고 모든 결혼 준비를 해 주기를 기대한다. 아이가 태어나면, 그 아이의 친척 어른들은 아이의 필수품을 모두 공급해 줄 것이라며 산모를 안심시켜 준다. 사업상 계약을 체결하는 경영자는 자신의 능력뿐만 아니라 친한 친구나 친척들이 계약 성사를 도와 줄 것을 의지한다. 마지막으로, 임종시기에 이르게 되면, 그 사람의 자손이나 그 밖의 친척들이 음식과 의복 등을 모두 마련하여 그의 장례를 잘 치르어 줄 것이라고 안심시켜 준다.

4. 가족의 권위와 조화[69]

오랜 역사를 통하여 수천년 동안 인도에서는 대부분의 가족의 경우 연장자인 남자의 말이 바로 법이었고, 아들은 신부를 아버지의 집안으로 맞이해 와서 함께 사는 부권사회(父權社會)를 유지해 왔다.

가장(家長)인 아버지와 할아버지는 거의 신과 같은 대우를 받으며, 가족 구성원은 그의 권위를 존경하고, 그의 결정에는 원칙적으로 순종해야 하며, 가장의 결정에 반발할 경우에는 가문에서 추방당할 위험도 감수해야 한다. 특히 자식들의 결혼 문제에 대해서는 부모의 권위가 절대적인데, 부모는 자식들의 의견을 존중하지 않고 자신이 속한 집안 · 지역 · 언어 · 카스트 · 사회적 지위에 맞추어 신랑감과 며느리감을 찾는다.[70] 최종적으로 양가 부모의 합의하에 결혼 여부가 결정되며, 일반적으로 자식들은 부모의 결정에 절대적으로 따라야 한다.[71]

부모의 허락없이 결혼을 하려는 자녀는 집 밖으로 쫓겨날 각오를 해야 하며, 결혼시기가 다가오면 사귀던 애인을 버려두고 본인의 의사와는 무관하게 부모가 소개해 준 사람과 결혼하는 것이 흔히 있는 일이다.[72]

물론 가장에게 이렇게 전통적인 권한이 주어져 있기는 하지만, 훌륭한 가장이 되기 위해서는 그 권한을 남용하지 않고 현명하고 합리적으로 사용해야 하며, 재산취득이나 처분 등과 같은 중요한 문제에 대해서는 부인 및 자식들과 충분히 논의하는 과정이 필요하다.

인도의 상층계급은 장자 상속을 원칙으로 하지만, 그렇지 않은 경우에는 아들들에게 재산을 균등하게 분배한다. 현재는 딸들도 재산 상속을 받을 권리가 법적으로 보장받고는 있지만, 현실적으로는 상당한 어려움이 있다.

인도에서 딸들은 상대적으로 소외받고 있지만, 형제 간의 우애와 결속력은 매우 강하다. '제11장 문화 환경'에서 살펴보게 될 고대 인도의 2대 서사시 마하바라타(Mahabharata)와 라마야나(Ramayana)에서 묘사하고 있는 형제애가 현재에도 그대로 계승되어 오고 있는 것이다. 형제 간에는 서로 도와야 하고, 다른 형제가 위기에 처했을 때는 목숨을 바쳐서라도 그를 보호해야 하며, 외부의 적을 향해서는 공동투쟁해야 한다. 또 형제 중에 한 사람이 출세하여 권력을 잡거나 사업가로 성공하였을 경우에는, 다른 형제들 전부가 도움을 받게 되는 것은 당연한 분위기로 여겨지고 있다.

제7절 계급(Class)과 카스트(Caste)

1. 서 론[73)]

인도는 계급사회(hierarchical society)이다. 인도의 사회와 문화에서는, 북부 지역이든지 남부 지역이든지, 힌두교이든지 이슬람교이든지, 도시에서이든지 시골에서이든지, 모든 사물 · 사람 · 사람들의 집단은 다양한 본질적인 성격에 따라 서열이 매겨진다. 어떤 사람이 인도에서 서열이 매겨지면, 그 사람은 어디에서나 그것으로 구분되고 만다. 비록 인도가 정치적으로는 민주주의 사회라고는 하지만, 일상 생활에서는 평등(equality)이라고 하는 개념이 거의 없다고 할 수 있다.

거의 모든 인도사람들이 소속되어 있는 카스트 및 카스트와 비슷한 집단들은 모두 서열이 매겨져 있다. 대부분의 시골이나 도시에서는, 모든 사람들이 각 지역을 대표하는 카스트의 상대적 서열을 알고 있고, 또 사람들 상호간의 행동은 이러한 앎에 의하여 꾸준이 형성된다.

카스트는 주로 힌두교(Hinduism) 안에 존재하고 있지만, 인도의 다른 종교 단체들에서도 역시 존재하고 있다. 이슬람교에서는 때로는 자기들에게는 카스트가 없다고 주장한다. 즉, 모든 이슬람교도들은 신(神)의 아래에 있는 형제들이라고 말하지만, 이슬람교도들의 생활양식을 관찰하여 보면, 다양한 분야에서 카스트와 유사한 집단들이 존재하고 있으며, 또 사회적 계층에 대하여 분명히 의식하고 있는 것을 알 수 있다. 인도의 기독교도들 간에도 역시 카스트에 있어서의 차이를 인식하고 있고 또 유지하고 있다.

또한 인도 전역에서, 사람들은 자신들의 부(富, wealth)와 권력(power)에 따라서도 서열이 매겨져 있다.

가족 및 친척 집단 내에서도 많은 서열이 존재하고 있음을 확인할 수 있다. 남자들은 동년배 혹은 유사한 나이의 여자들보다 서열이 앞서고, 나이 많은 친척은 나이 적은 친척보다 서열이 앞선다.

심지어 사업장이나 학교에서도, 비록 그 구성원들이 공개적으로는 카스트라든지 계급서열을 매기는 전통적인 행동을 준수하지는 않지만, 그들은 가족이나 친척관계를 반영하는 허구적인 (가공적인) 관계를 설정하고 있다. 예를 들면, 나이가 상대적으로 어린 구성원은 보다 나이 많은 사람을 '차차지' (Chachaji, 아버지의 동생을 칭하는 말, 삼촌)라고 부르며 존경함으로써 자신보다 높은 지위에 올려 준다.

2. 인도의 카스트 제도(Indian Caste System)

(1) 개념

'제4장 역사 환경' 에서 간단히 살펴보았듯이, 카스트(caste)라는 말은 포르투갈어 '카스타' (casta, 순수한 혈통이라는 뜻)가 인도-유럽계 언어로 변형된 것으로서, 아리안족이 인도로 이주해 들어오면서, 그에 앞서 살고 있던 민족을 정복하고 동화시켜 가는 과정에서 정착시키고 발전시킨 제도이다.[74]

이러한 카스트는 바르나(varna), 즉 색깔(colour) 혹은 종류(kind)라는 말에 근거를 두고 있다. 인도를 점령해 들어온 아리아인들은 살갗이 흰색이었던 데 반해, 고대의 토착 인도인들은 살갗이 검정색이었던 것에 착안하여, 그들은 이러한 색깔 차이에 근거하여 신분상으로도 차별을 두기 위해 카스트 제도를 만든 것으로 보인다.[75]

(2) 리그베다(Rigveda)에서의 바르나[76]

힌두교의 성서(聖書)라고 할 수 있는 리그베다(RV 10.90)에는 다음과 같은 구절이 있다.

मुखं किमस्य कौ बाहू का ऊरू पादा उच्येते ॥
ब्राह्मणो अस्य मुखमासीद बाहू राजन्यः कर्तः ।
ऊरूतदस्य यद वैश्यः पद्भ्यां शूद्रो अजायत ॥

이것을 번역하면 다음과 같다. "신(神)의 얼굴과 입은 무엇이 되었는가? 그분의 두 팔은 무엇이 되었는가? 그분의 두 넓적다리는 무엇이 되었는가? 그분의 두 발은 무엇이 되었는가? 그분의 얼굴(혹은 입)로부터 브라마나(brahmanas)가 나왔고, 그분의 두 팔로부터 라자냐(rajanya), 즉 크샤트리아(kshatriyas)가 나왔고, 그분의 두 넓적다리로부터 바이샤(vaishyas)가 나왔으며, 그분의 두 발로부터 수드라(shudras)가 나왔다."

(3) 카스트의 계급 분류

이러한 리그베다의 구절에 따라 카스트제도는 전통적으로 4개의 바르나, 즉 계급으로 분류되었다.

이들 4개의 바르나 혹은 카스트를 구체적으로 살펴보면 다음과 같다.[77]

① 브라마나(Brahmana, 또는 brahman, 브라만) : 신에게 제사드리는 의식을 담당하는 승려 · 사제(priest)와 교사(teachers)

② 크샤트리아(Kshatriya, 혹은 라자냐, Rajanya) : 행정가(administrators)와 군인(military men)

③ 바이샤(Vaishya, 혹은 아리야, Arya) : 무역하는 사람(traders), 상인(merchants), 사업가(businessmen), 농부(farmers) 및 목동

④ 수드라(Shudra) : 노동자, 하인(servants)

이와 같은 각 계급의 사람들은 직업 · 음식 · 습성 · 풍속에 의해 그 순수성(purity)이 오염되며, 그 결과 의식상에서도 오염된 정도가 서로 다르다고 간주한다. 가장 불결한 직업을 가진 사람들은 수드라 밑에 '불가촉천민(不可觸賤民; untouchable)' 으로 분류되었다.[78]

전통적으로 직업 또는 생활습관이 더러운 일과 관련되어 있으면 불가촉천민으로 규정되었다. 예를 들면 ① 어부 같은 사람들 ② 소를 죽이거나 죽인 소를 치우는 일 또는 가죽무두질을 하면서 생계를 이어가는 사람들 ③ 똥 · 오줌 · 땀 · 침 등 인체의 배설물과 관련된 일을 하는 사람들, 청소부나 세탁부 ④ 소고기를 먹거나 집돼지 · 닭 등의 고기를 먹는 사람들인데, 인도의 원시 종족들 대부분이 이 범주에 속한다.[79]

이들 가운데 브라만과 크샤트리아 이외에는 거의 인격적 대우를 받을 수 없는 철저한 계급사회가 형성되었으며, 특히 수드라의 경우에는 사고 팔거나 죽여도 죄가 되지 않는 사회통념이 형성되었다. 이러한 신분제도는 리그베다 이후 마누 법전(Manu Dharma Shastra : 'Sage Manu's law book')에 명기된 이래, 인도의 전통 관습으로 굳어져 오늘날에까지 인도의 근대화를 가로막는 커다란 악습으로 뿌리내려져 있다.[80]

현장 정보

■ 불가촉천민[81]

인도의 인권 단체들은 인도 인구의 25%인 약 3억여 명의 최하층계급인 불가촉천민들이 불평등과 인권 유린에 희생되고 있다고 주장하고 있다.

그 한 예로, 인도 자이푸르의 한 벽돌공장에서 일가족 14명이 일하는 비르디 짠드씨 가족은 지난해 말 출근길에 길 반대편에서 오던 자동차와 부딪혀 3명이 숨지고 11명이 부상을 당했다. 사고를 낸 브라만 계급의 자동차 주인을 찾아가 보상을 요구한 짠드씨는 370만 원어치의 보석을 받았다.

사흘 뒤, 그 자동차 주인은 2명의 동료들과 함께 짠드씨를 보석 도둑 누명을 씌워 인근 야산으로 끌고가 산채로 불에 태워 죽였다. 비르디 짠드씨를 태워죽인 3명은 현재 경찰에 구금 중이지만, 정당방위로 곧 석방될 예정이어서 결국 짠드씨 가족들은 아무런 보상도 받지 못하게 되었다.

거듭되는 경제 발전 속에 불가촉천민들은 이렇게 끔찍한 인권 유린을 당하고 있다.

---

(4) 현대의 카스트 제도

인도가 독립하기 이전에는 식민통치국이었던 영국은 종교 불개입이라는 구실 아래 카스트 제도를 개혁하려고 노력하지 않았고, 오히려 정치적으로 인도 국민들의 단합을 방해하기 위한 분할 통치 정책의 방법으로서 교묘히 이용하기까지 하였다.[82] 또한 현재 인도에서 정치적 주도권을 가지고 있는 사람들의 대부분은 브라마나들이기 때문에, 카스트 제도를 적극적으로 타파하려고 노력하는 사람은 많지 않다.[83]

그러나 마하트마 간디는 특히 '불가촉천민'을 '하리잔'(Harijan, 하리는 비슈누 신(神)의 또다른 이름으로서, 하리잔은 '하리 비슈누신의 자녀들', 또는 간단하게 '신의 자녀들'이라는 뜻이다)이라고 불렀으며, 여러 해 동안 이들의 명에를 해방하기 위해 노력했다.[84] 그래서 오늘날은 그 동안 통용되어 오던 '불가촉천민'이라는 용어대신에 '하리잔'이라는 용어가 널리 쓰이고 있다.[85]

오늘날의 인도 헌법은 불가촉 천민을 지정 카스트(Scheduled Castes, SC)로 규정하여 이들의 비참한 처지를 공식적으로 인정했다.[86] 즉, '불가촉천민'에 대해서는 헌법의 규정에 따라 이들에게 특별한 교육혜택과 직업상의 혜택이 부여되었으며, 의회에서도 특별한 대표권이 부여되었다.[87] 그리고 이러한 조치들을 뒷받침하고 불가촉천민에 대한 박해를 금지하기 위해 1955년에는 불가촉천민위반법(Untouchability Offenses Act)이 제정되었다.[88]

그리하여 어떤 사람이 불가촉천민이라는 이유로 종교적 · 직업적 · 사회적 권리를 향유하는 것을 방해하는 사람은 처벌받게 되었다.[89] 그리고 이제는 비록 불가촉천민 출신이라고 하더라도 정치적 · 경제적 · 사회적으로 높은 직위에 올라가는 경우를 가끔 보게 된다.

변화하는 카스트 제도[90)]

개방 경제를 실시한 이후 15년이 지난 오늘날 인도에서는 부(富)가 중시되면서 카스트의 굴레를 벗어던지는 중상류층이 출현하고 있고, 이들이 인도의 사회계급지도를 새로 작성하고 있다. 즉, 전통적인 카스트 개념에 입각한 신분을 경제력이 바꾸고 있는 것이다. 그 예로서, 현세(現世)보다 내세(來世)를 중시해 온 힌두교도들 중에서 돈과 번영을 상징하는 여신(女神)인 '마하 락슈미'를 숭배하는 힌두교도가 많아진 것을 들 수 있다.

이제는 가장 높은 카스트 계급인 브라만(사제) 사람들이 바이샤(상인 · 농민) 출신의 부잣집에서 가정부로 일하는 경우도 흔히 볼 수 있게 되었다. 천민계급 출신이면서 인도 최대의 민간 기업인 릴 라이언스 그룹은 창업한 디루바이 암바니는 경제력을 바탕으로 신분이 상승한 대표적 모델이다.

불가촉천민 출신의 유명인사들

불가촉 천민 출신으로서 인도 사회에서 영향력을 떨친 몇몇 인사들을 소개하면 다음과 같다.

① 빔라오 람지 암베드카르(Bhimrao Ramji Ambedkar, 1891~1956) 전(前) 법무부장관[91)]

암베드카르는 불가촉천민(Untouchables), 즉 달리트(Dalit) 출신으로서, '천민'에 대한 인도사회의 처절한 멸시와 차별 속에서도 달리트 출신으로는 처음으로 대학 교육을 받고, 정부 장학금을 받아 미국과 영국, 독일에서 경제학 및 법학으로 박사학위를 받았다. 글을 깨우친 군인이었던 그의 아버지는 자식들을 천민의 굴레에서 벗어나도록 하기 위해 온 힘을 쏟았다고 한다.

암베드카르는 봄베이로 돌아와 대학교수가 되었지만, 그의 동료 교수들은 '천민'이 마신 더러운 물에 오염될 것을 염려하여 암베드카르가 교수 휴게실의 물도 못마시게 했다. 그는 참혹한 천민차별에 도전하는 사회운동을 시작했는데, 1927년 천민들이 저수지를 사용하지 못하게 하는 상위 카스트들에게 정면으로 도전한 것이 그 출발점이었다. 즉, 그는 천민 1만여 명과 함께 '금지된 저수지'로 몰려가서 공개적으로 물을 떠마시고, 카스트의 불평등을 정당화하고 있는 힌두법전인 '마누 법전'을 불태웠다.

1947년 8월 15일 인도가 독립한 뒤 법무부 장관이 된 그는 헌법 초안을 만들면서 상위 카스트들의 반대를 무릅쓰고 '불가촉천민' 차별을 공식 철폐하고, 대학 입학과 공무원 임용에 '천민'들에게 일정량을 할당하도록 헌법에 명시했다. 예를 들면, 인도 헌법 제15조는 '종교, 인종, 카스트, 성 혹은 출생 장소에 근거한 차별의 금지(Prohibition of discrimination on grounds of religion, race, caste, sex or place of birth)',

16조는 '공공 고용에 있어서 기회의 평등(Equality of opportunity in matters of public employment)',

제17조는 '불가촉천민의 폐지(Abolition of Untouchability)',

제29조는 '소수파의 보호(Protection of interests of minorities)',

제46조는 '지정 카스트(즉, 불가촉천민), 지정 부족민(즉, 천민 부족) 및 기타 취약 분야의 교육과 경제적 이익의 촉진(Promotion of educational and economic interests of sscheduled castes, scheduled Tribes and other weaker sections)' 등을 규정하고 있다.

그러나 암베드카르는 천민에 대한 뿌리깊은 차별이 전혀 바뀌지 않는 것을 바라보면서 힌두교 내에서는 차별철폐가 불가능하다고 판단했다. 그래서 그는 힌두사회에 대한 마지막 저항 수단으로서 (인도의 지도상 한가운데에 있는 도시) 나그푸르에서 불교로 개종하였다.

그는 불교를 신봉하겠다는 맹세와 함께, "나는 모든 인간이 평등하다고 믿는다"고 선언했다. 그가 개종(改宗)한 몇 달 동안 300만 명의 달리트들이 그를 따라 불교로 개종했다.

암베드카르는 개종한 지 몇 주 후에 세상을 떠났지만, 그는 달리트들의 영웅이면서 '신(新)불교'를 일으킨 인물로 추대받고 있다.

② 코체릴 라만 나라야난(1920~2005) 전(前) 인도 대통령[92]

천민 출신인 나라야난은 케랄라 주 외진시골에서 태어났으며, 신문기자 · 외교관 · 의회 의원(議員) · 부통령을 역임한 후 1997년 7월에는 제10대 인도 대통령의 직위에 올랐다. 나라야난에 대한 보다 자세한 자료는 제6장 6절에 제시되어 있다.

③ 나렌드라 자드하브(N. Jadhav, 1953~) 인도 중앙은행 수석 이코노미스트[93]

인터내셔널 해럴드 트리뷴은 2005년 10월 12일, 피나는 노력 끝에 카스트 제도를 거부하고, 불가촉천민(달리트) 출신으로서 인도 중앙 은행의 수석 이코노미스트가 된 나렌드라 자드하브의 인생 역정(歷程)을 다음과 같이 소개했다.

1억6천만 명에 달하는 인도의 달리트(Dalit), 즉, 불가촉천민들은 '전생(前生)의 죄 때문에 천하게 태어나 고행을 해야만 다음 생(生)에서 좋은 삶을 누릴 수 있다'고 배우며 평생 천대 속에서 살아간다.

달리트 출신인 자드하브는 다른 사람과 옷깃조차 스쳐서는 안 되고, '보통' 사람과 같은 우물에서 물을 뜰 수도 없고, 화장실 청소 등을 도맡아 하고, 심지어 자신의 더러운 발자국'을 지우기 위해 허리춤에 빗자루를 매달고 다녀야 했다.

이러한 '운명'을 거부하게 한 것은 그의 아버지였다. 최하층계급인 달리트 출신이며 일자무식(一字無識)한 그의 아버지 다모다르는 어느날 한밤중에 몰래 가족을 이끌고 살던 마을을 맨발로 도망쳐나와, 뭄바이의 빈민가로 숨어 들었다. 그리고 전기도 화장실도 없는 그 빈민가에 살면서, 아버지는 신분을 숨기고 시청 잡역부로 일자리를 얻었다.

아버지는 교육만이 신분의 벽을 부술 수 있다고 주장하던 '달리트 권리운동(천민 인권 운동)' 모임에 뛰어들었으며, 아들에게도 '감히' 교육을 시켰다.

자드하브의 원래 꿈은 '깡패(갱)'였지만, 아버지의 열정에 감화를 받아, 공부에 전념했다. 헌법상 카스트제도를 부정하고 있는 인도 정부의 천민 우대 정책의 도움으로 그는 정부 장학금을 지급 받았다. 학창시절, 어느 교사는 '정부의 수양아들'이라며 모욕을 주기도 했다.

그러나 그는 공부에 열중한 끝에 항상 최고 성적을 받았고, 최상층 카스트 계급인 브라만들의 언어인 산스크리트어 시험에서 1등을 차지하기도 했다. 미국 인디아나 대학에서 25세에 경제학 박사 학위를 받은 그는, 인도 중앙은행(Reserve Bank of India, 인도 준비은행)에 입사한 후, 승진 가도를 달려 결국 촉망받는 수석 이코노미스트 직위에 올랐다.

많은 인도 사람들은 자드하브가 미래에 재무부 장관이나 대통령이 될 수도 있다고 생각하며, 1억6천만 명에 달하는 달리트들은 그가 만일 인도 중앙은행 총재가 된다면 지폐마다 '천민'인 그의 서명이 들어가게 될 것으로 기대하고 있다.

자드하브가 자신의 부모와 가족의 이야기를 쓴 책 〈언터처블스(Untouchables)〉는 여러 나라 말로 번역되어 출판되었으며, 영화로도 만들어져 2005년 10월 11일 미국에서 개봉되었다.

자드하브는 "책을 읽을 전등불조차 사치품인 천민계층 아이들에게 '열심히 공부해라'는 말은 필요하지 않다. 그 아이들에겐 가장 낮은 신분이 바로 가장 강력한 동기(動機)가 된다."고 말했다.

제8절 대중 매체(Mass Media)

여기에서는 인도의 대중 매체로서 라디오와 텔레비전에 대해서 고찰하기로 한다.

1. 라디오 방송[94)]

인도에서는 라디오 방송이 인도 정부와 인도 방송회사(Indian Broadcasting Company Ltd.) 간의 약정에 의해 1927년 뭄바이와 콜카타에서 사설(私設) 라디오 클럽으로서 실험적으로 실시되었다.

그 후 1936년 정부기관으로서 전(全) 인도 라디오(All India Radio, AIR)가 일반 대중을 교육시키고 오락을 제공하기 위해서 공식적으로 운영되기 시작했다. 인도의 라디오는 인도 정부 산하에 있는 정보 및 방송부(Ministry of Information and Broadcasting)에 의해 계획되고 개발되고 운영되는 국립 서비스이다.

인도가 독립되기 전에는, AIR은 6개의 방송국과 18개의 송신국을 갖고 있었으며, 인도 국토의 2.5% 그리고 인도 인구의 11%만을 커버했다.

오늘날, AIR은 215개의 방송국을 보유하고 있으며, 144개의 중파(中波, medium frequency), 54개의 고주파(高周波, high frequency), 그리고 139개의 FM 송신국을 보유하고 있다. AIR은 인도 국토의 91.42%를 커버하고 있고, 인도 국민의 99.13%가 이 방송을 청취하고 있다. AIR은 인도 국내에서는 24개의 언어와 146개의 방언으로 방송하고 있고, 인도 국외에 대해서는 27개의 언어와 10개의 외국어를 활용하여 전 세계 100개의 국가를 대상으로 방송하고 있다.

과거에는 라디오 방송 청취를 하는 사람들이 도시의 소득 높은 사람들이었지만, 이제는 인도 전국에 1억 3200만 대의 라디오가 보급되어 있다. 이러한 라디오는 215개의 방송국을 통하여 청취할 수 있는데, 이들 라디오 방송국 중 77개 방송국은 100%의 커버율(coverage)을 기록하고 있다.

AIR 전국 채널(National Channel)은 오늘날 수위(首位)의 채널로서, 스포츠 · 음악 · 오락 · 뉴스 · 토론 · 인터뷰 · 교육용 프로그램 등을 오후 6시 50분부터 다음날 아침 6시 12분까지 방송한다. 이 채널은 다른 모든 채널들이 방송을 끝낸 시간 동안 운영되는 유일한 채널이다. 이러한 전국 채널은 인도의 다양한 문화를 반영하여 힌디어, 영어, 우르두어(Urdu) 등으로 방송되고 있다.

2. 텔레비전 방송[95)]

인도의 공공 서비스 TV 방송국인 도르다샨(Doordarshan)은 전세계에서 가장 큰 방송국 중의 하나이다. 이 방송국은 1959년 9월 15일 교육방송을 전파하면서 실험적으로 시작되었다. 1982년에는 제9회 아시안게임을 중계하면서 컬러 텔레비전 방송을 시작하였다.

현재 도르다샨은 1314개의 송신국과 56개의 스튜디오 센터 및 23개의 위성 채널을 보유하고 있으며, 인도 전 국토의 77.5%와 인도 국민의 89.6%를 커버하고 있다.

도르다샨의 기본채널(DD-I)은 3개의 주요 프로그램, 즉 정보 · 교육 · 오락 프로그램으로 편성된다.

도르다샨은 인도의 사회 · 경제적 변화를 촉진하고, 국가적 통합을 자극하며 또 과학적 소양을 육성하는 데에 큰 공헌을 하고 있다. 예를 들면, 이 방송은 가정의 복지 · 농사 정보와 지식 · 환경의 보존과 균형 · 여자와 어린이 및 사회적 약자에 대한 배려 등에 관한 메시지를 전달하고 있으며, 게임 · 스포츠 · 예술 · 문화 전통 등을 촉진하고 있다.

1980년대 후반까지는 사설(私設, private) 텔레비전 채널이 허용되지 않았으나, 1990년대 인도 경제가 개방됨에 따라 사설 텔레비전 채널이 자신의 방송 네트워크를 설립하는 것이 허용됨으로써, 인도 방송 산업의 혁명을 가져오게 되었다. 현재 인도에는 350개의 TV 채널이 있다.[96)]

오늘날 인도에서 방영되고 있는 주요한 TV 방송으로는 다음과 같은 것이 있다.[97)]

- 케이블 뉴스 네트워크(Cable News Network, CNN, 1990년)
- 홍콩의 스타 TV(Hong Kong-based Star TV, 1991년)
- 아시아 텔레비전 네트워크(Asia Television Network, 1991년)
- 봄베이에 있는 자이나 TV(Jain TV, 1994년)
- 봄베이에 있는 지 TV(Zee TV, 1994년)
- 뉴델리의 힌두스탄 타임즈(Hindustan Times)의 계열사인 HTV(1994년)
- 마드라스(Madras)에 있는 타밀어(Tamil-language) 서비스인 선 TV(Sun TV)(1994년)

3. 신 문[98)]

인도는 독립 이후 신문사가 크게 번창하였으며 또한 언론의 독립성을 상당히 크게 누리고 있다.

1950년에는 214개의 일간 신문이 있었는데, 이들 중 44개는 영어로 발간되었고 나머지는 인도 언어로 발간되었다. 1990년에는 일간 신문 숫자가 2856개로 증가했으며, 이들 중 209개는 영어로 나머지 2647개는 토착언어로 발간되었다.

인도 국민의 문자해독률이 높아감에 따라 신문 숫자는 더욱 늘어 갔는데, 1993년에는 인도에는 총 35,595개의 신문이 발행되었고, 이들 중 3,805개가 일간 신문이며, 나머지는 주간지와 월간지 등이다. 비록 신문들의 대부분은 토착언어(indigenous languages)로 되어 있으나, 영어 신문 역시 중류층을 중심으로 크게 확산되어 가고 있다.

인도 신문사 중 가장 큰 회사는 타임즈 어브 인디아(The Times of India)를 발행하는 타임즈 어브 인디어 그룹(The Times of India Group), 인디언 익스프레스(The Indian Express)를 발행하는 인디언 익스프레스 그룹(The Indian Express Group), 그리고 힌두스탄 타임즈 그룹(The Hindustan Times Group) 및 아난다바자르 파트리카 그룹(The Anandabazar Patrrika Group) 등 4개 신문사이다.

그 밖에도 인도 언어로 발행되는 신문도 많이 있는데, 이들은 대개 특정 주(州) 혹은 시(市)를 대상으로 발행 부수가 많은 신문들이다. 예를 들면, 케랄라 주에서는 말라야라 마노라마(Malayala Manorama) 신문이 말레이시아어로 발행되고 있고, 우타르 프라데슈 주와 뉴델리에서는 다이니크 자그란(Dainik Jagran) 신문이 힌디어로 발행되고 있으며, 벵골의 콜카타에서는 아난다바자르 파트리카(Anandabazar Patrika) 신문이 발행되고 있다.

제11장
문화 환경

이 장에서는 인도의 문화 환경으로서 인도의 문학과 신화, 건축, 조각, 회화(미술), 음악, 세계 문화 유산, 무용(춤, 댄스), 영화, 축제, 및 스포츠 등을 고찰하기로 한다.

제1절 인도의 문학과 신화

인도의 문화를 이해하려면 먼저 인도의 종교를 이해하지 않으면 안 된다. 인도의 종교 중에서도 인구의 80% 이상이 믿고 있는 힌두교를 이해해야 할 필요가 있다. 또 힌두교는 어떤 신(神)을 믿는가에 따라 여러 종파로 나뉘어 있으므로, 이러한 신화를 파악하는 것은 힌두교, 나아가서 인도 문화의 이해에 필수적이라고 할 수 있다. 그런데 인도의 신화는 인도의 고전(古典)에 실려 있으므로, 인도의 고전을 먼저 살펴보는 것이 현명하다.

1. 인도의 고전 문학

인도의 고전 작품들 중에서 신화를 담고 있는 대표적인 작품들에는 베다(Veda), 브라마나(Brahmana), 우파니샤드(Upanishad), 마하바라타(Mahabharata),

라마야나(Ramayana), 푸라나(Purana) 등이 있다.[1]

베다는 신들에 대한 성스러운 찬가 또는 시(詩)로서 우주의 창조와 신들에 대한 이야기를 담고 있고, 브라마나는 베다의 주석(註釋) 및 제사에 관한 규칙을 기록하고 있으며, 우파니샤드는 베다를 운문과 산문으로 설명하고 있는 철학적 문헌으로서, 그 철학적 원리를 설명하는 과정에서 신화를 언급하고 있으며, 마하바라타와 라마야나는 인도의 2대 서사시로서 이야기의 중간에 신화를 이야기하고 있고, 푸라나는 우주의 창조 및 인간과 문화에 관한 신화들을 종합하여 신화 · 전설 · 계보 등을 백과사전식으로 모아 놓은 작품이다.[2]

아래에서는 이들의 내용을 좀더 구체적으로 설명해 보기로 한다.

(1) 베다(Veda)[3]

베다는 기원전 15세기경 인도-아리안 문명시대부터 형성되기 시작한, 인도의 가장 오래된 고전으로서 오랫동안 구전(口傳)되다가 후에 이르러 고어체(古語體)인 산스크리트로 편집되었다.[4]

동사(動詞)인 'Vid' (to know, 알다)에서 유래된 명사 'veda'는 '지식' (knowledge), 특히 종교적 지식을 의미한다.[5] 베다는 찬가(hymns), 제식(制式, rituals), 그리고 진언(眞言, mantura, 힌두교에서 기도문에 외우는 주문(呪文))을 포함한다.[6]

현재 남아 있는 베다 문헌에는 리그베다, 사마베다, 야주르베다, 아타르바베다 등 4가지 종류가 있다.[7]

리그베다(Rigveda)는 제식(祭式)을 집행할 때 제관(祭官)들이 여러 신(神)들을 제장(祭場)으로 초청하기 위하여 부르는 찬가(讚歌, hymns), 즉, 베다의 여러 신을 찬미하는 간결하고 소박한 종교시(宗教詩)를 10권 1,028의 운문(韻文)으로 모아 놓은 것으로서, 베다 문헌들 중 가장 중요하게 여겨지고 있다.[8] 리그베다는 BC 2000~BC 800년경에 만들어진 것으로 보인다.[9]

사마베다(Samaveda)는 리그베다에서 채록한 가사에 음절과 박자를 붙여 놓은 것으로서, 제식(祭式) 때 노래를 관장하는 제관(祭官)이 부르는 노래를 모아 놓은 책이다.

야주르베다(Yajurveda)는 '야주스' (Yajus)라 제사의례(祭祀儀禮)에서 제사를 진행할 때 사용했던 제문(祭文)으로서, BC 800년경에 만들어지기 시작한 것으로 보인다.[10]

아타르바베다(Atharvaveda)는, 위의 3가지 베다가 제사때 불렀던 찬가와 제문을 수록한 데 비해, 여기에는 재앙을 막고 복이 내려오게 하는 주문(呪文)이 수록되어 있다. 아타르바베다는 BC 1000년~BC 800년경에 만들어진 것으로 보인다.[11]

(2) 브라마나(Brahmana)

브라마나는 위에서 설명한 〈베다〉에 주석을 붙이고 제사의례에 관한 규칙을 기록해 놓은 주석서(註釋書)로서, 흔히 범서(梵書)라고 번역된다.[12] 이러한 브라마나로부터 후술하는 우파니샤드가 분리되게 되는데, 그 이유는 우파니샤드가 베다의 신들과 제사의례에 관한 관심이 적어지고 철학적 · 신비적 문제에 관심이 많아졌기 때문이다.[13]

(3) 우파니샤드(Upanishad)[14]

우파니샤드는 BC 1000~600년경에 활약했던 힌두 스승들과 성현들의 철학적 사상을 〈베다〉의 운문과 산문으로 설명하고 있는 철학적 문헌들이다. 우파니샤드란 산스크리트로 '스승 가까이에 다가앉는다' 는 뜻이다. 우파니샤드는 베다 전통의 마지막 단계를 대표하기 때문에, 이것에 기반을 둔 가르침을 베단타(Vedanta)라고 부른다. '베탄타' 는 산스크리트로 'veda' 와 'anta' ('결론' 이라는 뜻)가 합쳐진 말로써 '베다의 결론' 이라는 뜻이다.

(4) 마하바라타(Mahabharata)[15]

마하바라타는 인도의 2대 서사시—마하바라타 및 라마야나—의 하나로서 높은 문학적 가치를 지녔을 뿐만 아니라 종교적 감화를 주는 것으로 평가되고 있으며, 서양의 일리어드와 오디세이를 합한 양의 7배나 되는 분량이다.

마하바라타는 산스크리트로 '바라타 왕조의 대(大)서사시' 라는 뜻이다. 마하바라타는 BC 1400~1000년경 하리 왕조의 사촌이었던 카우라바 가(家)와 판다바 가(家) 사이에서 왕권을 놓고 벌어지는 권력쟁탈전을 기본 골격으로 하고 있으며, 사건의 전개과정에서 '신화적 요소' 그리고 왕의 의무 · 전사(戰士)의 의무 · 재난의 시대에 살고 있는 개인의 의무 · 영적 구원을 얻고자 하는 사람들의 의무(義務) 등에 관련된 '힌두 사상' 이 스며들어 있다.

마하바라타의 줄거리는 다음과 같다.[16] 부왕(父王)이 서거했을 때 두 왕자들 중 형인 드르타라슈트라는 장님이었기 때문에 왕위는 동생 판두가 물려받았다. 나중에 판두가 종교 수행자가 되기 위해 왕위를 포기하자 드르타라슈트에게 왕위가 넘어갔다. 판두의 아들들인 판다바 5형제들—즉, 유디슈티라 · 비마 · 아르주나 · 니쿨라 · 사하데바—은 드르타라슈트라의 아들인 카우라바 형제들(즉, 판다바 형제들과는 사촌)과 함께 궁전에서 자랐지만, 서로 간에 질투의 골이 깊었기 때문에 판다바 형제는 자기 아버지가 죽자 궁전에서 쫓겨났다.

추방된 5형제는 사촌 크리슈나(Krishna)를 만나 그 뒤로 친구이자 동지가 되었다. 그들은 분할된 왕국에서 몇 년 동안은 번영을 누렸으나, 맏형 유디슈티라가 카우라바 가(家)의 장남인 두리오다나와의 주사위 놀음에서 모든 것을 잃어 다시 12년 동안 숲속에서 숨어 살아야 했다. 양가의 불화는 쿠루크세트라(현재의 하리야나 주(州) 델리의 북쪽지방)에서 대접전에서 절정해 달했는데, 카우라바 가는 모두 전멸했다. 승리한 쪽도 판다바 5형제와 크리슈나만 살아남았다. 그러나 사냥꾼이 사슴으로 오인해서 쏜 화살에 크리슈나가 갑자기 죽은 후, 5형제는 개 한마리(변장한 정의의 신 다르마, dharma)와 함께 인드라 신이 있는 천국을 향해 떠났다. 그러나 도중에 차례로 쓰러지고, 유디슈티라 만이 천국에 도달했다. 그는 충성을 시험받은 후 마침내 형제들을 다시 만나 영원한 행복을 누렸다.

(5) 라마야나(Ramayana)[17]

라마야나는 BC 3세기 이후 시인 발미키(Valmiki)에 의해 쓰여진 것으로 추정되며, 7편, 24,000 시절(詩節)로 이루어져 있고, 〈마하바라타〉와 함께 세계 최장편의 대(大)서사시로 알려져 있다.

라마야나는 흔히 '라마의 사랑이야기' 로서 알려져 있는데, 아요디야(Ayodhya)가 수도인 코이살라(Koysala) 왕국의 왕자인 '라마(Rama)' 의 파란만장한 무용담(武勇談)을 그린 서사시이다. 그 이야기 전개과정에 속에 수많은 전설적 에피소드와 선정(善政)에 관한 담론, 정절(貞節)의 화신이라 할 수 있는 왕자비(王子妃) 시타의 기구한 수난, 동생 바라타의 지극한 효성, 랑카의 마왕 라바나의 포악, 원숭이들의 신(神)인 하누만의 활약, 진실의 속성, 그리고 초기 인도의 사람과 땅에 관한 내용 등을 담고 있다.

라마야나는 인도 사람들 사이에서 대단히 인기있는 작품으로서, 라마의 도덕성과 의인(義人)으로서의 행적은 그들의 생활과 인생의 규범이 되고 있으며, 인도 사람들은 이 시(詩)를 암기하는 것을 큰 공덕을 쌓는 일이라고 생각한다.

인도 북부 여러 지역에서는 이 시에 등장하는 여러 사건들이 '람 릴라(Ram-Lila)라고 하는 야외극으로서 해마다 한 번씩 상연되고 있다. 이러한 라마야나는 16세기의 무굴제국시대에도 큰 인기가 있었고, 17세기와 18세기의 라자스탄 파(派)와 파라리 파(派) 화가들이 즐겨 다룬 주제였다.

라마야나의 줄거리는 다음과 같다. 코이살라 왕국은 왕 다사라사(Dasaratha)가 다스리고 있었다. 다사라사 왕은 자신의 왕비 카우살리아(Kausalya)와의 사이에 낳은 장남 라마(Rama)에게 왕위를 물려주고 싶어하였고 또 라마는 왕위 상속권을 가지고 있었다. 라마는 자나카 왕의 딸인, 그 아름다움과 미덕이 비할 바 없는 시타(Sita)와 결혼하게 된다. 그러나 왕의 또다른 왕비 카이케이(Kaikeyi)는 음모를 꾸며 라마를 14년 간 귀양 보내고, 대신 자신의 유일한 아들 바라타(Bharatha)를 왕으로 취임시킨다. 비록 바라타는 음모의 주모자가 아니었고 또 자신의 형인 라마를 몹시 사랑했지만, 라마는 다사라사 왕의 세번째 왕

그림 11-1 랑카의 마왕 라바나(Ravana)[18]

비인 수미트라(Sumithra)의 두 아들 중 한 명인 락슈마나(Lakshmana)와 함께, 그리고 부인 시타와 함께 숲속으로 쫓겨난다.

숲속에서 라마와 그의 동료들은 수많은 모험을 하게 되는데, 이것은 랑카(Lanka)의 마왕 라바나(Ravana)에 의해 비롯된다. 마왕 라바나가 보낸 금사슴을 쫓아다니며 라마와 락슈마나가 숲속을 헤매고 있을 때, 라바나는 시타를 납치해 데리고 가버린다. 라마는 시타를 찾으려고 노력하지만 그녀의 행방을 알 수 없었고, 라마는 원숭이들의 신(monkey god) 혹은 바람의 신(god of wind)인 하누만(Hanuman)의 도움을 받게 된다.

인도 문학과 신화에서 하누만만큼 완벽한 열애가(熱愛家, devotee)는 없을 정도이다. 마침내 라바나는 라마에게 패배하게 되고, 라마는 시타를 구출하여 락슈마나와 함께 아요디야로 돌아와서 왕으로 즉위한다.

시타는 몸이 더럽혀졌으리라는 의심을 떨쳐 버리기 위해 불의 시련을 받는다. 그러나 백성들이 여전히 여왕의 순결을 의심하자, 라마는 시타를 숲으로 추방한다.

그 곳에서 그녀는 발미키 현인 (즉, 〈라마야나〉의 저자)을 만나고 그의 암자에서 라마의 쌍동이 두 아들을 낳는다. 아들들이 어느 정도 자라게 되자 가족들이 재회하게 되지만, 시타는 자신의 결백을 주장하면서 대지(大地)에게 받아줄 것을 청하게 되며, 결국 그녀는 땅 속으로 사라져 버린다.

〈라마야나〉에서 라마의 적대자로 등장하는 랑카의 마왕(demon-king) 라바나(Ravana)의 모습은 그림 11-1에 제시되어 있다.

인도에는 한 개의 라마야나 작품만 있는 것이 아니라, 여러 종류의 작품이 약간씩 다른 내용으로 만들어지고 번역되어 읽히고 있다는 것을 주목할 필요가 있다.

(6) 푸라나(Purana)[19]

푸라나는 BC 4세기경에서 AD 1000년경에 걸쳐 집성(集成)된 것으로 보이는데, 힌두교의 성전(聖典)문학에서 대중적인 신화 · 전설 · 계보에 관한 내용을 백과사전식으로 편찬해 놓은 힌두교의 고전이다.

'푸라나' 란 산스크리트로 '오래되다(old)', 즉 '옛 이야기' 또는 '고대의 전승(傳承)' 이라는 뜻이다.

고대 브라마교(敎)가 베다에 근거를 두고 있다면, 베다 이후의 힌두교는 바로 이 푸라나에 근거를 두고 있다. 푸라나는 전통적으로 다섯 가지 주제를 다루고 있다. 즉,

① 태초(太初)의 우주의 창조(The creation of the universe),
② 주기적인 우주의 소멸과 재창조(It's destruction and renoration),
③ 신(神)과 성자(聖者)들의 창조(The geonealogy of gods and patrarchs)
④ '만완타라스' 라고 불리는 마누스('인류의 시조' 라는 뜻) 즉, 우주의 연대표(The reigns of Manus, forming the periods called Manwantaras)
⑤ 태양과 달에서부터 시작되는 왕조들의 역사(The history of Solar and Lunar races of Kings)

2. 인도의 신화(神話) 및 여러 신(神)

인도의 신화는 베다 신화와 힌두 신화로 크게 나누어진다. 아래에서는 이들의 내용을 살펴보기로 한다.

(1) 베다 신화(Veda Mythology)[20)]

베다에는 수많은 신들이 등장하여 찬양되고 있는데, 이러한 신은 하늘의 신, 대기(大氣)의 신, 그리고 지상(地上)의 신이며, 이들은 대부분 남성이다.

예를 들면, 일체 만상(萬象)을 자라게 해주고 모든 생물에 활기를 불어넣는 태양은 사비트리 · 퓨샨 등의 이름으로 숭배되고 있는데, 이들은 하늘의 신이다. 또 바람의 신 바유(Vayu)는 대기의 신이며, 불의 신 아그니(Agni)는 지상의 신이다.

가장 높은 신이며 리그베다에서 자주 찬양되는 신은 인드라(Indra) 신이다. 인드라 신은 전쟁의 신 또는 무용신(武勇神)으로써 다갈색의 거대한 체구를 하고 있는데, 풍신(風神) 마루트를 거느리고 있으며, 신수(神水) '소마(Soma)' 로 슬기를 기르는가 하면, 애용하는 무기 바지라(vajra, 금강저, 金剛杵, 승려들이 불도 닦을 때 쓰는 도구인 방망이)로 수많은 악마를 정복하고 태양과 우주까지도 제압하였으며, 인간에게 가장 필요한 물을 가져다 주는 신이다.

다음으로 자주 칭송되는 신은 불의 신 아그니(Agni) 신인데, 아그니는 본래 태양의 불, 번개의 불, 타는 숲의 불로서 하늘의 신이고 대기의 신이며 동시에 지상의 신으로서 제사(祭祀)를 비춰주는 빛을 만들었다. 아그니는 신들의 사제로서 신들의 선도자(先導者)가 되고 제주(祭主)의 손님이 되어 불에 바쳐진 제물(祭物)을 천상(天上)으로 운반하여 베다의 신전에 살고 있는 신들에게 가져

다 주는 일을 한다.

소마(Soma)는 봉양물에 부어진 액체의 신성화된 모습이다. 즉, 아그니와 소마는 불과 물이 신성화된 것으로 서로 대립되면서도 인간과 생물을 유지하는 데 필수불가결한 것이다.

바루나(Varuna)는 율법신(律法神)으로서 우주와 인간의 도덕적 질서를 관장하는 신이다. 즉, 바루나는 해와 달의 운행과 계절의 순환을 주관하며, 인간의 행동을 감독하고 악인을 징계한다.

이밖에도 하늘의 신 디야우스(Dyaus) 및 바람과 폭풍의 신 마루트(Marut) 등이 있다.

여신(女神)으로는 '말씀'(언어)의 신(言神, 언신) '바치', 대지(大地)에 풍요로움을 주는 땅의 신 프리스비(Prithivi), 밤의 정령(精靈) 라트리, 숲의 정령 아라니야니, 강의 정령 사라스마티, 동녘 하늘을 빨갛게 물들이는 새벽의 신 우샤(Usha), 천상(天上)·천공(天空)·대지(大地)를 초월한 존재인 여신 아디티(Aditi) 등이 있다.

이상에서 살펴본 베다 신화의 주된 주제 중의 하나는 신들과 악마와의 전쟁, 선과 악의 대립, 창조와 파괴의 양립 등이다. 악마들은 언제나 초기의 전투에서는 승리하지만 결국은 신이 승리하는 것으로 이야기는 끝난다.

(2) 힌두 신화(Hindu Mythology)[21]

힌두교의 신화에 등장하는 주요 신에는 브라마, 비슈누, 시바의 3신(神)을 비롯하여 락슈미, 크리슈나, 가네슈, 수리야 신 등이 있다.[22]

흔히 브라마(Brahma)는 창조의 신(the Creator), 비슈누(Vishnu)는 유지(維持)의 신(the Preserver), 시바(Shiva)는 파괴의 신(the Destroyer)로 알려져 있다.

1) 브라마(Brahma)[23]

브라마는 창조의 신으로서, 황금알에서 태어나 땅과 그 위의 모든 것을 창조했다고 하는 신으로서, '범천(梵天)'이라고 번역된다. 오늘날은 이 신의 권위가 상실되어 브라마를 숭배하는 교단이나 종파가 없고, 이 신에게 봉헌하는 사원도 아즈메르(라자스탄 주) 근처의 푸슈카르에 있는 사원을 제외하고는 거의 없다.

2) 비슈누(Vishnu)[24]

비슈누는 '유지의 신'으로서 세계를 악으로부터 지키고 유지하며, 다르마(dharma, 도덕률, 정의, 올바름(lighteousness))의 원상 복구자로 숭배되는 신이다. 우주는 선과 악이 균형을 갖고 있는데, 때때로 악이 우세해지는 경우에는 비슈누가 인간의 모습으로 나타나서 균형을 잡는다고 한다. 비슈누는 악(惡)과 싸워 정의를 회복해야 할 필요가 있을 때마다 자신의 어느 부분이라도 인간의 모습으로 나타내기 때문에 화신(化身)이 수없이 많지만 (가장 많을 때는 22종), 보통은 10가지 종류가 널리 알려져 있다. 사원(寺院)에 있는 비슈누 모습은 아내인 락슈미(Laksmi)와 함께 앉아 있거나, 바퀴나 곤봉 등과 같은 여러 가지 무기를 들고 있는 모습 등으로 묘사되고 있다.

그림 11-2는 비슈누의 화신(化身, incarnation)을 묘사하고 있다.

비슈누의 첫번째 화신은 마트야(Matsya)이며, 일곱번째 와신은 라마, 여덟번째 화신은 크리슈나, 아홉번째 화신은 붓다 등이며, 열번째 화신은 칼키(Kalki)로서 아직 오지 않았다.[25)]

그림 11-2 비슈누의 화신[27)]

세상이 사악함으로 완전히 뒤덮인 말세가 되었을 때 칼키는 흰 말을 타고 지상에 사람으로 내려와서 유성처럼 번득이는 칼을 휘둘러 모든 악을 베고 다시 선과 악이 재창조되도록 할 것이다.[26)]

3) 시바(Shiva, Siva, Siwa)[28)]

시바는 산스크리트로로 '상서로운 존재' 라는 뜻으로 인도의 시바 파(派)에서 최고신으로 숭배되고 있다. 시바 신은 일반적으로 '파괴의 신' 으로 알려져 있지만, 자세히 살펴보면 파괴자인 동시에 재건자이고, 위대한 고행자인 동시에 관능의 상징이기도 하며, 영혼의 자비로운 신이면서도 분노에 찬 복수의 신이기도 하는 등, 시바 신은 일면(一面) 모순된 성격들을 통합하며 동시에 보여주는 가장 복잡한 신이다. 시바 신에 대한 일반적인 수식어는 '샴부(자애로운)' '상카라(은혜로운)', '파슈파티' (야수의 지배자), 마헤사(위대한 지배자), 마하데바(위대한 신) 등이다.

시바의 배우자는 여러 가지 이름으로 나타나는데, 우마(Uma) · 사티(Sati) · 파르바티(Parvati) · 두르가(Durga) · 칼리(Kali) 등 다양한 이름으로 알려져 있다. 시바의 아들로는 여섯 개의 머리를 가진 스칸다(Skanda)와 코끼리 머리를 가진 가네슈(Ganesh)가 있으며, 이들은 히말라야의 카일라슈(Kailash) 산에서 살고 있다고 전해진다. 시바는 난디(Nandi)라고 불리는 황소를 타고 다닌다.

시바 사원에서는, 시바의 근원적인 상징인 링가(linga) 또는 링감(lingam), 즉 남근상(男根像, 남자의 성기)으로 숭배된다.

시바는 세 개의 눈을 가지고 있는 데, 세 번째 눈은 내면(內面)을 투시하여 바라보기 위한 눈이지만 외부의 물질에 초점을 맞추어 주시할 때는 그 물질을 태워 파괴하는 힘을 간직하고 있다.

시바는 여러 가지 모습으로 나타나는데, 자신의 아내인 파르바티와 아들 스칸다와 함께 평화로운 분위기 속에서, 또는 무용가의 지배자(the Lord of Dancers)인 나타라자(Nataraja)로서, 벌거벗은 모습의 고행자로서, 탁발하는 거지로서, 요가 수도자로서, 자신과 자신의 배우자가 한 몸으로 되어 있는 반남반녀(半男半女)인 아르다나리슈바라 등의 모습으로 나타난다.

시바는 해골을 꿰어 만든 목걸이를 걸치고 있으며, 목에는 뱀을 두르고 있고, 양손 혹은 네 개의 손에는 삼지창, 작은 북, 끝부분이 해골로 장식된 방망이를 들고 있다.

시바 신의 모습은 그림 11-3에 나타나 있고, 시바 신이 무용가의 지배자인 나타라자의 모습을 한 모습은 그림 11-4에 나타나 있다.

그림 11-3 시바 신[29]

그림 11-4 무용가의 지배자인 나타라자의 모습을 하고 있는 시바신[30]

타밀 나두에 있는 춤추는 시바, 즉 나타라자.
(촐라 왕조시대에 만들어진 높이 22.2cm의 청동상이다.)

현장 정보

■ 상황에 적응하는 인도의 시바 신(神)[31]

"인도는 시바 신이 경제, 정치, 사회, 문화를 지배한다는 인상을 받았다. 인도 사람들이 믿는 시바 신은 어떤 형태로든지 변신이 가능해 밭을 갈 때는 소로, 자연을 즐길 때는 한 마리 새로, 전쟁이 있을 때는 용맹한 무사로 바뀐다고 한다. 따라서 시바 신의 변신은 매우 희망적이며 긍정적이라는 생각이 들었다.

시바 신은 카스트 제도로 인해 신분과 신분 간에 높이 쌓여 있는 장벽, 계층간 폐쇄성을 허무는 데에 큰 역할을 해 온 것 같다. 인도가 세계 경제 · 정치 · 외교 · 환경 문제 속에서 유연히 적응해 오고 있는 것은 바로 '상황에 적응하는 시바신'과 같은 인도의 종교관이 아닐까 한다."고 김효선 한국 가스공사 선임연구원은 인도에서 느낀 경험을 말했다.

---

4) 기타

① 라마(Rama)[32]

라마는 힌두교에서 섬기는 비슈누의 일곱번째 화신이다. 비슈누는 앞에서 설명한 서사시 〈라마야나〉(Ramayana)에서 라마 왕자로 등장한다. 라마는 인도의 대중적인 신이며, 마하트마 간디가 암살당했을 때 임종 전에 외친 '헤이 람'(Hey Ram, 오, 신이여!)는 바로 이 라마 신을 지칭한다.[33]

② 크리슈나(Krisna)[34]

크리슈나는 힌두교에서 섬기는 비슈누 신의 여덟번째 화신이다. 크리슈나는 앞에서 설명한 서사시 〈마하바라타〉(Mahabharata)에서 판다바(Pandavas) 형제들을 조언하여 그들이 승리하게 해주는 현명한 조언자로 등장한다.

③ 락슈미(Laksmi, Lakshimi)[35]

락슈미는 힌두교에서 번영과 부(富)와 행운의 여신이며, 비슈누 신의 아내로서, 남편이 세상에 모습을 나타낼 때마다 그에 맞추어 연꽃, 시타 여왕 등의 여러 형상으로 나타난다. 힌두교도들은 오늘날에도 락슈미 신을 숭배하고 있으며, 가정에서는 목요일마다, 연중정규 축제일에는 그녀에게 예배를 들인다.

④ 가네슈(Ganesh)[36]

가네슈는 가네샤(Ganesha) 또는 가나파티(Ganapati)라고도 불리는데, 코끼리 머리 모습을 하고 있는 힌두의 신이다. 가네슈는 시바 신과 아내 파르바티의 아들이다. 힌두교도들은 가네슈 신을 '장애물을 제거해 주는 신' 또는 '지혜와 번영의 신'으로 믿고 있으며, 인도사람들이 사업을 시작할 때 복을 비는 대상이며, 제사지낼 때 처음에 반드시 예배드리는 대상이다.

그림 11-5 가네슈 신[37]

⑤ 수리야(Surya)[38)]

수리야는 힌두 신화에서의 태양 또는 태양신이다. 수리야는 모든 힌두교도들이 즐겨 찬양하는 신이며, 정통 힌두교도들은 매일 황혼 무렵에 태양을 향해 예배를 드린다.

3. 인도의 현대문학

(1) 서론

오늘날 인도의 작가들로 유명한 사람들 중에는 노벨 문학상을 받은, 인도의 벵골에서 태어난 타고르(Rabindranath Tagol)를 들 수 있는데, 타고르는 아시에서 최초로 노벨상을 받은 사람이다. 그 밖에 인도 사람으로서 유명한 작가로서는 나리얀(R. K. Narayan), 비크람 세스(Vikram Seth), 살만 루슈디에(Salman Rushdie), 아룬다티 로이(Arundhati Roy), 라자 라오(Raja Rao), 아미타브 고슈(Amitav Ghosh), 비크람 찬드라(Vikram Chandra), 무쿨 케사반(Mukul Kesavan), 샤시 타로르(Shashi Tharoor), 나얀타라 세갈(Nayantara Sehgal), 아니타 데사이(Anita Desai), 아쇼크 방커(Ashok Banker), 샤시 데슈판데(Shashi Deshpande), 줌파 라이리(Jhumpa Lahiri), 그리고 바라티 무케르지(Bharati Mukherjee) 등이 있다.[39)]

아래에서는 타고르에 대해서 좀더 설명하고자 한다.

(2) 타고르

인도에서는 타고르(Rabindranath Tagore)가 1913년 노벨 문학상을 받았다. 타고르(1861.5.7~1941.8.7)는 콜카타(옛 이름은 캘커타) 벵골의 귀족집안에서 태어났다. 타고르는 시 · 희곡 · 소설 · 댄스 드라마 · 수필 등을 많이 지었으나, 그는 무엇보다도 훌륭한 시인이었다.[40)] 특히 타고르가 작시(作詩) · 작곡한 〈자나 가나 마나 Jana Gana Mana〉는 제2장 2절에서 설명한 바와 같이 인도의 국가(國歌)가 되었다.

타고르는 Manasi(1890, The Ideal One), Sonar Tari(1894, The Golden Boat) 등 5편의 시(詩, poetry), Dakghar(1912, The Post Office), Muktadhara(1922, The Waterfall) 등 7편의 희곡(plays), 그리고 Ghare-Baire(1916, The Home and the World) 등과 같은 3편의 단편소설을 지었다.[41)]

한편, 타고르는 한국을 소재로 한 두 편의 시 〈동방의 등불〉과 〈패자(敗者)의 노래〉를 남겼다. 표 11-1에 제시한 〈동방의 등불〉은 1929년 타고르가 일본을 방문했을 때 동아일보 기자가 한국 방문을 요청했을 때 이에 응하지 못함을 미안하게 여겨 그 대신 동아일보에 기고한 것으로서, 주요한 선생이 옮긴 것이다. 한편 〈패자의 노래〉는 최남선(崔南善)의 요청에 의하여 지은 것이다.

표 11-1 동방의 등불 (타고르 지음, 주요한 옮김)(1929. 4. 2)

"일찍이 아시아의 황금시기에
빛나던 등촉의 하나인 코리아
그 등불 다시 한 번 켜지는 날에
너는 동방의 밝은 빛이 되리라
마음엔 두려움이 없고
머리는 높이 쳐들린 곳
지식은 자유스럽고
좁다란 담벽으로 세계가 조각조각 갈라지지 않은 곳
진실의 깊은 속에서 말씀이 솟아나는 곳
끊임없는 노력이 완성을 향해 팔을 벌리는 곳
지성의 맑은 흐름이
굳어진 습관의 모래 벌판에 길 잃지 않은 곳
무한히 퍼져 나가는 생각과 행동으로 우리들의 마음이 인도되는 곳
그러한 자유의 천당으로
나의 마음의 조국 코리아여 깨어나소서"

(3) 나이파울(Sir Vidiadhar Suraiprasad Naipaul)[42]

또한 2000년에는 V.S. 나이파울(1932. 8. 17~)이 노벨문학상을 받았다. 나이파울은 The Mystic Masseur(1957), In a Free State(1971), Half a Life(2001), Magic Seeds(2004) 등 모두 16편의 소설과 A Congo Diary(1980), A Turn in the South(1989), India: A Million Mutinies Now(1990), Literary Occasions: Essays(2003) 등 모두 15편의 실화(non-fiction)를 저술했다.

나이파울이 2003년 저술한 Literary Occasions의 책 표지에 나타나 있는 그의 사진은 그림 11-6에 제시되어 있다.

그림 11-6 V.S. 나이파울이 저술한 책 Literary Occasions[43]

제2절 건 축

인도의 건축과 조각은 종교적인 요소가 주류를 이루고 있다. 사원, 이슬람교 성원(聖院), 성채, 궁전, 역사적 기념물 등이 이를 잘 나타낸다.[44] 이를 간략하게 요약하면 다음과 같다.

BC 3세기 중엽 마우리 왕조의 아쇼카(Ashoka)왕 시대부터 석조 건축이 시작되었다. 그 후에는 석가(釋迦)가 입적(入寂)한 직후부터 세워지기 시작한 불교 건축이 융성하였다. 불교 건축물 중에서 중요한 것은 불사리(佛舍利)를 봉안하기 위한 건조물인 스투파(Stupa, 塔婆, 탑파, 탑, 묘)와 석굴사원이다.

그림 11-7 산치에 소재한 그레이트 스투파(Great stupa)[45]

현존하는 최고(最古)의 스투파는 BC 1세기경에 세워진, 산치(Sanchi)에 소재하고 있는 그레이트 스투파(Great Stupa)이다.

7~8세기경부터는 힌두교 건축이 활발해지면서 석굴사원은 점차 지상(地上)에 세워지는 건물로 바뀌어 갔다. 이러한 힌두교 지상사원(地上寺院)에는 '시카라'(Sikhara, 높은 탑)라고 불리는 탑이 본전(本殿) 위에 세워졌는데, 시카라는 높이가 60m나 되는 것도 있다.

그림 11-8 고푸람(Gopuram)사원[46]

16~17세기경의 무굴제국 시대에는 1652년 샤 자한(Shah Jahan) 왕이 타지마할(Taj Mahal)을 건축했는데, 타지마할은 그 호화로움에 있어서 세계적으로 유명하다.

인도 남부에서는 고푸람(Gopuram) 사원, 팔라바(Pallavas) 왕조 시대에 바위를 깎아 만든 마하발리푸람(Mahabalipuram) 사원과 칸치푸람(Kanchipuram) 사원 등이 건축되었다.

인도 중부에서는 AD 950~1030년경에 찬델라(Chandellas) 왕조가 그 수도에 세운 카주라호(Khajuraho) 사원이 자리잡고 있다.

인도 북서부에는 모데라(Modhera)에 있는 수리야(Surya), 즉 태양사원(Sun temple), 나라 심하-데바 강가(Narasimha-deva Ganga)가 오리사의 코나라크(Konarak)에 세운 태양사원이 훌륭한 모습을 자랑한다.

인도 북부에서는 남부 델리(South Delhi)에 소재한 힌두 약샤르담 사원(Hindu Akshardham)이 유명하다.

그 밖에도 함피(Hampi)에는 비루파크샤 사원(Virupaksha Temple), 엘로라(Ellora)에는 카일라사나타 사원(Kailasanatha), 오울드 델라(Old Delhi)에는 자마 마스지드(Jama Masjid), 그리고 델리(Delhi)에는 비르라 만디스(Birla Mandir) 사원 등이 소재하고 있다.

이러한 각 사원들의 모습에 대해서는 그림 11-9를 참조하기 바란다.

오늘날 인도의 현대 건축은 이러한 오랜 역사를 자랑하는 고전적인 면과 현대적인 요소가 잘 결합되어 있다.

오리사 주(州)의 코나라크에 소재한 태양사원(Sun Temple)[50]

사우스 델리에 소재한 힌두 악샤르담 사원[51]

함피에 소재한 비루파크샤 사원(Virupaksha Temple)[52]

엘로라에 소재한 카일라사나타 사원(Kailasanatha Temple)[53]

오울드 델리에 있는 자마 마스지드 사원(Jama Masjid)[54]

델리에 있는 비르라 만디르 사원(Birla Mandir)[55]

그림 11-9 인도의 주요 사원[47]

제3절 조각(Sculpture)

인도의 조각은 건축 · 미술 · 공예와 더불어 문명의 역사가 개시되었던 오랜 옛날부터 시작되었다. 이들 조각은 주로 사실적(realistic)이며, 때로는 날씬한 허리, 유연한 손발 및 발랄하고 관능적인 인간의 모습을 하고 있다. 인도의 조각은 무수한 신(神, deities)과 함께 꽃과 동물에 기반을 두고 있다.[48]

인더스 문명(Indus valley civilization)의 모헨조다로의 큰 목욕탕은 고대 조각의 훌륭한 예이다. 이 문명시대에 발견된 그 밖의 돌 및 청동 조각은 인류 역사상 가장 오래된 조각품의 예이다.[49]

칸치푸람(Kanchipuram), 마두라이(Madurai), 스리랑감(Srirangam) 같은 데칸고원(Deccan)과 북부의 라메스와람(Rameswaram)과 바라나시(Varanasi)의 사원들에 있는 조각품은 그 당시 번영했던 훌륭한 조각품들의 예이다.

이것들뿐만 아니라 마디야 프라데슈(Madhya Pradesh) 주(洲)에 있는 카주라 호 사원(Khajuraho Temples)과 오리사(Orissa) 주의 코나르크 마을에 있는 태양 사원(Sun Temple of Konark)에는 아름다운 수많은 조각품들이 자리잡고 있다.

그림 11-10 카주라호의 차프리사원(Temple of Chhapri)에 조각되어 있는 수도자(Hermit monk)[50]

그림 11-11 카주라호에 있는 사원의 조각품[51]

그림 11-12 코나르크 태양 사원의 돌조각품[52]

그림 11-13 코나르크태양사원의 바퀴조각품[53]

그림 11-14 마하발리푸람 사원의 돌사자 조각상[54]

그림 11-15 엘레판타 동굴의 내부의 벽에 새겨져 있는 조각품[56]

그림 11-12와 그림 11-13은 코나르크 태양사원에 새겨져 있는 조각품의 예이다.

BC 3세기경으로 거슬러 올라가는, 산치(Sanchi)에 있는 그레이트 스투파(Great Stupa, 불탑(佛塔)) 조차도 그 주변의 난간과 정문 등에는 이루 형언할 수 없을 정도로 아름다운 조각들이 새겨져 있다.

마하발리푸람(Mahabalipuram)－또는 마말라푸람(Mammallapuram)으로도 알려져 있음－에 소재한 사르나트 박물관(Sarnath Museum)에 있는 마우리아 왕조시대의 돌 사자 조각상 (인도의 국장(國章), 국가 인장(도장), the State Seal of India)이 유래되었음), 아마라바티(Amaravati)와 나가르주나콘다(Nagarjunakonda)의 건축조각품들은 붓다(석가모니)의 생애를 보여주는 또다른 예이다.

그림 11-14는 마하발리푸람사원의 돌사자 조각상이다.

특히 BC 3세기경 아쇼카왕이 붓다의 생애를 기려 세운 거대한 석주(石柱) 꼭대기의 사자 · 코끼리 · 말 · 소 등을 조각한 조상(彫像)은 그 사실적 수법이 놀랄 만큼 높은 수준이다. 아쇼카 왕이 세운 석주들 중에서도 사르나트에 있는 사자(lion) 상은 가장 대표적인 조각품이다.[55]

힌두의 동굴 조각(Hindu cave architecture)은 뭄바이 부근에 있는 엘레판타 동굴(Elephanta Caves)에서 극치를 이루며, 엘로라(Ellora)의 힌두교 및 자이나교(Jain) 바위굴 사원(Rock Temples), 그리고 특히 8세기에 만들어진 카일라사 사원(Kailasa Temple)에서도 역시 그 조각의 아름다움은 말로는 표현할 수 없을 정도이다.

인도의 조각품들이 가지고 있는 이러한 오랜 역사와 그 아름다움으로 인하여 이들은 전세계에서도 매우 높은 예술적 평가를 받고 있다.

제4절 회화(繪畵, Paintings)

인도 미술의 고대 작품으로 현재까지 전해지는 그림은 그다지 많지 않으며, 원시시대에 사람들이 거주하는 데 사용했던, 아잔타(Ajanta)와 바구(Bagu) 등에 있는 동굴과 바위 속에 그려진 벽화에서 고대 인도 회화의 자취를 찾아볼 수 있을 뿐이다.[57]

아잔타 동굴의 벽화는 그 규모가 웅대할 뿐만 아니라 다양한 내용으로 되어 있는데, 제작 연대는 BC 1세기경에 그려진 아잔타 제10굴을 제외하고는 나머지 모두가 5~7세기경에 그려진 것이다.[58] 이러한 동굴 벽화는 아잔타에서뿐만 아니라 엘로라(Ellora), 호샹가바드(Hoshangabad), 미라자푸르(Mirazapu) 및 빔베트카(Bhimbetka)에서도 발견된다.[60]

빔베트카는 마디야 프라데슈 주(州)에 있는 빈드야찰 언덕(Vindhyachal Hills)의 남쪽 끝 부근에 자리잡고 있는데, 이곳의 바위에 그려진 회화가 유명하며, 이곳은 '빔베트카의 바위 거처'(Rock Shelters of Bhimbetka)로서 2003년 유네스코로부터 세계문화유산으로 지정되었다.[61]

그림 11-16 아잔타동굴의 벽화(제17굴)[59]

그림 11-17 빔베트카의 바위에 그려진 그림(회화)[62]

12세기경부터 동부 인도에서는 불교 경전을 그린 그림이 나타나는 한편, 13세기 이후부터는 북서부 구자라티(Gujarati)지역에서 자이나교 경전의 삽화를 중심으로 한 구자라티 회화(Miniatures of Gujarati)가 출현하는데, 이 그림은 모두 극채색(極彩色)을 한 세밀화(細密畵)로 장식되어 있다.[63] 즉, 윤곽은 검은 선을 사용했고, 배경에는 적색을 썼으며, 채색은 진홍색·황색·녹색·청색·흑색 등의 선명한 색을 썼다.[64] 15세기 경에 이 화풍으로 그려진 주요 작품에는 프리아 미술관에 소장되어 있는 〈자이나교 카르파스트라 삽화〉가 있다.[65]

또한 16세기부터는 북부 인도와 북서부 인도에서 무굴 회화와 라지푸트 회화가 번성하게 된다. 무굴 회화는 인도 무굴 제국의 궁정 귀족의 초상화·수렵도·화조(花鳥) 등을 사실적이고 낭만적인 분위기로 그린 세속화(世俗化)이다.[66] 라지푸트 회화(Rajput painting)는 펀자브 지방과 라지푸타나 지방의 힌두교도들 사이에 발달한 세밀화(細密畵)로서, 힌두교의 비슈누(Vishnu) 신앙을 중심으로 한 토속적인 종교화가 주류를 이루며 크리슈나(Krisna) 신화와 시바(Shiva) 신화를 다룬 것이 많다.[67]

요약하면, 인도 회화의 전통은 고대로 거슬러 올라가며, 아잔타와 엘로라 벽화, 그 밖에 장소의 프레스코(fresco, 벽화를 그릴 때에 새로이 석회를 바르고 채 마르기 전에 수채로 그리는 화법), 불교의 연꽃, 자이나교의 교리, 무굴과 캉그라 회화의 세밀화에서 그 흔적을 찾을 수 있다.[68] 벵골 회화를 시작으로 많은 현대 화가들은 이러한 역사적 배경을 바탕으로 현대적인 스타일을 추구해 가고 있다.[69]

현장 정보

▪ 인도 현대 미술작품, 가격 폭등[70]

"최근 세계 경제에서 급부상하고 있는 인도와 중국의 현대미술 작품의 가격이 세계 미술품 경매 시장에서 돌풍을 일으키며 폭등하고 있다."고 미국의 경제 주간지 비지니스 위크(BW)가 2006년 6월 5일 보도했다.

긴 역사를 갖고 있는 인도와 중국에서 고(古) 미술작품은 오래전부터 인기를 끌어온 반면, 현대 미술작품은 별로 관심을 받지 못했다. 그러나 최근 인도와 중국 경제가 급성장하면서 부(富)를 축적한 자본가들이 늘어나면서 현대 미술작품에 대한 관심도 폭발적으로 늘고 있다는 것이다.

인도의 대표적인 현대 미술화가인 람 쿠마르 화백의 작품은 2003년까지만 해도 그림 가격이 작품당 32000달러 선에서 거래되었으나, 3년 사이에 14배 이상 폭등하여 2006년에는 작품 가격이 50만 달러를 넘었다.

또 2005년 9월 영국 런던에서 열린 경매에서는 인도 여신이 악마 물소와 싸우는 장면을 묘사한 티예브 메타 화백의 작품 '마히사수라'는 158만 4000달러(약 15억

그림 11-18 인도 티예브 메타 작(作) '마히사수라'

원)에 낙찰된 바 있다.

티예르 메타 화백의 작품 '제스처'는 이후 인도에서 열린 경매에서도 130만 달러를 기록하면서 인기작가로 부상했다.

2006년 3월에 열린 미국 뉴욕의 크리스티 경매에서는, 인도 현대미술의 대표적인 화가 마크불 피나 후사인의 '시타 하누만' 등 인도 회화 작품들이 총 1560만 달러 (약 150억 원)에 판매되었다. 또 후사인 화백은 철광 수출업제인 스와루프 그룹의 오너이며 인도 뭄바이의 백만장자인 구루 스와루프 스리바스타바에게 10억 루피(약 220억 원)에 그림 100장을 그려주기로 계약했다.[71)]

경매 회사 본 햄스는 2006년 4월 인도 대표화가 프란시스 뉴턴 소우자의 한 작품이 최고 29만 6800 달러에 팔린 데 힘입어, 5월에는 처음으로 인도 작가 한 명을 선정하여 단독 경매를 개최했다.

경매사회 소더비도 2006년 5월 처음으로 인도 화가들의 작품 만으로 구성된 경매를 단독 실시했다.

소더비 경매의 경우, 2004년 인도 미술품 경매총액은 620만 달러에 불과했지만, 2006년에는 총액이 3060만 달러에 달하였다.

또 1995년부터 인도 회화작품을 수집해 온 '가우르 자산관리' 회사의 무메시 가우르는 "초창기에는 인도 현대회화를 작품당 1만~2만 달러에 구입했는데, 최근 2년간 100만 달러가 넘는 작품이 쏟아지고 있다'고 말했다.

이렇게 인도 현대 미술 작품이 주목을 받으면서, 인도 내부의 급증하는 부유층을 대상으로 인도의 뭄바이 등 대도시를 중심으로 화랑들이 속속 문을 열고 있고, 또 미국 뉴욕의 맨해튼에서도 미국에 살고 있는 부유한 인도계 미국인들을 겨냥해 인도 미술작품을 전문적으로 거래하는 화랑들이 속속 개업하고 있다.

소더비 경매회사의 인도 근·현대회화 담당이사 자라 포터 힐은 "인도 회화의 가격급등 추세는 연평균 8%대를 기록하고 있는 인도 경제의 고속성장과 맞물린 것으로, 최근에는 미(美)를 향유하려는 부유층을 중심으로 수집 열풍이 불면서 또다시 새로운 단계로 진입하고 있다."고 분석했다.

제5절 인도에 있는 세계의 문화 유산 (World Heritage sites in India)

유네스코에서 지정한 세계 문화 유산으로서 인도에 소재하고 있는 것은 모두 26개이다.[72)]

참고로 유네스코에서 지정한 세계 각국의 문화 유산의 수는 표 11-2에 나타내었다.

표 11-2 세계 각국의 문화 유산의 수[73)]

	국가	갯수		국가	갯수		국가	갯수
1	아프가니스탄	2	14	일본	13	27	파키스탄	6
2	아르메니아	3	15	예루살렘	1	28	필리핀	5
3	오스트레일리아	17	16	요르단	3	29	러시아	6
4	바레인	1	17	카자흐스탄	2	30	솔로몬 군도	1
5	방글라데시	3	18	북한	1	31	스리랑카	7
6	캄보디아	1	19	남한	7	32	시리아	4
7	중국	31	20	라오스	2	33	타일랜드	5
8	조지아	3	21	레바논	5	34	터키	2
9	인도	26	22	말레이지아	2	35	우즈베키스탄	4
10	인도네시아	7	23	몽고	2	36	베트남	5
11	이란	7	24	네팔	4	37	예맨	3
12	이라크	2	25	뉴질랜드	3			
13	이스라엘	6	26	오만	4			

인도의 세계 문화 유산 26개의 목록은 표 11-3에 알파벳순으로 제시되어 있다. 이들 중 주요한 문화유적지를 아래에서 설명하고자 한다.

1. 아그라 성채(成砦, Agra Fort)[75)]

아그라 성채는 우타르 프라데슈 주(州)의 아그라(Agra) 시에 자리잡고 있다. 아그라 성채는 16세기 후반 무굴 제국이 로디 왕조를 물리친 후, 악바르 대왕이 수도를 델리에서 아그라로 옮기면서, 아그라의 옛 성채는 더 화려한 왕궁으로 변하였다. 악바르는 성채를 붉은 사암(砂岩, red sandstone)으로 건축하였으며, 내부는 흰 대리석과 정교한 장식품으로 치장하였다. 그래서 아그라 성채를 아그라의 붉은 성채(Red Fort of Agra)라고도 부른다.

이 건물은 높이가 약 21m이고, 야무나 강(Yomuna River) 쪽으로 해자(垓字, moat, 성곽 둘레에 파놓은 연못)에 둘러 싸여 있고, 성채의 둘레는 약 2.5km이다. 아그라 성채의 성벽에는 두 개의 문이 나있는데, 하나는 델리 게이트(Deli Gate)이고, 다른 하나는 아마르 싱 게이트(Amar Sing Gate)이다.

아그라 성채에는 샤 자한 왕이 건축한 자한기르 왕궁(Jahangir Palace) 및 카스 마할(Khas Mahal) 등과 같은 많은 왕궁들과 두 개의 아름다운 성원(聖院, mosque, 이슬람교의 사원)이 자리잡고 있다.

표 11-3 인도의 세계 문화 유산[74]

	인도의 세계문화유산
1	아그라 성채 (Agra Fort)
2	아잔타 바위굴 사원 (Ajanta Caves)
3	산치에 있는 불교 유적 (Buddhist Monuments at Sanchi)
4	참파너-파바가드 고고학 유적 보존 구역 (Champaner-Pavagadh Archaeological Park)
5	차트라파티 시바지 기차 종착역 (Chhatrapati Shivaji Terminus)
6	고아의 성당과 수도원 (Churches and Convents of Goa)
7	엘레판타 동굴 (Elephanta Caves)
8	엘로라 바위굴 사원 (Ellora Caves)
9	파테푸르 시크리의 도시 유적 (Fatehpur Sikri)
10	촐라 왕조 사원 (Great Living Chola Temples)
11	함피의 유적 (Group of Monuments at Hampi)
12	마하발리푸람의 사원 (Group of Monuments at Mahabalipuram)
13	파타다칼의 유적 (Group of Monuments at Pattadakal)
14	델리의 후마윤 왕릉 (Humayun's Tomb, Delhi)
15	카지랑가 국립공원 (Kaziranga National Park)
16	케오라데오 국립공원 (Keoladeo National Park)
17	카주라호 유적 (Khajuraho Group of Monuments)
18	보드 가야의 마하보디 사원 (Mahabodhi Temple Complex at Bodh Gaya)
19	마나스 야생동물 보호구역 (Manas Wildlife Sanctuary)
20	인도 산악 철도 (Mountain Railways of India)
21	난다 데비 국립공원과 화훼 국립공원 (Nanda Devi and Valley of Flowers National Park)
22	델리의 쿠투브 미나르 및 그 유적 (Qutub Minar and its Monuments at Delhi)
23	빔베트카의 바위 거주지 (Rock Shelters of Bhimbetka)
24	코나라크 태양 사원 (Konarak Sun Temple)
25	순다르반스 국립공원 (Sundarbans National Park)
26	타지마할 (Taj Mahal)

그림 11-19 아그라 성채의 전경[76]

그림 11-19에는 아그라 성채의 전경, 그림 11-20에는 아그라 성채의 두 개의 출입문 중의 하나인 아마르 싱 게이트가 나타나 있다.

그림 11-20 아그라 성채의 아마르 싱게이트[77]

2. 아잔타 바위굴 사원(Ajanta Caves)[78]

아잔타 바위굴 사원은 마하라 슈트라 주의 아우랑가바드(Aurangabad) 시의 아잔타 마을에 자리잡고 있는데, BC 2세기와 BC 1세기경에 만들어진 불교식의 첫번째 석굴사원이다. 아잔타 바위굴 사원은 와고라 강 만곡부를 둘러싸고 있는 절벽을 550m에 걸쳐서 단속적으로 도려내어 쌓아 올려진 크고 작은 30개의 바위굴로 구성되어 있다. AD 5세기와 6세기의 굽타 왕조시대 동안에는 최초의 사원군(寺院群)에 더 많이 화려하게 장식된 동굴들이 추가되었다. 아잔타의 그림과 조각품들은 불교 예술의 걸작품으로 간주되고 있으며, 상당히 큰 예술적 영향력을 끼쳤다.

그림 11-21은 아잔타 바위굴 사원의 전경, 그림 11-22는 아잔타 바위굴 속에 프레스코(fresco)로 그려져 있는 벽화의 모습을 보여 주고 있다.

3. 산치에 있는 불교유적(Buddhist Monuments at Sanchi)[81]

산치에 있는 불교유적은 마디야 프라데슈 주에 있는 산치(Sanchi)에 자리잡고 있다.

그림 11-21 아잔타 바위굴 사원의 전경[79]

그림 11-22 프레스코로 그려진 아잔타 바위굴의 벽화[80]

그림 11-23 산치에 있는 불교유적[82)]

보팔(Bhopal)에서 약 40km쯤 떨어져 있는 곳에 있으며 평야를 바라보는 언덕 위에 자리잡고 있는 산치에는 한 개의 돌로 만들어져 있는 기둥 · 궁전 · 사원 · 수도원 등으로 구성되어 있는 불교 유적이 건축되어 있는데, 이들은 BC 2세기에서 BC 1세기경에 만들어진 것들이다.

산치의 불교 유적은 현존하는 가장 오래된 불교 신전이다.

그림 11-23은 산치의 불교 유적의 전경을 보여 주고 있다.

4. 참파너 – 파바가드 고고학 유적 보존구역 (Champaner-Pavagadh Archaeological Park)[83)]

참파너-파바가드 고고학 유물 보존구역은 구자라트 주의 판치마할(Panchmahal)에 자리잡고 있다. 이곳은 선사시대, 특히 동석기 시대(銅石器時代, 신석기 시대에서 청동기 시대로 넘어가는 과도기, cahalcolithic)의 유적, 초기의 힌두 수도(Hindu Capital)의 언덕 위에 있는 성채, 16세기 구자라트 왕조의 수도의 유물 등을 포함하고 있는 대단히 경치가 아름다운 역사적 · 문화적 유적지로서, 개발하지 않은 많은 지역들이 역시 이곳에 자리잡고 있다.

또한 이곳은 8세기에서 14세기까지 만들어진 성곽, 왕궁, 신전, 주거 지역, 농사용 구축물, 관개용 시설 등이 포함하고 있다. 파바가드 언덕(Pavagadh Hill) 꼭대기에 있는 칼리카마타 사원(Kalikamata Temple)은 일년 내내 많은 순례자들이 찾아오는 중요한 사당(shrine)이 자리잡고 있다.

그림 11-24 산참파너-파바가드 고고학 유적 보호구역의 모습[84)]

이 지역은 무굴제국 이전시대의 이슬람 도시로서 완전하게 그리고 변경되지 않게 보존되고 있는 유일한 지역이다. 그림 11-24는 참파너-파바가드 고고학 유적 보호구역의 전경을 보여준다.

5. 차트라파티 시바지 기차 종착역(ST, Chhatrapati Shivaji Terminus)/ 과거의 빅토리아 종착역(Victoria Terminus)[85]

차트라파티 시바지 기차 종착역은 흔히 약자로 CST라 불리는데, 뭄바이 교외에 있는 기차 종착역 건물로서, 현재 인도의 중앙철도(Central Railways)의 본부 역할을 하고 있는 역사적 건물이다.

CST는 1996년까지는 영국의 빅토리아 여왕을 기념해 '빅토리아 종착역'(Victoria Terminus, VT)으로 불렸으나, 그 후 정부에서 인도식 이름으로 바꾸었다.

이 건물은 1878년부터 10년 간의 공사끝에 1888년 완공되었는데, 중세 후기 이탈리아 모델에 근거한 빅토리아 고딕 양식(Victorian Gothic design)으로 축조되었으며, 장엄하고 우아한 모습을 자랑하고 있다.

이 건물은 영국의 건축가들이 인도의 건축가들과 함께 작업하며 영국과 인도의 두 나라 문화를 혼합시킨 역사적 유물이라는 점에서 특히 주목받고 있다.

그림 11-25 CST의 전경[86]

그림 11-25는 차트라파티 시가지 기차 종착역의 전경이다.

6. 고아의 성당과 수도원(Churches and Convents of Goa)[87]

고아의 성당과 수도원은 고아 주에 자리잡고 있다.

과거에 포르투갈이 인도에 침략해 왔을 때 수도였던 고아(Goa)의 성당과 수도원, 특히 성(聖) 프란시스-자이버(St Francis-Xavier)의 묘가 있는 봄 지저스 성당(Church of Bom Jesus)은 그들이 아시아에서 설교했던 상황을 말해 준다.

고아의 성당과 수도원의 전경은 그림 11-26에 나타나 있다.

그림 11-26 고아의 성당과 수도원의 전경[88]

7. 엘레판타 동굴(Elephanta Caves)[89)]

엘레판타 동굴은 마하라 슈트라 주(州)의 코발라 지역, 뭄바이(옛 봄베이)의 해안에서 가까이 떨어져 있는 엘레판타 섬(Eleplanta Island)에 자리잡고 있다. 엘레판타 섬은 '동굴의 도시' (City of Caves)라고도 불린다. 엘레판타 동굴에는 9세기에서 13세기 사이(810~1260년)에 바위를 깎아 만든 조각품, 시바 신(神)을 모신 힌두 사원 등이 자리잡고 있다.

그림 11-27에는 엘레판타 동굴의 입구가, 그림 11-28에는 그 동굴 속의 모습이 나타나 있다.

그림 11-27 엘레판타 동굴의 입구[90)]

그림 11-28 엘레판타 동굴의 속[91)]

8. 엘로라 바위굴 사원(Ellora Caves)[92)]

엘로라 바위굴 사원은 마하라 슈트라 주의 아우랑가바드(Aurangabad) 지역으로부터 약 30km 떨어져 있는 쿠라타바드 타루크(Khulatabad Taluk)시의 베룰 마을(Verul Village)의 엘로라(Ellora)에 자리잡고 있다. 이곳에는 차란난드리 언덕(Charanandri Hills)의 수직 바위굴 절벽을 따라 34개의 수도원과 사원이 세워져 있고, AD 600년에서 1000년 사이에 만들어진 불교 · 힌두교 · 자이나교의 석굴 사원과 수도원 등이 세워져 있다.

불교 사원굴은 제1굴에서부터 제12굴 까지이고, 힌두교 사원굴은 제13굴부터 제29굴까지의 17개굴, 그리고 북단에 있는 자이나교 사원굴은 제30굴로 부터 제34굴까지의 5개굴이다.

특히 제10굴은 비스바카르마(Visvakarma) 석굴이라고 하여 흔히 '목수의 바위굴' (Carpenter's Cave)이라고 불리우는데, 불교 바위굴 중에서도 가장 유명한 바위굴이다. 제16굴은 '카일라사나타 사원' (Kailasanatha Temple)으로 불리는 바위굴로서 엘로라에서 가장 유명하고 중요한 석굴이다. 제16굴의 중앙 사원은 공중 회랑에 의해 연결되어 있다.

그림 11-29 엘로 바위굴 사원굴의 전경[93]

제29굴은 두마르 레나(Dhumar Lena)라고 불리는 힌두교 바위굴로서, 언덕 능선의 부분에 만들어져 있고, 다른 한 쪽은 강에 접하고 있다.

9. 파테푸르 시크리의 도시 유적(Fatehpur Sikri)[94]

파테푸르 시크리의 도시 유적은 우타르 프라세슈 주(州)의 아그라(Agra) 지역에 자리잡고 있다. 파테푸르 시크리(Fatehpur Sikri)란 '승리의 도시' (the City of Victory)라는 뜻인데, 이 도시는 1571년부터 1585년까지 무굴 제국을 악바르 대왕이 통치하고 있을 때 10여 년 동안 무굴 제국의 수도였다.

이 도시의 유적은 모두 동일한 건축양식으로 되어 있으며, 여기에는 자마 마스지드(Jama Masjid) 같은 인도에서 가장 거대한 이슬람 성원(聖院, mosque), 흰색 대리석으로 축조되어 있는 살림 치스티의 왕릉(the Tomb of Salim Chisti), 5층 높이의 판치 마할(Panch Mahal) 궁전 등이 포함되어 있다.

그림 11-30 판치마할 왕궁[95]

10. 촐라 왕조 사원 (Great Living Chola Temples)[96]

촐라 왕조사원은 남부 인도에 자리잡고 있는데, 11세기에서 12세기 동안 촐라 왕조시대의 왕들이 드라비다(dravida) 식으로 축조한 3개의 뛰어난 건축물들이다. 이들 3개의 사원은 탄자부르(Thanjavur)의 브리하디스바라 사원

그림 11-31 촐라 왕조 사원의 전경[97]

(Brihadisvara Temple), 다라수람(Darasuram)의 강가이콘다초리스바람 사원(Temple of Gangaikondacholisvaram) 및 아이라바테스바라 사원(Airavatesvara temple)이다.

강가이콘다초리스바람 사원은 1035년 라젠드라 1세(Rajendra I)에 의해 세워졌으며, 특히 그것의 53m에 이르는 비마나(Vimana, 신전의 탑)는 그 예술적 가치가 탁월하다.

아이라바테스바라 사원은 라젠드라 2세(Rajaraja II)에 의해 건축되었으며, 24m의 비마나는 시바 신(神)의 석상(石像) 이미지를 품고 있다.

11. 함피의 유적(Group of Monuments at Hampi)[98]

함피의 유적은 카르나타카 주(州)의 벨라리(Bellary) 지역에 자리잡고 있다. 함피(Hampi)는 이곳의 남부에 있는 마을로서, 14세기 초 마지막 위대한 힌두 왕조였던 비자야나가르 왕조(Hindu Kingdom of Vijayanagar)의 마지막 수도였다.

이곳에서는 사원과 왕궁들이 드라비다(dravidian) 식으로 건축되었다. 특히 함피에서는 비루파크샤 사원(Virupaksha Temple)이 유명하다.

그림 11-32 함피유적지의 내부 모습[99]

그림 11-33 비루파크샤 사원[100]

12. 마하발리푸람의 사원(Group of Monuments at Mahabalipuram)[101)]

마하발리푸람의 사원은 타밀나두 주(州)의 칭글레푸트(Chingleput) 지역에 자리잡고 있으며, 마말라푸람(Mamallapuram)으로도 알려져 있다.

이들 사원군(寺院群)은 7세와 8세기 경 팔라바 왕국때 코로만델(Coromandel) 해안을 따라 바위를 깎아 만든 것으로 한 덩어리로 이루어져 있으며, 드라비다 건축의 초기 단계의 모습과 불교적 요소가 동시에 함께 어우러져 있다.

이들 사원은 라타스(rathas), 즉 전차(戰車, chariots) 모습을 하고 있는 것으로, 또 만다파스(mandapas), 즉 동굴 신전(cave sanctuaries)으로, 또 시바 신(神)의 위대한 모습을 수천 개 조각해 놓은 리바지 사원(Temple of Rivage), 그리고 유명한 '간지스의 세습' (Descent of Ganges) 등과 같은 야외부조(野外浮彫, 돋보이게 새긴 조각) 등으로 유명하다.

그림 11-34 마하발리푸람 사원의 바깥 모습[102)]

13. 파타다칼의 유적(Group of Monuments at Pattadakal)[103)]

파타다칼의 유적은 카르나타카 주(州)의 비자푸르(Bijapur) 지역의 바다미 탈루크(Badami Taluk)에 있는 파타다칼에 자리잡고 있다. 이곳의 유적은 7세기와 8세기의 찰루키아 왕조시대에 건축되었으며, 9개의 힌두교 사원과 자이나교의 신전이 이곳에 세워져 있다. 특히 유명한 것은 740년, 로카마하데비 여왕(Queen Lokamahadevi)이 자신의 남편이 남부의 왕국과의 전투에서 승리한 것을 기념하기 위해 지은 비루파크샤 사원(Temple of Virupaksha)이다.

그림 11-35 파타다칼 유적의 전경[104)]

14. 델리의 후마윤 왕릉(Humayun's Tomb at Delhi)[105]

후마윤의 왕릉은 델리에 자리잡고 있는데, 이것은 1570년에 건축된 무굴 제국시대의 대표적 왕릉이며, 정원을 갖춘 왕릉(garden-tomb)으로서는 인도 반도에서 첫번째로 지어진 것이다. 후마윤(Humayun)은 무굴 제국을 창건한 바부르(Babur) 대왕의 장남으로서, 부친의 뒤를 이어 제2대왕으로 즉위한 무굴 제국의 왕이다.

그림 11-36 후마윤왕릉의 옆모습[106]

후마윤의 왕릉은 무굴 제국시대의 건축양식을 보여주는 첫번째 예로서, 그 혁신적 건축양식은 후에 건축된 타지마할 건축에 큰 영향을 미쳤다.

15. 카지랑가 국립공원(Kaziranga National Park)[107]

카지랑가 국립공원은 아삼 주에 자리잡고 있다. 아삼 주의 심장부에 있는 이 공원은 인간에 의해 방해받지 않은, 동부 인도의 유일한 지역이다. 여기에는 외뿔 코뿔소, 코끼리, 사자, 곰 및 수천 종의 새들이 살고 있다.

그림 11-37은 카지랑가 국립공원에 사는 동물들을 소개하고 있다.

그림 11-37 카지랑가 국립공원의 모습[108]

그림 11-38 케오라데오 국립공원의 모습[110]

16. 케오라데오 국립공원(Keoladeo National Park)[109]

케오라데오 국립공원은 라자스탄 주(州)에 있으며, 아그라(Agra)시에서 50km 떨어진 곳에 자리잡고 있다. 이곳에는 아프가니스탄, 중국, 시베리아, 투르크메니스탄 등으로 부터 날아오는 시베리아 학 등과 같은 364종의 물새들이 살고 있다.

케오라데오 국립공원의 전경은 그림 11-38에 나타나 있다.

17. 카주라호 유적(Khajuraho Group of Monuments)[111]

카주라호 유적은 마디야 프라데슈 주(州)에 자리잡고 있다. 카주라호에 있는 사원들은 찬델라 왕조(Chandella)가 절정기에 달했던 950년에서 1050년 사이에 건축되었다. 이들 중 20개 사원들만이 남아있는데, 이들은 힌두교와 불교 사원들이다. 이들은 조각술과 건축술에 있어서 완벽한 조화를 이루고 있다. 칸달리아 사원(Temple of Kandariya)은 풍부한 조각들로 장식되어 있는데, 이들은 인도 예술의 위대한 예술품으로 평가받고 있다.

그림 11-39에는 카주라호 유적의 조각품들이 나타나 있다.

18. 보드 가야의 마하보디 사원
(Mahabodhi Temple Complex at Bodh Gaya)[113]

보드 가야에 있는 마하보디 사원군(寺院群)은 동부 인도의 비하르 주(州)에 자리잡고 있다. 마하보디 사원군은 붓다(석가모니)의 생애에 관련된 4개의 신전들 중 한 개인데, 첫 번째 사원은 BC 3세기경 아쇼카 왕(Emperor Asoka)에 의

그림 11-39 카주라호 유적의 조각품[112]

해 축조되었으며, 현재의 사원은 50m 높이에 이르는 것으로서 5세기경 혹은 6세기경에 세워진 것으로 보인다. 이것은 완전히 벽돌로 지어진 초기의 불교 사원들 중의 하나이다.

19. 마나스 야생동물 보호구역(Manas Wildlife Sanctuary)[114)]

마나스 야생동물 보호구역은 아삼(Assam) 주에 자리잡고 있다. 히말라야 산맥의 부드럽게 경사진 산기슭 위에 펼쳐지는 초목지대와 열대 수풀지대에 있는 마나스 야생동물 보호구역은 멸종 위험을 받고 있는 많은 동물들, 예컨대 호랑이, 피그미 돼지, 인도 코끼리, 인도 코뿔소 등과 같은 다양한 야생동물들의 삶의 터전이다.

20. 인도 산악 철도(Mountain Railways of India)[115)]

인도 산악 철도는 웨스트 벵골 주(州)와 타밀 나주 주(州)에 자리잡고 있다. 지금도 운영되고 있는 이 산악 철도는 고도 326m에서 2,203m 이르는 산과 바위로 뒤덮여 있는 지역을 대담하고 천재적인 엔지니어링 기술로 설계하여 건설한 것이다. '인도 산악철도'의 일부를 구성하는 다르질링 히말라야 철도(Darjeeling Himalayan Railway)는 1881년에 개통되었고, 다른 일부를 구성하는 닐기리 산악 철도(Nilgiri Mountain Railway)는 1854년에 제안되었으며 1891년부터 건설되기 시작하여 1908년에 완공되었다. 이러한 인도 산악철도는 영국식민지 시절에 인구의 이동과 사회·경제적 개발을 촉진했다. 그림 11-40은 인도 산악 철도 모습을 보여준다.

그림 11-40 인도 산악철도의 모습[116)]

21. 난다 데비 국립공원과 화훼 국립공원 (Nanda Devi and Valley of Flowers National Parks)[117)]

난다 데비 국립공원과 화훼 국립공원은 우타란찰 주(州)에 자리잡고 있다. 난다 데비 국립공원(Nanda Devi National Parks)은 해발 7,800m 이상으로 솟아 있는 난다 데비 산(山)에 위치해 있는 곳으로서, 인간이 접근하기 어려운 곳이다. 이곳에서는 멸종위기를 맞고 있는 포유동물들, 예컨대, 스노우 표범(snow leopard) 및 히말라야 사향 노루 등이 살고 있다.

화훼 국립공원(Valley of Flowers National Parks)에는 고산성(高山性) 꽃 (alpine flowers)들이 무리지어 있고, 또 아시아 흑곰·스노우 표범·갈색곰·푸른 사슴 등과 같은 희귀하고 멸종 위기에 놓여 있는 동물들이 살고 있다.

이들 두 국립공원은 잔스카(Zanskar)와 대(大)히말라야 산맥 사이의 산악지대에 걸쳐있는 독특한 지역을 함께 포괄하고 있다.

22. 델리의 쿠트브 미나르 및 그 유적 (Qutb Minar and its Monuments, Delhi)[118)]

쿠트브 미나르 및 그 유적은 델리에서 남쪽으로 몇 km 쯤 떨어진 곳에 자리잡고 있다. 이곳에 있는 붉은 사암(砂岩)으로 만들어진 쿠트브 미나르 탑(Red Sandstone Tower of Qutb Minar)은 높이가 72.5m이고, 맨 아래쪽 바닥의 지름은 14.32m인데, 그 꼭대기의 지름은 2.75m이며, 각도가 달라지면서 피리 모양을 하고 있다.

그림 11-41 쿠트브 미나르 탑의 모습[119)]

그 주변의 고고학 지대에는 장엄한 알라이-다르와자 문(Alai-Darwaza Gate)이 달린 장례용 건물이 있는데, 이것은 인도-이슬람 문화의 걸작품으로 평가받고 있다. 그 밖에도 북부인도에서 가장 오래된 사원인 쿠와툴-이슬람 사원(Quwwatu'l-Islam) 같은 2개의 사원이 있다.

23. 빔베트카의 바위 거주지 (Rock Shelters of Bhimbetka)[120)]

빔베트카의 바위 거주지는 마디야 프라데슈 주(州), 구체적으로는 중부 인도 고원지대의 남쪽 끝에 있는 빈드햔 산맥(Vindhyan Mountains)의 수풀이 그다지 우거져 있지 않는 언덕지대에 있는 거대한 사암(砂岩) 지대에 자리잡고 있다.

이곳에는 있는 5개의 자연 바위 거주지들의 부락에는 중석기 시대(中石器時代, Mesolithic period)의 것으로 보이는 그림이 바위에 그려져 있다. 이러한 바위 그림(rock painting)은 이 지역의 그 역사적 의미를 더해 준다.

그림 11-42는 빔베트카 바위 거주지의 전경을 보여 준다.

그림 11-42 빔베트카의 바위 거주지의 모습[121)]

24. 코나라크의 태양사원(Sun Temple, Konarak)[122]

코나라크의 태양사원은 오리사(Orissa)주의 푸리(Puri)지역, 구체적으로는 벵골 만(Bay of Bengal) 해변의 해가 떠오르는 곳에 자리잡고 있다. 코나라크에 있는 태양사원은 태양의 신(神) 수리야(Surya)가 타고 다니는 전차(戰車, chariot) 모습을 상상하여 만들어진 것으로서, 24개의 바퀴와 6마리의 말이 상징적으로 디자인되어 장식되어 있다. 이 태양사원은 13세기에 건축된 것으로서, 브라만교 신전으로 유명하다.

그림 11-43 코나라크의 태양사원의 전경[123]

25. 순다르반스 국립공원(Sundarbans National Park)[124]

순다르반스 국립공원은 웨스트 벵골(West Bengal)에 자리잡고 있다. 이 국립공원은 갠지스 삼각지(Ganges Delta)에 있는 1만 km^{2}의 육지와 바다에 걸쳐 있는데, 이들 중 절반은 인도지역에, 나머지 절반은 방글라데시에 있다. 이 지역은 지구상에서 가장 넓은 홍수림(紅樹林, mangrove, 열대의 강변 · 해변 · 소택지의 숲)을 포함하고 있다. 이 국립공원에는 호랑이, 물에 사는 포유동물(aquatic mammal), 새, 파충류 등 희귀하거나 멸종 위기에 있는 많은 동물들이 살고 있다.

26. 타지 마할(Taj Mahal)[125]

타지 마할은 우타르 프라데슈 주(州)의 아그라(Agra) 지역에 자리잡고 있다. 타지 마할은 무굴제국의 대왕 샤 자한(Sha Jahan)이 왕비 아르주만드 바누 베굼(Arjumand Banu Begum)의 추억을 기념하기 위해 1631년부터 1654년에 걸쳐 축조한 장엄한 영묘(靈廟)이다. 왕비 아르주만드 바누 베굼은 뭄타즈 마할(Mumtaz Mahal)로도 알려져 있다. 즉, 뭄타즈 왕비가 세상을 떠난 뒤 슬픔에 잠긴 샤 자한이 타지 마할을 건축하기 시작했으며, 그의 풍부한 상상력과 낭만적인 성격이 타지 마할의 구석구석에 드러나 있다.

타지 마할은 인도 이슬람 예술의 보석으로 평가받고 있으며, 세계에도 널리 알려져 있는 걸작품이다.

제6절 음악(Music)

1. 전통 음악(Classical Music)[126)]

인도 음악의 뿌리는 베다 시대(Vedic Period)로 거슬러 올라가는데, 이 때는 우주의 창조자인 브라마(Brahma) 신이 자신의 아들인 현자 나라다(Sage Narada)를 통하여 인간들에게 평화와 즐거움을 전달하기 위해 음악을 보내 주었다고 한다. 음악은 인도 문학과 전통에 있어서 모든 시대에 걸쳐 풍요로움을 반영해 주는 가장 오래된 예술의 한 형태이다. 이러한 음악은 상이한 전통과 문화를 갖는 상이한 사람들 사이에 매우 복잡하게 얽혀 있는 감정 교류의 방식으로서, 인도의 인종이 다양한 만큼 음악 형식도 다양한 형태를 띠고 있다.

이러한 인도 음악의 전통은 크게 북부와 동 · 서부에서 유행하는 힌두스타니 음악(Hindustani Music)과 남부에 그 뿌리를 두고 있는 카르나틱 음악(Carnatic Music)의 두 가지로 구분된다.[127)] 이들 두 음악 모두 베다 음악에 근거를 두고 있다.[128)]

(1) 힌두스타니 음악(Hindustani Music)[129)]

힌두스타니 음악은 무굴(Mughal)과 아라비아(Arabic) 및 페르시아(persian) 전통이 인도의 전통 음악과 혼합하며 발전한 것이다.

힌두스타니 전통 음악은 인더스 계곡 문명시대(Indus Valley Civilization) 동안에 발생했다고 말해지며, 그 증거로는 댄스와 드라마와 음악의 신(神)인 시바(Shiva)에게 기도하며, 춤 추는 청동 소녀 동상(bronze dancing girl)을 들 수 있다.

인더스 계곡 문명시대가 저물어가면서 베다 음악(Vedic Music)이 등장하는데, 이 때에는 제관(祭官)들이 운율과 박자를 붙여 찬가를 부르기 시작한다. 이러한 음악은 인도의 위대한 2대 서사시－〈라마야나〉와 〈마하바라타〉－에서 더욱 빛을 발하게 된다.

이러한 인도의 음악 전통은 유명한 음악가들인 칼리다사(Kalidasa), 탄센(Tansen), 아미르 쿠스로우(Amir Khusrou) 등에 의해 더욱 풍요로워지는데, 이러한 전통은 현대에도 판디트 라비 샨카르(Pandit Ravi Shankar), 빔센 구루라지 로시(Bhimsen Gururaj Loshi), 판디트 자스라지(Pandit Jasraj), 프라바 아트레(Prabha

Atre), 술탄 칸(Sultan Khan), 자케르 후사인(Zakeer Hussain) 등에 의해서 더욱 발달하여 유지되고 있다.

(2) 카르나틱 음악(Carnatic Music)[130]

인도의 전통 음악은 남부에서는 카르나틱 음악이라고 알려져 있는데, 이것은 주로 힌두 신(Hindu deities) 들을 찬양하며 부르는 형식을 취하고 있으며, 바이올린 · 베나(veena) · 므리단감(mridangam) 등과 같은 여러 개의 악기가 함께 연주하는 방식이다. 카르나틱 음악은 특히 타밀 나누, 케랄라, 안드라 프라데슈 및 카르나타카 등과 같은 인도의 남부 주(州)에서 널리 유행하고 있다.

카르나틱 음악을 대표하는 음악가에는 마하링감(T.R. Mahalingam), 찬드라세카란(M. Chandrasekaran), 수부락슈미(M.S. Subbulakshmi), 마두라이 마니 이예르(Madurai Mani Iyer) 등이 있다.

2. 팝 음악(Pop Music)[131]

인도 팝 음악의 대부분은 필름(filmi), 즉 인도 뮤지컬 영화(Indian musical films)에서 나오는 노래이다. 인더스 크리드(Indus Creed), 인디언 오우션(Indian Ocean), 유포리아(Euphoria) 등과 같은 록밴드들이 유선 음악 텔레비전(cable music television)을 통하여 대중에게 인기를 얻고 있다.

인도 영화들은 그 주제 및 배경 음악과 작곡가들에 의해 더욱 대중 속에 파고들고 있다. 오늘날 인도의 유명한 영화음악 작곡가는 라만(A.R. Rahman)인데, 원래는 타밀영화사에서 출발했다가 나중에 볼리우드(Bollywood)로 옮겨갔다. 과거에 유명한 영화음악 작곡가에는 나우샤드(Naushad), 부르만(R.D. Burman) 및 일라야라자(Ilayaraja) 등이 있다.

대부분의 인도 영화는 뮤지컬 영화이다. 배우들은 일반적으로 직접 노래를 부르지는 않으며, 예수다스(Yesudas), 라타 망게슈카르(Lata Mangeshkar), 아샤 보슬레(Asha Bhosle), 알카 야그니크(Alka Yagnik) 등의 가수가 부르는 녹화된 노래에 맞추어 입을 움직이는 방식, 즉 립-싱크(lip-synch) 방식으로 노래를 부른다.[132]

3. 악 기[133]

북부 인도의 힌두스타니 음악에서 널리 연주되는 인도 고유의 현악기에는 시타르(Sitar)와 사로드(Sarod)가 있다. 시타르는 기타(Guitar) 비슷하게 생긴 악기로서 프레트(frets, 현악기의 지판을 구획하는 금속제의 돌기)가 있는, 목이 긴 현악기이다. 사로드는 프레트가 없으며 손으로 뜯어 연주하는 기타 비슷한 현악기로서, 시타르보다 목이 짧다.

그림 11-44 시타르를 연주하는 모습

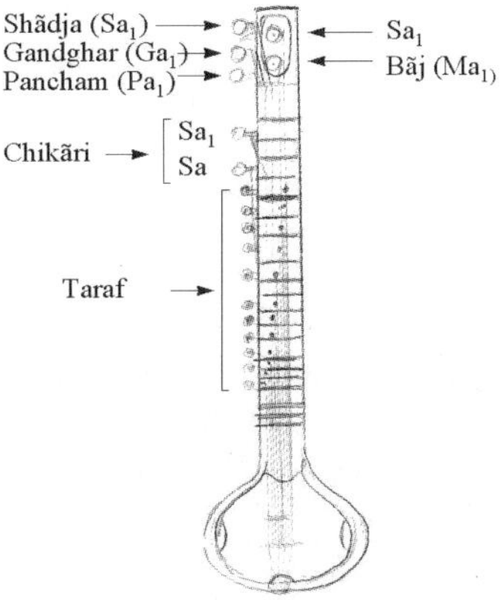

그림 11-45 시타르

시타르는 그림 11-44와 11-45에 나타나 있다.

그 밖의 주요 현악기에는 사랑기(Sarangi, 목이 짧으며 활 모양으로 된 악기)와 수르바하르(Surbahar, 시타르와 비슷하게 생겼지만 더 큰 악기)가 있다.

관악기에는 세나이(Shehnai, 키(Key)가 없음)와 반수리(Bansuri, 6개 내지 7개의 구멍이 나 있는 대나무 피리로서 한 쪽에서 불어서 소리를 냄) 등이 있다. 콘서트를 할 때에는 리듬반주는 타블라(Tabla, 손가락으로 연주하는 한 쌍의 작은 북)에 의해 이루어지고, 저음은 탄푸라(Tanpura)에 의해 이루어진다.

남부 인도의 카르나틱 음악에서는 특히 비나(Vina), 즉 목이 길고, 7개의 현(絃)이 있으며, 또 프레트가 있는 기타 모양의 현악기가 일반적으로 이용된다.

제7절 무용(Dance)

1. 개 관

인도의 신화 · 전설 · 종교 · 고전문학은 인도 무용(춤)에 있어서 전통적이고 민속적인 다양한 주제를 제공해 준다.[134] 즉, 모든 주제와 인물 하나 하나의 움직임은 신(神)의 이야기와 신에 대한 찬양과 헌신을 의미하며, 따라서 인도사람들에게 춤이란 즐거움을 얻기 위한 방법이라기보다는 신과 하나되어 인간 내면의 행복을 찾아가는 구도(求道)의 과정이라고 할 수 있다.[135]

인도 최고의 신으로 추앙받고 있는 시바(Shiva)는 무용의 창시자인 동시에 무용의 왕으로 알려져 있으며, 인도 사람들을 시바의 열정적인 108가지 춤이 우주의 진화 · 보호 · 파괴 · 구원을 실행하는 근원이라고 믿고 있다.[136] 이러한 인도의 무용은 크게 고전 무용과 포크 무용으로 나누어진다.

2. 고전 무용(Classical Dances)

인도의 각 지역에는 예로부터 전해 내려오는 많은 고전 무용(전통 무용)이 있는데, 이러한 고전무용은 엄격한 규칙과 규율을 바탕으로 하며, 바라타나티암, 카타칼리, 카타크, 오디시, 마니푸리, 쿠치푸디 및 모히니아탐 등이 있다.[180] 이들 중요한 몇 가지 형태의 춤을 살펴보기로 한다.

그림 11-46 바라타나티암을 추는 무용수[140]

(1) 바라타나티암(Bharatanatyam)

바라타나티암 댄스는 신을 찬미하는 내용이 중심으로 되어 있는 서사시적 분위기를 담은 무용이며, 인도 남부에서 주로 추는 춤이다.[137]

이 춤은 인도 고전 무용에 관하여 가장 중요한 고대(古代) 논문인 나티아 샤스트라(Natya Shastra)를 저술한, 타밀나두의 현인(玄人) 바라타 무니(Bharata Muni)에 의해 창안되었다.[138] 이 춤은 기도로부터 시작하여 시가(詩歌)의 낭송과 표정 등을 나타낸 뒤에 마지막으로 발의 놀림에 이를 때까지 정해진 격식에 따라 이루어진다.[139]

그림 11-46은 무희(舞姬)가 추는 전통적인 바라타나티암의 모습을 보여준다.

(2) 카타칼리(Kathakali)[141]

카타칼리 댄스는 약 500여 년 전 인도의 남부 케랄라 주(州)에서 시작되었으며, 극적 요소를 많이 내포하고 있는 일종의 춤극(dance-drama) 형식으로서 드라마 · 댄스 · 음악 · 제식(制式, ritual)이 결합되어 있다. 카타칼리에서는 무용수들이 얼굴에 페인트로 분장을 하고서, 얼굴 표정 · 도약 · 손가락에 의한 동작 · 몸놀림에 의한 동작 등을 종합적으로 표현하며 음악 반주에 맞추어 〈마하바라타〉와 〈라마야나〉 등과 같은 인도의 대(大) 서사시의 줄거리를 펼쳐나간다.

(3) 카타크(Kathak)[142]

카타크 댄스는 원래는 북부 인도의 사원에서 추는 서정적인 몸놀림으로 춤이었으나, 무굴제국시대에는 왕궁에서 추는 춤으로 변환되어 점차 귀족적인 우아한 형태를 갖춘, 발의 움직임에 중점을 둔 역동적인 무용이다.

(4) 마니푸리(Manipuri)[143)]

마니푸리 댄스는 미얀마와 국경을 이루고 있는 인도의 북동부 마니푸르(Manipur) 주(州)에서 시작된 인도의 전통무용으로서, 정교하고, 서정적이며 우아한 동작이 특징이다. 그 목적은 어떤 급격한 움직임, 격렬함 혹은 직선을 피하여 유연한 동작을 이루려는 것이다.

(5) 쿠치푸디(Kuchipudi)[144)]

쿠치푸디 댄스는 인도 남부 안드라 프라데슈 주(州)에서 전해 내려오는 고전무용이다. '쿠치푸디'는 벵골 만과 경계를 이루고 있는 크리슈나 지역의 디비 탈루크(Divi Taluq)에 있는 조그만 마을의 이름인데, 이 마을에 거주하던 사람들이 추던 전통 춤의 이름에서 '쿠치푸디 댄스'라는 이름이 붙게 되었다.

(6) 모히니아탐(Mohiniaattam)[145)]

모히니아탐 댄스는 인도 남부의 케랄라 주(州)에서 전통적으로 내려오는 무용이다. 모히니아탐이란 '매력있는 여자의 춤'(dance of enchantress) 이란 뜻이며, 이 춤은 그 주요 내용이 사랑과 신에 대한 헌신이다.

3. 포크 댄스(Folk Dances)

오늘날 인도 사람들은 다양한 인종 수만큼 많은 형태의 포크 댄스를 창조해 내었다. 즉, 문화와 전통의 다양함은 포크 댄스에 그대로 잘 반영되어 있다.[146)] 인도사람들은 계절이 다가옴을 축하하고, 어린이의 출생 혹은 결혼을 축복하며, 또 축제의 즐거움을 만끽하기 위하여 기회가 있을 때마다 포크 댄스를 춘다.[147)] 포크 댄스의 특징은 매우 단순하고 발의 움직임과 몸의 동작이 최소화되어 있다는 것이다.[148)]

제8절 영화(Movies)

1. 개 관[149)]

인도는 연간 800개 이상의 영화를 제작하며(2002년에는 1,200개의 영화가 개봉되었음) 세계에서 가장 큰 영화 산업을 가지고 있다. 힌디어 영화 한편당 평균 제작비는 약 100만 달러(한화 약 10억 원)이다.

인도영화의 주요 제작 도시는 뭄바이(Mumbai)인데, 뭄바이의 과거 이름 봄베이(Bombay)와 헐리우드(Hollywood)를 합쳐서 비공식적으로는 볼리우드(Bollywood)란 이름으로 널리 알려져 있다.

주요한 영화 제작 도시에는 카르나타카 주(州)의 칸나다(kannada), 첸나이(Chennai)의 코담바캄(Kodambakkam), 콜카타(Kolkata) 등이 있다.

인도 영화는 상업적인 영화를 통해 인기를 누리는 외에도, 예술 영화는 특히 인도사회와 관련된 심각한 주제를 다루고 있다. 인도영화의 예술가들과 감독들은 세계 곳곳에서 열리는 영화제에서 인정을 받아오고 있다. 예를 들면, 고인(故人)이 된 사트야지트 라이는 벵골지방의 가난한 일가를 생생하게 묘사한 〈대지의 노래〉를 발표한데 이어 〈아파라지트〉와 〈오프의 세계〉를 제작하여 영화 예술가로서 명성을 높였으며, 1992년에는 오스카 상을 비롯하여 세계적으로 권위있는 상을 수상하였다.[150)]

한편, 기록영화와 단편 영화를 만드는 제작자들은 인도의 현대교육이 다루지 못한 부분에 있어서 지식을 전파하는 데 중요한 역할을 하고 있다.

봄베이의 남쪽 지역의 푸네에 위치한 〈인도 영화 텔레비전 연구소〉(Film and Television Institute of India)는 영화와 TV 프로그램 제작에 관련된 내용을 교육시키고 있는데, 이곳의 학생들이 만든 영화는 인도와 해외의 많은 영화제에서 수상을 한 바 있다.

2. 볼리우드의 유명한 배우 · 감독[151)]

현재 볼리우드에서 활약하고 있는 주요 배우와 감독들의 이름을 소개하면 다음과 같다.

(1) 유명한 남자 배우

인도 영화계를 이끌고 있는 유명한 남자 배우에는 아미타브 바찬(Amitabh Bachan), 샤루크 칸(Sharukh Khan), 라이 카포르(Raj Kapoor), 수닐 두트(Sunil Dutt), 아미르 칸(Aamir Khan), 딜립 쿠마르(Dilip Kumar), 비노드 칸나(Vinod Khanna), 히리티크 로샨(Hrithik Roshan), 살만 칸(Salman Khan), 카다르 칸(Kadar Khan), 다르멘다(Dharmenda), 수니 데올(Sunny Deol), 라제슈 칸나(Rajesh Khanna), 지텐드라(Jitendra), 프란(Pran) 및 시바지 가네산(Sivaji Ganesan)(2001년 7월 21일 작고) 등이 있다.

(2) 유명한 여자 배우

인도 영화계를 이끌고 있는 유명한 여자 배우에는 아이슈와리야 라이(Aishwarya Rai), 수슈미타 센(Sushmita Sen), 마드후리 딕슈이트(Madhuri Dikshit), 라니 무케르지(Rani Mukherjee), 헤마 마리니(Hema Malini), 레크하(Rekha), 마드후발라(Madhubala), 샤바나 아즈미(Shabana Azmi), 스미타 파틸(Smita Patil), 나르기스(Nargis), 카졸(Kajol) 및 제나트 아만(Zeenat Aman) 등이 있다.

(3) 유명한 감독

인도에서 가장 유명한 영화감독에는 샴 베네갈(Shyam Benegal), 구루 두트(Guru Dutt), 수바슈 가이(Subhash Ghai), 카란 조하르(Karan Johar), 라지 카포르(Raj Kapoor), 쉐크하르 카푸르(Shekhar Kapur), 마니 라트남(Mani Ratnam), 샥티 사만타(Shakti Samanta), 람 고팔 바르마(Ram Gopal Varma), 라케슈 로샨(Rakesh Roshan), 라메슈 시피(Ramesh Sippy), 리트위크 가타크(Ritwik Ghatak), 미라 나이르(Mira Nair), 사트야지트 라이(Satyajit Ray), 비말 로이(Bimal Roy), 므리날 센(Mrinal Sen), 샤지 카룬(Shaji Karun) 등이 있다.

제9절 축제(Festivals)

1. 서 론[152)]

인도는 축제의 나라이다. 실제적으로 1년 내내 축제라고 해도 과언이 아닐 정도이다. 인도의 축제는 기본적으로 계절과 농업과 종교에 뿌리를 두고 있다.[153)] 대부분의 축제는 힌두교와 직접 · 간접으로 관련이 있으며, 일반 대중은 축제를 통하여 힌두교의 전통과 관습을 확인하고 발전시킨다.[154)] 물론, 힌두교 외에 다른 종교에 기반을 둔 축제도 많다.

즉, 어떤 축제는 계절의 도래, 추수, 비, 혹은 보름달을 축하한다.

다른 축제는 종교기념일, 성자(聖者)의 생일, 혹은 새해의 도래를 축하한다.

이들 많은 축제들은 인도 대부분의 지역에서 열리지만, 각 지역에 따라 다른 이름으로 불리기도 하고 다른 방식으로 축하되기도 한다. 아래에서는 각 종교 별로 중요한 축제를 열거하고, 간단한 해설을 붙이기로 한다.

2. 힌두교(Hinduism)의 축제

힌두교의 주요 축제에는 다음과 같은 것이 있다.

(1) 디왈리(Diwali) – 빛의 축제(festival of lights)[155)]

이 축제는 10월 말에서 11월 초의 5일 간에 걸쳐 열리는데, 이 축제는 대서사시 〈라마야나〉의 주인공 라마(Rama)가 14년 동안의 망명 생활을 마치고 아요디아로 돌아온 것을 축하기 위한 것이다. 셀 수 없을 정도의 수많은 기름 램프와 등불이 온 나라의

그림 11-47 디왈리 전야(eve)에 스와스티카(swastika, 만자, 卍) 모습으로 램프를 비추고 있는 어린이들[157)]

집안에 커져서 밤을 아름답게 수 놓는다. 이러한 작은 기름 램프를 디야(Diya)라고 부른다.[156] 부(富)와 번영의 여신인 락슈미(Lakshimi)를 경배하는 의식과 폭죽 등이 이 축제의 중요한 부분이다.

26×22cm(런던의 빅토리아 알버트 박물관 소장) – 홀리를 축하하고 있는 크리슈나(Krishna), 라다(Radha), 고피스(Gopis)

그림 11-48 홀리축제[159]

(2) 홀리(Holi)[158]

이 축제는 2~3월에 보름달을 축하는 힌두교의 축제로서, 가장 활기찬 봄의 축제이며, 인도 북부 전지역에서 행해진다. 참가자들은 색깔있는 가루(파우더)와 물을 서로에게 뿌리며, 사탕을 주고 받으면서 서로에게 인사를 한다. 이날만큼은 계급 · 성별 · 지위 · 나이에 따른 일상적인 제약들이 무시된다. 특히 크리슈나 신자들이 이 축제를 가장 즐긴다.

(3) 마카르 산크란티(Makar Sankranti)[160]

마카르 산크란티는, 인도 태양력에 따르면, 태양이 남반구에서 여행을 끝내고 북반구로 여행을 시작하는 날이며, 이 날부터 낮이 길어지는 한국의 '동지'(冬止)에 해당하는 날이다. 인도에서는 1월 14일이 바로 이 날에 해당한다. 인도사람들에게 남방은 야마(Yama, 죽음의 신)의 땅으로서, 태양이 북반구로 올라오는 것은 좋은 날들이 시작된다고 보는 것이다.

(4) 퐁갈(Pongal)[161]

퐁갈은 남부 인도에서 4일 동안 열리는 축제로서, 농사에 도움을 주는 태양과 땅과 소에게 감사하는 추수감사절이다. '퐁갈' 이란 우유와 설탕을 넣어 지은 햇쌀밥을 뜻한다. 사람들은 이 퐁갈을 태양 신에게 바치고 감사드린다. 사흘째 되는 날은 소를 위한 날로써 소를 목욕시키고 뿔에 색칠도 하며, 치장을 한다. 나흘째 되는 날은 투우 시합 등을 한다.

(5) 사라스와티 푸자(Saraswati Puja)[162]

사라스와티 푸자는 지식과 예술, 특히 음악의 신, 혹은 웅변의 신으로서, 백조를 타고 손에는 악기와 책을 들고 다닌다. 봄이 오면 사람들은 사라스와티 신상(神像)을 꺼내어 행진을 하며 경배를 드린다.

사라스와티 푸자는 특히 수험생들 · 예술가 · 문인들이 좋아하는 신이다.

(6) 가네슈 차투르티(Ganesh Chaturthi)[163)]

가네슈 차투르티는 가네슈 신이 전국적으로 숭배되는 날로서, 목욕 재계로 시작되며, 낮에는 금이나 은 또는 흙으로 가네슈 신상(神像)을 만들고, 저녁이 되면 신상의 이마에 '신두르' 라 불리는 주홍색 물감을 바른 후 경배를 드린다. 과거의 인도의 지도자들은 인도의 민족주의를 확산하고 힌두교도의 결속을 위해 가네슈 축제를 대중화시키는 데 노력하였다. 가네슈(Ganesh)는 가나파티(Ganapati)라고도 불린다.

(7) 오남(Onam)[164)]

오남은 케랄라(Kerala) 주(州)에서 기념되는 축제로서 발리 왕이 저승으로부터 돌아오는 것을 기념하는 날이다. 발리는 아수라 왕국의 대왕으로서 막강한 힘과 영토를 뽐내고 있었다. 이를 제압하기 위해 비슈누 신(神)이 난장이 '바마다' 로 화신하여 발리 왕 앞에 나타나서 자신이 걸을 수 있는 세 걸음만큼의 땅을 자신의 땅으로 달라고 부탁하자 발리 왕은 이를 가볍게 여겨 허락하였다. 그러자 난장이 바마다는 거인으로 변하여 단 두 걸음에 하늘을 밟고 세번째 걸음으로 발리 왕을 지옥으로 밀어 떨어뜨려 버렸다. 이 때부터 비슈누는 '세 걸음의 신' 으로 불린다.

지옥으로 쫓겨난 발리 왕은 일년에 한 번씩 고향 사람들을 만나러 오도록 허락을 받았는데, 케랄라 주의 사람들은 돌아오는 발리 왕을 환영하기 위해 거리와 들판을 꽃으로 장식한다. 이 날은 특히 야자수 나뭇잎 모양의 스네이크 보트(snake-boat, 뱀 보트) 경주가 갯벌에서 열려 축제분위기를 더욱 고조시킨다.

(8) 크리슈나 잔마스타미(Krishna Janmastami)[165)]

크리슈나 잔마스타미는 비슈누 신의 화신(化身)인 크리슈나 탄생을 기념하는 축제로서, 사람들은 무리를 지어 노래를 부르고 춤을 추는데, 특히 크리슈나 신이 태어나고 어린 시절을 보낸 마투라와 브린다반에서 축제에 열기가 더해져 더욱 성대하게 거행된다.

잔마스타미는 '8번째의 탄생' 이라는 뜻이며, 크리슈나가 비슈누 신의 8번째 화신임을 의미한다. 이 축제 기간 동안에는 크리슈나 신의 어린 시절 이야기가 극장에서 공연된다.

(9) 바이사키(Baisakhi)[166)]

바이사키는 힌두교의 양력 새해로서, 사람들은 강에서 목욕을 하고 성전으로

가서 기도한다.

바이사키는 시크교도들에게 특히 중요한 날이다. 즉, 이 날은 구루 고빈드 싱이 형제애로 뭉친 결사(結社) 단체인 칼사(Khalsa)를 조직한 날이다.

(10) 두세라(Dussehra) 또는 다세라(Daserra)[167)]

이 축제는 인도의 서사시 〈라마야나〉(Ramayana)를 중심으로 하여 악에 대한 선의 승리를 상징하는 축제로서 10일 동안 계속되며, 모든 종교가 특별한 방법으로 이 열흘 동안 열리는 축제를 기념한다. 북부 지방에서는 '람릴라' (Ram-Lila)라는 야외극이 펼쳐지고, 아요디아의 왕 라마(Rama)의 전설적인 생애를 재현하는 공연이 열린다. 악을 상징하는 랑카의 마왕 '라바나' (Ravana)의 인형들로 가득 채워진 큰 폭죽이 축제 구경꾼들의 환호 속에 터뜨려진다.

(11) 두르가 푸자(Durga Puja)[168)]

이 축제는 두르가 여신을 기념하는 9일 간의 축제이다. 이 축제는 여신 두르가(Durga)를 예배하면서 행하여지는데, 마지막에는 이 여신의 신상(神像)을 강이나 바다 속에 가라앉히는 '침례 의식' 을 거행하면서 축제는 절정에 달한다. 힌두교 신화에서 두르가는 '힘과 정의' 의 상징이다.

(12) 기타

그 밖에 힌두교에서 축하하는 주요 축제에는 다음과 같은 것이 있다.[169)]

- 락샤 반드한(Raksha Bandhan)
- 우가디(Ugadi)
- 구디 파드와(Gudi Padwa)
- 구루 푸르니마(Guru Purnima)
- 카르와 차우트(Karwa Chauth)
- 마카르 산크란티(Makar Sankranti)
- 타이푸삼(Thaipusam)
- 라타 야트라-푸리 자가나트(Ratha Yatraa-Puri Jaganath)
- 기타 자얀티(Gita Jayanti)
- 쿰브 멜라(Kumbh Mela)
- 마르가시라 구루바라: 락시미 푸자(Margasira Guruvaara: Laxmi puja)
- 쿠마르 푸르니마(Kumar Purnima)
- 프라탐 아스타미(Pratham Astami)
- 바산트 판차미(Vasant Panchami)
- 코자기리 푸르니마(Kojagiri Purnima)

- 마하시브라티(Mahashivratri)
- 라마나바미(Ramanavami)
- 하누만 자얀티(Hanumaan Jayanti)
- 차하트(Chhath)

3. 이슬람교(Islamic)의 축제

이슬람교의 주요 축제에는 다음과 같은 것이 있다.[170]

(1) 모하룸(Moharrum)[171]

모하룸은 대 예언자 모하메트의 손자인 이맘 후세인의 순교를 기념하는 날로서, 이슬람교의 신자들은 화려하게 장식된 '타지아스' (이라크의 칼발라의 순교자의 무덤을 종이와 대나무로 본뜬 것)을 들고 행진한다.

(2) 이드-울-피타르(Id-Ul-Fitar)[172]

이드-울-피타르는 이슬람교의 금식기간이 람잔(Ramzan)이 끝나는 것을 축하하는 축제로서, 이슬람교도들은 사원에 모여 기도하고 친구들과 친척들은 서로 모여 인사를 주고받으며 향연을 벌이고 즐거움을 나눈다. 이드-울-피타르 축제는 람잔 이드(Ramzan Id)라고도 한다.

(3) 기타

그밖에 이슬람교에서 축하하는 축제에는 박크리 이드(Bakri Id)가 있는데, 이것은 이드-울-주하(Id-Ul-Zuha)라고도 한다.[173]

4. 시크교(Sikhism)의 축제

시크교의 주요 축제에는 다음과 같은 것이 있다.[174]

(1) 구루 나나크의 생일 자얀티(Guru Nanak's Bithday Jayanti)[175]

구루 나나크 자얀티는 '구루푸랍' 으로도 알려져 있으며, 시크교의 창시자인 구루 나나크의 탄생 기념일이다. 이 축제는 이틀 동안 계속되며, 축제날에는 큰 행진이 이루어진다. 암리차르에서의 축제가 특히 유명하다.

(2) 구루 테그 바하두르의 순교일(Guru Teg Bahadur's Martyrdom Day)

이 축제는 시크교의 제9대 구루인 구루 테그 바하두르가 순교(殉教, martyrdom)한 날을 기념하는 축제이다.

(3) 구루 고빈드 싱의 생일 자얀티(Guru Govind Singh's Birthday Jayanti)

구루 고빈드 자얀티는 시크교의 제10대 구루였던 구루 고빈드 싱의 탄생기념일이다.

(4) 기타[176)]

그 밖에 이슬람 교에서 축하하는 축제에는 전술한 디왈리(Diwali)와 바이사키(Baisakhi)가 있다. 바이사키는 전술한 바와 같이 시크교의 제10대 구루(교주, 敎主) 고빈드 싱이 칼사(Khalsa)라는 호전적인 시크 조직을 설립한 날로 기념된다.

5. 조로아스터 교(Zoroastrianism)의 축제

조로아스터 교에서는 계절을 축하하는 축제를 가함바르(Gahambar)라고 하는데, 이러한 가함바르 축제와 그 밖의 다른 축제에는 다음과 같은 것이 있다.[177)]

(1) 마이드요자렘 가함바르(Maidyozarem Gahambar)

이 축제는 봄 중간 쯤에 이루어 축제(Mid-Spring Festival)로서, 10월 초에 거행된다.

(2) 마이드요샤헴 가함바르(Maidyoshahem Gahambar)

이 축제는 여름 중간쯤에 이루어지는 축제(Mid-Summer Festival)로서 12월 초에 거행된다.

(3) 파이티샤헴 가함바르(Paitishahem Gahambar)

이 축제는 추수를 감사하는 축제(Festival of bring in the harvest)로서, 2월 중순에 거행된다.

(4) 마이드야렘 가함바르(Maidyarem Gahambar)

이 축제는 겨울 중간이 되었음을 축하하는 것(Mid-Winter Festival)이며, 6월 초순에 거행된다.

(5) 하마스파트마이드엠(Hamaspathmaidyem) 혹은 무크타드(Muktad)

이것은 모든 영혼들을 위한 축제(All Souls Festival)이다.

(6) 파테티(Pateti)

이것은 신년 전야(前夜)를 축하하는 날(New Year's Day Eve)이며, 8월에서 9월 사이에 거행된다.

(7) 잠세드-나브로즈(Jamshed-e Navroz)

이것은 신년 첫날(New Year's Day)을 기념하는 축제이다.

(8) 자느한 사데흐(Jashan-e Sadeh)

이것은 불의 축제(Festival of Fire)이다.

(9) 자스한 메흐라간(Jashan-e Mehragan)

이것은 미흐르의 축제(Festival of Mihr)이다. 즉, 가장 높은 천사(天使)인 미트라(Mithra)에게 감사하는 날이다.

(10) 자스한 티리간(Jashan-e Tirigan)

이것은 티르의 축제(Festival of Tir)로서, 시리우스 별(the Star Sirius)의 천사 티슈트리야(Tishtrya)에게 감사하는 날이다.

(11) 파르바르디간(Farvardigan)

이것은 파로하르의 축제(Festival of Farohars)로서, 파르하르, 즉 보호 천사(guardian angels)에게 감사하는 날이다.

(12) 코르다드 살(Khordad Sal)

이것은 예언자 자라투슈트라(Prophet Zarathushtra)의 탄생을 기념하는 날이다.

(13) 자르토슈트 노-디소(Zartosht No-Diso)

이것은 예언자 자라투슈트라의 사망을 애도하는 날이다.

6. 기독교(Christian)의 축제

기독교의 주요 축제에는 부활절(Easter)과 크리스마스가 있다.

7. 불교(Buddhism)의 축제[178)]

불교의 주요 축제에는 붓다 푸르니마(Buddha Purnima)가 있는데, 이것은 부처

님 탄생일이며, 붓다 자얀티(Buddha Jayanti) 혹은 베사크(Vesak)라고도 한다.

8. 자이나 교(Jain)의 축제

자이나 교의 주요 축제에는 마하비르 자얀티(Mahavir Jayanti)가 있다.

9. 기 타

그밖의 주요 축제에는 다음과 같은 것이 있는데, 이들 3개의 축제일은 모두 인도의 국경일이다.[179)]

(1) 간디 자얀티(Gandhi Jayanti)[180)]

이 날은 10월 2일로서, 인도 건국의 아버지인 마하트마 간디의 탄생 기념일이다. 이날은 라지가트와 델리의 간디 사마디에서 특별한 기도를 올리며 인도의 전지역에서 축제가 행해진다.

(2) 독립 기념일(Independence Day)

이 날은 8월 15일로서, 인도가 자유를 쟁취한 1947년의 8월 15일을 기념하는 날이다.

(3) 공화국 기념일(Republic Day)[181)]

이 날은 1월 26일로서, 1950년 인도가 헌법을 채택한 것을 기념하는 날이다.

뉴델리에서의 축제에서는 군인들과 시민들이 화려한 행진을 벌이고 민속무용 축제가 뒤따른다.

제10절 스포츠와 게임

인도의 국기(國技, national sports)는 필드하키(field hockey)인데, 현재는 크리켓(cricket)이 사실상 국기(de facto national game)가 되고 있다. 그러나 인도 북동지역에서는 크리켓이 별로 인기가 없고, 대신에 축구(soccer)가 높은 인기를 얻고 있다.

체스(chess)는 인도 사람들이 국제무대에서 특히 강한 또 다른 국제 스포츠이다. 비스와나탄 아난드(Viswanathan Anand)는 세계 참피언 자리에 올랐다.

그밖에 인도사람들은 큐(cue)를 가지고 하는 스포츠인 스누커(snooker) 혹은 당구(billiard) 등과 같은 것이 오랜 전통을 가지고 있다.

제12장

경제 환경

이 장에서는 인도의 경제 환경으로서, 인도 경제 개관, 경제관련 주요지표, 경제 기초분야(자연자원, 경제개발계획, 금융기관, 산업기반시설), 대외경제분야(외국인 직접 투자정책, 외환관리제도, 무역제도), 소비자 시장, 그리고 인도 경제의 문제점 등을 고찰하기로 한다.

제1절 인도 경제 개관

1. 독립이후 초기의 경제상황[1)]

인도는 독립한 이후 1979년까지 경제가 거의 전적으로 농업에 의존하고 있었다. 국민의 80%가 농업에 종사하고 있었으며, 또 이들 대부분의 농민들은 몹시 가난했고, 자신의 조그만 농경지에서 작물을 재배하거나 다른 농장에 고용되어 상계를 유지해야만 했다. 특히 1962년 중국과의 전쟁, 1965년과 1971년 동(東)파키스탄과의 전쟁, 1971년 동 파키스탄으로부터의 대규모 난민유입, 1965~1966, 1971~1972년 두 차례의 가뭄, 1966년의 통화가치 평가절하(currency devaluation), 1973~1974년 사이의 석유위기(oil crisis) 등이 인도 경제를 더욱 어렵게 만들었다. 그러나 인도 정부는 독립후 민족의 오랜 소원이었던 경제 사회 개발에 착수하여 이를 본격적으로 착수하기 시작했다.

1980년 이후에는 성장률이 개선되기 시작했다. 1980년부터 1989년까지의 연평균 경제성장률은 5.5%를 기록하였다. 산업 성장률은 6.6%를 기록했으며 농업은 3.6%씩 성장했다. 높은 투자율이 경제성장의 주요 원인이었는데, 1970년대 초에는 GDP의 약 19%가 투자되었지만, 1980년대 초에는 약 25%가 투자되었다.

2. 1990년 이후[2)]

1990년대 초에는 경제 성장을 촉진시키기 위해 도입하였던 외채(外債)가 크게 증가하여 외환수지(外換收支, balance of payment)를 압박하였으며, 이러한 외채문제는 1990년 8월 이라크가 쿠웨이트를 침공하여 석유 가격이 2배 이상 상승하자 더욱 악화되었다. 이러한 외채문제와 외환보유고 고갈 등의 등의 문제로 인해 GDP 성장률은 1989년의 4.9%에서 1991년에는 1.1%로 추락하였다. 물가상승율은 1991년에 17%로 최고치를 기록한 이후 1993년에는 9.5%로 떨어졌다가 1994년에는 다시 11%로 상승하였다.

이처럼 1991년 초에 외환위기가 발생하자 인도정부는 그동안 지속해 왔던 사회주의적이고 폐쇄적인 경제체제를 개방적이고 시장지향적인 체제로 전환시키지 않을 수 없었다. 그리하여 1991년부터 시작된 생산 · 교역 · 투자부문에 대한 개혁정책으로 인하여 인도의 상공인 들과 약 2억 명에 달하는 중산층소비자들은 새로운 기회를 얻게 되었다.

해외부문에 대한 개방 · 개혁과 외환보유고를 확대하려는 노력은 국내총생산의 증가, 고용, 및 각종 사회 지표의 안정에 기여하였으며, 이로 인해 1993년 이래 인도의 수출 성장률은 연평균 약 20%에 달했고, 외국 자본의 투자도 매년 약 100%씩 증가했다. 외채의 경우도 1986년 이후 매년 49억 달러씩 증가하였으나 1991년 경제개혁 이후에는 연평균 22억 달러의 증가세를 보였다.

1998년과 1999년에는 2년 연속 인도의 GDP 성장률이 연 6%를 넘어섰고, 외환구조 역시 건실해 졌다. 특히 1999년부터는 외환보유고가 적정수준을 유지하기 시작했으며, 환율도 안정세를 보이게 되었다. 특히 과거와는 달리, 공업부문의 생산성이 크게 향상되기 시작하였으며, 이것은 농업부문의 낮은 생산성을 보완하여 주었다.

3. 2000년 이후의 상황[3)]

2000년이후 인도는 농업 · 관광 · 상업 · 통신 · 과학 및 기술 등의 분야에서 지속적으로 경제성장을 이루어가고 있으며, 이들 분야는 인도경제의 기둥이 되고 있다. 인도는 오늘날 세계에서 여섯번째로 빠른 경제성장을 기록하고 있다. 또한 외국인 투자액 및 수출의 꾸준한 증가, 높은 외화 보유액, 낮은 물가 상승률 및 저금리를 기반으로 안정적인 경제기반을 쌓아가고 있다.

인도는 지금까지 주요 수출품이 농산물일 정도로 세계 최대 식량생산국 중 하나였지만, 점차 농업위주의 구조에서 벗어나 서비스 지향적인 산업 구조로 변화하고 있다. 이러한 변화는 인도 기업들이 마케팅, 생산, 기업 인수 및 합병, 연구개발 등에 있어서 앞장서 투자하는데 원인을 찾을 수 있다.

인도 기업들의 과감한 투자로 인해 소프트웨어 산업은 해당 분야에서 최고로 손꼽히고 있으며, 이를 바탕으로 생명공학, 의료 산업 등의 발달도 촉진되고 있고, 나아가서는 자동차 · 가전제품 · 패션제품에 이르기까지 세계의 초우량 기업들이 인도로 몰려 들어오고 있으며, 세계 초일류 기업들의 아웃소싱기지가 되고 있기도 하다.

미국의 보스턴 글러브(Boston Globe)는 2025년에 달하면 인도는 중국, 미국에 이어 세계 총생산의 13%를 차지하는 세계 3위의 경제 대국으로 등장할 것이라고 예측한 바 있다.[4)]

제2절 경제 관련 주요 지표

인도의 주요 경제 지표를 2005~2006회계년도를 기준으로 정리하면 다음과 같다.[5)]

(1) 회계년도(Fiscal Year, FY)

회계년도는 4월 1일부터 다음해 3월 31일까지이다.

(2) 국내 총생산(Gross Domestic Product, GDP)

GDP는 7356억 달러, GDP성장률은 8.1%, 1인당 GDP(GDP per capita)는 미화 3,400달러이다. GDP구성비율(GDP by sector)은 농업(20.6%), 제조업(28.1%), 서비스업(51.4%)이다.

(3) 연방 예산(Union Budget)

연방 예산은 수입(revence) 미화 1112억 달러, 지출(expenditure) 1358억 달러이다.

(4) 화폐 단위(Currency)

화폐단위는 인도 루피(Indian Rupee, INR)와 파이샤(Paisa)이다.

그림 12-1 1000루피짜리 지폐

루피는 약자로 Rs라고 쓰며, 1Rs=100 파이샤이다. 금액이 가장 큰 것은 1000루피짜리 지폐이고, 가장 작은 것은 10P(파이샤)짜리 동전이다. 더 큰 금액을 표현하기 위한 화폐단위로서 인도는 라크(lakh 또는 lac)와 크로르(crore)를 사용한다. 1라크는 10만 루피이고, 1크로르는 1천만 루피이다. 즉, 만일 환율이 미화 1달러에 43.6루피라고 한다면, 1크로르는 미화 약 227,000달러이다. 그림 12-1은 인도에서 금액이 가장 큰 1000루피짜리 지폐를 보여 준다. 인도의 지폐 루피는 총 7종류의 지폐가 발행되고 있는데, 공통적으로 간디의 얼굴이 담겨 있다.

(5) 환율(Exchange Rate)

평균환율은 미화 1달러에 2001년 47.186Rs, 2002년 48.61Rs, 2003년 46.582Rs, 2004년 45.317Rs, 2005년 43.6Rs이다.

(6) 외화 및 금(金) 보유고(Reserve of Foreign Exchange and Gold)

외환보유고는 2005년말 기준으로 미화 약 1,419억 달러이다.

(7) 외채(External Debt)

외채는 2005년말 기준으로 미화 약 1197억 달러이다.

(8) 수출액(Exports)과 수입액(Imports)

2005년 기준으로 수출액은 미화 792억 달러, 수입액은 1071억 달러이다.

(9) 주요 수출품과 그 구성비율

인도의 주요 수출품과 그 구성비율은 보석 · 보석 장식품(17.3%), 석유제품(8.3%), 약품 · 의약품 · 화장품(8.5%), 기성복(7.6%), 섬유제품(기성복 이외)(7.6%), 기계(4.4%), 금속 가공품(4.1%), 철강 반제품(4.1%), 플라스틱 제품(3.7%), 수송기기(3.6%) 등과 같다.

(10) 주요 수입품과 그 구성비율

인도의 주요 수입품과 그 구성비율은, 원유 · 석유제품(27.9%), 금 · 은(10.1%), 전자제품(9.1%), 진주 · 귀금속(8.8%), 기계(6.1%), 유기 · 무기 화학품(5.0%), 석탄 · 코크스 · 연탄(2.6%), 수송기기(2.3%), 식용유(2.2%) 등과 같다.

(11) 주요 수출대상국(Export-Partners)

인도의 주요 수출대상국 및 그 비중은 미국 17%, 아랍 에미레이트(United Arab Emirates) 8.8%, 중국 5.5%, 홍콩 4.7%, 독일 4%이다.

(12) 주요 수입 상대국(Import-Partners)

인도의 주요 수입 상대국 및 그 비중은 미국 7.0%, 벨기에 6.1%, 중국 5.9%, 싱가포르 4.8%, 영국 4.6%, 호주 4.6%, 독일 4.5%이다.

(13) 노동 인구(Labour Force) 및 채용분야 구성비율(Labour force by occupation)

인도의 노동인구, 즉, 근로자의 수는 약 4억 8220만 명이다. 이들이 채용되어 있는 직업분야 및 그 구성비율은 농업(63%), 산업 및 상업(22%), 서비스 및 정부(11%), 수송 및 통신(4%)이다.

(14) 실업률(Unemployment Rate)

인도의 실업률은 약 7.32%이다.

(15) 소득분배구조(Income Distribution Structure)

인도의 경제 연구기관인 NCAER(National Council of Applied Economic Research)이 1986년부터 1990년까지의 50만 가정을 대상으로 표본조사하고, 또 1992년에 같은 조사를 실시한 결과 발표한 자료에 의하면, 그 당시 인도 전체의 계층별 소득분배구조는 다음과 같다.

- 고소득층 연 78,001Rs 이상 2.3%
- 상위중산층 연 56,001~78,000Rs 3.7%
- 중위중산층 연 36,001~56,000Rs 10.4%
- 하위중산층 연 18,001~36,000Rs 25.4%
- 저소득층 연 18,000Rs 이하 58.2%

한편 2006년 The World Fact book에서 발표한 자료에 따르면, 현재 인도에서 상위 10% 가정이 점유하는 소득비율(household income of consumption by percentage share)은 33.5%이고, 하위 10% 가정이 점유하는 소득비율은 3.5%이다. 또 빈곤 수준 아래에 있는 인구(population below poverty line)의 비율은 약 25%이다.

(16) 경제자유도(Index of Economic Freedom)

인도의 경제자유도(經濟自由度)는 (http://www.heritage.org/research/feeatures/index/country.cfm?id=India)(2005)에 의하면 세계에서 118번째인데, 이것은 거의 자유가 없음(mostly unfree)을 뜻한다.

(17) 부패 인식 지수(Corruption Perceptions Index)

인도의 국민들이 공무원들에 대하여 느끼는 부패인식 지수는(http://ww1.transsparency.org/cpi/2005/cpi2005_infocus.html#cpi)(2005)에 의하면 세계에서 88번째인데, 이것은 인도 공무원들이 얼마나 심각하게 부패되어 있는가를 보여 준다.

(18) 경제관련 주요인물 – 아마르티야 센[6]

인도출신 아마르티야 쿠마스 센(Amartya Kumar Sen) 교수가 후생경제학 분야에 대한 공헌으로 노벨경제학 상을 받았다. 스웨덴 왕립 한림원은 "센 교수가 후생경제학의 기본문제들에 대한 연구에 공헌한 공로를 인정받아 아시아인으로서는 처음으로 1998년 노벨 경제학상 수상자로 결정되었다.

센 교수는 사회적 선택이론과 후생 및 빈곤지표, 기아문제에 대한 실증분석 연구 등을 통해 기아와 빈곤문제에 초점을 맞춘 경제학의 틀을 확립하는데 크게 기여했다."고 밝혔다.

센교수는 지난 1974년 방글라데시의 기근을 비롯해 인도와 사하라 지역 국가들의 기아해결 문제를 주도 · 연구했다.

1933년 11월 3일 인도 벵골에서 출생한 센 교수는 1959년 케임브리지 대학에서 박사학위를 받은 후, 미국 코넬대와 영국 옥스퍼드대를 거쳐 하바드대에 재직하다가 1998년에는 영국 케임브리지대 트리니티 칼리지로 옮겨 경제학교수로 재직하며 사회선택 이론과 후생 경제학 및 경제 개발론 등을 강의해 왔다.

아마르티야 센 교수

그의 주요 저술과 논문에는 다음과 같은 것이 있다.[7]

- 경제적 불평등에 관한 집합적 선택 및 사회복지(Collective Choice and Social Welfare On Economic Inequality)
- 자격과 박탈에 관한 수필(An Essay on Entitlements and Deprivation)
- 복지와 측정(Welfare and Measurement)
- 식량경제학과 자격(Food Economics and Entitlements)
- 윤리와 경제(On Ethics and Economics)

제3절 경제기초 분야

여기에서는 인도경제의 기초를 이루는 주요분야로서, 자연자원, 경제개발계획, 금융기관, 산업기반시설, 및 통신 등에 대하여 고찰하기로 한다.

1. 자연 자원(Natural Resources and Energy)[8)]

인도는 각종 지하자원이 비교적 풍부한데, 그 주요한 것으로는 석탄, 철광석, 망간(manganese), 운모(mica, 마이커), 보크사이트(bauxite, 알루미늄 원광), 크롬철광(chromite), 토륨(thorium, 방사성 금속원소인 토륨석(石)), 석회암(limestone), 중정석(重晶石, barite), 티타늄 광석(titanium ore), 다이아몬드, 석유 등을 들 수 있다.

석탄은 과거에도 인도에서 가장 많이 사용된 연료였으며, 앞으로도 수십년 동안은 고갈될 염려가 없을 정도로 풍부하다. 그러나 석탄은 주로 비하르 · 웨스트 벵골 · 마디야 프라데슈 · 카르나타카 · 고아 · 안드라 프라데슈 · 타밀 나두 주(州)에 집중되어 매장되어 있고 다른 주에는 고르게 분포되어 있지 않으므로, 이들 다른 지역에서 필요한 석탄은 수백km를 운반해야만 한다.

양질의 철광석 매장량은 약 90억 톤 정도로 추정되는데, 이는 세계에서도 상위권 수준이다. 인도의 주요 철광석 생산지는 비하르 · 오리사 · 마디야 프라데슈 · 카르나타카 · 고아 · 안드라 프라데슈 · 타밀나주 주(州)이다.

망간 역시 막대한 양이 매장되어 있는데, 망간은 주로 마디야 프라데슈 주와 마하라 슈트라 주에 집중적으로 매장되어 있고, 비하르 · 오리사 · 카르나타카 · 안드라 프라데슈 · 고아 주 등에도 부분적으로 매장되어 있다.

이밖에도 운모, 보크사이트, 크롬 역시 풍부하게 매장되어 있다.

석유는 구자라트 주와 그 앞바다의 캄베이 만에서 생산되고 있으나, 그 생산량이 인도 전체의 소비량을 충족시키기에는 현저하게 부족하여 2/3 이상을 수입에 의존하였으나, 뭄바이(봄베이)의 먼 바다에서 유전이 발견되어 자급률이 조금씩 높아지고 있다. 인도의 2005년도 1일 평균 석유생산량은 78만 5천 배럴이고, 1일 평균 석유 소비량은 232만 배럴이다.[9)] 또 1일 평균 석유 수출량은 35만 배럴이고, 1일 평균 석유 수입량은 209만 배럴이다.[10)] 확인된 석유매장량은 57억 배럴이다.[11)]

한편, 인도의 1일 평균 천연가스(natural gas) 생산량은 22억 7500만 m^3이고, 1일 평균 천연 가스 소비량 역시 22억 7500만 m^3이다.[12)] 확인된 천연가스 매장량은 5424억 m^3이다.[13)]

2. 경제개발 5개년 계획(Development Planning)

(1) 서론[14)]

인도는 1950년 계획위원회(Planning commission)을 창설하였다. 이 위원회는 오직 총리에게만 책임을 지며, 각료회의로부터 독립되어 있다. 총리는 이 위원회의 위원장이다. 그리하여 1951년부터 제1차 경제개발 5개년계획(FY 1951~1955)이 실시되기 시작하여 현재에 이르고 있다.

인도 경제개발계획의 기본전략은 중공업을 일으킨다는 것이다. 중공업은 초기에는 그 효과가 작지만, 먼 장래에는 경제발전의 토대가 되고 경제발전을 가속화하여 인도의 경제자립이 달성될 것이라는 것이다. 정부는 중공업을 민간 기업들이 담당하는 것은 불가능하다고 보고, 국가가 직접 중공업에 참여하는 개발방식을 채택하였다.

제철소 · 중기계 공업 · 기초 화학공업 · 중요한 광업 등과 같은 기간 산업의 설립과 확장은 원칙적으로 모두 공공 부문에서 담당하고, 민간 부문에서는 기타 분야, 특히 소비재 산업을 분담 한다는 방침을 정해 놓고 있다. 그러나 공공 부문과 민간 부문의 이러한 역할 분담관계가 절대적인 것은 아니고, 기존의 민간 대기업이 공공 기관의 분야를 담당하는 것은 종종 인가되고 있으며, 또 첨단 기술을 필요로 하는 외자기업이나 자본력있는 대기업의 경우에는 신규로 자본재 공업분야에 진출하는 것도 가끔 인가되고 있다.

(2) 경제구조의 변화 추세[15)]

이와 같은 공공 부문과 민간 부문의 혼합식 경제개발방식 아래에서 공공부문 투자가 국민경제에서 차지하는 비중이 계속 증대되어 왔다. 특히 인도에서는 전력 · 운수 · 통신 등의 분야에서 공공 부문의 비중이 높지만, 그밖에 금융업 · 제조업 · 광공업 분야에서도 공공부문의 비중이 상당히 높다. 그러나 공공부문은 생산성이 낮고 영업 실적이 좋지 않은데, 주 정부가 운영하고 있는 전력 사업 · 관개사업은 매년 거액의 적자를 내고 있으며, 중앙 정부가 운영하는 광공업도 거의 적자 경영을 면하지 못하고 있다.

어쨌든 1951년 이후 계속 실시되고 있는 5개년 경제개발계획아래에서 국민소득은 꾸준히 성장해 오고 있고, 다양한 분야에서 생산이 증가되고 있으며, 산업구조도 고도화되고 있다. 즉, 농업을 비롯한 제1차 산업의 비율이 50%에서 40%로 하락하고, 공업 · 전기 등과 같은 제2차 산업은 20%에서 30%로 상승하였다.

최근에는 특히 소프트웨어 산업 · 생명공학 · 의료 산업 · 금융 산업 등과 같은 서비스 산업중심의 산업구조로의 급격히 변해가는 모습을 보이고 있다.

(3) 제10차 경제개발 5개년 계획(2002년~2007년)에 대한 중간 평가

인도 정부가 이렇게 수립하기 시작한 경제개발계획이 현재는 제10차 계획에 이르고 있다. 인도정부가 발표한 제10차 경제개발 5개년 계획의 중간평가 결과를 제시하면 다음과 같다.[16)]

1) 중간 평가 개요

인도 정부는 현재의 제10차 5개년 계획(2002년~2007년) 기간 동안의 경제성장률 목표를 8.1%로 책정하였으나, 지난 3년간 달성한 연평균 실제 성장률은 6.5 %였다.

싱 총리는 경제성장률 목표를 달성하지 못한 주요 요인으로

① 취약한 농업부문 성장률

② 예상에 미치지 못한 제조업 분야 성장률, 및

③ 중앙/지방 정부의 부적절한 재정정책

등을 지적하였다.

2) 중간 평가에서 제시된 지난 3년간 인도경제의 긍정적 요소와 부정적 요소

① 긍정적 요소로는 다음과 같은 사항이 지적되었다.
- 물가상승률의 적정수준 통제(연평균 5.5%)
- 국제수지여건 개선 및 외환보유고 증가(1,380억 달러)
- 공업부분 고도 성장률 유지(8.1%)
- 외국인 직접투자(FDI) 여건 개선(383억 달러 유치)

② 부정적 요소로는 다음과 같은 사항이 지적되었다.
- 농업부문 성장률 저하(연 평균 성장률 1.9%)
- 산업기반 시설(infra-structure) 확충 미흡
- 노동력 증가에 미치지 못하는 고용창출 및 사회부문 침체현상 계속
- 국제 유가 상승 및 불확실성 지속(국내 수요의 70% 수입의존)

3) 향후 우선순위 경제정책

인도정부는 이와같은 중간 평가 결과를 토대로 남은 기간 동안에는 농업 부문의 성장력 강화 및 사회기반시설 확충, 그리고 고용창출에 역량을 집중하기로 했다.

① 농업부문의 성장력 강화를 위해서는, 첫째, 앞으로 10년간 농업 생산을 2배 증가시킬 것을 목표로 농업부문 투자 확대, 농업 신용확대, 작물 다변화, 유통구조 개선 등과 같은 과제를 선정해서 이행한다.
둘째, 농업 부문 지원시스템 확충, 관개시설 투자 확대, 비료 및 용수 가

격 조절, 농산물 마케팅 및 계약 경작 제도 확대, 식품 가공법 등과 같은 관련 법규를 정비한다.

② 제조업부문의 성장률이 저조한 주요원인은 산업기반의 시설 부족이므로, 산업기반 시설을 확충하기 위해서는,
첫째, 전력 · 도로 · 공항 · 항만시설 확충을 위한 종합계획을 수립한다.
둘째, 전력 요금 정책 개선, 철도 요금 합리화, 고속도로 사업 개혁, 델리/뭄바이 공항 개선 프로젝트 가속화를 위한 세부 계획을 수립한다.

③ 고용창출을 위해서는, 취업 교육 및 훈련 프로그램 확대, 노동시장 유연성 제고, 그리고 비정규직 근로자에 대한 사회보장 확대 등을 추진한다.

3. 금융 기관(Financial Institution)

(1) 서론[17)]

인도의 금융 기관은 중앙은행인 인도 준비은행(Reserve Bank of India, RBI), 인도 산업개발은행 · 수출입은행 등과 같은 개발금융기관, 단기자금을 취급하는 상업은행, 그리고 보험 회사 · 투자 신탁회사 · 리스 회사 등과 같은 다수의 비은행 금융기관들로 구성되어 있다.

그리고 이와 같은 간접자본시장인 은행뿐만 아니라, 최근에는 직접자본 조달시장인 증권시장이 새로운 주요 금융시장으로 떠오르고 있다. 아래에서는 이들 금융시장에 대하여 보다 구체적으로 살펴보기로 하자.

(2) 인도 준비은행(Reserve Bank of India)[18)]

그림 12-2 뭄바이에 있는 RBI 본점[19)]

중앙은행인 인도 준비은행(RBI)은 인도가 영국령으로 있던 1935년 민영은행(Private bank)으로 설립되었다. 이 은행은 동시에 약간의 중앙은행의 기능을 수행하였으나, 주로 무역금융과 단기자금융자를 담당했다. 그후 인도가 독립한 후 1949년 1월 1일 국영화되었으며, 더 큰 권한을 갖게 되었다.

RBI는 화폐를 발행하고, 재무부(Ministry of Finance)의 대리인으로서 외환을 통제하고, 중앙 정부 · 주 정부 · 상업은행(Commercial banks), 주협동은행(State Cooperative banks) 및 기타

금융기관을 위한 은행 역할을 하고 있다. RBI는 안정적인 가격과 높은 생산을 촉진하기 위하여 통화정책을 수립하고 집행한다. RBI는 은행제도와 신용제도를 개발하는 데 있어서, 또 경제개발 5개년 계획을 보다 더 효율적으로 수행하는데 있어서 더욱 더 큰 책임이 부여되고 있는 상황이다.

그림 12-2은 뭄바이에 있는 인도 준비은행(RBI) 본점 건물의 모습을 보여 준다.

(3) 개발 금융기관[20]

인도의 대표적인 개발 금융에는 인도의 중 · 장기 금융을 담당할 목적으로 세워진 인도 산업금융회사(Industrial Financial Corporation of India, IFCI)와 인도 산업개발은행(Industrial Development Bank of India, IDBI)가 있다. 이들 은행들은 1991년의 경제자유화 조치 이후 점진적으로 민영화되어 가고 있다. IFCI는 1993년에 민영화되었고, IDBI는 1994년에 약 30%의 주식을 일반 매각함으로써 민영화되기 시작했다.

(4) 상업은행(Commercial banks)[21]

인도의 상업은행은 원래 산업 · 농업 · 소기업들에게 단기 자금을 제공하기 위해서 설립되었다. 현재 인도 최대의 상업은행은 인도국립은행(State Bank of India, SBI)인데, 지점수가 9천여 개에 이르고 있고, 예금액은 인도 은행부문 전체 예금의 20%를 점유하고 있다.

이와같이 인도 금융 산업의 핵심역할을 담당하는 상업은행들은 다시 지정 상업은행(Scheduled Commercial Bank)과 비(非)지정 상업은행(Non-Scheduled Commercial Bank)으로 나누어진다.

지정 상업은행은 최소 납입 자본금이 50만 루피 이상이고, 중앙은행(RBI)이 경영 건전성을 인정하는 금융기관들인데, 지정 상업은행이 되면 중앙은행과의 거래 자격이 부여되고 법정 지불 준비금을 예치해야 하는 의무도 부담하게 된다.

인도 정부는 1969년에 14개의 주요 민영상업은행들을 국유화하였으며 1980년에는 6개를 더 국유화하였다. 상업은행들은 국유화(nationalization)됨으로써 국가의 취약한 분야에 대한 여신요구(credit requirement)를 점점 더 충족시키게 되었으며 또한 대규모 산업 · 무역 · 농업분야에서 누리던 독점적 지위를 상실하게 되었다.[22]

(5) 기타[23]

인도 정부는 산업, 농업, 및 소기업들에 대한 여신을 제공하기 위해 많은 특수 금융기관(specialized institutions)을 세우고 있다. 이들 중 대표적인 것으로는 시골지역, 농촌 지역 및 산업 지역에 세운 신용협동조합(credit cooperatives), 소액 예금자를 위한 저축보험(deposit insurance) 및 우편저축은행(postal saving banks) 등이 있다. 또한 도움을 필요로 하는 특수 집단이나 활동을 지원하기 위해서 보조금 여신(subsidized credit)이 제공된다.

그리고 신용보증회사(credit guarantee corporation)는 주요 금융기관을 쉽게 이용할 수 없는 소규모 무역인, 운송업자, 소규모 창업자 들이 상업은행으로부터 융자를 받을 때 그 신용을 보증해 주는 금융기관이다.

한편 인도에는 23개의 외국은행들이 영업하고 있는데, 그 대표적인 것으로는 ANZ Grindlays Bank, City Bank, HSBC(Hongkong and Shanghai Banking Corporation) 및 Standard Chartered Bank 등이 있다.

현장 정보

■ 아시아 300대 은행에 인도 22개, 한국 14개[24)]

홍콩 시사주간지 〈아주 주간(亞洲週刊)〉은 2005년말 총자산 규모별로 '아시아 300대 은행을 선정하여 보도하였다.

이 보도에 따르면, 일본이 129개 은행이 선정되어 1위를 차지하였으며, 300대 은행 전체 자산 중에서 차지하는 비중은 52.0%였고, 300대 은행들이 거둔 774억 달러의 순이익 가운데 42.1%를 차지하였다.

인도는 대만 37개에 이어 22개로서 3위를 차지하였으며, 한국은 14개로서 7위를 차지하였다.

표 12-1 아시아 300대 은행

국가/지역	은행수	자산 비중	순이익 비중
일본	129	52.0%	42.1%
대만	37	5.6%	2.1%
인도	22	3.4%	5.3%
중국	20	22.4%	15.5%
홍콩	18	5.0%	12.1%
말레이지아	16	1.6%	2.6%
한국	14	5.7%	11.6%
인도네시아	13	0.8%	1.9%
필리핀	13	0.4%	0.8%
태국	12	1.2%	2.9%
상가포르	3	1.8%	2.9%
마카오	3	0.1%	0.1%
총계	300	100 %	100 %

(6) 증권시장(Stock market)

증권시장은 최근 인도의 새로운 금융시장으로 떠오르고 있는데, 그 중심 도시는 뭄바이(Mumbai)이다. 즉, 뭄바이는 인도의 경제수도라고 할 수 있으며, 이 곳에는 중앙은행인 인도준비은행(Reserve Bank of India), 봄베이 증권거래소(Bombay Stock Exchange, BSE), 국립 증권거래소(National Stock Exchange, NSE) 및 기타 많은 금융 기관들의 본사가 이 도시에 자리잡고 있다.[25)]

인도에는 모두 23개의 증권거래소가 있는데, 이들 중 BSE와 NSE가 전체 거래량의 83%를 차지하고 있다. 이와같은 주식시장 및 기타 증권시장의 감독은 1992년에 설립된 인도증권거래위원회(Securities and Exchange Board of India, SEBI)가 담당하고 있다.

1) BSE의 Sensex Index (지수, 指數)

봄베이 증권거래소(BSE)의 Sensex지수(Index)는 1979년 4월, 30개 기업으로 구성된 가중평균지수(value-weighted index)를 100으로 하고 있는 지수이다.[26)]

이들 기업들의 주식은 규모가 가장 크고 또 가장 활발하게 거래되는 주식들로서, 다양한 산업분야를 대표하고 있으며, 이들은 BSE의 주식 시가 총액의 약 1/5을 반영하고 있다.[27)]

Sensex지수는 인도 경제의 건전성과 발전성을 측정할 수 있는 가장 대중적이고 정확한 기준으로 인식되고 있다.

Sensex지수는 1990년 7월 25일 1000포인트대 진입, 1992년 1월 15일 2,000포인트대, 1992년 3월 2일 3,000포인트대, 1992년 3월 30일 4,000포인트대, 1999년 12월 30일 5000포인트대, 2004년 1월 2일 6,000포인트대, 2005년 6월 20일 7,000포인트대, 2005년 9월 8일 8,000포인트대, 2005년 11월 28일 9,000포인트대에 진입하였으며, 2006년 2월 6일에는 역사적인 10,000포인트대를 돌파하였다.[28)] 인도 언론은 이러한 현상이 국내외 투자가들의 인도경제의 지속적 성장에 대한 높은 신뢰와 인도 주식시장에 대한 지대한 관심을 반영하는 것으로 평가하였다. 또 2006년 4월 20일에는 12,000선을 돌파하였다.[29)]

BSE는 상장 기업수가 7,000개를 상회(上廻)하여 기업수로는 뉴욕증권거래소(New York Stock Exchange)에 이어 세계 제2위 수준이지만, 실제 주식 거래가 이루어 지는 기업은 500개 회사에도 미치지 못하는 상황이다.[30)]

그림 12-3은 인도의 가장 큰 증권거래소 중의 하나인 봄베이 증권거래소의 모습을 보여 주고 있다.

그림 12-3 봄베이 증권거래소(BSE)[31)]

현장 정보

■ 뭄바이 '인도 증권시장'[32)]

인도에는 2개의 전국적인 증권시장이 있다.

1879년에 설립되어 130년의 역사를 자랑하는, 아시아 최초의 증권거래소인 봄베이 증권거래소(Bombay Stock Exchange, BSE)와 1994년에 설립된 국립 증권거래소(National Stock Exchange, NSE)가 그것이다. 이들 두 곳 모두 인도의 경제중심지인 뭄바이에 있다.

BSE는 뉴욕 증권거래소 시장과 성격이 비슷하며, 화학 · 철강 · 자동차 · 식품 등 전통적인 제조업체들이 주로 상장되어 있다. BSE에 상장되어 있는 주식수는 7천개가 넘어 아시아에서 가장 많다. 이에 반해 NSE는 미국 나스닥 시장과 유사하며, 소프트웨어 등 2000여 개 IT벤처기업들이 소속되어 있는데, 한달 평균 10여 개가 상장신청을 할 정도로 활기에 넘친다. 주식 거래는 증권사를 통한 간접 매매만이 허용되고 있는데, 그 이유는 전산용량이 부족해서 아직 홈트레이딩 시스템이 도입되어 있지 않게 때문이며, 따라서 주식을 사고 팔 때마다 증권사 직원에게 주문을 내야 한다.

---

2) 국립 증권거래소(NSE)[33)]

인도 국립증권거래소(National Stock Exchange)는 1994년 11월에 설립되었으며, BSE와 더불어 인도에서 가장 규모가 크고 또 현대적인 주식시장이다. NSE는 전자거래제도를 도입하여 거래의 속도와 투명성을 높임으로서 BSE를 크게 능가하는 자금조달 실적을 보이고 있다. 현재 NSE는 그 거래량면에서 세계에서 3번째로 큰 증권거래소이다

현장 정보

■ 인도 주식시장 폭발적 성장세[34)]

전세계 자본이 인도 주식시장에 모여들면서, 인도 주식시장이 폭발적인 성장세를 보이고 있다. 2006년 3월 21일 인도 증시의 대표 지수인 센섹스 지수(Sensitive Index는 장중 1만 1000선을 넘어섰다. 〈크리스찬 사이언스 모니터〉에 따르면, 최근 5년 동안 인도 주식시장은 200%에 달하는 성장률을 보였는데, 이는 같은 기간 중국의 65%성장률과 비교해 볼 때 폭발적이라고 할 수 있다.

1879년 설립된 인도 증시는 아시아에서 가장 오래된 증시를 자랑한다. 센섹스 지수는 2003년 73%, 2004년 13%, 2005년 42% 급상승하였으며, 2006년에도 17% 상승했다. 투자자들은 인도기업들의 높은 투명성 및 낮은 정부규제를 인도 투자의 매력으로 지적한다. 중국의 경우는 지나친 정부 규제와 만연한 부패 등으로 인해 투자자들의 투자를 망설이게 한다는 것이다. 영국 런던의 롬바드 연구소의 경제학자

마야 바한다리 박사는 "중국과 비교해 볼 때, 인도의 경제적 인프라가 더 견실하다. 인도 시장에 몰려드는 전세계 자본은 거품이 아니다."라고 말했다.

처음에 인도 증시의 상승을 이끈 것은 일본의 자금이었는데, 지금은 여기에 중동 자금이 본격적으로 가세하면서 센섹스 지수는 계속 치솟고 있는 것이다.

---

(7) 뮤추얼 펀드 시장[35]

현재 인도의 전체 뮤추얼 펀드 시장의 규모는 480억 달러로서, 이는 3년 전보다 2배 가량 증가한 것이라고 월스트리트 저널(WST)이 2006년 3월 13일 보도했다. 이렇게 시장규모가 확대된 것은 인도의 시장 개방으로 정부규제가 완화되면서 외국계 뮤추얼 펀드가 급속히 유입되었기 때문이라고 이 신문은 분석했다.

현재 인도 내에는 28개의 뮤추얼 펀드(mutual fund)가 있는데, 이들 가운데 13개가 외국계 펀드이다. 1999년 말까지는 인도 토종회사 유닛 트러스트 어브 인디어(Unit Trust of India)가 뮤추얼펀드 시장의 80%를 장악하고 있었으나, 이 회사의 현재 시장 점유율은 13%로 떨어졌다. 반면, 프랭클린 템플턴 인베스트먼트의 프랭클린 리소스(Franklin Resource)는 1990년대 인도에 진출한 이래, 자산규모 40억 달러로서 8%의 시장 점유율을 차지하고 있다. 또 영국 푸르덴셜의 현지 합작 회사인 푸르덴셜 ICICI에셋 매니지먼트는 10%의 시장점유율을 기록하고 있다.

현장 정보

■ 인도로 몰리는 세계 사모(私募) 펀드[36]

세계적이 사모 펀드들이 인도로 몰려들고 있다. 인도에는 매달 새로운 외국계 사모 펀드들이 진출하여 인도의 숙련된 인력을 고용하고, 뭄바이와 벵갈루루, 뉴델리 등에 지점을 앞다투어 개설하고 있다.

〈비지니스 위크〉 인터넷 판은 "미국의 블랙스톤 그룹과 칼라일 그룹, 제너럴 애틀랜틱 파트너스, 그리고 영국의 애티스 파트너스 등 세계 각지의 투자 펀드들이 인도 기업에 투자를 늘리거나 신규투자를 하고 있다. ICICI 벤처 펀드 매니지먼트와 코닥 그룹 같은 인도 사모 펀드 투자기업들도 투자를 확대하고 있다."고 전했다.

〈아시아 벤처 캐피털 저널(AVCJ)〉에 따르면, 인도 주식 시장에서 벤처기업을 위한 사모펀드 거래에 무려 13억 달러 규모가 투자되었다.

이들 사모 펀드들은 대체로 경영이 어려운 노후 기업들에 투자해 이 기업들을 호전시키는 투자 기법을 사용하지만, 인도처럼 경제가 급성장하는 나라에서는 벤처 캐피털 같은 새로운 업종 투자를 하고 있다고 〈비지니스 위크〉는 전했다.

인도가 중국 등 경쟁국들보다 사모 펀드들에게 좋은 장점으로는 투자자들에게 더

숙련된 노동력을 제공한다는 점, 민간 부분의 기업 투명성이 훨씬 높다는 점, 그리고 인도 법원들이 외국 투자자들의 권리 문제에 대해 공정하고 믿을 만한 중재자 역할을 하고 있다는 점 등이 꼽혔다.

4. 산업 기반 시설(Infrastructure)

(1) 서론

인도에서는 산업기반시설의 낙후가 그동안 경제발전의 주요한 장애 요인이 되어 왔는데, 인도정부는 총리를 의장으로 하는 '산업 기반 시설 위원회' 를 설치하여 산업 기반 시설을 개혁하고 확충하기 위한 대대적인 프로젝트를 추진해 오고 있다.[37] 이러한 노력 끝에 지난 10년 동안 이 분야에 대한 개선이 현저히 이루어지고 있는 상황이다. 아래에서는 산업 기반시설의 주요 구성요소인 도로, 철도, 지하철, 항만, 공항, 및 전력 등에 대하여 살펴보기로 한다.

(2) 도로(Road System)[38]

인도의 도로는 현재 전장(全長) 3,313,569km로서, 규모면에서는 세계 2위를 차지하고 있으나, 그 중에서 포장된 도로는 2,411,000km에 불과하다.

이와 같은 인도의 도로는 연방 고속도로(National Highways) 65,569km, 주(州) 고속도로(State Highway) 128,000km, 주요 지역도로(Major District Roads) 470,000 km, 및 그밖의 지역도로 및 시골도로 2,650,000km로 구성되어 있다. 이와 같이 전체 도로 중 고속도로는 193,659km에 불과하며, 일반 국도의 50% 가량이 비포장도로로서 매우 열악한 형편이다. 또 전체 마을 중 25%는 아직 도로와 연결조차 되어 있지 않다. 이와 같은 도로를 이용한 육상 화물 수송은 전체 물동량의 60%, 여객 운송의 80%를 차지하고 있다.

그림 12-4 GQ와 NSEW 건설계획[40]

연방 고속도로는 그 길이는 전체 도로길이의 2% 불과하지만 국가 전체 운송량의 40%를 담당하고 있다. 이와 같은 연방 고속도로의 중요성 및 빠른 속도로 증가하는 운송량을 고려하여, 정부는 연방고속도로 개발 프로젝트(National Highways Development Project, NHDP)를 수립하여 그림 12-4와 같은 주요 도시를 연결하는 '황금의 사각형' (Golden Quadrilateral, GQ)고속도로 개발계획을 추진하고 있다.[39]

이 NHDP계획에는 델리－콜카타－첸나이－뭄바이 등 4개 도시를 꼭짓점으로 연결하는 총길이 5,846km의 '황금의 4각형' 고속도로 건설계획과, 북부의 스리나가르(Srinagar)와 남부의 칸야쿠마리(Kanyakumari)를 연결하는 총길이 4,000km의 '남 · 북 고속도로', 그리고 서부의 포르반다르(Porbandar)와 동부의 실차르(Silchar)를 연결하는 총길이 3,300 km의 '동서고속도로', 즉 '남북 및 동서 고속도로' (North South and East West Corridors, NSEW) 건설계획이 포함되어 있다. 그림 12-4은 이러한 GQ건설계획과 NSEW건설계획을 보여주고 있다.

(3) 철도(Railways)[41)]

인도 철도는 1853년 영국이 상업적 · 군사적 필요에 의해 캘커타 · 봄베이 · 마드리스의 3대 항구에서 내륙쪽으로 철도망이 구축되었는데, 광궤(廣軌)(broad gauge)와 협궤(夾軌; narrow gauge) 철도가 뒤섞여 있다. 오늘날 철도망은 총연장 63,230km(이 중 16,693km는 전철화되어 있음)로서 미국 · 소련 · 캐나다에 이어 세계 제4위의 철도 보유국이다. 인도의 이러한 철도 중 45,718km는 광궤철도(1.676m)이고, 나머지는 협궤철도인데, 협궤철도는 다시 1.000m 궤간(軌間, gauge) 14,406km, 0.762m궤간 및 0.601m 궤간 3,106km로 이루어져 있다.

인도 철도는 육상을 통한 화물 수송 40%와 여객수송 20%를 차지하고 있다. 그러나 철도는 시설 · 신호 체계 · 화물 적재 및 하역 시설 등의 노후화에 따른 운영상의 비효율성과 고속도로 및 항공 운송과의 수송 경쟁에 밀리면서, 그 비중 및 수송량이 하향추세에 있다. 이러한 문제점을 개선하기 위해서 인도 정부는 철도시설을 현대화하고 철도 서비스의 질을 향상시키기 위한 다각적인 방안을 검토하고 있는데, 그 예로서는 승차권 발매를 비롯한 철도 사업 회계업무의 컴퓨터화, 수익성 제고, 일부 노선의 민영화, 비핵심 사업부문의 아웃소싱 등을 들 수 있다.

(4) 지하철(Subways)[42)]

인도 정부는 대도시에서 육상교통편을 확충하는 데는 토지매입곤란 및 차량의 급격한 증가에 따른 교통체증 및 그에 따른 대기 오염 증대 문제가 있음을 감안하여 지하철을 건설하고 이를 확대하려는 노력을 하고 있다.

인도 최초의 지하철은 1984년 콜카타에서 도입되었으며, 그후 2002년에는 수도 델리에서 지하철이 개통되었다. 인도 정부는 앞으로도 뭄바이와 벵갈루루에서도 지하철을 건설할 예정이다. 콜카타 지하철은 1972년 공사에 착수하여, 1984년에 1단계 구간이 완성되어 운행을 시작했고, 1995년에는 최종구간이 완공되어 전면적인 운행을 하게 되었으며, 지하철 총 연장은 16.45km이고, 지하철 운행 평균속도는 시속 30km이다.

(5) 수로(水路, Waterways)[43]

인도의 수로는 도로 교통의 발달과 철도의 확장으로 인해 그 중요성이 감소되었으나, 몇몇 지역, 특히 웨스트 벵골 주와 케릴라 주에서는 아직도 수로가 중요한 교통수단이 되고 있다. 인도의 수로는 현재 그 길이가 14,500km인데, 이 중에서 5,200km는 주요한 강(江)들을, 그리고 485km는 운하(canal)를 이용한 것이다.

이러한 수로를 이용하고 있는 대표적인 지역으로는 웨스트 벵골 주의 갠지스 강과 브라마푸트라 강, 안드라 프라데슈 주의 고다바리 강과 크리슈나 강, 타밀 나두 주의 코베리 강, 케랄라 주와 오리사 주의 운하 등을 들 수 있다.

(6) 항만(Ports)[44]

인도에는 (안다만 니코바르 제도를 포함하여) 총길이 7,517km의 해안선이 있으며, 12개의 주요 항구와 187개의 소규모 항구를 가지고 있다. 12개의 주요 항구는 전체 수송량의 3/4을 처리하고 있는데, 이러한 항구들 중에서 비샤카파트남(Vishakapatnam) 항구가 지난 5년간 화물 처리량 1위를 기록하고 있다.

이들 주요 항구의 이름을 제시하면, 서해안에 있는 칸들라(Kandla), 뭄바이(예전의 Bombay), 나바 세바(Nhava Sheva), 마르마가오(Marmagao), 뉴 망갈로르(New Mangalore), 코치(Kochi, 예전의 Cochim) 항구, 그리고 동해안에 있는 콜카타(Kolkata, 예전의 Calcutta), 할디아(Haldia), 파라디프(Paradip), 비샤카파트남, 첸나이(Chennai) 및 투티코린(Tuticorin) 항구 등이다.

2005년에는 이들 항구는 5억 톤 이상의 화물을 취급하였으며, 연평균 14.2%의 증가율을 보이고 있다. 그러나 대부분의 항구는 기반(infra)시설 부족으로 배후 지역에 서비스를 제공하는 지선 항구(支線, feeder ports) 역할을 하고 있는 실정이다.

인도 수출업자들은 항만 시설 부족과 화물처리 역량의 포화 상태로 수출 물량의 50% 정도를 스리랑카의 콜롬보, 싱가포르 등과 같은 다른 지역의 중심 항구(hub ports)를 경유해서 이용하고 있으며, 그에 따라 해운 물류 비용의 30%가 추가되고 있는 상황이다.

인도 정부는 중심항구를 만들기 위해서 부두의 정박시설, 컨테이너 취급장비, 컨테이너 야적장 등을 구비하는 등과 같은 항만 시설의 현대화 및 시설 확충에 노력할 뿐만 아니라, 항만 업무의 효율화와 현대화를 위해 항만사업 주체의 주식회사화(化), 전자 자료 호환(Electonic Data Interchange, EDI) 시스템 도입, 그리고 항만과 주요 산업 및 상업 거점들을 연결하는 육상 교통편 확충 등을 위해서도 노력하고 있다.

(7) 공항(Airports)[45)]

인도는 11개의 국제 공항과 111개의 국내 공항 등 거대한 민간 항공망을 보유하고 있는데, 뭄바이 · 첸나이 · 델리 · 콜카타 등 4개 국제공항이 전체 여객 수송의 66%, 화물수송의 75%를 차지하고 있어 이들 4개 공항의 이용 비중이 매우 높은 상황에 있다. 인도 정부는 급격한 경제성장과 더불어 증가하는 여객 및 화물 운송 수요를 감당하기 위해서는 공항시설 확장 및 현대화가 필요하다고 보고, 민관합작 방식에 입각하여 델리 공항 및 뭄바이 공항의 현대화, 첸나이 공항 및 콜카타 공항의 구조 조정 계획을 추진하고 있다.

또한 인도 공항국(Airports Authority)을 설립하여 25개의 비도심권 공항(non-metro airports)을 개발하려 하고 있다. 여기에는 아가티(Agatti), 보팔(Bhopal), 인도르(Indore), 나그푸르(Nagpur), 파트나(Patna), 라지코트(Rajkot), 바도드라(Vadodra) 공항 등이 포함되어 있다.[46)]

(8) 전력(Electricity)

1) 서론[47)]

인도의 발전설비용량은 1947년 독립당시에는 1,300MW에서 2005년 말에는 12,000MW(123GW)로 확대되어 세계 5위 수준을 기록하고 있다. 이를 에너지 자원 별로 보면, 화력 69.2%, 수력 26.2%, 원자력 2.4% 등으로 화력발전이 압도적으로 크다.

총발전량은 2005년에는 6000 billion kwh이었고, 1인당 전력 소비량은 592kwh/년이었으나, 이러한 전력 소비량은 세계 평균의 약 25%수준 (한국은 약 5,500kwh/년)으로 매우 낮은 수준에 있다. 그래서 전력난이 심각한 상황인데, 전략 부족량은 평균 7.1%이고, 최대 수요 시간대에는 전력부족량이 11.2%에 달하며, 정전이 잦고 또 전력의 품질도 매우 낮다.[48)]

2) 전력난의 원인[49)]

현재 인도의 이와 같은 열악한 전력 사정의 원인으로는 다음과 같은 것을 들 수 있다.

첫째, 석탄 · 우라늄 등과 같은 부존자원 활용을 통한 전원개발이 개발 기술 낙후, 재원 부족 등으로 미흡하다.

둘째, 발전소 보수 · 정비 불량, 기술 낙후, 삼각한 수준의 요금 납부 거절 등으로 인해 발전, 송 · 배전 손실률이 높다.

셋째, 정치인들이 전력 요금 인하 또는 면제를 득표수단으로 이용하거나 과거 사회주의적 경제 정책의 영향으로 많은 주 정부들이 원가에도 훨씬 미치지 못하는 요금을 부과하거나, 농민 · 저소득 층에 대한 무상공급을 실시하고 있어 전력시설 개선 · 확충을 위한 투자 재원 조달이 원천적으로 봉쇄되어 있다.

넷째, 지난 1991년부터 추진해 온 민자발전 사업이 관련 법령 미비 등으로 인해 실패했다.

3) 국가 정책[50)]

인도 정부는 열악한 전력사정으로 인한 만성적인 전력부족을 극복하고 10년 이내에 10만 MW 전력을 추가 공급한다는 목표를 달성하기 위해 2003년 6월 신(新)전력법(Electricity Act 2003)을 제정하였다. 그리고 이 법률의 규정에 따라 2004년 주정부, 주전력청, 산업계 등과 협의를 거쳐 국가전력 정책(National Electricity Pohicy)을 수립하여 추진하고 있다.

이러한 정책의 기본 내용을 살펴보면 다음과 같다.

① 국가 전력 정책의 목표[51)]

국가 전력 정책의 목표는 다음과 같이 설정되었다.

- 향후 5년 내 전체 가구에 전력을 공급한다(현재 전력 공급률은 약 44%).
- 2012년까지 예비율을 포함하여 전력수요를 완전히 충족시킨다.
- 효율적이고 저렴한 고품질 전력을 공급한다. 이를 위한 구체적인 목표는 다음과 같다.
  - 2012년까지 1인당 전력소비를 1,000unit(kwh)로 확대
  - 2012년까지 1일 1가구당 최소 1 unit 소비
  - 전력부문 재정 건전화 및 상업적 수익성(commercial viability) 실현
  - 소비자 이익 보호

② 국가 전력정책의 세부계획[52)]

위와 같은 목표를 달성하기 위한 국가 전력 정책의 세부계획은 다음과 같다.

- 5년 이내에 농어촌 전력화(電力化)사업을 완료하고, 이를 위해 주(State)에 자본을 보조한다.
- 발전용량을 확대하기 위해 다음과 같은 조치를 취한다.
  - 민자발전 사업에 대한 면허 취득 제도 및 승인제도
  - 수입 석탄을 활용한 해안가 화력발전소 건설
  - 부존자원인 갈탄을 활용
  - 원자력발전소 건설을 확대하여 발전용량을 2020년까지 20,000MW로 증대
  - 발전소의 대형화 추진
- 송전 · 배전 사업체계를 개선하기 위해 다음과 같은 조치를 취한다.
  - 정부는 송전에 대해서만 책임지고 배전은 민영화
  - 국가 송전망에 대한 연방 및 주 정부 책임 구분

- 5년내 국제 수준의 송 · 배전망 구축
- 송 · 배전 선로 승압
- 도전 방지 등

• 전력사업에 필요한 재정적 지원을 위해 다음과 같은 조치를 취한다.
- 소요재원 2,000억 달러 조달방안 수립
- 발전설비 및 연료에 대한 관세 인하
- 민자발전 적극 추진

현장 정보

■ 인도정부, 산업기반 시설 확충에 주력[53)]

인도 정부는 연간 경제성장률 10%를 달성하기 위해 2006회계년도(2006년 4월~2007년 3월)에 도로, 항만, 전력 시설 등 사회기반시설(infra-structure)에 5조 7300억 루피(1280억달러)에 이르는 대규모 투자를 하기로 했다. 이는 전년에 비해 11% 증가한 규모이다. 팔라니아판 치담 바람 인도 재무장관은 "향후 3년간 전력 생산량을 4만 메가와트 늘릴 계획이며, 다음 회계년도에는 전력생산량이 적어도 1만 5천 메가와트 늘어날 것이다."라고 밝혔다.

현재 인도에서 도로는 하루에 4.48km의 비율로 건설되고 있다. 인도의 항만은 홍콩에 비해 시간이 10배 이상 더 소요되며, 인도 제조업체들은 중국보다 2배 이상 높은 전기료를 지불해야 할 정도로 사회기반 기설이 미흡하다고 블룸버그 통신은 전했다.

또 스탠더드 채터드 뱅크(SCB)의 수차티메타 경제분석가는 "인도가 성장률 10% 시대를 여는 데 있어 최대의 장애물은 항만 · 도로 · 에너지 생산 등의 사회기반 시설이 좋지 않다는 점이다."라고 진단했다.

제4절 대외 경제 분야

여기에서는 대외경제에 관련된 주요 분야로서 외국인 직접투자 정책, 외환관리 제도 및 무역제도 등을 고찰하기도 한다.

1. 외국인 직접투자 정책(Foreign Direct Investment, FDI)

(1) 서론[54)]

인도는 17세기 동인도 회사가 인도에 진출해 온 이후 장기간 외국 자본의 지배를 받은 경험이 있었기 때문에, 과거부터 무역뿐만 아니라 자본 · 기술 도입 등 투자부문에 대해서도 폐쇄적이였다. 특히, 1947년 독립이후에는 철저하게 국내 산업 보호정책을 실시하여 인도 기업은 수입품 및 인도에 진출한 외국 기업으로 부터 보호를 받았으며, 산업 인 · 허가 제도를 실시함으로써 국내 기업들간의 경쟁도 제한되었다.

그러나 전술한 바와 같이, 이러한 폐쇄 정책으로 인하여 국영 기업을 비롯한 인도 기업들은 국내시장에서 많은 기득권을 누리기는 했지만 장기간 저성장을 경험하게 되었고, 1991년에 들어와서는 인도 경제는 외채부문을 포함한 총체적인 위기를 겪게 되었다. 이러한 경제 위기에 대응책으로 인도 정부는 1991년 7월 대외 개방 · 개혁 정책을 도입하였으며, 이를 계기로 외국인 투자 정책도 바뀌게 되었다. 즉, 외국 자본 및 기술을 적극적으로 도입하기 위해서 외국인 투자 진흥위원회(Foreign Investment Promotion Board, FIPB)를 설립하여 외국인 투자를 적극적으로 유치하는 정책을 시행하게 되었다.

이에 따라 과거에는 기술 이전을 조건으로 하여 사례별로 투자 승인이 이루어졌던 외국인 투자에 대하여 인도 정부는 자국 경제에 도움이 되는 투자라면 모든 투자에 대해 문호를 개방하였다.

(2) 외국인 투자 유치정책의 구체적 내용

인도정부는 지속적인 경제성장과 고용창출을 위해서는 부족한 국내 가용재원을 보완하고 선진 기술 및 경영실무를 습득할 수 있는 외국인 직접투자(FDI)의 유치가 필수적이라고 인식하고 투자개방 및 투자 환경 개선 조치를 꾸준히 취해 왔다.[55] 인도 정부가 취하고 있는 외국인 투자 유치 정책의 몇가지 예를 제시하면 다음과 같다.[56]

첫째, 외국인 투자승인 절차가 간소화되고, 외국인 소유 지분이 40% 이상인 기업에 적용되던 송금 규제도 완화되었으며, 세제(稅制)에 있어서 외국인 기업도 국내 기업과 동등한 대우를 받게 되었다.

둘째, 중소기업 고유업종을 과거 614개 업종에서 506개 업종으로 축소하고, 또한 이 부분에서도 최고 24%의 지분소유를 허용하였다.

셋째, 수출기업과 전력, 전자, 소프트웨어 등과 같은 부문에서는 외국인의 지분 소유를 100%까지 허용하였다.

넷째, 소도시, 주택, 관련 산업기반시설(Infra structure), 개발 부문에서는 외국인 투자 100% 자동 승인을 허용하였다.

다섯째, 외국인 직접투자 승인 방식을 중앙 은행인 인도 준비 은행(RBI)에 신고만 하면 되는 자동승인 방식과 외국인 투자 진흥위원회(FIPB)의 승인을 받아야 하는 방식으로 간소화하였으며, 투자원금과 이익을 자유롭게 송금할 수 있도록 허용하였다.

이러한 노력끝에 인도는 외국인 직접투자 환경은 과거에 비해서 많이 개선되고 있으며, 유엔 무역 · 개발 협의회(United Nations Conference on Trade and Development, UNCTAD)에서는 "인도는 아시아 태평양 개발(Asia and Pacific conference, APAC)에서 가장 뛰어난 직접 투자 유치국 중의 하나"라고 평가한 바 있다.[57]

(3) 외국인 직접투자(FDI) 유치 현황

인도의 FDI 유치현황을 요약하면 다음과 같다.

1) 연도별 FDI 유치 현황[58]

1991년 경제개방 이후 2005년 6월까지 FDI 총 유입규모는 342억 달러이다. 이를 연도별로 유입규모를 보면, 2001년 37억 달러, 2002년 38억 달러, 2003년 25억 달러, 2004년 37억 달러, 2005년 1월~6월 18억 달러로서 2001년 이후 매년 30억달러 내외에 머무르고 있다. 이것은 중국의 2004년 말 기준 FDI 총 유입규모 5,621억 달러, 또 2004년도 FDI 유입액 606억 달러에 비하면 크게 낮은 수준이다.

2) 산업별 FDI 유치 현황[59]

산업별로 FDI 유치의 주요 분야와 그 비중을 보면, 전기전자(SW 포함)(12%), 수송기계 및 운송(8.7%), 통신(7.8%), 서비스(7.7%), 전력 및 정유(7.2%), 화학(5.1%), 식품가공(3.4%), 제약(2.4%), 시멘트(2.1%), 금속(1.5%), 컨설팅(1.3%), 기타 기계(1.3%), 섬유(1.1%), 무역(1.0%), 숙박 및 여행(0.8%), 유리(0.7%), 고무제품(0.6%), 산업기계(0.5%), 공구(0.4%), 의료장비(0.3%), 기타(32.2%)이다.

3) 국가별 대(對) 인도 FDI 현황

인도에 직접 투자한 국가들과 그 비중을 보면, 모리셔스(28.5%), 미국(13.6%), 일본(5.6%), 네델란드(5.6%), 영국(5.0%), 독일(3.8%), 싱가포르(2.3%), 프랑스(2.2%), 한국(2.0%), 스위스(1.7%)이다.[60]

(4) 인도에 대한 FDI 제약 요인

인도의 FDI 유치 확대에 대한 주요 제약요인으로는 전력 · 도로 · 항만 · 철도 등 열악한 사회간접자본(산업 기반 시설), 허가 왕국(License Raj)이라고까지 일컬어지는 관료적 규제로 인한 병폐, 고용과 해고를 제한하는 엄격한 노동법 규정, 소매업 · 금융업 등 상당 부문에 대하여 FDI를 허용하지 않거나 제한 조치가 상존하는 등 중소기업 보호 등을 위한 제한적 산업 정책, 그리고 현재의 인도정부가 정치적으로 지원받기 어려운 사항 등이 지적되고 있다.[61]

이를 좀더 구체적으로 살펴보면 다음과 같다.[62]

1) 산업기반 시설(infra-structure) 부족

① 전력 : 전력부족(최대 수요시에는 평균 부족량이 11%)으로 인해 정전이 잦고 또 전력 품질도 낮아 60% 이상의 기업들이 자체 발전기를 가동하고 있으며, 이에 따라 기업의 전력비용 부담이 말레이지아에 비해서는 74%, 중국에 비해서는 39% 높은 수준이다.

② 도로 : 현재 건설 중이기는 하지만, 델리, 뭄바이, 첸나이, 콜카타 등 경제 중심지를 연결하는 고속도로가 아직 없으며, 4차선 고속도로는 3,000km가 있으나 트럭과 버스의 평균 시속은 30~40km에 불과한 실정이다.

③ 기타 : 그밖에도 철도 · 항만 · 공항 등 산업기반 시설을 개선 · 확충하기 위해서는 막대한 재원이 필요하지만, GDP의 10%에 달하는 재정적자로 인해 투자재원이 부족하다.

2) 과도한 관료적 규제

① 사업 착수 · 청산 · 인허가 : 과도한 관료주의로 인해 사업 착수 · 청산 또는 각종 인허가에 장기간이 소요된다.

② 행정절차 : 통관, 세무, 환경 등에 관한 행정절차가 자의적으로 적용되고 있기 때문에 기업의 부담을 초래하고 공무원의 부패를 유발시키고 있다.

3) 경직적 노동관련 규정

① 근로자의 동의 : 100인 이상을 고용하는 기업의 경우에는 공장 폐쇄 및 근로자 감원시 근로자의 동의가 필요하고, 근로자의 직무 · 지위 · 작업장 변경 시에도 근로자의 동의가 필요하다.

② 분쟁시 근로자에게 유리 : 고용주와 근로자 간의 분쟁으로 소송이 발생했을 때, 법원이 근로자에게 유리한 판결을 내리는 경우가 많다.

4) 제한적 투자 개방

① 중소기업 고유업종 : 2005년 기준으로 506개 노동집약적 업종을 중소기업 고유업종으로 유보하고, 여기에 대해서는 지분 상한선을 24%로 제한함으로써 대기업 및 외국기업의 진입을 제한하고 있다.

② 일반 제조업 : 일반 제조업에 대해서는 대부분 100% 외국인 투자를 허용하고 있지만, 아직도 은행 · 보험 · 무역 등 많은 부분에서는 외국인 투자 지분 상한선이 존재하고 있고, 소매업 · 부동산업에 대해서는 외국인 투자를 허용하고 있지 않다.

5) 정치적 지원 어려움

인도 정부는 외국인 직접 투자를 유치하기 위해 의욕적으로 개선 조치들을 취하고 있지만, 현 정부의 지원 세력인 좌파 정당의 반발에 부딪쳐 진전을 보지 못하고 있다. 즉, 현재의 집권당인 국민의회당은 전체 545의석 중 145석만을 차지하고 있는 데 불과하며, 22개의 군소정당들과 연정(聯政)을 구성하고 있고, 60석 이상을 차지하고 있는 공산당 계열의 좌파 정당으로부터 지원을 받고 있다.

이러한 좌파 정당은 국가 자산 형성과 고용창출을 촉진하는 산업기반시설, 첨단 기술산업 및 수출 분야 외국인 투자만을 찬성하고 있다. 그리고 이들 좌파 정당은 그동안 외국인 투자의 큰 걸림돌로 평가되어 온 엄격한 노동법 제한을 완화하는 방안이라든가, 낙후된 유통산업의 현대화를 위한 소매업의 외국인 투자 개방 방안에는 반대하고 있다.

2. 외환 관리 제도(Foreign Exchange Management System, FEMS)

(1) 서론[63)]

인도 루피 화(貨)는 현재 완전 태환(兌換, convertivility)이 실시되지 않고 있다. 즉, 대부분의 무역관련거래(경상 계정 거래, 상품 교역 등에 관련된 거래)에 관련해서는 시장에 의해서 관리(루피와 다른 나라 통화의 자유로운 교환을 허용)되고 있지만, 투자 자본의 유입과 유출(자본계정 거래, 자본투자와 관련된 거래)은 각종 제한에 묶여 있으며, 인도 준비은행(RBI, 인도 중앙 은행)의 승인절차를 필요로 한다.

(2) 외환관리제도의 주요 내용

현재 인도 정부에서 채택하고 있는 외환거래제도의 주요 내용을 요약하면 다음과 같다.[64)]

① 외환거래의 승인 :
모든 외환 거래는 인도 준비은행(RBI)의 일반 승인 혹은 특별 승인을 받아야 한다. 그러나 승인된 프로젝트, 차관 도입, 라이센스 계약 등과 관련된 송금은 사실상 제한이 없다.

② 외국인 투자 기업의 송금 :
외국인 투자 기업은 외환관리법에 따라 세금을 납부한 후, 이익 · 로열티 · 자본금 등을 은행거래를 통해 자유롭게 본국을 송금할 수 있으나, 임대 수입 또는 자산매각 대금의 송금은 금지되어 있다.

③ 유보된 수익금 및 배당 수익금 :
1년 이상 유보된 수익금은 재투자된 것으로 간주되어 본국 송금시 특별 승인을 받아야 한다. 배당 수익은 외환은행의 승인을 받아 송금할 수 있으며, 승인 기간은 일반적으로 2개월 이내이다.

④ 외국인 근로자의 송금 :
외국인 근로자의 송금은 월 소득의 75% 이내로서 연간 5만 달러 이내이고, 송금 횟수도 1년에 12회로 제한되어 있다.

⑤ 투자자금 회수와 송금 :
인도 준비 은행(RBI)은 외국인 투자자의 투자자금 회수조건을 최초 외국인 투자 허가 당시 결정하며, 투자 자금 회수시 RBI의 사전허가를 필요로 한다. RBI는 투자자금 회수시 대개 분할 송금을 허용했으나, 최근에는 일괄 전액 송금을 허용하는 추세이다.

⑥ 수출업자의 외화보유 :
수출업자는 수출대금으로 지급 받은 외화의 50%까지를 외화계정으로 보유할 수 있다.

⑦ 수출외화 대금의 매도 :
수출 대금은 아프가니스탄이나 파키스탄에 대한 수출인 경우에는 선적후 최장 3개월 이내, 기타 국가에 대해서는 선적 후 최장 6개월 이내에 외국환 거래은행에 매도해야 한다. 다만, 자본재 또는 엔지니어링 제품의 경우에는 이 기간을 연장할 수 있다.

⑧ 수입업자의 외화 매입과 송금 :
수입허가를 받은 자는 수입에 필요한 외화를 매입할 수 있으나, 선적서류 제출 전에는 해외에 송금할 수 없다. 다만, 기계류 및 자본재의 수입대금으로 외국 공급업체가 선납을 요구할 경우에는, 수입 대금의 최대 15%까지 인도준비은행(RBI)의 승인을 얻어 선납할 수 있다.

⑨ 해외여행시 외화 소유 :
해외 여행시 외화 소유는 개인 여행 및 방문자인 경우에는 10,000달러까지 소유할 수 있으며, 이를 초과할 경우에는 RBI의 허가를 얻어야 한다. 다만, 사업관계로 해외에 나갈 경우에는, 체류 기간에 관계없이 25,000달러까지 소유할 수 있다.

⑩ 생활비 등의 해외 송금 :
해외송금의 경우, 해외친척에게 생활비 및 이주비는 100,000달러까지, 교육비는 30,000달러까지, 그리고 컨설팅 비용은 1,000,000달러까지 송금할 수 있다.

(3) 자본거래 자유화 계획[65]

위에서 살펴본 바와 같이, 현재 인도는 무역과 경상거래에는 외환거래가 가능하지만, 투자 자본의 경우는 각종 규제로 제한을 받고 있으며, 기업의 외화 차입한도 역시 연간 5억 달러로 제한을 받고 있다.

그런데 2006년 3월 18일, 만모한 싱 총리는 “인도경제가 대내외적으로 아주 안정화되어 있다. 국제 경제 상황이 20년 전보다 호전된 만큼 자본 규제를 풀어야 한다. 또 매년 9%이상의 성장률을 기록하려면 해외직접투자 자본금이 700억 달러 이상 필요하다. 해외 투자를 촉진시키기 위해 재무장관과 연방준비은행에게 루피화를 자유롭게 거래할 수 있도록 하는 문제를 검토할 것을 요구했다. 지난 20년간 변화를 보더라도 투명한 체제내에서 자본거래를 완전히 자유하는 것은 이점이 있다.”고 밝혔다.

이러한 언급이 있고 난 바로 다음날, 인도계획위원회 몬텍 싱 알루왈리아 부위원장은 “루피화를 다른 통화와 자유롭게 바꿀 수 있는 새로운 메커니즘이 만들어질 것이다.”라고 발표했다. 이에 따라 이르면 2년 후에는 루피화의 완전태환화, 즉 루피화의 외환거래가 자유화될 전망이다. 인도가 세계 시장에 들어가는데 있어서의 장애물을 제거하고, 아시아 금융중심지(financial hub)로 도약하기 위한 날개짓을 시작한 것이다.

전문가들은 인도가 1440억 달러에 달하는 외환보유고, 매년 두자릿수의 높은 증가율을 보이는 외국인 직접투자(FDI), 높은 성장률을 기록하고 있는 주식시장, 2006년 8.1% 그리고 2008년 이후에는 9%가 넘을 것으로 추정되는 경제성장률 등에 힘입어 아시아 금융 허브가 되는 것은 시간문제일 것으로 전망하고 있다.

위와 같이 자본거래 자유화가 실시된다면 다음과 같은 변화가 있게 된다.

① 인도 국민 또는 인도 기업은 해외 시장의 부동산이나 주식 등과 같은 자본재에 대한 투자가 가능하다.

② 외국인 투자자들이 인도 자산에 대한 투자가 가능하다.

③ 개인의 외환거래가 자유화되며, 외국인들이 인도 은행과 채권 시장에 대한 접근이 용이하다.

④ 완전한 자유화가 시행되면, 중앙은행의 승인이 필요없이 루피화와 외국통화 간의 교환이 가능하다.

⑤ 1년에 한 기업당 5억 달러로 묶여 있는 기업의 외화부채 조달 제한이 풀려 인도기업들의 해외 차입이 쉬워진다.

결론적으로, 인도 루피화의 완전 자유화가 허용되면, 인도경제의 글로벌 통합과정에서 중요한 장벽이 사라질 것으로 기대된다. 이에 따라 기업 경영진 및 업계 전문가들은 자본의 유입 · 유출의 자유화는 해외 투자 증대로 이어질 것이라며, 이번 완전 자유화 추진계획에 대해 환영했다.

과거에 인도는 약 10년 전에도 루피화의 완전 태환화하고 해외 투자 자본의 규제를 해제하려 했지만, 1997년 아시아 외환 위기가 불어 닥치면서 계획을 무기한 연기한 바 있다.

3. 무역 제도(Trade System)

(1) 서론[66)]

인도는 전통적으로 무역정책을 수입제한에 중심을 두어 왔으나, 1991년 개방경제정책을 도입한 이래 각종 수출진흥 조치를 도입 · 운영하는 한편, 수입 관세 인하 · 수입 허가제 철폐 · 수입 수량 제한 해제 등을 통해 대외무역에 대한 제한을 점진적으로 완화해 오고 있다.

인도정부가 채택하고 있는 수출 진흥정책은 절차 단순화, 거래 비용 절감, 수출용 원자재에 부과되는 관세부담의 완화(관세 감면 및 환급), 농업 · 수공업 · 보석류 · 신발 · 피혁 등 중점 분야의 선정 · 지원 등을 통해 수출에 유리한 환경을 조성하는 데 초점을 두고 있다.

그러나 실제로는 특히 수입에 대해서는 까다로운 규제가 이루어지고 있는 상황이며, 수출에 대해서는 약간의 규제가 이루어지고 있다.

(2) 수입정책상의 장벽

1) 관세 장벽 및 수입부과금[67)]

인도의 관세는 관세법(The Customs Act)에 의해 시행되고 있으며, 기본 수입관세는 종가세(從價稅)로 매년 예산안의 국회 제출시 결정된다.

1991년 경제개방을 추진한 이후 인도의 기본 수입 관세율은 지속적으로 인하되어 평균 기본 수입관세율은 1990~1991년 130%에서 2004~2005년 21.36%, 2005~2006년에는 17.58% 수준으로 낮아졌다.

2006년 3월 1일부터는 농산물을 제외한 일반 제품의 최고 기본관세(peak customs rate)를 과거 20%에서 15%로 인하하였고, 자본재 및 부품의 수입관세를 5% 내지 10%로 인하하였다. 또한 217개 정보통신제품 및 부품에 대해서 무관세가 적용되는데, 다만 이들 무관세 품목에 대해서는 인도 국내업자가 부담하는 판매세(Sales Tax)에 상당하는 4%의 상쇄관세(Countervailing Duty)가 적용된다.

그러나 수입 제품에는 위와 같은 기본 수입관세(Basic Duty of Customs) 외에 국내 생산제품에 대한 대략 16%의 소비세(Excise Duty)에 상당하는 부가 관세(Additional Duty) 및 2%의 교육세(Education Cess)가 부가되고 있음을 감안하면, 많은 제조업 품목(기본관세율 15%)의 실질 수입관세율이 34%를 상회하고 있어, 인도는 여전히 관세 장벽이 높은 나라로 평가되고 있다. 인도 정부는 무역부문의 대외 개방을 지속적으로 추진하여 기본관세율을 현재 ASEAN 국가의 관세율(11%)까지 낮출 것을 목표로 하고 있다.

2) 통관 업무[68)]

통관업무는 현지 통관사(Customs Clearing Agent)를 통해 이루어지는데, 사소한 서류기재 오류 등을 이유로 장기간 지연되는 경우가 흔히 있다. 일반적으로 해상 운송의 경우에는 통관에 약 10일, 항공 운송의 경우에는 약 5~6일이 소요되며, 통관사와 세관의 유대관계 · 항구의 하역설비 노후화 · 항만 노조의 빈번한 파업 등에 따라 통관절차가 상당히 지연되는 사례가 많다.

3) 수입품목 규제[69)]

2001년 4월 잔존 715개 품목에 대한 수입 수량 규제를 완전히 철폐함으로써 일반적인 수입 수량 제도는 폐지되었다. 다만 현재 인도는 다음과 같은 수입 품목에 대해서는 4종류의 수입제한 제도를 운영하고 있다.

① 수입 금지 품목(Prohibited Items) : 보건 등의 이유로 수입이 금지되는 품목으로서, 동물성 유지 · 동물 위장 · 야생동물 등 3개만이 현재 존재하고 있다.

② 수입선(輸入先) 지정 품목(Canalized Items) : 국영 기업 등 지정된 자에 한하여 수입이 허용되는 품목이다.

③ 수입 제한 품목(Restricted Items) : 수입할 때 인도 정부로부터 별도의 사전 허가를 받아야 하는 품목이다.

④ 특별 수입 허가 품목(Special Import License Items) : 수출의무이행 등 일정 자격 요건 보유자에 한해서 수입제한 품목을 별도의 허가없이 수입할 수 있는 권리증을 발급해 주는 품목이다.

⑤ 수입 자유화 품목(Open General List Items) : 수입을 함에 있어서 어떠한 제한이나 권리증 없이 수입이 가능한 품목이다.

4) 반덤핑 관세(Anti-dumping Duty) 및 긴급 수입제한[70)]

인도 정부는 수입수량 규제를 완전 철폐하는 등 각종 수입 개방 조치에 대응하여 국내 산업을 보호하고 또 매년 누적되고 있는 무역 수지 적자를 완화하기 위해서, 반(反)덤핑 관세를 주요 통상 정책 수단으로 이용하여, WTO 체제하에서 허용되는 수입 규제 조치를 적극 활용하고 있다. 예를 들면, 1992년 이후 12년 동안 167건의 반덤핑 조사를 실시하였는데, 이것은 숫자 면에서 미국, EU에 이어 세계에서 세번째로 큰 규모이다. 이러한 반덤핑 조사결과, 148건의 최종 예비 판정이 내려졌다.

한국산 제품에 대해서는 그동안 총 31건의 반덤핑 조사가 개시되어 15개 품목에 대해 반덤핑 관세가 부과되고 있다.

또한 인도 정부는 1997년 긴급 수입 제한 조치 법령을 신규로 제정한 이후, 필요시 긴급수입 제한 조치를 발동하고 있다.

(3) 수출 품목 규제[71)]

인도 정부의 수출 품목에 대한 규제는 수입 품목에 대한 규제보다는 상대적으로 덜 까다로운 편이다. 현재 다음과 같은 품목을 제외화고는 모든 품목의 수출이 자유롭다.

① 수출 허가 품목 : 가죽, 광물, 식물성 유지 등 수출허가(Export License)를 필요로 하는 32종의 품목이다.

② 수출 금지 품목 : 야생 동물, 식물, 소고기, 열대 목재 및 목재제품 등 10가지 품목이다.

③ 특별기관을 통해서만 수출이 가능한 품목 : 석유 및 관련 제품은 Indian Oil 사(社), 망간 · 보크사이트 · 철은 Mineral and Metal Trading Corp사(社)를 통해서만 수출할 수 있다.

위와 같은 수출 규제 품목을 수출하고자 하는 수출업자는 반드시 관련 수출 촉진 위원회에서 수출 허가를 받아야 한다.

4. 경제 특구

(1) 서론[72)]

인도는 지난 1980년대 중국경제 발전의 견인차 역할을 했던 경제 특구(Special Economic Zone, SEZ) 조성에 적극적으로 나서고 있다.

〈월스트리트 저널(WST)〉은 "인도 정부는 인도 각지에 경제 특구를 설립하기 위해 수십억 달러를 투입하며 경제 특구 설립에 박차를 가하고 있다."고 보도했다.

인도는 지난 5년 동안 평균 6%의 경제성장률을 누리고 있다. 지난 1989년 이래 인도의 교통량은 연간 20~25% 증가했다. 그러나 도로 수준은 크게 달라진 것이 없으며, 주요 도로, 항만, 전력, 수자원 등 산업 기반 시설 프로젝트에 대한 투자는 경제 성장을 따라가지 못하고 있다. 항구에서는 수출화물이 30시간을 기다려야 하역 작업이 끝날 정도이고, 인도의 수출품이 미국까지 배달되는 데는 12주가 걸린다. 중국 수출품이 미국 상점까지 3주만에 배달되는 것과 비교된다.

하지만 경제 특구 조성에 대한 관심이 높아지면서 투자자들이 인도에 대해서 갖는 관심이 바뀌고 있다. 경제 특구는 해외 투자자 및 자국 투자자들에게 각종 시설 혜택, 정부 문서처리 간소화, 세금 우대 조치 등의 등의 장점을 제공하고, 특히 경제 특구내에 잘 갖추어진 산업 기반 시설도 기업 경영에 큰 이점으로 작용한다.

이제 인도는 저렴하고 우수한 인력을 기반으로 중국식 경제 특구의 장점을 살려 외국인 투자를 더욱 끌어들임으로써 경제 성장에 박차를 가하겠다는 전략이다. 경제 특구에 대한 업계의 기대는 크다. 무역업체인 파운턴 헤드 엑스포트의 영업개발 담당 하사드 다스와니 이사는 "인도의 도로와 항만 · 공항시설이 개선되면 판매는 30% 늘고, 비용 부담은 20%가 줄어들 것"이라고 말했다.

(2) 경제 특구 사례[73)]

인도 최초의 민간 운영 경제 특구가 뭄바이에서 동남쪽으로 1000km 떨어진 마힌드라 시(市)에 조성되고 있다. 이 곳에서는 6차선 고속도로와 풍부한 전력, 용수가 공급될 뿐만 아니라 사업에 필요한 각 지역의 승인 절차와 세관 업무를 한 장소에서 원스톱으로 처리할 수 있어서, 인근 첸나이 항구까지 연착없이 수출품을 실어 나를 수 있다.

이 곳에 52헥타르 규모의 세계 최대 소프트웨어 개발센터를 설립할 예정인 인도 2위의 소프트웨어 업체인 인포시스의 최고 재무책임자(CFO) 모한다스 파이는 "세제 혜택도 있지만 가장 중요한 기반시설이 있기 때문에 투자했다."고 투자배경을 설명했다.

앞으로 전자, 건설, 섬유, 컴퓨터 등 10개 이상의 수출기업들도 마힌드라 시(市) 경제특구에 입주하기로 했다.

(3) 인도 경제 특구법 의회 통과[74)]

인도 정부는 외국인 투자유치 확대를 위해 총 29개 주에 걸쳐 경제 특구를 설립하는 법안을 마련해 의회에 제출했다. 이 법안에는 세금혜택 규정과 노동법 규정 예외조항을 담고 있었다.

현재 인도 노동법에 따르면, 100인 이상 종업원을 고용하고 있는 기업은 주 정부의 사전허가 없이는 직원을 해고할 수 없으며, 3개월 이상 근무한 계약직 근로자의 경우에 정규직으로 전환하지 않고는 고용기간을 연장하지 못하도록 하는 내용을 포함하고 있다.

인도 의회는 2005년 5월 12일 경제특구 법안을 승인했다. 경제특구 법안에 따르면, 경제특구(SEZ)에 설립되는 기업들은 15년 동안 면세 혜택을 받는다. 그러나 당초 법안에 포함되어 있던 노동규정 예외조항은 삭제되었다. 따라서 경제특구 안에 있는 기업들도 인도 노동법을 적용받게 된다.

이 경제특구 법안에는 웨스트 벵골, 타밀나두, 마하라 슈트라, 오리사, 케랄라, 라자스탄, 구자라트 주(州) 등이 포함되어 있다.

제5절 소비자 시장(Consumer Markets)

1. 서 론

오늘날 인도는 경제가 발전하면서 국민들의 소득 수준이 높아지게 되고 그에 따라 소비가 급속도로 증가하고 있다. 특히 젊은 세대들의 가처분 소득이 늘어나고 다양한 금융기관으로부터의 융자가 용이해지면서 소비증가는 더욱 가속도가 붙고 있다. 과거에 소득이 낮을 때는 생활필수품 구입에 주로 소비지출이 이루어졌지만, 이제는 내구 소비재 · 통신 장비 · 고급 의류 · 오락 · 휴가 등 다양한 분야에서 각계 각층의 중산층 소비자들의 소비가 증대하고 있으며, 이러한 소비증대가 또한 제조업을 활성화시키고, 그 결과 고용이 늘어가고 다시 소득이 늘어서 소비가 증대하는 선순환(善循環)구조가 이어지고 있다.[75)]

2. 소비증대의 사례

인도국민들의 소비증대의 사례를 몇 가지 측면에서 살펴보면 다음과 같다.[76)]

(1) 전화 : 경영컨설팅 회사인 KSA Technopak에 따르면, 휴대전화에 대한 소비지출은 지난 3년 동안 3배 이상이 늘었다. 전화 보급률(Tele-density)은 2005년 1월 말에는 8.8%였으나 2006년 1월 말에는 11.7%였으며, 1월 말 기준으로 총 전화대수는 1억 3천 80만 대이다.

(2) 승용차 : 인도 자동차제조업자협회(Society of Indian Automobile Manufactures)의 승용차 및 다용도 차(utility vehicles) 판매 대수가 2005~2006회계년도 중 100만 대를 돌파했으며, 2005년 1월 판매량이 77,744대였는 데 비해, 2006년 1월 판매량은 84,235대로서 8.34% 증가했다.

(3) 상용차 : 트럭이나 버스 등과 같은 상용차 판매량이 2005년 1월 29,634대였는 데 비해, 2006년 1월에는 34,037대가 판매되었다.

(4) 백색 가전 제품(white goods) : 냉장고나 에어컨디셔너 같은 백색가전 제품은 지난 1년 동안 37.9% 증가하였다.

(5) 신용카드 사용액 : 소비자생활유형조사(Consumer Life Style Survey)의 발표에 따르면, 2005년 중 현금자동인출기를 통해 신용카드를 사용한 액수가 미화 500억 달러를 초과했다.
여기에는 비자 신용카드(Visa credit card)만을 통해 인출한 미화 260억 달러가 포함되어 있다. 마스터 카드(MasterCard International)사에서 조사한 바에 따르면, 응답자의 58%가 해외여행시 미화 3,000~5,000달러를 사용할 의향이 있다고 대답했다.

(6) 소비층(consumer pool)[77]

인도 소비층의 중심부는 18세~35세 사이의 젊은이들로서, 이들은 소비 성향이 매우 높다. 이들이 형성하고 있는 소비시장은 3억 명으로 추정되는데, 이 숫자는 미국 전체 인구보다 더 많다. 또한 이러한 숫자는 앞으로 10년 내에 4억5천만 명이 될 것으로 추정된다.

이와 같은 젊은 세대들의 소득증가는 인도의 경제성장에 큰 밑받침이 되고 있다. 국립 응용경제조사국(National Council for Applied Economic Research, NCAER)의 발표에 따르면, 소위 '중산층' (middle-class)으로 정의되는, 연간 소득이 미화 4,400달러~21,800달러인 가구수가 5,600만 가구인 것으로 추정된다.

이러한 중산층이 오늘날 인도의 경제를 이끌어 가는 주도세력이며 경제발전의 원동력을 형성하고 있다.

이러한 중산층보다 상위에 있는 소득계층은 2000년도에는 1400만 명이었는데, 2007년도에는 3820만 명이 될 것으로 추정되고 있다. 또한 최상류 소득층(High Net Worth Individuals, HNI)은 최근까지는 주로 인도 국외에서 소비를 했지만, 이들도 이제는 인도 국내에서 소비를 하기 시작했다. 이러한 최상위 소득계층이 소비하게 될 고급 소비재의 시장은 연간 4억 5200만 달러로 추산된다.

〈뉴욕타임즈〉는 "2억 5000만 명에서 3억 명에 이르는 인도의 젊은 중산계층이 최근 무서운 기세로 성장하고 있는 인도 경제발전의 기관차 역할을 하고 있다"고 보도했다. 이들은 날로 늘어나는 수입을 바탕으로, 마하트마 간디의 유산인 '금욕주의'를 버리고 '서구식 소비성향'을 체득했다. 이 신문은 "1년 전만 하더라도 중국의 눈부신 성장을 부러워만 하던 인도였지만, 이제 중국보다 한층 높은 교육수준과 민주주의 체제를 바탕으로 '산토끼' 중국을 따라잡는 '거북'이 될 수도 있다."고 전망했다.[78]

3. 중산층의 등장과 기업들의 전략 수정[79]

이렇게 인도에서 소득이 늘면서 중산층을 중심으로 제품의 소비가 급증하며 큰 소비시장이 형성되자 다국적 기업들의 전략도 바뀌고 있다. 즉, 대체 인력 및 기술을 제공하는 아웃소싱의 천국 인도가 구매력을 갖춘 시장으로 변하였다는 것을 인식하게 되었고, 따라서 아웃소싱 위주로 접근하던 미국의 기업들이 인도에서 제품판매로 선회하고 있는 것이다. 대표적인 기업은 컴퓨터 네트워크 장비 제조업체인 시스코이다. 최근 시스코는 인도 지사에 자사가 판매하는 모든 제품을 전시했다.

휴대전화 제조회사인 노키아도 인도에서는 처음으로 제조공장을 짓기로 결정했다.

반도체 제조회사인 인텔은 인도의 차세대 컴퓨터 소비자들을 위해 인도 시장에 적합한 컴퓨터 제품을 개발하기로 했다.

컴퓨터 제조회사인 델(Dell)은 인도의 개인용 컴퓨터 시장에서의 점유율 목표를 3위로 상향 조정하고 대규모 마케팅에 돌입했다.

| 현장 정보

■ 인도의 중산층[80)]

〈뉴욕타임즈(NYT)〉는 인도는 매년 7~8%씩 높은 경제성장으로 중산층 인구가 급증하면서 인도가 엄청난 규모의 소비시장으로 변모하고 있다고 보도했다. NYT에 따르면, 연소득 2,000~4,500달러인 인도 중산층 인구 규모는 약 2억5천만 명에서 3억 명에 달한다. 전체 11억 인구 중 25~30%가 중산층인 셈이다.

이 신문은 "과거에는 길거리에서 피아트나 앰버서더 차량만이 눈에 띄었지만, 지금은 인도산 저가의 마루티에서부터 롤스로이스에 이르기까지 10여 종의 다양한 차량들이 거리를 메우고 있다. 인도는 세계에서 가장 빠르게 성장하고 있는 자동차 시장 중의 한 곳이다."라고 설명했다.

인도에서 이제는 소비가 미덕이 되었으며, 한 세대 전까지 큰 영향을 미친 마하트마 간디의 근검절약 정신은 찾아보기 어려워졌다. 뉴델리나 뭄바이 등의 쇼핑 상가를 둘러보면 이러한 변화의 징후는 곳곳에서 발견된다. 휴대전화 · 에어컨 · 식기 세척기 · 자동차 · 냉장고 · 컴퓨터 등은 이제 일반 가정의 필수품 목록으로 올라섰고, 신용카드 수요도 확대되고 있으며, 고급 브랜드 제품을 찾는 소비자도 크게 늘고 있다.

제6절 인도 경제의 문제점

여기에서는 인도 경제의 주요 문제점으로서 빈곤, 부패, 실업률, 지역적 불균형, 무역수지 불균형 등에 대해 살펴보기로 한다.

1. 빈곤(Poverty)

(1) 서론[81)]

국립표본조사국(National Sample Survey Organization, NSSO)의 조사결과에 의하

면, 1977~1978년 인도 국민의 51.3%가 빈곤선(poverty line) 아래에서 살고 있는 절대 빈곤층이었으나, 1999~2000년에는 이 비율이 26.1%라고 추정하였다.

'빈곤선' 이란 그 수준아래에서는 사람이 살아가는 데 필요한 모든 자원을 구입할 능력이 없는 그러한 소득수준을 말한다. 이러한 정의에 입각해 볼 때, 빈곤선 아래의 소득을 버는 사람은 자의적으로 처분할 수 있는 소득이 없다.[82)]

이러한 기준을 인도 상황에서 조금 더 구체적으로 살펴보면, 빈곤선은 월 평균 제품소비액이 시골지역에서는 211.30루피(Rs) 이하, 도시지역에서는 454.11루피 이하를 의미한다.

가난한 사람들의 75%가 농촌 지역에 거주하는 사람들인데, 이들은 전체 농촌 지역 인구의 27.1%에 해당한다. 이들은 대부분 1일 노동자 혹은 가사(家事)일을 담당하는 사람, 혹은 농토없이 농사짓는 소작인 등으로 구성되어 있다.

빈곤의 주요 원인은 실업, (토지 혹은 농장 기계 등과 같은) 자산 미보유(未保有), 그리고 문맹(illiteracy) 등이다.

(2) 인도 극빈층 인구 3억명[83)]

인도 인구의 26%에 달하는 극빈층이 7~8%대 높은 경제성장률을 유지하고 있는 인도 경제 성장의 걸림돌이 될 수 있다고 아시안 월스트리트 저널(AWSJ)이 지적했다. 세계은행은 하루 1달러 미만으로 연명하는 인도의 극빈층이 거의 3억 명에 이르는 것으로 추산하고 있다.[84)]

AWSJ는 인도경제가 빠른 성장세를 보이고 있는 가운데 빈곤층의 불만이 점차 확대되고 있으며, 뭄바이 공항 활주로 공사 확장과 관련해 삶의 터전을 잃어버리게 된 슬럼가 빈민들이 공항 개조에 반대하며 벌인 시위는 빈곤층의 불만을 분명히 보여주는 것으로서, 이러한 극빈층의 반발로 인도의 성장정책이 후퇴할 수 있다고 보도했다.

뭄바이 공항은 이용객 대비 공항 규모가 너무 작아 민영화를 통해 공항 확장을 하게 되면 인도 경제에 도움이 될 것으로 예상되지만, 공항 주변에 거주하고 있는 빈민층 9만 가구가 이에 반대하고 있어 계획에 차질이 빚어지고 있다. 뭄바이에서는 거주지 철거의 대가로 새로운 아파트 및 현금 지급을 제시하고 있지만, 빈민가 거주자들은 이에 동의하지 않고 있으며, 정부의 주거지 강제철거 움직임에 반대하고 있다. 뭄바이뿐만 아니라 수도인 뉴델리에서도 도로 확장을 위한 빈민가 철거계획이 이 지역 거주자들의 반발에 부딪쳐 있으며, 세계수준의 정보기술(IT) 산업의 중심 도시인 벵갈루루 역시 상황은 비슷하다.

인도가 지속적인 경제성장을 위해서는 공항 · 철도 · 도로 등 교통 관련 산업기반 시설과 전력 시설 확충 등이 필수적인데, 이러한 대부분의 사회기반시설 투자를 진행하기 위해서는 도시 내 · 외곽 슬럼가의 재개발이 불가피하다. 그러나 이러한 슬럼가에 거주하고 있는 인구가 뭄바이의 경우는 1190만 명으로서 전체 도시 인구 대비 48.9%에 이르며, 콜카타는 460만 명(32.5%), 델리는 980만 명(18.9%), 벵갈루루는 430만 명(8%)에 달하고 있다.

더구나 인도의 정치 체제는 공산당에 권력이 집중되어 있는 중국의 정치 구조와는 달리, 투표에 기초한 민주적 선거체제이기 때문에, 인도 극빈층은 시위나 폭력 등과 같은 물리력 외에도 투표권이라는 가장 무서운 무기를 갖고 있다고 파이낸셜 타임즈(FT)는 지적했다.

인도에서 집권당이면서 가장 유력한 정당인 국민의회당 역시 빈민층의 지지를 받고 있는 가장 대표적인 정당이며, 이 당의 소니아 간디 당수도 지난해 뭄바이 극빈층 유권자들의 반발을 의식해 이 지역의 개발 정책을 반대한 바 있다.

현장 정보

■ 인도 농민, 빚 때문에 자살 급증[85]

빚 때문에 자살하는 인도 극빈층 농민들이 급증하고 있어 큰 사회문제가 되고 있다. 인도 일간지 〈아시안 에이지(Asian Age)〉와 〈비비시(BBC)〉에 따르면, 마하라 슈트라 주의 농촌에서는 단돈 8000루피(약 18만원)가 없어서 지난 6개월 동안 65명의 농민들이 스스로 목숨을 끊었다. 또 안드라 프라데슈 주에서는 지난 몇 년 동안 3000명 이상의 농민이 빚 때문에 목숨을 끊었다.

농민들이 이처럼 극단적인 선택을 한 것은 빚을 내서 씨앗을 구입하여 파종을 했지만, 관개 시설이 전혀 갖추어지지 않은 상태에서 몬순 기간에도 가뭄이 계속되자 그 해 농사를 망쳤다는 절망감에 빠졌기 때문으로 보인다.

이들 자살한 농민들은 대부분 일주일 분의 식량도 남아 있지 않은 극빈층으로, 인도의 시골 생활이 얼마나 비참한가를 보여주는 사례이다.

(3) 인도의 빈민층 문제 해결 정책

인도 정부는 빈곤 문제가 인도 경제성장을 가로막는 최대의 문제라고 보고 '빈곤과의 전쟁' 에 나섰다. 이를 위한 대표적인 정책은 장기적으로는 '교육 투자 정책' 이고 단기적으로는 '전국 농촌 고용 보장 프로그램' 이다. 그리고 궁극적으로는 '경제성장을 통한 일자리 창출 전략' 이며, 기본적으로는 '소외계층을 위한 제도적 보완 장치' 를 마련하는 것이다.

1) 교육 투자 정책[86]

인도는 빈민층 문제를 해결하기 위해서는 장기적으로 결국 교육이 가장 중요하다고 보고 이에 대한 투자계획을 세우고 있다.

팔라니아판 치담바람 인도 재무장관은 최근 "인도의 3억 명 극빈층은 지속적인 경제 성장을 막는 최대의 걸림돌이 되고 있다. 이러한 빈곤 문제의 가장 중요한 원인이 교육 부재인 만큼, 모든 어린이가 최소한 12년간 고등교육을 마칠 수 있도록 문맹 퇴치에 최우선을 둘 것이다."라고 밝혔다. 이에 따라 인도 정부는 국내 총생산의 6%를 교육에 투자하고 있으며, 2005년도에는 16억 달러를 투자했다.[87]

2003년 기준으로 인도의 6~14세 취학 아동 비율은 84.9%에 머무르고 있고, 2005년말 미취학 아동 수도 950만 명에 달하고 있다. 현재 인도의 문맹률은 40.5%라고 세계은행은 발표했다.[88]

2) 전국 농촌 고용 보장 프로그램[89]

인도 인구의 70%를 차지하고 있는 농민의 소득은 국내 총생산의 20% 정도밖에 되지 않는다. 11억의 인구 중 3억 명은 중산층이지만 또다른 3억 명 이상은 매일 1달러 이하의 수입으로 연명하고 있다. 인도 5살 미만 어린이의 45%가 영양 부족 상태라고 세계은행은 보도한 바 있다.

2006년 2월 인도 정부는 '전국농촌고용보장 프로그램(Rural Employment Guarantee Bill)'을 발표했다. 만모한 싱 인도 총리는 "모든 경제지표는 상승하고 있지만 빈곤선 아래에서 살아가는 사람들을 돕지 않는다면 의미가 없다. 이 프로그램은 가난과 질병, 빚의 재앙에서 벗어나도록 도와주고, 모두가 품위를 지키며 살 수 있도록 해 줄 역사적 조치가 될 것이다."라고 의미를 부여했다.

이 프로그램의 핵심은 인도의 600개 지역 중 200개 지역 내에 있는 모든 농촌 1 가구당 희망자 1인에 한해 1년에 100일 동안의 일자리와 하루 최저 임금 60루피(1.35달러)를 보장해 주는 것이다. 주민들이 지방 사무소에 신청하면, 지방정부는 15일 이내에 관개시설 · 도로 · 댐건설 등과 같은 일자리를 제공받거나 실업 수당을 받게 된다. 농촌 고용 보장 프로그램은 빈곤선 이하 인구를 현재 전체인구의 26%에서 7년 이내에 10%로 줄이겠다는 것을 목표로 하고 있다.

이 프로그램은 200개 지역이 참여할 2006년도 1단계 사업에만 34억 달러(약 3,300억원)가 소요될 예정이며, 전국적으로 확대되면 그 3배 이상의 예산이 필요할 것으로 추정된다.

3) 경제 성장을 통한 일자리 창출[90]

크리샨 칼라 인도상공회의소(FICCI) 부회장은 "빈민 구제의 최선의 정책은 경제성장을 통해서 일자리를 창출하는 것이다."라고 말했다. 정부도 이 점을 잘 알고 있다. 치담바람 재무장관은 "인도 전체의 생활수준을 높이기 위해서는 7억 명에 이르는 농촌 인구의 소득향상이 전제되어야만 한다. 이를 위해서 정부는 농업 생산을 증대시켜 농가 소득을 향상시키고 성장률도 높일 것이다. 농업 생산이 4% 증가하면 10%의 경제성장률을 달성할 수 있다."고 강조했다.

4) 소외 계층을 위한 제도적 보완장치[91]

인도 정부는 사회적 약자인 소외 계층을 위한 제도적 보완 장치를 가동시키고 있다. 그 예로서 저소득층, 소외계층 사람들에게 학교, 지역 공공기관 등 공공 부문 일자리의 20% 가량을 할당하고 있다. 기업들도 나름대로 노력하고 있다. 예를 들면, 타타 그룹은 전국에 200개의 '타타 인스티튜트' 라는 교육기관을 설립해 소외계층 자녀들에게 배움의 기회를 넓혀 주고 있다.

2. 부패(Corruption)[92]

인도 경제에서는 다른 개발 도상국에서와 마찬가지로 부패가 심각한 사회 · 경제적 문제이며, 공무원들의 부패는 인도 정부의 모든 경제정책의 효과를 떨어뜨리고 있다. 이러한 부패는 뇌물, 탈세 및 횡령 등이 그 주요 형태이다. 1991년 인도정부의 경제 개혁 개방은 공무원 부패의 온상으로 지목되었던 관료주의 절차적 형식주의(red tape) 및 허가주의(Licence Raj, 허가 왕국주의) 등을 감소시켰다. 그러나 2005년 투명성 국제기구 인도(Transparency International, TI India)가 조사한 바에 의하면, 설문 응답자의 50% 이상이 공무원에게 뇌물을 주었거나 혹은 공무원으로 취직하기 위해 뇌물을 준 경험이 있다고 대답했다.

이러한 부패가 경제에 미치는 가장 큰 영향은 국가 재원을 상실시키고, 건전한 투자 분위기를 저해하며, 정부가 수행하는 각종 서비스의 비용을 상승시킨다는 점이다.

TI India는 정부가 수행하는 11개 기초 분야, 예컨대 교육 · 건강관리 · 사법(司法) · 경찰 등과 같은 분야에서 약 21,068크로르(crores, 1크로르=1,000만 루피)의 뇌물이 건네진 것으로 추정하였다.

인도는 또한 '기업하기 좋은 나라' (the ease of doing business)에서 중국에 비해서도 크게 떨어지고 있으며, 사업을 착수하거나 청산하는 데도 모두 상당한 기간이 소요되는 것으로 평가되고 있다. 즉, 사업착수에 소요되는 기간이 중국은 41일인 데 비해 인도는 81일이고, 사업 청산에 소요되는 기간이 중국은 2.4년인 데 비해 인도는 10년이 걸린다.[93]

인도 정부가 2005년부터 시행하고 있는 정보 공개 · 접근법(The Right to Information Act) 및 각 주(州)에서 시행하고 있는 이와 유사한 법률에서 정부 공무원은 시민이 요구하는 정보를 제공해야 한다는 것과 이를 위반할 경우에는 처벌받는다고 규정한 것, 또 각종 서비스를 컴퓨터화한 것과 감시위원회를 설치한 것 등으로 인해 부정 부패는 상당히 감소하고 있다.

3. 직업과 실업률(Occupations and Unemployment)[94]

2005년을 기준으로 노동력의 구성 비중은 농업 60%, 제조업(광업 포함) 17%, 서비스업 23%이다. 그런데 이렇게 높은 비중을 차지하는 농업 분야는 그 성장률이 1.9% 수준밖에 안 될 정도로 낮기 때문에 인구 증가에 비해서 고용을 확대할 능력이 작고, 따라서 실업난이 쉽게 해소되기 어려운 실정이다.

인도 정부가 2006년 발표한 연례국가 경제 보고서에 따르면, 실업률은 도시지역이 8.8%(남자 8.1%, 여자 11.7%)이고, 농촌지역이 9.1%(남자 9.0%, 여자 9.3%)였다.

인도 정부는 제10차 경제 개발 5개년 계획 중간 평가 결과를 발표하면서, 실업률을 낮추기 위해 취업교육 및 훈련 프로그램 확대 · 노동시장 유연성 제고 · 비정규직 근로자 사회 보장 확대 추진하겠다고 밝혔다. 즉, 정부는 노동분야의 경직성을 해소함으로써 경제 활성화가 촉진될 것이며 또 이것은 일자리 창출에도 기여할 것이라고 보고 있다.

4. 지역적 불균형(Regional Imbalance)

인도 경제가 당면하고 있는 심각한 문제점 중의 하나는 인도의 각 주(州) 및 연방직할지별로 1인당 국민 소득, 빈곤, 사회기반 시설의 이용가능성 및 사회 · 경제 개발 등의 측면에서 대단히 큰 차이가 존재하고 있으며, 도 이들 각각의 지역 내에서도 농촌과 도시에 따라 큰 격차가 존재한다는 것이다.[95]

이러한 지역적 불균형을 해소하기 위해 인도 정부는 제10차 5개년 계획 중간 평가 결과를 발표하면서 전체 인구 중 약 72%가 거주하는 농촌부문의 성장력을 강화하기 위해 더욱 많은 재원을 투자하기로 했다.

5. 무역수지 불균형(Balance of Payments)

인도는 독립한 이후 경상수지계정(current account)이 거의 전체 기간을 통해 적자를 보여오고 있는데, 그 주요 이유는 수입액이 수출액보다 많기 때문이다. 그러나 인도의 수출액은 수입액에 대한 비중이 점차 증가하고 있는데, 예를 들면 1990~1991년에는 그 비중이 66.2%였으나, 2002~2003년에는 그 비중이 80.3%로 증가하였다.[96] 2005~2006년에는 총 수출액 762억 3천만 달러, 총수출액 1131억 1천만 달러로서 그 비중이 67.3%로 다시 감소하였다.[97]

이러한 무역수지 적자의 영향으로 2005년도의 경상계정은 131억 9천만 달러의 적자를 기록하였다.[98] 인도의 전체적인 국제수지(overall balance of payment) 즉, 경상수지 계정 잔고(current account balance)에 자본계정 잔고(capital account balance)를 합한 금액은 흑자였는데, 이는 외국인 직접 투자액의 증가와 해외거주 인도인(Non-Resident Indians, RSI)들의 해외에서의 송금 등이 증가하고 있기 때문이다.[99]

참고로 2001년 해외 거주 인도인들이 인도 본국에 송금한 액수는 100억 달러였는데, 해외 거주 인도인 송금의 약 60%는 미국의 기술분야에 종사하는 인도인들이 송금했던 것이며, 이와 같은 인도의 해외 교포들이 수취한 소득은 세계 1위이다.[100]

이러한 외국인 직접투자(FDI)와 해외 거주(정주, 定住) 인도인들의 송금에 힘입어 2006년 기준으로 인도가 보유하고 있는 외환보유액은 미화 1450억 달러이다.[101]

제3부 미시 환경

제13장
산업 환경(Ⅰ)

이 장에서는 인도의 산업 환경으로서 농업 및 제조업 등을 고찰하기로 한다.

제1절 서 론

인도의 GDP에서 차지하는 각 산업의 유형과 그 비중을 2005년을 기준으로 살펴보면, 농업 20.5%, 제조업(광공업 포함) 28.1%, 서비스업 51.4%이다.[1]

농업은 2절에서 고찰한다.

제조업은 3절에서 석유화학, 철강, 자동차, 자동차 부품, 전자(하드웨어), 섬유, 제약, 산업 기반시설(Infra-structure)건설, 플랜트, 석유 및 천연가스, 광물자원, 보석, 식품 산업 등으로 구분하여 고찰한다.

서비스업에 대해서는 제14장에서 다루기로 한다.

제2절 농업(Agriculture)

1. 서 론

인도는 세계에서 가장 일찍 농업이 발달한 국가의 하나로서, 전국토 면적의 약 50%가 경지로 이용되며 지금도 총 노동력인구의 57%가 농업에 종사하고 있다. 농촌에는 고대의 촌락 공동체적인 전통이 아직도 남아 있고, 자급자족의 소농경영(小農經營)이 많기 때문에 영세농업에서 벗어나지 못하고 있다.[2)]

즉, 인도의 경지면적은 세계 3위 수준이지만 생산성이 낮고, 농가의 약 70%가 경지면적 2ha 미만의 영세농이다.[3)]

2. 주요 농산물[4)]

인도의 중요 농산물은 쌀 · 밀 · 참깨 · 목화 · 사탕수수 · 옥수수 등이며, 이들 작물의 생산량은 계속 증가되어 오고 있다. 특히 쌀 · 밀 · 땅콩 · 황마 · 사탕수수 · 잎 담배 등은 세계 생산량 순위에서 1~5위를 차지하고 있다. 또한 차 · 담배 · 생고무 · 카르다 몸(향료의 일종) 등과 같은 작물은 인도경제에서 주요한 수출품이다.

인도는 현재 식량의 자급자족이 거의 달성되었으며, 쌀과 밀을 수출할 수 있게 되었다. 또 2005년도에는 인도는 14종의 생물공학 농작물(biotech crops)을 재배할 수 있게 되었다. 이들은 브린잘(brinjal), 면화(cotton), 꽃양배추(cauliflower), 양배추(cabbage), 병아리콩(chickpea), 땅콩, 옥수수, 겨자(mustard), 오크라(okra), 피전피(pigeonpea), 감자, 쌀, 토마토, 수수(sorghum) 등이다.[5)]

현장 정보

■ 인도 – 세계 1위 우유 생산국[6)]

인도의 사라드 파와르 농업부장관은 "2003년도 인도의 우유 생산량은 8810만 t으로 집계되었으며, 인도가 세계 1위의 우유생산국이다."라고 밝혔다. 그는 그러나 "세계 전체적으로 볼 때, 우유 및 유제품 수출에서 인도가 차지하는 비중은 0.24%에 불과한 실정이다."라고 설명했다.

한편, 인도의 전국낙농개발위원회(NDDB)의 암리타 파텔 회장은 "낙농산업 기관의 현대화를 추진하면 오는 2015년에는 인도의 우유 생산량이 1억 3000만 t으로 늘어날 것이다."라고 전망했다.

인터넷 매체인 뉴케랄라는 "소고기를 먹는 것이 금기시되고 있는 인도는 소와 버팔로를 세계에서 가장 많이 보유하고 있으며, 우유 생산량이 매년 평균 4%씩 증가하고 있다.

또 유제품의 인도 내수시장 규모는 연간 20~30%씩 증가하고 있다."고 전했다.

---

3. 낮은 농업 성장률 및 그 원인

인도의 농업부문 성장률은 2006년 1.9%에 불과하며 경제 성장률 전체에 부정적 영향을 미치고 있다.[7]

인도의 농업 성장률 또는 농업 생산성이 낮은 것은 다음과 같은 요소들 때문이다.[8]

첫째, 농민들의 문맹률이 높고, 사회 · 경제적 혜택의 수혜를 별로 받지 못하고 있으며, 토지 개혁의 속도가 느리고, 농작물 생산에 필요한 금융 서비스나 마케팅 서비스가 부적절하거나 불충분하기 때문이다.

둘째, 농민들이 보유하는 농지가 20,000m^2(약 6,000평) 이하로서 매우 작기 때문에 효율적인 작농이 어렵다. 즉, 현대적인 농기구를 도입한다거나 작농기법을 활용할 수 없기 때문에 인력위주의 농사를 지을 수밖에 없어 농사 비용이 많이 든다.

셋째, 관개시설이 부족하다. 즉 농지 중의 단지 53.6%에만 관개시설이 되어 있기 때문에, 특히 몬순 계절에는 농사가 강수량에 크게 의존한다.

현장 정보

■ 인도, 농산물 · 식품분야 잠재력 크다[9]

네델란드계 은행인 라보 뱅크의 산지브 바신 인도 지사장은 "농산물 · 식품분야는 정보 통신 분야와 더불어 인도에서 가장 잠재력이 큰 부분이다. 한국 기업들이 식품 관련 기술과 농업 기술 등을 활용해 인도 사람들의 기호에 맞는 식품을 생산하면 사업성이 있을 것이다."라고 말했다.

그는 이러한 주장의 배경으로 세계 최대의 소비자 층을 보유하고 있다는 점, 인도의 소비자 층이 중국보다도 젊다는 점, 금융시장이 잘 발달돼 있다는 점, 정부에서 농업 부문을 개선하고 성장시키기 위해 큰 관심과 노력을 기울이고 있다는 점" 등을 들었다. 또 그는 "외국인 투자자들이 인도에 진출하는 방법으로는 공동 기업, 기술 제휴, 지사 설립, 연락 사무소 설립 등이 많이 활용된다."고 말했다.

라보 뱅크는 자산 보유 기준으로 세계 15위 규모이며, 농업 · 식품 분야에 특히 많은 투자를 하고 있는 은행이다.

---

4. 정부의 농업 부문 성장력 강화 정책

인도 정부는 농업 부문의 성장력을 강화하기 위해 향후 10년간 농업 생산량을 2배 증가시키는 것을 목표로 농업부문에 대한 투자 확대 · 신용 확대 · 작물 다변화 · 유통구조개선을 위한 계획을 수립 · 집행하고, 또 농업부문에 대한 지원 시스템 확충 · 관개시설 투자 확대 · 비료 및 용수 가격조절 · 농산물 마케팅 및 계약 경작 제도 · 식품가공법 등 관련법규 정비 등을 위한 세부 방안을 수립 · 집행하기로 했다.[10)]

제3절 제조업(Maunfacturing)

1. 서 론[11)]

인도의 제조업이 2006년 GDP에서 차지하는 비중은(광공업을 제외했을 때) 17.0% 수준으로, 농업(20.6%) 및 서비스업(51.4%)에 비해 매우 낮으며, 1985년 이후 계속 정체상태에 있다.

참고로, 아시아 국가들에 있어서 제조업이 차지하는 비중은, 중국 39%, 태국 35%, 한국 26%, 일본 21%이다.

따라서, 인도가 앞으로 경제성장률을 현재 수준(7%)보다 높은 9%대를 달성하고, 고용시장으로의 신규 진입 노동력 및 농촌 지역에서 도시로 유입될 노동력을 흡수하기 위해서는 제조업 발전이 필수적이다. 이에 따라 인도 정부는 상공부 산하에 각계 전문가로 구성된 독립기구로서 '국가 제조업 경쟁력 위원회' (National Manufacturing Competitiveness Council, NMCC)를 설치하고 '국가 제조업 육성전략' (National Strategy for Manufacturing)을 수립 · 발표하였는데, 그 주요 내용을 요약하면 아래와 같다.

2. 인도 경제에서 제조업의 중요성과 국제적 위치

(1) 인도 경제에서 제조업의 중요성[12)]

인도가 국민들의 생활 여건을 실질적으로 개선하기 위해서는 GDP 성장률이 장기적으로 매년 8~10%가 되어야 하는데, 9% GDP 성장률을 달성하기 위해서는 농업과 서비스업의 성장 전망을 감안하면 제조업 성장률은 년 12% 이상이 되어야 한다.(2005년도 제조업 성장률은 9.4%였다.)

그렇게 되면 제조업이 GDP에서 차지하는 비중이 현재의 17.0%에서 2015년에는 23.0%로 상승할 것이다.

또한 매년 1천만 명의 신규 노동인력이 노동시장에 진입할 것으로 예상되고 있는 상황에서 현재의 실업률(7%) 수준을 유지하기 위해서는 1년에 7~8백만 명을 신규로 고용해야 하는데, 이를 위해서는 제조업을 발전시켜서 이를 흡수하지 않으면 안 된다.

(2) 인도 제조업의 국제적 위치[13)]

인도 제조업의 경쟁력을 알 수 있는 간접적 지표로서, 세계 경제 포럼(World Economic Forum, WEF)이 2004년에 발행한 세계경쟁력보고서(Global Competitiveness Report, GCR)에 의하면, 인도는 104개 국가들 중 종합순위 55위를 차지했고, 부문별로는 기술부문 63위, 공적(公的) 제도 부문 53위, 거시 경제 부문 52위를 차지했다. 참고로 아시아 주요국가들의 GCR 종합순위를 보면, 일본 9위, 한국 29위, 태국 34위, 중국 46위였다.

3. 제조업 경쟁력 향상을 위한 방안[14)]

인도 제조업의 경쟁력 향상을 위한 주요 분야 및 그 구체적 추진 방안은 다음과 같다.

(1) 비용 경쟁력 및 국내 수요 제고

인도 제품은 비슷한 노동 및 기타 투입비용에도 불구하고 중국 제품에 비해 40% 이상 가격이 높으므로, 제조업의 비용을 낮추고 품질을 향상하는 것을 가장 최우선적으로 검토해야 한다. 이를 위해서는 구체적으로 다음과 같은 방안을 추진해야 한다.

① 공산품에 대한 최고기본관세(peak customs tariff)를 현 15%에서 10% 이하로 단계적 인하

② 연방소비세(Central Excise Duty), 연방판매세(Central Sales Tax), 물품입시세(入市稅, Octroi), 주(州)판매세, 인지세, 진입세(Entrance Tax), 수송세(Transportation Tax) 등 복잡한 간접세 제도를 하나의 재화용역세(Goods and Service Tax: GST)로 통합

③ SEZ(경제 특구), EOU(수출 촉진 구역) 등에서 생산된 제품의 내국세 영역 반입을 허용하고, 이들 특수구역에 대한 기업 유치 수단으로서 기존의 조세 특혜보다는 우수한 인프라를 활용

④ 주 정부 차원에서 제조업 투자환경 제고, 산업 기반시설 구비, 공통의 행정처리 양식 개발, 중복검사 제거, 민간기관에 검사기능을 의뢰하는 등 FDI 절차를 개선

⑤ 이자율 인하를 위한 거시경제 관리

참고로 현재의 은행단기대부금리(Prime Lending Rate)는 10.25%이다.

⑥ 노동규정 완화

- 계약직 노동의 지속과 폐지에 관련된 불분명한 규정을 제거하여 당초 법 취지대로 계약직 노동의 유연성 부여(Contract Labor Law, 1970)
- 노동조합 등록에 필요한 인원을 전체 노동자의 7~10%로 하고, 외부인 노조간부 수를 1/3(5명 미만)으로 제한(Trade Union Act. 1926)
- 노동자 100인 이상 기업 퇴출시 사전 정부승인 폐지 (Industrial Disputes Act, 1947)

(2) 혁신 및 기술 투자

인도 기업들의 혁신과 기술투자를 촉진하기 위해서는 다음과 같은 방안을 추진해야 한다.

① 선진기술 R&D 투자 장려

- 기존 R&D 자금 지원, 인센티브 정책을 재검토하여 정책간 조정을 강화하고 혁신과 생산성 향상 기술(특히 첨단 제조기술) 분야를 집중 지원
- 시제품 개발 및 디자인 향상 지원
- 공동 시험설비 및 우수 제조기술 센터 설립
- 특허, 상표 등록을 촉진하기 위해 지적 재산권 보호제도 강화
- 현재 미국에 있는 것과 유사한 기술 공업단지(Technology Park) 설치

② 업종별로 현재의 기술 수준과 미래 정부지원 모델 연구

③ 국가 연구소의 R&D에 대한 인센티브를 부여하고, 비슷한 국가연구소를 통폐합

④ 인도 기업의 해외 첨단기술 획득을 지원하는 기금(Fund) 설립

(3) 교육 및 기술훈련 강화

인도 국민들과 노동자들의 교육 및 기술훈련을 강화하기 위해서는 학교 교육 및 직업 훈련이 산업계의 수요와 일치하도록 대학-기업-정부 상호 간에 긴밀히 협력하고, 기술관련 교과과정을 수정해야 한다.

(4) 선진 실무 및 혁신적 사고 벤치마킹

인도 기업들이 해외 선진 기업들의 경영 실무를 습득하고 혁신적 사고를 촉진하기 위해서는, 부문별로 업계가 세계 최고 수준의 제조업 관행을 벤치마킹하고 진전을 평가할 수 있도록 데이터베이스를 구축해야 한다.

(5) 제조업 발전 친화적 시장 구조 및 규제환경 마련

인도 정부는 제조업 발전에 적합한 시장 구조와 규제 환경을 개선하기 위해 다음과 같은 방안을 추진해야 한다.

① 환경 · 안전 규제 인증 권한을 일반 공무원 대신 특수 연구소 또는 명망 있는 민간기업에게 부여

② 투자 승인 및 프로젝트 시행과 관련된 기존 절차를 개선하고 공공 · 민간 투자 절차를 단순화하기 위한 위원회 설치

③ 이미 효용이 다한 기존 법령을 폐지하고, 관리하기 쉽고 준수하기 용이한 새로운 법령으로 통합화

④ 공무원의 재량 범위와 승인 사항을 축소하고 규제 당국의 조사를 최소화

(6) 중소기업 진흥

중소기업을 진흥하고 경쟁력을 촉진하기 위해서는 다음과 같은 방안을 추진해야 한다.

① 중소기업에 대한 원활한 자금지원 방안 강구
  – 중소기업 자금지원에 관한 내용을 포함하는 별도 법률 제정 등이 필요

② 중소기업 고유업종 정책을 재검토하여 업종별 해제 시기 및 순서를 결정

(7) 공기업 개혁

경영이 비효율적으로 이루어지고 있는 공기업을 개혁하기 위해 다음과 같은 방안을 추진해야 한다.

① 관리 및 영업 상 완전한 자율권을 부여하고, 특히 이사회에 합작, M&A, 기술 획득에 대한 권한을 부여하며, 지나치게 많은 감독 · 평가 과정을 축소

② 필요 이상으로 많은 노동자를 줄여 인건비 감축

③ 원자재 구매 및 제품 판매에 관한 의사결정 과정을 단순화

④ 특정 분야에서는 국내 기업에 대한 기술 이전을 강제

⑤ 공기업 제품에 대한 구매 또는 가격 상의 특혜 폐지를 검토

(8) 산업 기반시설 개선

인도에서 가장 열악한 부문 중의 하나인 산업 기반시설을 개선하기 위해 다음과 같은 방안을 추진해야 한다.

① 현재 계획보다 더 높은 수준의 항만시설 투자가 필요하며, 아울러 절차 축

소 · 자동화 등을 통한 통관시간 단축과 항만－주요 간선 고속도로－주요 공업지대를 연결하는 도로망 확충 필요

② 합리적 규제를 통한 주정부 차원의 전력(電力) 개혁이 시행되어야 하며, 제조업 성장을 위해서는 저렴한 요금으로 높은 품질의 전력을 공급하는 것이 매우 중요함을 진지하게 인식하여야 한다.

4. 제조업의 주요 분야

인도의 제조업을 구성하는 주요 산업 분야에는 다음과 같은 것이 있다.

- 석유화학 산업(Petrochemicals)
- 철강 산업(Steel)
- 자동차 산업(Automobiles)
- 자동차 부품 산업(Auto Components)
- 전자산업(하드웨어)(Electronics)
- 섬유 산업(Textiles)
- 제약 산업(Pharmaceuticals)
- 산업기반시설 건설 산업(Infra Construction)
- 플랜트 산업(Plant)
- 석유 및 천연가스 산업(Oil and Gas)
- 전력 산업(Electricity)
- 보석 산업(Gems and Jewellery)
- 식품 산업(Food Industry)
- 반도체 산업(Semiconductor Industry)

아래에서는 이들 제조업에 대해서 구체적으로 살펴보기로 한다.

5. 석유화학 산업(Petrochemicals)

(1) 서론[15)]

인도의 석유 화학 산업은 1990년대 대규모 설비 증설에 힘입어 연평균 9.8% 높은 성장률을 보여 왔다. 이 산업은 현재 산업 발전의 초기 단계에 있으나, 전자 · 자동차 등 연관 산업분야에 다국적 기업의 진출이 활발히 이루어지고 있고, 또 11억 이상의 인구를 배경으로 실질 소득이 빠르게 증가하고 있으며 이에 힘입어 소비 주도 계층인 인도 중산층이 더욱 확대되고 있기 때문에, 석유화학 제품의 수요가 향후 크게 증대될 것으로 예상되는 잠재성 있는 시장으로 평가된다. 인도의 석유화학 산업은 철저히 자국기업 중심으로 성장하여 왔는데, 그 이유는 정부가 정책적으로 외국 자본에 많은 제한을 두었기 때문이다.

과거에는 공급 초과 상태에 있었으나, 최근에는 설비증설 투자 규모가 작고,

중국 및 인도 국내의 수요 증대로 인하여, 공급–수요 간 간격이 줄어들고 있으며, 수익성도 크게 호전되고 있다.

(2) 주요 회사[16)]

인도 석유화학 산업의 업스트림(upstream, 탐광 · 개발 · 채유) 분야는 4개의 대기업, 즉 Reliance Industries Ltd.(RIL), Indian Petrochemicals Corporation Ltd.(IPCL), Gas Authority of India(GAIL), Haldia Petrochemicals Ltd.(HPL)이 시장의 대부분을 점유하고 있고, 수직적으로 계열화되어 있으며, 특히 IPCL을 인수한 RIL은 인도 석유화학 생산능력의 70%를 차지하고 있다.

그러나 다운스트림(downstream, 수송 · 정제 · 판매) 분야는 규모가 작은 많은 회사들로 구성되어 있으며, 적자를 내는 기업도 많다.

(3) 분포 주[17)]

원자재 획득가능성 및 규모의 경제상 석유화학 산업은 몇몇 주에 집중되어 있는데, 이들 주의 이름과 인도 전체 생산하는 차지하는 비중은 다음과 같다 : 구자라트 주(59%), 마하라 슈트라 주(17%), 웨스트 벵골 주(12%), 우타르 프라데슈 주(4%), 타밀 나두 주(3%), 기타(5%).

(4) 주요 석유화학 제품[18)]

인도의 화학 · 비료부(Ministry of Chemicals and Fertilizers)에서 발표한 연간보고서(Annual Report)에 따르면, 주요 석유화학 제품은 분야별로 다음과 같다.

① 기초 원료 : 올레핀(에틸렌, 프로필렌, 부타디엔), 방향족 제품(벤젠, 톨루엔, 크실렌)

② 합성 수지 : LDPE, LLDPE/HDPE, PP, PS, PVC, Ex.PS

③ 합성 섬유 : AF, NFY, NIY/TC, PFY, PSF, PPFY, PPSF, PSFF

④ 기타 석유화학 제품 : 합성고무(SBR, PBR, NBR, EPDM, EVA), 합성세제 원료(LAB, EO), 합성섬유 원료(ACN, Caprolactum, DMT, PTA, MEG), 퍼포먼스 플래스틱(ABS Resin, Nylon, PMMA, SAN)

(5) 한국 기업[19)]

한국 기업으로는 1977년 LG화학이 미화 총 5천만 달러를 투자하여 안드라 프라데슈 주 비사크하파트남(Visakhapatnam)에 LG Polymer India Private Ltd.(LGPIL)을 설립하여 폴리스트렌 제품을 생산하고 있다. 본사는 뭄바이에 소재하고 있으며, 2004년 매출액은 1억 달러였다.

6. 철강 산업(Steel)

(1) 서론[20)]

인도의 철강 산업은 1907년 최초의 제철소를 설립한 이래 풍부한 철광석(인도의 채굴 가능 철광석 매장량은 적철광 99억 톤, 자철광 35억 톤, 크롬광 1억 톤으로 총 135억 톤이며 이것은 세계 8위 규모임)과 석탄 및 저임 노동력을 바탕으로 지속적으로 성장하여 왔으며, 2005 회계년도 기준 조강(粗鋼, crude steel) 생산량은 3천 4백만 톤으로서, 세계 8위의 조강 생산국이다.

(2) 주요 회사[21)]

인도 철강업체는 주 생산자(연산 3백50만 톤 이상의 생산능력을 갖는 일관 제철소를 보유), 기타 생산자(연산 50만 톤 이상의 생산능력을 갖는 일관 제철소를 보유), 및 2차 생산자 등 3부류로 구분할 수 있다.

① 주 생산자는 SAIL(연 생산능력 1210만 톤), TISCO(410만 톤), RINL(350만 톤)으로서, 이들은 모두 1930만 톤의 생산 능력을 보유하고 있다.

② 기타 주요 생산자는 ISPAT(240만 톤), SSAR(240만 톤), JVSL(160만 톤)으로서, 이들은 모두 890만 톤의 생산 능력을 보유하고 있다.

③ 2차 생산자는 스폰지 철광석 생산업체 120개(1300만 톤), 미니 고로 · 전기로 · 유도로 · EOF 업체 650개(1470만 톤), 재압연 업체 1200개(1500만 톤)으로서, 이들은 모두 2870만 톤의 생산능력을 보유하고 있다.

(3) 분포 주[22)]

철강업체는 철광석 및 석탄 획득 용이성, 그리고 수요처의 인접성 등을 고려하여 델리 인근 주, 마하라 슈트라 등 서부 지역, 웨스트 벵골 · 자르칸드 · 오리사 주 등 동부 지역에 집중되어 있다.

델리 인근 주에는 Jindal Stainless, Bhushan Steel, 서부 지역에는 Isdat Ind, Jisco, Ebg, Essar, 동부 지역에는 Sail Roorkela, Sail Durgapur, Sail Bokaro, Sail Bhilai, Tisco, Tcil(Tisco 계열사), 남동부에는 RINL, SALEM 등과 같은 회사가 소재해 있다.

(4) 인도 정부의 철강산업 정책[23)]

인도 정부는 국립 철강정책 2005(National Steel Pohicy 2005)를 승인하였는데, 이 정책의 장기적 목표는 비용 · 품질 · 제품 구성 · 생산성 측면에서 국제 경쟁력을 갖추기 위하여, 또 증가하는 국내 수요에 대응하기 위하여 현대적이고 효율적인 철강 산업을 육성한다는 것이다. 이 정책이 달성되면, 철강 생산량은 2005 회계년도 기준으로 3400만 톤 수준에서 2020 회계년도에는 1억 톤 수준을 초과하게 된다.

(5) 인도 철강 산업에 대한 외국기업의 투자[24)]

세계적인 철강 기업들은 인도 · 중국 · 라틴 아메리카 및 동부 유럽 등과 같은 고도 성장 지역에서 경쟁적으로 투자를 하고 있는데, 그 중에서도 인도가 가장 큰 주목을 받고 있다. 그 예를 들면 다음과 같다.

① 한국의 Posco는 2005년 7월 미화 120억 달러를 투자하여 오리사 주에 1200만 톤 규모의 일관 제철소를 건립하겠다고 발표했다. 이 계획에 따르면 2010년부터 2016년까지 300만 톤 규모의 제철소 4기를 단계적으로 가동하게 된다.

② 세계에서 가장 큰 2대 철강회사, 즉 네델란드에 기반을 둔 Mittal Steel과 유럽계 회사인 Arcelor는 인도에 수십억 달러를 투자하겠다고 발표했다. 인도에서 출생한 세계적 갑부 락슈미 미탈(Lakshmi Mittal)은 미화 90억 달러를 투자하여 오리사 주에 연산 1200만 톤의 생산 공장을 지을 계획을 가지고 있다.(락슈미 미탈과 그의 가족이 Mittal Steel을 소유하고 있다.) 이러한 투자 규모는 한국의 Posco에 이어서 2번째로 큰 투자 규모이다.

③ 러시아의 주요 철강업체인 Magnitogorsk Iron and Steel Company(MMK)는 오리사 주에 1천만 톤의 철강공장을 세우겠다고 발표했다.

아래에서는 포스코의 투자에 대해 좀더 구체적으로 살펴보기로 하자.

(6) 한국기업 - 포스코, 인도 진출 프로젝트 가공[25)]

한국 최대의 철강 기업 포스코가 120억 달러를 투자해 인도 동부 벵골만 연안의 오리사 주 파라디프 항구 인근에 연간 생산량 1200만 톤 규모의 대형 일관 제철소를 건설하여 현지 철강 시장을 공략한다는 야심찬 프로젝트를 진행하고 있다. 지금까지 인도에 가장 큰 자본을 투자한 한국 기업은 현대자동차로서 약 11억 달러였던 것을 생각하면, 포스코의 투자금액이 얼마나 큰지 짐작할 수 있다.

이 사업계획에 따르면, 우선 1단계로 슬래브 150만 톤, 열연코일 250만 톤 등 연산 400만 톤 규모의 공장을 2010년까지 건설한다. 1단계 사업에 들어가는 투자 비용만 약 37억 달러이다. 이후에도 순차적으로 설비를 증설해서 최종적으로 생산 규모를 1200만 톤까지 확대한다는 계획이다.

이러한 제철소 건설뿐만 아니라 포스코는 제철소에서 30년간 사용할 수 있는

6억 톤 규모의 전용(專用) 철광석 광산도 오리사 주의 순다가르 일대에서 함께 개발하기로 인도 정부와 약정했다. 오리사 주의 순다가르에는 약 55억 톤의 철광석이 매장되어 있다.

이와 같이 포스코는 인도에서 철광석 원료를 조달하고 현지에서 철강을 생산해서, 현지의 제품 판매시장을 확보하는 '패키지 전략'을 택했다.

| 현장 정보

■ 미탈 스틸의 락슈미 미탈 회장[26]

락슈미 미탈은 1950년 인도 라자스탄 주(州)의 가난한 집안에서 태어나 당대에 미탈 스틸(Mittal Steel)이라고 하는 세계적 기업을 만들어 냈다. 아버지가 철강 회사에 다닌 것을 인연으로 철강업에 뛰어들어 성공을 거두었다. 락슈미 미탈회장의 재산은 235억 달러로 〈포춘〉이 2006년에 선정한 세계 부호 5위에 올랐다.

2006년 6월에는 세계 제1위의 철강업체인 미탈 스틸의 락슈미 미탈 회장이 제2의 철강업체인 유럽의 아르셀로에 대해 적대적 인수(M&A)를 성사시킴으로써 유럽을 뒤흔들었다. 아르셀로는 룩셈부르크에 등록되어 있는 기업으로 프랑스, 스페인, 룩셈부르크 등에 공장을 갖고 있다. 이들 국가는 미탈 회장이 적대적 인수를 추진하자 매우 반발하며 적대감을 보였는데, 이에 대해 인도에서는 "돈에도 색깔이 있느냐, 이는 인도 기업인에 대한 인종차별이다"라고 비판한 바 있었다.

미탈 스틸의 아르셀로 인수합병으로, 미탈 스틸은 세계 전체 철강 생산량의 10% 이상을 차지하는 세계 최대의 공룡 기업이 되었다.

7. 자동차 산업(Automobiles)

(1) 서론[27]

인도 자동차 산업은 지속적인 경제 성장에 따른 소득증가, 최근 자동차 할부금융 기법의 도입 등으로 인해 큰 증가세를 보이고 있으며, 2004년도에는 20%의 성장률을 기록했고, 2005~2006년에는 8.9%의 성장률을 기록했다. 최근에 정부가 발표한 소형차에 대한 소비세를 감소시킨다는 보도로 인해 인도는 소형자동차 분야에서 세계에서 가장 큰 제조 중심지가 될 것으로 예상된다. 또 인도의 자동차 산업에는 2007년도에는 미화 67억 달러가 투자될 것으로 예상된다.

(2) 주요 회사[28]

인도 독립 후 30여 년 동안, 인도 자동차 시장에는 Hindustan Motors와 Tata Motors 두 회사만 있었으며, 1982년 인도 정부와 일본 Suzuki 사의 합작으로

Maruti Suzuki가 설립되었다. 그 후 인도 정부가 자동차 산업에 대해서 외국인 직접 투자를 허용하면서 많은 외국계 자동차 기업들이 진출해 있다.

인도 자동차업체의 현황을 요약하면 다음과 같다.

① Hindustan Motors : 인도의 Birla Group이 1940년대에 세운 회사이다.

② Tata Motors Limited : 인도의 Tata Group이 1945년에 세운 회사이다.

③ Maruti Suzuki Limited : 인도 정부와 일본의 Suzuki 사가 1982년에 세운 회사로서, Suzuki는 외국인 지분 54.2%를 보유하고 있다.

④ Daimler Crysler India Pvt. Limited : 외국업체 Dimler Crysler가 1995년에 세운 회사로서, Dimler Crysler가 외국인 지분 100%를 보유하고 있다.

⑤ Ford India Limited : 인도측 파트너 Mahindra & Mahindra와 외국업체 Ford가 1995년에 세운 회사로서, Ford가 외국인 지분 84.1%를 보유하고 있다.

⑥ General Motors India Limited : 외국업체 GM이 1995년에 세운 회사로서, GM이 외국인 지분 100%를 보유하고 있다.

⑦ Honda Siel Cars India Limited : 인도측 파트너 Siel Limited와 일본의 Honda가 1995년에 세운 회사로서, Honda가 외국인 지분 99%를 보유하고 있다.

⑧ Hyundai Motor India Limited : 한국의 Hyundai가 1996년에 세운 회사로서, Hyundai가 외국인 지분 100%를 보유하고 있다.

⑨ Fiat India Automobiles Pvt. Limited : 외국업체 Fiat Auto SPA가 1997년에 세운 회사로서, Fiat가 외국인 지분 100%를 보유하고 있다.

⑩ Toyota Kirloskar Motors Limited : 인도측 파트너 Kirloskar Gruop과 일본의 Toyota가 1997년에 세운 회사로서, Toyota가 외국인 지분 88.9%를 보유하고 있다.

그 밖에도 Mercedes, Porsche, Audi, Bentely 및 Rolls Royce가 이미 인도에 진출해 있다. 또 BMW가 타밀 나두 주에 공장설계를 추진 중에 있고, Volkswagen은 안드라 프라데슈 주의 비사카파트남에 공장 설립을 추진 중에 있다.

(3) 한국 기업[29)]

1996년 첸나이에 진출한 현대자동차(Hyundai Motor India Limited, HMIL)는 1998년부터 소형차종인 Santro의 생산이후 Accent, Sonata Elantra 등 중 · 대형 승용차를 연속 출시하면서 동일 차종에서 시장 점유율 1위를 차지하고 있다.

현장 정보

■ 아시아의 디트로이트 – '첸나이' [30)]

타밀 나두 주(州)인 첸나이는 자동차 분야에서 '인도의 디트로이트'를 넘어 '남아시아의 디트로이트'가 되고 있다. 현재 첸나이의 최대 완성차 업체는 62만 대의 생산 능력을 갖춘 일본의 스즈키 자동차 합작사 마루티이고, 2위는 연 30만 대를 생산하는 현대차이다. 다른 주요 업체는 포드(6만 대) 및 미쓰비시(2만5천 대)로서 이들의 생산 능력은 현대차에 비해 크게 뒤진다. BMW는 조립공장을 건설하고 있는 중이다. 이들 업체의 차량 생산량은 인도 전체의 25%를 차지하고 있다.

승용차 이외에도 첸나이에는 다른 자동차 업체들이 많다. 인도 2위의 트럭업체 아속 레일 랜드(연 5만 대), 2위의 트랙터 업체 TAFE(연 6만 대), 인도 3대 오토바이업체 중 하나인 TVS가 첸나이에 본사를 두고 있다. 또 인도 최대의 타이어 업체인 MRF도 첸나이에 본부를 두고 있다.

첸나이에는 완성차 못지 않게 자동차 부품업계도 튼튼한 뿌리를 내리고 있다. TVS · 무루가파 · 힌두차 그룹 등 선두 주자 112개의 대기업과 2000여 개의 중소 부품업체가 가동중에 있다. 인도내 부품 생산량의 35%가 첸나이에서 제조되고 있다.

8. 자동차 부품산업(Auto Components)

(1) 서론[31)]

자동차 산업의 발전에 따라 인도의 자동차 부품산업에 대한 투자 역시 빠르게 증가하고 있다. 자동차 부품산업의 규모는 1997년에는 미화 24억 달러였으나, 2005 회계년도에는 87억 달러로 성장했다.

이러한 자동차 부품업체들 중 두각을 나타내고 있는 기업은 푸네(Pune)에 기반을 두고 있는 Bharat Forge Limited(BFL)이다. BFL은 2006년도에 미화 1억 3500만 달러를 투자하여 생산능력을 2400억 톤으로 증가시켰다. 이 회사는 또한 피로시험연구소(Fatique-testing laboratory)를 비롯하여 제품 시험 및 타당성 설비를 설립하였다.

인도의 자동차 부품 수출액은 2002 회계년도에는 미화 5억7800만 달러였으나, 2005 회계년도에는 14억 달러로 증가하였다.

(2) 인도에 제조 및 아웃소싱으로 투자한 외국기업[32)]

한국의 Hyundai와 미국의 Ford가 특정한 차종의 생산 중심기지(maunfacturing hub)로 인도를 선택한 이후, 다른 많은 외국기업들도 인도에서 자동차 부품산업에 투자를 하고 있다. 그 예를 들면 다음과 같다.

① Robert Bosuh(RB) : 자동차 부품 제조업체인 독일의 RB는 특정한 핵심 부품들을 유럽에서 인도의 MICO로 이전하였다.

② Crosslink International Wheels(CIW) : 말레이지아의 선도적인 자동차 부품업체인 CIW는 인도를 수출 중심기지(export hub)로 만들기 위해 바디(Baddie)에 제조공장을 건설했다.

③ GKN Driveline : 영국계 자동차 부품업체인 GKN은 인도 남부의 수요를 충족시키기 위해 인도에 새로운 제조공장을 세웠다.

④ PSA Peugeot Citroën : 프랑스 자동차 부품그룹인 PSA는 미화 1천만 달러를 투자하여 인도 기업과 합작으로 부품공장을 설립했다.

⑤ Toyota, GM, Daimler Chrysler : 이들 회사들은 인도를 아웃소싱 기지로 지정하고 자동차 부품을 생산 · 조달하고 있다.

⑥ Fiat : 이탈리아 자동차 회사인 Fiat는 부품생산을 위한 세계 아웃소싱 중심기지(global sourcing hub)로 선정해서 공장을 설립했으며, 2005년도에는 미화 8,300만 달러의 부품을 남아프리카 공화국에 있는 자기 회사에 수출했다.

⑦ General Motors(GM) : GM은 2010년까지 미화 10억 달러에 상당하는 자동차 부품을 인도에서 아웃소싱으로 조달할 예정이다.

현장 정보

■ 자동차 부품업체, 인도 진출 박차[33)]

세계적인 자동차 부품업체들이 인도 자동차 부품시장에 대한 투자 계획을 속속 밝히고 있다. 그 이유는 인도 자동차 시장이 매년 20% 이상의 급성장세를 기록하고 있기 때문에 인도가 세계의 주요 자동차 및 자동차 부품 생산거점이 되고 있다는 점, 자동차 완성차 업체들의 경쟁이 갈수록 치열해지면서 제조 원가를 낮추기 위해서 현지에서 직접 부품을 공급받는 쪽으로 전략을 수정했다는 점, 또 인도 정부가 인도를 소형차 및 자동차 부품의 세계적인 생산국가로 육성한다는 '인도 자동차 신정책'을 발표하여 투자를 활성화시킨 점 등이다.

인도로 진출 계획을 밝힌 주요 회사들의 계획은 다음과 같다.

세계 최대 자동차 생산업체인 GM은 2010년까지 인도로부터 10억 달러 규모의 자동차 부품을 조달하여 세계 각지의 자사 제조 공장에 공급할 계획이다.

일본 완성차 업계도 인도 부품시장 공략을 진행 중이다. 혼다는 자사 유통 벤처기업인 혼다 익스프레스를 통해 인도 현지에 부품공장 건립을 추진하고 있다. 스즈키는 인도의 합작 파트너인 마루티와 함께 엔진과 알루미늄 주물공장을 설립할 계획이다.

또 일본의 자동차 부품업체들도 앞다투어 인도에 생산설비를 세우고 있다. 쇼와는

5억~10억 엔을 투자하여 뉴델리 교외에 파워 핸들 부품공장을 짓고 있다. 쇼와는 이미 인도에 2곳의 충격 흡수장치 생산설비를 갖추고 있다.[34)]

가사이 코교는 인도에서 디자인 및 개발시설을 설립하고 공장 가동을 시작했다. 인도에는 현지 디자이너 30명이 근무하고 있으며, 앞으로 일본 부품 디자인 부문을 이 곳으로 옮길 예정이다.[35)]

한국의 현대모비스는 현대차 첸나이 공장 인근에 현대모비스 인도공장 설립에 관한 작업을 진행하고 있으며, 이곳에서 연간 30만 대 규모의 새시 모듈과 운전석 모듈, 프런트 앤드 모듈을 생산하여 현대차에 납품할 계획이다.

인도에서는 2010년경에는 자동차 생산이 200만대를 넘어설 것으로 예상되고 있으며, 이에 따라 보다 많은 자동차 부품업체들이 인도에 진출할 계획을 갖고 있다.

9. 전자 산업(하드웨어, Electronics)

(1) 서론[36)]

인도의 전자산업(하드웨어)은 1991년 경제개방 이후 외국 기업의 진입과 더불어 빠른 성장세를 보이고 있으며, 2005 회계년도에는 그 생산 규모가 전년도에 비해 13.6% 성장한 약 115억 달러에 달했다. 이러한 규모는 중국의 전자산업(2,720억 달러)에 비해 매우 뒤쳐져 있는 수준이지만, 앞으로 경제성장이 지속되고 그에 따른 가처분 소득의 증가로 전자제품에 대한 수요가 급증하면서 전자 산업도 급속히 확대될 것으로 예상된다.

(2) 전자 산업의 구성제품[37)]

인도의 통신 및 정보기술부(Ministry of Communications and Infromation Technology)에서 발표한 전자 산업(하드웨어)의 구성 제품과 그 비중을 보면, TV · DVD 플레이어 · 전자 오븐 등과 같은 가전제품(33.8%), 컬러 및 흑백 음극선관 · 커넥터 · 반도체 등과 같은 전자 부품(17.7%), 컴퓨터 제품(17.7%) , 산업 전자제품(15.5%), 휴대 전화 등과 같은 통신 및 방송 장비(9.2%), 전략 전자 제품(6.1%) 등이다.

(3) 한국 기업[38)]

한국기업으로서는 삼성전자가 1995년, LG전자가 1996년에 인도에 진출하였으며, 델리에서 가까운 우타르 프라데슈 주의 노이다에 공장을 설립하고 TV · 냉장고 · 전자 오븐 · 에어컨 등을 생산하고 있는데, 이들 대부분의 가전제품은 시장 점유율 1, 2위를 기록하고 있다.

특히, LG전자는 2004년 중서부의 마하라 슈트라 주에 있는 푸네(Pune)에 제2

공장을 설립하여 가전제품과 휴대전화를 생산하고 있고, 삼성전자도 델리 북쪽에 있는 하리야나 주에 휴대전화 공장 설립을 추진하고 있다.

10. 섬유산업(Textiles)[39]

인도는 세계 최대 면화 생산국(세계의 15%를 차지하고 있음)이고, 그 밖에도 견직물 · 모직물 등의 풍부한 천연 섬유를 생산하고 있으며, 값싸고 풍부한 노동력과 수공예 기술을 바탕으로 일찍부터 섬유 산업을 발전시켜 왔다. 인도의 섬유 산업은 그 생산량 · 수출액 · 고용 등의 면에서 인도 경제에서 가장 규모가 크고 중요한 부문 중의 하나이다. 섬유 산업은 전체 산업 생산량의 20%, 소비세 수입의 9%, 산업부문 고용의 18%, 전체 수출액의 약 20%를 차지하고 있으며, GDP의 4%를 기여하고 있다.

인도 섬유의 주요 수출품은 ① 면사 및 직물 · 인조 섬유사 및 직물 · 견사 및 직물 · 카페트 등과 같은 섬유 원료 · 사(絲) · 직물과 ② 면제품 · 인조섬유 제품 · 양모 제품 등과 같은 의류로 구분된다.

2005 회계년도에 인도의 섬유수출액은 150억 달러를 기록했는데, KSA Technopak는 2010년에는 그 수출액이 500억 달러에 이를 것으로 예측하고 있다. 서방 국가들의 섬유공장들이 점점 문을 닫아가는 추세여서, 국제적인 섬유 수입업자들이 섬유제품을 인도나 중국으로부터 구입하려는 추세가 더 강화될 것으로 보인다.

현장 정보

■ 인도의 섬유산업[40]

인도의 현지 경제지인 이코노믹 타임즈(The Economic Times)의 보도에 따르면, 인도 섬유산업이 오는 2010년까지 1000억 달러 규모로 성장하고, 이 가운데 500억 달러는 수출이 차지할 것으로 전망되었다. 이는 현재의 섬유 산업 규모(350억 달러) 및 수출액 규모(150억 달러)에 비해 3배 이상 확대되는 것이다.

이러한 전망은 2005년 1월부터 세계 무역기구(WTO)의 의류수출 쿼터제가 공식적으로 폐지됨에 따라 인도가 가장 큰 수혜자가 될 것이라는 기대에 따른 것이다. 지난 1995년 WTO 회원국들은 섬유업종의 자유무역을 방해하는 각종 쿼터제를 폐지한다는 데 합의했었는데, 그로부터 10년의 기간이 흐른 2005년 1월 1일부터 이 규정이 공식 발효된 것이다.

이러한 의류 수출 쿼터제가 폐지됨에 따라, 세계 의류 생산시장의 70~80%를 장악하고 있는 중국과 인도는 의류 수출량을 더욱 늘릴 수 있게 되었다. 그러나 전문가들은 특히 인도가 중국보다 더 큰 혜택을 보게 될 것이라고 예상했다. 중국은 거의 전적으로 저가(低價)의류 생산에 주력한 반면, 인도는 유럽과 북미시장을 대상으로

고가(高價)의 고급 브랜드 의류 생산에 치중해 왔기 때문이다. 고급 브랜드 의류 제품의 경우는, 1벌당 12~18달러의 매출을 올릴 수 있어 상대적으로 이윤폭이 큰 편이다.

WTO에서 작성한 보고서에 따르면, 이러한 쿼터제 폐지 이후 인도에서 생산된 의류 제품의 미국 내 시장 점유율은 현재의 4%에서 앞으로 15%로 4배나 늘어날 것으로 예상되고 있다.

한편, 인도상공회의소연합 Assocham의 Mahendra K. Sanghi 회장은 "WTO섬유 쿼터 폐지 이후 인도 섬유산업이 구조조정과 함께 개별 섬유제조업체들의 경쟁력 개선 조치가 이루어질 경우, 인도 섬유산업이 2010년 1000억 달러 규모로 성장하리라는 성장 목표가 달성될 수 있다. 섬유산업에서의 구조조정을 통해 인도는 섬유 및 의류분야에서 1천만 개의 일자리가 창출될 전망이며, 이 중 절반은 섬유산업과 직접적인 관련이 있는 직업이고, 나머지는 섬유 관련 산업에서 창출될 것이다."라고 예상했다.

이어서 그는 "그러나 구조 조정의 기회를 놓친다면, 인도가 점유하고 있는 세계 시장 점유율을 중국과 파키스탄에 빼앗길 수도 있다"고 경고 했다. 현재 중국은 면화와 수제 섬유의 세계 최대 생산국으로서, 전 세계 섬유 생산의 25%를 차지하고 있으며, 또 세계 최대의 섬유 및 의류 수출국이기도 하다.

■ 인도 섬유산업의 제약 요소[41)]

인도 섬유산업의 경쟁력을 확보하는 데 풀어야 할 과제로서 Mahendra K. Sanghi 인도상공회의소연합(Assocham) 회장 등은 다음과 같은 사항을 지적하고 있다.

첫째, 인도의 면화 생산비용은 인근 국가들에 비해 비싸다. 현재 펀자브 · 하리야나 · 라자스탄 등 인도의 대표적인 면화 생산 지역에서는 1파운드당 41~42센트의 비용으로 면화가 생산된다. 여기에 운송료 · 관세 · 수수료 등이 추가되면, 원재료가 되는 면화 비용은 약 45센트가 된다. 이것은 파키스탄 등에서의 면화 생산 비용은 37~38센트인 것에 비하면 불리한 조건이다. 즉, 인도는 값싸면서도 품질 좋은 면화를 충분히 확보해야 한다는 과제를 안고 있다.

둘째, 인도의 생산 기지 규모는 중국에 이해 상대적으로 작다. 중국에서는 대량으로 의류를 생산할 수 있는 기지가 많으나, 인도에서는 개별 생산 공장의 규모가 작으므로 몇몇 주요 업체들이 여러 개의 공장에 생산량을 할당해서 생산하는 경우가 많다. 수출량이 적었을 때는 별 문제가 없었지만, 이제 자유로운 수출길이 열린 상황에서는 이러한 여건은 생산량 및 수출량을 신속히 늘리기 어렵다.

셋째, 노동자의 고용 및 해고 등을 엄격히 제한하고 있는 까다로운 노동법 규정이다. 따라서 노동 집약적이고 수출지향적인 의류분야에 대한 투자를 촉진시키기 위해서는, 노동자를 영구적으로 고용해야 한다는 강제성이 없이 기업에서 몇 달간 노동자를 자유로이 고용할 수 있도록 노동법이 섬유 및 의류 분야에서는 유연화되어야 한다.

2005년 11월 30일 월스트리트 저널 아시아에 따르면, 쿼터제가 폐지된 1분기에 중국의 섬유수출은 59% 증가했으나, 같은 기간 인도의 섬유 수출은 5% 증가에 머물렀다. 수출액도 중국이 75억 달러, 인도는 20억 달러였다.

인도 기업들은 "노동법 때문에 인도 섬유산업이 급성장할 절호의 기회를 놓치고 있다. 즉, 일단 노동자를 고용하면 기업이 임의로 해고할 수 없도록 되어 있고, 초과 근무 시간도 제한되어 있는 등 노동법이 지나치게 엄격하다. 예를 들어, 노동자의 1인당 하루 초과 근무시간이 45분으로 제한되어 있기 때문에 주문을 받아도 제때에 생산할 수 없다."고 하소연했다.

반면, 중국의 섬유업체들은 밀려드는 주문에 철야 근무를 강행해서라도 공장을 풀가동시키고 있다.

---

11. 제약 산업(Pharmaceuticals)

(1) 서론[42)]

인도의 제약 산업은 기초 과학 이론과 연구개발 인력 및 기초 원료가 풍부하고, 전통적으로 약초에 대한 연구조사가 이루어져 왔으며, 또 인구 대국이고 생산비가 저렴하기 때문에 과거 10여 년 간에도 매년 6%씩 성장률을 기록하였다.

2005 회계년도의 인도 제약업계의 의약품 국내매출액은 미화 45억 달러, 수출액은 38억 달러를 기록했는데, 이것은 의약품 생산량으로는 세계 4위, 의약품 거래 금액 면에서는 세계 12위이다.

인도 제약업계는 미국의 FDA(Food and Drug Administration)으로부터 미국 이외의 국가로서는 가장 많은 약초를 승인받고 있다. 인도의 제약산업은 IT 및 BT 산업과도 밀접하게 연계되어 있으며, 미래에는 더욱 각광받는 산업이 될 것으로 예상된다.

인도의 주요 제약회사에는 Ranbaxy Labs, Cipla, Dr Reddy's Labs, Aurobindo Pharma, Glaxo Smith Kline Pharm, Nicholas Piramal India, Lupin, Sun Pharmaceuticals India, Wockhardt, Cadila Healthcare, Biocon, Novartis 및 Pfizer 등이 있다.

(2) 특허 관계[43)]

인도 정부는 그동안 최종 의약품과 의약품 제조공정에 특허를 인정하는 국제 관례와는 달리, 의약품 제조공정에 대해서만 특허를 인정해 왔다. 그 결과 인도 제약업계는 특허 분쟁을 염려할 필요없이 동일한 의약품에 대해 상이한 제조공정을 개발해 왔으며, 이런 방법으로 그동안 국제 특허로 보호되어 있는 의약품을 저렴한 가격으로 생산 · 판매함으로서 성장을 해 왔다.

그러나 인도 정부가 2005년 3월 부터는 최종 의약품과 의약품 제조공정 모두에 대해서 특허를 인정하게 됨에 따라, 인도 제약업계도 국제적인 제약업체들과 동등한 입장에서 경쟁하게 되었다.

따라서 인도 제약업계는 치열한 생존경쟁에서 살아 남기 위해서 외국제약업체와의 M&A 및 혁신적인 신약 개발 등을 위해 노력하고 있으며, 또 종래의 다양한 의약품을 생산 · 판매하던 관행에서 벗어나 위장 · 심장 혈관 · 고통 완화 · 당뇨 · 치아 · 비뇨기 · 피부 관련 의약품 등과 같은 고수익을 보장해 주는 특정 약품 생산에 특화하는 경향을 보이고 있다.

(3) 정부 정책[44)]

인도 정부는 제약 산업을 육성하기 위해 외국의 제약 업체들이 인도의 경제특구(Specail Economic Zones, SEZ)에서 공장을 설립할 때는 수입 허가(import licences)를 면제해 주겠다고 발표했다.

또 인도 정부는 제약 업계의 신약 개발을 지원하기 위해서 기술, R&D 시설, 연구 개발 연력을 더욱 발전시키고 탁월한 약품 제조공정을 개발하는 계획을 수립하였다.

(4) 한국 기업[45)]

한국기업으로서는 LG Life Science India가 간염 백신, 유전자 재조합 제품, 생물공학제품을 주로 판매하고 있다.

한국 제약업계로서는 인도 정부가 이제는 최종 의약품에 대해서도 특허를 인정해 주고 있고, 또 인도에서 공장을 설립하는 것은 다른 개발 도상국에 비해서 비용이 40% 정도 저렴함을 감안하면, 인도에 진출할 것을 적극 고려할 계기라고 보여진다.

현장 정보

■ 인도, 제너릭 약 생산 “강자”[46)]

인도 제약회사들이 제너릭 약(generic mdicine, 복제 약)을 대량 생산하고 있어 본약(本藥) 개발업체의 시장 점유율마저 위협하고 있다고 블룸버그 통신이 보도했다. 제너릭 약이란 특허권이 만료된 약 상품을 가리키는 용어이다. 나아가 인도의 일부 제약회사들은 자체적인 신약 개발에 나서 영역 확대를 꾀하고 있다고 이 통신은 전했다.

인도 최대 제약회사인 랜박시 래버러토리스는 미국내 제너릭 약 시장에서 점유율 6위를 차지하고 있고, 인도 2위 제약회사인 닥터 레디스 래버러토리스는 8위를 차지하고 있다. 이들 인도 제약회사들은 일부 상품에 대해서는 본약 개발회사보다 더 많이 판매해 해당 회사를 오히려 앞서고 있다.

한 예로 랜박시는 미국에서 글락소 스미스클라인이 개발한 항생제인 세프틴의 90%를 생산하고 있다. 닥터 레디스는 일라이 릴리에서 개발한 우울증 치료제인 프로작을 싼 값에 대량 생산해 알라이 릴리의 프로작 매출을 68% 급감시켰다.

인도 제약회사가 생산하는 제품은 가격 경쟁에서 본약 개발회사인 제품을 크게 앞선다. 일례로 닥터 레디스가 생산하는 프로작은 가격이 일라이 릴리보다 60% 저렴하다. 이 때문에 닥터 레디스의 지난 1년간 미국 제너릭 약 매출은 13배 급증했다.

최근 인도 제약업계는 제너릭 약 생산에 그치지 않고 신약 개발에 박차를 가하고 있다. 닥터 레디스는 지난해 전체 매출액 156억 매출 가운데 8%를 신약 개발에 투자했고, 현재 8종의 약품 개발에 나섰다. 또 지난 해에는 유럽시장에 진출하기 위해 영국의 BMS 래버러터리스를 인수하기도 했다.

■ 신흥 제약 강국으로 급부상하는 인도[47)]

2005년 3월 인도 의회는 특허약의 복제를 전면 금지하는 특허법을 통과시켰다. 그동안 '불법 복제'로 기술력을 쌓아 온 인도의 제약회사들은 가격경쟁력을 무기로 선진국 제약업체들을 위협하여 왔다.

〈비지니스 위크〉지는 "특허권 보호를 강화하는 인도 정부의 법률 제정을 계기로 인도의 생명공학 관련 연구개발이 한층 활발해질 것"이라고 보도했다. 즉, 약품의 복제 천국에서 이제는 생명공학 허브로 거듭날 것이라는 예상이다.

현재 인도에는 약 1만여 개에 달하는 중소형 제약회사들이 있다. 이들은 지난 30여 년 간 화이자 · 글락소 스미스클라인, 노바티스 등 다국적 기업들과 아웃소싱(하청)계약을 맺고 AIDS 치료제와 백신 등 다양한 약품을 생산해 왔다. 이 과정에서 습득한 제약 노하우가 불법 복제 약품을 만드는 데 활용되었다.

그러나 특허권 보호 법률에 따라 더 이상 불법 복제를 할 수 없게 되자, 모방에 치우쳐 왔던 인도 제약회사들은 차제에 신약을 개발하는 데 총력을 기울이고 있다. 10년 전에는 전무했던 인도 제약회사들의 특허권 신청 건수가 지난 1년 동안에만 855건에 달했다. 또 시프라 · 랜박시 · 닥터 레디스 등 인도의 '제약 3강' 업체들은 AIDS 치료제에 대한 특허권 신청까지 준비하고 있다.

인도 제약회사들이 이렇게 신약 특허를 중심으로 생명공학 산업으로 나아갈 수 있는 산업기반시설도 잘 갖추어져 있다.

머크, 브리스톨 마이어, 노바티스, 몬산토 등 다국적 제약회사와 생명공학 R&D 센터가 50여 개나 된다. 또 미국 식품 의약국(FDA) 공인 생산시설도 75개로 미국에 이어 2위로 많다. 또한 해마다 3천 명 이상씩 배출되는 막대한 생명공학 박사급 연구인력과 저렴한 인건비도 큰 원동력이다.

유럽계 투자은행 크레디리요네(CLSA)에 따르면, 인도에서는 임금은 미국이나 유럽의 10% 정도면 박사급 연구원을 고용할 수 있으며, 따라서 인도의 신약 개발비는 선진국보다 평균 40%가 절감된다.

이러한 산업 기반시설과 풍부한 연구 인력 및 가격 경쟁력을 배경으로 인도 제약회사들은 무서운 속도로 성장하고 있다.

인도 산업연맹(CII)은 '세계적 인도 제약산업' 보고서에서 "세계적 제약시장은 연간 7%씩 성장하는 반면, 인도 제약산업은 10%씩 성장하고 있다. 인도 제약산업이 가치 규모로는 세계 13위지만, 양적으로는 이미 4위이다."라고 밝혔다.[48]

이 보고서는 또 "국내에서 생산된 복제 약(generics)의 수출과 해외 제약업체의 유치 등을 통해서 인도는 제약 강국으로 거듭날 것이다. 현재 60억 달러인 인도 제약산업의 규모는 향후 2년내 800%의 성장률을 보여 480억 달러로 성장할 것이다."라고 강조했다.[49]

---

12. 산업 기반시설 건설산업(Infra Construction)

(1) 서론[50]

인도에서 경제발전 및 기업활동에 가장 큰 장애가 되고 있는 요소는 산업 기반시설이 낙후되어 있다는 점이다. 이를 인식한 인도 정부는 총리를 의장으로 하는 '산업기반시설위원회'를 설치하여 도로 · 지하철 · 철도 · 항만 · 공항 · 전력 등 각종 산업 기반시설에 대한 개혁 및 건설을 위한 프로젝트를 수립하였다. 또 이 프로젝트를 수행하는 데는 약 1,500억 달러의 재원이 소요될 것으로 추산되는데, 전체 재원을 국내에서 조달하는 것은 무리라고 판단하고, 산업 기반시설에 관련된 외국인 투자 제한을 완화하는 등 이 분야에 외국 기업들의 적극적인 투자 참여를 유인하고 있다.

(2) 인도 건설시장의 특성[51]

외국 건설업체들이 인도 건설시장에 참여하는 데 다음과 같은 어려운 점이 있다.

① 대부분의 인도 건설공사는 국영기업이 발주하고 있으며, 따라서 정부통제가 과도하다.

② 인도의 공공 기관이 발주하는 공사의 경우에는, 인도 공기업에게 인도 국내 기업 및 외국 기업보다도 10%의 가산점(Purchase Price Perference)을 부여하고 있다. 따라서 외국 건설업체의 경쟁력이 그만큼 약화될 수밖에 없다.

③ 도로 공사의 경우에는 해당지역 토지매입이 어렵기 때문에 공사가 지연되는 경우가 많이 있다.

④ 중앙 정부 및 지방 정부의 세제(稅制)가 복잡하고 발주처의 계약서 내용에 따라서도 조세 내용이 다르기 때문에, 외국 건설업체가 입찰가를 산정할

때 어려움을 겪는다.

⑤ 정부 관련 기관의 인 · 허가 지연에 따라 건설공사가 지연되는 경우가 흔하며, 또 이러한 인 · 허가 지연에 의한 건설공기 지연 책임을 공사를 담당하고 있는 외국 건설업체에게 돌리고 있다.

⑥ 외국 건설업체가 현지 파트너 회사와 공동으로 입찰했을 때, 현지 파트너 회사의 장비 및 인력 동원 의무와 약속 불이행으로 인한 건설공기 지연 책임을 외국 건설업체에 돌리는 경우가 많다.

⑦ 투명한 조세 행정이 수립되어 있지 않으므로, 나중에 세금을 추징당하는 경우도 있다.

(3) 한국기업[52)]

위에서 지적한 바와 같이, 외국 건설업체들이 인도 건설시장에 참여하는 데는 여러 가지 어려운 점이 많은 실정이어서, 현재 한국 기업의 참여는 그다지 많지 않은 편이다.

13. 플랜트 산업(Plant)

(1) 서론[53)]

인도의 플랜트 산업은 지속적인 경제 성장과 더불어 인도 정부가 산업 기반 시설 확충 및 에너지 개발을 위해 추진하고 있는 석유 및 가스전 개발, 석유 정제, 철강, 도로 건설, 해양 산업(선박 수주), 항만 건설, 철도 건설, 국가간 파이프라인 및 LNG 터미널 건설, 해저 파이프라인 건설, 화력 발전소 및 수력 발전소 건설 등의 분야에서 크게 확대되어 가고 있다. 그리고 이러한 공사를 위한 관련 프로젝트를 신규 수립하고 촉진함에 따라 인도 정부, 국영기업 및 민간 기업의 플랜트 발주가 급증하고 있다.

(2) 한국 기업[54)]

한국 기업들이 1982년부터 2006년까지 인도에서 수주한 플랜트 수주 건수는 총 60건이고, 수주 총액은 미화 62억 달러이다. 최근의 대표적인 플랜트 수주 실적을 보면, 현대 중공업의 뭄바이 해저 파이프라인 공사(5억7500만 달러), 두산 중공업의 차티스가르 주(州) 시파트(Sipat) 화력발전소 보일러 공사(3억 6500만 달러), 대우건설의 다울리강 수력발전소 1단계 공사(600만 달러) 및 한라산업개발의 제강공장 집진설비(200만 달러) 등이다. 그 밖에 삼성엔지니어링은 인도 국영 석유공사(IOCL)로부터 수주받은 비하르 주(州) 바라우니 정유단지를 완공했다.

14. 석유 및 천연가스 산업(Oil and Gas)

(1) 서론[55)]

미화 900억 달러로 추정되는 인도의 석유 및 천연가스 산업은 인도의 중앙 정부 및 지방 정부의 가장 큰 재원(財源) 중의 하나이다. 인도의 대부분의 원유는 25개의 정유 공장에서 생산되는데, 이들은 하루에 250만 배럴을 처리할 수 있는 능력을 갖추고 있는 국영기업들이다.

2004년 인도의 에너지 소비량은 3억 7580만 TOE(Ton of Oil Equivalent)로서 미국 · 중국 · 일본 · 한국에 이어 세계 5위의 에너지 소비국이며, 세계 에너지 소비량의 3.7%를 차지하고 있다. 그러나 2010년 경에는 한국을 제치고 세계 4위의 에너지 소비국이 될 것으로 예상된다.

〈BP Statistical Review of World Energy 2005〉 보고서에 의하면, 현재 인도가 소비하는 에너지 원(源)별 소비량과 그 비중은 석탄 2억 480만 TOE(54.5%), 석유 1억 1930만 TOE(31.7%), 가스 2890만 TOE(7.7%), 수력 발전 1900만 TOE(5.1%), 원자력 380만 TOE(1.0%)로 되어있다. 그러나 연간 6~8%의 고도 성장과 지속적인 인구 증가에 따라 앞으로 2025년까지 에너지 소비는 연간 3.3%씩 증가하여 7억 3800만 TOE가 될 것으로 예상되고 있다.

(2) 정부 정책[56)]

인도는 석유 소비량의 거의 70%를 수입에 의존하고 있으므로, 에너지 안보는 정부의 주요 관심사이다. 따라서 인도 정부는 향후 25년간 석유 및 가스 분야 에너지 종합 대책인 〈인도 탄화수소 비전 2025〉(India Hydrocarbon Vision-2025)를 수립하였다. 그 주요 내용은 다음과 같다.

① 국내 석유 · 가스 탐사 및 개발 : 내륙과 근해에 있어서의 국내 미탐사 광구에 대한 탐사를 100% 완료하여 국내 석유 · 가스 자급율을 제고한다.

② 해외 석유 · 가스개발 : 인도 공기업 Oil & Natural Gas Corporation(ONGC)의 100% 자회사이며 해외자원개발전문기업인 ONGO Videsh Limited(OVL)을 통하여 보다 적극적으로 해외 석유 · 가스 개발에 참여한다.

③ 탄층(炭層)메탄(Coal Bed Methane) 개발 : 인도 정부는 일반 천연가스와 유사한 환경친화적 연료인 탄층 메탄의 개발촉진을 위하여 CBM 정책을 수립하였다.

④ 석유 비축시설 건립 : 인도 정부는 기업들의 비축시설 외에 정부 차원에서 5백만 톤 규모의 전략 석유 비축시설을 건립할 계획을 수립했다.

⑤ LNG 터미널 건설 : LNG 수요 증가로 인해 국내 생산 가스로는 수요를 충

당하지 못함에 따라 구자라트 주(州)의 다헤지(Daheji) 및 하지라(Hazira) 등에 다수의 LNG 수입 터미널을 건설할 계획이다.

⑥ 가스 파이프 라인 건설 : 인도 정부는 인도 전국에 걸친 가스 파이프 라인망 건설을 계획하고 있으며, 미얀마-방글라데시-인디아 노선과 이란-파키스탄-인디아 노선 등 국가간 파이프 라인 건설 계획을 발표하였고, 이를 추진 중에 있다.

(3) 인도의 해외 투자 현황[57)]

인도는 급증하는 석유 · 가스 수요에 대응하기 위하여 해외 투자를 적극적으로 추진해 왔다. 인도 국영기업은 이미 러시아, 수단, 이라크, 리바아, 이집트, 카타르(Qatar), 아이보리 코우스트(Ivory Coast), 호주, 베트남, 미얀마 등에 원유 및 가스전에 지분을 가지고 있다. 그 대표적인 것으로는 다음과 같은 것이 있다.

① OVL은 러시아 사할린 1광구에 러시아 국영 Rosneft사와 참여하면서 20%의 지분을 갖고 있으며, 여기에서는 2005년 10월 1일부터 생산을 시작했다.

② GAIL(India) Limited는 많은 중국 기업들과 3개의 포괄적 각서(sweeping memoranda)를 체결했다.

③ ONGC는 노르웨이의 국영기업 Norsk Hydro와 걸프 지역에서 원유 및 가스를 공동개발하기로 약정했다.

④ 인도의 OVL과 카자흐스탄의 Kaz Munai Gaz는 카스피 해(Gaspian Sea) 지역에서 원유 및 가스를 공동개발하기로 약정했다.

⑤ 그밖에도 OVL은 이란(지분 4%), 미얀마(지분 20%), 이라크(지분 100%), 리바야(지분 40%), 시리아(지분 50%)를 보유하고 있다.

15. 보석 산업(Gems and Jewellery)

(1) 서론[58)]

경제가 성장하고 국민들의 소득 수준이 높아짐에 따라 보석 제품이 과거처럼 단순히 '가치를 보존하는 재화' (storehouse of value)가 아니라 이제는 패션 액세서리 제품으로 변화하고 있다. 황금(plain gold)은 다이아몬드, 백금(platinum) 및 색깔있는 귀석(貴石; coloured gemstones)에게 자리를 내주었다.

인도의 다이아몬드산업의 성장은 특히 눈부시다. 2003년 중 다이아몬드 세공품은 전년도에 비해서 24%가 증가한 미화 80억 5190만 달러가 수출되었으며, 2004년도에는 103억 4045만 달러가 수출됨으로써 1년 동안 28.42%의 성장률을 보였다.

현장 정보

■ 인도의 상인, 세계 다이아몬드 산업의 맹주가 되다[59)]

인도가 세계 최대 규모인 벨기에 앤트워프 다이아몬드 시장을 장악해 다이아몬드 분야 신흥강국으로 부상하고 있다. 앤트워프는 전세계 원석 다이아몬드 중 90% 이상, 세공 다이아몬드 중 50% 이상이 거래되는 세계 최대 다이아몬드 시장이다.

아시안 월스트리트 저널(AWJ)은 "인도 업체들이 지난해 앤트워프 시장에서 거래된 연매출 250억 달러 가운데 65% 이상을 차지했다."고 보도했다.

앤트워프는 15세기 스페인 · 포르투갈 등지에서 쫓겨난 유대인들이 정착한 후 수세기 동안 다이아몬드 시장을 건설해 유대인들의 아성으로 인식되어 왔다.

인도 사람들은 1970년대부터 벨기에로 들어오기 시작했다. 인도의 보석 상인들은 초창기에는 기술 습득을 위해 직원들을 벨기에로 보냈으나, 점차 인도 상인들이 직접 경영하는 보석 점포를 차리기 시작했다.

그러다가 1990년대 초부터 인도 상인의 진출이 늘어나면서 지난해에는 유대인 시장점유율은 20년 전 70%에서 25% 수준으로 급락했다. 특히 지난 2월에는 앤트워프 시장을 장악하고 있는 앤트워프 위원회에 인도 상인 2명이 선출되어 인도 사람들의 발언권이 더욱 커지고 있다. 과거에는 다이아몬드 점포 사무실 문위에 걸려 있는 이름표(문패)도 번스타인, 골드버그, 그린스펀 등이었지만, 이제는 점차 샤, 자버리, 간디 등과 같은 인도 이름으로 교체되었다.

인도 사람들은 미국 시장에도 진출하여 기반을 구축하는 데 성공했다.

---

(2) 가족 보석상인 대(對) 유명 상표 보석 제조업자[60)]

인도의 다아이몬드 산업은 수출에서뿐만 아니라 국내 소비에서도 커다란 변화를 맞고 있다. 전통적으로, 인도 사람들은 수세대에 걸쳐 보석 세공 기술을 닦아 온 '가족 보석상인' (family jeweller)으로부터만 보석을 구입했다. 그러나 이제는 그러한 '가족 보석상인' 들은 '유명 상표 보석제조업자' (branded jeweller makers)들에게 자리를 빼앗기고 있다. 이러한 변화는 특히 2004년부터 급격히 이루어졌는데, 이 한해 동안 30개 이상의 브랜드가 보석 시장에 진입했다.

이와 같은 '유명 상표 보석 제조업자' 들 중 대표적인 기업을 소개하면 다음과 같다.

① Rosy Blue Group : 이 회사는 세계에서 가장 큰 다이아몬드 제조업체라고 자처하고 있는데, Rs 90 크로르(미화 2,050만 달러)를 투자하여 앞으로 3년 이내에 40개의 오라(Orra) 다이아몬드 전용 전시장을 인도 전역에 설립할 계획이다.

② Suashish Group : 미화 2억 달러의 매상고를 올리고 있는 이 회사는 현재 'Ishis' 라는 상표를 보유하고 있고, 또 60개의 매장을 가지고 있는데, 앞으로 6개월 이내에 인도에서 이 매장수를 3배로 늘일 계획이다.

③ Aerens Gold Souk International Limited(AGSI) : 이 회사는 약 18만 평방피트의 보석 소매 공간을 가지고 있으며, 이것은 인도에서 보석 소매에 관한 한 가장 큰 매장이다. AGSI의 회장이면서 경영담당 이사인 Surendra Gupta는 "35개의 주요 국내외 보석 브랜드의 회사를 비롯하여 약 70개의 소매상들이 이곳에서 영업하고 있다."고 설명했다.

④ Fort knox : 이 회사 역시 국내외에서 명성있는 브랜드로 알려져 있다.

(3) 보석 시장의 전망[61)]

맥킨지 컨설팅 회사의 조사 결과에 의하면, 인도에서 유명상표 보석시장(branded jewellery market)은 2010년까지 매년 40%씩 성장해서 그 시장규모가 Rs 10,000 크로르(미화 22억 8천만 달러)가 될 것으로 예상된다.

인도는 또한 보석 제조에 있어서 세계적인 중심지(hub)가 되어 가고 있다. 월마트(Wal-Mart)나 시어스 로빅(Sears Roebuck) 같은 대규모 양판점이나 백화점들은 자신들이 필요로 하는 보석류 제품을 인도에서 아웃소싱으로 주문하기 시작했다.

16. 식품 산업(Food Industry)

(1) 서론[62)]

인도의 경제 발전은 국민의 가처분 소득을 증대시키고 있고, 이것은 항상 사람들의 식료품 바구니를 변경시킨다고 지난 30년간 식료품 지출을 분석한 ICRA 보고서가 밝혔다. 이 보고서에 의하면, 인도의 도시지역 가구들의 소득이 증대함에 따라 곡식 · 식용유 · 설탕 · 소금 · 양념 등의 소비가 감소하고 있는 반면에, 우유 · 우유 제품 · 고기 · 달걀 · 생선 · 과일 · 음료수 등의 소비가 증대하고 있다.

예를 들면, 주요 곡물(쌀, 콩, 밀 등)에 대한 총 지출액이 농촌 지역에서는 45%에서 44%로 감소했는데, 도시 지역에서는 이 비율이 32%에 머물러 있다. 소비가 이렇게 변화하고 있는 이유는 전체 식품시장의 32%를 차지하는 가공 식품 시장(processed food market)의 발달에 따른 것이다. 즉, 전체 식품시장 규모 3조 9,990억 Rs(미화 916억 6천만 달러) 중에서 가공 식품 시장은 1조 2,800억 Rs(미화 294억 달러)를 차지한다.

(2) 식생활 태도 변화[63)]

인도 사람들의 식생활 습관도 또한 변하였다. 밖에서 식사하는 일이 이제는 더 이상 특별한 일이 아니다. 다양한 종류의 식사 메뉴를 제공하는 레스토랑이 인도 전역에 걸쳐 우후 죽순처럼 생겨나고 있다. 이탈리아 · 멕시코 · 레바논 · 일본 · 프랑스 식당들이 계속 등장하고 있으며, 다른 나라 음식점들도 여기에 가세하고 있다.

시장 조사 회사인 Euromonitor International은 인도사람들이 집 밖에서 식사하는 데 지출한 금액이 지난 10년 동안 매년 2배씩 증가하여 그 시장규모가 미화 약 50억 달러에 이르며, 앞으로 5년 안에는 이 규모가 다시 2배가 될 것으로 예측했다.

소비형태에서 나타나는 또다른 추세는 고급상표 식품(branded food product)의 성장세이다. ACNielsen Global Services는 식품 및 음료에 대한 전 세계 추세를 분석한 보고서에서 고급 상표 식품이 2004년도에 5% 성장했다고 밝혔다. 그런데 이러한 성장률이 인도에서는 비교가 되지 않을 정도로 높게 나타나고 있다.

최근들어 등장하고 있는 또다른 추세는 과거에는 위스키 같은 독한 술을 좋아하던 인도사람들이 포도주나 맥주를 점점 많이 마시고 있다는 것도 지적할 만 하다.

현장 정보

■ '포도주 강국'으로 발돋움하는 인도[64)]

인도 사람들은 전통적으로 위스키와 럼 등 도수가 높은 독주를 선호해 왔다. 그러나 최근에는 인도의 포도주 소비량이 해마다 20%씩 증가하고 있다.

특히 인도는 단순한 포도주 소비국을 넘어 주요 생산국을 향한 발걸음을 내딛었다. 지난해 인도 사람들이 마신 포도주의 양은 약 3500만 병인데, 이들 중 스페인 · 프랑스 · 이탈리아 · 남아프리카 공화국 · 미국 · 호주 등 외국산 포도주는 전체 소비량의 20%밖에 되지 않는다. 나머지는 모두 인도에서 생산된 포도주이다.

뭄바이에서 120km 떨어져 있는 서부의 나시크 지역은 과거에는 오렌지와 망고로 유명했으나, 요즘은 와인 제조용 포도가 가장 인기를 끌고 있는 작물이다. 나시크 지역은 부드러운 토양과 연중 햇볕이 내리쬐는 곳으로 와인 제조용 포도를 제조하기에 이상적인 조건을 갖추고 있다.

이 지역의 해발 600m 고지대에 위치한 포도주 제조업체 '술라비니어즈'는 미국 스탠퍼드 대학에서 공부를 마치고 실리콘 밸리에서 근무하던 엔지니어 출신 라지브 사만트가 1997년에 세운 회사이다. 그는 이 곳에서 '예술과 과학을 빚겠다'는 꿈을 가지고 '포도주 강국 인도'의 기틀을 만들었으며, 레드 · 화이트 · 스파클링 와인 등을 생산하고 있다.

그가 만든 술과 포도주는 인도에서 호평을 받은 뒤 미국과 영국에 수출되고 있으며, 조만간 우럽 전지역으로 판로를 확대할 계획이다.

■ 인도 맥주 시장에 진출하는 다국적 맥주업체들[65)]

월스트리트 저널(WJ)은 "세계적인 맥주업체들이 인도 정부의 엄격한 주류(酒類) 광고 금지 정책을 뚫고 거대한 잠재 시장인 인도 소비자들을 유인하기 위해 간접 광고를 통한 마케팅 활동을 강화하고 있다."고 보도했다.

인도는 1990년대 말부터 술 광고를 전면 금지하고 있다. 따라서 외국의 맥주회사들은 인도회사의 지분을 매입한 후, 인도 현지에서 생산되는 맥주에 대한 간접광고 방식을 통해 매출을 증진시키는 전략을 전개하고 있다.

예를 들면, 미국 맥주업체 '밀러'의 모회사(母會社)인 영국의 'SAB밀러'는 인도 현지 맥주업체인 '쇼왈 라스 브루어리스'의 지분 100%를 소유한 후 간접 광고를 실시하고 있다. 즉, 쇼왈 라스 브루어리스는 자사에서 만드는 맥주 '해이워즈 5000'을 홍보하기 위해 탄산수 제품인 '해이워즈 5000소다(Soda)' 광고를 활용하고 있다. 탄산수 광고를 보는 소비자들에게 같은 상표의 맥주 이미지를 심어 준다는 전략이다.

또 스코틀랜드 맥주회사인 '스코티쉬 & 뉴캐슬'은 인도 맥주 업체인 '유나이티드 브루어리스(UB)'의 지분 37.5%를 사들인 후, 이 회사의 맥주 '킹피셔'를 홍보하기 위해 2005년 5월에는 '킹피셔 에라라인즈'라는 항공사를 출범시켰다.

이들 외국의 맥주 회사들이 인도에서 적극적인 판매촉진 활동을 벌이고 있는 것은 인도의 맥주 시장이 지난 5년 동안 매년 13%씩 성장하여 현재는 17억 달러 규모에 이르는 등 인도 맥주 시장의 성장 잠재력이 매우 크기 때문이다.

---

(3) 식품 산업에 대한 투자[66)]

이러한 여러 가지 변화는 식품 사업자들에게 투자를 촉진시키고 있다. Savvy Companies는 2004년도에 새로운 식품 및 농장사업에 Rs 60,000 크로르(미화 137억 8천만 달러)를 투자했다. 식품산업 관계기관의 추산에 따르면, 321개의 민간 사업자들이 2003년도에 투자한 금액은 Rs 2,130 크로르(미화 4억 8,930만 달러)였지만, 2004년도에는 Rs 60,360 크로르(미화 138억 6천만 달러)를 투자하였다.

이와 같은 투자는 식품매출액이 매년 150% 성장하고 있는 것을 감안하면 놀랄 일이 아니다. 이러한 식품 산업의 성장에 따라 많은 외국 기업들도 인도에의 투자를 가속화하고 있다.

McDonald, Pizza Hut, Kentucky Fried Chicken 같은 미국 상표는 이제 흔하게 볼 수 있게 되었고, 아프리카 식품 체인점인 Nando(석쇄에서 고추 양념으로 볶은 닭고기 요리 전문점)가 인도에 진출할 준비를 마쳤다.

이와 같은 식품 산업에서의 새로운 물결은 인도에 진입하는 외국 기업들에게만 한정된 것은 아니다. 'Made in India' 상표를 붙인 인도 음식 브랜드와 고속 이동 소비자 식품(fast moving consumer goods, FMCGS, 직장생활 등으로 바빠 생활하는 소비자를 위한 간이 · 즉석 식품)이 미국과 유럽의 소매 체인점의 선반에서 가장 좋은 자리를 차지하고 이다.

이러한 인도산 간이 식품브랜드에는 Cobra Beer, Bikanervala Foods, MTR Foods', ITC's Kitchen of India, 그리고 Satnam Overseas' Basmati rice 등이 있다.

17. 반도체 산업(Semiconductior Industry)[67)]

그 동안 정보통신 소프트웨어 강국이지만 하드웨어 부분은 형편없다는 평가를 받은 인도가 향후 3년간 단계적으로 30억 달러를 반도체 생산 설비에 투자하여 반도체 강국에 도전하기로 하였다.

전술한 바와 같이 인도는 IT 소프트웨어 기술은 높은 데 비해, 반도체 등 하드웨어 생산 공장은 거의 없어, 주요 부품을 거의 외국에서 수입해 왔다.

인도 정부는 안드라 프라데슈 주(州)를 반도체 생산거점인 '팹 시티(Fab City)로 선정하고, 이곳의 하이데라바드 지역에 대형 반도체 팹(반도체 칩 생산설비) 건설을 위한 기공식을 가졌다.

인도에는 기존에 델리와 벵갈루루 등에 3개의 반도체 팹이 있지만, 대규모 반도체 팹이 들어서는 것은 이번이 처음이다.

인도 정부는 "하이데라바드 시에 마이크로 프로세서와 반도체 생산공장을 민관 합동 프로젝트로 건설할 계획"이라고 밝혔다고 2006년 2월 9일 BBC가 보도했다.

하이데라바드 지역의 반도체 팹 생산공장은 147만 평 규모로 총 30억 달러가 투입될 예정이며, 완공되면 1만여 명의 새 일자리를 창출할 수 있을 것으로 인도 정부는 기대하고 있다. 이 공장지대에서는 미국 최대 반도체 업체인 AMD와 이 회사에 반도체를 납품 · 생산하고 있는 인도업체들의 컨소시엄인 〈셈 인디아〉가 반도체 개발을 진행할 예정이다. 이것은 장기적으로 인도를 세계의 반도체 생산 거점으로 만들려는 인도 정부와 셈 인디아 비노드 아가르왈 CEO의 야심찬 계획으로 추진되었다. 그동안 셈 인디아의 반도체 생산공장은 미국에 있었다.

하이데라바드의 반도체 칩 생산공장이 일단 가동되면, 이 지역에 CD롬 드라이브와 DVD롬 제조 공장, TV용 및 PC용 평판 디스플레이 공장 같은 새로운 공장을 구축하겠다는 것이 다야니히 마란 IT장관의 야심이다.

인도 반도체연합(India Semiconductor Association)이 최근 발표한 보고서에 따르면, 인도 반도체 및 임베디드 디자인 시장이 현재 32억 5000만 달러에서 2010년에는 144억 2000만 달러, 2015년에는 430억 7000만 달러로 성장할 것이라고 전망하였다.

또 전문가들은 인도가 반도체 생산능력까지 갖출 경우, 2015년까지 IT부문의 부가가치는 226억 달러에 이를 것으로 전망했다.

현장 정보

■ NTSI－인도에 반도체 생산설비 설립[68)]

반도체 칩 제조설비 회사인 NTSI(Nano-Tech Silicon India)가 인도의 안드라 프라데슈 주(州) 하이데라바드 시(市)에 6억 달러를 투자하여 50에이커 규모의 반도체 칩 생산설비('팹')을 설립하고, 8인치 반도체 팹을 생산하는 기공식을 가졌다.

NTSI 관계자는 "하이데라바드 지역은 고온, 저습도, 맑은 공기 등 LCD 반도체 팹 건설에 적합한 자연적 특성을 갖추고 있어서 팹 설립지로 선택했다."고 설명했다.

NTSI는 앞으로 표준 IC 제품을 중심으로 PC용 칩, 자동차용 IC, 일부 메모리 및 고속 플래쉬 메모리 등을 양산할 예정이다.

NTSI는 한국의 대우 그룹 부회장을 역임했던 민병준 사장이 초기 자본금의 60%, 주 정부가 20%, 개인 투자자가 20%를 출자하여 2005년 4월 설립된 반도체 칩 제조설비 회사이다.

■ 텍사스 인스투르먼트, HCL 테크놀로지, 인텔, IBM －반도체 칩 설계 공장 건설[69)]

전술한 하이데라바드에서뿐만 아니라, '남아시아의 실리콘 밸리'라 불리는 인도 벵갈루루 지역에서도 텍사스 인스투르먼트, HCL 테크놀로지, 인텔, IBM, 실리콘 레버러토리 사(社) 등도 인도에서 반도체칩 설계 공장을 세우겠다는 발표를 했다고 AP 통신이 전했다.

미국 기업으로는 처음으로 1985년 인도 벵갈루루에 기술센터를 설립한 텍사스 인스투민트 사는 세계 최초로 고속 모뎀용 단일 결합형 칩을 인도 현지에서 설계 · 개발했다.

미 텍사스주에 소재한 칩메이커인 실리콘 레버러토리 사도 벵갈루루의 신생업체인 이티암 시스템과 모뎀 등의 설계를 위한 합작 투자 계약을 체결했다.

인도 소프트웨어 업체인 HCL 테크놀로지도 자체적으로 미국의 한 통신사로부터 칩을 위탁받아 개발했다고 발표했다.

이어 앞서 인텔, IBM 등도 최근 인도에서 칩설계를 시작할 계획이라고 밝혔다.

인텔의 폴 오렐리니 회장은 벵갈루루를 방문한 자리에서 "인도에서 믿을 수 없을 정도의 많은 인재를 발견했다. 미국에서는 이런 기술을 가진 인력을 구하기가 갈수록 어려워지고 있다."고 말했다.

제14장 산업 환경(Ⅱ)

이 장에서는 인도의 산업 환경으로서 서비스업 및 사업처리 아웃소싱 등을 고찰하기로 한다.

제1절 서 론

제13장의 1절에서 설명한 바와 같이 인도의 GDP에서 서비스업이 차지하는 비중은 2005년을 기준으로 51.4%로서, 농업 20.5% 및 제조업(광공업 포함) 28.1%와 비교해 볼 때, 인도 산업에서 서비스업이 차지하는 중요성을 알 수 있다.

2절에서는 서비스업을 정보기술(IT), 생명공학(BT), 의료, 통신, 은행업, 보험업, 훈련 · 교육산업, 관광산업, 영화산업 및 음악산업 등으로 구분하여 살펴보기로 한다.

또 3절에서는 제조업과 서비스업 모든 분야에 걸쳐 적용되고 있는 산업분야로서, 인도가 전세계에서 단연 두각을 나타내고 있는 사업처리 아웃소싱 분야를 살펴보기로 한다.

제2절 서비스업(Services)

1. 서 론[1)]

서비스 부문은 1951~1980년까지 연평균 7.5%의 성장률을 기록해 왔으며, 2005년도 성장률은 9.8%였다. 현재 서비스업은 인도 전체 노동인구의 23%를 고용하고 있다. 서비스업이 GDP에서 차지하는 비중은 1950년 15%, 2000년 4.8%, 2005년 51.4%로서 해마다 크게 증가해 오고 있다. 서비스 분야가 이렇게 크게 성장해 온 이유는

첫째, 전문화(specialization)의 증가

둘째, 공급 측면에서 볼 때 교육 수준이 높고 영어를 유창하게 말할 수 있는 많은 근로자,

셋째, 수요 측면에서 볼 때 개인 소득이 증가하면서 양질의 서비스를 요구하는 국내 소비자들의 증가, 그리고 인도 서비스의 수출에 관심을 갖는 외국 소비자들의 증가, 그리고 외국에서 자신들의 사업을 인도에서 아웃소싱(outsourcing)하려는 외국 기업들의 증가 등에서 그 원인을 찾을 수 있다.

2. 서비스 산업의 주요 분야

인도의 서비스 산업을 구성하는 주요 산업 분야에는 다음과 같은 것이 있다.

- 정보 기술(Information Technology, IT)
- 생명 공학(Biotechnology, BT)
- 의료(Health Care)
- 통신(Communication)
- 은행업(Banking)
- 보험업(Insurance)
- 과학 · 기술(Science and Technology)
- 교육(Training and Education)
- 관광(Tourism and Hospitality)
- 영화(Film)
- 음악(Music)

아래에서는 이들 서비스 산업을 구체적으로 살펴보기로 한다.

3. 정보기술 산업(Information Technology, IT)

(1) 서론[2)]

인도의 정보기술(IT) 산업은 크게 하드웨어 산업, 소프트웨어 산업, 그리고

IT 응용 서비스(IT-Enabled Services, ITES) 및 IT 이용 사업 처리 아웃소싱(Business Processing Outsourcing, BPO), 즉 ITES-BPO의 3 분야로 나누어진다. 인도 IT 산업의 구조는 표 14-1을 참조하라.

표 14-1 인도 IT 산업의 구조[3)]

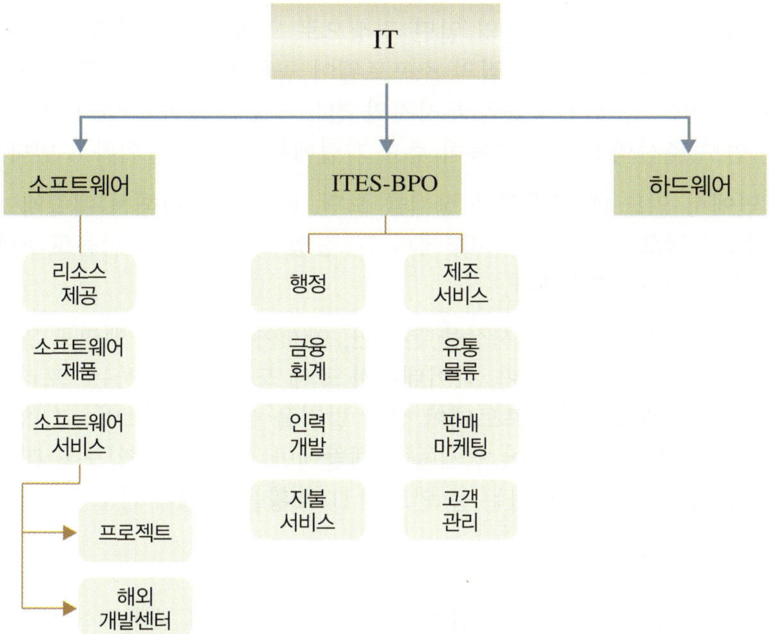

그러나 NASSCOM에서 발표한 표 14-2에서 볼 수 있듯이, 인도의 IT 산업은 하드웨어 산업보다는 소프트웨어 산업 및 ITES-BPO 산업 중심으로 발전하여 왔다.

인도의 IT 소프트웨어 산업 및 ITES-BPO 산업은 그 규모가 2004 회계년도에는 159억 달러였지만, 2005 회계년도에는 약 40% 증가한 222억 달러였다. 이와 같은 IT 분야의 GDP 성장 기여도는 1999 회계년도에는 1.4%에 불과했지만, 2005 회계년도에는 3%로 상승하여 IT 분야가 인도 경제에서 차지하는 중요도가 크게 상승하고 있다.

표 14-2 2005 회계년도 인도 IT 산업 현황(단위 : 억 달러)

구분	소프트웨어(서비스/제품)	ITES-BPO	하드웨어	합계
내수	43	6	53	102
수출	122	51	7	180
계	165	57	60	282

(2) 인도 IT 산업의 성장

1) 개황[4)]

인도는 전세계 소프트웨어 시장의 20% 이상을 점유하며 최대의 소프트웨어 수출국가로 올라섰다. 인도는 다양한 IT 교육 프로그램에 참여하여 자신의 실력을 향상시키려는 젊은이들의 열띤 경쟁으로 뜨거워지고 있으며, 글로벌 공급기지 및 값싸고 우수한 품질의 소프트웨어 공급처로 인도를 활용하려는 미국 · 유럽 · 일본 등 선진국들의 투자자와 전문가들로 붐비고 있다. 또 인도 밖에서는 인도 출신의 IT 전문가들이 주요 기업에서 능력을 발휘하고 있다.

규모면에서 인도 IT 시장의 성장세를 보면, 6년 전에 비해서 매출액이 300% 이상 급성장했으며, 인도의 GDP에서 IT 산업이 차지하는 비율도 6년 전의 0.59%에서 2.87%로 증가했다.

지역적인 면에서 인도 IT 시장을 본다면, 아시아의 실리콘 밸리로 알려진 인도 남부의 벵갈루루와 첸나이, 하이데라바드 세 도시가 형성하는 '트라이 앵글 IT존(Triangle IT Zone)' 이 소프트웨어 산업 발전을 이끌고 있으며, 그 밖의 다른 많은 지역에서도 소프트웨어 업체들이 개발에만 전념할 수 있도록 IT 파크(IT Park, IT 단지 건물)를 건립하는 등 인도의 IT 호황을 이끌어 가고 있다.

2) 대표적 IT 기업[5)]

TCS(타타 컨설턴시 서비스), 인포시스, 위프로 등으로 대표되는 인도 3대 IT 업체들이 미국 · 유럽 등 해외 아웃소싱 수요가 급증하는 가운데 수억 달러짜리 주문도 거뜬히 소화해 내며 연간 30%를 넘는 성장률을 올리면서 액센추어 · IBM 등을 위협하기 시작했다. 예컨대, 인도 최대 SW업체인 TCS는 2005년~2006년 회계년도에 29억 7000만 달러(약 2조 8000억 원)의 매출을 올렸는데, 이는 1년 전보다 36% 증가한 것이다. 인포시스와 위프로도 지난해 20억 달러가 넘는 매출을 올리며 전년 대비 33% 성장세를 기록했다.

〈파이낸셜 타임즈〉는 "자국민의 일자리 부족을 우려한 미국 정치인들로부터 미래를 위협받았던 2년전 인도의 모습은 이제 미국의 글로벌 IT 기업들을 위협할 수준으로 격상되었다."고 보도했다.

또 이들 인도 IT 업체들은 급성장하는 IT 아웃소싱 수요에 대응하기 위해 우수 인력 충원에 온 힘을 기울이고 있다. 인도의 이들 3대 소프트웨어 업체들의 지난해 SW전문가 채용규모는 6만1천 명에 달하고 있다. 하루에 167명의 새 인력이 인도 IT 업계로 유입된 셈이다. 이렇게 수요가 늘자 이제는 인도 업체들이 오히려 해외에서 전문인력을 충원하는 현상까지 발생하고 있다. 예를 들면, 인포시스는 지난 석달 동안 1220명의 시스템 통합(SI) 인력을 채용했는데, 여기에는 미국 SAP 엔지니어 등이 포함되어 있다. 또 조만간 미국에서 300명의 신

입사원을 채용해 벵갈루루에 들여 올 계획이다.

현장 정보

■ 위프로의 아짐 프렘지[6)]

〈비지니스 위크(BW)〉는 "인도의 최고 갑부이자 소프트웨어 업체 '위프로' 사장인 아짐 프렘지가 기술 본부를 캘리포니아로 옮기고 주변업체들을 인수하며 마이크로소프트 · 오라클 등 세계적 소프트웨어 업체에 도전장을 내고 미국 본토 점령을 선언했다. 이는 '인도의 빌게이츠'라 불리는 아짐 프렘지가 위프로를 세계 10대 소프트웨어 업체로 키우겠다는 야심이다."라고 밝혔다.

조그마한 식용유 제조회사 집안에서 태어난 아짐 프렘지는 스탠퍼드 대학에서 공부하던 중 아버지가 세상을 떠나자 귀국해서 사업을 물려받았다. 프렘지 사장은 경영학 석사(MBA) 출신들을 고용하고 비누 사업 등에 투자하는 등 타고난 경영수완으로 기업을 키워 갔다. 1977년 집권한 사회당이 외국계 컴퓨터 업체들을 내쫓고 자국기업 육성책을 쓰자 프렘지 사장은 곧바로 컴퓨터 사업에 뛰어들었으며, 지난 20여년 동안 인도에서 판매량 1위를 지켜 왔다. 그 후 그는 다시 소프트웨어 개발에 사업 영역을 확장하였으며, 현재 위프로의 수익 85%를 소프트웨어 분야에서 벌어들이고 있다.

현재 인도의 IT 중심지 벵갈루루에 본사를 두고 있는 위프로의 고객들은 주로 은행과 증권분야 등의 세계적인 금융기관들로서, 이들은 기관 투자가들을 위한 포트폴리오 · 연금 · 뮤추얼펀드 등의 다양한 투자상품을 제공하고 있다. 이들은 또 2600개 이상의 기관 투자가들과 1200만 명의 주주 및 연금 가입자들이 투자한 4000억 달러 이상의 자산을 운용하고 있다.[7)]

---

(3) 인도 IT 산업의 성장배경

인도의 IT 산업이 세계적인 강국으로 등장하게 된 원동력으로는 다음과 같은 것을 들 수 있다.[8)]

① 영어 사용 : 인도 인력의 절대 다수가 영어를 유창하게 구사할 수 있는데, 이것은 미국, 영국 등의 영어 사용권 기업들에게는 무척 매력적인 점이 된다.

② 소프트웨어 기술 인력 풍부 : IIT를 비롯한 약 2,000개의 기술계 대학에서 매년 약 68,000명의 IT 전문인력이 배출되고 있다.

③ 인도의 축적된 과학 기초 지식 수준이 매우 높다.

④ 인도 정부가 집중적인 Software Technology Park(STP) 건설 등을 통하여 IT 산업 육성 정책을 펴고 있다.

⑤ 인공위성(Satellite)과 연결되어 있다.

⑥ 주요 고객인 미국과 지리적으로 정반대에 위치하고 있어 시차를 충분히 활용할 수 있다.

⑦ 선진적인 개발체계 · 교육 훈련 제도를 도입하여 세계적인 SW 품질 보증을 획득하고 있다. 예를 들면, 2002년말 카네기 멜론 대학에서 인정하는 CMM(Capability Maturity Model) Level-5를 취득한 전세계 80여개사 중에서 63개사가 인도 SW 회사이다. 또 인도 소프트웨어 상위 300개 기업들 중에서 170개 이상이 ISO 9000 인정을 받았다.

(4) 세계의 IT 중심지로서의 인도[9)]

현재 인도에는 90여만 명의 IT 전문가들이 있으며(2008년까지는 400만 명으로 증가할 것으로 예상됨), 이들을 주축으로 세계적으로 유명한 Infrosys, Wipro, Tata Consultancy Services(TCS) 등과 같은 IT 전문 서비스회사들(ITES-BPO)이 인도에 있다. 지역적으로는 벵갈루루, 뭄바이, 첸나이, 하이드라바드, 굴가온(뉴델리 근교에 있음) 등에 IT 소프트웨어 산업이 밀집되어 있다. 이들 지역에는 미국의 Microsoft사는 물론 IBM, Oracle 등 유명 IT 전문회사들이 사무소를 설치하고 각각 수천 명씩의 인도 IT 인력을 고용하고 있다.

이와 같이 인도가 소프트웨어 및 ITES-BPO의 R&D 중심지(hub)가 되고 있는 사례를 몇 가지 제시하면 다음과 같다.

① 세계에서 가장 큰 검색 엔진(search engine)회사인 Google은 벵갈루루에 R&D 센터를 설립했다.

② 세계적인 웹 포탈(web portal)회사인 Yahoo 역시 벵갈루루에서 사업을 수행하고 있다.

③ 미국계 칩제조(chipmaker)회사인 Intersil은 벵갈루루에 디자인 센터를 설립했다.

④ IBM은 세계에서 8번째로 델리에 연구실험실(research lab)을 설립했다. 여기에는 70명의 연구원이 고용되어 있다.

⑤ 휴대전화 생산회사인 Nokia도 인도에 R&D 중심지를 설립하기로 했다.

⑥ Intel은 미국 밖에서 이루어지는 R&D의 15~25%를 인도에서 수행하고 있다.

(5) 인도 600대 IT 기업 분포 현황

인도 STPI에 따르면 인도의 600대 기업에 분포되어 있는 도시는 표 14-3에 나타나 있다.

표 14-3 인도 600대 IT 기업 분포 현황[10)]

소프트웨어 단지	기업수
벵갈루루	222
뭄바이	131
델리	43
노이다	68
하이데라바드	64
첸나이	55
콜카타	25
푸네	23
기타	69

(6) 인도 IT 산업의 대표도시－벵갈루루

1) 발전 초기[11)]

벵갈루루(Bengaluru, 옛이름은 방갈로르〈Bangalore〉)는 인도 남부 카르나타카 주의 주도(州都)이다. 벵갈루루는 IT 산업기지가 들어서기 전에는 도로나 전기 및 수도 등이 크게 열악했으나, 시(市) 정부는 이들을 개발할 예산이 턱없이 부족했다.

벵갈루루 시는 경제를 살리기 위해서는 다국적 기업의 유치가 핵심 성공요소라고 판단했다. 이러한 판단은 두 가지 요소에 기반을 두고 이루어졌다.

첫째는, 벵갈루루가 해발 900m가 넘는 고원 지대에 자리잡고 있으므로 인도의 다른 도시들에 비해서 날씨가 그렇게 덥지 않는 쾌적한 기후조건을 갖추고 있다는 것이었고, 둘째는, 벵갈루루에서는 매년 3만 명이 넘는 공과대 졸업생들이 배출되며, 특히 컴퓨터와 공학 기초에 관해 전문지식을 갖추고 영어에도 능통한 고급 인력이 풍부하게 존재한다는 것이었다.

주 정부는 다국적 기업을 유치하기 위해 외국 기업에게 토지세와 등록세를 면세하는 과감한 조세 지원정책을 수립 · 집행했다. 또 매년 10월과 11월에는 350여 개의 IT 관련업체가 참여하는 행사를 개최해서 기업을 홍보하고 인재들을 확보할 수 있는 기회를 만들어 나갔다.

2) 산업 단지[12)]

벵갈루루 시의 서남부에는 전통전자 산업단지 '피냐'가 자생적으로 만들어졌으며, 1986년부터는 주 정부가 동남부 화이트 필드 지역에 '소프트웨어 테크노로지 파크(Software Technology Park, STP)'를 조성했고, 이 단지는 매년 확장되어 55만 평 규모에 이르는 '일렉트로닉 시티(Electronic City)'로 발전하였다. 이러한 '일렉트로닉 시티'의 성공에 자신을 얻은 주 정부는 인도기업 타타그룹 및 싱가포르 컨소시엄과 함께 1997년 84,000평 규모의 '인터내셔널 파크(International Park)'를 건설하였다. 인터내셔널 파크에는 현재 IBM, 위프로(WIPRO), 인포시스(infosys), 오라클(oracle) 등 110개 이상의 대기업이 입주해 있으며, 2만여 명이 근무하고 있다.

벵갈루루는 이와같은 정책에 따라 빠르게 성장해 왔다. 2006년 기준으로 벵갈루루에는 도시를 누비는 오토바이와 자동차가 매일 600대씩 늘어나고 있고, 매주 4개의 IT 회사가 생겨나고 있다.[13] 현재 벵갈루루에는 인도 전체 IT 인구의 3분의 1을 차지하는 40만 명의 IT 산업 종사자가 있고, HP · 노키아 · 인텔 · 마이크 로소프트 등 654개의 다국적기업, 전세계에 인력을 알선하는 550여 개의 헤드 헌팅 업체, 그리고 1639개의 IT 기업이 자리잡고 있다.[14] 특히 미국기업들은 벵갈루루를 콜센터(Business Process Outsourcing)로 활용하기 시작하면서, 방갈롤르는 세계의 아웃소싱 기지로 주목을 받게 되었다.

3) 변화[15]

이러한 'IT 강국' 인도를 대표하는 벵갈루루가 변하고 있다. 세계 저가 아웃소싱의 중심지라는 기존 이미지를 탈피하여, 최고급 기술을 가진 벤처기업들의 '인큐베이터'로 큰 변신을 하고 있는 중이다.

뉴욕타임즈(NYT)는 수많은 벤처들이 둥지를 틀고 있는 인도 벵갈루루가 전세계 IT인들의 이목을 끌고 있으며, 다양한 신기술과 IT 전문지식을 습득한 인재들이 많고, 인건비도 낮아 벤처를 운영하기에 더없이 좋은 조건이 형성되어 있는 벵갈루루가 차세대 실리콘 밸리로 급부상했다고 보도했다.

이제 인도의 벵갈루루에는 과거와는 달리, 서구의 다국적 IT 기업들이 연구 및 개발 · 디자인 등과 같은 핵심부문을 이전하고 있으며, 저임금에 기반한 콜센터나 단순 제조공장이 아닌 최첨단 기술기업들의 메카로 변해가고 있다. 이러한 유명한 다국적 기업뿐만 아니라 무명의 신생 벤처기업들도 벵갈루루에 둥지를 틀고 있다. 미국 실리콘 밸리에서 활동하는 외국인 투자자나 기술자뿐만 아니라 고급 일자리를 찾아 해외로 나갔던 인도 지식 전문가들도 모국으로 돌아와 하이테크 벤처기업을 창업하고 있다.

IT 기업 및 벤처 캐피탈 컨설팅 회사인 실리콘 밸리 뱅크는 인도에의 벤처 캐피털 투자 자금이 유례없이 급증하고 있다고 분석했다.

현장 정보

■ 미국 실리콘 밸리 v 인도 벵갈루루[16]

세계 IT 메카의 지도가 바뀌고 있다. 정보기술(IT)산업이 성숙단계에 접어들면서 IT

의 메카가 미국의 실리콘 밸리에서 소프트웨어의 왕국 인도 벵갈루루로 급속히 옮겨가고 있기 때문이다.

영국의 경제주간지 〈이코노미스트〉는 실리콘 밸리가 빈 사무실로 가득찬 황무지처럼 바뀐 반면, 정보기술 인력이 몰려드는 인도의 전자산업도시 벵갈루루는 활기를 띠고 있다며 이렇게 보도했다. 3년 전만 해도 사무실 구하기가 하늘의 별따기였던 실리콘 밸리는 일부 닷컴 기업들의 부상(浮上)하고 있음에도 불구하고, 여전히 절반 가까운 공실률(空室率)을 보이고 있다. 사무실이 남아돌다 보니 임대료는 3년 전의 6분의 1 수준으로 떨어졌다. 일부 소유주들은 사무실 유지비라도 건질 셈으로 무상 임대를 광고하고 나설 정도이다.

반면, 위프로 테크놀로지스 등 세계적인 IT 기업의 요람인 인도 벵갈루루는 새로운 기업들이 속속 입주하고 있으며, 이에 맞춰 신규 건물들이 하루가 멀다하고 들어서고 있다. 전문가들은 이곳의 IT 기업과 인력이 3년 후에는 3배 이상 증가할 것으로 예상하고 있다.

〈이코노미스트〉는 실리콘 밸리와 벵갈루루의 변화된 이러한 배경으로 정보기술 산업의 초점이 초기 단계인 디자인 개발에서 대량제조로, 또 기술혁신으로부터 통합·결합·실행 등으로 이동한 점을 꼽았다. IT 기업의 입장에서는 창의력과 혁신·개발에 필요한 고비용의 첨단인력 대신에 단순 제조와 유지 보수 기능을 충족시킬 수 있는 인도의 값싼 노동력이 필요해진 것이다. 이에 따라 고급 기술 인력과 벤처 투자자들이 몰려 있던 실리콘 밸리가 새로운 기술 개발·상업화의 산실이라는 위력을 발휘하기 어렵게 되었다는 것이다.

또 소프트웨어와 서비스, 영업 부문의 경계가 흐려지면서 인건비 등 비용 절감을 위해 인도로 개발 센터 등을 옮기는 실리콘 밸리 회사들이 증가하고 있다고 〈이코노미스트〉는 전했다.

거대 소프트 회사의 프로그래머들 가운데 70~90%는 유지·업그레이드·바이러스 처리 등을 맡고 있는데, 이를 인도에서도 쉽게 할 수 있게 됐다는 점도 이러한 변화의 중요한 요소로 작용하고 있다.

〈이코노미스트〉는 또 향후 미국의 정보기술 일자리 300만 개가 해외로 이전할 것이라는 〈포레스터 리서치〉의 전망을 인용하면서, 인도 벵갈루루에 진출한 마이크로소프트, IBM, 델 등이 인도의 IT 인력을 크게 증원하는 계획을 계속 발표하고 있는 것이 이러한 추세를 더욱 강화시킨다고 보도했다.

영국 일간지 〈더 타임즈(The Times)〉는 세계 2위의 소프트웨어 그룹인 제프 헨리 회장의 말을 인용해 'IT 창업 본거지인 미국 실리콘 밸리가 인도의 등장으로 왕좌를 잃을 위험에 처했다. 뭄바이, 벵갈루루, 첸나이 같은 인도 도시가 급성장하면서 미국이 그 동안 쌓아 온 소프트웨어 개발자로서의 업적이 앞으로 수년 후에는 더 약해질 것이다. 우리는 앞으로 인도 회사들의 기술을 더 많이 목격하게 될 것이다."라고 전했다.

(7) 인도 IT 산업의 전망[17)]

인도의 IT 산업 기반이 소프트웨어에 편중되어 있고 하드웨어 기반이 취약한 약점에도 불구하고 Nasscom-Mackinsey 보고서는 2008년 인도의 IT 분야 수출액이 500억 달러(많게는 570억 달러)까지 증대할 것을 전망하고 있다. 그 세부 내용은 다음과 같다.

- IT 서비스 : 230억 달러
- 소프트웨어 제품 : 80억 달러
- ITES-BPO : 150억 달러
- E-business : 40억 달러

(8) 한국 기업[18)]

인도의 IT 산업에 진출한 한국기업으로는 삼성, LG, 현대를 중심으로 한 대기업의 하드웨어 수출을 위한 판매 촉진 활동, 현지 생산 및 연구개발, 이들 회사의 소프트웨어 하청 개발 및 R&D 활동을 중심으로 이루어져 오고 있다.

현장 정보

▪ 'IT 하청기지' 인도가 이제는 미국 IT 기업 인수[19)]

미국의 정보기술(IT) 산업의 아웃소싱 기지였던 인도가 이제는 거꾸로 미국의 IT 기업을 인수하고 있다.

영국의 주간지 〈이코노미스트〉는 IBM이나 액센추어 등과 같은 미국 다국적 기업들의 하청을 쌓으면서 업무 경험을 쌓고 자본을 축적한 인도 기업들이 이제는 시스템 유지보수에서부터 회계업무까지 업무 영역을 다양하게 확대하기 위해 역으로 미국 시장에 진출하고 있다고 보도했다.

인도의 재벌기업인 가드레지 그룹과 에사르 그룹은 각각 미국의 콜센터 서비스 회사를 인수한다고 발표했으며, 스캔덴트 그룹은 미국의 건강의료 서비스 회사인 NABN을 사들였고, 인도 IT업계의 대표 주자 중의 하나인 인포시스 역시 미국 기업을 인수하는 등 자금력이 풍부해진 인도 기업들이 미국 기업에 대한 인수 · 합병(M&A)을 적극 추진하고 있다.

이러한 상황은 서구 기업들의 인도 현지시장 진출에 대응하기 위해 인도 기업들도 미국 기업 인수를 통해 역량을 높이기 위한 노력으로 풀이된다. 위프로의 경우는, 컨설팅 업무 분야를 강화하기 위해 미국 보스턴에 소재하고 있는 아메리칸 매니지먼트 시스템즈(AMS)의 에너지 관리사업 부문과 금융 분야 전문 컨설팅회사인 너브와이어사를 인수했다.

4. 생명공학 산업(Biotechnology, BT)

(1) 서론[20]

생명공학(biotechnology)이란 특정한 용도를 위한 제품이나 공정(工程, process)을 생산하기 위해 생물 시스템(biological systems), 살아 있는 유기체(living organisms) 혹은 파생물(派生物, derivatives)을 이용하는 전통적 · 현대적인 다양한 기술들의 집합을 의미한다.

최근의 새로운 벤처 산업들의 등장 및 이들의 혁신 그리고 인도 정부의 국가적 지원 정책에 힘입어 인도의 BT 산업은 괄목할 만한 성장을 보이고 있다. 인도의 BT 산업은 현재 280여 개의 회사가 주도하고 있으며, 여기에 종사하는 생명과학자는 총 15,000명이고, 생산액 규모는 2003년에는 7억 8800만 달러였다. 그러나 2005년에는 22억 달러로 약 3배 이상 성장하였고, 2010년에는 50억 달러로 확장될 전망이다. 이 시기가 되면 약 100만 개의 일자리 창출이 가능할 것으로 Ernst & Young 보고서는 전망했다. 또 세계 BT 시장(총 500억 달러 규모)에서 인도의 점유율은 현재는 약 4%이나 5년 후에는 10%로 증대될 것으로 예상된다.

(2) BT 산업의 구성[21]

인도의 BT 산업은 그동안 주로 건강관리(healthcare)와 제약 생명공학(pharmabiotech) 회사들에 의해 주도되어 왔으나, 이제는 Venkateshwara Hatcheries 같은 동물건강관리회사 및 Mahyco-Monsanto Biotech 같은 농업 생명공학(agribiotech) 회사들도 여기에 동참하고 있다.

이러한 BT 산업의 구성 요소를 구체적으로 보면 다음과 같다.

① 의약품(바이오 의약분야) : 인슈린, 바이러스 억제 물질, 적혈구 생성 물질, 혈액 응고 물질, 소화제, DNA 재조합 기술관련 생물체 복제 기술, 줄기 세포 취급 기술

② 농업 : 다수확 품종, 병충해 저항 및 가뭄에 잘 견디는 품종 개발

③ 식물 및 동물 : 유전자 조작 작물을 통한 연료, 섬유, 식량 개발, 성장 촉진제, 화학적 합성 · 면역 및 미생물

④ 산업 및 기타 바이오 테크 제품 : 생물 촉매, 산업용 효소, 아미노산 등 식품용 효소, 미생물 신진대사 산물, 백신, 진단 시약, 진단 장비, 생물 반응기(bioreactor) 및 처리 가공 장비

⑤ 의료 개발 서비스

⑥ 바이오 서비스 및 아웃소싱 개발연구, 계약 조사 연구

⑦ 바이오 정보

(3) 성장 배경과 정부 정책[22)]

인도의 BT 산업이 세계에서도 주목을 받으며 이처럼 활발하게 성장하고 있는 원동력을 요약하면 다음과 같다.

① 영어를 사용하는 저임금의 BT 분야 기술 인력이 풍부하다.

- 전국 100여 개 이상의 국립 개발 연구 실험실에 수천 명의 과학자가 종사하고 있다.
- 전국에 300개 이상의 대학 수준 이상의 생명공학 · 생명 정보학 · 생명과학 분야 교육기관이 있고, 여기에서 매년 50만 명 이상의 졸업생이 배출되고 있다.
- 매년 생명과학 및 생명공학 분야에서 30만 명 이상의 대학원 졸업생과 1,500명 이상의 박사가 배출되고 있다.

② 축적된 기초 과학지식이 탁월하다.

③ 동 · 식물 종류가 풍부하다. 전세계 포유동물 종(種)의 7.6%, 조류 종의 12.6%, 어종(魚種)의 11.7%, 꽃식물 종의 6%가 인도에 존재한다. 따라서 이러한 풍부한 동 · 식물 종류의 샘플을 채취하고 야외 조사 · 연구하기가 용이하다.

④ 인도 정부가 국립생명공학위원회(National Biotechology Board, NBTB)를 설립하여 BT 산업에 대한 투자를 유도하고 또 이를 체계적으로 지원하고 있다. 그 주요 내용은 다음과 같다.

- 유전자 재조합(recombinant DNA) 제품 및 세포 치료제(cell targeted therapies)를 제외한 모든 약품의 제조에 대하여 100% 외국인 지분 투자를 허용하고 있다.
- BT 관련 공장과 기계장치에 대하여 감가상각을 허용한다.
- 특정한 경우에는 수입 제품에 대해서 관세를 면제해 준다.
- R&D 지출에 대해서 150% 세금을 감면해 준다.
- 특허 제품에 대해서는 3년간 소비세를 면제해 준다.
- 회사 자체의 R&D 지출에 대해서는 100% 환불(rebate)해 준다.
- 공공 기금이 투자한 R&D 기관과 연구 계약을 했을 때는 125% 환불해 준다.
- 각 주(State)는 BT 산업 육성을 위해 Biotech Park 개발, BT 연구소 및 산업과의 연결을 지원한다. 예를 들면, 안드라 프라데슈 주는 하이데라바드에 지식 기반산업 BT Park를 설치하여 BT 제품 조사연구 및 수출활동을 적극 지원하고 있으며, 이러한 BT Park와는 별도로 600km^2 규모의 Hub of Genome Valley를 개발 중에 있다.

(4) 한국기업[23)]

현재 인도의 BT 산업에 진출해 있는 기업은 LG Life Science India 1개 회사이다.

LG는 간염백신, 유전자 재조합 제품, 생물공학 제품(불임치료 · 안과수술 · 신장 투석 · 암치료 · 진단 시약)을 주로 판매하고 있다.

현장 정보

■ 인도의 BT산업 성장정책[24)]

인도 정부는 앞으로 5년 동안 생명공학(BT) 부문을 5배 성장시키는 정책을 수립했다. 이러한 정책 중 중요한 것으로는 관련 기업에 신규 자금을 지원하는 한편 동물이나 사람을 대상으로하는 약물 실험을 지원하는 제도를 마련한 것이다.

구체적으로는 생명공학 관련 기업에 세금 우대 정책을 시행하고, 생명공학 관련기업의 창업을 장려하는 각종 제도를 시행한다.

이와 함께 2010년까지 최소한 10개의 창업 지원기구를 갖춘 생명공학 파크(BT Park, 집단 단지)를 건설할 계획이다. 또 연구자들은 앞으로 개를 포함한 동물을 대상으로 약물 실험을 할 수 있게 되었다.

인도 과학부장관인 카필 시발은 "소프트웨어와 정보기술(IT) 산업을 성공적으로 발전시키는 것과 마찬가지로 생명공학 분야에서도 결실을 맺을 것이다."라고 말했다.

인도는 지난 1년간 생명공학부문의 매출액은 11억 달러로 37%의 성장률을 기록했다.

■ 생명공학(BT)의 중심지 – 하이데라바드[25)]

인도 중남부 히데라바드의 ICICI 지식 파크는 최근 국내외 생명공학 기업들이 몰려와 지놈 밸리화하고 있다. Genome Valley(생명공학 단지)는 바이오테크 연구기관과 생명공학 기업, 그리고 제약회사의 집적(集積) 단지이다.

히데라바드 지놈 밸리는 약 600만km^2에 걸쳐 있으며, 이 곳에는 이미 100여 개 생명공학 회사들이 자리잡고 있다.

이 곳의 ICICI 지식파크는 히데라바드 지놈 밸리의 핵심으로서 생명공학 기업들의 리서치와 훈련, 협력, 생산활동을 도와주는 인도 최초의 최첨단 생명공학 기업 인큐베이터 센터이다.

ICICI 지식파크의 디파니타 차토파디야 최고 경영자(CEO)는 "최근 히데라바드가 BT 산업 붐을 이끌며 생명공학 중심지로 급부상하고 있다. 벵갈루루가 인도의 실리콘 밸리라면 히데라바드는 지놈 밸리이다."라고 강조했다.

차토파디야 CEO는 "인도가 생명공학 허브가 될 수 있는 조건은 저렴하고 풍부한 과학인재가 있기 때문이다. 인도의 과학 · 테크놀로지 인력은 300만 명이 넘는다. 인도에는 매년 3500명이 넘는 자연과학 박사가 배출되고, 이 분야 석사학위 이상 보유자만도 60만 명이 넘는다. 또 인도는 대졸 엔지니어가 70만 명에 달하고, 영어를 할 수 있는 인재가 미국 다음으로 많다."고 강조했다. 그는 또 "최근 2년 동안 ICICI

지식파크에만 20여 개 생명공학 기업이 들어왔으며, 이들 중 5~6개 기업이 졸업했다. IT 단지인 벵갈루루에 이어 앞으로는 지놈 밸리인 히데라바드가 인도 경제를 이끌 차세대 성장 동력으로 급부상할 것이다."라고 설명했다.

---

5. 의료 산업(Health care service)

(1) 서론[26]

인도의 의료 산업은 지난 몇 년 전부터 폭발적인 성장세를 보여주고 있다. 5년 전에는 치료 목적을 위해 인도를 방문하는 환자들이 약 10,000명이었는데, 2004년에는 인도를 찾은 관광객 250만 명 가운데 12%에 해당하는 30만 명이 치료 목적으로 입국했다고 인도의 인터넷 미디어인 '비즈 사마차'가 발표했다. Apollo Group의 회장인 Pratap Reddy는 자기 병원에 오는 10명의 환자들 중 1명은 외국에서 온 사람이라고 밝혔다. 또 블룸버그 통신은 "인도 의료계는 2012년까지 외국인 환자에게 연 23억 달러(한화 2조1900억 원)의 수입을 올리는 것을 목표로 하고 있다. 해외 고객 유치를 위해 의료 서비스 개선과 함께 대대적인 홍보활동을 하고 있다."고 보도했다.

인도의 의료 산업은 매년 3% 이상씩 성장하면서 의료 허브(medicare hub)인 싱가포르에 바짝 다가서고 있다. 그리고 인도에서 이 산업에 고용되어 있는 사람들은 약 400만 명이며, 인도 서비스 산업에서 가장 많은 인력을 고용하고 있는 부문 중의 하나이다.

(2) 성장 배경[27]

인도의 의료 산업이 이렇게 발전하고 있는 배경에는 다음과 같은 것을 지적할 수 있다.

1) 저렴한 의료비

인도의 의료비는 의료 수준이 높은 데 비해서 대단히 저렴하다. 예를 들어, 미국과 인도의 의료비를 비교하면 표 14-4과 같다.

2) 의사들의 영어 구사[29]

인도의 의사들은 거의 모두가 영어를 유창하게 구사하므로 영어권 외국 환자들과 인도 의사들 간의 의사소통에 전혀 문제가 없다.

3) 높은 의료수준[30]

인도 의료산업이 성장하고 있는 것은 단순히 의료비가 저렴하기 때문만은 아니다. 더 중요한 원인은 다음 자료에서 볼 수 있듯이, 높은 수술 성공률을 자랑

표 14-4 미국과 인도 의료비 비교(단위 : 달러)[28)]

수술	미국	인도
골수 이식 수술	400,000	30,000
간 이식 수술	500,000	40,000
심장 절개 수술	50,000	4,400
관상 동맥 우회 수술	35,000	8,000
신경외과 수술	29,000	8,000
무릎 수술	16,000	4,500
라식 수술	4,000	700
임플란트(인공치아)	3,500	800
무봉합 백내장 수술	4,500	700

하는 인도 의료수준에 있다.

- 인도의 전문의(專門醫)들은 매년 500,000건 이상의 큰 수술을 하고 있으며, 그 밖에도 100만 건이 넘는 심장 절개 수술 · 신경 수술 · 암 수술 등을 하고 있는데, 그 성공률은 세계 기준에 비추어서 전혀 손색이 없다.
- 2002년도까지 실시된 43,000건의 심장 수술(cardiac surgeries)에서는 98.5%의 성공률을 기록했다.
- 6,000건의 신장(콩팥)이식 수술(renal transplant)에서는 95%의 성공률을 기록했다.
- 110건의 골수 이식 수술(bone marrow transplant)에서는 80%의 성공률을 기록했다.

(3) 평가[31)]

인도의 의료수준에 대한 객관적인 평가 결과를 요약하면 다음과 같다.

① 인도의 독립적인 신용평가 기관인 CRISIL은 Escorts Hospital 같은 특수 병원(super specialty hospital) 및 Apollo Group 같은 다목적 특수병원(multi specialty hospital)에 A등급을 부여했다.

② 영국의 NHS는 수술 분야에서 인도는 세계인들이 궁극적으로 찾는 곳이라고 발표했다.

③ British Standards Institute(BSI)는 델리에 있는 Escorts Hospital을 우수 병원이라고 평가했다.

④ 인도에서 가장 큰 사립병원 체인(private hospital chain)을 가지고 있는 Appollo Group과 Escorts Hospital은 미국의 Joint Commission on Accreditation of Healthcare Organization(JCAHO)로부터 인증서를 받으려고 노력하고 있다.

(4) 정부의 지원[32)]

2005년, 인도의 재무부 장관은 사립 병원들이 운영비를 절감하고 의료 기반 시설(infrastructure)을 구축 · 확장하는 것을 지원하기 위한 조치를 발표했는데, 그 예를 들면 다음과 같다.

① 100병상 이상 규모의 사립병원을 짓는 데 금융기관이 융자를 해줄 때 세금을 감면해 준다.

② 생명구조 의료장비에 대한 감가상각률을 25%에서 40%로 증대시킨다.

이제 주 정부, 사립 병원,그리고 심지어는 관광 회사들까지 합세하여 인도의 의료 산업의 발전에 앞장서고 있다. 그 대표적인 예로서는 다음과 같은 것을 들 수 있다.

① Sita 및 Kuoni 같은 관광 회사들은 의료 관광(medical tourism)에 초점을 맞추어 해외 관광객을 모집하고 있다.

② 카르나타카 주 정부는 Bangalore International Health City Corporation(BIHCC)를 설립하고서, 이곳에서 다양한 건강관리 제품과 치료법에 대한 특허를 취득하고 있다.

③ 뭄바이의 반드라－쿨라 지역(Bandra-Kurla Comple)에 소재한 Asian Heart Institue (AHI)는 심장병에 관련된 모든 종류의 최신 설비를 제공하고 있다.

미국에서는 인도행 의료 패키지 여행을 알선하는 여행업체들이 크게 호황을 누리고 있다. 이들은 '타지 · 타이거 투어' (Taj · Tiger Tour), '골든 트라이앵글 투어' (Golden Triangle Tour) 등 이국적인 이름을 붙인 의료 패키지 투어 상품을 개발하여 미국 관광객을 모집하고 있다.

의료 서비스를 받기 위해 인도로 여행 오는 미국인들 가운데는 특히 불임(不姙) 부부가 늘어나고 있다. 미국에서는 15,000달러가 드는 체외 인공수정이 인도에서는 1800달러밖에 들지 않을 정도로 불임치료가 미국보다 인도가 크게 저렴하기 때문이다. 여기에 더하여, 인도에서는 대리 출산을 해주는 대가로 돈을 받는 것이 합법적이므로, 대리모(代理母)를 구하기 쉽다는 점도 작용하고 있다. 뉴스위크 인터넷 판은 "인도에서는 한번에 최대 6개의 수정란을 착상시키기 때문에, 이보다 훨씬 적은 수정란을 사용하는 미국에 비해 수정 성공확율이 높다."고 보도했다.[33)]

이와 같은 질병 치료 목적뿐만 아니라 심리적 안정과 정신건강 회복 목적을 위해서도 인도는 더할 나위없는 서비스를 제공해 준다.

(5) 의료 · 건강 관광(Health tourism)[34)]

이제 인도는 의료 관광의 최적지로서 점점 명성을 얻어 가고 있다. 2003년도에는 15만 명의 환자들이 치료 목적으로 인도를 방문했다. 인도는 현재 매년 100만 명을 치료할 수 있는 잠재력을 지니고 있으며, 이것은 인도경제에 50억 달러를 공헌하게 될 것이다.

앞의 '의료 산업'의 '성장 배경'에서도 언급했듯이, 이러한 현상은 인도 의료수준이 세계적 수준임에도 불구하고 극히 저렴한 수술비(치료비)에 기인하는 바가 크다. 예를 들면, 심장수술비가 미국에서는 30,000달러가 소요되는 데 비해, 인도에서는 6,000달러밖에 소요되지 않는다.

또 인도는 요가, 마사지 등 인도 전통의 건강관리법을 현대 의료기술에 접목해 소비자들의 관심을 끌고 있다.[35)]

CII의 조사보고서는 "인도는 요가, 명상, 아유르베다(Ayurveda), 대증 요법(alllopathy) 및 기타 의료 시스템과 더불어 다른 나라에서는 얻기 어려운 건강회복과 치료를 제공해 줄 수 있다."고 발표했다.

현장 정보

■ '의료 관광' 대국 - 인도[36)]

인도가 '의료 관광'(Medical Tourism)을 위해 방문하는 외국인들로 북적이고 있다. 저렴한 비용으로 높은 수준의 치료를 받을 수 있어 경쟁력은 최강 수준이다. 더구나 수술을 받기 위해서 선진국에서처럼 장기간 기다려야 하는 번거로움도 없다.

심장 수술 병원으로 유명한 민간 병원 '에스코츠'의 의사 나레쉬 트레한은 "우리 병원은 첨단기기를 이용한 수술로 유명하다. 매년 수백 명의 외국인이 우리 병원을 찾고 있다."고 밝혔다. 에스코츠는 특히 몸속에 작은 로봇을 투입해 조종하면서 수술하는 분야에서 세계적으로 손꼽히는 곳이다.

인터내셔널 헤럴드 트리뷴(IHT)에 따르면, 지난해 치료를 위해 인도를 찾은 외국인은 15만 명이며, 매년 15%씩 증가하고 있다. 대부분은 델리 · 뭄바이 · 벵갈루루 등의 민간 의료 기관에서 심장 수술 · 장기이식 등을 받고 있으며, 성형 수술을 받기 위한 사람들도 늘고 있다. 인도가 의료 관광으로 벌어들인 돈은 2012년에는 23억 달러(약 2조200억 원)에 달할 전망이다. 세금 공제와 부지 제공 등 각종 지원을 하고 있는 것도 이 때문이다.

인도 의료계는 해외 고객들을 위해 다양한 서비스를 개발 중이다. 인도에 5개의 병원을 운영하고 있는 '아폴로 병원'은 원격 진료 시스템을 통해, 인도에 있는 주치의가 영국 환자들을 진료할 수 있는 시스템을 마련했다.

인도에는 지금까지 아시아 · 아프리카 · 중동에서 온 환자들이 많았으나, 최근에는 영국이나 캐나다 같이 복잡한 수술을 받으려면 한참 기다려야 하는 선진국 환자의 발길도 늘고 있다. 캐나다 사람인 톰 로대실의 경우, 자국에서는 3년을 기다려야 하는 관절 인공 뼈(크롬 합금물) 교정 수술을 인도에서는 곧바로 받을 수 있었다.

(6) 전망[37)]

인도의 이러한 의료 산업은 이상에서 살펴본 의료 수준 자체 및 의료 관광분야뿐만 아니라 개인 건강보험 시장(voluntary health insurance market)과 제약 시장(pharmaceutical market) 및 생명공학 시장(bioteachnolgy market)까지도 함께 발전시키는 원동력이 되고 있다.

현장 정보

■ 인도, 외국인 대리모(代理母) 출산지[38)]

영국 일간지 가디언은 "인도가 대리모 출산 비용이 싸면서 시술 수준이 높고, 법적 규제가 상대적으로 약하기 때문에 많은 외국 불임 부부들이 2세를 얻기 위해 인도로 향하고 있다."고 보도했다.

이렇게 인도가 외국 불임 부부들의 대리모 출산을 위한 여행지로 새롭게 떠오르면서, 인도에서는 대리모 산업이 연간 6억 달러 규모로 추산된다고 '인도 의학 연구 평의회'가 밝혔다.

대리모 출산을 위해 인도로 오는 부부들은 특히 영국이나 미국인들이 많은데, 그 이유는 첫째로 시술 비용 및 관련 비용이 저렴하기 때문이다. 영국에서 3000파운드(약 510만 원) 소요되는 1회 체외 수정 비용이 인도에서는 5분의 1에 불과하다.

둘째, 영국에서는 대리모에게 대가(代價)를 지불하는 것을 금지하고 있으나, 인도에서는 상대적으로 규제가 덜하다. 따라서 영국에서는 대리모에게 주는 대가 지불은 은밀하게 이루어져야 하며, 그 가격도 대략 1만 파운드(약 1,700만 원)이다. 그러나 인도에서는 2000파운드(약 340만 원) 정도면 된다.

셋째, 인도의 대리모들은 대리 출산을 선행(善行)으로 여기고 있다. 구자라트 주(州) 서부에 살고 있는 인도의 30대 초반의 여성은 가게 점원으로 일하며 한 달에 2천 루피(약 46,000원)를 받고 있다. 이 여인은 영국에서 온 대리모 출산을 의뢰한 부부로부터 2천 파운드(약 340만 원)를 받기로 하고 아난드 병원에서 시술을 기다리고 있는데, "두 아이의 어머니로서, 가난하기 때문에 이 돈은 많은 도움이 된다. 나는 대리모로서 이 부부에게 즐거움을 선사하는 것이라고 생각한다."고 대리모로 나선 이유를 설명했다.

전문가들은 이러한 대리모 출산 사업이 번창하는 현상을 인도의 급속한 경제성장과 자유화가 낳은 필연적인 부산물이라고 지적했다. 세계화된 시장에서 수요와 공급이 맞아 떨어진 결과라는 것이다. 인도 구자라트 주의 보건 담당자는 "대리모 비지니스는 완벽하게 자본주의적인 사업이다. 가난한 지역에서는 예비 대리모들이 앞다투어 나타날 것이다."라고 비난했다. 대리모 사업을 윤리적 문제나 빈곤층 여자들에 대한 착취로 보는 시선도 있다. 인도에서는 해마다 10만 명의 여자들이 임신이나 출산으로 인해 숨지고 있다.[39)]

한 대리모는 "우리같이 교육받지 못한 여자들이 이런 비도덕적인 행동을 하지 않고서는 어떻게 돈을 벌겠느냐?"고 말해, 최근 눈부신 경제 도약을 거듭하고 있는 인도의 어두운 이면을 대변했다.[40)]

6. 통신 산업(Communications)

(1) 서론[41)]

인도가 최근에 통신 관계법을 개정하여 규제 완화 및 자유화를 촉진한 결과 통신 산업 부문에서 급격한 변화가 일어나고 있다. 즉, 지역 및 장거리 서비스가 인도 전국을 통해서 보급되고 있는데, 이러한 서비스는 주로 도시 지역에 집중되어 있는 형편이다. 전국 평균으로는 100명당 7명이 전화를 보유하고 있지만, 시골 지역에서는 그 보유율이 100명당 겨우 1명이며, 또 전국적으로 전화 보유 대기자 수가 170만 명 이상에 달하고 있다. 특히 전화 보급은 이동 전화의 경우가 빠르며, 유선 전화는 완만하게 증가하고 있다.

(2) 전화 가입자[42)]

인도의 유선 전화 및 이동 전화 가입자 수도 2003년 3월에는 약 5,400만 명(유선 전화 4,148만 명, 이동 전화 1,300만 명), 2004년 3월에는 약 7,618만 명(유선 전화 4,258만 명, 이동 전화 3,360만 명), 2005년 7월에는 1억 510만 명(유선 전화 4,770만 명, 이동 전화 5,738만 명)으로 2년 동안 약 85%가 급증했다.

인도 정부는 2007년 말까지도 전체 전화 가입자 수가 2억5천만 명(유선전화 7,000만 명, 이동전화 1억 8천만 명)으로 추정하고 있다. 또한, 인도 정부는 전국적으로 전화 통신망을 구축하여, 2006년 말까지 전국의 60만7천 개의 농촌 마을 중 최대 35만 개의 마을에 전화 통신망을 연결하여 총 7억7천만 명의 농촌 인구 중 최대 4억 5천만 명의 농촌 인구가 전화 통신망의 혜택을 볼 수 있도록 한다는 목표를 추진하고 있다.

(3) 인도 통신 시장의 특징[43)]

한편, 인도의 이동전화 시장은 GSM과 CDMA 전화 시스템이 공존하고 있다. GSM은 인도 시장을 선점하여 약 80%의 시장을 점유하고 있으나, Reliance Infocomm(RI), Tata TeleServices(TTS) 같은 신규 민간 사업자들과 VSNL, MTNL 같은 국영 통신사업자들은 CDMA 통신 방식을 도입하여 대규모 투자를 하고 있어서 CDMA 단말기 시장이 급신장해 왔지만, 최근에는 그 증가 추세가 느려지고 있는 추세이다.

(4) 인도에 진출한 외국기업[44)]

인도에 진출해 있는 외국의 통신회사들에는 다음과 같은 것이 있다.

① 일본의 다국적기업으로서, CDMA 기술의 선도기업인 Qualcomm의 휴대전화 장비 사업부문을 인수한, Kyocera는 인도에 휴대 전화 제조공장을 설립했으며, 여기에서 만든 제품을 아프리카로 수출할 예정이다. 그리고 앞으로는 동남아시아 국가들과 호주 및 뉴질랜드에도 수출할 계획을 세우고 있다.

② Alcatel은 인도에 GSM 휴대전화를 제조 설비를 건설하고, 이 곳을 아시아 태평양 시장에 진출하는 교두보로 삼겠다고 발표했다.

③ 한국의 LG는 최근에 인도에서 전화 조립 공장을 착수했으며, Nokia는 미화 1억 달러~1억 5천만 달러를 투자하여 휴대전화 제조공장을 세울 계획이다.

④ 세계적인 송수화기(hanset) 제조업제인 Siemens India Ltd.는 앞으로 3~4년 이내에 미화 5억 달러 이상을 투자하여 공장을 신규 건설하고 또 기존 공장을 확대하기로 했다.

(5) 한국 기업[45)]

인도 휴대전화 시장은 2005년 2700만대 규모에서 2006년에는 4000만대 수준으로 매년 20% 이상 고성장하고 있다. 또 GSM(유럽 통신 방식) 휴대 전화의 경우는 보급률이 6% 수준에 불과해 향후 성장 여력이 매우 큰것으로 분석되고 있다.

이렇게 중국에 이어 세계 최대 휴대전화 시장으로 떠오른 인도의 하리야나주에 삼성전자는 휴대전화 공장을 준공하고 본격적인 휴대전화 생산에 돌입했다. 삼성전자는 이 곳에서 연간 100만 대를 생산할 계획이며, 점차 그 규모를 확대할 예정이다.

이에 앞서 LG전자는 약 4,300만 달러를 투자해 인도 남서부 푸네의 제2공장 내에 GSM 휴대전화 생산라인을 건설했다. LG전자는 일단 200만 대 생산능력을 갖춘뒤, 2010년에는 연간 1,000만 대 규모의 글로벌 GSM 생산기지로 이 곳을 확장할 계획이다.[46)]

7. 은행업(Banking)

(1) 종류[47)]

인도의 은행업은 크게 제도권 금융기관(organised sector)과 비제도권 금융기관(unorganised sector)으로 나누어진다.

제도권 금융기관은 민간 기업, 국가 기관 및 외국인들이 소유하는 상업은행(commercial bank)과 협동은행(cooperative bank)으로 구성되어 있는데, 이들을 합쳐서 지정 은행(scheduled bank)이라고 부른다. 지정 상업은행(Scheduled Commercial Bank, SCB)은 소유자 및 영업 형태에 따라 (i) 인도 국립은행(State Bank of India, SBI) 및 산하그룹(associates), (ii) 기타 국영은행(other natinalised banks), (iii) 지방 · 농촌은행(regional rural banks), (iv) 외국계 은행(foreign banks), (v) 기타 민간 부문의 인도 지정상업은행(Indian SCB)로 구분된다.

비제도권 금융기관은 개인 및 가족들이 소유하는 토착 은행 혹은 자금 대부자, 그리고 비은행 금융기관(Non-Banking Financial Companies, NBFC)들이다. 비제도권 금융기관 및 소규모 대부업자들이 농촌지역에서는 더 선호되고 있는데, 특히 축하 행사라든지 단기 융자 등과 같은 비(非) 생산적 목적을 위한 융자의 경우에는 더욱 그러하다.

(2) 현재 상황[48)]

2005년 말 현재 인도의 상업 은행은 총 289개, 국영 은행은 27개, 민영 은행은 29개, 지방 · 농촌 은행은 197개, 그리고 외국계 은행은 31개이다.

인도 은행업의 주요 특징은 국영 은행(Public Sector Banks, PSB)이 압도적 비중을 차지하고 있다는 점인데, 현재 국영 및 국유 은행의 예금 및 대출 비중은 총 수신 및 여신의 60~70%를 차지하고 있는 상황이다.

또한 과거에 인도의 은행업은 매우 폐쇄적인 부문으로서 정부의 통제와 개입이 심하였고, 은행들 간의 경쟁도 극히 미미한 상태였다. 그러나 1991년 경제 개방 · 개혁 조치가 이루어진 이후 은행업도 점진적인 개방을 하게 되었고, 민영 은행 및 외국계 은행의 진출이 가속화되면서 은행업종 내에서도 경쟁 분위기가 확산되었다. 이제는 국영 은행들까지도 ATM, 텔레 뱅킹 등 첨단기술을 도입하고, 수수료 인하 등 각종 거래 비용의 절감이 나서고 있는 등 은행 경영의 선진화가 촉진되고 있다.

인도 은행업계의 가장 큰 문제 중의 하나는 부실 채권(non-performing assets)인데, 이것은 특히 민영 은행보다도 국영 은행에서 더욱 심각하다.

(3) 성장률[49)]

인도의 은행업은 2004년~2005년도에 수신 및 여신에서 강한 성장세를 보였다. 289개의 상업 은행의 전체 예금액은 2004년의 3,310억 달러에서 2005년에는 3740억 달러로 증가하였으며, 같은 기간 전체 대출액은 1,850억 달러에서 2,420억 달러로 증가했고, 투자액은 1,490억 달러에서 1,620억 달러로 증가했다.

은행업 전체의 국내 대출액은 2005년 4,450억 달러에서 2006년에는 5,230억 달러로 증가함으로써 17.5% 성장률을 보였다. 이러한 자료를 은행 종류별로 예금 및 대출 현황으로 구분하여 분석해 보면, 국영 또는 국유 은행은 대출 실적이 우수했고, 민간 상업은행은 예금 실적이 우수한 것으로 나타난 반면, 지방 · 농촌 은행의 예금 증가율은 점차 둔화되는 경향을 보였으며, 민간 상업은행의 예금 증가율이 국영 은행 또는 외국계 은행에 비해 더욱 급격하게 증가했다.

현장 정보

■ 시티 그룹–인도 HDFC은행지분 매입하여 인도 모기지 시장 공략 강화[50)]

월스트리트 저널(WSJ)은 "세계 최대 금융 그룹인 시티 그룹이 인도 최대 모기지(mortgage, 저당권) 금융업체인 HDFC은행의 지분 9.27%를 추가 매입하여 지분율이 13%로 확대되어 최대 주주가 되었으며, 이에 따라 시티그룹은 인도 중산층에 대한 주택 담보대출사업이 더욱 용이하게 되었다. 시티 그룹이 이번에 인수한 지분은 영국 스탠더드 라이프 그룹으로 6억 5000만 달러를 주고 매입한 것이다."라고 보도했다. 시티 그룹이 HDFC와의 협력을 강화한 것은 빠른 속도로 성장하는 인도 시장에서의 주택 담보 대출 영업을 확대하는 방안을 모색하고 있음을 보여 준다.

현재 인도 정부의 엄격한 규제로 인해 시티 그룹과 그 밖의 외국 은행들은 인도 내에서 상업은행 지점을 신속하게 확대해 나가지 못하고 있다. 시티 은행이 갖고 있는 인도 내 지점수는 50개가 되지 않는다. 인도에서는 비은행 금융회사의 경우는 외국인 투자자들이 지분을 최대 100%까지 보유할 수 있는 반면, 인도 은행에 대한 외국인 투자 상한 선은 5%로 제한되어 있다.

컨설팅업체인 매킨지는 인도 은행산업의 연간 매출액이 앞으로 5년간 2배 이상 늘어 350억 달러에 이를 것으로 예상하고 있다. 또 인도의 평균 모기지론(mortgage loan) 계정은 가계당 90달러밖에 되지 않아 중국의 500달러 혹은 태국의 1466달러에 비해 크게 낮은 세계 최저 수준에 머물고 있어, 인도의 모기지 시장의 성장 잠재력이 높은 것으로 평가된다.

---

8. 보험업(Insurance)

(1) 서론[51)]

인도 정부는 1956년 245개에 달하는 사설 보험회사를 모두 통폐합하여 생명보험(Life Insurance) 분야는 국영 LIC를 설립하여 담당하게 하였고, 비(非) 생명보험 분야는 1972년 국영 GIC를 설립하여 담당하게 함으로써, 1998년까지는 보험업은 모두 국영 회사에 독점되어 민간 회사의 진출이 허용되지 않았다.

그러나 인도 정부는 1999년 보험 감독 · 개발원법(Insurance Regulatory and Development Authority Act, IRDA Act)을 제정하여 보험 감독 · 개발원을 신설하는 한편, 2000년 10월부터 민간 회사의 보험업 진출을 허용하는 동시에 보험업에 대한 FDI를 26%까지 허용하는 조치를 취하였다. 그리고 2004년 7월에는 인도 정부는 보험업에 대한 FDI 한도를 49%까지 확대했다.

(2) 인도 보험업계의 구조[52)]

인도의 보험업계는 크게 생명보험, 비(非) 생명보험(일반 보험) 및 재(再) 보험의 3가지 부문으로 구성되어 있다.

① 생명보험 : 생명보험회사에는 총 14개가 있는데, 이들 중 국영 회사는 Life Insurance Corporation(LIC) 1개이고, 민영 회사는 Allianz Bajaj, Birla Sun, HDFC Standard, ICICI Prudential 등 13개이다.

② 비 생명보험 : 비 생명보험회사에는 총 13개가 있는데, 이들 중 국영 회사는 Oriental Insurance, National Insurance 등 4개이고, 민영 회사는 ICICI Lombard, Reliance General, Tata AIG 등 9개이다.

③ 재 보험회사 : 재 보험회사는 국영 회사인 General Insuracne Corporation(GIC) 1개사가 있는데, 모든 보험회사들은 GIC에 재보험 가입이 의무화되어 있다.

(3) 보험업의 현황 및 전망[53)]

인도 정부가 2000년 보험업을 민간에게 개방한 이래 보험업은 연간 성장률이 15~20%에 달하고 있으며, 앞으로도 매년 20~25%의 성장이 예상되는 성장 잠재력이 매우 큰 분야 중의 하나이다. 2005년 통계에 따른 총 보험시장 규모는 약 100억 달러이다.

현재 외국계 보험회사는 인도의 생명 보험부문에서 22%의 시장점유율을 차지하고 있고, 일반 보험부문에서는 약 20%의 시장점유율을 차지하고 있다. 이러한 외국계 보험회사들의 시장점유율은 경쟁관계에 있는 아시아 다른 국가들에서의 시장점유율이 5~10%인 점을 감안하면, 보험시장에서 상당히 큰 시장점유율을 기록하고 있다고 할 수 있다.

현장 정보

■ 인도 보험산업[54)]

신용평가회사인 '피치'에 따르면, 인도의 보험시장 규모는 212억 달러로서 14조 3000억 달러의 유럽 시장에 비하면 규모면에서는 작은 편이다. 그러나 인구 11억 명에 연간 GDP 성장률이 8%인 인도의 연간 보험산업 성장률은 유럽의 5.5%를 3배

가까이 넘는 15% 수준이다. 더구나 인도는 전체 GDP의 29%에 달할 정도로 높은 저축률을 보이고 있다. 세계적 거대 보험업체인 스위스 리(Swiss Re) 회사는 "인도 생명 보험 시장은 2010년까지 매년 13.5% 이상 성장할 것이다. 자동차 보험 등 일반 보험 시장도 매년 8.3% 이상 매출이 늘어날 것이다."라고 전망했다.

이러한 요소들 때문에 세계적인 보험업체들은 인도 시장에 앞다투어 진출하고 있다.

미국계 AIG 및 알리안츠는 이미 인도에 진출했고, 이탈리아의 제네랄리 아시큐라치오니는 합작사 설립을 논의 중에 있으며, 프랑스의 AXA는 인도의 바르티 엔터프라이즈와 파트너십 체결을 추진하고 있다. 또 취리히 파이낸셜 그룹도 최근 인도 시장에 진출하겠다고 선언했다. 또 2001년 인도의 보험시장 개방과 동시에 인도에 뛰어든 프루덴셜(Prudential) 보험회사는 벌써 20만 명과 계약했다고 밝혔다.

그러나 외국 보험회사들이 인도에 진출하는 데는 몇 가지 진입 장벽이 있다. 첫째는, 인도는 외국 기업들이 자국에 투자할 때 반드시 국내 업체와 합작을 하지 않으면 안되게 규정해 놓았고, 또 외국기업의 투자한도 역시 26%로 해 놓아 합작비율도 인도업체에 유리하게 해 두었다. 둘째는, 위와같은 이유 때문에 외국 보험회사는 인도 측 합작회사에 대한 지배력이 낮아 영업조직을 장악하기가 어렵고, 이에 따라 인도 전역으로 영업망을 구축하기가 어렵다.

---

9. 과학 및 기술 산업(Science & Technology)

(1) 서론[55)]

인도에 관한 세계 사람들의 이미지는 '진보를 향해 빠른 걸음을 내딛고 있는 국가'라는 것이다. 인도가 최근에 상업과 기술 및 개발 등의 분야에 급속하게 발전하고 있는 것은 사실이지만, 이 나라는 다른 분야에서도 천재성을 창조해 내는데 게을리하지 않았다. 예를 들면, 아유르베다(Ayurveda)는 약 6,000년 전부터 인도의 베다 문화(Vedic Culture)에 뿌리를 두고 꾸준히 실시되어 오고있는 대체 의학(alternative medicine)이다. 아유르베다는 순전히 풀(herb)과 자연 약초(natural weeds)로 만들어진, 어떤 고통이라도 치료할 수 있는 특수한 형태의 약이다. 아유르베다는 라마야나(Ramayana) 같은 고대 인도의 서사시(敍事詩, epics)에서도 언급되고 있다.

서양의학이 첨단을 달리는 오늘날에는 다양한 효능을 가지고 있는 대체 치료법을 찾는 사람들이 많다. 아유르베다는 산스크리트로 '생명 과학'(the science of Life)라는 뜻이며, 아유르베다의 기본원리는 "예방은 치료보다 낫다"(Prevention is better than cure)이다.[56)]

오늘날 현대인의 생활이 복잡해짐에 따라 사람들은 마음의 평온을 찾을 수 있는 어떤 매체(媒體, medium)를 꾸준히 찾고 있다. 이것은 명상(瞑想,

meditation)과 영성(靈性, spirituality)이 현실 세계로 들어오는 또다른 과학이다. 인도에서는 명상과 요가(Yoga)는 같은 말이다. 명상은 일련의 운동을 통해서 마음과 신체를 치료하는 요가의 가장 중요한 구성 부분이다.

인도에서의 과학을 이해하려면 인도 철학을 이해하지 않으면 안 되는데, 이러한 인도 철학의 중심부에 있는 개념 중의 하나가 카르마(Karma)이다. 카르마는 산스크리트어 'karman' 에서 온 말로서 '행위' 를 뜻하며, 그 철학적인 의미는 '업' (業), 즉 과거 행위가 미래의 다음 생(生)에 영향을 끼친다는 것이다. 다시 말하면 모든 인간은 올바로 행동해야 하는데, 그 이유는 현세(現世)에서의 각 개인의 모든 행동은 다음 세계로 이어지는 윤회(輪廻, samsara)의 사슬 중 하나에 지나지 않으며, 그것은 전생(前生)에서 행한 행위에 의해 결정된다고 보기 때문이다.

현장 정보

■ 인도에서 '아유르베다' 국제회의 개최[57)]

BBC 인터넷 판은 "인도 전통의학인 아유르베다(Ayurveda) 치료법을 조명하는 대체의학(代替醫學, Alternative Medicine) 국제회의가 인도 코친에서 열렸다. 이 회의에서는 인도를 비롯한 전세계의 의사 및 학자 2천여 명이 참석하여, 인도에서 5천년 전통을 가진 동양 대체의학 아유르베다가 갖는 자연적이며 비화학적(非化學的)인 장점과 함께, 대체 의학을 현대사회에 접목할 수 있는 가능성이 있는지를 논의했다"고 보도했다.

산스크리트어로 '생명(life)' 을 의미하는 '아유르(ayur)' 와 '지식, 과학 혹은 철학(knowledge, science)' 을 의미하는 '베다(veda)' 라는 두 단어가 결합된 '아유르베다' 는 '생명의 과학(the science of life)' 을 의미하며, 기원전 6세기경부터 시행되어 온 인도의 전통적인 의술이다. 아유르베다는 신체적 · 정신적 질병을 치료하기 위해 의약품을 사용하지 않고 긴장을 완화하는 의식과 요가 운동 이외에 나륵풀과 심황, 마늘, 생강 및 알로에 등과 같은 약초와 향신료를 사용하는 치료법이며, 나아가서는 진흙 목욕 · 요가 · 명상 등을 병행하기도 한다.

'아유르베다' 인도 기획위원회의 DN테와리 팀장은 "아유르베다를 비롯한 대체 의학에 대한 관심이 앞으로 계속 커질 것으로 전망된다. 전세계가 화학물질 약제에서 자연 약제로 방향을 바꾸고 있다. 자연 약제들은 마약 성분을 함유하고 있지 않으며 부작용도 없고 쉽게 이용할 수 있기 때문이다. 또, 특히 노화나 비만, 당뇨, 신경 및 심장 질환, 소화기 계통 질환을 치료하기 위해 세계는 좀더 단순하고 부드러운 치료법에 관심을 기울이고 있다."고 설명했다.

한편, 인도 델리의 아폴로 병원은 환자에게 첨단기술로 심장 · 관절 · 정형 수술 등을 한 후, 향료 요법, 진흙 목욕, 요가, 명상 등 전통적인 아유르베다 치료법을 통해 환자 스스로가 생활습관을 바꾸고 면역력을 높일 수 있도록 도와주는 '전통 의학 결합 회복 프로그램'을 운영하여 좋은 평가를 얻고 있다.

그러나 실제로 인도 사회에는 '아유르베다'라는 간판을 내걸고 의료활동을 하고 있지만, 교육을 제대로 받지 않았거나 체계적이고 전문적인 지식을 갖추지 못한 사이비 의사들이 많은 것으로 알려져 있다. 〈타임즈〉는 이러한 사이비 의사가 뉴델리시에만 4만 명이 넘게 있다고 보도한 바 있다.

■ 리시케시 니케타 명상 요가 센터[58)]

인도 중북부의 리시케시에는 세계적으로 유명한 명상 요가센터들이 자리잡고 있다. 리시케시는 델리에서 약 265km 떨어져 있는, 버스로 6~8시간 정도 달려가면 닿을 수 있는 중소도시이다. 리시케시는 전세계 요가인들 사이에서 '요가의 수도'라고 불리는 도시로서, 인도사람들이 '성스러운 강'이라고 생각하고 있는 갠지스 강의 발원지와도 멀지 않아 차고 맑은 물이 흐르는 곳으로 유명하다. 이곳은 힌두교의 성지(聖地)로서, 힌두교 사원과 조각상들이 곳곳에 세워져 있다. 그래서 요가와 명상을 위해 이곳을 찾는 전세계 여행객들의 발길이 연중 끊이지 않고 있다. 최근에는 헐리우드의 수퍼스타 브래드 피트도 이곳을 방문해서 주목을 끌었다.

이곳 리시케시는 히말라야 산맥에서 명상을 하던 성자들이 여름에는 이 곳으로 내려와 수행을 하며, 1960년대 영국의 팝그룹 '비틀즈' 멤버들이 정신적 스승으로 모시던 마하리시 마헤시 요기를 방문해 이곳에 머물면서 더욱 유명해졌다. 마하리시 마헤시 요기는 초월명상법을 전파한 사람이다.

리시케시에 있는 명상 요가 센터들 중 유명한 곳으로는 니케타 명상 요가센터를 들 수 있다. 니케타 명상 요가 센터는 갠지스 강변을 산책하는 걷기 명상과 기도문을 부르는 명상, 및 각종 요가 프로그램 등으로 구성되어 있다.

■ 푸네(Pune)의 오쇼 라즈니시 명상센터[59)]

오쇼 라즈니시 명상센터는 뭄바이 공항에서 170km 떨어져 있는 버스로 3시간 정도 달려가면 닿는 중소도시 '푸네'에 자리잡고 있다. 이곳의 명상프로그램은 1930년에 세상을 떠난 오쇼(철학자 혹은 성자로 평가되고 있음)의 정신 세계를 따르는 열정적인 추종자들(거의 대부분이 서구인들)의 자원 봉사로 운영되며 영어로 진행된다. 이곳은 온통 검은색 건물에 파란 창문으로 되어 있다. 이곳에서 생활하려면, 하얀색 명상복을 입는 저녁 명상(Evening Meeting, 18시 40분~20시 30분)을 제외하고는 거의 하루 종일, 발목까지 덮는 긴 원피스로 되어 있는, 자주색 명상복을 입어야 한다. 또 묵상(Silent Sitting Meditation) 명상시간에는 하얀색 양말을 신는다.

오쇼는 "만일 그대가 정말 현명하다면 신발을 벗어 놓는 그곳에 마음도 내려 놓을 것"이라고 말하며, 본격적인 명상에 들어가기 전에 옷차림과 색깔의 통일성이 주는 미묘한 일체감과 종교적 분위기를 가져야 한다는 것을 강조했다.

오쇼 명상센터는 ① 피라미드형 1000여 평 건물로 장식이나 상징물이 없이 대리석으로만 되어 있는, 오쇼 오디토리엄(Asho Auditorium), ② 야외 명상 프로그램이 진행되는 곳으로서, 무대뒤로는 커다란 대나무 숲이 있고 모든 바닥은 하얀 대리석으로만 되어 있는, 부다 그로브(Buddha Grove), 그리고 ③ 오쇼가 생전에 머물던 숙소로 아담한 명상실로서 묵상이 행하여지는, 사마디(Samadi) 등과 같은 3가지 주요 시설로 구성되어 있다.

오쇼 명상센터의 프로그램은 만달라 명상, 필링 명상, 차크라 호흡, 다이내믹 명상, 쿤달리니 명상, 저녁 명상 등 14가지가 시간대별로 곳곳에서 진행된다. 특히 저녁 명상시간에는 5인조 밴드가 경쾌한 음악을 연주하며 흥을 돋우는데, 사람들은 흔들고, 뛰고, 춤추고, 머리를 마구 흔들고, 뱅글뱅글 자신의 몸을 돌리고 해서 거친 호흡을 한 뒤에 극적으로 고요한 호흡을 하도록 해서 명상의 깊이를 더해 준다.

---

(2) 과학 분야의 주요 업적

1) 서론[60)]

인도 사람들은 이러한 과학적 · 철학적 개념에 기초를 두고 옛부터 여러 분야에서 업적을 이루어 왔다. 인도의 순수 수학은 고대(古代)에까지 거슬러 올라간다. 예를 들면, 고대 인도의 과학자들은 0(zero)의 개념을 발견한 것으로 유명한데, 유명한 수학자인 마하비라차르야(Mahaviracharya)는 AD 850년에 '영' (zero)의 중요성을 언급했다. 또한 고대 인도에는 복잡한 천문 관측소도 있었다.

2) 주요 과학자[61)]

인도가 나은 위대한 과학자들 중에는 보스 – 아인슈타인 통계학(Bose-Einstein Statistics)으로 유명한 수학자 보스(S.N. Bose), 열(熱)에 의한 이온화 이론(Ionized Theory)인 사하 이론(Saha theory)을 창시한 메그나드 사하(Megnad Saha), 우주 진화이론에 크게 이바지한 자얀트 나리카르(Jayant Narlikar) 등이 있다.

3) C.V. 라만

타밀 주에서 태어난 인도의 물리학자 찬드라세카라 벤카타 라만(Chandrasekhara Venkata Raman, 1888. 11. 7~1970. 11. 21)은 산란된 빛이 투명한 물질을 지나갈 때 파장이 변한다는 사실을 발견한 공헌으로 1930년 노벨 물리학 상을 받았다.[62)]

4) 현대 인도의 과학기술[63)]

인도는 현대에 들어와서는 과학 발전에 더 많은 연구개발비를 투자하고 있다. 현대의 인도는 이론적인 부분에 큰 발전을 이루고 있는데, 특히 원자 에너지, 우주 원격측정, 생명 공학, 전자학, 정보 통신, 해양학 등 다양한 분야의 연구를 하고 있다. 인도 연구소(C-DAC)에서 생산된 파람–10000 수퍼 컴퓨터는 인도의 과학기술능력을 입증해 주는 또 다른 예이다.

아래에서는 인도의 중요한 과학 · 기술 중 핵에너지 프로그램, 특허, R&D, 우주 프로그램에 초점을 맞추어 살펴보기로 하자.

(3) 핵에너지 프로그램(Nuclear Energy Program)[64)]

인도는 오늘날 핵원재료 생산을 비롯하여 가장 진보된 핵기술(nuclear technology)을 보유하고 있는 국가들 중의 하나로 인정받고 있다. 인도는 핵연료 광석을 찾아 채굴하는 데서부터 핵발전 및 핵폐기물 처리에 이르기까지의 전체적인 핵 사이클(nuclear cycle)을 완벽하게 관리할 수 있는 전문지식과 능력을 가지고 있다.

원자 에너지 부(部, Department of Atomic Energy) 산하에 있는 우수한 많은 핵 연구소들에서는 농업, 의학, 생명 공학, 전자 공학 및 야금학(metallurgy) 분야에 원자력 프로그램(nuclear power programme)을 응용시키기 위한 노력을 기울이고 있다. 최근에는 8개 원자력 발전소에서 80억 kw의 전력을 생산하고 있으며, 원자력 발전소 4기(基)를 추가 건설하고 있다.

(4) 특허(Patents)[65)]

인도의 각 연구기관과 기업에서는 매년 수많은 특허가 출원되고 있다. 그 한 예로서 인도 전역에 38개의 국립 실험실을 보유하고 있는 과학산업연구위원회(Council of Scientific Research, CSIR)는 생명공학 분야 특허 출원에서 세계적인 선두를 달리고 있다. CSIR이 202개의 특허를 출원한 데 이어, BASF와 Novo Nordisk 및 Procter and Gamble이 그 뒤를 따르고 있다.

CSIR의 주요 연구 분야 및 특허 획득 건수는 단백질 및 효소(proteins and enzymes)(700), 박테리아 및 간상균(bacteria and bacillus)(219), 바이러스(162), 치료법(therapy) (138), 유전자(genes)(136), 백신(vaccines)(123) 등이다.

인도가 2004 회계년도에 IT 관련하여 출원한 특허 건수는 1,216건으로서, 2003년도의 848건에 비해 약 43% 증가했다.

(5) R & D(Research & Development)[66)]

지난 몇 년 동안 100개 이상의 다국적 기업들이 인도에 R&D 센터를 설립했으며, 이들의 누적 투자액은 미화 10억 달러가 넘는다. GE는 미국 밖에서는 가장 큰 기술센터를 인도의 벵갈루루(Bengaluru)에 보유하고 있다. GE는 미화 6천만 달러를 이곳에 투자하였으며 현재 1,600명의 직원을 채용하고 있는데, 이 수를 2,400명으로 늘릴 계획이다.

또 벵갈루루에 있는 Daimler Chrysler Research Center는 항공 전자공학(avionics), 시뮬레이션 및 소프트웨어 개발을 연구하고 있다. Boeing은 HCL Technologies와 앞으로 생산할 7E7 Dreamliner jet에 필요한 항법 시스템(navigation system)에서부터 착륙 장치(landing gear), 조종 제어(cockpit controls)에 이르기까지의 모든 것에 필요한 소프트웨어를 공동 개발하고 있다.

그밖에도 인도에 R&D 센터를 건립한 세계적 기업들에는 Bell Labs, Cummins, DuPont, Daimler Chrysler, Eli Lilly, General Motors, Hewlett Packard, Intel, Honeywell, Qualcomm 등이 있다.

또한 유명한 인도 R&D 회사들은 Ranbaxy, Dr. Reddy's Laboratories, Sun Pharma and Biocon 및 Shanta Biotech 같은 제약 분야 및 생명공학 분야 회사들이다. 이들 회사들은 미국 및 유럽 기업들로부터 공동 연구제안을 받고 있다.

(6) 우주 프로그램(Space Programme)[67)]

인도는 위성 시스템을 설계하고, 제조하며, 발사시킬 수 있는 세계 다섯 나라 중의 하나이다. 인도의 이러한 우주 프로그램 능력은 이제 중국과 달탐사 경쟁을 할 정도로 발전해 있으며, 이러한 능력의 부수적인 효과로서 관련 제품을 세계 각국에 판매하기도 한다. 예를 들면, 인도 우주연구소(Indian Space Research Organization, ISRO)의 상업용 연구 · 판매지부인 Antrix Corporation은 프랑스와 경쟁 관계에 있을 정도의 수준을 보유하고 있다. 이 회사는 ISRO의 5개의 인공위성에서 수집한 이미지를 미화 4천만 달러에 판매한 바 있다.

현장 정보

■ 인도의 우주개발 계획[68)]

인도가 중국의 유인 우주선 발사 성공에 자극받아 우주개발 경쟁에 적극적으로 뛰어들 계획이라고 중국 언론들이 보도했다. 그동안 과학기술이 발달한 몇몇 강국의 고유 영역으로만 여겨져 왔던 달 탐사에 개발도상국인 인도가 도전장을 내밀면서 인도의 과학기술 수준이 큰 관심을 끌고 있다고 중국 언론들은 전했다.

지금까지 달 탐사선을 발사한 나라는 미국, 러시아, 일본 등 3개국이 전부다. 아탈 비하리 바지파이 전 인도총리는 독립기념일 연설에서 "인도는 과학에서 큰 도약을 이룰 준비가 되어있다. 2008년 이전에 달 탐사선을 보낼 것이라고 발표하게 되어 기쁘다."고 밝혔다.

'찬드라얀 프라샴'(첫 번째 달 여행)이라고 명명된 인도의 달 탐사계획은 순수 인도 국내 기술로 이루어지며, 1단계로 2008년까지 8300만 달러(약 800억 원)의 예산을 들여 250~300kg의 우주선을 달 상공 100km 지점까지 쏘아올린 뒤 2년간 달 궤도를 돌며 적외선 · 엑스선 · 감마선 분광계 등으로 달 표면을 조사하고 고해상도 카메라를 이용해 달의 3차원 지도를 작성하고, 2단계로 로봇을 달 표면에 착륙시키며, 3단계로 2015년 이전에 인간을 직접 달에 착륙시키는 것이라고 언론들은 밝혔다. 메논 전 인도 과학 장관은 "달 탐사는 젊은 세대를 고무시키는 동시에 인도의 국가 신뢰도를 크게 높일 것이다."라고 평가했다.

이러한 인도의 달 탐사 계획은 인도 우주연구기구가 3년전 처음 제안해 타당성 연구를 진행해 온 것으로, 인도 정부는 이를 계기로 달착륙선이나 태양계 내의 다른 행성 탐사 등을 야심차게 추진할 계획을 구상하고 있다.

인도는 이에 앞서 이미 2002년에 기상관측 정보 수집용으로 제작된 기상 인공위성을 최초로 발사하여 성공한 바 있다. 멧사트(METSAT)라고 명명되었던 이 기상 인공위성은 무게 1050kg에 달하는 것으로, 풍속과 습도 및 온도 등에 대한 자료를 수집해 태풍 등과 같은 기상 현상을 더욱 정확하게 예측할 수 있게 해준다.

카스투리란간 인도 우주연구기구(ISRO) 회장은 "멧사트는 기상 정보뿐만 아니라 막대한 상업적 이익을 가져다 줄 것이다."라고 강조하였다.[69]

---

10. 교육 산업(Education & Training)

(1) 서론[70]

인도에는 세계적으로 명성을 얻고 있는 교육기관이 많이 있으며, 인도의 IT 산업의 경쟁력은 IT 인력을 양성하는 이들 교육기관이 그 기반이 되고 있다. 인도의 IT 인력 양성은 공과대학을 비롯한 정규 교육기관과 최근 급신장하고 있는 사설(私設) IT 교육기관을 통해 이루어진다. 정규 교육기관 중 대표적인 것은 인도가 자랑하는 7개 인도 공과대학(India Institute of Information Technology, IIT)과 1개의 인도 과학기술대학(IISC)이다. 그밖에 43개의 지역 공과대학, 860개의 4년제 대학 등을 포함하면, 인도의 IT 관련 정규 교육기관은 모두 2,900여 개에 달한다.

이제 교육분야의 선봉을 차지하고 잇는 것은 IIT뿐만이 아니다. 예컨대, 몇년 전에 창립된 Indian School of Business(ISB)라든지 NIIT 등이 교육시장의 선두를 달리고 있다.

ISB는 세계적인 560개 대기업과, 미국의 유명대학, 즉 노스웨스턴 대학의 켈로그 경영대학원(Kellogg Graduate School of Managent)과 펜실베니아 대학의 와튼 스쿨(Wharton School)이 공동 출자하여 세운 사립대학이다. ISB는 아시아에서 가장 앞선 국제 비지니스 스쿨이 되는 것을 목표로 경영학 교육프로그램을 개설하고 있다.

인도 정부는 신설 IT 교육기관을 '인적 자원 개발(Human Resource Development,

HRD) 산업' 이라 칭하고, 이들을 세계적인 교육산업체로 육성한다는 방침이다. 이러한 정부의 의지에 힘입어 현재 인도 전지역에는 7만여 개의 사설 IT 교육기관이 자리잡고 있다. 그 대표적인 것으로는 세계적인 네트워크를 보유한 압테크(Aptech) · NIIT 등과 같은 민간 교육기관을 들 수 있는데, 이들은 IT 현장과 접목된 교과 과정 및 교재를 해외에 수출하는 등 그 우수성을 인정받고 있다.

(2) 인도 공과대학(IIT)[71)]

인도 공과대학(India Institute of Information Technology, IIT)의 7개 캠퍼스 중의 하나인 델리 캠퍼스는 '동양의 MIT' 라 불리는데, 인도 뉴델리 중심가에서 자동차로 20분쯤 떨어진 북동쪽에 자리잡고 있다. 30여만 평의 대지에 들어가 있는 이 캠퍼스는 인도 초대 총리 네루가 과학기술 인재를 양성하기 위해 설립한 대학이다. IIT는 인도 전지역에 7개의 캠퍼스를 두고 각 지역 특성에 맞는 첨단기술인력을 육성하고 있다. 콜카타 인근에 있는 IIT 카락푸르가 1950년에 개교를 했고, 칸푸르 · 델리 · 뭄바이 · 첸나이 · 구와하티에 이어 최근에는 로르키가 개교했다.

IIT 델리는 3번째로 설립된 것인데, 이 대학의 명성은 세계적이다. 마이크로소프트(MS)의 빌 게이츠 회장은 IIT 졸업생들은 '인도의 가장 뛰어난 수출품' 으로 평가했고, 아마존 닷컴의 설립자인 제프 베조스는 IIT를 '세계의 보물' 로 칭송했다.

IIT 학생 선발과정은 일반 대학과 다르다. IIT 학생선발을 위해서 JEE(Joint Entrance Exam)로 불리는 시험이 따로 마련되어 있다. 예비 시험과 본시험으로 구성되어 있는 JEE의 시험 과목은 수학 · 물리 · 화학 단 3과목이다. 3시간 동안 진행되는 객관식 예비 시험에서 통과된 학생만이 과목당 2시간씩 6시간에 걸쳐 치러지는 논술형 본시험을 치를 수 있고, 이 본시험을 통과해야 입학허가를 받을 수 있다.

본 시험을 통과한 학생은 성적순에 따라 전국에 흩어져 있는 7개 캠퍼스 중 하나를 선택할 수 있다.

IIT는 인도에서 가장 우수한 17만 5천 명의 학생들이 응시해서 2만 5천 명 정도가 예비시험을 통과하고, 본 시험에 최종 합격하는 사람은 2500명에 불과할 정도로 경쟁이 치열하다. 그러나 입학생들도 학년이 올라갈 때마다 계속적으로 걸러지기 때문에 졸업하는 학생은 2000명뿐이다.

IIT에서는 교수 1인이 학생 8명을 담당하여 원리와 과정을 깊이 강의하는데, 이는 미국 MIT의 교수 대 학생비율 1대 11보다 앞선다.

IIT는 추상적인 연구 대신에 산학협동연구에 집중 투자한 것도 성공요인으로 꼽힌다. IIT는 미국의 IBM과 공동으로 인도에서는 처음으로 캠퍼스 안에 IBM

연구센터를 설립했고, 그 후에는 인텔 기술 연구소, 시스코 첨단 네트워크 연구소, 마이크로 소프트 첨단 기술 연구소, 필립스의 VLSI 디자인 연구소 등을 해당 회사와 공동으로 설립했다. 또 미국의 어플라이드 머티어리얼즈는 집적회로 연구를 위해 250만 달러 상당의 연구소를 설립하여 IIT에 기부했다.

최근에는 빠르게 발전하는 통신 분야의 기술을 소개하기 위해 캠퍼스 내에 통신기술 경영대학원을 설립했다. 이 곳에서는 통신 소프트웨어 · 무선 통신 등 기술전문가와 통신 사업에 초점을 맞춘 MBA(경영학 석사)가 육성되고 있다. 또 IIT는 기술 이전을 촉진하기 위해 FITT(혁신과 기술이전 재단)라는 기구를 설립하였는데, 이 곳은 학교가 갖고 있는 각종 기술을 등록된 산업체들이 무료로 사용할 수 있도록 지원하고 있다.

(3) 인도의 사설(私設) IT 교육기관 – '압테크'와 NIIT[72)]

인도의 IT 사설교육을 이끄는 양대 산맥은 '압테크(Aptech)'와 'NIIT'이다. 두 회사의 인도 IT 교육시장 점유율은 80%가 넘는다. 1986년 뭄바이에서 설립된 압테크는 인도 전역에 퍼져 있는 1,300여 개의 교육 센터에서 1년에 28만여 명의 SW 엔지니어 및 IT 전문가를 배출하고 있다. NIIT는 델리에 본사를 두고 있으며, 인도 주요 도시에 1,000여 개의 교육 센터를 두고 있고, 이곳에서 1년에 배출해 내는 인력이 25만 명에 이른다.

이를 통해 압테크는 지난해 9천만 달러, NIIT는 1억 달러의 매출을 올렸다. 이들이 내세우는 최대 장점은 첨단 교과 내용과 뛰어난 교육 품질관리이다. 압테크의 가네쉬 나타라잔 사장은 "6주에 한번씩 커리큘럼을 갱신하며, 매번 강사들에 대한 교육도 새롭게 실시한다. 또 이를 위해 400여 명의 전담요원으로 구성된 '교육 품질검사 팀'을 두고 있다"고 설명했다. NIIT의 수렌 부사장도 "교육 프로그램 제작을 투자 우선순위 1위에 두고 있다."고 밝혔다.

프로그램도 다양하다. 100여 개의 과정을 두고 있는 NIIT의 경우는 특히 4년짜리 과정(GNIIT)이 유명하다.

압테크와 NIIT는 이제 세계 시장으로의 진출을 본격화하고 있다. 압테크의 해외 진출국은 현재 40여 국가이고, NIIT는 44개국에 750여 개의 지점을 두고 있다. 이들은 아시아 태평양, 유럽, 인도, 일본 및 미국의 고객들에게 IT Solution에 관련된 학습 · 소프트웨어 · 지식을 제공하고 있다.

현장 정보

■ 인도, 싱가포르에 교육 수출[73)]

'소프트웨어의 수출' 강국으로 이름 높은 인도가 이번에는 교육을 수출한다. 수출

대상국가는 교육 강국으로 널리 알려져 있는 싱가포르이다.

〈파이낸셜 타임즈〉는 "인도의 저명 경영대학인 벵갈루루 소재 인도 경영대학원(IIM-B)이 싱가포르에 이그제큐티브 경영학석사(EMBA)과정을 개설하기로 했다"고 보도했다.

인도 경영대학원(IIM)은 경영학 분야에서 세계적인 명성을 갖고 있다. 벵갈루루 캠퍼스를 비롯해 인도 전역에는 IIM 캠퍼스가 6개나 된다. IIM-B는 특히 정보기술(IT) 경영과 경영 전략, 금융 부문에 명성이 높은 것으로 알려져 있다.

IIM-B가 싱가포르에 수출하는 교육과정은 처음에는 정규과정 대신 1년 6개월 기간의 온라인 과정을 개설하며, 이 과정을 이수하면 정식 학위 대신 수료증을 수여한다. IIM-B는 싱가포르 캠퍼스가 자리를 잡으면 정규과정을 대폭 확대할 예정이다. 교육 대상은 주로 싱가포르 내 인도사람이나 인도에 진출하기를 원하는 기업가를 1차 목표로 하고 있다. 싱가포르에서는 최근 급부상하는 인도 경제에 대한 관심이 매우 높기 때문이다.

■ 인도 온라인 수학 · 물리 괴외, 미국 중고생들에게 인기[74)]

미국이 인도로부터 발주하는 아웃소싱이 과외로까지 번지고 있다고 〈AP통신〉이 보도했다. 인터넷을 통해, 인건비가 저렴하고 친절하고 능력있는 인도의 현지 교사로부터 수학과 물리, 영어 등 온라인 교육을 받는 학생들이 수천명으로 늘어나며 미국 학생들 사이에 큰 인기라는 것이다.

이른바 'e-가정교사'로 불리는 인도의 교사들은 미국 가정교사 인건비(시간당 40~100달러)보다 크게 낮은 시간당 15~20달러를 받으며, 교육은 1대 1 화상 채팅 방식으로 진행된다. 학생이 모르면 서너 번씩 반복해 설명해 준다. 숙제는 스캐닝으로 전달된다. 인도 교사들은 대부분 수학과 물리학 학사학위 소지자이고, 석사학위를 가진 사람도 많다. 미국 학생들이 인도 교사를 찾는 가장 큰 이유는 자신들의 수학실력이 너무 낮은 반면에, 미국인 교사는 크게 부족하기 때문이다. OECD(경제협력개발기구)가 지난해 회원국을 대상으로 15세 학생들의 수학실력을 평가한 결과 미국은 29개 국가 중 24위였다. 학생들의 실력이 없는 것도 문제지만, 수학 · 과학 교사가 부족한 것이 더 큰 문제이다. 미국 고교의 40%가 수학 교사 충원에 어려움을 겪고 있다.

이런 틈을 타고 인도의 온라인 교육업체가 미국 시장을 급속히 잠식해 들어가고 있다. 예컨대, 인도의 '커리어론처' 사(社)의 300여 명의 강사는 화상 회의 시스템과 태블릿 PC 등 첨단 장비를 사용하여, 학생들과 도형 및 수학 공식을 자유롭게 써 가면서 온라인 수업을 진행하고 있다. 웹 카메라를 이용해 학생의 얼굴을 보며 설명하기도 한다. '커리어론처'는 지난해 약 800명의 학생을 가르쳤다.

또 다른 인도 교육업체인 에듀콤프 데이터매틱스도 조만간 미국 학생들을 대상으로 수학과외 사업에 나설 예정이다.

11. 관광 산업(Tourism & Hospitality)

(1) 서론[75]

인도의 관광산업은 급격한 성장세를 보이고 있다. 2004년도 인도를 방문한 관광객은 전년보다 17.3% 증가하였으며, 관광 수입은 전년도가 24.54 라크(lakhs, 1라크=10만루피) 였는데 비해, 2004년도에는 28.79라크로 증대했다.

세계 여행관광 협의회(World Travel and Tourism Council, WTTC)는 2005년 4월 인도를 제5회 세계 여행관광 수뇌 회담(Global Travel and Tourism Summit) 개최지로 선정했다.

WTTC의 TSA Research는 인도는 전세계에서 관광산업이 가장 빠르게 성장하는 국가 중의 하나로서, 앞으로 10년간 연 평균 8.8% 성장을 할 것으로 예측했다. 또 이 보고서는 2014년 경에는 인도의 관광산업에서 창출되는 수익이 904억 달러에 이르고, 2천 8백만 개의 직업을 창출할 것으로 추정했다.

인도의 관광부(Ministry of Tourism)는 인도 전역에서 31개의 마을을 지정하여 이들을 관광 중심지(tourism hubs)로 개발하기로 결정했다.

이들 마을이 포함되어 있는 주(州)는 히마찰 프라데슈, 구자라트, 마하라 슈트라, 비하르, 카르나타카, 마디야 프라데슈, 안드라 프라데슈, 케랄라, 타밀나두, 오리사, 아삼, 식킴, 라자스탄, 그리고 웨스트 벵골 주이다.

(2) 유명한 관광지[76]

이들 주(州) 중에서 라자스탄이 지난 10여 년 전부터 내국인 및 외국인 관광객들로부터 가장 방문하고 싶어하는 주로 떠오르고 있다. 라자스탄 주에는 매년 60만 명의 외국인 관광객과 7백만 명의 내국인 관광객들이 찾아오고 있다. 델리 · 아그라 · 자이푸르로 이루어져 있는, 이제는 세계적으로 유명한 말이 된, "황금의 삼각형"(golden triangle)"은 관광 산업의 판도를 바꾸어 놓고 있으며, 외국인 관광객들의 거의 60%가 인도의 이들 3지역을 방문한다.

현장 정보

■ "관광의 나라" 인도, 관광객 유치 총력[77]

인도의 관광 산업이 황금기를 열고 있다. 인도의 관광지는 이제 과거 무굴 제국의 영광이 스며 있는 타지 마할이나 아라비아 해에 인접해 있는 휴양지 고아 해변만이 아니다.

마날리에서는 스키를, 코탈람에서는 암벽 등반을, 텐말라이에서는 전통적인 부족의 삶을 여행자들에게 제공해 준다.

세계 여행관광 위원회는 인도의 관광 산업이 앞으로 몇 년 이내에 중국에 이어 세계에서 가장 빨리 성장할 것으로 예측했다. 미국 시카고의 아이 익스플로러 닷컴은 지난해 세계 10대 여행지 목록에 인도를 다섯번째로 올렸다.

포드자동차를 창업한 헨리 포드의 증손자 앨프레드 포드는 최근 인도 히말라야의 히마찰 프라데슈 주에 5억 달러를 들여, 700개의 객실을 갖춘 특급 호텔과 300개의 별장, 150개의 콘도, 온천장, 쇼핑 센터들이 들어서게 될 스키 리조트를 세우겠다고 발표했다.

히말라야의 굴마르그와 마날리, 하누만 티바는 '헬리콥터 스키'로 유명하다. 관광객들은 헬기를 타고 4267m 높이의 산꼭대기까지 올라간 뒤, 스키를 타고 원시 상태 그대로 남아 있는 설원(雪原)을 질주해 내려온다. 인도 정부는 이들 산악지대의 관광 산업을 활성화 하기 위해 3300만 달러를 투자해 항공기 교통망을 정비했다.

■ 인도, '여행가고 싶은 나라'에서 세계 5위 차지[78)]

세계 최대의 배낭여행 사이트인 로운리 플래닛(Lonely Planet)은 매년 세계 167개국 2만여명을 대상으로 '미래에 가장 방문하고 싶은 국가'에 대한 설문 조사를 실시하고 있는데, "2005년도 인도는 호주, 칠레, 브라질, 뉴질랜드에 이어 여행 희망국 순위에서 5위를 차지하여 '톱(Top) 5'에 들었다"고 IANS 통신이 보도했다. 로운리 플래닛은 전세계 여행자들을 위한 여행 정보를 각국의 언어로 소개하는 세계 최대의 배낭여행 사이트이다.

또 미국의 시카고에 본사가 있는 온라인 여행사인 i explore.com은 모험과 실험적 방학용 여행 상품의 판매 순위에서, 인도가 지난 2003년의 36위에서 2004년에는 5위로 순위가 급격히 상승했다고 밝혔다. 1위는 페루, 2위는 이집트, 3위는 중국이 차지 했으며, 지난해 1위였던 갈라파고스는 4위로 밀려났다. 조지 딥 최고 경영자(CEO)는 "작년에는 특히 이국적 분위기의 원거리 여행 상품이 많이 판매되었다. 그러나 인도처럼 단숨에 순위가 수십계단 상승한 경우는 한번도 없었다"고 말했다.

---

12. 영화 산업(Film)

(1) 서론[79)]

인도의 영화산업(film industry)은 세계에서 가장 큰 산업 중의 하나라고 말해지는데, 2004년도에 934개의 영화가 제작되었고, 31억 명이 영화를 관람했다. 이 산업은 현재 미화 12억 5600만 달러에 해당되는 시장가치를 지니고 있으며, 향후 5년간 매년 18% 이상 성장할 것으로 예상된다.

최근에는 멀티플렉스 상영관이 많이 등장하면서 영화 산업을 더욱 촉진시키고 있다. 멀티플렉스 상영관 안에 들어서 있는 이 작은 극장들은 영화 제작비,

영화제작 방식, 그리고 영화를 관람할 관객의 종류 등 모든 면에 걸쳐서 인도 영화의 모습을 완전히 바꾸고 있다.

인도는 또한 가정용 비디오(home video) 부문에서도 그 시장 규모가 큰 잠재력을 가지고 있다. 현재 인도에는 500만 가정이 가정용 비디오와 DVD 플레이어를 보유하고 있다. 이러한 가정용 비디오 부문은 향후 5년간 매년 30% 이상 성장할 것으로 예측되고 있다.

인도 영화산업이 갖는 특징 중의 하나는 지방 제작 영화의 중요성이 점점 더 커지고 있다는 점이다. 영화 산업계에 따르면, 인도 영화 중 많은 것들이 인도 남부와 동부에서 그 지방언어로 제작되기 때문에, 힌디어로 되어 있는 영화가 인도 전체 영화시장의 40%를 차지하고 있다. 그런데 이러한 지방 제작 영화들은 이제는 더 이상 그 지방에만 한정되지 않는다. 이러한 추세는 DVD와 인터넷의 보급으로 인해 촉발된 것으로서, 이제 인도전역에서 지방 제작 영화를 볼 수 있게 되었다.

인도에서의 만화 영화산업(animation business)도 2004년도에 미화 3억 달러의 수입을 올렸으며, 2005~2006년도에는 약 20% 성장했다고 국립 소프트웨어 및 서비스 회사협회(National Association of Software and Services Companies, NASSCOM)이 발표했다.

(2) 인도의 주요 영화[80)]

그동안 인도에서 상영된 영화들 중 주목을 끄는 작품들의 제목을 소개하면 다음과 같다.

① Road(Antra Mali, Vivek Oberoi 출연; Rajat Mukherjee 감독; 2002년)

② Agni Sakshi("With Fire as Witness")(Manisha Koirala, Nana Patekar, Jackie 출연; Parto Ghosh 감독; 1997년)

③ Bhoot("Ghost")(Urmila Matondkar, Ajay Devgan, Seema Biswas, Nana Patekar, Victor Banerjee, Rekha, Fardeem khan 출연; Ram Gopal Verma 감독; 2003년)

④ Calcutta Mail(Anil Kapoor, Rani Mukherjee, Manisha Koirala, Sayaji Shinde, Saurabh Shukla, Satish Kaushik 출연; Sudhir Mishra 감독 ; 2003)

⑤ Deewangee(Ajay Devgan, Akshaye Khanna, Urmila Matondkar, Seema Biswas, Suhasini Mulay, Farida Jalal, Suresh Obero; 출연; Anee Bazmee 감독; 2002)

⑥ Deewar("The Wall")(Amitabh Bachchan, Sashi Kapoor, Nirupa Roy 출연; Yash Chopra 감독; 1975)

⑦ Main Madhuri Dixit Banna Chahti Hoon("Want to Become Madhuri Dixit?") (출연: Antra Mali, Rajpal Yadav, Govind Namdeo, Rita Bhaduri, Raman Trikha 출연;

Chandan Arora; 2003)

⑧ Mera Saaya(Sunil Dutt, Sadhana 출연; Raj Khosla 감독; 1966)

⑨ Black(Amitabh Bachan, Rani Mukherjee 주연; 2006)

⑩ Mujse Dosti Karoge("Will you Be Friends with Me?")
(Hrithik Roshan, Rani Mukherji, Kareena Kapoor 출연; Kunal Kohli 감독; 2002)

⑪ Haathi Mere Saathi("Elephant is My Friend)(Rajesh Khanna 주연 ; 2005)

⑫ Swades(Shahrukh Khan 주연; Ashutosh Gowariker 감독; 2004)

⑬ Kabhi Khushi Kabhie Gham(K3G), (Karan Johar 감독; 2001)

⑭ Kaho Naa Pyar Hai(Hritik Roshar 주연, 2001)

⑮ Terrorist(테러리스트가 된 한 여인의 모정과 조국애의 갈림길에서의 선택, 2001)

⑯ Mohabattein("Love")(ShahRukh Khan, Amitabh Bachchan 출연; Aditya Chopra 감독; 2001)

⑰ Fire(레즈비언화(化)된 인도 여성의 이야기; Deepa Mehta 감독 ; 2001)

⑱ Hey Ram(간디 암살 전후의 사회상, 2001)

⑲ Hyderabad Blues(해외에서 출세한 인도 젊은이가 신부를 찾아 귀향하는 이야기; 2001)

⑳ Taal("Taal"은 인도 전통 노래와 춤의 한 종류임; Aishwarya Rai 주연;)

㉑ Dilwale Dulhania Le Jayenge(가부장 중심의 결혼 문화를 다룬 영화, 2001)

㉒ Kuch Kuch Hota Hai("뭔가 일이 일어나고 있어"라는 뜻으로, 삼각 관계를 다룬 러브스토리, 2001)

㉓ Bombay(종교 분쟁을 다룬 이야기; 2001)

(3) 인도영화의 특징과 매력[81)]

인도는 미국과 쌍벽을 이루는 영화 대국이다. 미국의 영화산업에 LA의 '헐리우드'가 있다면, 인도 영화계에는 봄베이(현재의 뭄바이)가 있다. 전술한 바와 같이 봄베이(Bombay)와 헐리우드(Hollywood)가 결합하면 이른 바 '볼리우드(Bollywood)라는 인도 영화가 탄생한다.

인도에서 한 해 동안 제작되는 영화는 평균적으로 1000여 편, 해외에서 볼리우드 영화를 본 관객수는 36억 명(연인원)에 이른다. 한 해에 평균 740여 편을 제작하여 26억 명의 해외 관객을 동원하는 헐리우드를 능가하는 규모이다. 또 볼리우드 영화는 DVD, 비디오 테이프, 유료 유선 방송 등 해외 판매를 통해 1

억 800만 달러를 벌어 들이기도 했다. 인도에서는 전국 1만 개 이상의 극장에서 연간 800여 편의 자국 영화가 상영된다. 보통의 볼리우드 영화의 상영 시간은 3~4시간이다.

인도의 제작 영화들 중 장편만 연평균 500여 편에 이르는 이 곳 영화는 '마살라 무비(Masala Movie)로 통칭된다. 노래와 춤을 기본으로 갖가지 오락적 요소를 버무려 인도의 전통적 가치관을 피력하는 공통점을 지녔다. 특히, 철학적이고 궤변적 전개 형식으로 전개되는 볼리우드 영화들은 서구 영화 관객들의 마음을 사로잡기에 충분한 수준으로 평가된다.

최근들어 이러한 볼리우드의 영화들은 세계적으로 작품성을 인정받고 있다. 볼리우드의 블록버스터라 할 수 있는 영화 '라간(Lagaan, '토지세, 土地稅' 라는 뜻)은 미국 · 캐나다 등에 소개되어 호평을 받았으며, 제74회 미국 아카데미상 최우수 외국어상 후보에 오르기도 했다. 또한 150만 달러 (약 15억 원)의 저예산으로 제작된 '몬순 웨딩' (Monsoon Wedding)은 전세계에서 3000만 달러 이상의 흥행 성적을 올렸으며, 베니스 영화제 황금 사자상을 수상하기도 했다.

또 '미스터 앤드 미즈 라이어(Mr. & Mrs. lyer)' 는 스위스 로카르노 영화제에서 "아시아 최고 영화"로 뽑혔고, 하와이 국제 영화제에서는 최고 작품상을 수상했다.

유명한 뮤지컬 영화로는 〈까뻬 꾸시 까비 감〉을 들 수 있다. '까뻬 꾸시 까비 감' 이란 '때로는 행복, 때로는 슬픔' 이란 뜻인데, 이 영화의 스토리는 가문의 풍부한 전통과 유산을 잇기를 바라는 아버지 레이찬드(아미타브 바흐찬)가 아들 라훌(샤루칸)의 약혼녀를 내정해 두었지만, 아들은 명랑 소녀 안젤리(까졸)와 사랑에 빠진다. 가문의 전통과 신분상의 차이로 결혼을 거부하는 아버지와 아들과의 갈등이 큰 줄거리다. 이 영화는 프랑스 발랑시엔(Valenciennes)에서 열린 '2002 International Festival of Action and Adventure Films' 에서 관객상과 여우 주연상(까졸) 및 심사위원 특별상(카란조하르 감독) 등 5개 부분을 휩쓸었다.

그 밖에도 뮤지컬 영화 '봄베이의 꿈(Bombay Dreams)' 은 런던과 미국에서도 큰 성공을 거두었다.

산업적인 측면에서도, 볼리우드 영화는 연 15% 이상의 성장률을 보이며 무서운 속도로 커 가고 있다. 인도 정부도 영화산업 발전을 위해 전폭 지원하고 있는데, 정부는 영화 티켓 요금에 포함되어 있는 오락세(entertainment tax)를 완전히 폐지했으며, 앞으로 5년간 450개의 멀티플렉스 영화관을 설립하여 제작자들이 양질의 영화를 만들도록 유도할 예정이다.

인도 영화는 그동안 19개의 방언을 사용하는 10억 명의 국민 모두가 보기 쉽도록 음악과 춤을 많이 활용했고, '해피 엔딩' 의 전통적 서사 구조를 주로 채택했다. 그러나 이제는 종전에 금기되었던 키스 장면을 흔하게 사용하고, 정사

장면도 과감하게 집어넣고 있다. 영화 소재도 뭄바이 암흑가나 힌두교와 이슬람교의 대립, 젊은 모델과 함께 도망치는 은퇴한 판사 등의 이야기로 확대되고 있다.[82)]

현장 정보

■ "볼리우드의 스타"[83)]

볼리우드의 최고의 배우는 아이슈와리아 라이(Aishwarya Rai)다. 모델 출신으로 1994년 미스 월드에 뽑힌 그녀는 1997년 영화계에 데뷔하여 지금까지 모두 25편의 인도 영화에 출연했다. 미국 여배우 줄리아 로버츠로부터는 "세상에서 가장 아름다운 여인"이란 극찬을 받은 그녀는, 서구적 기준으로도 손색없는 미모를 자랑한다. 라이는 세계 1위의 화장품업체인 로레알의 모델이기도 하다.

그녀가 출연한 영화에는 제인 오스틴의 원작 소설 '오만과 편견'을 영화화한 '신부(Bride)', '케이오스(Chaos)', '데브다스(Devdas)' 등이 있다.

타임즈는 아이슈와리아 라이가 서구 유럽에도 진출함에 따라 상당수의 볼리우드 배우들도 후속 진출을 준비하고 있다면서 라이가 인도 영화의 세계 공략에 선봉역을 수행하고 있다고 전했다. 또 AFP통신은 라이가 칸 영화제 심사위원을 맡은 것을 계기로 발리우드 출신 배우가 세계적으로 주목을 끈 인물이 됐다고 보도했다.

남자 배우는 영화 '라간(Lagaan)'으로 2001년 오스카상 후보로 지명된 아미르 칸(Aamir Khan) 등이 유명하다.

■ 봄베이 – 제2의 헐리우드[84)]

인도의 영화 메카인 '봄베이'(뭄바이)와 미국 영화 산업의 본 고장인 '헐리우드'의 합성어로 인도 상업영화를 지칭하는 볼리우드(Bollywood)가 최근 세계 영화팬들로 부터 호평을 받으면서 서구 영화제작자들의 지대한 관심을 갖고 있다고 경제주간지인 비지니스 위크(BW)가 보도했다.

'데브다스'는 칸 영화제에 초청을 받아 화제가 되었고,[85)] 인도의 결혼 풍습을 다룬 '몬순 웨딩'은 제작비 10만 달러에 비해 전세계에서 3000만 달러를 벌어들였으며, 브로드웨이 연극 무대에서도 공연될 예정이다. 뮤지컬 '봄베이의 꿈'도 런던에서 흥행에서 성공했다.

전문가들은 이같은 볼리우드의 성공 비결이 헐리우드와 비슷한 연간 총 1000여 편의 많은 영화를 제작한다는 것과 또 제작 장르는 오락성보다는 이야기 전개식이어서 서구 영화 관객을 끌어들이고 있다는 점, 그리고 신규 자금이 계속 영화 제작사에 유입되어 기업형으로 스타를 제조해 낸다는 점에 있다고 분석한다.

이렇게 볼리우드가 발전하자, 소니의 콜롬비아 트리스타 모션 픽처그룹은 '토지세'와 '미션 카슈미르' 등 12편 이상의 볼리우드산 영화를 배포하기로 했고, 21세기

폭스도 볼리우드의 유명 감독인 갬 고팔 버마와 차기 세 편의 영화를 국제적으로 배포하기로 하는 계약을 체결했다.

또 인도는 캐나다와 세금 혜택 등을 포함한 영화 공동제작 협약을 맺기로 합의했으며, 하이퍼리온 픽처스 영화사는 헐리우드와 볼리우드가 처음으로 공동 출자한 대표적인 회사이다.

---

(4) 인도의 애니메이션 산업[86)]

인도가 애니메이션(animation, 만화영화) 산업의 중심 국가로 급부상하고 있다고 AFP 통신이 보도했다. 인도에서는 현재 10여 개 이상의 애니메이션 스튜디오가 활동 중이며, 이들은 전 세계를 대상으로 수준 높은 작품을 제작하고 있다고 이 통신은 전했다.

애니메이션 제작자협회는 지난 1년 동안 UTV 툰스 · MUV 스튜디오 · 컬러 칩스 · 툰즈 애니메이션 인디아 등과 같은 신흥 애니메이션 스튜디오들이 국제적인 명성을 갖고 있는 해외 스튜디오와 공동 작업에 들어가는 등 다양한 프로젝트를 추진 중이라고 밝혔다. UTV 툰스는 사인 그룹 · 선백 스튜디오 등 캐나다의 유명 만화영화 업체들과 제휴 관계를 맺었으며, 리코셰 프로딕시옹 등 프랑스업체들과도 협력관계를 구축했다.

MUV 스튜디오는 유아원생들을 위한 52편의 TV용 애니메이션을 미국계 회사와 공동으로 제작 중이다.

인도가 애니메이션 산업으로 부상하고 있는 주된 이유는 값싼 인건비와 영어에 능통한 전문가들이 많이 있기 때문이라는 분석이 지배적이다. 뭄바이의 애니메이션 전문가인 E. 수레쉬는 "미국, 캐나다, 유럽 고객들은 더 싼 값으로 다른 아시아 국가들에서 같은 수준의 제품을 찾을 수 있지만, 별도의 번역절차를 거치지 않아도 되는 영어권이라는 비교 우위로 인해 인도를 선호하고 있다. 이제 인도는 애니메이션 강국인 일본과 한국의 경쟁자로 떠오르고 있다."고 설명했다.[87)]

13. 음악 산업(Music)[88)]

인도 음악은 다른 나라에서와는 다른 특징을 가지고 있다. 과거에는 음악이 인도 영화의 핵심적인 부분이고 또 영화 음악의 저작권료가 개별 영화수입의 15%를 차지하고 있었기 때문에 음악 시장은 완전히 영화 음악의 지배를 받고 있었다.

그러나 지난 몇 년 전부터는 뮤직 비디오 및 영화 음악이 아닌 음반(non-film albums)이 인도 음악시장에서 점점 성공하고 있다.

음악 카세트 테이프와 CD 판매액은 미화 약 1억 4900만 달러로 추정되며, 이 시장은 앞으로 5년간 매년 3% 이상 성장할 것으로 보인다.

제3절 사업처리 아웃소싱(BPO)

1. 서 론[89)]

인도 사람들의 유창한 영어 구사능력과 값싼 노동력, 그리고 미국과의 시차(時差)등은 미국기업들로 하여금 인도를 활용한 원거리 서비스 대행(代行) 시스템을 낳게 하였다. 이른바 사업처리 아웃소싱(Business Process Outsourcing, BPO)라고 일컬어지는 시스템이 그것이다. BPO는 기업의 특정업무를 대행해 주는 시스템을 의미한다.

하루 24시간 내내 운영되어야 하는 콜센터나, 소비자 불평처리 · 서비스 센터, 전화마케팅 업무 등은 저녁 퇴근시간 이후에는 근무 인력을 구하기가 어렵다. 그런데 미국이 밤일 때 미국과 12시간의 시차가 있는 인도는 낮 근무를 하고 있는 시간이며, 또 인도 근무자들은 영어에 능통한데다 임금은 미국의 3분의 1 수준에 불과하다.

미국의 각 기업의 24시간 콜센터로 걸려오는 전화는 지구를 반바퀴 돌아 인도로 연결되며, 인도사람이 전화를 받아 일을 처리한다. 미국의 소비자는 늦은 밤에도 친절하게 제공되는 서비스를 편리하게 받을 수 있고, 미국의 회사는 저렴한 임금의 노동력을 얻음과 동시에 고객들로부터는 회사의 좋은 이미지를 얻을 수 있고, 인도의 근로자는 일자리를 갖게 된 것이다.

세계 최대 컴퓨터 업체 델(Dell)은 2005년 3월 인도에서 세번째 콜센터를 개업하였으며, 2006년 3월에는 애플 컴퓨터가 인도 벵갈루루 지역에 콜센터를 건립하였다.[90)]

이러한 BPO시스템은 처음에는 GE사에 의해 도입되었는데, 그 후 콜센터 전화 서비스뿐만 아니라 세무 보고, 회계, 증권 분석, R&D 연구에 이르기까지 그 분야가 확장되었다. 또 미국 상원의원 선거에서, 후보의 전화 여론조사를 의뢰받아 그 후보에 대한 지지율과 지지층을 분석한 뒤 이를 토대로 득표 전략을 작성하여 제공하기도 한다.[91)] 또 미국 회사 직원이 영어로 된 두꺼운 부동산계약서를 e-메일로 인도의 첸나이에 보내고 퇴근하면, 인도 BPO기업에서는 이 계약서를 검토하고, 문제가 없는지 점검해서 다음날 아침에 볼 수 있도록 미국으로 돌려 보낸다.[92)]

미국기업들은 이러한 BPO 시스템 기지로 특히 벵갈루루를 선택하였는데, 그 이유는 벵갈루루가 특히 IT 산업이 발전되어 있어서 고품질 통신기술을 저렴한 가격에 공급받을 수 있고, 또 회계 · 증권 분석 등을 담당할 고도의 수학 지식을 갖춘 고급 인력이 충분히 있기 때문이었다. 현재 벵갈루루에는 캐피톨 1(CAPITOL 1), 위프로(WIPRO), 윈스(WINS), 앰퍼시스(EMPHASIS), 파트니 등 132개의 BPO 회사들이 자리잡고 있다.

벵갈루루가 주도(洲都)인 카르나타카 주의 정보통신부는 BPO 관련 소프트웨어 수출이 1년 동안 26% 성장했으며 2010년까지는 이 분야에서 100만 개의 일자리가 더 창출될 것으로 예상된다고 밝혔다.

현재 인도에는 뉴델리를 중심으로 400여 개 이상의 회사들이 아웃소싱 산업에 전념하고 있다. 2006년 기준으로 인도의 BPO 산업에서는 94,500개의 직업이 있고, 여기에 245,100명 이상의 사람이 고용되어 있다.

2. 전세계 BPO 시장의 개관[93)]

아래에서는 프라이스 워터하우스 쿠퍼스(Price Waterhouse Coopers) 회계법인에서 실시한 아웃소싱에 관한 몇 가지 자료를 제시함으로써 BPO 산업에 대한 기본적인 이해를 돕고자 한다.

(1) 산업별 전세계 BPO 시장(Global BPO Market by Industry)

정보기술(IT)	43%
금융 서비스	17%
통신(텔레콤)	16%
소비재 및 관련 서비스	15%
제조	19%

(2) 지역별 전세계 BPO 시장(Global BPO Market by Geography)

미국	59%
유럽	27%
아시아 태평양(일본 포함)	19%
기타 국가	15%

(3) 전세계 아웃소싱 시장의 규모(Size of Global Outsourcing Market)

2000년	미화 1190억 달러
2005년	미화 2340억 달러
2008년(추정)	미화 3100억 달러

(4) 인도에서의 BPO의 규모와 성장률(Size and Growth of BPO in India)

연도	규모	성장률
2003년	미화 28억 달러	59%
2004년	미화 39억 달러	45.3%
2005년	미화 57억 달러	44.9%

(5) 콜센터 종업원의 연간 급료(Call Center Employee Cost)

미국	미화 19,000 달러
호주	미화 17,000 달러
필리핀	미화 9,050 달러
인도	미화 7,500 달러

3. 인도기업 및 아웃소싱 요청 회사

아웃소싱업무를 수행하고 있는 인도 기업과 이들 기업에 아웃소싱을 의뢰한 기업을 몇가지 산업별로 예를 들어 제시하면 표 14-5과 같다.

아래에서는 이러한 아웃소싱 산업 중 대표적으로 금융 분야, 의료 분야 및 법률 분야, 영화 분야 및 미디어 분야의 아웃소싱에 대해 고찰해 보자.

표 14-5 아웃소싱 담당 인도기업과 아웃소싱 요청 외국기업[94)]

산업	인도기업	아웃소싱 요청 외국기업
IT산업	Infosys Tata Consultancy Wipro	Goldman Sachs, Aetna, Northwestern Mutual, Arm Ex, DHL, Verizon GE, Honda, UBS, HSBC Transco, HP-Compaq, Notel, General Motors, CISCO, Sony
IT 관련 산업	Mphasis BFL Spectramind	Citi Group, Accenture, Auto Zone, Capital One Dell, American Express, Capital One
제약 산업	Cipla Shashun Chemicals Lupin Laboratories	Ivex, Watson Pharma, Eon Labs Eli Lilly, GSK Pharma Apotex, APP, Watson Pharma
엔지니어링 산업	Bharat Forge Tata Motors Moser Baer Essel Propack	Meritor, Caterpillar, Toyota, Ford, FAW(China) Rover, Imation, BASF P&G, Unilever, Colgate

4. 인도의 금융 분야 아웃소싱[95)]

이제 인도에서는 종전처럼 인터넷이나 통신기업 등 실리콘 밸리형 기업들만이 아니라 금융 분야에서도 일자리의 해외 이전 양상이 나타나고 있어 주목을 끌고 있다. 예를 들어 보자. 미국 최대 증권사인 메릴린치는 이미 인도에 투자은행과 증권 중개회사, 자산관리 합작회사 등을 두고 있다.

골드만 삭스는 금융 영업과 테크놀로지 등의 분야에서 250명 규모의 회사를 인도에 설립할 계획이다. 레만 브러더스는 데이터 정리 및 프리젠테이션 관련 업무를 인도에서 아웃소싱하고 있다. 시티그룹은 기업 금융과 투자은행 업무를 인도에서 확대하는 중이다. 시티은행 웹사이트에는 "인도 사업 부문이 2년 사이에 급증했다. 현재 뭄바이에서 일하는 투자은행, 증권, 증권분석 업무 담당자가 40명이다."라고 소개하고 있다.

모건스탠리는 투자은행과 뮤추얼펀드 회사를 인도에 설립했다.

이들 주요 회사들이 그 동안 연구조사(research) 부문까지는 옮기지 않았다. 그런데 요즘은 연구조사 인력까지 인도에서 채용하는 상황이 되었다.

JP 모건 체이스의 자회사인 투자은행 JP 모건은 인도 뭄바이에서 수십 명의 연구조사 인력을 채용하겠다고 밝혔으며, 모건 스탠리 역시 수십 명의 연구조사 요원을 뭄바이에서 채용하겠다고 밝혔다.

이런 추세속에서 인도의 유명한 비지니스 스쿨인 인도 경영대학원(Indian Institute of Management, IIM) 졸업생들은 전세계 다국적 금융회사들로부터 취업 의뢰를 받고 있다. IIM내의 4개 스쿨의 입학 경쟁률은 100 대 1이나 된다.

5. 인도의 의료 분야 아웃소싱[96)]

정보기술(IT) 아웃소싱의 강국 인도가 의료 부문에서도 값싸고 우수한 의술로 아웃소싱을 담당하고 있다. 인도의 대표적인 소프트웨어 및 IT업체인 위프로는 미국의 병원으로부터 X-레이 필름과 스캔 판독 업무를 받아 처리하고 있다. 또 위프로에서는 인도의 방사선과(科) 전문의 5명이 미국 매사추세츠 종합병원 환자들의 컴퓨터 단층촬영(CCT) 필름을 분석한다.

이 결과는 당일 매사추세츠 종합 병원에 전해지고, 그 결과에 따라 수술 일정이 잡힌다.

진단학 전문 업체인 SRL 랜박사는 영국 병원의 혈액 및 조직 검사를 대행하고 있다.

가트너의 애널리스트인 존 로브락은 "인도는 의료분야에서 아웃소싱을 확대할 수 있는 여건을 갖추고 있다"고 말했다.

6. 인도의 법률 서비스 아웃소싱[97)]

인도가 기술 및 금융 서비스뿐만 아니라 법률 서비스의 아웃소싱 국가로 급부상하고 있다고 〈아시안 월스트리트 저널〉이 보도했다. 미국 등 선진국에서 기업들의 법률 서비스 수요 증가로 경쟁 수준이 높아지고 이에 따라 법률 서비스 비용이 증가하자 기업들은 더 저렴하고 수준높은 법률 서비스 모델을 찾고 있다. 특히 인도는 미국에 비해 현저히 낮은 임금으로 숙련된 변호사 서비스 비용을 이용할 수 있어 최근 크게 환경을 받기 시작했다.

온라인 마케팅업체인 디렉토리 M의 데이비드 카한 고문은 "아웃소싱해 주는 변호사들은 교육 수준이 매우 높음에도 불구하고 미국 대형 법률사무소 수임료의 10% 수준에 불과하다. 인도로 부터의 법률 아웃소싱에 만족하고 있다"고 말했다.[98)]

이처럼 인도가 변호사 아웃소싱에 경쟁력을 갖추고 있는 것은 과거 영국의 식민지였던 인도의 법률 체계가 영국이나 미국과 유사하기 때문이다. 따라서 인도 변호사들이 아웃소싱 업무를 위한 별도의 교육을 필요로 하지 않는다.[99)]

시장 조사업체 밸류 노우츠(Value Notes)에 따르면, 인도의 법률 서비스 아웃소싱 산업은 지난해 기준으로 약 1800명을 고용하고 있으며, 약 6100만 달러의 매출을 올렸다. 이 업체는 인도의 법률 서비스 아웃소싱 산업 매출은 2010년까지 6억 달러에 이르고, 2015년까지는 13억 달러를 넘어설 것이라고 예상했다.

인도 소프트웨어 산업협회(NASSCOM)에 따르면, 미국으로부터 아웃소싱이 가능한 법률 서비스 규모는 30억~40억 달러로 추산된다.

또 포레스터 리서치의 2003년 보고서에 따르면, 적어도 1만 2000개의 변호사 직업이 2004년에 미국에서 해외로 아웃소싱되었다. 이 보고서는 2010년까지 약 3만 5000개의 미국 변호사 직업이 인도 같은 저비용 국가로 옮겨오고, 2015년까지는 그 숫자도 7만 9000개로 늘어날 것으로 전망했다.

이와 같이 인도에서 법률 서비스 아웃소싱을 제공해 주는 전문 회사의 예로서 '판게아 3' (Pangea 3)을 들 수 있다.

2004년에 설립된 판게아 3은 현재 뭄바이 사무실에 법률가 및 엔지니어 총 80명을 두고 있고 또 미국 뉴욕 사무실에는 7명을 두고 있다. 이 회사는 법률 지원 및 문서 검토 · 계약서 기안 · 특허 기안 및 분석 · 법률 및 경쟁정보 연구 등의 법률 서비스를 제공하고 있는데, 앞으로 인도의 다른 도시로까지 사무실을 확대할 예정이다.

판게아 3은 미국 · 영국 · 일본에 고객회사 45개를 보유하고 있는데, 이들 중 15개 이상이 포춘지에서 선정하는 세계 100대 기업에 포함되어 있다. 그 밖에 야후 · 디렉토리 M · 롬 웨어 · 트리코 마린 서비스도 판게아 3의 고객이다.

산제이 캄라니 판게아 3 공동 최고경영자(CEO)는 "50개 이상의 인도 기업들이 해외 고객들에게 법률 서비스를 제공하고 있다. 이 기업들의 직원수는 10명에서 100명까지 다양하다."라고 말했다.

정보 통신 업체인 로움웨어는 판게아 3의 인도법률사무소에 200개에 달하는 사업계약서의 키워드를 검색해 데이터 베이스를 만드는 작업을 담당했다. 또 화학업체 듀퐁의 경우에는, 특허 출원 검토를 인도 변호사에게 맡기고 있다.[100)]

7. 인도의 영화분야 아웃소싱[101)]

미국 영화업계가 인도로부터 애니메이션 및 특수효과 기술관련 아웃소싱(offshoring, 역외(域外) 소싱) 비율을 크게 늘리고 있다고 파이낸셜 타임즈(FT)가 2006년 3월 7일 보도했다.

FT는 인도가 기존의 콜센터, 소프트웨어 개발, 연구개발 등과 같은 비지니스 지원 역할에서 이제는 창의력이 크게 요구되는 영화부문까지 서비스 영역을 늘리면서 미국시장 진출을 확대하고 있다고 평가했다.

미국이나 유럽 영화사들은 과거에는 애니메이션 및 특수효과 작업을 적은 비용에 품질이 보장되는 호주와 뉴질랜드 등에서 진행했었지만, 약 2년 전부터는 이러한 작업이 대거 인도로 옮겨지고 있다. 비용을 50%까지 절감할 수 있을 뿐만 아니라 영화제작의 품질 및 세련도가 헐리우드 못지 않게 향상되고 있기 때문이다. 슈렉 2 · 스파이더맨 2 · 나니아 연대기 등 최근의 블록버스터는 인도에 있는 애니메이터와 시각 효과 전문가들이 만든 영화들이다.

인도 정보기술협회인 나스콤(NASSCOM)에 따르면, 인도에서의 미국이나 유럽 영화제작 아웃소싱 규모는 현재 약 2억 8500만 달러(1억 6200만 유로)에 이른다. 나스콤은 인도에서의 애니메이션 및 특수 효과 아웃소싱 시장이 연간 35%씩 성장해서 2009년에는 9억 5000만 달러를 형성하고, 또 시각효과 아웃소싱 시장은 현재 1500만 달러에서 2009년에는 9500만 달러 규모로 늘어날 것으로 전망했다.

수닐 메타 나스콤 리서치 사장은 "인도는 방대한 인재풀(pool)을 갖고 있다. 1년내 100명~1000명의 애니메이터를 필요로 할 경우에 조달가능한 유일한 나라는 인도이다. 또, 특히 뭄바이(봄베이)에 기반을 둔 영화사들은 해외에서의 영화작업 의뢰가 쇄도하고 있다." 전했다.

나스콤의 한 관계자는 "해외 영화사들이 인도 시장에 대해 확신을 가지기 시작하면서 계약 규모가 점점 늘고 있다. 과거 계약 규모는 100만 달러 이하였지만 이제는 수백만 달러에 이르는 것도 여러 건이다. 또 영화뿐만아니라 TV프로젝트도 주문을 받기 시작했다."고 전했다.

8. 인도의 미디어 분야 아웃소싱[102)]

인도는 그동안 IT 기술, 고급 인력, 저렴한 인건비 등을 두루 갖추고서 세계 각국의 IT기업과 금융기관들의 아웃소싱지역으로 각광을 받아 왔다. 이제 인도는 그 동안의 이러한 노하우와 인지도 및 전세계적인 유통망을 기반으로 미디어 엔터테인먼트 산업의 아웃소싱 기지로까지 떠오르고 있다.

현재 전 세계 미디어 엔터테이먼트 산업규모는 1조 3400억 달러에 이르고, 2009년에는 1조 7770억 달러로 추정되고 있으며, 전체 산업의 70%가 디지털화 될 것으로 보이고, 이들 중 70%는 아웃소싱 업체에 맡겨질 전망이다.

세계적인 미디어 기업들은 이미 인도의 저비용과 높은 기술력에 크게 매력을 느끼고, 인도에서의 미디어 아웃소싱에 적극 나서고 있다. 로이터는 2004년 벵갈루루 뉴스미디어 사업부에 200명의 직원을 추가 채용했다.

얼마전에는 세계적인 인지도를 갖춘 미국계 아웃소싱업체 '젠 팩트'와 뉴스 콘텐츠로 유명한 인도의 방송사 '뉴델리 텔레비전'(NDTV)이 세계 미디어 아웃소싱 시장을 겨냥하고 합작회사를 설립했다.

이 합작회사는 전세계를 대상으로 영상 특수효과 및 편집, 제작 아웃소싱 서비스 사업을 영위할 계획이며, 저비용과 고기술로 미국, 유럽의 미디어 엔터테인먼트 시장을 장악하겠다는 포부를 갖고 있다.

젠팩트는 2004년 GE에서 분사(分社)된 아웃소싱 전문업체로서, 이번 합작회사 설립으로 그 동안 수익의 95%를 차지하던 GE에 대한 의존도를 줄여 나갈 방침이다.

프라모드 바신 젠팩트 사장은 "뉴욕의 경우에는 직원 하루 임금이 140달러이지만, 인도에서는 50달러면 충분하다. 인도의 기술력은 HDTV 보급, 디지털 컨텐츠, 주문 생산 프로그램 확대 등 역동적으로 변화하고 있는 미디어 엔터테인먼트 산업에서 경쟁력을 갖고 있다."고 말했다.

또 첨단 미디어 기술력을 자랑하는 NDTV는 향후 몇 년 내에 이 합작 회사를 본사(本社)와 같은 규모로 키워나갈 방침이다.

현장 정보

■ 인도로 부터의 아웃소싱과 미국에서 사라진 일자리[103)]

미국기업들이 전체 업무 가운데 한 부분을 떼어내어 다른 기업에 맡기는, 이른바 아웃소싱을 하는 규모는 2000년 40억 달러에서 2015년에는 1360억 달러로 커질 것이라고 매사추세츠주에 있는 노동관련 전문 연구회사인 포레스터 리서취가 전망했다. 아웃소싱이 되는 일자리 수는 330만 개인데, 이 과정에서 100만 개의 일자리가 외국에 맡겨질 것이란 전망이다.

포레스터 리서취의 애널리스트 존 매카시와 수석 이코노미스트 나리만 비바레시는 "특히 제조업을 중심으로 50만~60만 개의 일자리가 지난 30개월간 미국에서 해외로 날아갔다."고 말했다.

이코노미 닷컴의 수석 이코노미스트 마크 잔디는 일자리 유출이 더 심각했다고 주장하며 "30개월간 잃어버린 일자리의 35%에 해당하는 99만 5000개의 일자리가 바다를 건너갔다."고 밝혔다.

그런데 이 일자리는 해외로 골고루 퍼지지 않는다. 대부분 중국, 인도, 필리핀, 러시아로 간다. 이들 나라 가운데 가장 관심을 받는 나라가 인도다. 맡겨지는 일자리 숫자도 가장 많거니와 가장 중요한 직종이 인도로 가기 때문이다. 더구나 종전처럼 소비자 불만을 접수하는 일 등을 담당하는 콜센터나 비제조 분야의 후선(後線) 업무를 맡은 부서를 인도로 옮기는 것뿐 아니라 이제는 훨씬 중요한 분야까지 아웃소싱되고 있는 현실을 감안하면, 앞으로 미국에서 인도로 넘어가는 일자리는 더욱 많아질 전망이다.

이러한 중요한 분야가 인도로부터 아웃소싱되는 예를 들어 보자.

벵갈루루에 있는 인도 정보통신분야 전문가들은 미국 반도체 업체인 텍사스 인스트루민트의 차세대 휴대전화 칩개발에 전념하고 있다. 그밖에도 의료, 법률, 금융, 영화산업에 이르기까지 인도로부터의 중요분야 아웃소싱은 끝없이 확장되어 가고 있다.

제15장

투자 환경

이 장에서는 인도시장의 투자 환경으로서 사업 조직의 법률적 형태, 외국기업의 인도 사업 진출방식, 조세 제도, 인도 근로자 고용관련 제도, 그리고 각 주별 투자 환경 등을 고찰하기로 한다.

제1절 사업조직의 법률적 형태 (Legal Forms of Business Organizations)

1. 서 론

인도에서 사업을 하기 위해서는 그 사업의 법률적 형태를 어떤 것으로 선택할 것인가를 먼저 결정해야 한다.

인도에서 널리 활용되는 사업조직의 형태에는 다음과 같은 4가지가 있다.[1]

① 독자 기업(獨資企業, sole proprietorship) : 이것은 일반적으로 단 한사람이 사업 활동에 필요한 자금을 출자하는 것이다.

② 파트너십(partnership, 조합, 組合) : 이것은 두 명 이상의 사람들이 공동으로 자금을 조달하거나 위험을 부담하는 것이다.

③ 회사(corporations 또는 limited companies) : 이것은 적어도 이론적으로는, 수천 명의 사람들이 회사에 대하여 갖는 소유권(business ownership)을 나타내는 주식을 발행하여 회사의 지배권(goverance)을 소유하는 것이다.

④ 프랜차이징(franchising) : 이것은 제품 · 공정(process) · 서비스의 소유자(프랜차이저, franchiser)가 지방 사업자(프랜차이지, franchisee)로 하여금 프랜차이저의 이름하(下)에 일정한 기간 동안 사업을 하는 것을 허용하고, 프랜차이지는 프랜차이저에게 최초 사업 개시 수수료(initial fee)와 그러한 사용 특권(privilege)에 대한 계속적인 사용료(royalty)를 지불하는 것이다.

아래에서는 이러한 4가지 형태의 사업조직의 특징과 장 · 단점 등을 구체적으로 살펴보고자 한다.

2. 독자 기업(Sole Proprietorship)

(1) 개념[2)]

인도에서 매년 창업되는 거의 대다수의 사업은 독자기업 형태로 이루어지고 있다. 이 형태는 특별한 형식이 필요하지 않다는 장점을 지니고 있다. 즉, 자신의 장부를 기록해야 한다는 법규가 없고, 회계 감사를 받을 필요도 없으며, 사업에 관한 금융 정보를 정부 관련 기관에 보고할 의무도 없다.

독자기업가에게는 자신의 사업과 자동차나 집 등과 같은 자신의 개인 재산 간에 구별이 없다.

그 결과 만일 자신의 사업이 실패하면, 채권자는 사업상의 재산(business assets)뿐만 아니라 그의 개인 재산(personal assets)까지도 청구할 수 있는 권리가 있다. 단 이 때에는 파산법(Bankruptcy Act)이 적용되는데, 이 법은 독자 기업가 자신과 가족을 위해 절대적으로 필요한 기본 재산만을 보유할 수 있도록 허용하고 있다.

물론 독자 기업가는 자신의 개인 재산을 배우자의 법적 재산으로 양도해 놓음으로써 채권자들이 그 재산에 대해 청구하지 못하게 하여 이러한 최악의 결과를 회피할 수 있다. (이러한 조치를 하기 위해서는, 재산을 양도하는 시점에 독자 기업가가 지불가능한 상태(solvent)에 있어야 하고, 또 사업 경영에 곤란이 닥치기 전 적어도 2년 전에 양도가 이루어져야 한다.) 그러나 그러한 양도는 어떤 조건이 붙지 않은 절대적(absolute)인 것이어야 하고, 또 자신의 배우자가 그 재산을 처분하려고 할 때 자신은 어떠한 발언권도 없음을 주의해야 한다.

사업을 하는 데 필요한 자본은 자신의 고유 재산 혹은 융자금으로부터 조달되어야 한다. 즉, 위험이 없는(risk free) 지분 자본(持分資本, equity capital)을 조달 할 수는 없다.

이러한 단점 대신, 자신의 사업으로부터 벌어들인 소득에 대해서 세금을 지불하는 것 외에는 모든 이익을 독차지 할 수 있다.

(2) 필요 사항[3)]

이상에서 설명한 바와 같이 독자 기업가에게는 법적으로 요구되는 바가 없지만, 다음과 같은 조치를 해두는 것이 현명하다.

① 사업을 위한 별개의 은행계좌를 개설해 놓는다. 사업에 소요된 비용을 자신의 개인계좌에서 인출하지 않는다. 또한 자신의 개인 생활비용을 사업계좌에서 정기적으로 인출한다.

② 만약 어떤 자산에 투자하였다면, 있을 수도 있는 위험이나 손실을 막아 줄 수 있는 전액보험(全額保險, full insurance)에 가입한다.

③ 개인 상해 · 질병 보험(injury · illness insurance)에 가입한다.

④ 담당 공인회계사와 사업에 관련된 이익 · 손실 · 세금 등의 회계처리에 대하여 정기적으로 자문을 받는다.

(3) 장점[4)]

이와같은 독자 기업이 갖는 장점을 요약하면 다음과 같다.

① 자신의 가정(家庭)과 분리하여 사업을 간편하게 개시할 수 있다.

② 자신이 사장(社長, boss)이며, 자신의 뜻과 방법대로 사업을 경영할 수 있다.

③ 모든 이익을 자신이 독점할 수 있다.

④ 어떤 사업상의 비용은 소득세 목적을 위한 소득에서 공제할 수 있다.

⑤ 자신의 사업을 공시(公示, public disclosure)할 필요가 없다.

⑥ 어느 한 사업에서 발생한 이익이나 손실을 자신이 경영하는 다른 사업에서 발생한 이익이나 손실에 대해 공제할 수 있다.

(4) 단점[5)]

이와 같이 독자기업은 여러가지 장점을 가지고 있지만, 가장 큰 단점은 자신의 사업에서 발생한 모든 부채에 대해 완전히 책임을 진다는 것이다. 만일 파산을 하게 되면, 채권자들은 그의 모든 재산, 즉 사업상(上)의 재산뿐만 아니라 개인재산까지도 압류하고 매각할 수 있는 권리를 갖고 있다.

3. 파트너십(Partnership)

(1) 서론[6)]

파트너십은 독자 기업가들이 힘을 합한 형태이며, 다른 사람(혹은 사람들)과 파트너십을 형성하여 사업을 경영하는 데 별로 많은 규제가 없다. 파트너십은 두 명 이상의 파트너(partner)들의 자금을 합함으로써 더 많은 자본을 확보할 수 있고, 각자의 고유 기술이나 전문지식을 활용하여 사업을 더욱 성공적으로 경영할 가능성을 높여 주며, 또 한 파트너가 병으로 앓아 누워도 사업은 여전히 계속 진행될 수 있다는 장점을 갖고 있다.

그러나 파트너십에는 다음과 같은 2가지 단점이 있다.

첫째, 만일 여러분의 파트너가 사업상 판단을 잘못하여 손해가 막심한 계약에 서명을 하였다면, 여러분이 그러한 사실을 알지 못했거나 동의를 하지 않았다고 할지라도, 파트너십의 모든 구성원들은 그 결과에 대해 책임을 져야 한다. 이러한 상황에서는 여러분이 잘못을 범하지 않았다고 하더라도, 채권자들은 여러분의 개인 재산에 대해서도 청구권을 갖는다.

둘째, 만일 여러분의 파트너가 어떤 이유에서건 자신의 개인적 능력에 있어서 파산되었다면, 그가 파트너십에서 가지고 있는 지분(持分, 몫, share)은 채권자들에 의해 압류될 수 있다. 여러분은 개인적으로는 여러분의 파트너의 사적 부채(私的, private debt)에 대해서는 책임이 없지만, 만일 충분한 예고(notice)없이 파트너십으로부터 여러분의 파트너의 몫을 취득하였다면, 어떤 경우에는 여러분의 유산(遺産, estate)까지도 책임을 부담하게 된다. 여러분이 자신의 파트너십에 관련하여 '공적(公的)' 인 허가(public leave)를 얻지 않는 이상, 그리고 여러분의 사직(retirement)에 대한 광고를 하지 않는 이상, 여러분은 영원히 책임을 지게 된다.

이러한 파트너십에 관련한 자세한 내용은 〈인도 파트너십 법〉(The Indian partnership Act)에서 규정하고 있는데, 이 법은 본질적으로 각 당사자들이 자신들이 하고 있는 일에 대하여 능력 있는 사람들이라고 가정하고 있다. 즉, 이 법은 '동의' (同意, agreement)에 대해 규정하고 있는데, '반대의 동의가 없는 경우에' (in the absence of agreement to the contrary)' 적용된다. 따라서 많은 파트너십은 법적 형식없이 맺어지고 있으며, 어떤 경우에는 당사자들이 자신들이 파트너십을 이루고 있다는 사실을 알지도 못한 채 파트너십은 맺어지고 있다.

(2) 인도 파트너십 법의 주요규정[7)]

파트너십 법에 관한 기본적인 사항은 제9장의 2절에서 다루었지만, 여기에서는 〈파트너십 법〉에서 규정하고 있는 중요한 내용을 보충하여 제시하면 다음과 같다.

① 원칙적으로 모든 파트너들은 자본을 똑같이 출자해야 한다.
② 모든 파트너들은 이익과 손실을 똑같이 공유한다.
③ 어떤 파트너도 자신이 출자한 자본에 대하여 원칙적으로 이자(interest)를 받지 않는다.
④ 어떤 파트너에게도 급료를 지불하지 않는다.
⑤ 모든 파트너들은 사업경영에 있어서 동등한 발언권을 갖는다.

(3) 파트너십 약정서[8)]

위에서 설명한 바와 같이, 〈파트너십 법〉의 규정은 당사자들 간에 다른 약정이 없는 한 적용되므로, 필수적이지는 않지만 변호사와 상의하여 여러분과 여러분의 파트너 간의 '파트너십 약정서' (partnership agreement)를 문서로 만들어 놓는 것이 현명한 일이다.

여러분은 〈파트너십 법〉의 규정을 바꾸고 싶은 경우도 있을 것이며, 또 이 법에서 언급하고 있지 않은 항목을 추가시키고 싶을 수도 있을 것이다. 이러한 '파트너십 약정서' 에는 다음과 같은 내용을 포함하고 있어야 한다.

1) 이익의 분배(Profit sharing)

이익(profits)과 손실(losses)을 어떻게 분배할 것인가 하는 문제이다. 예를 들면, 만일 어느 한 파트너가 다른 파트너보다 더 많은 자본을 투자하였다면, 이익은 동일하게 분배되지 않을 것이다. 혹은 파트너들은 완결된 계약의 수(number of contracts completed)에 따라서, 혹은 근무한 시간에 따라서, 혹은 그 밖의 다른 방법에 따라서 이익과 손실을 분배하기로 약정할 수 있다.

2) 자금의 인출(Withdrawing money)

각 파트너가 매월 사업으로부터 인출할 수 있는 금액에 한계를 지어놓은 것이 중요하다. 그렇지 않으면 나중에 운전자본(working capital)이 부족할 수 있다.

3) 일을 쉬는 시간 수(Time off)

휴가로 쉴 수 있는 기간과 빈도를 정해 놓아야 하고, 또 만일 어느 파트너가 병에 걸렸을 때는 어떤 규칙을 적용할 것인가를 정해 놓아야 한다.

4) 파트너십의 존속기간(Duration of Partnership)

파트너는 이익을 공유(共有)할 수 있는 권리가 있으므로, 파트너십이 해소되는 시기를 정해 놓는 것이 바람직하다. 사업의 성격에 따라 파트너십의 존속기간을 1년, 3년, 5년 혹은 10년으로 할 수 있을 것이다. 또는, 예컨대 3개월 전에 통지를 하기만 하면 파트너십을 해소할 수 있다는 조건하에서, 파트너십이 무한히 계속되는 것으로 할 수도 있을 것이다.

5) 파트너의 추가 영입 또는 축출(Admitting or Expelling a partner)

새로운 파트너를 받아들이기 위해서는 모든 파트너들의 동의가 필요하다. 만일 여러분이 자신의 친척(예컨대, 여러분의 부인)을 나중에 파트너로 받아들일 수 있는 권리를 갖고 싶다면, 이것을 약정서에 기술해 놓아야 한다.

만일 여러분이 어느 파트너를 내보내고 싶다면 법원의 허가를 얻어야 하므로, 〈파트너십 약정서〉에 어느 파트너가 축출될 수 있는 상황을 자세히 기록해 놓아야 한다.

6) 파트너십의 해소 혹은 취소(Dissolving or Rescinding the Partnership)

① 해소 혹은 취소 사유

파트너십 약정서에 다르게 규정되어 있지 않는 한 파트너십은 어느 한 파트너가 사망 혹은 파산하게 되면 자동적으로 해소된다. 만일 어느 파트너가 여러분에게 허위정보를 제공한 것을 여러분이 발견하였다면, 여러분은 법원에 파트너십을 취소해 줄 것을 신청할 수 있다.

② 자본 회수(Getting Capital Out)

파트너십이 해소되면, 파트너는 파트너십 재산을 매각하게 하고 모든 재산을 분배받을 권리가 있다. 재산을 현금화하고 부채를 모두 변제한 후 남아 있는 잔여 재산은, 파트너십 약정서에 다르게 규정되어 있지 않는 한, 파트너들 간에 균등하게 배분되어야 한다.

③ 자산매각후 자금의 지불순서

자산을 매각한 후 벌어들인 자금은 다음과 같은 순서로 지불되어야 한다.

- 파트너가 아닌 채권자들에 대한 지불
- 파트너들이 부담하고 있는 융자금의 지불
- 파트너들에게 자신들의 자본투자액을 환불
- 잔여재산을 파트너들 간에 배분

만일 충분한 자산이 없을 때는, 파트너들은 자신들이 이익을 분배했던 비율에 따라 부족액을 보충해야 한다.

④ 파트너십으로부터 철수한다는 통지(Notice of withdrawal from a Partnership)

파트너십 약정서에는, 만일 어느 한 파트너가 철수하기를 원한다면, 다른 파트너에게 얼마만큼의 기간 전에 이러한 사실을 통지할 것인가 하는 것이 규정되어 있어야 한다. 만일 여러분이 철수한다고 했을 때, 여러분이 파트너로 있었던 기간 동안 여러분의 기업이 부담한 모든 채무에 대하여 여러분은 여전히 책임이 있다는 것을 명심해야 한다. 여러분이 파트너십으로부터 철수한다는 사실을 모두 채권자와 공급업자들에게 통지하고, 또 여러분의 이름이 그 기업에서 사용하는 편지지 등과 같은 문서에서 제거되었는가를 확인해야 한다. 또 여러분이 파트너십에서 철수했다는 사실을 신문에 광고해야 한다.

7) 이해(利害)의 갈등(Conflicting Interests)

파트너십 약정서에서 금지하고 있지 않는 한, 파트너들은 자유롭게 다른 사업을 영위할 수 있다. 그러나 어떤 파트너도 파트너십에서 영위하고 있는 사업과 경쟁이 되는 사업을 영위할 수는 없다.

현장 정보

■ 파트너십 – 일본 산요전기[9]

일본 전자업체인 「산요전기」가 인도 현지업체와 파트너십(partnership)을 맺고 냉장고와 텔레비전 및 식기세척기 등과 같은 백색 가전제품을 본격적으로 판매할 계획이라고 니혼게이자이 신문이 2006년 3월 28일 보도했다.

이우에 도시마사 산요 사장은 "산요는 현지 업체와 맺은 파트너십을 통해 향후 3~4년 이내에 인도 현지 가전제품 매출을 500억 엔까지 확대할 목표를 가지고 있으며, 이미 파트너업체의 판매 채널을 통해 산요 브랜드의 제품판매를 시작했다. 한국 경쟁업체인 삼성전자와 LG전자가 강한 시장 점유율을 보유하고 있지만, 산요는 기술 혁신을 통해 3~4년 이내에 인도 TV시장 점유율을 17%대까지 끌어올릴 것이다. 또한 현재 1500개인 현지 매장수를 곧 2000개까지 확대하고, 조만간 사무용품도 판매하겠다."고 밝혔다.

4. 회사(Limited Liability Company)

(1) 개념과 종류[10]

회사는 투자자의 책임이 투자자가 자본금(share capital)으로 출자한 금액에 한정되는 회사이다. 인도의 〈회사법〉(The Companes Act)의 규정에 따라 등기된 회사는 그 회사의 주주, 이사, 및 경영자들과는 별개의 법적 실체(legal entity), 즉 법인(法人)이다. 주주들의 책임은 자본금으로 출자한 금액에 한정된다. 회사의 존속기간에는 제한이 없으며, 주주의 수에도 제한이 없다. 그러나 〈회사법〉은 회사에 대하여 많은 제한을 두고 있다. 예를 들면, 회사는 일정한 장부를 기록 · 보존해야 하고, 감사(auditor)를 임명해야 하며, 이사(directors), 융자금(mortgages), 연간 소득(annual return) 등에 관한 구체적 내용을 관계 당국에 보고해야 한다.

회사를 규제하는 가장 기본적인 법률은 제9장의 9-3에서 간략하게 고찰했던 〈회사법〉인데, 여기에서는 몇 가지 사항을 보충하여 제시하고자 한다.

회사를 설립하기 위해서는 3명 이사의 주주(株主)가 있어야 하며, 또 이들 중 한 명은 경영 담당이사(managing director)여야 한다. 주주들이 유한 책임을 지는 회사에는 사실상 두 가지 형태가 있다.

첫번째는 비공개 회사(非公開會社, private limited company)인데, 이것은 회사의 정관에 ① 그 지분(주식)을 양도할 권리가 금지되어 있고, ② 그 구성원의 수가 50명을 넘지 않아야 하며, ③ 회사의 지분을 공모(公募)하는 것이 금지된다는 내용이 들어 있는 회사를 말한다.[11]

두번째는 공개회사(公開會社, public limited company)인데, 이것은 비공개 회사가 아닌 회사, 즉 주주를 공개적으로 모집할 수 있는 회사이며, 공개회사에 대해서는 특히 복잡한 규제가 가해져 있다.

일반적으로, 대부분의 회사는 창설초기에는 '비공개' 회사로 출발했다가 나중에 더 많은 자본이 필요하게 되어 보다 많은 주주들로부터 자본투자를 받고자 할 때 '공개' 회사로 바뀐다. 회사는 이익에 대하여 '법인세' (corporate tax)를 지불해야 한다.

(2) 회사의 장점[11]

회사(limited company)의 장점을 요약하면 다음과 같다.

① 구성원들(즉, 주주와 이사들)의 재무책임은 그들이 납부한 주식 대금(株式代金)에 한정된다.

② 경영구조가 명확하게 정의되어 있고, 따라서 이사(director)들의 임명, 사직 및 축출 등이 용이하다.

③ 만일 추가자금이 필요하다면, 더 많은 주식을 매각함으로써 조달할 수 있다.

④ 더 많은 구성원들을 받아들이기가 단순하다.

⑤ 어느 한 구성원의 사망, 파산, 혹은 자본 회수(withdrawal of capital)가 회사의 거래 능력에 영향을 미치지 않는다.

⑥ 사업의 일부 혹은 전부의 처분이 쉽게 이루어진다.

⑦ 사회적으로 높은 명성을 얻을 수 있다.

(3) 회사의 단점[12]

회사의 단점을 요약하면 다음과 같다.

① 회사를 그 관할 당국에 등록해야 하며 또 연간소득과 회계감사를 받은 재

무제표를 보고해야 한다. 회사에 관한 모든 자세한 사항은 검사될 수 있으며, 따라서 비밀이 없다.

② 회사를 창설하는 데 비용이 많이 든다.

③ 회사를 창설하는 데 변호사 · 회계사 등과 같은 전문가들의 도움이 필요하다.

④ 이사(理事)는 종업원으로 취급되며 세금을 지불해야 한다.

⑤ 많은 은행, 금융기관, 공급업자 들이 회사와 거래를 하기 전에 이사(理事)들로부터의 개인적 보증(personal guarantees)을 요구하는 경우가 점점 늘어나고 있기 때문에, 책임이 한정된다고 하는 장점은 그만큼 상쇄되어 가고 있다.

(4) 회사의 필요사항[13)]

회사는 다음과 같은 규제를 받는다.

1) 상호(회사 명칭)의 등록(Registered Business Name)

상호 끝에는 반드시 'Limited' 또는 'Ltd' 라는 단어를 붙여야 한다. 상호는 기존의 회사의 이름과 동일하거나 매우 유사해서는 안 된다. 상호는 불법적(illegal)이거나 무례(offensive)해서는 안 되며, 또 특정한 단어, 예를 들면, 'Institute' (협회, 연구소) 혹은 'National' (국가) 등과 같은 단어는 특정한 경우에만 사용될 수 있다.

2) 등록 사무소(Registered office)

등록 사무소가 사업이 운영되는 곳과 동일한 주소일 필요는 없다.

회사 등록을 위해 사용되는 사무소는 회사의 변호사나 회계사가 소재하고 있는 곳의 주소인 경우가 흔하다. 이 사무소는 회사의 모든 공식적이 통신 · 서신 교환 등이 이루어지는 곳이다.

3) 주주(Shareholder)

적어도 2명 이상의 주주(株主, shareholders)가 반드시 필요한데, '주주' 를 흔히 '구성원' (members) 혹은 '회원' (subscribers)이라고 부르기도 한다.

4) 주식 자본(Share Capital)

회사는 명목상의 자본금(nominal share capital)을 주식으로 나누어서 발행해야 한다. 소규모 회사는 명목상의 자본금 100루피(Rs.100)로 창립되는 경우가 흔하다.

5) 정관(定款, Memorandum of Association)

정관은 회사의 헌장(charter)이다. 여기에는 회사의 상호, 등록 사무소의 위치,

자본금, 책임이 한정된다는 사실, 그리고 회사의 설립목적 등이 기록되어 있다. 이론적으로는, 회사는 정관에 언급되어 있는 목적 범위 내의 사업만을 할 수 있으나, 실무적으로는 가능한 한 넓은 범위의 사업을 할 수 있도록 목적을 포괄적으로 기재한다. 또 회사의 구성원들의 3/4 이상의 동의를 얻어 목적을 변경할 수 있다. 그럼에도 불구하고, 회사의 이사들은 만일 정관의 목적조합에서 허용되어 있지 않은 형태의 사업을 경영하다가 만일 회사가 손해를 입으면 자신들이 개인적으로 책임을 진다는 것을 명심해야 한다. 회사의 정관은 적어도 3명 이상의 주주들이 이것에 서명을 해야 한다.

6) 회사의 내규(內規, Articles of Association)

이 서류는 회사의 내부적 규제(international regulations), 주주들과 회사 간의 관계, 그리고 개별 주주들 간의 관계를 포함하고 있다. 많은 회사들은 자신들만의 내규를 별도로 작성하지 않고 〈회사법〉에서 규정하고 있는 사항을 그대로 채택하거나 혹은 약간만을 수정하여 채택하고 있다.

7) 법인 설립증(Certificate of Incorporation)

이것은 기업 등록관청(Registrar Of Companies; ROC)에서 여러분이 선택한 회사 명칭과 정관을 승인하였다면 여러분에게 발행해 주는 서류이다. 여러분이 이 서류를 받게 되면, 여러분의 회사는 법적으로 존재하고 따라서 거래를 시작할 수 있다.

8) 감사(監事, Auditors)

모든 회사는 반드시 자격있는 감사를 두어야 한다. 감사의 임무는 회사의 장부가 적절히 기록되고 보관되어 있는가의 여부, 그리고 대차대조표와 손익계산서가 이익과 손실을 진실하게 표시하고 있는가의 여부, 또 회사의 업무가 〈회사법〉에 일치하고 있는가의 여부를 담당관청에 보고하는 것이다. 감사는 연차 재무제표(年次財務諸表, annual accounts)가 제시되는 주주 총회에서 임명되거나 재임명되며, 그들은 주주총회가 끝난 시점부터 차기(次期) 주주 총회 때까지 직무를 수행한다.

9) 재무제표(Accounts)

〈회사법〉은 재무 제표에 관하여 엄격한 규정을 두고 있다. 모든 회사는 어느 시점에서의 회사의 재무상태를 정확하게 보여주는 일련의 장부 기록을 보존하고 있어야만 한다. 이러한 재무제표에는 손익계산서, 그리고 감사들과 이사들의 보고서가 첨부되어 있는 대차대조표 등이 있다.

새로 창립된 회사의 회계 년도는, 회사가 담당관청에 달리 통지하지 않는 이상 창립일로부터 다음해 3월 31일까지이다. 회계년도가 종료된 후 10개월 이내에, 감사받은 재무제표를 주주총회와 기업 등록관청(Registrar Of Companies, ROC)에 제출해야 한다.

10) 등록, 기타(Registers, etc.)

회계장부뿐만 아니라, 회사는 주주 명단, 이사와 비서의 명단, 주식의 이전(transfer)에 관련된 장부, 채권자 명단 등을 보존하고 있어야 한다.

11) 회사의 인장(印章, Company Seal)

모든 회사는 고유의 도장을 보유하고 있어야 한다. 이 도장은 주식 증서(share certificates)에 찍혀져 있어야 하며, 또 회사가 문서를 작성할 때는 언제나 이 도장으로 날인하여야 한다.

5. 프랜차이싱(Franchising)

프랜차이싱은 창업(entrepreneurship)과 피고용(被雇用, employment)의 중간적인 형태이다.[14)]

아래에서는 프랜차이징의 종류와 장 · 단점을 정리해 보고자 한다.

(1) 프랜차이징의 종류[15)]

프랜차이징에는 독점판매권(distributorship), 제조허가권(licence to manufacture), 유명인사 명칭의 사용(use of a celebrity name), 상표의 사용(use of a trade mark) 등과 같은 4가지가 있다.

1) 독점판매권(Distritutorship)[16)]

독점판매권은 흔히 자동차 등과 같은 특정 제품에서 활용된다. 독점판매권은 두 당사자가 판매자(vendor)와 구매자(purchaser)로서 법적으로 독립적 실체들인데, 다만, 판매자는 광고 · 판매촉진 · 직원교육 등을 담당하고, 구매자는 일정한 지역에서 판매자의 제품이나 서비스에 대한 독점판매권을 갖는 형태이다.

2) 제조허가권(License to Manufacture)[17)]

제조허가권은 특정 제품에 대하여 일정한 지역 내에서 일정한 기간 동안 그 제품의 제조과정을 전수받아 생산하고 또 그 제품의 상표를 사용할 수 있으며, 그 대가로 판매에 대하여 사용료(royalty)를 지불하는 형태이다.

이러한 제조허가권을 주는 기업을 라이센서(licenser)라 하고, 받는 기업을 라이센시(licensee)라고 부르며, 두 당사자는 상호간에 독립되어 있고, 다만 라이센시는 제품의 명성을 유지할 것을 라이센서에게 약정하는 것이다.

3) 유명 인사 명칭의 사용(Use of a Celebrity Name)[18)]

이것은 제품의 판매를 촉진하고 그 품질을 보증하기 위하여 유명 인사의 명칭을 사용하는 형태이다. 가장 널리 알려진 예는 유명한 스포츠 선수에게 사용료를 지불하고 그 선수의 활동영역에 관련된 제품을 제조 · 판매하는 것이다.

4) 상표의 사용(Use of a Trade Mark)[19)]

이것은 유명한 회사의 상표를 붙여 사용하는 대가로 수수료(fee)를 지불하는 형태이다. 상표 명의를 빌려 주는 기업은 이것을 빌리는 기업에게 자사 제품의 명성을 유지할 수준으로 제품을 제조할 것 등을 요구하는 일정한 약정을 체결하는 것이 일반적이다.

(2) 프랜차이징의 장점

1) 프랜차이저(Franchiser)의 입장[20)]

프랜차이저의 입장에서 볼 때, 프랜차이징은 어떤 지역에 진출하는 데 필요한 지사(支社)설치 등과 같은 직접 투자가 필요없다는 장점을 가지고 있다. 반면에, 그 단점은 프랜차이저가 통제할 수 있는 것은 사업 형식 자체일 뿐이라는 점이다.

즉, 만일 어느 개별 프랜차이지(franchisee)가 프랜차이징 사업을 크게 잘못하고 있는 극단적인 경우에는 프랜차이저는 계약을 종료하거나 갱신하지 않을 수는 있겠지만, 프랜차이지를 마치 종업원처럼 해고할 수는 없다는 것이다. 따라서 프랜차이저는 프랜차이지가 약정대로 얼마나 성실하고 적극적으로 노력해 주는가에 자신의 성공여부가 달려 있다.

2) 프랜차이지(Franchisee)의 입장[21)]

프랜차이지의 입장에서 볼 때는, 프랜차이징은 사업형태나 제품이 이미 시장에서 시험을 거쳤기 때문에 많은 문제와 위험을 회피할 수 있다는 점, 사업을 개시하고 경영할 때 프랜차이저의 직접적이고 지속적인 지원을 받을 수 있다는 점, 프랜차이저의 연구개발은 제품을 개선해 나간다는 점, 이미 이루어져 있는 명성 때문에 은행이나 공급업들과 거래관계를 확보하기가 용이하다는 점 등과 같은 장점을 갖는다.

반면에, 프랜차이저는 모든 프랜차이지들에 대하여 동일한 수준으로 제품품질 · 유지관리 · 모양 · 포장 등을 지킬 것을 요구하고 있기 때문에, 프랜차이지의 개인적 창의성이 발휘될 여지가 없다는 점, 프랜차이저에게 지불하는 사용료가 크게 부담이 될 수 있다는 점, 프랜차이저의 사업 실패는 프랜차이지에게 치명적으로 작용한다는 점 등과 같은 단점이 있다.

제2절 외국기업의 인도 사업진출 방식

제1절에서는 인도에서 사업을 하려할 때 사업의 법률적 형태에 어떠한 것이 있는가를 중심으로 살펴보았다. 여기에서는 실무적인 관점에서 사업 진출 방식을 고찰하기로 한다. 외국기업은 인도에서 법인(法人)을 설립하여 인도기업으로서 활동할 수도 있고, 혹은 지사(支社, branch office), 연락사무소(liaison office), 대표사무소(representative office), 프로젝트 사무소(project office) 형태의 외국 기업으로 활동할 수 있다.[22)]

1. 법 인(Company)

(1) 법인 설립과 준수규정[23)]

외국기업은 인도 회사법(Companies Act, 1956)의 규정에 따라 완전 자회사(wholly owned subsidiaries)의 형태로 단독투자하거나 또는 합작회사(joint ventures) 형태로 법인을 설립할 수 있다. 이렇게 인도기업으로 설립되면, 다른 인도 국내기업에 적용되는 인도의 관련 법규정(조세, 고용 등)을 준수해야 한다.

현장 정보

■ 단독투자 사례[24)]

외국기업들이 인도에 단독 투자하여 외국인 지분 100%를 보유하고 있는 사례의 몇가지 예를 들어보면 다음과 같다.

- Dimler Crysler가 설립한 Daimler Crysier India Pvt.Limited
- 한국의 Hyundai 자동차가 설립한 Hyundai Motor India Limited
- Piat Auto SPA가 설립한 Fiat India Automobiles Pvt.Limited
- 한국의 자동부품회사(서브 프레임 생산업체)인 화신이 설립한 화신 오토모티브
- 한국의 자동차 부품회사(일반 고무류 생산업체)인 동아 화성이 설립한 동아 인디아
- 한국의 자동차 부품회사(연료 펌프 생산업체)인 현담산업이 설립한 인디아 현담.

■ 합작투자 사례[25)]

외국기업들이 인도 기업들과 합작 투자한 사례의 몇 가지 예를 들어 보면 다음과 같다.

- 일본의 Suzuki가 외국인 지분 54.2%, 인도 정부가 지분 45.8%를 합작 투자하여 설립한 Maruti Suzuki Limited
- Ford가 외국인 지분 84.1%를, 인도측 파트너 Mahindra & Mahindra가 15.9%를 합작 투자하여 설립한 Ford India Limited

- Honda가 외국인 지분 99%를, 인도측 파트너 Siel Limited가 1%를 합작투자하여 설립한 Honda Siel Cars India Limited
- Toyota가 외국인 지분 88.9%를, 인도측 파트너 Kirloskar Group이 11.1%를 합작투자하여 설립한 Toyota Kirloskar Motors Limiteed
- 미국의 유명 부동산 개발 업체인 티시먼 스페이어 부동산은 인도 최대 상업은행인 ICICI은행과 각각 50%씩 (각각 3억달러씩 출자) 투자하여 2005년 인도에 합작회사를 설립하였다.[26)]
- 프랑스의 르노는 인도 4위 자동차 업체인 Mahindra & Mahindra(마힌드라 & 마힌드라)와 합작으로 2005년 인도에 자동차 회사를 설립하였다. 양사는 합작사에 1억 6600만 달러를 투자해, 2007년부터 르노의 중형차 '로간'을 생산하기로 했다.[27)]
- 삼성전자는 1995년 인도의 Siel JV사와 합작으로 인도에 진출하였다.[28)]
- 한국의 자동차 부품업체인 평화정공은 인도 현지업체와 50 대 50의 비율로 인도 첸나이에 합작회사 PHC Manufacturing Co., Ltd를 1997년 설립하였다.[29)]
- 영국계 석유회사인 BP(British Petroleum)는 인도 국영석유회사인 HP (Hindustan Petrolrum)와 합작으로 인도 펀자브 지역에 30억 달러를 투자하여 2005년 인도 현지에 정유회사를 설립하였다. 이 회사는 2009년까지 하루 18만 배럴의 원유를 정제할 계획이다.[30)]
- PC 제조업체인 AMD는 인도 회사인 HCL 인포시스템과 2005년 인도에서 합작회사를 설립하였다. 이 회사는 인도에서 1만루피(220달러)짜리의 휴대폰 가격정도로 저렴한 PC를 출시할 예정이다.[31)]

---

(2) 법인의 종류[32)]

법인은 주식의 공모 여부에 따라 비공개회사와 공개회사로 구분된다.

1) 비공개회사(非公開會社, Private Limited Company)

비공개회사는 납입자본금이 10만루피 이상이고, 회사의 정관에

① 그 주식을 양도할 권리가 금지되어 있고,
② 발기인의 수가 50인을 넘지 않아야 하며,
③ 일반 대중에게 회사 주식 또는 채권의 청약 신청을 받지 않고,
④ 발기인, 이사 또는 이들의 친척 외 개인으로부터 예탁금(deposit)을 받지 않는다는 내용이 들어 있는 회사를 말한다.

2) 공개회사(公開會社, Public Limited Company)

공개회사는 비공개 회사가 아니고 납입자본금이 50만 루피 이상인 회사를 말한다.

(3) 법인의 등기[33)]

법인의 등기를 위해서는 다음과 같은 필요 서류를 갖추어, 회사가 설립되는 주(州) 정부의 기업 등록 관청(Registrar Of Companies, ROC)에 신청해야 한다.

① 회사의 정관(Memorandum of Association) : 이것은 회사의 상호(商號), 회사가 설립되는 주(州), 설립의 주목적(主目的) 및 부수적 · 보조적 목적, 발기인의 의무, 수권자본금(授權資本金) 등 회사의 활동범위와 권한 등을 규정한 문서이다.

② 회사의 내규(內規, Articles of Association) : 이것은 회사의 내부적인 일반 관리를 규정한 문서이며, 정관에 저촉되어서는 안 된다.

③ 경영 담당 이사(managing director) 등으로 임명되는 개인과의 약정서

④ 상호(商號)가 사용가능하다는 것을 통지해 온 기업 등록 관청의 서한 사본

⑤ 등록비용 납부를 증명하는 서류

⑥ 관할 기업 등록 관청과 그 위치 등

이와 같은 서류를 검토한 후 문제가 없는 것으로 판명되면, 기업 등록 관청은 기업을 등록하고 법인설립증(Cretificate of Incorporation)을 교부해 준다.

2. 지사, 연락 사무소/ 대표사무소, 프로젝트 사무소

(1) 서론[34)]

지사, 연락사무소/대표사무소, 프로젝트 사무소는 외국환 관리규정(Foreign Exchange Management(Establishment in India of branch or office of other place of business) Regulation, 2000)에서 허용된 활동만을 수행할 수 있다.

(2) 지사(Branch Office)[35)]

제조업 또는 대외무역에 종사하는 외국기업은 아래 목적을 위해 지사(支社)를 설립할 수 있으며, 세금을 공제한 이익을 인도 준비은행(Reserve Bank of India, RBI)의 가이드 라인에 따라 해외로 송금할 수 있다.

① 재화의 수출입

② 전문 서비스 및 컨설팅 서비스

③ 본사와 관련된 연구사업

④ 인도 회사와 해외 본사 간의 기술 · 금융협력 촉진

⑤ 인도에서 본사를 대표하고, 구매 및 판매 대리인(agent)으로 활동

⑥ 정보 기술 및 소프트웨어 개발 서비스 제공

⑦ 본사가 제공하는 상품에 대한 기술 서비스 제공

⑧ 외국계 항공 및 해운 회사

현장 정보

■ 지사(支社)의 사례

휴대폰, PDA, 모바일 게임 및 엔터테인먼트 컨텐츠 서비스 업체인 한국의 「컴투스」는 2004년 5월, 인도의 남부 벵갈루루에 인도 지사를 설립하였다. 지사 설립의 목적은 매년 40~50%씩 성장하고 있는 인도 모바일 게임 시장을 초기에 효과적으로 공략하기 위해서이다.[36]

한국의 「현대 상선」은 인도의 해운 사업에 진출하기 위해 일찍이 뭄바이에 지사(지점)를 설립하였다. 이 지사의 활동에 힘입에 2005년 5월에는 인도와 중국을 잇는 컨테이너 항로를 신설한 데 이어, 7월부터는 이 지점을 법인으로 승격시키고 신규 주재원을 파견해 인도지역 영업력을 대폭 강화할 예정이다. 현대 상선 관계자 "새 항로 개설은 인도에서 동남아, 중국 등지로 수출되는 철광석, 철재 수송 등의 신규 사업을 강화하기 위한 것이다. 인도 시장을 조기에 선점하기 위해 해외 영업 조직을 확대 · 재편할 계획이다."라고 말했다.[37]

---

(3) 연락사무소(Liaison Office)/대표사무소(Representative Office)[38]

연락사무소 혹은 대표사무소는 시장정보를 수집하고, 본사 및 제품 관련 정보를 인도 고객에게 제공하며, 수출과 수입, 그리고 본사와 인도 회사 간의 기술 · 금융 협력을 촉진하는 활동을 할 수 있다. 그러나 이들은 직접적으로 혹은 간접적으로 영업 활동을 할 수 없으며, 어떠한 소득도 취할 수 없다.

현장 정보

■ 연락사무소의 사례[39]

한국의 수출입 은행은 인도 뉴델리에 연락사무소를 설립하기로 하고 인도 정부에 승인 신청을 하였다. 이 연락사무소는 인도의 경제 상황 · 투자 조건 · 산업 정책 등을 조사해 한국 기업에게 제공하고, 한국 기업들의 인도 관련 프로젝트를 점검하는 일을 담당하게 된다.

수출입은행 뉴델리 사무소 개설 준비위원회의 김백규 부장은 "인도의 향후 성장에 미리 대처하려는 차원에서 연락사무소를 여는 것이다."라고 설명했다.

---

(4) 프로젝트 사무소(Project Office)[40)]

프로젝트 사무소는 건설 프로젝트 등과 같은 특정한 프로젝트를 수행하기 위해 설치되는 것인데, 그 프로젝트 수행과 직접 관련되거나 부수적인 활동 이외의 활동을 수행할 수 없다. 그러나 프로젝트가 종료된 후에는 인도 준비은행(Reserve Bank of India, RBI)의 승인을 얻어 이익금을 해외로 송금할 수 있다.

(5) 설립 승인[41)]

지사, 연락사무소/대표사무소, 프로젝트 사무소의 설립 승인은 RBI가 담당하고 있다. 이들에 대한 설립 신청을 하기 위해서는 Form FNC 1을 작성하여 RBI에 제출하여야 한다. 필요한 구체적 서류와 절차에 대해서는 RBI 홈페이지(http://www.rbi.org.in)를 참조하기 바란다.

(6) 기업 등록[42)]

RBI로부터 지사, 연락사무소/대표사무소, 프로젝트 사무소의 설립 승인을 받은 후에는, 각 지역에 소재한 기업등록관청(ROC: Registrar Of Companies)에 기업 등록을 해야 한다. 이를 위해서는 Form 44를 작성해서 신청해야 한다.

제3절 인도의 조세제도

1. 조세 부과주체 및 종류[43)]

인도 내에서 세금부과 주체는 중앙 정부(central government)와 주 정부(state government)로 구분된다.

중앙 정부가 부과하는 세금에는 직접세와 간접세가 있다. 직접세는 다시 법인세와 개인 소득세로 구분된다. 간접세는 다시 관세, 소비세, 서비스세, 중앙 판매세로 나누어진다. 관세는 기본 관세와 부가 관세로 나누어진다.

지방정부가 부가하는 세금에는 등록세, 물품입시세(物品入市稅), 주(州) 판매세로 구분된다.

한편, 인도 정부는 기존의 복잡하고, 주별(州別)로 편차가 심한 판매세를 대체하기 위해 2005년 4월 1일부터 단일 부가가치세를 도입했으나, 5개 주 및 2개 연방직할지는 도입을 반대하고 있다. 이러한 세금 체계는 표 15-1에 제시되어 있다.

표 15-1 인도의 조세제도

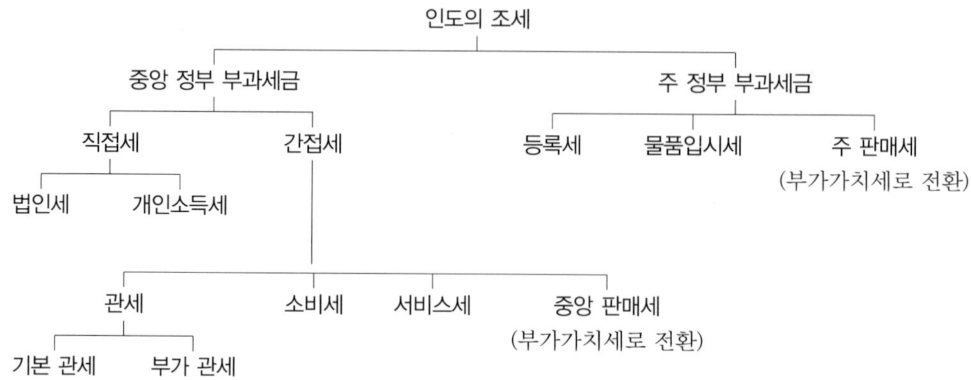

2. 법인세(Corporate Tax)[44)]

(1) 과세 대상소득

인도 회사 및 외국 회사의 과세 대상 소득은 다음과 같다.

① 인도 회사 : 인도 국내에서 벌어들인 이익 및 인도외 지역에서 벌어들인 이익

② 외국 회사 : 인도 국내에서 벌어들인 이익 및 인도 국내에서 발생한 것으로 간주되는 소득(예 : 로열티, 이자, 인도 국내 자산 매각 대금, 인도 회사로부터 받은 배당금 및 기술 서비스료)

이와 같은 인도 회사와 외국 회사를 구분할 때, 다음과 같은 점을 참고할 필요가 있다.

세법상 인도 회사, 즉 내국 기업(domestic company)이란 인도 기업(Indian company)이거나, 회사를 통제 또는 경영하는 기업이 인도에 있는 경우를 지칭하며, 기타 모든 기업은 외국 회사(foreign company)로 분류된다. 따라서 인도에 설립된 회사는, 비록 외국 회사의 100% 자회사라고 할지라도 인도 회사로 취급되며, 인도에서 영업중인 외국 회사의 지점이나 연락사무소는 외국 회사로 취급된다.

그러므로 한국 기업의 경우, 일단 투자 진출해 인도 현지에 등록을 하면, 일반 기업이든지 현지 법인이든지 불문하고 인도 회사로 인정되어 인도 기업과 동일하게 법인세율을 적용받게 된다. 즉, 최근에는 대표적인 인도 진출 한국기업들이 종래 인도 기업과의 합작투자 방식에서 100% 직접투자로 전환함에 따라 인도 회사로 인정되어 인도 기업과 동일한 세율을 적용받고 있다.

현대 자동차, 삼성전자, LG전자 등은 비공개(비상장) 인도회사에 해당된다.

만일 이들 회사들이 BSC(Bombay Stock Exchange)나 NSE(National Stock Exchange)에 상장할 때는 공개회사(상장회사)가 된다.

(2) 세율

인도 회사(domestic company)에 대한 세율은 33%이고, 외국회사(지사, 상사, 프로젝트 사무소 등)에 대한 세율은 41%이다.

(3) 법인세 특혜

다음에 해당되는 기업은 초기 10년간 법인세가 면제 혹은 감면된다.

① 수출기업, 낙후지역 입주기업, 전자 하드웨어 테크놀러지 파크(Eletronic Hardware Technology Parks, EHTP) 및 소프트웨어 테크놀러지 파크(Software Technology Parks, STP) 입주기업, 100% 수출기업 등

② 산업 기반시설(infrastructure)의 개발 · 보수 · 운영관련기업, 과학 및 산업관련 R&D기업, 통신회선 관련 기업 등

3. 개인소득세(Personal Income Tax)

(1) 일반원칙

개인소득세를 부과받게 되는 일반원칙은 표 15-2과 같다.

표 15-2 개인소득세 부과의 일반원칙[45)]

지 위		인도내 소득	외국에서 얻은 소득
거주자	일반 거주자	과세	과세
	비일반 거주자	과세	비과세
비거주자		과세	비과세

(2) 용어의 정의[46)]

① 거주자(居住者, Indian resident) : (i) 당해 회계년도 중 인도 국내에서 182일 이상 체류하는(머무는) 경우, 또는 (ii) 지난 4년간을 합쳐서 365일 이상을 인도 국내에 체류하였으며 당해 회계년도에 인도 국내에서 60일 이상 체류하는 경우는 거주자이다.

② 일반 거주자(non-ordinary resident in India) : 당해 회계년도를 기준으로 지난 10년 중 9년 이상 인도에 거주자로 등록되었으며, 부가하여 지난 7년 중

730일 이상 체류하는 경우는 일반거주자이다.

③ 비거주자(非居住者, non-resident) : 위의 거주자(일반 거주자, 비일반 거주자)가 아닌 경우는 비거주자이다.

(3) 개인의 과세대상 소득 및 세율[47)]

개인의 과세대상소득은 근로 소득, 부동산 소득, 영업 활동 또는 사업 소득, 자본 소득, 기타 소득 등이다. 연간 소득액이 100,000루피(약 23만 원, 1루피=약 23원)이하인 경우는 과세가 면제되고, 소득군(所得群)에 따라 표 15-3과 같이 누진세가 적용되며, 최고 소득세율은 30%이다.

표 15-3 개인소득세율[48)]

과표(년간 소득)	세율
0~100,000 루피 이하 (단, 여자 · 고령자는 125,000 루피)	0%
100,000~150,000 루피 이하	10%
150,000~250,000 루피 이하	20%
250,000 루피 초과	30%

4. 관세(Customs Duty)[49)]

관세는 중앙 정부가 부과하는 간접세이다. 관세는 기본 관세와 부가 관세로 구분되는데, 전체적 수입 관세율은 평균 35.16%이다.

(1) 기본 관세(Basic Duty)

WTO와의 약속을 이행하기 위해 인도 정부는 기본 관세율을 매년 인하하고 있다. 2006년 발표한 예산안에서는 기본 관세율을 기존 15%에서 12.5%로 인하하였다.

(2) 부가 관세(Additional Duty, 또는 Countervailing Duty)

부가관세는 국내 생산제품에 대한 소비세와 동일한 비율로 적용되며, 대부분의 품목에 대해서 16%의 부가 관세를 부과하고 있다.

5. 소비세(Excise Duty)[50)]

소비세는 중앙 정부가 부과하는 간접세이다. 제조품에 부과되는 소비세는 종전에는 8%, 16%, 24%로 3분화되어 있어서, 각 물품별로 상이한 세율을 적용받았으나, 2002년 예산안 발표시 대부분의 품목이 15%군(群)으로 이동했다. 2007년 예산안에서는 소형차와 청량음료의 소비세가 24%에서 18%로 인하되었고, 철강재는 16%인하되는 등 많은 품목의 소비세가 인하되었다.

6. 서비스세(Service Tax)[51]

서비스세는 중앙 정부가 부과하는 간접세이다. 서비스세가 부과되는 과세분야에는 주식브로커, 보험, 전화, 광고, 컨설팅 엔지니어, 여행사, 관리 컨설팅 등 61개 분야가 있는데, 이는 최근 몇 년 간 계속 확대되어 왔으며, 앞으로도 추가로 확대될 것으로 예상된다. 서비스 세율은 2007년 예산안에서 기존의 10%에서 12%로 2% 포인트 인상되었다. 인도정부는 제조품에 부과되는 소비세와 서비스에 부과되는 서비스를 2010년까지 통합할 계획을 세우고 있다.

7. 부가가치세(VAT)

(1) 서론[52]

인도정부는 조세제도의 투명화 · 단순화 · 효율화를 위해 종래의 주간(州間) 거래 등에 부과하는 판매세를 부가가치세(Value Added Tax, VAT)로 대체하는 노력을 계속해 왔으며, 2004년 6월 주정부들과 협의를 거쳐 2005년 4월 1일부터 부가가치세 제도를 시행하였다. 그러나 일부 주와 연방직할지는 세수감소를 우려하여 부가가치세 도입에 반대하고 있으며 이를 시행하지 않고 있다. 이들 반대 지역은 차티스가르 주, 자르칸드 주, 우타르 프라데 슈 주, 라자스탄 주, 타일 나두 주, 안다만 · 니코바르 제도, 락샤드위프 제도 등 7개 지역이다.

(2) 부가가치세 세율

부가가치세 세율은 표 15-4에 제시되어 있다.

표 15-4 부가가치세 세율[53]

세 율	대상품목
0%	농업용구, 도서, 정기간행물 등
4%	산업용 원재료, 포장재, 일부 필수 상품 등
12.5%	기타 상품
특별세율 적용	
• 1%	금, 은, 귀금속 등
• 20% 또는 그 이상	주류, 석유제품 등

8. 물품 입시세(物品入市說, Octroi)[54)]

물품 입시세는 주 정부에서 부과하는 세금으로서, 인도의 각 주별 물품 이동에 부과하는 통행세 성격으로, 각 주(州)는 물품이 반입되기 전에 대개 1% 미만의 물품입시세를 과세하고 있다.

9. 등록세(Entry Tax, 또는 Registration Tax)[55)]

등록세는 주 정부에서 부과하는 세금으로서, 토지 · 건물 등의 거래시 주정부가 해당 신고금액에 대해 8%를 과세한다.

제4절 인도 근로자 고용관련제도

여기에서는 인도 근로자의 고용과 관련된 제도로서 노동관계법, 노동조합, 임금 등에 대하여 살펴보기로 한다.

1. 노동관계법

인도 노동관계법을 제9장의 9-4에서 살펴본 바와 같이 다음과 같이 여러 분야에 분산되어 제정되어 있다.

① 산업 관계에 관한 법률(산업고용법, 노동조합법, 산업분쟁법 등)

② 임금에 관한 법률(임금지급법, 최저임금법, 상여금지급법 등)

③ 작업시간, 서비스와 고용의 조건에 관한 법률(공장법, 선박법, 자동차운수근로자법, 계약직근로자법, 판매촉진종업원법, 부두노동자법 등)

④ 여자의 평등과 권한에 관한 법률(임산부급부법, 평등임금법 등)

⑤ 사회 안전에 관한법률(근로자보상법, 연금(퇴직금)지급법 등)

⑥ 근로 복지에 관한 법률(운모광산노동복지기금법 등 9개 법률)

⑦ 고용과 훈련에 관한 법률(직업안정국법, 도제법 등)

⑧ 사회적 약자의 보호에 관한 법률(아동노동법 등)

⑨ 기타(치명적사고법, 신체상해법, 공공책임보험법, 주간(週間)휴일법, 국경일및축제일휴일법 등)

이들 중 가장 중요하다고 여겨지는 산업분쟁법, 노동조합법, 계약직근로자법, 최저임금법, 공장법 등에 대해서 제9장에서 다루지 않았던 사항을 중심으로 기본적인 내용을 정리해 보기로 하자.

(1) 산업분쟁법(Industrial Disputes Act, 1947)[56)]

1) 취지

산업분쟁법은 사용자측의 불공정한 해고로부터 근로자를 보호하기 위한 취지로 1947년 제정되었으며, 1976년 개정을 통해 100명 이상을 고용한 기업과 100명 미만을 고용한 기업을 구분하여 일시 해고, 감축, 폐업 등을 규제하고 있다.

2) 근로자를 100명이상 고용한 기업의 경우

산업분쟁법은 근로자를 100명 이상 고용한 기업이 근로자를 일시(一時) 해고하거나 감축하는 경우, 또 사업장을 폐쇄하는 경우에 대하여 다음과 같이 규정하고 있다.

① 근로자 일시 해고

회사는 전력부족, 자연재해, 화재 등을 제외하고는 정부의 허가 없이 근로자를 일시 해고할 수 없다.

② 근로자 감축

회사가 1년 이상 근무한 근로자를 감축할 때는 3개월 전에 근로자에게 서면통보를 하고 정부의 허가를 받아야 한다. 이 경우 사전 허가 신청을 접수한 날로부터 60일 이내에 정부측으로부터 허가여부 통보를 받지 못하였을 경우에는 허가가 나온 것으로 간주된다. 또 근로자를 감축할 때에는 보상금으로 매 1년 근무기간마다 15일분 평균임금을 지불해야 한다.

③ 사업장 폐쇄

회사가 사업장을 폐쇄하려할 때는 3개월 전에 정부허가를 받아야 하고, 근로자에게 사본을 통보해야 한다(단, 빌딩, 교량, 도로, 운하, 댐 등 건설 관련 업체에는 적용되지 않는다.). 이 경우, 사전허가 신청을 접수 한 날로부터 60일 이내에 정부측으로부터 허가여부 통보를 받지 못하였을 경우에는 허가가 나온 것으로 간주된다. 또 폐업시에는 근로자에게 보상금으로 매 1년 근무기간마다 15일분 평균임금을 지불해야 한다.

3) 근로자를 100명 미만 고용한 기업의 경우

산업분쟁법은 근로자를 100명 미만 고용한 기업이 근로자를 일시 해고 하거나 감축하는 경우, 또 사업장을 폐쇄하는 경우에 대하여 다음과 같이 규정하고 있다.

① 근로자 일시 해고

회사가 1년 이상 근무한 근로자를 일시 해고할 때는 해고기간 중에도 임금의 50%를 지불해야 한다. 단, 사용자와 근로자가 합의가 있을 경우에는, 1년 동안 45일 이상 일시해고할 때 45일분만 보상해 주면 된다.

② 근로자 감축

회사가 1년 이상 근무한 근로자를 감축할 때는 1개월 전에 근로자에게 서면 통보해야 하며, 또 보상금으로 매 1년 근무기간마다 15일분 평균임금을 지불해야 한다.

③ 사업장 폐쇄

회사가 사업장을 폐쇄하려고 할 때는 2개월 전에 근로자에게 서면 통보해야 하고, 또 매 1년 근무기간 마다 15일분 평균임금을 지불해야 한다.

4) 근로자들의 파업권과 파업금지 필수 서비스 업종

① 근로자들의 파업권 : 산업분쟁법은 근로자들에게 파업권을 인정하고 있다. 그러나 노동부는 근로자들이 파업통보를 해 오면 화해절차를 요청하고 있으며, 화해가 끝나기 전에 파업을 실시하면 불법파업이 되는 제약을 두고 있다. 일반적으로 근로자들은 파업통보를 15일 전에 하지만, 노동부는 근로자들이 파업통보를 해온 13일 후에 화해요청을 하며, 화해요청 10~12일 후에 화해일자가 결정되고 있다.

② 파업금지 필수 서비스 업종 : 산업 분쟁법에 따라 정부는 필수 서비스업종을 지정할 권한이 있는데, 이렇게 지정된 필수 서비스업종의 근로자 파업은 금지되고 있다. 예를 들면, 비하르 주는 인력거 운전원을, 케랄라 주는 사제를 필수 서비스업으로 지정한 바 있다.

현장 정보

■ 인도정부, 노동관계법 개정 고려[57)]

인도 경제지 이코노믹 타임즈는 "수출을 촉진하고 일자리를 창출하기 위해 인도정부가 노동관계법 개정을 고려하고 있다"고 2006년 2월 21일 전했다.

이 보도에 따르면, 인도 정부는 섬유산업 등과 같은 수출 중심 산업의 계절적 수요를 충족시키기 위해 「산업분쟁법 1947」을 개정해 임시직의 고용을 허용하는 것을 고려하고 있다.

또 정부는 현행 「공장법 1948」이 2시간을 초과하는 시간외 근무를 금지하고 있기 때문에 근로자가 희망하더라도 초과 근무를 할 수 없는 현실이 비합리적이라고 보고, 공장법 1948을 개정해 1일 근무시간을 9시간에서 12시간으로 늘리고 주당 근무시간을 48시간에서 60시간으로 늘리는 방안을 추진하고 있다. 즉, 근무시간을 늘리는 것은 시간외 근무 시간을 연장시키는 방안이라고 이 신문은 보도했다.

만모한 싱 총리는 2005년 12월에 개최된 인도 노동 커퍼런스에서 "유동적이고 투명한 노동법은 결국 일자리 증가로 이어지게 된다. 따라서 합리적인 노동법 개정은 노동계뿐만 아니라 국가 전체를 위한 것이다."라고 강조한 바 있다.

(2) 노동조합법(The Trade Union Act, 1926)

1) 노사관계 일반[58)]

인도의 노사관계는 집단적 협의를 통해 유지되는 경우가 많으며, 이 과정에서 노동조합이 중심적 역할을 수행하고 있다.

노동쟁의는 관공서 · 국영기업 · 은행 등에서 빈번한 반면, 외국계 기업에서는 별로 발생하지 않는 것으로 알려지고 있다. 또 외국계 기업은 노사분규가 발생했을 때 노동복지 담당관을 선정하여 중재자 역할을 하도록 하고 있다.

특히 최근에는 대부분의 근로자들이 직장을 잃을 것을 우려하여 파업참가를 기피하는 경향을 보이고 있으며, 파업 건수 및 파업 참가자 수자도 계속 줄어드는 한편, 무노동 · 무임금 원칙이 지켜지고 있는 상황이다. 인도의 노동쟁의 건수는 2001년 372건에서 2002년에는 181건으로 감소하였으며, 직장폐쇄도 302건에서 232건으로 감소하였다. 단체 교섭은 최근 몇 년 전부터 시행되었지만, 아직은 은행권에서만 시행되고 있다.

2) 노동조합법[59)]

노동조합법(Trade Union Act, 1926)은 근로자 7인 이상(2001년 개정법률에서는 100인 이상)의 노동조합은 정식등록을 신청할 수 있도록 규정하고 있다. 인도 전체 노동자의 약 8%가 노동조합에 가입해 있다.

등록된 노동조합이 아니라고 하더라도, 노동조합이 근로자를 대표하는 협상 대상임을 사용자가 인정하는 경우도 있기 때문에, 단일 기업 내에 복수 조합이 존재하는 상황도 발생할 수 있다.

노동조합법(2001년 개정)에 따르면, 노동조합에 대하여 다음과 같은 개혁안이 추가되었다.[60)]

① 노조 임원에 대한 외부인 참여를 전체 노조임원의 1/3 또는 최대 5명까지로 제한시켰다.

② 노조 설립요건을 기존의 7인 이상의 노조원 기준에서 100인 이상으로 설립요건을 강화하였다.

③ 노조 활동을 행함에 있어서 정기적 연례회의를 개최하도록 하였으며, 노조 운영에 대한 회계감사도 의무화하였다.

(3) 계약직근로자법(또는 계약노동법, The Contract Labour Act, 1970)[61)]

인도는 계약 노동이 원칙적으로 금지되어 있는 경직된 노동법 규정을 가지고 있다. 계약직 근로자법의 주요 내용은 다음과 같다.

1) 기본 원칙

계약직 근로자법은 근로자를 보호하기 위하여 기업측이 근로자를 정규직으로 직접 고용해야 하고, 계약노동은 노예노동과 유사하므로 원칙적으로 금지시켜야 하며, 필요시 최소한도로 허용해야 된다는 내용을 담고 있다. 즉 계약직근로자법은 기업이 근로자를 자유롭게 고용하고 해고하는 것을 제약하고 있다.

2) 계약 노동이 가능한 분야

계약노동이 가능한 비핵심 업종 분야는 ① 유지보수 ② 서비스 ③ 기계수리 ④ 건설 ⑤ 교량 · 도로 · 산업기반시설 보수 ⑥ 병원 ⑦ 교육기관 ⑧ 청소 ⑨ 쓰레기처리 ⑩ 정원관리 등이다.

3) 계약 노동 허가증

계약노동 허가증에는 사업자 성명 · 주소 · 최대 고용인원 · 사업 종류 등이 표시되어 있으며, 상기 사항이 변경되면 사업자는 30일 이내에 신고해야 한다.

4) 동일 노동의 경우

계약직 근로자가 상용(常用)근로자와 동일한 업무를 수행할 경우에는 계약직 근로자의 급여 수준, 휴일, 근무시간, 기타 근로여건 등은 상용근로자의 급여 수준, 휴일, 근무시간, 기타 근로여건과 동일해야 한다.

(4) 최저임금법(The Minimum Wages Act, 1948)[62)]

인도 중앙 정부는 2003. 9. 18 최저임금법에 의거하여, 2003년도 최저임금을 2002년 일당 50루피에서 일당 66루피(약 1.45달러)로 인상한다고 발표했다.

각 주는 중앙 정부가 발표한 최저임금 이상 수준에서 각 주의 상황에 맞는 최저임금을 책정할 수 있다.

(5) 공장법(The Factories Act, 1948)

공장법은 10명 이상의 근로자들이 일하고 있는 공장에 적용되며, 근로자의 건강 · 안전 · 복지 · 작업시간 · 유급 휴가 등에 관하여 규정하고 있다.

2. 고용 및 해고에 관한 시사점[63)]

(1) 고용 절차

위와 같은 노동법 규정을 고려하면, 중소기업의 경우에는 100명 미만의 근로자를 유지하는 것이 유리하다. 또 근로자 채용시에 근로자 수, 급여 수준 등을 상세히 검토할 필요가 있다. 근로자 급여 수준은 산업별 · 주(州)별 · 근로자의 경험과 기술 수준별로 차이가 심하다.

(2) 해고 절차

1) 일반적 해고의 경우

위의 산업분쟁법에서 살펴보았듯이, 100명 미만의 근로자를 고용한 기업의 경우와 100명 이상의 근로자를 고용한 기업의 경우에 해고절차와 조건이 다르며, 일반적으로 근로자를 해고하려할 때는 3개월 전에 근로자에게 서면통보를 해야 법적 분쟁을 방지할 수 있다.

2) 범죄 행위 · 계약 위반에 따른 해고의 경우

근로자가 범죄 행위 또는 계약위반을 하여 그를 해고하는 경우에도 다음 절차를 거쳐야 근로자를 해고할 수 있다.

① 해당자에게 서면으로 통보하고, 서면을 통한 해명기회를 제공해야 한다.

② 사용자와 근로자 사이에 이견(異見)이 있을 때는, 회사 내의 사용자측과 노조측 대표로 구성되는 '불만해결위원회' 에 회부하겠다는 통보를 해야 한다.

③ 회사 내의 '불만해결위원회' 에서 해고 사유가 인정되면, 근로자를 해고할 수 있다.

④ 해고를 당한 근로자는 불만이 있을 경우에는 노동법원에 제소할 수 있다.

⑤ 노동법원에서 해고당한 근로자 측에게 유리한 판결을 내린 경우에는 그 근로자는 재고용되며, 회사는 그 근로자가 해고된 기간중의 금전 · 승진 등 모든 면에서의 불이익을 보상해야 한다.

3) 일반적 실무

일반적으로 사용자가 근로자를 해고할 때는, 근로자가 문제를 일으키지 않도록 하기 위하여 근로자에게 3개월간 자택에서 쉬도록 유도하고 3개월 분의 임금을 지불하고 있다.

3. 임 금

(1) 임금의 구성[64)]

인도의 임금은 기본급과 부가급으로 구성되어 있다. 부가급(fringe benefit)은 일반적으로 기본급의 40~50% 수준이며, 여기에는 생계비 상승 보조 추가금(Dearness Allowance, DA)과 의무적인 부가급이 포함되어 있다.

1) 생계비 상승 보조 추가금(DA)

DA는 소비자 물가지수에 따라 또는 급여 수준에 따라, 생계비 상승분의 전부 또는 일부를 보전하여 주는 추가금으로서, 1년에 2회(1월과 7월)에 걸쳐 조정된다.

2) 의무적인 부가급

의무적인 부가급에는 다음과 같은 것이 있다.

① 연봉의 최저 8.33%, 최고 20%에 상당하는 연간 상여금 지급

② 24일 이상 근무한 근로자에 대해서 근무일수 매 20일당 1일의 유급(full pay) 휴가 제공

③ 계속해서 1년간씩 근무할 때마다 15일 간의 평균 급여에 해당하는 퇴직수당(severance pay) 지급

④ 연간 7일의 유급 질병 휴가가 허용되며, 근로자가 주 고용인 보험법(州雇傭人保險法, Employees State Insurance Act)의 적용을 받는 경우에는 급여의 1/2만 지급

⑤ 연간 법정 공휴일은 14일이다.

⑥ 예상하지 못한 사유가 발생했을 때 7~10일의 임시 휴가(casual leave)를 허락하며, 12주의 유급 출산휴가를 제공

⑦ 고용주가 4.75%를 부담하는 건강보험을 월 6,500루피 이하의 노동자들에게 제공

(2) 스톡 옵션(Stock option)[65]

최근 인도에서는 IT부문을 중심으로 종업원에 스톡 옵션을 제공하는 경우도 늘고 있는데, 2003년 6월의 관련 가이드라인에 따르면, 스톡 옵션 가격은 자유롭게 결정할 수 있으나, 재무제표에 기재되어야 하며, 주식 취득 후 1년 간은 거래가 금지된다.

(3) 초과근무 수당[66]

주간 근로시간은 공장법에 의해 48시간이지만, 실제 근무시간은 사무직 근무자의 경우는 주 5일 근무에 37~38시간, 공장 근로자의 경우는 주 6일 근무에 43~48시간 수준이다. 또한, 1일 근무시간이 9시간(휴식시간 포함시 10시간)을

초과할 경우에는 초과근무로 인정되어 정상 급여의 2배에 해당하는 급여를 지급해야 한다.

(4) 임금 수준[67)]

인도의 평균임금이나 최저임금 등은 주요 도시별 · 주별 · 산업별로 차이가 있으나, 일반적으로 월 평균임금 수준은 아래와 같다.

- 미숙련노동자 : US $ 35~50
- 숙련노동자 : US $ 50~75
- 일반 사무직 근로자 : US $ 60~100
- 준전문직 : US $ 80~150
- 과장대우 : US $ 125~300
- 과장급 : US $ 250~450
- 상위 관리직 : US $ 500~750

수도인 뉴데리의 경우 위의 기준보다 1.5배정도 임금수준이 높다.

또한, 미국, 유럽 등 외국 IT업체의 진출영향으로, IT기업은 다른 업종에 비해 월등히 높은 임금을 지급하고 있으며, 경영대학원 출신 근로자의 임금 역시 매우 높다.

제5절 주(州)별 투자환경

1. 중앙 정부와 주 정부의 기능과 역할[68)]

인도에는 과거에는 중앙 정부의 계획과 통제하에서 각 주에 대해 경제개발정책을 수립하였다. 그러나 1991년 경제 개방화 · 개혁화 조치를 취하였고, 이에 따라 각 주에 대해 광범위한 경제 자율권을 부여하면서, 이제 각 주는 독자적으로 경제개발 및 산업화 정책을 추진해 오고 있다.

이러한 자율권을 부여 받은 주 정부들은 외국 자본 및 민간 자본을 적극적으로 유치하기 위해 경제 특구 혹은 수출 가공 구역 등을 설치하여 각종 세제혜택을 부여하고 있으며, 2001년부터는 농산물 수출 및 농촌 소득을 향상시키기 위해 19개 주 48개 지역에 농산물 수출지역(Agricultural Export Zones)을 설치 · 운영하고 있다.

| 현장 정보

■ 인도의 외국인 직접투자 환경-AT 커니, WEF, UNCTAD, 미국 상무부의 분석[69)]

세계적인 컨설팅 회사인 AT 커니는 2003년 9월 전세계 주요기업의 최고 경영자(CEO)들을 대상으로 외국인 직접투자 환경에 대한 설문조사를 한 결과인 '외국인 직접투자(FDI) 신뢰지수'를 발표했다.

이 조사 결과에 따르면, 인도의 외국인 직접투자 신뢰지수가 2002년에는 15위였지만, 2003년에만 3점 만점에 1.04점을 받아 6위를 기록함으로써, 1년 만에 무려 9계단이 뛰어올랐다.

1위는 중국이 차지했으며, 한국은 18위를 기록했다.

AT커니 외에도, 세계 경제 포럼(WEF)은 매년 발간하는 글로벌 경쟁력 보고서에서 인도를 '최고의 기술보호 체제를 갖춘 국가'로 평가했다.

또 유엔 무역 개발회의(UNCTAD)는 인도를 '투자 최적지 중의 하나'로 평가했고, 미국 상무부는 '투자수익 회수가 쉬운 나라'로 평가했다.

투자 환경에 대한 각 기관 및 국가의 평가가 호의적으로 발표되자, 인도 정부관리들은 "드디어 인도가 IT와 콜센터 등의 업무지원(BPO) 산업은 물론 제조업에서도 외국인 투자자들의 관심을 본격적으로 받고 있다는 확실한 증거를 갖게 되었다."며 환호했다.

2. 각 주의 산업개발 현황[70)]

각 주들은 과거에는 전통적으로 이미 형성되어 있는 주요 도시를 중심으로 산업개발을 수행해 왔지만, 최근에는 인도 중앙 정부가 각 주의 주요 거점 도시들을 연결하는 국가 고속도로 및 항만 · 공항 건설 사업 등을 적극적으로 추진하면서, 산업개발 지역이 주요 도시 주변 지역으로 확산되는 추세를 보이고 있다.

인도 여론조사기관인 BT-Gallup이 2003년에 실시한 여론조사에 의하면, 경제개방조치 이후 각 주들이 채택한 투자정책과 산업기반시설 등과 같은 여건에 따라 각 주들의 경제발전 수준과 투자 환경 수준도 큰 격차를 보이고 있다.

BT-Gallup은 조사 대상이 된 인도 31개 주 및 연방직할지들 중에서 투자환경이 제일 좋은 5대 주로서 마하라 슈트라 주, 안드라 프라데슈 주, 카르나타카 주, 구자라트 주, 타밀 나두 주를 선정했다. 그리고, 장래 발전 가능성이 높은 주로는 웨스트 벵골 주, 우타르 프라데슈 주, 및 하리야나 주가 될 곳으로 예상하였다. BT-Gallup이 조사한 주별 투자환경 순위는 표 15-5에 제시되어 있다.

표 15-5 주별 투자 환경(사업환경) 순위[71)]

순위	주 명	순위	주 명	순위	주 명
1	마하라 슈트라	11	웨스트 벵골	23	마니푸르
2	안드라 프라데슈	12	고아	24-25	차티스가르
3	카르나타카	13	케랄라		트리푸라
4	구자라트	14	델리	26	아루나찰 프라데슈
5	타밀 나두	15	우타르 프라데슈	27	미조람
6	펀자브	16	오리사	28	자르칸드
7	하리야나	17	메갈라야	29	나갈란드
8	마디야 프라데슈	18	우타란찰	30	잠무 · 카슈미르
9	라자스탄	19	찬디가르	31	비하르
10	히마찰 프라데슈	20-22	식킴, 아삼, 퐁디세리		

3. 투자 장애요인[72)]

앞에서 설명한 바와 같이, 각 주정부는 외국 자본 및 민간 투자를 유치하기 위해 각종 규제를 줄이고 투자자 편의를 도모하는 제도를 마련하며 산업 개발을 적극 추진하고 있으나, 공무원들의 부패 · 형식주의 · 허가주의 · 산업기반 시설(infra-structure)미비 · 까다로운 노동법(엄격한 근로자 해고 요건) 등이 투자

표 15-6 주별 특화산업 현황[73)]

주 명	도시명	주요산업
마하라 슈트라	뭄바이	금융, 증권, 의약품, 자동차 산업
타밀 나두	첸나이	자동차, ITES, 석유화학 산업
카르나타카	방갈로르	IT, 우주항공 산업
안드라 프라데슈	하이데라바드	IT 및 BT, 보석 산업
구자라트	아마다바드	의약품, 제조업, 석유화학 산업
웨스트 벵골	콜카타	IT, 피혁, 섬유, 전기 · 전자 산업
펀자브	루디아나	섬유, ITES, 기계공구 산업
하리야나	구르가온	자동차, 오토바이, 전기 · 전자, IT 산업
우타르 프라데슈	노이다	전기 · 전자, 자동차, IT 산업
자르칸드	보카로	철강, 광산업
델리	뉴델리	중소 제조 및 교역
차티스가르	라이프르	다이아몬드, 알미늄, 철강, 시멘트
아삼	구와하트	합판, 석유화학, 섬유, 비료, 시멘트, 트리프라, 천연가스, 고무, 차(茶)
마니푸르	임팔	직물, 수공예 산업
미조람	아이자울	직물, 수공예 산업

- IT : Information Technology (정보기술 산업)
- ITES : IT-enabled service (IT응용서비스 산업)
- BT : Biotechnology (생명공학 산업)

유치의 큰 장애요인으로 작용하고 있어 큰 성과를 거두지 못하고 있다.

BT-Gallup이 2003년 외국투자기업 사장(CEO)들을 대상으로 대(對)인도 투자 장애요인을 조사한 바에 따르면, 다음과 같은 사항들이 지적되었다.

① 전력부족 및 값비싼 전력요금
② 주정부의 세제 혜택 및 보조금 등 지원 부족
③ 주 정부 공무원의 수준, 정책 융통성 및 이행 부족
④ 원자재, 숙련노동력 및 시장접근 편의성 부족

4. 주별 특화 산업

각 주는 자기 주(州)의 자연적 · 지리적 · 인구적 특성에 적합한 산업을 개발 · 육성하여 오고 있는데, 각 주와 그 주의 주요 도시를 중심으로 발달하고 있는 특화 산업 현황은 표 15-6에 제시되어 있다.

제4부 결 론

제16장
인도 투자시 유의사항 및 성공전략

이 장에서는 지금까지 살펴본 인도의 각종 투자 환경을 고려하면서, 한국 기업의 인도 투자 현황, 투자자가 인도에 투자할 때 주의해야 할 여러 가지 사항 및 성공전략들을 주 인도 한국 대사관이 제시한 인도 투자시 고려해야 할 10개 항목, KOTRA에서 제시한 인도 투자 진출 10계명, 현대 경제 연구원이 제시한 인도시장 공략 3가지 전략, 인도 진출 기업가들이 제시한 인도 진출시 유의해야 할 6가지 함정 및 기타 주요 요소 등을 중심으로 고찰하기로 한다.

제1절 서 론

전술한 바와 같이 인도는 최근 연간 8~10% 이상의 고도성장을 달성하고 있고, 중산층이 꾸준히 증가하면서 소비시장이 크게 확대되고 있으며, 영어와 수학 · 과학 지식을 갖춘 우수한 인재가 풍부하고, 민주적 정치 체제 등을 갖추고 있다는 등의 요소로 인해 투자 적격지로서 부상하고 있다. 그러나 인도는 아직도 우리에게 낯선 요소가 너무 많고 제약 요인이 많은 시장이므로, 투자자는 인도에 진출하기 전에 희망분야에 대한 충분하고 주도 면밀한 조사 및 준비와 아울러 투자시 기본적으로 염두에 두어야 할 요소들을 살펴볼 필요가 있다.

먼저 한국 기업의 인도 투자 현황을 살펴본 후, 각종 연구기관의 보고서, 전문가의 의견, 인도 현지 근무자의 경험 등을 종합하여 여러 가지 측면에서 인도 투자시 유의 사항을 정리해 보기로 하자.

제2절 한국 기업의 인도 투자 현황

한국 수출입은행이 분석한 한국 기업들의 인도 투자 현황을 제시하면 다음과 같다.

1. 투자 규모[1)]

한국 기업들의 인도 투자 규모는 2003년 이전에는 매년 10건 내외에 그쳤으나, 2004년 27건, 2005년 33건으로 증가하는 등 계속적으로 늘어나고 있다. 2005년말 현재 한국기업들의 인도 투자 규모는 모두 176건이며, 투자 금액은 총 8억 6300만 달러이다. 투자 금액은 2004년에는 4100만 달러였으나 2005년에는 9100만 달러로 2배 이상 증가하였다.

2. 투자 분야[2)]

2005년 말 기준으로 한국 기업의 인도 투자를 분야별로 보면, 제조업에는 132건 7억 3000만 달러가 투자되었고, 서비스업에는 19건 2400만 달러가 투자되었다. 또 도소매업에는 9건 투자되었지만 투자 금액으로는 1억 700만 달러로 상대적으로 많았다. 부동산업에는 1건 93만 달러가 투자되었다.

3. 투자 지분[3)]

위와 같은 투자를 투자 지분별로 부면, 172개 업체 중 48.3%인 83개 업체가 100% 지분을 가지고 있는 단독 투자였고, 나머지 51.7%인 89개 업체는 합작 투자 및 기타 형태였다.

한국산업연구원의 주동주 연구위원은 "한국기업의 인도 투자는 아직 초기 단계로 대기업 중심으로 협력업체들에 집중되어 있다. 단독 투자가 많은 것은 경영권 확보에 큰 의미를 두는 우리 업체의 정서를 반영한 것이다."라고 설명했다.

제3절 주(駐) 인도 한국대사관이 제시한 인도 투자시 고려사항 10개 항목

주 인도한국 대사관은 〈인도 통상 · 투자 진출 안내서〉에서 한국 기업이 인도에 투자하려 할 때 고려해야 할 10가지 항목을 발표했다. 이들 내용을 요약하고 보충하여 제시하면 다음과 같다.

1. 투자 진출 산업의 제한[4)]

인도는 1991년 시장을 개방한 이후 점차적으로 대부분의 산업을 외국인 투자자에게 개방하였으나, 2005년 말 기준으로 아직도 소매업, 부동산업, 농업, 원자력 산업, 복권·도박산업에 대해서는 전면적인 외국인 투자가 금지되어 있다. 아울러 산업정책상 업종별로 많은 제한이 있으며, 일반 제조업 외에는 외국인 투자지분 제한 등의 조건을 충족시켜야 한다.

| 현장 정보

■ 소매시장 개방 – 배경[5)]

만모한 싱 인도 총리는 2005년 5월 31일 "소매업 부문에 대한 외국인 직접투자(FDI)를 조만간 허용하겠다. 소규모 상인들 사이에서는 소매업 개방에 대한 우려가 크지만 조만간 이를 추진할 수 있을 것으로 믿는다."고 말했다. 이에 따라 "월마트의 오랜 소망이었던 인도 시장 진출에 가속도가 붙게 됐다."고 파이낸셜 타임즈(FT)가 보도했다. 인도가 소매시장을 개방할 경우, 뉴델리 지역을 비롯한 도시에서 외국 소매업체에 대한 문화 충격이 상당할 것이라고 FT는 지적했다.

뉴델리의 인구는 1400만~1500만 명 정도인데, 중산층이 빠르게 늘고 있지만, 아직 대형 독점 수퍼마켓 체인은 등장하지 않고 있다. 인도 소매시장은 소규모 상인이 97~98%를 차지하고 있으며, 대형 소매상의 시장점유율은 2~3%에 불과하다. 대부분의 음식료품들은 작은 상점이나 자전거를 타고 집집마다 방문하는 상인에 의해 판매되고 있다.

카말 나트 통상 산업부 장관은 "토종 소매점들이 문을 닫아야 하는 불상사가 발생하지 않는 범위 내에서 소매시장에 FDI를 받아들일 것이다. 다만 외국인 투자를 받아 들인다 하더라도 기존 소매업체가 위험하거나 대체되지 않는 모델을 찾고 있다."고 밝혔다.[6)]

■ 소매시장 개방 – 해외 직접 투자 허용[7)]

2006년 1월 24일, 카말 나트 인도 통상 산업부 장관은 스위스 다보스에서 열린 세계 경제 포럼(WEF) 전야 행사에서 가진 파이낸셜 타임즈(FT)와의 회견에서 "인도는 소매업에 대한 외국인 투자 규제를 완화하기로 했다. 단 해외 단일 브랜드 소매업체만 해당된다."고 말했다. 또 그는 "세계시장에서 단일 브랜드로 판매되는 기업 제품은 인도 시장에서 판매할 수 있지만, 동일한 회사에서 만들어진 상품이라 하더라도 복합 브랜드를 파는 소매업체에서는 판매가 허용되지 않을 것이다."라고 말했다.

지금까지, 글로벌 유통업체(소매업체)들은 현지 인도 기업들과 제휴, 프랜차이즈 방식을 통해서만 인도에 진출할 수 있었다. 이는 소매시장의 97%를 점유하고 있는 약 900만 개에 달하는 영세 소매업체들을 보호하기 위해서였다.

이번 소매시장 개방 조치로 외국계 단일 브랜드들은 인도 소매 직영 매장 지분 중 51%까지 투자할 수 있게 되었다. 이는 당초 많은 외국계 투자자들이 요구했던 전면 개방에는 미치지 못하지만 인도의 소매시장 개방에 획기적 조치로 평가되고 있다.

이에 따라, 파이낸셜 타임즈는 "리복, 노키아, 루이비통과 같은 글로벌 '단일' 브랜드 회사들이 인도에서 처음으로 직영 매장을 운영할 수 있도록 허용되었다. 그러나 월마트, 까르푸 등 다양한 상품을 파는 '복합' 브랜드 소매체인들은 여전히 인도시장 진입이 금지된다."고 보도했다.

인도 컨설팅업체인 테크노팍에 따르면, 2005년 인도의 소매업 매출은 2580억 달러에 달했고, 앞으로 5년 내에 4110억 달러 규모로 성장할 것으로 예상되었다. 인도 최대 재벌 그룹인 릴라이언스 인더스트리(Reliance Industry)는 2006년 1월, 50억 달러를 투자해 수퍼마켓 체인을 설립하겠다고 선언한 것은 인도 거대 기업들도 성장 잠재력이 높은 대형 소매시장에 관심을 가졌다는 것으로 볼 수 있다.

■ 부동산 투자시장 개방[8)]

인도 정부가 해외 자본에 부동산 시장을 개방한 것은 2004년 4월 인도 증권 거래위원회가 해외 벤처 자금의 부동산 투자를 허용하면서부터이다.

그 후 2005년 2월, 인도 정부는 건설 경기 활성화와 일자리 창출을 위해 부동산 개발에 대한 외국인 직접 투자 규정을 대폭 완화하기로 했다고 아시안 월스트리트 저널(AWJ)이 보도했다.

카말 나트 인도 통상산업부 장관은 "정부 승인 없이도 외국인이 100% 직접 부동산 개발에 나설 수 있다."고 말했다. 이에 따라 앞으로 인도에서 외국인이 100% 투자하는 부동산 개발 사업을 벌일 경우, 인도 정부의 승인을 받을 필요가 없어졌다. 지금까지는 외국 기업들이 인도의 건설 프로젝트에 참여하려면, 인도 정부산하 외국인 투자 촉진 위원회의 승인을 받아야 했다.

인도 정부는 또 현재 최소 100에이커(12만 2400여 평)나 2000가구 이상의 개발사업에만 외국인 투자를 허용해 오던 기존의 기준을 완화해서, 상업적 개발에도 참여할 수 있도록 허용했다. 그러나 이러한 조치로 인한 외국인의 부동산 투기를 방지하기 위해 외국인들이 3년 이내에 부동산 투자 수익을 해외로 반출하지 못하도록 했다. 그리고 외국인들이 인도 내에서의 사업을 중단할 경우에는, 투자촉진위원회의 승인을 받도록 했다. 또 인도 정부는 외국인이 미개발지를 사고 파는 행위도 금지시켰다.

이와 같은 건설분야에 대한 외국인의 100% 투자가 허용됨에 따라, 인도에 세계의 부동산 자금이 흘러들어가고 있다고 월스트리트 저널(WJ)이 2006년 2월 8일 보도했다. 그 이유로는 인도의 빠른 경제 성장으로 인하여 상업용 및 주거용 공간에 대한 수요가 급증하면서, — 수익률이 3~4%에 불과한 미국이나 서유럽의 부동산 투자와는 달리 — 인도에서의 부동산 투자의 수익률은 12~15%에 달할 것으로 추정되기 때문이다.

2007년까지 제10차 경제 개발 계획을 추진하고 있는 인도의 주택 예상 수요는 총 4500만 가구로서, 현재 약 2240만 가구가 부족한 것으로 추정되고 있다고 월스트리트 저널은 덧붙였다.

2. 행정 절차에 장기간 소요 및 부정부패[9)]

인도는 '허가 왕국(Licence Raj)'이라는 별명을 얻을 정도로 관공서의 간섭이 심하며, 또 각종 인·허가 취득 및 각종 절차에 장기간이 소요되어 통관과 생산 및 영업 활동을 원활하게 수행하기가 어려운 사례가 빈번하다. 이러한 원인은 대부분 민원 업무 처리 절차와 처리 기간 등에 대한 명확한 행정관리 규정이 갖추어져 있지 않은데서 비롯되며, 이는 처리 담당 공무원의 부정부패를 초래하는 경우가 많다.

현장 정보

■ 인도의 관료주의[10)]

인도에의 투자를 결정하기 전에 먼저 인도의 지나친 관료주의(red tapism)를 이해하지 않으면 안 된다. 1991년 인도가 개방경제를 선언한 이후 중앙정부 차원에서는 관료주의 병폐를 상당 수준 개혁해 가고 있지만, 지방 정부에서는 아직도 과거의 행태가 많이 남아 있다.

이들은 때로는 '급행료' 등의 명목으로 부당한 요구를 하기도 하므로, 기업가 입장에서는 난처한 입장에 당면하는 경우가 있다. 특히, 관세청의 업무는 복잡하고 까다로워 외국 기업들이 곤란을 겪는 경우가 많다.

■ 인도·중국·한국의 기업환경평가[11)]

세계 은행이 발표한 〈2005년 세계 발전 지수〉를 살펴보면, 인도에서의 사업에 필요한 기간이 중국이나 한국보다 훨씬 장기간임을 알 수 있다.

표 16-1 인도·중국·한국의 기업환경 평가

	인도	중국	한국
사업 착수 소요 일수	89일	41일	22일
부동산 등기 소요 일수	67일	32일	11일
계약이행 소요 일수	425일	241일	75일
사업 청산에 필요한 햇수	10년	2.4년	1.5년
부패의 심각성	29.4%	17.5%	–

3. 엄격한 노동조합 보호장치 및 근로자 해고의 어려움[12)]

인도에 진출한 외국기업은 산업분쟁법 및 노동조합법 등과 같은 근로자와 노동조합에 대한 엄격한 보호 규정으로 인하여 근로자 고용문제에 심각한 장애를 겪고 있다. 예를 들면, 근로자를 100명 이상 고용하고 있는 외국인 기업이 근로자를 일시 해고 또는 감축하거나 사업장을 폐쇄하고자 할 때는 중앙 정부 혹은 주 정부의 허가를 받아야 함은 물론이고, 노동조합과 사전 협의를 거쳐야 한다. 또 1년 이상 근무한 근로자를 감축하려 할 때에는 3개월 전에 근로자에게 서면 통보를 하고 정부의 허가를 받아야 한다.

현장 정보

■ 대백 신소재(주) – 노동조합 문제[13)]

브라운관 연마제(유리 표면을 매끄럽게 닦아 주는 사포와 같은 재료) 제조업체인 대백 신소재(주)는 인도 현지 공장 설립이후 시장 점유율을 10% 가까이 끌어올려 인도 투자에 성공했다는 평가를 받고 있는 회사이다.

이 회사의 김형득 인도 지사장은 "인도는 결코 만만한 나라가 아니다. 특히 사회주의적 색채가 강한 노조는 현명하게 넘어야 할 산(山)이다. 인도의 노동조합은 영국 지배 하에서 동인도 주식회사를 상대로 독립운동을 겸한 노조활동을 한 전통이 있기 때문에, 외국기업에 대한 반감이 아직도 남아 있다. 지금은 덜하지만 인도에 처음 진출했을 당시만해도 노사분규가 심해 힘들었다."고 설명했다.

---

4. 부동산 취득의 제한[14)]

1990년대 중반에 개정된 외환관리법상 외국인과 외국기업은 모두 부동산을 매입할 수 있게 되었다. 그러나 인도 정부가 그동안 취해 온 사회주의 정책의 영향으로 인해, 산업이 발달한 공단 지역이나 대도시의 대부분 지역은 인도 정부의 소유로 되어 있다. 따라서 인도 내국인의 경우도 토지를 99년 임차(賃借)하는 방식이 일반적이며, 토지를 매입할 수 있는 지역은 산업기반시설이 거의 갖추어져 있지 않은 벽지가 대부분이다. 더구나 부족한 산업기반시설 구축 비용도 개별 기업 부담으로 되어 있어서 원가 상승 요인으로 작용하고 있다.

5. 현지 부품 사용 및 수출 의무 비율[15)]

과거에는 자동차 산업 분야 등에 있어서는 투자 후 일정기간 이내에 국산화 달성 의무를 부과하였으나, 현재는 특별한 현지 부품 구입의무는 법령상 없다. 다만, 경제 특구(Special Economic Zone, SEZ) 입주 기업이나 수출 주도형 기업(Export Oriented Units, EOU)이 내수 판매를 할 수 있는 특혜를 얻기 위해서는 일

정부분 부가가치 창출 기준을 충족시켜야 한다.

그러나 이러한 법령 상의 규정과는 달리, 인도에 대규모로 투자 진출하려는 기업의 경우에는, 진출시 해당 기업과 인도 정부 간에 체결하는 양해각서(MOU)를 통해 현지 부품 사용 비율, 수출 의무 비율 등에 대해 규제를 하고 있는 것이 사실상 관행으로 되어 있다.

6. 과실 송금 및 외화 차입[16)]

과거에 외환 위기를 경험한 인도 정부는 전통적으로 달러의 해외 유출에 대한 통제가 심하였으나, 최근에는 외환 보유고가 지속적으로 증대함에 따라 외환 통제가 약간 완화되고 있다. 그러나, 2005년 말 기준으로 볼 때, 아직도 과실 송금 및 자금 차입을 하려면 인도 준비은행(RBI, 인도 중앙은행)의 사전 승인을 얻어야 하며, 또 승인 조건도 까다로워 많은 시일이 소요되는 실정이다.

특히, 외화 차입 규모가 5~100만 달러일 때는 인도 준비은행의 허가를 얻어야 하고, 1억 달러 이상 규모일 때는 인도 재무부의 허가를 얻어야 하는데, 이러한 경우에 이들 절차를 거치는 데 최소한 2개월 이상 소요되어 사업 기회를 상실할 우려가 있다.

7. 복잡하고 차별적인 세제(稅制) 및 빈번한 세무조사[17)]

인도는 1991년 경제개방조치를 한 이후 법인세율을 하향 조정해 왔으며, 2005년 3월부터는 인도 회사에 대해서는 33%의 법인세율이 적용되는 데 비해, 외국 회사에 대해서는 41%의 법인세율이 적용되고 있다.

또 법인세 원천 징수율(Tax Deduction at Source)이 인도 회사에 대해서는 2%라고 규정되어 있으나, 외국 회사에 대해서는 법령상 명확하게 규정되어 있지 않고 매년 새로이 적용받고 있으며, 경우에 따라서는 10% 또는 20%의 높은 세율을 적용받는 사례도 있다. 이에 따라 매년 원천 징수 세율을 조정하기 위해 상당한 인력과 시간을 소비해야 한다. 나아가서 과다하게 원천 징수된 법인세는 추후 정산하여 환급받을 수는 있지만, 정산(精算)까지 통상적으로 3년 이상이 소요되어 현금 흐름과 수익에 지장을 초래하고 있다.

또한 인도 정부는 만성적 재정 적자를 타개하는 방책의 하나로 부정기적(不定期的)으로 대대적인 세무조사를 실시하고 있다. 예를 들면, 인도에 주재하고 있는 외국회사 사무소 직원들의 개인 소득세 분야와 복리 후생 분야에서 현지에 주재하고 있는 파견 직원에 대한 실질 지원 금액과 신고 금액 간의 차액에 대하여 실사를 하고, 과징금을 부과하고 있으며, 과거 수년분에 대해서 소급 적용을 하는 경우도 있다. 외국 회사에 대한 이러한 부정기적이고 빈번한 세무조사는 세무 공무원의 부정부패와 연결되어 있으며, 영업 활동을 위축시키는 요인으로 작용하고 있다.

현장 정보

■ 인도 공무원들의 부정부패와 세무조사[18)]

아디티야 무케르지 네루대 교수는 "개혁개발에 대한 관료들의 저항이 심하다. 특히 지방 세무관리들은 자신들의 권한과 이익을 지키기 위해 발버둥치고 있다. 인도 공무원들의 부패는 열악한 인프라, 힌두교·이슬람교 종교 갈등 등과 함께 외국인 직접투자(FDI)를 통한 인도 경제 발전을 가로막는 걸림돌이다."라고 지적했다.

그는 "부정부패와 관련하여, 인도에는 '바크시시'라는 말이 있다. 닫힌 문을 열어주고 잃어버린 편지를 찾아주는 등 작은 기적을 만든다는 의미의 바크시시는 공무원의 부정부패를 가리키는 은어로 통용되고 있다."고 말했다.

바크시시의 몇 가지 사례를 들어보면 다음과 같다.

- "세무조사를 1년에 네 차례나 받고 있다. 한 번 세무조사를 나오면 20명 정도가 공장에 와서 버틴다. 한 마디로 기업하기 힘든 나라라는 생각이 들 때가 많다."(제조업체 A사 관계자).
- "인도 정부로부터 공사대금을 받을 게 있어서 담당 공무원을 만나러 갔다. 그는 원래는 6개월 내에만 주면 되는 돈이지만 당장 줄 수도 있다며, 빨리 줄테니 이 돈의 이자 소득의 일부를 자신에게 달라고 공개적으로 요구했다."(건설업체 B사 관계자).
- "한 세무공무원이 건네준 명함에는 자기의 이름과 집 전화만 기재되어 있었다. 집으로 돈을 갖다 달라는 의미였다."(무역업체 C사 관계자).

8. 재판절차의 장기간 소요[19)]

인도는 판사의 부족 등으로 재판 절차가 장기간 소요되고 있어, 투자 회사가 사업에서 발생한 각종 문제와 분쟁을 법원의 판결을 통해서 해결하려 할 경우에는 통상적으로 5~10년 이상의 기간이 소요된다. 이러한 현실은 외국인 투자기업의 분쟁해결에 대한 의욕과 협상력을 크게 약화시키고 있으며, 영업활동을 적극적으로 수행하는 데 큰 제약 요소가 되고 있다.

현장 정보

■ D건설－입찰보증금 돌려 받는 데 수년 소요[20)]

D건설회사는 인도의 마디아 프라데슈 주(州) 정부가 발주한 발전소 건설 공사에 참여하기 위해 현지법인을 설립한 후 입찰에 참여했다가 실패했는데, 예치한 입찰

보증금 2600만 달러(약 250억 원) 중 100만 달러밖에 돌려받지 못했다. A사는 나머지 입찰 보증금 2500만 달러를 반환받기 위해 소송을 제기했으나, 인도 법원의 더딘 재판진행으로 현재 대법원에 계류 중에 있다.

---

9. 주 정부의 정책 고려[21)]

인도는 연방제를 실시하고 있는 국가이므로 주 정부 및 연방 직할지의 권한이 매우 크다. 따라서 외국 투자자는 진출하려는 지역을 관할하는 주 정부 및 연방직할지 정부의 재정 건전 정도, 외국인 투자자에 대한 호의적 정책의 존재 여부 등을 사전에 충분히 고려할 필요가 있다.

이러한 점을 고려하여 투자 지역을 결정하였다면, 관할 주 정부 및 연방 직할지 정부와 투자 및 영업에 관련된 제반 사항에 대해서 사전에 충분히 협의하여 추후 문제가 발생하지 않도록 해야 한다.

현장 정보

■ 라보 뱅크 인도 지점장의 조언[22)]

자산 보유 기준으로 세계 15위 규모인 네델란드계 은행 라보 뱅크의 산지브 바신 인도 지사장은 "인도는 자치주, 자치 도시, 연방 정부에 따라 각종 제도가 다르게 운영되는 경우가 많으므로, 외국인 투자자가 인도 시장에 접근하려면 사전에 인도 각각의 주, 도시, 연방정부에 대한 충분한 지식과 이해를 갖추는 것이 필수적이다. 또 인도 사회는 이들 각각의 주(州)별 · 도시별 및 연방수준별로 사회적 · 경제적 계층이 분명하게 갈라져 있고 선호하는 바가 다르기 때문에 외국인 투자가 입장에서는 유연성이 중요하다."고 강조했다.

---

10. 합작투자보다도 단독투자 고려[23)]

외국인이 인도에 투자하려 할 때는 가능하면 합작투자보다는 단독투자를 하는 것이 바람직하다. 합작투자를 했을 경우에는, 향후 사업 여건이 변화하여 단독투자로 전환하려 할 때 인도측 파트너 회사로부터 "이의(異意)가 없다"는 동의서를 얻어야 하는데, 이러한 동의서를 획득하는 데 어려움이 따르고 비용이 소요되고 있다.

부득이 합작투자를 할 때의 주의사항은 다음과 같다.

첫째, 인도측 파트너 회사의 최근 1년간 은행잔고 증명서를 요청하여 확인하는 등 재무구조를 철저히 점검하여야 한다.

둘째, 합작 투자를 할 경우에는 의사결정이 지연되고 분쟁이 발생하는 등 합작에서 오는 여러 가지 문제가 발생할 수 있기 때문에, 경영 및 영업 활동 과정에서 상호 불신을 해소할 수 있는 제도를 마련하고, 합작 투자의 종결 과정을 문서화 하는 등 후일 분쟁이 발생하지 않도록 또는 후일 분쟁이 발생하더라도 이에 대응할 수 있도록 철저히 대비해 놓아야 한다.

셋째, 인도측 파트너 회사들은 외국 회사와 합작할 때 51 : 49의 지분 비율을 선호하고 있으며, 경영과 판매는 인도측 파트너가 담당하고 생산은 외국인이 담당하도록 한 후 증자의 필요성이 있는 경우에는 외국인의 책임 하에 하도록 허용하지만, 지분 비율의 변경에 따라 회사 경영을 변동시킬 필요성이 있음에도 불구하고, 경영은 인도측 파트너가 하도록 규정되어 있는 문서를 주장하는 경우가 많은데, 이러한 주장에 대한 대비책을 마련해 두어야 한다.

현장 정보

■ LG전자 – 합작투자의 어려움[24)]

현재는 인도에서 큰 성공을 이룩하고 있는 LG전자가 초기에는 합작 사업을 펼치다가 큰 시련을 경험했다.

LG전자는 1992년 금성사(Gold Star) 브랜드로 인도 기업과 합작 사업을 시작했으나, 의사결정 · 투자 방식 · 불확실한 정보 등 수많은 사안(事案)을 둘러싸고 인도측 합작 파트너와 마찰이 끊임없이 발생했다. 결국 LG전자는 'Gold Star' 라는 상표마저 빼앗기고 한국으로 철수했다.

합작투자에 따른 이런 쓰라린 경험을 바탕으로, LG전자는 1997년 인도에 다시 진출할 때는 100% 투자하여 현지 법인을 설립했다.

■ 포스코의 인도 프로젝트 – 합작투자의 어려움[25)]

2005년 6월 인도 동부 오리사 주에 120억 달러를 투자하기로 결정한 포스코의 인도 프로젝트는 인도 제철기업에 농락당한 사례로 기록되었다. 2년전 인도 T제철의 제의를 받고 제철소 합작 투자에 합의하고 이태구 포스코 회장이 양해각서를 체결하기 위해 인도에 갔으나, 상대측이 마지막 순간 계약 조건 변경을 주장하였기 때문에, 당시 이 프로젝트는 무산되었다.

■ 삼성전자 – 합작투자 후 결별의 어려움[26)]

삼성전자는 최초에 인도측 파트너와 합작으로 인도에 진출했다가 나중에 합작으로 야기된 경영상의 많은 애로사항을 견딜 수 없어 합작투자를 해소하려 하였다. 삼성전자는 당초 투자금의 4배인 '이혼 비용(합작 해소 비용)' 을 치른 후에야 비로소 합자회사를 떨어낸 뒤에 경영이 정상궤도로 올라설 수 있었다.

제4절 KOTRA에서 제시한 인도투자 진출 10계명

KOTRA는 2005년 말 기준으로 인도에 진출한 한국기업 82개사와 140여 건의 투자를 분석한 후, 이들 기업이 인도에 진출해서 당면할 수 있는 애로 사항을 모아 정리한 보고서 〈인도투자 진출 10계명〉을 발표하였다. 이들 내용을 요약하고 보충하여 제시하면 다음과 같다.

1. 인도는 제2의 중국이 아니므로, 중국과 차별화해야 한다.[27]

인도는 넓은 영토, 11억 명이 넘는 인구, 연간 8~10%에 이르는 높은 경제성장율 등 여러 가지 면에서 중국과 비슷한 점이 많지만, 인도는 공산당 영향이 강력한 중국과는 달리, 정치적으로 다원화되어 있고 서구식 합리주의적 사고방식이 지배하는 등 정치 · 문화 · 사고방식 등 다방면에서 중국과 차이가 많다는 점을 인식하고, 중국과 차별화할 필요가 있다.

KOTRA 해외 조사팀 이해인 씨는 "인도인들은 토착기업에 대한 애착이 강하고 품질보다 가격에 민감한 점 등을 고려해 (중국과는) 색다른 시장 공략이 필요하다."고 강조했다.[28]

2. 시장 규모를 과대 평가하지 말고 구매력을 따져야 한다.[29]

시장 규모를 지나치게 낙관적으로 전망해서는 안 된다. 인도국가경제연구소(NCAFR)는 인도에는 약 3억 명의 중산층이 있다고 발표했으나, 이 수치는 연간 소득 US$4545(약 450만 원)에서 US$23,000(약 2200만 원) 수준을 중산층으로 분류한 데 근거를 두고 있는 것이다.

한국 기준으로 볼 때의 중산층은 약 5000만 명 정도로 봐야 하며, 또 이러한 중산층이 남한의 약 30배나 되는 지역에 분산되어 있다는 측면을 고려해야 한다. 즉, 수치상으로는 중산층이 3억 명이라고 하지만, 아직 고급 상품을 제대로 소비할 만한 중산층은 5000만 명에 불과하다.[30] 다시 말하면, 인도 정부의 통계를 단순히 믿고 사업 계획을 수립해서는 안 된다는 뜻이다.[31]

3. 열악한 인프라 환경을 숙지해야 한다.[32]

인도 투자에의 타당성을 검토하는 단계에서는 부족한 전력상황, 취약한 도로 · 철도 · 공항 · 항만시설, 용수(用水)부족 등과 같은 열악한 산업기반시설(infra-structure) 여건을 반드시 충분히 숙지해야 한다.

특히 전력은 하루 중에도 적어도 2~3시간, 많게는 7~8시간 단전이 통상적이기 때문에 자체 발전을 해야 하는 경우도 많고, 또 불규칙한 전압으로 인해 자체적인 조정을 해야 하는 등 예상치 않은 비용이 추가로 발생할 가능성이 많다. 따라서 대규모의 생산시설을 운영하려면 반드시 자체 발전소를 세워야 한다. 즉, 전력난은 물론이고 전력의 질(質)도 좋지 않기 때문에 정교한 제품을 생산하기 위해서는 독자적인 발전시설이 있어야 한다.[33]

또한 도로 · 철도 · 항만의 미비는 원료 수입 및 제품 운반 · 수출과 광활한 전국토를 포괄하는 판매물류 비용을 증대시키고 있다. 인도의 도로 사정은 열악해 뉴델리, 뭄바이, 콜카타, 첸나이 등 주요 도시간 물류비용이 상식을 넘어선다는 것이 현지 진출 기업들의 고충이다.

현재 인도는 '수퍼 하이웨이' 프로젝트를 수립하여 국가 기간도로망을 건설하고 있지만, 아직 완성되지는 않은 단계에 있다.[34]

현장 정보

■ 막대한 물류비용과 취약한 산업기반시설[35]

K 가전업체는 도로는 척박하고 땅은 너무나 넓은 현실에서, 거점 판매가 어려워 마케팅 비용 및 물류비용이 감당하지 못할 정도로 늘어났기 때문에 최근에 사업을 철수했다. 또 인도의 많은 지역은 하루에도 수십 번씩 정전이 되기 때문에, 한국에서처럼 안정적으로 공장을 가동할 수 있다고 예상해서는 안 된다.

한편, 삼성전자는 이러한 열악한 전력 사정을 고려한 현지 적응형 세탁기를 개발했는데, 이것은 정전으로 전원이 꺼졌다가 다시 들어왔을 때 작동이 멈춘 이후의 과정을 계속하는 기능을 달아 놓은 것이었다. 이러한 제품은 현지에서 판매가 급증하여 히트 상품이 되었다.

■ 인도의 전력 사정[36]

인도에서는 하루에도 여러 차례 단전되는 등 전력 사정이 아주 안 좋다. 그러다 보니 뉴델리나 뭄바이에 있는 유명 백화점에서도 정전이 되어 엘리베이터 안에 갇히는 경우도 잦다.

인도의 전압은 220V로 한국과 같지만, 전기 공급이 불규칙적이어서 170~340V까지 바뀐다. 이로 인해 전자 제품이 자주 고장 나고, 공장의 기계도 자주 멈춰서고 고장이 나는 경우가 많다.

따라서 정교한 제품을 생산하는 공장에서는 독자적인 발전 시설을 보유하고 있다. 예컨대, 인도에 진출한 한국의 LG전자, 삼성전자, 현대자동차 공장 등에는 모두 자체 발전시설을 갖추고 있다. 그러나 중소기업들이 이러한 자체 발전소를 세우려면 그 비용을 감당하기 어려울 것이다.

4. 합작투자보다는 단독투자가 유리하다.[37]

가능하면 합작투자보다는 단독투자를 하는 것이 유리하다. 합작투자를 했을 때는 합작투자 후 신축성 있는 기업경영, 이익의 배당과 과실의 송금 등 의사결정 과정 전반에 걸쳐 인도측 파트너 회사와의 갈등이 야기되기 쉬우며, 이것은 현지 진출 외국기업에게는 주요 애로사항이 되고 있다.

또 합작투자에서 51% 이상의 지분을 확보한 경우에도, 실제 경영 의사결정에 있어서는 인도측 파트너와의 갈등으로 결정이 지연되거나 무산되는 경우가 허다하고, 특히 신속한 의사결정을 필요로 하는 사안(事案)의 경우에도 의사결정이 지연되는 경우가 많다.

따라서 불가피하게 합작 법인의 형태로 인도에 투자 진출해야만 하는 경우라면, 한국측 기업에서 가능하면 많은 이사(理事)를 선임하도록 하여 경영의사결정시 영향력을 확보해 두는 것이 바람직하다.

현장 정보

■ 자동차 부품업체 D사－합작투자의 어려움[38]

자동차 부품업체인 D사는 1996년 현대자동차가 인도에 진출하는 데 발맞춰 인도 남부 타밀 나두 주에 있는 첸나이에 인도 기업과 지분율 51 대 49 합작으로 사업을 개시하였다. 그러나 초기에는 사업이 계획대로 되지 않아 큰 고통을 받았다. 인도측 파트너가 49% 자본금을 한 푼도 납입하지 않고 2년 동안 버티고 있다가 현대차 Santro가 성공하는 것을 보고 나서야 돈을 내놓았기 때문이다. 만일 완성차 업체인 현대자동차가 순조롭게 성공하지 않으면 합작에서 발을 빼려는 의도가 있었을 것이라고 분석된다.

■ Ford 자동차－합작투자의 어려움[39]

미국의 포드 자동차는 인도 기업과의 합작 법인으로 인도에 진출했다. 합작조건에 규정된 대로 2억 달러 증자를 결정하고 나서 미국 포드는 1억 달러를 납입했으나, 인도측 파트너는 약속된 나머지 1억 달러 납입을 차일피일 미루는 바람에 고통을 겪었다. 결국 포드 자동차는 인도 파트너와 결별하고 단독 법인을 설립했다.

5. 유능한 현지인을 활용하여 규제와 사람(人)의 장벽을 넘어야 한다.[40]

지방 자치 단체의 공무원에서부터 관련 정부 부처에 이르기까지 걸쳐 있는 수많은 절차적인 장벽을 극복하기 위해서는 현지 지역 사정에 정통하고, 지역사회에 명성과 신용이 높은 현지의 변호사, 회계사, 컨설턴트 등의 대리인을 활용할 필요가 있다.

특히, 인도에 진출한 기업의 영업에 가장 많은 지장을 초래하는 빈번한 세무 조사와 이에 수반하는 일시적이고 임의적인 조세 부담을 경감하기 위해서는 회계사를 대리인으로 활용하는 것이 필수적이다.

또 현지에서 마케팅, 노동자 고용과 관리 및 해고, 대(對) 관공서 업무를 원활하게 수행하기 위해서는 현지 직원을 채용하고, 이들을 최고 의사결정에는 참여 시키지 않더라도 과감하게 권한을 위양한 후, 철저한 원칙과 절차에 입각하여 관리하고 감독하는 것이 바람직하다.

6. 협상은 성급하게 하지 말고, 차분하고 끈기있게 해야 한다.[41]

인도 사람들은 처음부터 모든 가능한 요구를 상대방에게 제시하고, 대화와 협상 자체를 즐기는 경향이 있기 때문에, 최종 의사결정이 이루어질 때까지는 협상의 여지를 남겨놓는 유연성이 필요하다.[42]

즉, 인도 기업의 협상 담당자는 협상의 끊임없는 지연, 출장시 성대한 접대, 협상 체결 단계에서 재협상의 시작, 허점을 파고드는 교묘한 전술 등과 같은 자세를 취하므로 협상에는 큰 어려움이 따른다. 따라서 협상 시에는 상당한 차분함과 인내가 필요하다.

또 이러한 협상 전략은 기업들 간의 협상뿐만 아니라 인도 정부와의 절차 진행에서도 반복되는 것이므로, 최종 의사결정에 이르기까지 협상의 여지를 남겨 놓으면서 인내하며 차분하게 대처해야 한다.

7. 협의는 최고책임자와 해야 하고, 협의된 사항은 반드시 문서화해야 한다.[43]

기업 경영에 관한 모든 의사결정은 반드시 상대방 기업의 최고 책임자와 협의해야 한다. 최고 책임자와 협의하지 않은 사항과 관련하여 후일 문제가 발생하는 경우에는 책임을 회피하는 사례가 많기 때문에, 계약서에 서명할 사람이 정관 등 문서 상의 책임자와 동일한지 여부를 확인해야만 나중에 분쟁 가능성을 줄일 수 있다.

이렇게 하여 합의된 사항은 문서로 작성해 놓아야 한다. 또 문서화를 할 때는, 종업원 문제에서부터 거래처 문제에 이르기까지 분쟁 소지가 있는 것은 아무리 사소한 사항이라도 철저히 확인하여 문서화해야 한다. 즉, 계약은 구두(口頭)로 해서는 안 되고 반드시 문서로 작성해야 한다. 나중에 분쟁이 생겼을 때 소송에서 이기려면 반드시 필요한 절차이기 때문이다.[44]

또 인도 사람들이 흔히 남발하는 "노 프로블럼(No problem)"은 당신의 말을 알아들었다, 이해했다는 정도로 가볍게 받아들이는 것이 바람직하다. 인도 사람이 말하는 이러한 확신에 가득찬 말을 완전히 합의된 사항으로 받아들인 후, 그 의미를 다시 확인해서 문서화해 놓지 않았다가 나중에 낭패를 본 한국 기업들이 많았다.

현장 정보

■ No problem!(문제 없다!)[45]

한국의 의류업체 A 사장은 최근 인도 업체와 거래하며 크게 당황했다. 한국에서 인도로 의류를 보냈는데, 인도 기업 측에서 "필요도 없는 물건을 왜 보냈느냐"며 대금지급을 거절했기 때문이다.

그 상황은 다음과 같다. A 사장은 자신이 제시한 의류 수출품 견적서에 대해 인도 기업측의 구매 담당자가 "노 프러블럼"이라고 대답하자 당연히 거래가 성사된 것으로 믿고 의류를 선적해 보냈다. 그러나 인도 사람들이 일상적으로 말하는 "No problem"은 당신이 한 말을 알아들었다는 뜻에 불과했다. 똑같은 말을 놓고서 한국의 A 사장과 인도 기업측 담당자가 전혀 다른 해석을 한 셈이다. A 사장 입장에서는 인도의 언어 관행을 제대로 알지 못해 피해를 입고 만 것이다.

8. 법 · 제도 변화를 주시해야 한다.[46]

지속적인 경제개혁 조치, 최근의 정권 교체, 공산당 좌파의 영향력, 노동조합의 압력 등으로 매년 기업 경영에 직접적인 영향을 미치는 중요한 사안(事案)들이 수시로 변화하고, 또 투자정책 · 금융정책 및 담당기구도 끊임없이 변하고 있다. 특히 인도 정부는 개방 정책과 함께 자국의 중소기업 보호정책을 강력하게 펼치고 있어서, 이미 관련된 정책과 법규도 빈번하게 변하고 있다.[47]

이처럼 인도와 같은 개발도상국가에서는 정책 위험(policy risks) 및 법률 변경 위험(legal change risks)이 높으며, 이러한 추세는 상당기간 지속될 것으로 보인다. 따라서 외국인 투자 관련 정책 및 법규 그리고 동향을 지속적이고 철저하게 파악하여 그릇된 의사결정을 하지 않도록 최대한 노력해야 할 필요가 있다.

9. 지역별 · 거점별로 공격해야 한다.[48]

인도의 광활한 국토, 높은 부동산 가격, 운송 기반시설 미비 및 현지 시장 친숙성 부족 등을 감안하면 단번에 전국적 유통망을 갖추는 것은 불가능하므로, 대리인(agent)을 적절히 활용할 필요가 있다.

이 때 뉴델리, 뭄바이, 콜카타, 첸나이 등 4대 도시를 중심으로 형성된 4대 상권(商圈)별로 각각의 지배적 상인조직과 시장 특성이 구분되므로, 진출 초기 단계에는 진출 회사의 특성에 따라 특정 지역이나 상권에 집중하고, 경험이 축적되고 성과가 달성되어 감에 따라 대리인의 범위를 확대시켜 나가는 것이 바람직하다.

대리인은 해당 지역에서의 평판과 입지, 신용도, 마케팅 능력, 해당 업종에서의 전문성과 경험 등을 종합적으로 고려해서 선정해야 한다.

만일 대리인이 독점적인 에이전트(agent) 계약을 요구할 경우에는, 일정지역을 대상으로 먼저 계약을 맺고, 성과에 따라 범위를 넓혀가는 것이 바람직하다.[49]

현장 정보

■ LG전자-지역별 · 거점별 3대 성장 전략[50]

LG전자 인도 법인은 인도 시장 공략을 위해 '3대 성장전략'을 수립했다. 이 전략은

① 기존 인도 북부 노이다 시(市)의 제1공장에 이어 인도 제2의 도시인 뭄바이 인근의 푸네 제2공장을 통해 인도 남서부 시장을 공략하고,

② 1년 후에는 푸네 제2공장 내에 유럽형 이동통신(GSM) 단말기 생산라인을 건설하며,

③ 현재 750명 규모의 인도 연구 · 개발(R&D) 인력을 2007년까지 1500명 규모로 확대함으로써 프리미엄 제품 개발에 주력하여, 2008년에는 인도에서 생산되는 제품의 70%는 인도의 다른 시장을 공략하고, 나머지 30%는 아시아와 중동 및 아프리카에 수출하겠다는 것이다.

10. 거래선 · 파트너의 신용조사를 철저히 해야 한다.[51]

인도에 있는 대(大) 그룹 계열회사라고 하여 신용도가 높으리라고 단순히 단정해서는 안 되며, 인도 소재 신용조사기관이나 국제 신용조사기관에 의뢰하여 거래선(去來先)이나 잠재적 파트너의 신용조사를 철저히 파악해야만 한다. 인도 기업들은 필요할 때는 대 그룹의 계열회사라고 했다가도 불리한 경우에는 어느 때라도 그룹과는 무관한 회사라고 하며 책임을 회피하는 경우가 많다.

현장 정보

■ 대기업 계열사라고 신용조사를 안한 경우[52]

제조업을 경영하는 B 사장은 인도의 대기업 계열사라고 알려진 C 회사에 제품을 수출했다. 잘 알지 못하는 인도 기업이라는 점이 마음에 걸렸지만, 모(母)회사가 대기업이란 점을 믿고 계약을 체결했다. 그러나 물품을 송부하고 몇 달이 지난 후에도 대금 결제가 이루어지지 않았다. B 사장은 인도까지 직접 방문해서 대금 결제 문제를

따졌지만 결국 아무런 성과없이 한국으로 돌아와야 했다. 자신이 제품을 수출한 C 기업은 "자금이 없다"며 대금지불이 불가능한 상태였고, 여기에 더하여 계약 전에는 문제가 생기면 모든 책임을 지겠다던 모회사(母會社, 대기업)에서는 "C 회사는 우리와는 상관없는 회사이다"라며 결제할 수 없다고 말을 바꾸었기 때문이다. 이것은 인도 업체와의 거래에서 회사 자체의 신용도를 철저히 조사하지 않았기 때문에 피해를 당한 사례이다.

제5절 현대경제연구원이 제시한 인도 시장 공략 3가지 전략

현대경제연구원은 한국 기업들이 인도 시장에 진출하는 데 필요한 중요한 3가지 전략을 발표했다. 이들 내용을 요약하고 보충하여 제시하면 다음과 같다.

1. 선(先) 수출 · 후(後) 투자[53)]

인도에 진출하는 데 안전한 방법 중의 하나는 먼저 높은 품질의 제품을 수출하는 것으로부터 출발하는 것이다. 즉, 수출을 통하여 인도 현지에서 브랜드 인지도를 높인 후 직접 투자에 나서는 것이 바람직하다.

현장 정보

■ 삼성전자 · 콜게이트 치약

인도가 경제 개방을 한 직후, 「삼성전자」는 델리 시내 전지역을 '삼성 광고판'으로 덮어 버렸다고 해도 과언이 아닐 정도로 브랜드를 알리고 브랜드 인지도를 높이는 데 주력했다.[54)]

또, 「콜게이트 치약」은 세계적 브랜드 이미지를 배경으로 인도에서도 브랜드 인지도를 높이기 위한 적극적인 광고를 실시하여 — 2004년 The Economic Times 조사결과 — 소비자 신뢰도에서 1위를 얻었다. 이러한 노력 후 콜게이트는 인도 시장에 직접 투자하여 2005년에는 그 시장점유율이 48%에 달했다.[55)]

---

2. 산업기반시설 건설시장 공략[56)]

전술한 바와 같이, 인도 경제와 사회 발전을 막는 가장 큰 장애요소 중의 하나는 전력, 도로, 철도, 항만, 공항 등 산업기반시설(infra-structure)이 열악하다는 점이다. 그러나 인도 정부는 재정 적자가 GDP 대비 4%대로 산업기반시설에 투자할 자금이 절대적으로 부족하며, 따라서 이 분야에 대한 해외 민간자본이 절실히 필요한 상황이다. 그러므로 한국 기업이 이들 분야에 진출하게 되면, 인도 정부의 환영을 받을 수 있을 것이며 그만큼 성공 확률이 높다고 할 수 있다.

컨설팅 회사인 Price Waterhouse Coopers에서 20여 년 간 사회기반시설을 담당해온 암리트 판두랑 상무는 인도의 사회기반시설의 필요 분야에 대해서 다음과 같이 말했다.

"인도의 사회기반시설이 필요한 분야는 공항, 철도, 고속도로와 교육, 건강, 농업 생산력 향상 등이다. 이들 분야가 개선되어야만 산업 병목 현상을 막을 수 있다. 특히 공항은 매우 중요하다. 현재 델리와 뭄바이 등 대규모 공항을 갖고 있으나, 인도는 콜카타나 첸나이 등에 더 큰 공항을 지어야 한다. 또 중간 규모의 공항, 연간 100만 명 이용 규모의 공항도 필요하다.

그리고 우리가 이들 분야에서 절실히 필요로 하는 것은 단순히 돈이 아니라 더 나은 디자인, 계획, 경영 관리 등에서 많은 외국의 전문기술이다. 그런 분야에서 외국 자본이 들어와야 하며 이를 인도는 환영한다.

현재 외국인들은 100만 달러, 500만 달러, 수십억 달러 등 투자 규모가 큰 분야에 관심을 갖고 있다. 가장 어려운 산업기반시설 분야는 공항 관리이다. 복잡한 터널, 복잡한 도로, 교량, 대규모의 발전 시설 등에서 외국인이 들어와 주어야 한다. 100km 이상의 아주 복잡한 고속도로 건설 등에서 인도는 외국자본을 필요로 한다."[57]

현장 정보

■ 인도의 산업기반시설을 수주(受注)한 한국 기업들[58]

GS건설, 대우건설, 삼성물산, 대림산업, 울트라건설, 쌍용건설 등 한국의 건설회사들이 지난 2001년부터 정부 발주(發注)공사에 적극적으로 참여하고 있다.

예를 들면, 대우건설은 뉴델리에서 동북쪽으로 680km 떨어진 지점에 있는 다울리 강가 댐 공사를 맡아 축조하고 있다.[59]

또 최근에는 쌍용건설이 마디야 프라데슈 주에 위치한 남북도로 7개 프로젝트 가운데 5개에 입찰, 이들 중 4개를 수주하는 데 성공했다. 한 날 한 시에 입찰한 프로젝트에 한 업체가 이처럼 무더기 수주를 한 것은 현지에서도 이례적인 일로 평가받고 있다.

한편, 플랜트 공사 부문에서도 대림산업, 두산중공업, 삼성엔지니어링, 현대중공업, 한전기공 등 한국의 건설업체들이 정유 · 석유화학공장 · 발전소에 대한 수주 활동이 활발하다.

예를 들면, 대림산업은 뉴델리에서 남쪽으로 150km 떨어진 마투라에서 인도 최대 국영정유회사인 IOCL(Indian Oil Corporation Limited)에서 발주한 DHDT(디젤에서 유황 성분을 제거하는 시설)을 완공하여 시운전을 마쳤다. 마투라 공장은 IOCL이 보유한 전국 7개 공장 가운데 3번째로 큰 것인데, 이곳은 뉴델리에 디젤을 공급하는 주요공장이다.

한국전력공사의 자회사인 한전기공은 발전소 건설과 발전설비 운전 및 정비를 책임지고 있는 회사인데, 1998년 첸나이 GMR 발전소를 수주한 것을 시작으로 세계적인 기술력이 바탕이 된 고품질 전기 생산 능력을 인정받아 그후에도 찬드리아 화력 발전소, 베마기리 복합 화력 발전소의 운전 및 유지 보수(O&M)를 책임지고 있다.[60]

또 두산중공업은 2004년 4월 15일 인도석탄화력공사(NTPC)가 발주한 3억 7000만 달러 규모의 시파트 석탄 화력 발전소의 낙찰자로 선정되었다. 시파트 화력 발전소는 뉴델리에서 남동쪽 방향으로 1500km 떨어진 차티스가르 주 시파트 지역에 소재하고 있는데, 이 공사 입찰을 놓고 두산중공업은 알스톰 USA, 일본 미쓰비시중공업(MHI), 이즈가와지마 중공업(IHI), 히다치 중공업(BHK) 등 세계 시장을 장악하고 있는 선두 주자들과 경쟁을 벌인 끝에 이들 세계적인 기업들을 제압한 것이다.

시파트에 건설되는 화력 발전소는 660MW급 3기(基)로 총 1980MW 규모이다. 1호기는 2008년 2월, 2호기는 2008년 8월, 3호기는 2009년 2월에 마무리된다. 현재 이 곳에는 엔지니어 150여 명, 작업자 2500여 명이 투입되어 작업하고 있다.[61]

---

3. 철저한 현지화[62]

인도에 성공적으로 진출하기 위해서는 '철저한 현지화(localization)'를 통해 인도 국민에게 친근히 다가가야 한다. 연구원은 "인도는 오랫동안 지속된 식민지 경험과 독립 후 40여 년 동안 지속된 자급자족적 경제 체제 때문에 외국 자본에 대한 보수적 성향이 짙다. 따라서 외국 기업에 대한 보수적 정서를 완화시키는 것은 인도 투자에서 꼭 필요한 분야이다."라고 강조했다.

현장 정보

■ 현지화 사례 – 포스코[63]

인도 오리사 주에 1200만 톤 규모의 일관 제철소 건설을 추진하고 있는 포스코 인도 법인(法人)인 포스코 인디아 직원들은 적극적인 인도 현지화 경영을 펴고 있다. 이구택 포스코 회장은 "포스코 인디아가 그 지속성을 보장받기 위해서는 한국 기업이 아니라 인도인에 의해 운영되는 인도 기업, 인도 제철소가 되어야 한다."고 강조했다.

포스코 인디아는 현지 책임자인 정태현 이사보를 포함, 27명의 본사 직원과 마리아 줄리 노로나를 비롯한 30명의 인도 사람을 채용하여 프로젝트를 추진하고 있다. 1단계 사업이 완료되는 2010년에는 전체 7000명의 직원 중 90% 이상을 인도 현지인으로 채용할 예정이다. 그 밖에 교육이나 사회봉사활동에 대한 적극적인 지원도 계획하고 있다.

■ 현지화 사례 – 현대자동차[64)]

현대자동차는 1996년 100% 단독 투자하여 인도 남부 첸나이에 자동차 생산공장을 설립하며 진출했는데, 진출 2년 만에 인도 소형차 시장에서 점유율 1위를 차지하면서 인도 시장에서 확고한 기반을 구축한 것을 평가되고 있다. 특히 산트로(Santro)는 한국의 현대자동차의 경차인 아토스(ATOZ) 모델을 인도 현지 상황에 맞게 도입한 것으로, 소형차 시장이 중심인 인도에서 선풍적인 인기를 모으고 있다. 이러한 성공의 주요 요인으로는 다음과 같은 현지화 경영을 들 수 있다.

첫째, 현대자동차는 인도 진출에 앞서 인도 환경에 대하여 철저히 분석하고, 이를 고려한 모델을 개발했다. 예를 들면, 인도의 소비자들은 낮은 가격을 선호하고, 도로 여건이 잘 갖추어져 있지 않으며, 기온이 높다는 점 등을 파악한 후, 한국에서의 ATOZ 모델을 인도 상황과 규격에 맞게 변형한 Santro를 개발하였다.

Santro는 예컨대, 뒤의 라운딩(rounding)을 강조하고, 부품을 단순화하고, 인도의 도로 안전턱이 높은 데 맞추어 차체를 높인 것 등이 특징이다. 또 나쁜 도로 사정을 감안해 스프링도 강화하고, 곧잘 물이 차오르는 도로 사정을 고려해 문을 닫으면 차가 배처럼 뜰 수 있을 정도로 방수에 정성을 들였다.[65)]

둘째, 원가 절감을 위해 부품의 현지 조달 비율을 90%까지 확대했다.

셋째, 한국내 부품업체를 현지 투자 진출하게 함으로써, 고품질의 안정적 부품공급을 확보했다.

■ 현지화 사례 – LG전자

1997년 제품의 30%를 재수출한다는 조건으로 현지 법인을 설립하면서 인도에 진출한 LG전자는 매출이 연평균 35~40%씩 늘어나 현재는 인도 전체 가전 분야를 석권할 수 있게 된 것도 철저한 현지화 전략에 기인한 바가 크다.[66)]

LG전자는 지난해 텔레비전(시장 점유율 23%), 에어컨(31%), 세탁기(29%), 전자레인지(33%) 등 주요 가전 분야에서 시장 점유율 1위를 모두 차지했다.[67)]

LG전자의 이러한 성공의 주요 요인으로 LG전자 인도 법인장 김광로 사장은 "철두철미하게 현지인 중심 경영을 하였다. 인도 전역에 걸쳐 있는 49개의 지점과 72개의 영업소 책임자를 전원 현지 인도사람의 책임하에 운영하고 있다. 돈을 주고 기술과 사람을 살 수 있지만 문화는 살 수 없다. 믿고 맡기니 생산성이 오르는 것이다. 실적에 따른 보너스 지급도 성공 요인의 하나라고 생각한다."고 말하며, "철저한 현지화가 성공 열쇠"라고 강조했다.[68)]

그 밖에도 LG전자는 냉동고 크기를 줄인 냉장고 등 인도에 특화된 디자인으로 제품을 개발해 시장에 내놓은 것도 성공에 크게 공헌했다.[69)]

제6절 인도 진출 기업가들이 제시한 인도 진출시 유의해야 할 6가지 함정

많은 한국 기업들이 인도 진출을 시도했지만, 현지에서 자리잡고 성공한 기업은 그리 많지 않다. 1990년대 초반 인도에 진출했던 기업들의 상당 수가 실패했던 가장 큰 이유는 인도사람들을 호락호락하게 봤다는 점이었다.[70] 여기에서는 그 동안 인도에 진출한 한국 기업가들과 대기업 임직원들이 말하는 인도 진출시 주의사항 6가지를 정리해 보자.

1. 문서의 각주(footnote)를 꼼꼼하게 살펴야 한다.[71]

인도 사람들과 작성한 계약서를 제대로 살피지 않으면 나중 분쟁이 생겼을 때 큰 손해를 보게 된다. 인도에서는 법(法)대로 하면 하나도 되는 것이 없지만 또 된다고 한다. 그 이유는 예외가 너무 많기 때문이다. 그러한 예외는 모두 계약서에 각주(脚註)로 기록되므로, 이것을 빠짐없이 훑어보고 확인해야 한다.

2. 인도 기업과의 계약서 작성은 신중해야 한다.[72]

인도 사람 혹은 인도 기업과 협상이나 상담을 하는 경우, 확신이 서지 않는 한 절대로 계약해서는 안 된다. 인도 사람들은 문서는 쓰레기라도 버리지 않는다. 한국 기업가들이 말한 내용의 토씨까지 모두 다 적어 놓는다. 한국 기업가들이 인도 사람과 불가피하게 계약을 체결해야만 하는 상황이 생기면, 후일의 분쟁에 대비해 계약조건을 철저히 확인하고 또 필요한 경우에는 각주에 단서(但書)를 반드시 달아 놓아야 한다.

현장 정보

■ 계약 조건[73]

KOTRA 뉴델리 무역관 강석갑 무역관장은 인도기업과의 수출계약시 주의할 점을 다음과 같이 강조했다.

"인도 기업과 수출계약을 체결할 때는 계약서 내용을 꼼꼼히 검토해야 한다. 수출품 검사 조항 등에서 의외로 많은 시간과 비용이 소요되는 경우가 있으며, 애매한 문구 등 분쟁의 소지가 있는 사항에 대해서는 의미를 명시적으로 밝혀 두어야 한다. 대금 결제조건은 전신환(T/T) 또는 최소한 신용장(L/C)거래가 바람직하며, D/A나 D/P 등의 계약을 피해야 하는 것은 인도 수출에 있어서의 기본이다. 즉, 신용거래는 가급적 하지 않는 것이 좋다. 제품 하자를 이유로 수령을 거절하거나 가격 할인(discount)을 요구하는 사례가 흔하기 때문이다.

3. 인도 사람들의 말을 액면 그대로 믿어서는 안 된다.[74)]

인도 사람들이 말하는 '트라이(try)' 란 그냥 한 '해보겠다' 는 뜻이고 '언더스탠드(understand)' 는 '알아들었다' 는 뜻의 의례적인 말일 뿐 '결정' 을 의미하는 것은 아니다.

또 인도 사람들이 문제가 생겼을 때 흔히 말하는 "노 프러블럼(No problem)"은 전술한 바와 같이 "이해하여 달라"는 의미로 받아들여야 한다. 인도 사람 측에서 약속을 지키지 않고 자기가 잘못해서 비지니스가 엉망이 되었는데 "노 프러블럼"이라고 말한다면, 이 쪽에서는 화가 더 날 수밖에 없다. 이런 상황에서는 화를 내는 것보다 '피해 보상을 요구' 하는 것이 순서이다.[75)]

4. 인도 사람들의 만만디(慢慢地)를 소홀히 여겨서는 안 된다.[76)]

인도 사람들이 말하는 1분은 알았다는 뜻이고, 2분은 저녁때쯤 처리한다는 뜻이다. 웬만한 법적 · 행정적 절차도 2년 정도 걸리므로, 잊어버리지 말고 계속 챙겨야 한다.

이처럼 '느린 속도' 는 외국인이 인도에서 사업하는 데에 큰 애로사항으로 작용한다. 장기간 상담을 하고 구체적인 조건까지 협의가 끝나 2~3일 이내로 주문을 하기로 약속했으나 실행되지 않는 것이다. 약속을 이행해 줄 것을 이쪽에서 요청하면 여러 가지 변명을 대면서 며칠만 기다려 달라는 식이다. 계속 독촉을 하면 '출장갔다', '병원에 입원했다' 며 연락조차 되지 않는다. 이렇게 한국기업인이 인도 사람과 맺은 약속이 다른 기업 또는 본사와 연관되어 있으면, 당사자는 허위보고자 혹은 거짓말쟁이로 몰리고, 이런 일이 계속되면 무능력자로 낙인찍히고 만다.[77)]

이러한 상황에 대비하는 최선의 방법은 인도 사람과 상담한 내용을 작성하여 그의 서명을 받아 두는 것이다. 인도 사람이 이렇게 서명할 경우에는 거래 의사가 있다는 것을 분명히 한 것으로 받아 들일 수 있다.[78)]

현장 정보

■ (주) 3Z－인도의 만만디(慢慢地)[79)]

플러그 밸브 전문 제조업체로서 전세계 40여 개국 시장을 개척해 석탑산업훈장을 받은 (주)3Z의 해외영업부 백상현 과장은 2000년 7월부터 무려 2년 간의 작업 끝에 2002년 6월 인도 최대의 석유화학 기업체인 RPL에 밸브류 35만 달러어치를 납품하는 프로젝트를 성사시켰는데, 그는 인도 시장에서는 '시간과의 싸움' 이라고 말했다.

그는 "인도 시장은 세계에서 가장 엄격한 규정을 갖고 있다. 즉, 인도의 계약서에는 종이 몇 장 안에 전세계가 들어 있다. 제품에 대한 수십가지 검사(테스트) 규정이 영국식 · 독일식 · 프랑스식 규정 등으로 짜집기되어 있기 때문이다. 인도를 모르는 사람에게는 한 계약서 안에 검사규정 자체가 서로 충돌하는 모순 투성이처럼 보일 지경이다. 검사를 통과하기까지의 한없이 긴 시간과 비용을 견뎌야 하는 것이다. 그런가하면 인도에서는 항만 노조, 트럭 운전사 등의 파업이 빈번해 운송기간도 다른 나라의 2배를 잡아야 한다."고 설명했다.

■ 삼성 전자 – 인도에서의 시간[80]

삼성전자 인도 법인장은 현지 진출을 희망하는 후발 기업들에게 "인도에서 돈을 벌려면 시간이 좀 걸린다. 이를 위해 본사의 지원이 필요하고 본사 자체에 여유가 있어야 한다."고 조언했다. 결국 '시간은 돈'인데 돈이 있어야만 인도에서의 '느린 시간'을 버텨 가며 인도 시장에 안착할 수 있다는 것이다.

---

5. 지방 정부(주 정부, 연방직할지)의 힘이 세다.[81]

한국 기업가들이 중앙 정부의 말만 믿고 진출했다가 낭패를 보는 경우가 많다. 따라서 중앙정부의 법률 · 규제 · 정책 뿐만 아니라 주 정부의 법률 · 규제 · 정책도 꼼꼼히 살펴야 한다.

현장 정보

■ 주 정부의 외국 기업에 대한 태도[82]

인도에 진출한 한국기업을 비롯한 외국 기업들 대다수가 인도에서 여러움을 겪고 있는 것은 인도의 역사와 정치 시스템, 외국 기업에 대한 부정적인 인식 등에 기인하고 있는 것으로 보인다. 인도는 영국, 프랑스, 포르투갈 등의 제국주의 침략 경험과 방대한 내수 시장 등으로 정부의 기본 정책 방향이 국내 산업 보호에 맞추어져 외국 기업에 대한 행정규제가 복잡한 편이다. 더구나 복잡한 행정 시스템, 중앙 정부와 지방 정부 간의 상이한 정책과 법률 체계, 나아가서, 주 정부의 독자적인 권한행사 성향 등이 외국 기업들의 진출에 큰 장애요소로 작용하고 있다. 앞의 15-3의 8('현장 정보' : 건설-입찰보증금 돌려 받는 데 수년 소요) 사례에서 보았듯이, 주 정부의 입찰 프로젝트에서도 리스크가 있다는 사실을 인식해야 한다.

---

6. 인도사람들의 의식구조를 이해하여야 한다.

인도에 진출한 '소디프 신소재' 사(社)의 김형득 첸나이 법인장은 "인도 사람들은 개인주의가 강하고 체면을 중시한다. 따라서 인도에서는 개인주의로 인해 팀(team)제가 잘 운영되지 않고 있기 때문에, 이를 극복하기 위해서는 체면문화를 활용한 직원관리, 소(小)그룹을 이용한 의견 수렴, 경력 프로그램의 중시, 직원들의 경조사를 챙기는 것 등이 중요하다."라고 강조했다.[83)]

그는 또 "인도 사람들은 경조사(慶弔事), 특히 장례식장을 방문하는 것을 직원들의 체면을 세워주는 것으로 받아들이고 자신들이 속한 커뮤니티(community)를 이해한다고 생각하기 때문에 향후 회사 업무에 적극적이었다."고 설명했다.[84)]

또 그는 "인도는 불평등을 인정하는 분위기여서 지위의 상징으로 각종 특권이 존재하며, 급여 격차도 크다. 따라서 공정한 인센티브 시스템을 통한 보상체계 확립과 철저한 권한 위양을 통한 현지화가 성공의 지름길이다."라고 강조했다.[85)]

현장 정보

■ 인도 사람들의 상술(商術)[86)]

인도 사람들의 상술은 유태인과 비교될 정도로 정평이 나있다. 심지어 "단골고객에게 바가지를 씌워 더 비싸게 판다."는 것이 인도 상인들의 기질이다. 단골손님이 자기 가게에 자주 온다는 것은 자기 가게의 물건이 좋다는 뜻이며, 그것은 다시 말하면 그 손님이 자기 가게에서 물건을 구입하는 것이 그 손님에게 이익이 되기 때문이라는 것이다. 따라서 자기 가게 측에서도 당연히 값을 더 비싸게 받아 상인 자신도 이익을 취해야 한다는 식이다.

그러므로 인도 상인에 대한 철저한 사전 준비와 기초지식 없이 거래를 했다가는 큰 낭패를 당하는 경우가 적지 않다.

인도 주재 공사 남상욱씨는 "인도 상인들은 지나칠 정도로 그때 그때의 이익에 집착하는 경향이 강하다. 인도인과의 거래시에는 꼼꼼하고 치밀하게 계약서를 작성하지 않으면 손해볼 확률이 크다."고 지적했다.

이와 같은 인도 사람들의 상술은 인도 사람들의 매우 현실적인 생활관과 연결되어 있다. 처절한 가난과의 싸움, 잦았던 전란(戰亂)과 수백 년에 걸친 식민지 경험, 그리고 카스트 제도 등으로 인해 하층계급은 자신의 현재의 힘, 즉 돈 외에는 기댈 곳이 없었기 때문에 강인한 현실성이 요구되었던 것이다. 이와 같이 인도에서는 현실주의와 신비주의가 공존하고 있다.

제7절 기 타

1. 인도 경제 일간지 〈비지니스 스탠더드〉에서 제시한 한국기업들의 성공 요인[87)]

인도의 유력 경제 일간지 Business Standard는 '한국기업들의 맹공(The Korean Blitz)' 이라는 제목의 특집 기사에서 "(LG전자, 삼성전자, 한국자동차 등) 한국 기업들이 단 기간 내에 성공을 거둔 것은 미국과 일본 등 다른 기업들과는 확연히 다른 인도진출 전략에 있는 것으로 보인다."고 분석하고 다음과 같은 성공 요인을 제시하였다.

첫째, 다른 나라 기업들과는 달리 한국 기업들은 전사적(全社的)인 관점에서 인도 시장을 생산 거점으로 육성한다는 전략을 수립하고 이에 따라 집중적으로 투자했다. 현대 자동차와 LG전자가 인도 시장의 장래성을 보고 초기에 투자한 금액이 각각 8,000억 원과 1,000억 원에 달한 반면, 미국의 GM과 일본의 SONY는 각각 2,100억 원과 224억 원에 그쳤다.

둘째, 한국 기업들은 차별화한 'Top-Down 방식' 이라고 하는 시장 접근 전략을 채택했다. 즉, 한국 기업들은 처음에는 고가(高價)전략을 구사하여 소비자들에게 고급품이라고 하는 인식을 심어준 뒤에 저가(低價)모델을 도입해 점차 하위 소득계층으로 파고들었다.

셋째, 현지화 전략을 과감하게 채택했다. 즉, 한국 기업들은 시장 진입 후에 대대적으로 부품의 현지조달을 확대하였고, 이를 통해 원가절감을 이루었다. 현대 자동차와 삼성 전자 컬러 TV는 현지 부품 조달 비율이 85%에 달한다. 특히 LG전자는 직원 1,387명 중 한국인은 14명에 불과할 정도로 경영까지 현지화하고 있으며, 제품들도 연구개발센터에서 인도의 기후와 인도 사람들의 기호에 맞는 모델로 개발하고 있다.

넷째, 한국기업들은 인도 시장과 한국 시장에서 새로운 모델을 동시에 출시하는 전략을 채택했는데, 이러한 전략이 인도 사람들의 구매력을 자극하는 계기가 되었다. 이에 비해, 일본기업들이 인도에 도입하는 대부분의 제품 모델은 일본 국내 모델 또는 수출 모델에 비해 1년 이상 뒤진 제품이다.

2. 일본 경제 주간지 〈이코노미스트〉에서 제시한 한국기업들의 성공 요인[88)]

일본의 경제 주간지 Economist는 인도에서 한국 기업이 일본 기업보다 성공하고 있는 요인을 다음과 같이 분석하였다.

첫째, 한국 기업은 진출 초기부터 대규모 단독 투자를 과감하게 하여 '규모의 경제(economy of scale)'를 살리고, 조기(早期)에 브랜드 이미지를 구축하는 데 힘쓰고 있다. 이는 시장을 면밀히 파악하며 조심스럽게 투자를 늘려가는 일본 기업과 대조적이다.

둘째, 한국 기업은 현지 수요에 맞는 모델을 신속하게 개발하여 출시하고 있다. 예를 들면 LG전자의 냉장고에는 열쇠가 부착되어 있다. '카스트'라고 하는 계급제도가 엄격하게 적용되는 인도 사회에서 상류계층 사람들이 하위계층 하인들이 냉장고에서 음식을 몰래 꺼내 먹는 것을 막아야 할 필요성을 느끼고 있는 것에 맞추어 한국 기업이 이러한 발상을 한 것이다.

또 현대 자동차는 도로가 좁은 인도 현지 상황에 맞추어 백미러(back mirror)를 아예 떼어버렸고, 쉴새없이 경적을 울려대며 거리를 휘젓고 다니는 차가 대부분인 현지 실정에 맞춰 경적 부분을 견고하게 하였으며, 또 터번 쓴 인도사람들이 차를 타기 편리하도록 차체 지붕을 높게 함으로써 인도 사람들의 호감을 얻었다.

셋째, 한국 기업의 대규모 광고비 투입도 일본 기업을 압도한다. 특히 광고비를 한국 본사가 부담함으로써 광고비가 인도 현지 제품 가격에 전가되지 않도록 하고 있다.

넷째, 한국 기업들은 인도 현지 주재원에게 많은 권한을 위양해서 의사결정이 신속하게 이루어지도록 하는 시스템을 갖추었으며, 주재원들의 생활에 불편함이 없도록 김치와 고추장 등 음식까지도 한국에서 공수해 보내주는 본사의 세심한 배려 등도 인도에서 기업활동을 원활하게 하는 데 도움을 주고 있다.

김광로 LG전자 법인장은 "인도인 직원들에게도 과감하게 권한을 위양(empowerment)하고 있다. 예를 들면, 가전제품 세일즈맨들에게 판매와 이익을 책임지게 만들면서 필요한 경비지출 등에 대한 권한을 파격적으로 위임해 이들이 2~3배의 능력을 발휘하게 했다."고 설명했다.[89)]

3. 그밖의 유의할 점

이상에서 지적한 사항 이외에도, 인도 진출기업가들이 제시하는 인도 투자시 고려할 요소들을 몇 가지 정리해 보기로 하자.

(1) 악의적 반덤핑 규제 남발을 조심해야 한다.[90)]

인도는 세계무역기구(WTO)와의 관세 양허 협정에 따라 매년 관세율을 낮춤에 따라 무역수지 적자가 늘어가자, 이에 대응하기 위해 반덤핑 규제 혹은 세이프 가드 발동 등 수입규제 조치를 남발하고 있다.

무역협회 국제통상팀 김무한 팀장은 "반덤핑 제소를 당하면 이미 늦은 것이므로, 현지인 고용 등을 통해 제소(提訴) 움직임을 미리 파악해 사전에 차단하는 것이 제일 중요하다. 특히 중소기업들은 철저한 사전 지식과 정보를 갖고 진출해야 한다. 또 대기업들은 그 동안 하도 많이 반덤핑 제소를 당해 전문 변호사까지 두고 있지만, 중소기업은 반덤핑제소를 당한 줄도 모르고 있다가 하루 아침에 도산하는 경우도 있으므로, 관계 기관이나 다른 업체들과의 공동대응에 적극 협조해야 한다."고 강조했다.

(2) 현지 시장 상황을 파악해야 한다.

5년전 전자 제품조립공장을 설립한 E사는 인도 현지의 시장 상황을 제대로 파악하지 못하고 진출했다가 어려움에 처해 있다. 인도는 고정된 거래처에 대량으로 제품을 납품하기보다는 다수업체에 소규모로 공급하는 시장형태를 유지하고 있다. 따라서 이 회사는 마케팅 및 대금관리에 많은 인력과 시간이 소요되어 경영에 상당한 애로를 겪고 있다.[91]

또 인도 소비자들이 제품에 대해서 가격에 민감하게 반응하는지 혹은 고가의 유명상표 제품을 원하는지 등도 분석해야 한다. 시장 조사·분석기관들에 따르면, 인도의 소비자들은 대개 가격에 민감하게 반응하는 한편, 품질 수준은 높은 것을 요구하는 것으로 나타나고 있다.

이러한 경우에는 기존 제품을 한국에서 인도로 그대로 들여오기보다는 인도 시장을 겨냥한 별도의 모델을 개발하여 가격 경쟁력과 품질경쟁력을 동시에 갖추는 데 주력해야 할 것이다.[92]

다만 최근에는 소득이 증대함에 따라 유명 브랜드 제품에 대한 선호도가 증가하고 있다는 것도 염두에 둘 필요가 있다.

현장 정보

■ KODAK India Ltd.－저가 제품[93]

KODAK사는 월 소득이 Rs 5,000 이상인 소비자들은 고가 브랜드의 카메라 제품을 쉽게 구입할 수 있지만 이 소득수준 이하의 소비자들은 카메라 구입에 부담을 느끼고 있다는 사실을 발견했다. 그래서 이러한 가격에 부담을 느끼는 저소득계층을 대상으로 해서, 원가를 절감한 저가 카메라를 공급하기로 결정하고 KODAK Camera(KB 10)을 출시했다. 다른 경쟁사인 CANON, YASHICA, KONICA, SAMSUNG 등의 제품가격이 최소 Rs 1800 인 데 비해서, KB 10의 가격은 Rs 995였으며, KB 10은 이러한 저렴한 가격에 비해서 Auto Flash 기능의 내장 · 좋은 화질 · 단순한 외관 · 사용의 편리성 · 디자인의 산뜻함 등으로 인해, 품질이나 이미지가 우수하게 평가되었다.

이로 인해 이 제품은 최초에 출시된 1997년 9월 부터 1년 6개월 동안에 판매대수가 7배나 급증하는 선풍적 인기를 얻었고, 가장 많이 팔리는 카메라 모델로 정착되었다. 그리하여 KODAK 사의 시장 점유율도 약 20% 내외로 급신장하였다.

KODAK사가 KB 10을 판매한 후의 A/S에 대한 노력도 또 다른 성공요인의 하나로 평가받고 있다. 다른 회사들의 고가 브랜드 카메라들은 상대적으로 판매 후 A/S가 부족한 점으로 지적되고 있다.

■ Hero Honda Ltd.－Splendor (100 CC) 모터 사이클－저가 제품[94)]

인도의 모터사이클 시장은 인도의 Hero 그룹과 일본의 Honda 사의 합작기업인 Hero Honda Ltd.가 시장점유율 54%를 차지하고 있는데, 이것은 2위 Bajaj사(社)의 시장점유율 25%의 두 배 이상이다.

Hero Honda의 모터 사이클 판매대수는 지난 6년간 연평균 33%씩 증가해 왔으며, 2004년 12월에는 누적 생산대수가 1,000만 대를 넘어섰고, 가장 인기 모델인 Splender는 500만 대 생산을 돌파했다.

Hero Honda가 시장을 장악하게 된 성공 요인으로는, 다음과 같은 점을 들 수 있다.

첫째, 특히 젊은 층을 중심으로 자동차를 구매하기 전(前) 단계의 인도 소비자들이 모터 사이클을 구매하는 경우가 많다는 것을 이 회사는 일찍이 간파했고,

둘째, 'Ambition 135', 'CBZ', 'Karizma' 등과 같은 다양한 신규 모델을 꾸준히 도입함으로써 고객의 수요를 자극하고 있으며,

셋째, 엄격한 원가 관리(cost management) 및 최대 메이커로서 규모의 경제효과 등을 통하여 저가 제품을 공급하고,

넷째, 제품의 품질을 높게 유지함으로써 높은 소비자 신뢰를 얻고 있다는 점이다.

2004년 2월 The Economic Times의 조사결과에서는, 오토바이 및 자동차 제품 브랜드에서 Hero Honda Splendor(100 CC)가 소비자 신뢰도 1위를 차지한 바 있다.

제1부 [제1장]

1) CIA. The world Factbook. India.
2) CIA. The world Factbook. India.
3) 매일경제, 인도, 아그라, 사랑의 서사시 타지마할의 현장.
4) IBEF, India at a glance, select Economic Indicators
5) 동아일보, 11억 시장 인도, 개방현장을 가다, '친디아' 를 '인디나' 로 …. 김동원 기자, 2006. 3. 3.
6) 동아일보, 상게서.
7) 동아일보, 11억 시장 인도, 개방 현장 가다. '친디아' 를 '인디나' 로 …, 김동원 기자, 2006. 3. 3.
8) 동아일보, 전게서 9) 동아일보, 전게서 10) 동아일보, 전게서
11) 서울경제, [인재를 잡아라] "인도는 인재 수출국", 정상범 · 이규진 · 김현수 · 김홍길 · 김상용 기자, 2006. 3. 21.
12) 전자신문, 인도의 힘. 이재구 국제기획부 부장, 2006. 3. 8
13) 중앙일보, '달리는 코끼리' 개방 15년 인도를 가다 (3) 우리의 상대는 중국, 장세정 기자, 2006. 3. 4.
14) 머니 투데이, 인도가 중국과 다른점, 애쉬 나레인 로이, 〈인도 사회과학 대학원〉 교수, 2006. 3. 6.
15) 중아일보, '달리는 코끼리' 개방 15년 인도를 가다 (3), 우리의 상대는 중국, 장세정 기자, 2006. 3. 4.
16) 매일경제신문, 글로벌 아웃소싱 기지, 인도 · 중국 1 · 2위, 박용범 기자, 2005. 5. 2.
17) 머니 투데이, 인도, 자원 아닌 기술로 일어서는 최초 개도국, 김경환 기자, 2003. 11. 30
18) 헤럴드 경제, "인도 지적 자산 세계 최고", 2004. 11. 18.
19) 중앙일보, IMD, 61개국 국가 경쟁력 조사, 최익재 · 고란 기자
20) 상게서 21) 상게서
22) 중앙일보, IMD 조사, 국가 경쟁력 크게 뛴 중국 · 인도, 최익재 기자, 2006. 5. 12. 자료를 수정한 것임.
23) 머니 투데이, 박형기 국제부장, 2006. 3. 22. ; 매일경제 김민구 · 민경현 기자, 2006. 3. 21. ; 서울경제, 이재용 기자, 2006. 3. 21.
24) 매일경제, 인도 경제 13년내 중국 추월, 정호선 기자, 2004. 7. 30.
25) 한국경제신문, 인도 성장 두 축은 제조업 · IT, 장경영 기자, 2005. 7.18.
26) 한국경제신문, 인도성장 두 축은 제조업 · IT, 장경영 기자, 2005. 7.18.
27) 매일경제, 인도 경제 13년내 중국 추월, 정호선 기자, 2004. 7. 30.
28) 주간조선[21세기 인도 순례(8)] '자동차 생산비, 세계에서 제일 낮아', 최준석 특파원, 2006. 4. 25. ;
한국일보, 세계기업, 인도로 간 까닭은? 박일근 기자, 2003. 11. 7. ;
헤럴드 경제, 인도 경제 멀지않아 중국 추월, 고지희 기자, 2003. 7. 16. ;
매일경제, 인도 vs 중국. 2003. 9. 25. ; 헤랄드 경제, 中 IT 인도 앞지른다, 윤희진 기자, 2003. 7. 28. ;
매일경제, 인도, 중국보다 싼 인건비도 장점, 2006. 4. 14.
29) 헤랄드 경제, 中 IT 인도 앞지른다, 윤희진 기자, 2003. 7. 28.
30) 세계일보, 리콴유 "인도 · 중국이 세계 중심된다", 연합뉴스, 2005. 11. 24.
31) 한국경제신문, 인도 '중국 따라잡기 나섰다', 김남국 기자, 2005. 9. 28. 32) 상게서
33) 매일경제, 인도 '中 제치고 제조업 허브 꿈', 오화석 · 김정욱 기자, 2005. 12. 1.
34) 매일 경제 "인도, 中 제치고 세계 공장 될 것", 정호선 기자, 2004. 10. 11.
35) 매일경제신문, 인도 "中 제치고 제조업 허브 꿈", 오화석 · 김정욱 기자, 2005. 12. 1.
36) 한국경제, 인도(7) 떠오르는 제조업, 김병일 기자, 2004. 1. 13.
37) 한국경제, 인도(7), 떠오르는 제조업, 김병일 기자, 2004. 1. 13.;
매일경제신문, 인도 "中 제치고 세계 제조업 허브 꿈", 오화석 · 김정욱 기자, 2005. 12. 1.
38) 한국경제, 인도(7) 떠오르는 제조업, 김병일 기자, 2004. 1. 13.
39) 한국경제, 인도(7), 떠오르는 제조업, 김병일 기자, 2004. 1. 13. 40) 상게서
41) 인도, 반도체 공장 짓는다, 머니 투데이, 김유림 기자, 2006. 2. 10;
인도, 반도체 강국 '야망', 전자신문, 전경원 기자, 2006. 2. 13. 42) 상게서
43) 내일신문, 중국 · 인도, 협력관계로 미래 대국 추구, 김광호 리포터, 2004. 4. 13.
44) 내일신문, 중국 · 인도, 협력 관계로 미래 대국 추구, 김광호 리포터, 2004. 4. 13.
45) 머니 투데이, 인도-중국 S/W 업체 공조강화, 황숙혜 기자, 2004. 12. 23.

46) 내일신문, 중국 · 인도 "출혈 경쟁 그만하자", 2005. 12. 6.;
매일경제신문, 중국-인도, 원유 확보 협력, 최경선 기자, 2005. 8. 30.;
매일경제신문, 중국과 인도 힘 합친다, 김민구 기자, 2005. 4. 8.
47) 매일경제신문, 중국과 인도 힘 합친다, 김민구 기자, 2005. 4. 8.
48) 한겨레, 속도내는 중국-인도 군사 교류, 이상수 특파원, 2006. 4. 25.;
헤럴드경제, 中-인도 군사 협력 확대, 윤희진 기자, 2006. 4. 20.
49) 매일경제신문, 중국과 인도 힘 합친다, 김민구 기자, 2005. 4. 8.
50) 조선일보, "인도 강대국 우리가 돕겠다"…美 · 中 환심사기 경쟁, 송의달 특파원, 2005. 3. 28.
51) 파이낸셜 뉴스, 美 "인도, 상임이사국 기준 충족", 2005. 6. 26.
52) 경향신문, "인도를 품어라" 美, 中, 러, 외교전 후끈, 홍인표 특파원, 2005. 9. 27. ;
세계일보, 러시아, 이번엔 인도와 합동 군사 훈련, 2005. 8. 29. ;
서울신문, 러, 인도와의 군사훈련, 이석우 기자, 2005. 8. 29.
53) 더 가까이 다가선 인도와 유럽연합, 세계일보, 2005. 9. 7 ;
EU-인도 에너지 협력, 매일경제, 김민구 기자, 2006. 1. 19.
54) 불-인도, 통상 · 국방 협력 확대, 문화일보, 오애리 기자, 2006. 2. 21 ;
불 시라크, 인도 방문으로 핵 협력 모색, 머니 투데이, 이경호 기자, 2006. 2. 19 ;
인도-프랑스, 통상 · 국방 협력 확대키로 합의, 한겨레, 2006. 2. 21.
55) '인도에 러브콜' 강대국들 경쟁, 경향신문, 유신모 기자, 2006. 1. 10 ;
일, 중국 견제위해 인도에 '손짓', 한겨레, 김도형 기자, 2006. 1. 1
일(日), 중국 · 인도 등과 5년내 FTA 체결, 이데일리, 조용만 기자, 2006. 2. 5 ;
일본, 인도와 투자협력 강화 연합 인포맥스, 2006. 6. 20.
56) 대만-인도 경제 협력 기구 출범, 머니 투데이, 김유림 기자, 2006. 2. 11 ;
대만, 남향 투자 거점으로 인도 '눈독', 헤럴드 생생뉴스, 생생뉴스팀, 2006. 2. 16 ;
"인도, 손잡아 줘", 대만도 인도에 구애, 머니 투데이, 박성희 기자, 2006. 1. 17.
57) 인도 시장 일본에 다 뺏길 판 … 인도-태국 FTA 4월 발효, 한국경제, 김병일 · 류시훈 기자, 2004. 1. 13
58) 사우디, 中 이어 인도와도 에너지 협력 합의, 매일 경제, 2006. 1. 30.
59) '인도를 잡아라' 러시아도 외교전, 한겨레, 류재훈 기자, 2006. 3. 9
60) 국정 브리핑, 한 · 인도 '포괄적 경제 동반자 협정' 협상개시 선언, 2006. 2. 7.
61) 중앙일보, "시장경제 신대륙을 잡아라" 세계 거물 줄줄이 인도로, 장세정 기자, 2006. 3. 3;
동아일보, 지구촌 투자자들 인도로 …인도로…, 김동원 기자, 2006. 3. 2
62) 한국경제신문, 인도, 외국기업 '쇼핑' 나섰다, 장규호 기자, 2005. 10. 2. ;
머니 투데이, 인도기업 M&A로 해외 시장 공략, 장현진 기자, 2003. 12. 31.
63) 헤럴드 경제, 인도 기업들 글로벌화 박차, 고지희 기자, 2004. 1. 30.
64) 한국경제신문, 인도, 외국기업 '쇼핑' 나섰다, 장규호 기자, 2005. 10. 2. ;
헤럴드 경제, 인도 기업들 글로벌화 박차, 고지희 기자, 2004. 1. 30.
파이낸셜 뉴스, 대우 상용차, 인도 타타 자동차에 팔려, 윤경현 기자, 2004. 2. 18.
머니 투데이, 인도 기업도 해외기업 사냥 나섰다, 임지수 기자, 2004. 8. 17. ;
문화일보, 인도 재벌 세계 철강왕 됐다, 홍성철 기자, 2004. 10. 26.
한경 비지니스, 외국 기업 사냥 나선 인도 자본, 유영석 기자, 2005. 11. 13. ;
한국경제, 인도, 해외 기업 사냥 시작됐다, 2006. 2. 7. ;
중앙일보, 인도 기업 … 어젠 사냥감 이젠 사냥꾼, 최익재 기자, 2006. 5. 1.
중앙일보, 요즘 M&A, 유럽 · 친디아가 주역, 최익재 기자, 2006. 6. 1. ;
파이낸셜 뉴스, 안병익 기자, 2006. 10. 23.
65) 중앙일보, 달리는 코끼리 개방 15년을 가다(1) '비전 2020' 야심찬 프로젝트, 장세정 기자, 2006. 3. 3. ; 동아일보, 지구촌 투자자들 인도로… 인도로, 김동원 기자, 2006. 3. 2.
66) 머니 투데이, 21세기 '골든 인도' 이끈다, 최병권 논설위원, 2005. 1. 7 ;
머니 투데이, 11억 인도가 날아오른다, 최병권 논설위원, 2005. 1. 17.
67) 조선일보, 74세 인도 대통령 전투기 비행, 최준석 뉴델리 특파원, 2006. 6. 9. 68) 상게서
69) 한국일보, 무섭게 떠오르는 인도 "민간 영역 경쟁력은 中을 능가", 박상준 기자, 2006. 3. 2.

70) Goldman Sachs, Dreaming with BRICs : The Path to 2050, Overtaking the G6 : when BRICs' US $ GDP would Exceed G6.
71) opcit, India shows most rapid Growth Potential of the BRICs.
72) 조선일보, 인도, 2020년엔 세계 3위 경제 대국, 박영철 기자, 2005. 4. 14. ;
동아일보, 세계 경제 향후 15년 인도-중국이 이끈다, 김상수 기자, 2005. 4. 13.
73) 한국경제, 장기 투자, 중국보다 인도 노려라, 장경영 기자, 2006. 3. 12
74) 중앙일보, '달리는 코끼리' 개방 15년 인도를 가다(3). 우리의 상대는 중국, 장세정 기자
75) 조선일보, "獨 · 佛 50년 뒤엔 G7 탈락, 中 · 러 · 인도 · 브라질 진입", 최성환 기자, 2003. 10. 8. ;
한국경제, "50년 후 G7 판도 이렇게 바뀐다" …인도 · 브라질 급부상, 이정훈 기자, 2003. 10. 8.
76) 연합뉴스, 인도 2015년 일본 제치고 세계 3위 경제국 부상, 정규득 뉴델리 특파원, 2005. 4. 11 ;
YTN, "인도, 10년 뒤 세계 3위 경제국 부상", 신현준 기자, 2005. 4. 11.
77) 매일경제, 아시안 트라이앵글, 中 · 日 · 인도로 고착… 한국은 빠졌다. 현문학 · 최경선 · 서양원 · 김대영 · 송성훈 기자, 2006. 4. 11.
78) 주간한국, 미래 황금 시장 누빌 인도 통을 키워라, 김윤형 기자, 2006. 3. 21.
79) 매일경제, 인도가 뜬다, 김병수 · 명순영 · 정대영 기자, 2003. 9. 25.
80) 이데일리, 인도 대규모 인프라 투자로 두 자리 성장 노린다, 김경인 기자, 2006. 2. 27.
81) 주한 인도 대사관, 인도경제, 인도의 경쟁력
82) 주한 인도 대사관, 홈페이지, '왜 인도에 투자해야 하는가?"
83) 조선일보, 인도가 중국보다 투자하기 더 좋은 5가지 이유, 송동훈 기자, 2006. 6. 8.
84) 이데일리, '지금 인도에 투자해야 하는 5가지 이유', 김현동 기자, 2006. 6. 24.
85) 매일 경제, 마란 인도 장관, "인도는 한국 기업에 기회의 땅", 박봉권 기자, 2006. 6. 20.
86) 조선일보, 자이틀리 인도 상공장관, "한국 기업들, 인도에 투자하세요", 방현철 기자, 2003. 10. 13.
87) 조선일보, "인도 · 한국은 닮았다… 교육열 높고 잠재력 커", 유나니 기자, 2006. 1. 23.

제1부 [제 2 장]

1) wikipedia, India　2) 브리태니커 세계대백과사전, 마하바라타　3) 상게서
4) Wikipedia, Flag of India ; wikipedia, India, Government ; India Government Homepage
5) 주한 인도 대사관, 국기　6) 브리태니커, 다르마　7) 상게서
8) http://www.indianchild.com/flag_of_india.htm
9) 주한 인도 대사관, 국가 상징 ; Wikipedia, India, Government
10) India Government Homepage, State Emblem
11) http://greetingindia.tripod.com/symbols.html
12) India.com / India Facts. The National Anthem of India.
13) http://www.hcilondon.org/national.htm
14) indif.com / India Facts. The National Anthem of India
15) http://greetingindia.tripod.com/symbols.html
16) SBS TV, 인도, 벵골 호랑이 보호에 비상, 2005. 8. 23 ;
조선일보, 인도 벵골 호랑이 · 콩코 흰코뿔소, 정부 무능 · 부패로 멸종위기, 윤희영 기자, 2005. 3. 30.
17) India Government Homepage, National Bird.
18) http://www.vandemataram.com/html/natsts/nbird.htm
19) http://greetingindia.tripod.com/symbols.html　20) Ibid.
21) India Government Homepage, National Flower
22) http://greetingindia.tripod.com/symbols.html
23) http://vandemataram.com/html/natsys/nflower.htm
24) http://greetingindia.tripod.com/symbols.html　25) Ibid.

26) http://vandemataram.com/html/natsys/nfruit.htm
27) http://vandemataram.com/html/natsys/ngame.htm
28) wikipedia, India.
29) wikipedial, List of state mottos
30) Wikipedia, India ; KOTRA, 인도, 일반사항
31) Wikipedia, India ; Demographics ;
KOTRA, 인도, 국가 개요 ; 중앙일보, 인도 "우리이름 되찾자", 강병철 기자, 2006. 11. 3.
32) 주한 인도 대사관, india, States and Union Territories
33) Ibid.
34) Constitution of India, First Schedule [Articles 1 and 4] of Constitution of India.
35) 주한 인도 대사관, India, States and Union Territories
36) http://india.gov.in/maps/jammu.php ;
http://india.gov.in/knowindia/st_jammukashmir.php
37) http://www.indax.com/basic.html, Jammu and Kashmir
wikipedia, the free encyclopedia, Jammu and Kashmir.
38) Britannica 세계 백과 사전, 잠무카슈미르 ; Encyber 두산 세계대백과, 잠무카슈미르 ;
http://www.statoids.com/uin.html.
39) IBEF, economy, Jammu and Kashmir ; Britannica. 전게서 ;
Encyber 두산 세계 대백과, 전게서
40) Ibid.
41) Ibid.
42) http://india.gov.in/maps/himachal.php ; http://india.gov.in/knowindia/st_himachal.php.
43) wikipedia.Himachal Pradesh ; http://www.indax.com/basic.html/Himachal Pradesh
44) Encyber 두산 세계 대백과, 히마찰 프라데시 주 ; Britannica 세계 백과 사전, 히마찰 프라데시. ;
http://www.statoids.com/uin.html, Origins of names.
45) Britannica 세계 대백과 사전, 히마찰 프라데시 ;
Encyber 두산 세계 대백과, 히마찰 프라데시
46) http://india.gov.in/maps/punjab.php ; http://india.gov.in/knowindia/st_punjab.php. ;
47) http://india.gov.in, Know India, Punjab ; wikipedia, punjab
48) http://www.statoids.com/uin.htm ;
Britannica 세계 대백과, 펀자브 ; Encyber 두산 세계 대백과, 펀자브 ; wikipedia, punjab.
49) http://www.indax.com/basic.html, States of India, Punjab. ;
주인도 대사관, 2005년 인도 통상 · 투자 진출 안내서, 펀잡 ; Britannica, 펀자브 ;
50) http://india.gov.in/maps/haryana.php. ; http://india.gov.in/Knowindia/st_haryana.php.
51) Wikipedia, Haryana ; http://india.gov.in, Know India, Haryana.
52) Britannica 세계 대백과 사전, 하리아나 ; Encyber 두산 세계 대백과, 하리아나 주
53) http://www.indax.com/basic.html, State of India, Haryna.
54) http://www.statoids.com/uin.html.
55) Britannica, 하리아나 ; Encyber, 하리아나 주 ;
주인도 대사관, 2005년 인도 통상 · 투자 진출 안내서, 하리야나 ; IBEF, economy, Haryana.
56) http://india.gov.in/maps/uttaranchal.php ; http://india.gov.in/knowindia/st_uttaranchal.php.
57) http://india.gov.in, know India, Uttaranchal. ; Wikipedia, Uttaranchal.
58) http://india.gov.in, know india, Uttaranchal
59) IBEF, economy, Uttaranchal ; http://india.gov.in.Uttaranchal
60) http://india.gov.in/maps/ap.php ; http://india.gov.in/knowindia/st_arunachal.php
61) Wikipedia, Arwnachal Pradesh ; http://india.gov.in, Know India, Arunachal Pradesh.
62) Britannica 세계 대백과 사전, 아루나찰 프라데시 ; Encyber 두산 세계 대백과, 아루나찰 프라데시 주. ;
http://www.statoids.com/uin.html. ;
63) Wikipedia, Arunachal Pradesh
64) Ibid.
65) http://www.indax.com/basic.html, States of India, Arunachal Pradesh. ; Britannica, 아루나찰 프라데시
66) http://india.gov.in/maps/sikkim.php. ; http://india.gov.in/Knowindia/st_sikkim.php.

67) http://india.gov.in, Know India, Sikkim ; Wikipedia, Sikkim
68) Wikipedia, Sikkim ; Britannica, 세계 대백과 사전, 시킴 ;
Encyber 두산 세계 대백과, 시킴 주 ;
http://www.indax.com/basic.html, States of India, Sikkim.
69) Britannica, 시킴 ; Encyber, 시킴 주.
70) http://india.gov.in/maps/assam.php. ; http://india.gov.in/Knowindia/st_assam.php.
71) http://india.gov.in, Know India, Assam. ; Wikipedia, Assam.
72) http://www.statoids.com/uin.html, Origuis of names ;
http://india.gov.in, Assm ; http://www.india.indax.com/basic.html, States of India. Assam ;
Britannica 세계 대백과, 아삼 ; Encyber 두산 세계 대백과, 아삼주 ; 중앙일보, 인도 "우리이름 되찾자", 강병철 기자, 2006. 11. 3.
73) http://india.gov.in, Assam.
74) http://india.gov.in/maps/nagaland.php ; http://india.gov.in/Knowindia./st_nagaland.php
75) http://india.gov.in, Know India, Nagaland ; Wikipedia, Nagaland.
76) http://india.gov.in, Nagaland ; Britannica 세계 대백과 사전, 나갈란드 ;
Encyber 두산 세계 대백과, 나갈란드 주 ;
http://www.indax.com/basic.html, States of India, Nagaland ; Wikipedia, Nagaland.
77) http://india.gov.in/Nagaland, Agriculture ; Wikipedia, Nagaland, Economy ; Britannica, 나갈란드.
78) http://india.gov.in/maps/meghalaya.php. ; http://india.gov.in/Knowindia/st_meghalaya.php.
79) http://india.gov.in, Know India, Megalaya. ; Wikipedia, Meghalaya.
80) http://india.gov.in/Megalaya ; Wikipedia, Meghalaya ;
Britannica, 메갈라야 ; Encyber 두산 세계 대백과, 메갈라야 주 ;
http://www.Statoids.com/uin.html.Origins of names ;
http://www.indax.com/basic.html, Meghalaya
81) http://india.gov.in/Meghalaya ; Britannica, 메갈라야 ; Encyber, 메갈라야 주
82) http://india.gov.in/maps/manipur.php. ; http://india.gov.in/Knowindia/st_manipur.php.
83) http://india.gov.in, Know India, Manipur ; Wikipedia, Manipur.
84) http://india.gov.in/Manipur ; Wikipedia, Manipur ;
http://www.statoids.com/uin.html, Origins of names ;
http://www.indax.com/basic.html, States of India, Manipur ;
Britannica, 마니푸르 ; Encyber 두산 세계 대백과, 마니푸르 주.
85) http://www.indax.com/basic.html/Manipur ;
Britannica, 마니푸르 ; Encyber, 마니푸르 주.
86) http://india.gov.in/maps/mizoram.php ; http://india.gov.in/Knowindia/st_mizoram.php
87) http://india.gov.in, Know India, Mizoram ; Wikipedia, Mizoram.
88) http://www.indax.com/basic.html, states of India, Mizoram ;
http://statoids.com/uin.html, orgins of names ;
http://india.gov.in/Mizoram ;
Wikipedia, Mizoram ; Britannica 세계 대백과 사전, 미조람 ; Encyber 두산 세계 대배과, 미조람 주
89) http://india.gov.in, Mizoram ; Britannica, 미조람 ; Encyber, 미조람 주
90) http://india.gov.in/maps/tripura.php ; http://india.gov.in/Knowindia/st_tripura.php.
91) http://india.gov.in/Know India, Tripura ; Wikipedia, Tripura
92) http://www.statuids.com/uin.html, Origins of names ;
http://www.indax.com/basic.html, states of India, Tripura ;
http://india.gov.in/Tripula ; Wikipedia, Tripula ;
Britannica 세계 대백과 사전, 트리푸라 ;
Encyber 두산 세계 대백과, 트리푸라 주
93) http://india.gov.in/Tripura ; Wikipedia, Tripura ; Britannica, 트리푸라 ;
http://www.indax.com/basic.html, Tripura

94) http://india.gov.in/maps/bihar.php ; http://india,gov.in/Knowindia/st_bihar.php.
95) http://india.gov.in, KnowIndia, Bihar ; Wikipedia, Bihar.
96) http://www.Statoids.com/uin.html, Origins of names ;
http://www.indax.com/basic.html ; http://india.gov.in, Bihar ; Wikipedia, Bihar ;
Britannica 세계 대백과 사전, 비하르 ; Encyber 두산 세계 대백과, 비하르 주
97) Ibid.
98) http://www.indax.com/basic.html, Bihar ;
http://india.gov.in, Bihar ; Wikipedia, Bihar ;
Britannica, 비하르 ; Encyber, 비하르 주
99) http://india.gov.in/maps/jharkhand.php. ; http://india.gov.in/Knowindia/st_jharkhand.php.
100) http://india.gov.in, Know India, Jharkhand ; Wikipedia, Jharkhand.
101) http://india.gov.in, Jharkhand ; Wikipedia, Jharkhand ;
http://www.Statoids.com/uin.html, Origins of names. ;
http://jharkhand.nic.in/
102) http://india.gov.in, Jharkhand ;
Wikipedia, Jharkhand ; http://jharkhand.nic.in/
103) http://india.gov.in/maps/westbengal.php ; http://india.gov.in/Knowindia/st_westbengal.php
104) http://india.gov.in, Knowindia, West Bengal ; Wikipedia, West Bengal
105) http://india.gov.in, West Bengal ; Wikipedia, West Bengal ;
Encyber 두산 세계 대백과, 서 벵골 주
http://www.statoids.com/uin.html, Origins of names.
http://www.indax.com/basic.html, West Bengal
106) http://india.gov.in, West Bengal ; Wikipedia, West Bengal ;
Encyber, 서 벵골 주 ; IBEF, economy, West Bengal ;
주인도 대사관, 2005년 인도 통상 · 투자 진출 안내서, 웨스트 벵골 ;
http://www.indax.com/basic.html, West Bengal.
107) http://india.gov.in/maps/orissa.php ; http://india.gov.in/Knowindia/st_orissa.php
108) http://india.gov.in/Knowindia, Orissa ; Wikipedia, Orissa.
109) http://india.gov.in, Knowindia, Orissa ; Wikipedia, Orissa ;
http://www.statoids.com/uin.html, Origins of names ;
Britannica 세계 대백과 사전, 오리사 ;
Encyber 두산 세계 대백과, 오리사 주
110) http://india.gov.in, Know India, Orissa ;
Wikipedia, Orissa ; Britannica, 오리사 ; Encyber, 오리사 주
111) http://india.gov.in/maps/rajasthan.php ; http://india.gov.in/Knowindia/st_rajasthan.pjp.
112) http://india.gov.in, Know India, Rajasthan ; Wikipedia, Rajasthan
113) http://india.gov.in, Know india, Rajasthan ; Wikipedia, Rajasthan ;
http://www.indax.com/basic.html, Rajasthan ;
http://www.statoids.com/uin.html, Origins of names ;
Britannica, 라자스탄 ; Encyber 두산 세계 대백과, 라자스탄 주
114) http://india.gov.in, Konow India, Rajasthan ; Wikipedia, Rajasthan ;
http://www.indax.com/basic.html, Rajasthan ; Britannica, 라자스탄 ; IBEF, Economy, Rajasthan.
115) http://india.gov.in/maps/gujarat.php ; http://india.gov.in/Knowindia/st_gujarat.php
116) http://india.gov.in, Know India, Gujarat ; Wikipedia, Gujarat
117) http://www.statoids.com/uin.html ; Origins of names ;
http://www.indax.com/basic.html, Gujarat ;
http://india.gov.in, Know India, Gujarat ; Wikipedia, Gujarat ;
Britannica, 세계 대백과 사전, 구자라트 ; Encyber, 두산 세계 대백과, 구자라트 주
118) http://www.indax.com/basic.html, Gujarat ;
http://india.gov.in, Know India, Gujarat ;

Wikipedia, Gujarat ; Britannica, 구자라트 ;
주 인도 대사관, 2005년 인도 통상 · 투자 진출 안내서, 구자라트

119) http://india.gov.in/maps/maharashtra.php ; http://india.gov.in/Knowindia/st_maharashtra.php.

120) http://india.gov.in, Know India, Maharashtra

121) http://www.indax.com/basic.html, Maharashtra ;
http://www.statoids.com/uin.html, Origins of names ;
http://india.gov.in, Know India, Maharashtra ; Wikipedia, Maharashtra ;
Britannica, 세계 대백과, 마하라슈트라 ; Encyber 두산 세계 대백과, 마하라슈트라 주

122) http://www.indax.com/basic.html, Maharashtra ;
http://india.gov.in, Know India, Maharashtra ; Wikipedia, Maharashtra ;
Britannica, 마하라슈트라 ; Encyber, 마라하 슈트라 ;
주인도 대사관, 2005년 인도 통상 · 투자 진출 안내서, 마하라쉬트라 ;
IBEF, economy, Maharshtra

123) http://india.gov.in/maps/up.php ; http://india.gov.in/Knowindia/st_up.php

124) http://india.gov.in, Know India, Uttar Pradesh ; Wikipedia, Uttar Pradesh

125) http://www.statoids.com/uin.html, Origins of Names ;
http://www.indax.com/basic.html, Uttar Pradesh ;
http://india.gov.in, Know India, Uttar Pradesh ; Wikipedia, Uttar Pradesh ;
Britannica, 세계 대백과 사전, 우타르프라데시 ;
Encyber, 두산 세계 대백과, 우타르프라데시 주

126) http://www.indax.com/basic.html, Uttar Pradesh ;
http://india.gov.in, Uttar Pradesh ; Wikipedia, Uttar Pradesh ;
Britannica, 우타르 프라데시 ; Encyber, 우타르 프라데시 주 ;
주인도 대사관, 2005년 인도 통상 · 투자 진출 안내서, 우타르 프라데쉬

127) http://india.gov.in/maps/madhya.php ; http://india.gov.in/Knowindia/st_madhya.php

128) http://india.gov.in, Know India, Madhya Pradesh ; Wikipedia, Madhya Pradesh

129) http://www.statoids.com/uin.html ;
http://www.indax.com/basic.html, Madhya Pradesh ;
http://india.gov.in, Know India, Madhya Pradesh ; Wikipedia, Madhya Pradesh ;
Britannica, 세계 대백과 사전, 마디아 프라데시 ;

130) http://www.indax.com/basic.html, Madhya Pradesh ;
http://india.gov.in, Know India, Madhya Pradesh ;
Wikipedia, Madhya Pradesh ; Britannica, 마디아 프라데시 ;
Encyber, 두산 세계 대백과, 마디아 프라데시 주.

131) http://india.gov.in/maps/Chhattisgarh.php ;
http://india.gov.in/Knowindia/st_Chhattisgarh.php

132) http://india.gov.in, Know India, Chhattisgarh ; Wikipedia. Chhattisgarh

133) http://www.statoids.com/uin.html, Origins of names ;
http://india.gov.in, Know India, Chhattisgarh ; Wikipedia, Chhattisgarh ; http://Chhattisgarh.nic.in

134) http://india.gov.in, Know India, Chhattisgarh ;
Wikipedia, Chhattisgarh ; http://Chhattisgarh,nic.in.

135) http://india.gov.in/maps/andhrapradesh.php ;
http://india.gov.in/Knowindia/st_andhrapradesh.php

136) http://india.gov.in, Know India, Andhra Pradesh ; Wikipedia, Andhra Pradesh

137) http://www.statoids.com/uin.html
http://www.indax.com/basic.html ; http://india.gov.in, Andhra Pradesh ;
Wikipedia, Andhra Pradesh ;
Britannica, 안드라 프라데시 ; Encyber, 안드라 프라데시 주

138) http://www.indax.com/basic.html ; http://india.gov.in, Andhra Pradesh ;

Wikipedia, Andhra Pradesh ;
Britannica, 안드라 프라데시 ; Encyber, 안드라 프라데시 주 ;
주인도 대사관, 2005년 인도 통상 · 투자 진출 안내서, 안드라프라데쉬 ; IBEF, economy, Andhra Pradesh.
139) http://india.gov.in/maps/goa.php ; http://india.gov.in/Knowindia/st_goa.php
140) http://india.gov.in, Know India, Goa ; Wikipedia, Goa.
141) http://www.indax.com/basic.html, Goa ; http://india.gov.in, Goa ;
Wikipedia, Goa ; Britannica, 세계 대백과 사전, 고아 ;
Encyber 두산 세계 대백과 사전, 고아 주.
142) http://india.gov.in, Goa ; Wikipedia, Goa ; Britannica, Goa ; Encyber, Goa.
143) http://india.gov.in/maps/Karnataka.php ;
http://india.gov.in/Knowindia/st_karnataka.php.
144) http://india.gov.in, Know India, Karnataka ; Wikipedia, Karnataka.
145) http://www.statoids.com/uin.html, Origins of names ;
http://www.indax.com/basic.html, Karnataka ;
http://india.gov.in, Karnataka ; Wikipedia, Karnataka ;
Britannica, Karnataka ; Encyber, Karnatakd,
146) http://www.indax.com/basic.html, Karnatnka ;
http://india.gov.in, Karnataka ; Wikipedia, Karnataka ;
Britannica, Karataka ; Encyber, Karnataka ; IBEF, economy, Karnataka ;
주인도 대사관, 2005년 인도 통상 · 투자 진출 안내서, 카르나타카
147) http://india.gov.in/maps/Kerala.php ; http://india.gov.in/Knowindia/Kerala.php
148) http://india.gov.in, Know India, Kerala ; Wikipedia, Kerala
149) http://www.indax.com/basic.html, Kerala ;
http://india.gov.in, Kerala ; Wikipedia, Kerala ;
Britannica, 케랄라 ; Encyber, 케랄라 주.
150) http://www.indax.com/basic.html, Kerala ;
http://india.gov.in, Kerala ; Wikipedia, Kerala ;
Britannica, 케랄라 ; Encyber, 케랄라 주 ; IBEF, economy, Kerala.
151) http://india.gov.in/maps/tamilnadu.php ;
http://india.gov.in/Knowindia/st_tamilnadu.php.
152) http://india.gov.in, Know India, Tamil Nadu ; Wikipedia, Tamil Nadu.
153) http://india.gov.in, Tamil Nadu ; Wikipedia, Tamil Nadu ;
http://www.indax.com/basic.html, Tamil Nadu ;
Britannica, 타밀나두 ; Encyber, 타밀나두 주 ;
주인도 대사관, 2005년 인도 통상 · 투자 진출 안내, 타밀나두 ; IBEF, economy, Tamil Nadu.
154) http://india.gov.in, Tanmil Nadu ;
Wikipedia, Tamil Nadu ; http://www.indax.com, Tamil Nadu ;
Britannica, 타밀나두 ; Encyber, 타밀나두 주 ;
주인도 대사관, 상계서, 타밀나두 ; IBEF, Tamil Nadu.
155) Wikipedia, Pondicherry, Government & Administration.
156) http://india.gov.in/maps/delhi.php ; http://india.gov.in/Knowindia/delhi.php.
157) http://india.gov.in/Know India, Delhi ; Wikipedia, Delhi
158) http://www.statoids.com/uin.html, Origins of names ;
http://india.gov.in, Delhi ; Wikipedia, Delhi ; Britannica, Delhi ; Encyber 델리 ;
159) http://india.gov.in, Know India, Delhi
160) Wikipedia, Delhi
161) Wikipedia, Delhi
162) http://india.gov.Know India, Delhi ; Wikipedia, Delhi ;
Britannica, 델리 ; Encyber, 델리 ;
주인도 대사관, 2005년 인도 통상 · 투자 진출 안내, 델리

163) http://india.gov.in/maps/Chandigarh.php ;
http://india.gov.in/Knowindia/Chandigarh.php
164) http://india.gov.in, Know India, Chandigarh
165) http://www.statoids.com/uin.html, Origins of names ;
http://www.india.gov.in, Chandigarh ; Wikipedia, Chandigarh ;
Britannica, 찬디가르 ; Encyber, 찬디가르
166) Wikipedia, Chandigarh
167) Ibid. 168) Ibid.
169) http://india.gov.in, Chandigarh
170) http://india.gov.in/maps/daman_diu.php ;
http://india.gov.in/Knowindia/daman_diu.php.
171) http://india.gov.in, Daman & Diu
172) http://india.gov.in, Daman & Diu ; Wikipedia, Daman & Diu ;
Britannica, 다만 디우 ; Encyber, 다만 디우 주
173) http://india.gov.in, Daman & Diu ; Britannica, 다만 디우 ; Encyber, 다만 디우 주.
174) http://india.gov.in/maps/dadra-haveli.php ;
http://india.gov.in/Knowindia/dadra-haveli.php.
175) http://india.gov.in, Know India, Dadra & Nagar Haveli ;
Wikipedia, Dadra and Nagar Haveli
176) http://india.gov.in, Dadra & Nagar Haveli ;
Wikipedia, Dadra and Nagar Haveli ; Britannica, 다드라 나가르 하벨리
Encyber, 다드라 나가르 하벨리 주
177) http://india.gov.in, Dadra & Nagar Haveli ;
Britannica, 다드라 나가르 하벨리 ; Encyber, 다드라 나가르 하벨리 주.
178) http://india.gov.in/maps/pondicherry.php ;
http://india.gov.in/Knowindia/pondicherry.php ; Wikipedia, Pondicherry.
179) http://india.gov.in, Know India, Pondicherry. Wikipedia, Pondicherry.
180) http://india.gov.in, Pondicherry ;
http://www.statoids.com/uin.html, Origins of names ; Wikipedia, Pondicherry ;
Britannica, 퐁디셰리 ; Encyber, 퐁디셰리 주
181) http://india.gov.in, Pondicherry ; Wikipedia, Pondicherry ;
Britannica, 퐁디셰리 ; Encyber, 퐁디셰리 주
182) http://india.gov.in, Pondicherry
183) http://india.gov.in/maps/lakshadweep.php ;
http://india.gov.in/Knowindia/lakshadweep.php
184) http://india.gov.in, Know India, Lakshadweep ; Wikipedia, Lakshadweep.
185) http://www.statoids.com/uin.html, Origins of names ;
http://www.indax.com/basic.html, Lakshadweep Islands ;
http://india.gov.in, Lakshadweep ; Wikipedia, Lakshadweep ;
Britannica, 락샤드위프 제도 ; Encyber, 락샤드위프 제도
186) http://www.indax.com, Lakshadweep Islands ;
http://india.gov.in, Lakshadweep ; Wikipedia, Lakshadweep ;
Britannica, 락샤드위프제도 ; Encyber, 락샤드위프제도.
187) http://india.gov.in/maps/andaman-niwbar.php ;
http://india.gov.in/Knowindia/andaman-niocobar.php ;
Wikipedia, Andaman and Nicobar Islands.
188) http://india.gov.in, Know India, Andaman & Nicobar ;
Wikipedia, Andaman and Nicobar Islands.
189) http://www.statoids.com/uin.html, Origins of names ;

Wikipedia, Andaman and Nicobar ; http://india.gov.in, Andaman & Nicobar ;
Britannica, 안다만 니코바르 제도 ; Encyber, 안다만 니코바르 제도.

190) http://india.gov.in, Andaman & Nicobar ;
Wikipedia, Andaman and Nicobar ; Britannica, 안다만 니코바르 제도

191) http://india.gov.in, Know India, Andaman & Nicober ; Wikipedia, Andaman and Nicobar

192) Ibid.

제2부 [제 3 장]

1) Wikipedia, List of countries and outlying territories by area,; Source: CIA Factbook (http://www.cia.gov/cia/publications/factbook/)
2) Indian Government Homepage, India at a Glance, Geography.
3) 브리태니카, 인도, 남부아시아에 있는 국가.
4) 이 지도는 http://www.maptown.com/maps/in-map.jpg와 http://www.moxon.net/images/india/india-map.gif를 합성하여 작성한 것임
5) Indian Government Homepage, physical background, physical features.; 브리태니커, 인도, 자연 환경, 지형 ; Indian Governmant Homepage, op.cit; 브리태니커, 인도, 자연환경, 지형, 히말라야 산맥지역; Encyber 두산 세계 대백과 엔싸이버, 인도, 인도의 지형.
6) Encyber 두산세계대백과 엔싸이버, 히말라야 산맥
7) Encyber, 두산 세계 대백과 엔싸이버, 히말라야 산맥.
8) Wikipedia, India, Geography
9) Indian Government Homepage, op.cit.; 브리태니커, 인도, 자연환경, 지형, 평야지역; 브리태니커, 인도갠지스 평원.
10) 브리태니커, 데칸고원
11) wikipedia, India, Geography; 브리태니커, 인도, 자연환경, 지형; Encyber 두산 세계대백과엔싸이버
12) 브리태니커, 빈디아 산맥
13) Indian Gorernmtent Homepage, physical background, physical features
14) 브리태니커, 데칸고원 15) 상게서 16) 브리태니커, 데칸고원
17) 브리태니커, 인도, 자연환경, 지형; 브리태니커, 라다크
18) 브리태니커, 인도, 락샤드위프 제도
19) 브리태니커, 락샤드위프 제도. 20) 브리태니커, 안다만 니코바르 제도
21) India Government Homepage, physical background, physical features.
22) www.britannica.com, The Thar Desert.; 엔싸이버 두산세계대백과 엔싸이버, 타르사막.
23) Indian Government Homepage, physical background, Rivers.
24) Ibid. 25) Encyber 두산세계 대백과 엔싸이버, 인더스 강
26) 상게서 27) 브리태니커, 인더스 강 28) 상게서
29) 브리태니커, 인더스 강; Encyber 두산세계대백과 엔싸이버, 인더스 강
30) Indian Government Homepage, physical background, Rivers
31) 브리태니커, 갠지스 강
32) Encyber 두산세계대백과 엔싸이버, 브라마 푸트라강
33) Encyber 두산세계대백과 엔싸이버, 브라마 푸트라강.
34) 브리태니커, 갠지스 강.
35) Indian Government Homepage, physical background, Rivers
36) Indian Government Homepage, Physical background, Rivers
37) Ibid. 38) 브리태니커, 삼바르 염호
39) www.geographic.org, India Climate.
40) Indian Government Homepage, physical background, climate.

41) Indian Government Homepage, physical background, climate.   42) Ibid.
43) Encyber 두산세계대백과 엔싸이버, 인도의 기후; 전게서, 훼라푼지.
44) 전게서, 인도의 기후.   45) 전게서
46) 머니 투데이, 인도, 비(雨)로 오일 달러를 잡는다, 이경호 기자, 2005. 8. 23.
47) Encyber 두산세계대백과 엔싸이버, 인도, 인도의 기후
48) Indian Government Homepage, physical background, Flora.
49) Encyber 두산세계대백과 엔싸이버, 인도, 인도의 식물.
50) Indian Government Homepage, physical background, Flora.   51) Ibid.
52) Indian Government Homepage, physical background, Flora.   53) Ibid.   54) Ibid.
55) India Government Homepage, physical background, Flora.   56) Ibid.   57) Ibid.
58) India Government Homepage, physical background, Flora.   59) Ibid.
60) Indian Government Homepage, physical background, Fauna.
61) 브리태니커, 인도, 동물.   62) 상게서.   63) 상게서.
64) Encyber 두산세계대백과 엔싸이버, 인도의 동물; 브리태니커, 인도, 자연환경, 동물
65) Encyber 두산 세계대백과 엔싸이버, 인도의 동물.
66) 브리태니커, 인도, 자연환경, 동물
67) Encyber 두산세계대백과엔싸이버
68) Indian Government Homepage, physical background, Fauna

제2부 [제 4 장]

1) adaniel's into site, India History, India in the past-its rulers.
2) 브리태니커, 인도사(history of india), 초기선사시대.
3) 브리태니커 인도사, 인더스문명 ; 주한 인도대사관, 인도역사
4) http://www.mnsu.edu/emuseum/prehistory/india/indus/geography.html
5) http://www.mnsu.edu/emuseum/prehistory/india/indus/elements.html
6) http://www.mnsu.edu/emuseum/prehistory/india/indus/elements.html
7) Wikipedia, History of India, An ancient Indus-valley city.
8) 브리태니커, 인도사, 인더스문명 ; www.geographic.org. India History, Harappan Culture   9) Ibid.
10) 브리태니커, 인도사, 아리아인의 침입과 카스트의 정착 ; ja.wikipedia.org, vedic Aryans.
11) 브리태니커, 산스크리트, 용어해설
12) 브리태니커, 인도사, 아리아인의 침입과 카스트의 정착   13) 상게서
14) 브리태니커, 베다, 리그베다, 용어해설
15) ja.wikipedia.org. 베다(인도의 성전) 시대부터 바르다나아침까지.
16) 브리태니커, 인도사, 고대 도시국가의 성립
17) www.geographic.org, Kingdoms and Empires.
18) India Govermment Home page, Indian History, Ancient History, Alexanden's Invasion ;
브리태니커, 알렉산드로스 3세, 용어해설
19) India Government Homepage, Ancient History, The Mauryan Empire ; 브리태니커, 인도사, 마우리아 제국
20) Wikipedia, History of India, Maurya dynasty
21) Sabdavali Glossary, www.himalayanacademy.com
22) 브리태니카, 인도사, 마우리아 제국
23) 브리태니커, 마우리아 제국
24) Wikipedia, History of India, Maurya dynasty
25) India Government Homepage, End of Mauryan Empire ; 브리태니커, 인도사, 마우리아 제국
26) India Government Homepage, Indian History, End of of Mauryan Emperor

27) India Government Homepage, India History, Gupta Dynasty
28) 브리태니커, 굽타 왕조, 용어 해설
29) 브리태니커, 칼라다 사, 용어해설
30) 브리태니커, 굽타왕조, 용어해설 ; 인도사, 굽타왕조
31) 브리태니커, 인도사, 굽타왕조
32) Wikipedia, History of India, Early Middle Kingdoms-the golden age. Coins of the Gupta period.
33) India Government, Indian History, Decline of Gupta Dynasty 34) Ibid.
35) India Government, Homepage, India History, Harsharardhana
36) Wikipedia, History India, Harshais empire
37) Wikipedia, History of India, Harsha's empire
38) India Government Homepage, Indian History, The Chalukyas of Badami ; Wikipedia, History of India, The Chalukyas and Pallaras
39) India Government Homepage, Indian History, The pallavas of Kanchi
40) Wikipedia, History of India, Chola empire ; 브리태니커, 촐라왕조, 용어해설
41) Wikipedia, History of India, Chola empire.
42) Wikipedia, History of India, The Pratiharas, palas, and Rashtrakutas.
43) Indian Govenment Homepage, Indian History; Wikipedia, History of India.
44) India Government Homepage, Indian History, The Rise of Islam in South-Asia
45) 브리태니커, 인도사, 델리술탄국 ; 브리태니커, 가즈나 왕국, 용어해설
46) India Government Homepage, Indian History, Muslim Invasion in India
47) 브리태니커, 라지푸트족, 용어해설
48) India Government Homepage, India History, The Delhi Sultanate
49) Wikipedia, History of India, Delhi Sultanate
50) 브리태니커, 인도사, 델리술탄국 51) 브리태니커, 인도사, 델리술탄국
52) 브리태니커, 술탄, 용어해설
53) India Government Homepage, Indian History, The Dehhi Sultanate
54) 브리태니커, 노예 왕조, 용어해설
55) 브리태니커, 인도사, 노예왕조 56) 브리태니커, 인도사, 노예왕조
57) 상게서 58) 상게서
59) India Government Homepage, History of India, The Khalji Dynasty.
60) 브리태니커, 할지 왕조, 용어해설
61) India Government Homepage, Indian History, Tughlug Dynasty
62) 브리태니커, 인도사, 델리술탄국 63) 브리태니커, 사이이드 왕조, 용어 해설
64) India Government, Homepage, India History, Sayyid Dynasty
65) Indian Government Homepage, Indian History, Lodhi Dynasty ; 브리태니커, 로디 왕조, 용어해설
66) 브리태니커, 인도사, 바마니 왕조와 비자야나가르 왕조
67) India Government Homepage, India History, Vijayanagar Empire
68) 브리태니커, 비지야나가르, 용어해설
69) India Government Homepage, Indian History, Bahmani Kingdom.
70) 브리태니커, 바만술탄국, 용어해설
71) India Government Homepage, Indian History, The Mughal Empire
72) Ja. Wikipedia, 인도 역사, 무굴제국
73) Wikipedia, History of India, Mughal Empire 74) Ibid.
75) Wikipedia, History of India, The Mughal Empire, The Greater Mughal Emperors
76) 브리태니커, 인도, 무굴제국 77) 상게서
78) Indian Government Homepage, Indian History, The Mughal Empire, Humayun.
79) Ibid; 세계일보, 이지상의 세계 문화 기행, 인도 아그라 타지마할
80) http://en.wikipedia.org/wiki/Humayun's_Tomb
81) India Government Homepage, Indian History, The Mughal Empire, Akbar.

82) 브리태니커, 인도사, 무굴제국, 무굴제국의 성립과 악바르 대제
83) Indian Government Homepage, Indian History, The Mughal Empire, Jahangir
84) Wikipedia, World Heritage Sites in India. Agra Fort.
85) India Government Homepage, India History, The Mughal Empire, Shah Jahan
86) Wikipedia, History of India, Mughat Emperor
87) 세계일보, 이지상의 세계 문화기행, 인도 아그라 타지마할
88) Indian Government Homepage, Indian History, The Mughal Empire, Aurangzeb
89) Ja.Wikipedia, 인도 무갈제국
90) Indian Government Homepage, Indian History, The Decline of Mughal Empire
91) 브리태니커, 인도사, 무굴제국의 쇠퇴
92) 브리태니커, 인도사, 무굴제국의 쇠퇴
93) 상게서 94) 상게서 95) 상게서
96) 브리태니커, 인도사, 유럽제국의 인도 진출
97) Ja, wikipedia, 인도, 무굴제국
98) 브리태니커, 마라타 전쟁 ; 브리태니커, 마라타 동맹
99) 브리태니커, 마라타 전쟁 100) 브리태니커, 시크 전쟁
101) Ja. Wikipedia, 인도, 무굴제국 102) 상게서
103) 브리태니커, 세포이 항쟁 104) Ja, Wikipedia, 인도, 무굴제국
105) Wikipedia, History of India, The Independence Movement; 브리태니커, 인도, 역사.
106) 브리태니커, 네루
107) 브리태니커, 인도사, 영국의 지배와 인도사회 108) 상게서
109) 브리태니커, 인도사, 영국의 지배와 인도사회 ; Wikipedia, History of India, The Independence Movement
110) 상게서
111) 브리태니커, 인도사, 영국의 지배와 인도사회; Wikipedia, History of India, The Independence Movement.
112) Encyber, 두산세계대백과 엔싸이버, 인도의 역사
113) adaniel's info site, India since independence
114) 브리태니커, 인도사, 영국의 지배와 인도사회
115) adaniel's info site, India since independence
116) Encyber 두산세계대백과 엔싸이버, 인도의 역사
117) 브리태니커, 인도사, 영국의 지배와 인도사회
118) 상게서 119) 브리태니커, 인도, 역사
120) adaniel's info site, India since independence

제2부 [제 5 장]

1) Wikipedia, List of Countries by population ; United States Contral Intelligence Agency's The World Fast book(http://www.cia.gov/cia/publications/factbook/rankorder/2119rank.html) ; India Government Homepage, Demographic Background, population ; Wikipedia, Demographics of India, Salient Features.
2) Wikipedia, List of Countries by population.
3) 한겨레, 세계 인구 37.5% 중국 · 인도인, 정석구 기자, 2005.7.11 ; 한국경제신문, 인도 인구증가 빨라… 2030년 이전 중국 추월, 박성완 기자, 2005. 2. 26. ; 조선일보, 2030년쯤 인구 인도, 중국 추월, 김재호 특파원, 2005. 2. 26
4) 한국일보, 인도인구 중국 넘어선다/美 연구기관 2050년 전망, 안준현 기자, 2004. 8. 19
5) 조선일보, 인도, 2020년엔 세계 3위 경제 대국, 박영철 기자, 2005. 4. 14
6) Indian Government Homepage, Demographic Background, Population Density
7) India Government Homepage, Denographic Background, Population
8) indiaenterprise.com, Know India, Introduction ; Wikipedia, Demographics of India, Salient features.

9) indiaenterprise.com. Know India, people ; Wikipedia, Demograhics of India, Key Data
10) Indian Government Homepage, Demographic Background, Sex ratio.
11) indiaenterprise.com. Know India, people ; wikipedia, Demographics of Indai, Key data.
12) 세계일보, 송민섭 기자, 2006. 3. 29
13) www.geographic.org, India, population projections, population and family planning policy ; indiaenterprise.com, Know India, people ; Wikipedia, Demographic of India, Key data
14) 경향신문, 윤성노 기자, 2006. 3. 22
15) indiaenterprise.com, Know India, people
16) Wikipedia, Demographics of India, Key data
17) Ibid 18) Wikipedia, India, Demographics.
19) India Government Homepage, Demographic Background, Literacy
20) IndoKorea.net, N. R. I(Non Residence Indian) 그들은 누구인가? 상관습, 신척현.
21) 한겨레, 인도, 의사 국외 유출 심각, 2006. 4. 10
22) 한겨레, 카스트는 영원하다? 박민희, 임종진 기자, 2006. 5. 31
23) 경향신문, 인도 이중국적 허용, 미국, 영국 등 7개국 교민 대상…투자 유치 목적, 안치용 기자, 2003. 1. 20; 쿠키뉴스, 11억 인도 "사람이 자산"…경제 성장 위해 이중국적 전면 허용, 태원준 기자, 2006. 1. 8
24) 연합뉴스, 인도를 벗긴다, 놀랍고 놀라운 사실들, 정규득 뉴델리 특파원, 2004. 8. 31.
25) 서울경제, 인도는 인재 수출국, 정상범 · 이규진 · 김현수 · 김홍길 · 김상용 기자, 2006. 6. 19.
26) 파이낸셜 뉴스, 국내 IT업계에 인도 파워, 2005. 11. 7; 중앙일보, IT맨 인도파워, 장정훈 기자, 2005. 11. 7.
27) 상게서.
28) 세계 일보, 미국 전문직 취업 한국인 384만 명 …인도 1위, 국기연 워싱턴 특파원, 2006. 4. 26
29) 한국일보, 인도인 미국에서 가장 성공, 미국 인구조사국 밝혀… 소득 · 학력 · 지위 높아, 황유석 기자, 2004. 12. 18.
30) 세계일보, 해외 이민자 송금최대국은 인도, 송민섭 기자, 2005. 11. 18;
31) 서울경제, 인도는 인재 수출국, 정상범 · 이규진 · 김현수 · 김홍길 · 김상용 기자, 2006. 6. 19; 쿠키 뉴스, 11억 인도 '사람이 자산' …경제 성장위해 이중국적 전면허용, 태원준 기자, 2006. 1. 8.
32) 헤럴드 생생뉴스, 인도 출신 해외 고급 인력, 인도로 U턴, 김필수 기자, 2005. 12. 27.
33) 연합뉴스, 인도 떠난 인재들 고국으로 돌아온다. 정규득 뉴델리 특파원, 2005. 2. 10.
34) 헤럴드 생생 뉴스, 인도 출신 해외 고급인력, 인도로 U턴, 김필수 기자, 2005. 12. 27.
35) 한국경제, 인도 출신 IT인재들 역이민… 1년 반새 3만 명 돌아와, 하영춘 뉴욕 특파원, 2005. 12. 27.
36) 상게서
37) 헤럴드 생생 뉴스, 인도 출신 해외 고급 인력, 인도로 U턴, 김필수 기자, 2005. 12. 27.
38) 매일 경제, 인도 자동차 인력, 디트로이트서 인도로 유턴, 2006. 3. 27.
39) 연합뉴스, 인도 떠난 인재들 고국으로 돌아온다, 정규득 뉴델리 특파원, 2005. 2. 10;
40) 한국경제, 인도 출신 IT 인재들 '역이민' – 1년 반새 3만 명 돌아와, 하영춘 특파원, 2005. 12. 27; 헤럴드 생생뉴스, 인도 출신 해외 고급인력, 인도로 유턴, 김필수 기자, 2005. 12. 27.
41) 인도 이중 국적 허용, 미국 · 영국 등 7개국 교민 대상 - 투자유치 목적, 안치용 기자, 2003. 1. 20.; 쿠키뉴스, 11억 인도 "사람이 자산" – 경제 성장 위해 이중국적 전면 허용, 태원준 기자, 2006. 1. 8.
42) 주한 인도 대사관, 홈페이지, 인종 43) 브리태니커, 인도, 국민, 민족언어 집단
44) indiaenterprise.com, know India, people 45) Wikipedia, India, Ethnic Groups in India.
46) Encyber 두산세계대백과 엔싸이버, 드라비다어족
47) Wikipedia, Ethnic Groups in India 48) Wikipedia, Ethnic Groups in India
49) Ibid 50) Ibid 51) Ibid
52) Wikipedia, Demographics of India, Key Data ; Wikipedia, Demographics of India, Religion-wise breakdown
53) 브리태니커, 힌두교 54) 상게서
55) Encyber 두산세계대백과, 힌두교 56) 상게서
57) 브리태니커, 힌두교 58) 브리태니커, 힌두교
59) 브리태니커, 베다교 60) 브리태니커, 베다
61) Encyber 두산세계대백과 엔싸이버, 베다
62) 브리태니커, 브라만교 63) 브리태니커, 브라만

64) Encyber 두산세계대백과 엔싸이버, 브라만교
65) 브리태니커, 비슈누교 66) 브리태니커, 비슈누, 다르마
67) 브리태니커, 시바교 68) 브리태니커, 시바
69) 브리태니커, 힌두교 70) 상게서
71) Encyber 두산세계대백과, 인도, 인도의 종교 72) 상게서
73) 인도바로보기, 제6주 인도의 종교들 : 삶의 방식, 이슬람교 74) 상게서 75) 상게서
76) 브리태니커, 이슬람교
77) Encyber 두산세계대백과, 이슬람교 78) 브리태니커, 이슬람교
79) 브리태니커, 이슬람교 : Encyber 두산세계대백과, 이슬람교
80) Encyber 두산세계대백과, 이슬람교
81) Indian Government Homepage, Indian History, Rise to the Sikh Power
82) Encyber 두산세계대백과 엔싸이버, 시크교
83) Manas, Indian Religions, Gure Nanak
84) 브리태니커, 시크교 85) 브리태니커, 할사
86) http://www.indax.com/basic.html, states of India, punjab
87) ibid 88) 브리태니커, 시크교 89) 인도바로보기, 전게서
90) 인도바로 보기, 전게서, 자이나교 ; Encyber 두산세계대백과, 자이나교 ; 브리태니커, 자이나교, 마하비라, 티르탕가라
91) 인도바로보기, 전게서, 자이나교, 불살생 ; 브리태니커, 자이나교
92) 인도바로보기, 전게서, 자이나교, 불살상 ; 브리태니커, 자이나교
93) 인도바로보기, 전게서, 자이나교 ; 브리태니커, 자이나교 ; Encyber 두산세계대백과, 자이나교
94) www.geographic.org. India, Zoroastrianism
95) 주간조선, 인도 무슬림 중에는 '알카에다' 없다, 최준석 특파원, 2006. 3. 21
96) 내일신문, "인도 전국 비상사태 빠질 수도", 2006. 3. 17
97) 한국일보, 인도가는 길… 테러 경계령, 황양준 기자, 2006. 3. 9
98) 연합뉴스, 인도 유혈충돌 배경, 2002. 2. 28
99) 주간조선, 최준석 조선일보 특파원, 2006. 3. 30 ; 매일경제, 인도 종교 분쟁 심화, 2002. 3. 3
100) 한국일보, 인도 가는 길… 테러 경계령, 황양준 기자 ; 한겨레, 다시 터진 인도의 테러 공포, 박민희 기자, 2006. 7. 13.
101) 한국일보, 인도 가는 길… 테러 경계령, 황양준 기자
102) 내일신문, '인도 전국 비상사태 빠질 수도', 2006. 3. 17 ; 한국일보, 인도 가는 길… 테러 경계령, 황양준 기자 ; 경향신문, 인도 힌두 성지 연쇄폭발 28명 사망, 2006. 3. 8
103) 매일경제, 인도, 다양한 문화가 빚어내는 경이로움, 2006. 2. 26
104) India Government Homepage, Languages.
105) 주한 인도 대사관, 언어 106) 브리태니커, 힌디어
107) http://indif.com. India Facts, Facts about India ; Indian Languages.
108) Wikipedia, Sanskrit
109) http://www.latrobe.edu.au/indiangallery/devanagari.htm
110) http://indif.com/india/patriotic/song 1.asp
111) http://indif.com/india/patriotic/song 1.asp
112) indiaenterprise.com, Know India, people languages
113) 서울신문, 인디아 리포트, 국가경쟁력원천 '영어', 2006. 6. 21.
114) 머니 투데이, 영어, 인도 성장과 통합의 '코드', 김영권 정보통신 부장, 2005. 4. 4;
115) 상게서.
116) 아이뉴스 24, 발머 MS CEO, "인도 14개 언어 지원 윈도 출시", 김익현 기자, 2004. 11. 17.
117) 중앙일보, 미국 IT업체 "인도를 잡아라", 남정호 뉴욕 특파워, 2005. 12. 9.
118) http://en.wikipedia.org/wiki/india
119) 서울신문, 인디아리포트, 국가 경쟁력 원천 '영어', 2006. 6. 21;
머니 투데이, 영어, 인도 성장과 통합의 코드, 김영권 정보통신부장, 2005. 4. 4.

제2부 [제6장]

1) Wikipedia, India Government; India Government Homepage, Government.
2) Wikipedia, Government of India, Executive branch.
3) India Government Homepage, Government.
4) Wikipedia, Government of India, Executive branch.
5) Wikipedia, Government of India, Executive branch, President of India.
6) Wikipedia, India, Government.
7) Wikipedia, Government of India, Executive branch, president of India.
8) constitution of India, s 54; Wikipedia, Government of India, Executive branch, President of India; www.geographic.org, India Government-2005, Executive branch.
9) Wikipedia, Government of India, Executive branch, president of India, List of Presidents of India
10) 매일 경제신문, 천민 출신 나라야난 前 인도 대통령 타계, 오화석 기자, 2005.11.11.
11) Wikipedia, Adul Kalam ; 주한 인도 대사관 홈페이지: www.geographic.org.India Government-2005, Executive Branch ; 매일 경제, 인도 '核영웅' 대통령 됐다. 장경덕 기자, 2002. 7. 20 ; 국민일보, 하층민 어부 아들서 인도 대통령으로, 김나래 기자, 2002. 7. 19 ; 매일 경제, 인도 '核폭탄 아버지' 압둘칼람 대통령 당선, 2002. 7. 19 ; 연합뉴스, 압둘칼람 신임 인도 대통령, 2002. 7. 18
12) constitution of India, s 63; Wikipedia, vice-president of India.
13) Constitution of India s 66; Wikipedia, Vice-president of India; www.geographic.org, India-Government-2005, Executivee branch.
14) constitution of India s. 65
15) Wikipedia, Vice-President of India, List of Vice-President of India.
16) India Government Homepage, who's who. vice president of India, Shri Bhairon Singh Shekhawat.
17) http://en. wikipedia.org, Government of India, Executive branch, Union Cabinet.
18) 브리태니커, 로크 사바.
19) Wikipedia.org, Government of India, Executive branch, Union Cabinet.
20) Ibid. 21) Ibid. 22) Constitution of India, s. 76.
23) Wikipedia, Prime Minister of India. 24) Ibid.
25) Constitution of India, s 75 ; Wikipedia, Prime Minister of India, Powers and Functions.
26) Wikipedia, Prime Minister of India. 27) Ibid.
28) Wikipedia, Prime Minister of India, List of Prime Minister of India.
29) Wikipedia, Prime Minister of India, prime ministers through the years.
30) Ibid. 31) Ibid. 32) Ibid.
33) Ibid. 34) Ibid.
35) India Government Homepage, who's who, prime Minister of India, Dr. Manmohan Singh.
36) http://en.wikipedia.org.Government of India, Executive branch, the Union Ministers.
37) constitution of India, First Schedule [Article 1 of 4] of constitution of India.
38) http://ja.wikipedia.org. 인도의 지방행정구역; wikipedia, India, states and Union Territories.
39) ibid.
40) Constitution of India, s 79; India Government Homepage, Parliament.
41) wikipedia, Parliament of India, Houses of Parliament.
42) constitution of India, s 80; India Government Homepage, Parliament, Rajya sabha; 주한 인도 대사관 인도의 의회제도; www.geographic.org, India Government-2005, Legislative Branch; 브리태니커, 인도, 정치 · 사회, 정부조직
43) wikipedia, Rajya Sabha
44) Constitution of India, s. 81, s 331.; India Government Homepage, Parliament, Rajya Subha.
45) wikipedia, Lok Sabha
46) www.indokorea.net, 이운용, 인도정치, 인도의 각 주별 하원의원수.
47) India Government Homepage, Parliament, Difference between Lok sabha and Rajya Sabha.

48) India Government Homepage, parliament, Functions and Powers.
49) India Government Homepage, Government; wikipedia, Government of India; Judicial branch
50) www.geographic.org, India, Government, The Judiciary; indiaenterprise.com.know India, Government; constitution of India, s 124.
51) www.geographic.org, India, Government, The Judiciary; India Government Homepage, Government.
52) wikipedia, India, Government, Judicial branch, state Judiciary; www.geographic.org, India, Government High Courts.
53) http://en.wikipedia.org, High courts of India.
54) Ibid.
55) www.geographic.org, India, Government High Courts;

제2부 [제7장]

1) 브리태니커, 간디; Encyber 두산세계 대백과, http://www.encyber.com, 간디.
2) 브리태니커, 간디
3) 동아닷컴, 인도의 재발견, 마하트마 간디, 권삼윤 문화비평가, 2006. 4. 4.
4) indokorea, net, 나라를 하나로 묶는 힘, 인도의 지폐, '간디 시리즈', 신민화 5) 브리태니커, 네루
6) wikipedia, History of India, The Independence Moverment, Gandhi and Nehru in 1937.
7) 브리태니커, 네루 8) Encyber 두산세계 대백과, 네루.
9) 브리태니커, 간디; Encyber 두산세계 대백과 간디 ; wikipedia, Indira Gandi.
10) http://www.jetro.go.jp, india, basic (기초 데이터, 정치 동향)
11) wikipedia, List of recognized political parties in India.
12) Wikipedia, Indian National Congress; Wikipedia, List of recognised political parties in India.
13) Political parties and Election Symbols, Election commission of India, 2004.
14) Wikipedia, List of recognised political parthies in India; wikipedia, Communist party of India.
15) Political Parties and Election symbols, Election Commission of India 2004.
16) Wikipedia, List of recognised political parties in India; Widipedia, Communist party of India (Marxist)
17) Wikipedia, communist Party of India(Marxist)
18) wikipedia, List of recognised political parties in India ; Wikipedia, Bharatiya Janata party.
19) 인도바로보기, http://maincc.hufs.ac.kr~indo./ 20) 상게서
21) political parties and Election symbols, Election Commission of India, 2004.
22) Wikipedia, List of political parties in India ; Wikipedia, Bahujan Samaj Party
23) political parties and Election symbols, Election Commission of India, 2004.
24) Wikipedia, List of political parties in India ; Wikipedia, Nationalist Congress Party
25) Political Parties and Election Symbols, Election Commission of India, 2004.
26) Political Parties and Election Symbols, Election Commission of India, 2004
27) www.geographic.org.India Government-2005, Legislative branch.
28) www.geographic.org, India Government-2005, Political Pressure groups ; www.geographic.org, India, Regionalism.
29) www.geographic.org.op.cit, Regionalism, Telangana Movement
30) www.geographic.org,op.cit, Regionalism, Telangana Movement.
31) Wikipedia, Foreign relations of India. 32) Ibid.
33) KOTRA, 인도의 FTA 추진동향과 영향
34) 상게서 35) 상게서 36) 상게서
37) Wikipedia, Foreign relations of India. 38) Ibid.
39) 브리태니커, 잠무카슈미르; Wikipedia, Jammu and Kashmir, The Kashmir dispute; Encyber 두산 세계대백과, 잠무카슈미르.
40) 세계일보, 인도 · 파키스탄 "통제선" 열린다, 2005. 10. 24.

41) 엔싸이버 두산세계 대백과, http://www.encyber.com. 잠무 카슈미르
42) http://ja.wikipedia.org, 인도 · 파키스탄 전쟁 43) http://ja.wikipedia.org. 인도-파키스탄 전쟁
44) KOTRA, 인도, 인도-파키스탄 카시미르 국경 분쟁 45) 상게서
46) 매일경제, 김민구 기자, 2006. 3. 25.
47) 브리태니커, 잠무카슈미르 ; http://ja.wikipedia.org, Aksa ; Chin ; Wikipedia, Jammu and Kashmir, The Kashmir Dispute
48) 한겨레, 중국－인도 오랜 갈등 해소될까, 박병수 기자, 2003. 6. 24.
49) 경향신문, 중－인도 "국경선 분쟁 정치적 해결", 홍인표 베이징 특파원, 2005. 9. 26.
50) 중앙일보, '달리는 코끼리' 개방 15년 인도를 가다(3) 우리의 상대는 중국, 장세정 기자, 2006. 3. 4
51) 서울경제, 인도 '中 티베트 영유권' 인정, 배연해 기자, 2003. 6. 25
52) YTN, 中, "일본과 따로 간다면 인도 상임이사국 지지", 김 잔디 기자, 2006. 4. 15.
53) 이데일리, 중 · 인, 44년 만에 국경무역 재개 합의 김현동 기자, 김기성 기자, 2006. 6.18 ;
중앙일보, 인도~중국 실크로드 40년 만에 다시 열린다. 2006. 1. 2 ;
한국일보, 빗장 푼 중국 · 인도 '협력의 길' 로 나서다, 이영섭 베이징 특파원, 2006. 6. 19 .;
뉴시스, 중－인 '비단길' 복원, 다음달 6일 무역재개 · 나경수 기자, 2006. 6. 19 ;
조선일보, 중 · 인 나투라 국경 44년 만에 다시 연다, 최준석 뉴델리 특파원, 2006. 6. 20.
54) 이 그림은 '빗장 푼 중국 · 인도 '협력의 길로 나서나' 한국일보 전게서와 인도~중국 실크로드 40년 만에 다시 열린다. 중앙일보 전게서의 그림을 참조하여 수정한 것임.
55) www.geographic.org, India, Sri Lanka;
indokoreanet, 인도 영화, 영화 'Terrorist' -모정과 조국애의 갈림길, 당신의 선택은?
56) Ibid. 57) Ibid.
58) www.geographic.org, India, Sri Lanka.
59) 한국일보, 무섭게 떠오르는 인도 "민간 영역 경쟁력은 中− 능가", 박상준 기자, 2006. 3. 2
60) 한국일보, 상게서 ; 한겨레, 부시, 인도엔 떡주고 파키스탄엔 등만 '토닥', 류재훈 기자, 2006. 3. 6;
경향신문, 美서남아 외교축 인도로 이동, 유신모 기자, 2006. 3. 5; 경향신문, 美의 인도로 가는 길, 김철웅 논설위원, 2006. 3. 14
61) 조선일보, 인도핵 자율권 주고 中 견제노린다. 2006. 2. 28
62) The world Factbook, CIA, India, Military ; All Refer. com-India, Military
63) USA, State Government, Background Note: India, Defence.
64) paran 백과 사전, 인도; 국방
65) The world Factbook, CIA, India, Military; Yahoo Education, India Military.
66) wikipedia, Indian Army.
67) Ibid 68) Ibid
69) www.geographic.org, India, The Army; wikipedia, India, Indian Army, Structure of the Indian Army.
70) Wikipedia, India, Indian Army, Equipment, Light weapons.
71) op.cit, combat vehicles
72) Wikipedia, India Army, Equipment, Combat vehicles.
73) Wikipedia, India, Indian Army, Equipment, Artillery.
74) Ibid. 75) Ibid.
76) Wikipedia, India, Indian Army, Equipment, Aircraft.
77) Wikipedia, India, Indian Army, Eguipment, Missiles.
78) 인도, 핵 미사일 대량 생산 단계, 연합뉴스, 2001. 3. 8.
79) 상게서 ; 인도, 핵탑재, 가능 미사일 시험 발사(종합), 연합뉴스, 2002. 1. 25.
80) 스타뉴스보도, 인도, 중거리 탄두 미사일 시험발사 실시, 로이터, 2002. 1. 25 ;
한국일보, 인도, 중거리 탄도 미사일 발사 시험 성공, 2002. 1. 25. ;
연합뉴스, 인도, 핵 탑재 가능 미사일 시험발사(종합), 2002. 1. 25. ;
81) 서울신문, 핵탄두 탑재가능 중거리 미사일, 인도 시험발사 첫 성공, 2003. 1. 10
82) 조선일보, 인도, 중거리 대공 미사일 발사 성공, 2004. 1. 15. ;
YTN, 인도, 중거리 지대공 미사일 실험성공, 이종국 기자, 2005. 2. 21.

83) YTN, 인도, 중거리 지대공 미사일 실험성공, 이종국 기자, 2005. 2. 21.
84) mbn, 인도, 핵탑재 미사일 시험발사, 2005. 5. 13.
85) 중앙일보, 인도 IRBM 시험 발사, 2006. 7. 10. 장세정 기자.
86) USA State government, http://www.state.gov, Background note: India, Defense; wikipedia, Indian Navy, History of Indian Navy ; Paran 백과 사전, 인도, 국방
87) wikipedia, Indian Navy. 88) www.geographic.org, India, The Army, The Navy
89) Wikipedia, Indian Navy, Structure of the Indian Navy.
90) www.wikipedia, Indian Navy, weapons, ships
91) Ibid. ; 러, 인도에 항공모함 판매, YTN, 윤경민 기자, 2004. 1. 21.
92) Ibid, Future Plans ; 인도, 내달 항공모함 직접 만든다, 조선일보, 2005. 3. 25 ;
인도, 내달 고유기술항만 건조 착수, 연합뉴스, 2005. 3. 24.
93) Wikipedia, Indian Navy, Weapons, Destroyers 94) Ibid.
95) Wikipedia, Indian Navy, Weapons, Frigates 96) Ibid. 97) Ibid.
98) Wikipedia, Indian Navy, Weapons, Corvettes 99) Ibid.
100) Wikipedia, Indian Navy, Weapons, Patrol Craft 101) Ibid.
102) www.geographc.org, India, The Air Force ; Paran 백과사전, 인도, 국방 ; Wikipedia, Indian Air Force.
103) Ibid. 104) Ibid.
105) www.geographic.org, India, The Air Force.
106) Wikipedia, Indian, Air Force, IAF Aircraft
107) Ibid. 108) Ibid. 109) Ibid.
110) Wikipedia, Indian Air Force, IAF Aircraft
111) Ibid. 112) Ibid. 113) Ibid.
114) Ibid. 115) Ibid.
116) http://www.fas.org, Nuclear weapons-India Nuclear Forces; Paran 백과사전, 인도, 국방
117) http://www.fas.org, Nuclear weapons-India Nuclear Forces, First Nuclear Test at Pokhran in 1974
118) http://www.fas.org, op.cit, Shakt: Nuclear Weapons Test, May 11-13, 1998
119) 주간조선, 21세기 인도순례(5) 포카란, 두 번 핵실험한 곳, 인도의 자부심 상징, 최준석특파원, 2006. 3. 15
120) http://www.fas.org, Pakistan Nuclear Weapons
121) KOTRA, 인도의 CTBT 가입문제

제2부 [제 8 장]

1) The Constitution of India, Government of India Homepage; Wikipedia, Constitution of India
2) Wikipedia, Constitution of India
3) Wikipedia, Constitution of Indai, History, The Constituent Assembly
4) Ibid. 5) Ibid.
6) Wikipedia, Constitution of India, Features
7) Act 22 of 1986, s.2를 참조하라
8) The Indian Contract Act, 1872. Act No.9 of 1872[25th april, 1872], Government of India Homepage
9) The Indian Contract Act, s4, Illustrations
10) Ibid, s.5. Illustrations 11) Ibid, s.20, Illustrations
12) Ibid, s.21. Illustration 13) Ibid, s.29, Illustrations
14) Ibid, s.31, Illustrations 15) Ibid, s.32. Illustrations
16) Ibid. s.33. Illustrations. 17) Ibid, s.35, Illustrations
18) Ibid. s.37. Illustrations 19) Ibid, s.38. Illustration
20) Ibid, s.39, Illustrations 21) Ibid. s.40. Illustrations

22) Ibid, s.46, Illustration 23) Ibid, s.49. Illustration
24) Ibid. s.50. Illustrations 25) Ibid. s.51. Illustrations
26) Ibid. s.52. Illustrations 27) Ibid. s.53. Illustrations
28) Ibid, s.54. Illustrations 29) Ibid. s.73. Illustrations
30) Ibid. s.74. Illustrations 31) Ibid. s.75. Illustration
32) The Indian Penal Code, 1860. Act No.45 of 1860. Indian Government Homepage.
33) Ibid. s.34. Illustrations 34) Ibid. s.37. Illustration(a).
35) Ibid. s.38. Illustrations 36) Ibid. s.39. Illustration
37) Ibid. s.79. Illustration 38) Ibid. s.80. Illustration
39) Ibid. s.81. Illustrations (a) and (b)
40) Ibid. s.88. Illustration 41) Ibid. s.92. Illustrations
42) Ibid, s.93, Illustration 43) Ibid. s.107. Illustration
44) Ibid. s.108. Illustrations (a) and (b)
45) Ibid. s.108. Illustration (a) 46) Ibid. s.109. Illustation (b)

제2부 [제 9 장]

1) The Sale of Goods Act, 1930. Act NO.3 of 1930 [15th March 1930]. Indian Government Homepage.
2) The Indian Partnership Act, 1932. Act No.9 of 1932 [8th April, 1932], Indian Government Homepage.
3) The Companies Act, 1956. Act No.1 of 1956 [18th January, 1956]. Indian Government Homepage.
4) The Companies Act, 1956. S. 4. Illustrations
5) 이 분류는 Government of India의 Homepage의 Business 부분에서 제시한 List of various Central Labour Acts를 따른 것임.
6) The Factories Act, 1948. Act No.63 of 1948
7) The Merchant Shipping Act, 1958, Act No.44 of 1958
8) The Motor Transport Workers Act, 1961. (27 of 1961)
9) The Contract Labour (Regulation & Abolition) Act, 1970. Act No 37 of 1970.
10) The Sales Promotion Employees (Conditions of Service) Act, 1976 (No.11 of 1976)
11) The Dock Workers (Regulation of Employment) Act, 1948. Act No.9 of 1948.
12) The Dock Workers (Regulation of Employment) (Inapplicability to Major Ports) Act, 1997.
13) The Maternity Benefit Act, 1961. Act No. 53 of 1961
14) The Equal Remuneration Act, 1976. Act No. 25 of 1976
15) The Workmen's Compensation Act, 1923. Act No. 8 of 1923
16) The Workmen's Compensation (Amendment) Act, 2000. Act No. 46 of 2000
17) The Payment of Gratuity Act, 1972, Act No. 39 of 1972
18) The Employment Exchanges (Compulsory Notification of Vacancies) Act, 1959. Act No. 31 of 1959.
19) The Apprentice Act, 1961. Act No. 52 of 1961
20) The Fatal Accidents Act, 1855. Act No. 13 of 1855.
21) The Personal Injuries (Emergency Provisions) Act, 1962. Act No. 59 of 1962.
22) The Personal Injuries (Compensation Insurance) Act, 1963. Act No. 37 of 1963.
23) The Public Liability Insurance Act, 1991. Act No. 6 of 1991.

1) www.geographic.org, India, Society Index, Structure and Dynamics
2) www.geographic.org.India, Society Index, Structure and Dynamics ;
indiaenterprise.com, Know India, People ; Wkikpedia, Demographics of India, Key Data
3) Ibid. 4) www.geographic.org.India, Society Index, Structure and Dynamics
5) www.geographic.org, India, Population Projections ;
Indiaenterprise.com.Know India, Introduction ;
Wikipedia. Demographics of India, Salient features
6) www.geographic.org, India, Population Projections., Population and Family Planning Policy.
7) www.geographic.org, op.cit. ;
Indian Government Homepage, Demographic Background, sex ratio. ;
indiaenterprise.com. Know India, People ; Wikipedia, Demographics of India, Key data.
8) www.geographic.org.op.cit, Life Expectancy and Mortality. ; indiaenterprise.com, Know India, People ;
9) Ibid. 10) www.geograghic.org, op.cit, Life Expectancy and Mortality
11) op.cit, Communicable and Noncommunicable Diseases
12) www.geographic.org, op.cit, Communicable and Noncommunicable Diseases
13) www.geographic.org, op.cit, Acquired Immune Deficiency Syndrome
14) 중앙일보, '달리는 코끼리' 개방 15년 인도를 가다 (4) 성장의 어두운 그늘
15) Constitution of India, Part IV, S. 47
16) www.geographic.org, Pole of Government
17) www.geographic.org, India, Education.
18) 브리태니커, 인도, 교육
19) www.geographic.org, India, op.cit, Primary and Secondary Education ;
20) India Government Homepage, Demographic Background, Literacy ; www.geographic.org, India, op.cit, Primary and Secondary Education.
21) www.geographic.org, op.cit, Primary and Secondary Education.
22) Ibid. 23) www.geographic.org, op.cit, Primary and Secondary Education.
24) 한국경제, '슈퍼 코끼리' 인도, 교육에서 힘 나온다. '둔 스쿨' 미국 재계도 주목, 장경영 기자, 2006. 6. 12 ;
중앙일보, 히말라야의 '인도판 이튼 스쿨', 남정호 뉴욕 특파원, 2006. 6. 6.
25) www.geographic.org, op.cit, Primary and Secondary Education.
26) 한국경제, 인도, 경쟁력 원천은 교육, 김병일 기자, 2004. 1. 7;
27) 연합뉴스, 인도를 벗긴다, IT강국 인재 양성, 정규득 뉴델리 특파원, 2004. 8. 31.
28) 조선일보, '수학의 나라' 인도, 19단 줄줄외는 수학영재 넘쳐, 2005. 3. 7.
29) 한국일보, '수학 강국' 인도, 비결은 19단 암기, 2004. 10. 27.
30) '수학의 나라' 인도, IT강국 만든 인도 수학의 힘, 그리고 19단, 장광영 한성과학고 교사, 2005. 3. 7.
31) '수학강국' 인도, 비결은 십구단 암기, 한국일보, 2004. 10. 27. 32) 상게서
33) 조선일보, '수학의 나라' 인도, 인도의 베다 수학과 수학 천재 라마누잔, 양근만 기자, 2005. 3. 8.
34) 상게서 35) 상게서 36) 상게서
37) 조선일보, '수학의 나라 인도', IT강국 만든 인도 수학의 힘, 그리고 19단, 양근만 기자, 2005. 3. 7 ;
indokorea.net, 인도에서 '수'를 세는 단위, 이운영.
38) 한겨레, 인도 수학 과연 본보기 인가, 불교영향 무량대수 등 큰 수개념 발달, 박창섭 기자, 2005. 3. 28. ;
조선일보, '수학의 나라' 인도, IT강국 만든 인도 수학의 힘. 그리고 19단, 양근만 기자, 2005. 3. 7.
39) www.geographic.org, op.cit. Colleges and Universities.
40) Ibid. 41) Ibid. 42) 전자신문, 인도, 김유경 기자, 2002. 9. 18
43) 상게서
44) 서울신문, IT인재 산실 인도 공과대, 이상일 · 이석우 · 이기철 · 전경하 기자. 이운용 영산대 인도 연구소 소장. 2006. 5. 10. 45) 상게서의 지도를 수정한 것임.;

46) 한겨레, 성장동력 확보작전 – 인도판 MIT, 인도공과 대학, 박민희 기자, 2006. 5. 18. ;
연합뉴스, IT 강국 인재 양성, 정규득 기자, 2004. 8. 31.
47) 매일경제, 인도공과대학 최급두뇌 요람, 김진환 기자, 2000. 8. 24 ;
한국경제, 5대 IT 강국을 가다, 인도, IIT, 김태철 기자. 2000, 11. 2.
48) 인도 "국립 공과대 5개 추가 설립 방침", 연합뉴스, 정규득 뉴델리 특파원, 2005. 4. 5.
49) 한겨레, 성장 동력 확보 작전 – 인도판 MIT, 인도 공과 대학, 박민희 기자, 2006. 5. 18. ;
indokorea.net, 인도의 자랑 IIT-IIT 출신들(IITians), 박창웅, 2001. 3. 7.
50) 한국경제, 5대 IT 강국을 가다, 인도, IIT, 김태철 기자, 2000. 11. 2. 51) 상게서.
52) 쿠키뉴스, 베이징대 12위, 인도 공대 50위인데… 서울대 올해 첫 100위권 진입, 국민일보쿠키뉴스 김찬희 기자, 2005. 10. 28.
53) 경향신문, 세계 명문 부상, 인도 공과 대학, 최병준 기자, 2006. 1. 25.
54) www.geographic.org, op.cit, The Roots of Indian Religion
55) Ibid ; Wikipedia, Demographic of India. Key Data.
56) www.geographic.org.op.cit, The Roots of Indian Religion
57) Constitution of India, s 25, s 26, s 27, s 28 ; www.geographic.org, op.cit, The Roots of Indian Religion.
58) www.indokorea:net, 인도영화, 영화 'Bombay' - 현재도 계속되는 종교분쟁
59) India Government Homepage, Languages ; www.geographic.org, op.cit, Linguistic States, The Social Context of Language.
60) Encyber 두산세계 대백과 엔싸이버, 인도, 인도의 언어
61) constitution of India, s 343
62) India Government Homepage, Languages ; 주한 인도 대사관, 언어 ;
63) http://indif.com/india, Facts about India : Indian languages
64) http://indif.com/india, Facts about India : Indian languages
65) www.geographic.org, India, Society, Family Ideals
66) www.geographic.org, India, Society, Large Kinship Groups
67) www.geographic.org, Society, Family and Kinship.
68) www.geographic.org, India, Society, Family and Kinship.
69) http://maincc.hufs, ac.kr~indo, 제7주 가족제도
70) Indokorea.net, 인도영화, 영화 'Diwale Dulahnia Le Jatenge' - 가부장 중심 사회속에서 이루어지는 정혼식 ;
http://maincc.hufs.ac.kr~indo, 제7주 가족제도
71) 상게서. 72) 상게서.
73) www.geographic.org, India, Society, Hierarchy.
74) Encyber 두산 세계 대백과 엔 싸이버, 인도, 인더의 카스트제도 ; 전게서, 카스트, 개관
75) 브리태니커, 인도사, 아리아인의 침입과 카스트의 정착
76) http://en.wikipedia.org, Varnas, Varnas in Rigveda and Manu Smriti.
77) http://en.wikipedia.org, Varnas, Varnas in Rigveda and Smriti
78) 브리태니커, 인도사, 아리아인의 침입과 카스트의 정착
79) 브리태니커, 불차촉천민
80) 브리태니커, 인도사, 아리아인의 정착과 카스트의 정착
81) KBS, 뿌리 깊은 인도 천민 인권 유린, 김철우, 2006. 3. 9.
82) Encyber 두산 세계 대백과 엔싸이버, 카스트, 카스트의 현상
83) 상게서 84) 브리태니커, 카스트 ; 브리태니커, 불가촉천민
85) 상게서 86) 상게서 87) 상게서
88) 상게서 89) 상게서
90) 중앙일보, '달리는 코끼리' 개방 15년 인도를 가다 (2) 돈이 곧 카스트다, 장세정 기자. 2006. 3. 3.
91) 한겨레, 인도의 길 인도의 힘, 카스트는 영원하나? 박민희 · 임종진 기자, 2006. 5. 31.
92) 로이터, 화장대로 가는 전(前) 인도 대통령 유해, 2005. 11. 11 ;
한국경제신문, 인도 불가촉천민 출신 나라야난 전 인도 대통령 타계, 2005. 11. 10. ;
매일 경제, 천민출신 나라야난 전 인도 대통령 타계, 오화석 기자, 2005. 11. 11.;

93) 한겨레, 달리트 출신 인도 중앙은행 수석 이코노미스트 자드하브, 박민희 기자, 2005. 10. 12. ;
조선일보, "신분의 벽' 무너뜨린 인도 경제학자, 신정선 기자, 2005. 10. 13.
94) India Government Homepage, Mass Media and Theatre, All India Radio
95) India Government Homepage, Mass Media and Theatre, Television
96) IBEF, Industry, Media & Entertainment, Television
97) www.geographic.org, India, Television
98) www.geographic, Indian, The Press.

제2부 [제11장]

1) http://maincc.hufs.ac.kr~indo. 인도 바로보기, 제14주 신화와 고전, 들어가기
2) 상게서 ; 브리태니커, 베다, 브라만, 우파니샤드, 마하바라타, 라마야나, 푸라나; Encyber 두산 세계대백과 엔싸이버, 베다, 브라만, 우파니샤드, 마하바라타, 라마야나, 푸라나.
3) http://maincc.hufs.ac.kr~indo.인도바로보기, 베다
4) Indif.com, India Facts, Facts about : Vedas.
5) Ibid. 6) Ibid.
7) Encyber 두산세계대백과 엔싸이버, 베다, 리그베다.
8) 상게서 9) 상게서 10) 상게서
11) Encyber 두산세계대백과, 야주르베다. 12) 상게서
13) 브리태니커, 우파니샤드 14) 브리태니커, 우파니샤드, 베단타
15) 인도 바로보기, 마하바라타. ; 브리태니커, 마하바라타
16) 브리태니커, 마하바라타
17) Encyber, 두산세계대백과 엔싸이버, 라마야나 ; 브리태니커, 라마야나 ; Manas, Indian Religions, Ramayana
18) Manas, Indian Religions, Ravana
19) 인도 바로보기, 라마야나 ; 브리태니커, 푸라나 ; Mans, Frdian Religions, Puranas
20) 인도 바로보기, 인도의 신, 베다의 신들 ;
Encyber 두산세계대백과 엔싸이버, 인도신화, 개관, 아래, 인드라, 금강저, 아디티, 마루트,
21) 인도 바로보기, 힌두의 주요 신들, 비슈누 ; EnCyer 두산세계대백과 엔싸이버, 비슈누;
브리태니커, 비슈누 ; Manas, Indian Religions, Avatars of vishnu
22) Ibid. 23) 브리태니커, 브라마
24) 브리태니커, 비슈누, 락슈미 ; Encyber 두산세계대백과 엔싸이버, 비슈누;
인도 바로보기, 힌두의 주요 신들, 비슈누
25) 인도 바로보기, 힌두의 주요 신들, 비슈누
26) 상게서
27) Manas, Indian Religions, Avatars [Incarnations or Descents] of vishnu.
28) Manas, Indian Religions, Shiva ; Encyber 두산세계대백과 엔싸이버, 시바 ;
브리태니커, 시바 ; 인도 바로보기, 힌두의 주요 신들(시바)
29) Manas, Indian Religions, Shiva;
30) Manas, Indian Religions, Nataraja
31) 디지털 타임즈, 커져 가는 인도의 대외 경쟁력, 김효선 한국가스공사 선임연구원, 2006. 4. 24
32) Manas, Indian Religions, Krisna; 33) 인도 바로보기, 힌두의 주요 신들, 비슈누
34) Manas, Indian Religions, Krisna; 35) 브리태니커, 락슈미
36) Manas, Indian Religions ; 브리태니커, 가네샤;
인도 바로보기, 힌두의 주요 신들(가네샤)
37) Manas, Indian Religions, Ganesh ; Manas, Indian Culture, Ganpati Festival
38) 브리태니커, 수리아

39) Wilipedia, Arts and entertainment in India, Literature
40) Nobelprize.org. Rabindranath Tagore - Bibligoraphy
41) Encyber 두산세계대백과 엔싸이버, 타고르 ; Wikipedia, Rabindranath Tagore.
42) Wikipedia, V. S. Naipaul;www.voww.net, Indian winners of the Nobel prize
43) Wikipedia, V. S. Naipaul
44) Manas, Indian Culture, architecture; Encyber, 두산세계대백과 엔싸이버, 인도미술, 인도의 건축 ; 주한 인도 대사관, 건축과 조각
45) Wikipedia, Indian Architecture.
46) Manas, Indian Cultuere, Architecture.
47) 주한 인도 대사관, 건축과 조각 ; Wikipedia, Indian Architecture
48) India Govervrment Hompage, Literature, Arts and Handicrafts Sculpture
49) Wikipedia, Arts and Entertainment in India, Sculpture.
50) http://en.wikipedia.org/wiki/Khajuraho 51) Ibid
52) http://en.wikipedia.org/Konark, Sun Temple 53) Ibid
54) http://en.wikipedia.org, Mahabalipuram., Lion Pillar.
55) Encyber 두산세계대백과 엔싸이버, 인도미술, 인도의 조각
56) Ja.Wikipedia, 인도의 세계 유산, 엘레판타섬 바위굴의 조각
57) Encyber 두산세계대백과, 인도미술, 인도의 회화
58) 상게서
59) ja.Wikipedia, 인도의 세계유산, 문화유산, 아잔타 바위굴의 벽화
60) India Government.Homepage, Literature, Arts and Handicrafts, Paintings
61) http://en.wikipedia.org/wiki/Bhimbetka
62) op.cit, Bhimbetka rock painting
63) Encyber 두산세계대백과 엔싸이버, 인도미술, 인도의 회화
64) 전게서, 구자라티 회화 65) 전게서, 인도미술, 인도의 회화
66) 전게서, 무굴회화 67) 전게서, 인도미술, 인도의 회화 ; 라지푸트 회화
68) 주한인도대사관, 회화 69) 상게서
70) 동아일보, 뜨는 '친다아' 그림도 뜨네… 중국 – 인도 작품 가격 천정부지, 공종식 뉴욕 특파원, 2006. 5. 31. ; 문화 일보, 인도 그림' 이 뜬다, 신보영 기자, 2006. 6. 24.
71) 조선일보, 그림 100장 값 250억원, 인도 거장 후사인, 백만 장자와 계약, 2004. 9. 13.
72) http://whc.unesw.org, World Heritage List; Wikipedia, List of World Heritage Sites in Asia and Australasia
73) Ibid 74) http://whc.unesco.org/en/list/242
75) Unesco world Heritoge Center, http://whc.unesco.org, world Heritage, Agra Fort; Wikipedia, World Heritage Sites in India, Agra Fort
76) Unesco world Heritage center, op.cit Agra Fort
77) Wikipedia, op.cit, Agra Fort, Amar Sing Gate
78) Unesco World Heritage Center, op.cit, Ajanta Caves.; http://en.Wikipedia, org, Ajanta Caves
79) Ibid 80) Ibid ; http://en.Wikipedia.org, Ajanta Caves
81) Unesco World Heritage Center, op.cit, Buddhist Monuments at Sanchi 82) Ibid
83) Unesco world Heritage, op.cit, Champaner-Pavagadh Archaeological Park 84) Ibid
85) Unesco, World Heritage, op.cit, Chhatrapati Shivaji Terminus(formerly Victoria Terminus); http://en.wikipedia.org/wiki/Chhatrapati_Shivaji_Terminus
86) Unesco World Heritage, op.cit. ; Wikipedia, op.cit.
87) UNESCO World Heritage Centre, op.cit, Churches and Convents of Goa 88) Ibid
89) UNESCO World Heritage, Center, op.cit, Elephanta Caves; Wikipedia, op.cit, Elephanta Caves.
90) Wikipedia, Elephanta Caves.
91) UNESCO World Heritage, Elephanta Caves.
92) UNESCO World Heritage Centre, op.cit, Ellora Caves ; http://ja.wikipedia.org. 엘로라 바위굴군.

93) World Heritage Center, op.cit, Ellora Caves
94) UNESCO World Heritage Centre, op.cit, Fatehpur Sikri; http://en.wikipedia.org, Fatehpur Sikri
95) Wikipedia, The five-story Pancy Mahal
96) UNESCO World Heritage Centre, op.cit, Great Living Chola Temples 97) Ibid
98) UNESCO World Heritage Centre, op.cit, Group of Monuments at Hampi 99) Ibid
100) http://en.wikipedia.org/wiki/Hampi
101) UNESCO World Heritage Center, op.cit, Group of Monuments at Mahabalipuram; http://en.wikipedia.org/wiki/Mahabalipuram
102) UNESCO World Heritage Center, op.cit
103) http://en.wikipedia, Mahabalipuram
104) UNESCO World Heritage Centre, op.cit, Group of Monuments Pattadakal
105) UNESCO World Heritage Centre, op.cit, Humayun's Tomb, Delhi; http://en.wikipedia.org/wiki/Humayun's_Tomb
106) UNESCO World Heritage, Ibid
107) UNESCO World Heritage Centre, op.cit, Kaziranga National Park 108) Ibid
109) UNESCO World Heritage Centre, op.cit, Keoladeo National Park 110) Ibid
111) UNESCO World Heritage Centre, op.cit, Khajuraho Group of Monuments 112) Ibid
113) UNESCO World Heritage Centre, op.cit, Mahabodhi Temple Complex at Bodh Gaya
114) UNESCO World Heritage Centre, op.cit, Manas Wildlife Sanctuary
115) UNESCO World Heritage Centre, op.cit, Mountain Railways of India 116) Ibid
117) UNESCO World Heritage Centre, op.cit, Nanda Devi and Valley of Flowers National Parks
118) UNESCO World Heritage Centre, op.cit, Qutb Minar and its Monuments, Delhi 119) Ibid
120) UNESCO World Heritage Centre, op.cit, Rock Shelters of Bhimbetka 121) Ibid
122) UNESCO World Heritage Centre, op.cit, Sun Temple, Konarak 123) Ibid
124) UNESCO World Heritage Centre, op.cit, Sundarbans National Park
125) UNESCO World Heritage Centre, op.cit, Taj Mahal; http://en.wikipedia.org.TajMahal.
126) India Government Homepage
127) 주한 인도 대사관 홈페이지, 음악.
128) Wikipedia, Music of India, Classical music
129) India Government Homepage, Dance and Music, Classical Music, Hindustani Music ; Wikipedia. Music of India, Classical Music
130) India Government Homepage, Dance and Music, Classical Music, Carnatic Music
131) Wikipedia, Music of India, Pop music, 132) op.cit, Filmi
133) Manas, India, O Culture, music, Instrumental Music
134) 주한 인도대사관, 무용; Encyber 두산세계대백과 엔싸이버, 인도무용, 개관
135) Encyber 두산세계대백과 엔싸이버, 인도무용, 개관
136) India Government Hompage, Dance and Music, Classical Dances
137) Encyber 두산세계대백과 엔싸이버, 인도무용, 인도의 고전무용
138) Wikipedia, Arts and entertainment in India, Dance
139) Encyber 두산세계대백과 엔싸이버, 인도무용, 인도의 고전무용
140) Wikipedia, Bharatanatham
141) Wikipedia, Arts and entertainment in India, Dance; Encyber 두산세계대백과 엔싸이버, 인도무용, 인도의 고전무용
142) Wikipedia, Arts and entertainment in India, Dance; Encyber 두산세계대백과 엔싸이버, 인도무용, 인도의 고전무용
143) Wikipedia, Manipuri dance
144) Wikipedia, Arts and entertainment in India, Dance
145) Wikipedia, Arts and entertainment in India, Dance
146) India Government Homepage, Dance and Music, Folk Dances
147) Wikipedia, Arts and entertainment in India, Dance
148) Ibid ; India Government Homepage, Dance and Music, Folk Dances

149) 주한 인도대사관 홈페이지, 영화; India Government Homepage, Cinema in India Wikipedia, Arts and entertainment in India, Cinema
150) Encyber 두산세계대백과 엔싸이버, 인도영화
151) http://indif.com/India/bollywood.asp
152) India Government Homepage, Festivals
153) http://maincc.hufs.ac.kr~ondo/제15주 끝없는 축제, 축제의 나라 인도 154) 상게서
155) 주한 인도대사관 홈페이지, 휴일과 축제, 디왈리;
156) Manes, India, Culture, Indian Festivals; Diwal;
157) Wikipedia, List of Festivals in India
158) 브리태니커, 홀리 ; 주한 인도대사관 홈페이지, 휴일과 축제, 디왈리;
159) Manas, India, Culture, Indian Festivals
160) 인도바로보기, http://maincc.hufs.ac.kr~indo/제15주 끝없는 축제, 마까르 샨끄란디 161) 상게서
162) 인도바로보기, 전게서, 바산뜨 빤자미
163) 주한 인도 대사관 홈페이지, 휴일과 축제 ; India Government Homepage, Festivals
164) 인도 바로보기, 전게서, 오남
165) 인도 바로보기, 전게서, 자나마스 따미; 주한 인도 대사관 홈페이지, 휴일과 축제
166) 상게서 167) 주한 인도 대사관 홈페이지, 휴일과 축제
168) 주한 인도 대사관 홈페이지, 휴일과 축제; 인도 바로보기, 제15주 끝없는 축제, 가을의 축제들 ; 로이터, 인도 축제의 여신상 침례의식, 2005. 10. 14.
169) Wikipedia, List of Festivals in India, Hinduism
170) Wikipedia, List of Festivals in India, Islamic
171) 주한 인도대사관 홈페이지, 휴일과 축제 172) 상게서
173) Wikipedia, List of Festivals in India, Islamic
174) Wikipedia, List of Festivals in India, Sikhism 175) 주한 인도대사관 홈페이지, 휴일과 축제
176) Wikipedia, List of Festivals in India, Sikhism 인도 바로보기, 제15주 끝없는 축제, 3월~4월의 축제들
177) Wikipedia, List of Festivals in India, Zoroastrian
178) 주한 인도대사관 홈페이지, 휴일과 축제; Wikipedia, List of Festivals in India, Others ; Wikipedia, op.cit. Others
179) India Government Homepage, National Holidays
180) 주한인도대사관 홈페이지, 휴일과 축제
181) 상게서

제2부 [제 12 장]

1) Allrefer.com, http://reference.allrefer.com, India, structure of the Economy, Independence to 1979; Paran 백과사전, 인도, 경제 · 산업
2) 인도바로보기, http://maincc.hufs.ac.kr~indo/제13주, 떠오르는 인도 경제, 1991년 신산업 정책 이후의 인도경제
3) India Government Homepage, Economy, Economy-overview; 주한 인도 대사관 홈페이지, 인도 경제;
4) 인도 바로보기, 전게서, 1991년 신산업정책 이후의 인도경제
5) KOTRA, 인도, 경제지표; India Government Homepage, Economy; 주한 인도대사관 홈페이지, 거시 경제지표; CIA-The world Fact book, India; Wikipedia, India, Economy of India. http://www.state.gov/Background Note: India; www.jetro.go.jp. 인도, 통계.
6) 한국경제, 노벨 경제학상, '인도 아마르티아 센 교수' 선정, 1998.10.15
7) Wikipedia, Amartya Sen; www.voww.net.Indian Winners of The Novel prize.
8) USA Government, http://www.state.gov.Background Note: India; 브리태니커, 인도, 자원, 광물자원; Paran 백과 사전, 자원 · 에너지 9) World Fact book, CIA, India, Economy
10) Ibid. 11) Idib.

12) World Factbook, CIA, India, Economy. 13) Ibid.

14) http://reference.allreefer.com, India, The Role of Government, Development Planning; Paran 백과 사전, 인도, 개발계획; 주한 인도 대사관 홈페이지, 인도 경제.

15) Paran 백과사전, 인도, 계발계획; 주한 인도 대사관 홈페이지, 인도 경제

16) 주 인도 대사관 재외공간, 인도 경제 개황, 제10차 경제개발5개년 계획 중간 평가 발표, 2005.6.30

17) 한국 수출입은행, 경제 동향, 2005. 4. 28

18) http://reference.allrefer.com, India Finance/Monetary Process; Paran 백과사전, 인도, 재정 · 금융

19) Wikipedia, Reserve Bank of India.

20) 한국 수출입 은행, 금융제도, 2005. 4. 28. 21) 한국 수출입은행, 금융제도, 2006. 1.

22) http://reference.allrefer.com, India, Finance, Monetary precess.

23) http://reference.allrefer.com, India, Finance, Monetary Process.

24) 연합뉴스, 亞 300대 은행에 한국 14곳, 정주호 특파원, 2006. 7. 2.

25) Wikipedia, Economy of India, Determinants, Financial Institutions.

26) Ibid. 27) Ibid.

28) 주인도대사관, 인도 경제 개황, 인도증시 10,000 돌파 관련. 2006. 2. 7

29) 머니 투데이, 1만 2000선 돌파, 사상 최고, 박희진 기자, 2006. 4. 20

30) Wikipedia, Economy of India, Determinants, Financial Institutions. 31) Ibid.

32) 한국경제, 뭄바이 인도 증시, 한국경제, 2000. 11. 9.
제일경제신문, 세계 사모펀드 인도 몰린다, 2005. 6. 17.

33) Wikipedia, Economy of India, Determinants, Financial Institutions; 한국 수출입은행, 국별 조사실, 인도, 인도의 최근 정치 · 경제 동향 금융제도, 2006. 1.

34) 내일신문, 강현경 리포터, 2006. 3. 24; 머니 투데이, 박형기 국제부장, 2006. 3. 22

35) 중앙일보, 인도 뮤추얼 펀드 시장 규모 '쑥쑥' , 2006. 3. 13

36) 제일경제 신문, 세계 사모 펀드 인도 몰린다. 2005. 6. 17 ; 한겨레, 세계 사모 펀드 인도로 몰린다, 2005. 6. 18.

37) 주인도대사관, 2005년 인도 통상 · 투자 진출 안내서, 주요산업별 투자 환경, 인프라 시설.

38) World Factbook, India, Trans portation, Roadways; IBEF, op.cit, Roads. 한국 수출입은행, 전게서, 인프라 시설. ; IBEF, http://www.ibef.org.economy, infrastructure, Roads.
http://reference.allrefer.com, India, The Road system ; 주인도 대사관 전게서, 인프라 시설, 도로

39) 주인도 대사관 전게서; 동아일보, 2006. 3. 3. 11억 시장인도. 개방현장을 가다, 김동원 기자 40) 상게서

41) Paran 백과사전, 인도, 운수 · 통신; World Factbook, CTA, India, Transportation, Railways.; 브리태니커, 인도, 교통; 주인도 대사관 전게서, 철도. 42) 주인도 대사관, 전게서, 지하철

43) 브리태니커, 인도, 교통; World Factbook, op.cit, waterways.

44) IBEF, op.cit, ports ; http://reference.allrefer.com, India, Transportation, ports, Maritine Transportation and Indian waterways; 주인도 대사관, 전게서, 항만.

45) 주인도 대사관, 전게서, 공항 현대화; 46) IBEF, op.cit, Airports.

47) 주인도 대사관, 전게서, 전력 ; IBEF, op.cit.power. 48) 상게서

49) 주인도 대사관, 전게서, 전력.

50) 주인도 대사관, 전게서, 전력분야 개혁정책.

51) 주인도 대사관, 전게서, 국가 전력 정책수립 52) 상게서

53) 머니 투데이, '인도 10% 목표' 사회기반 시설 확충에 주력, 2006. 2. 28. 박희진 기자; 이데일리, 인도 대규모 투자로 두 자리 성장 노린다, 김경인 기자, 2006. 2. 27.

54) 한국 수출입은행, 인도, 외국인 투자 정책, 2005. 4. 28.

55) 주인도 대사관, 인도 통상 · 투자진출 안내서, 인도의 투자 환경 일반, 인도의 외국인 직접투자 유치제도, 2005. 12

56) 한국 수출입 은행, 외국인 투자 정책, 2005. 4. 28; 주인도 대사관, 전게서.

57) IBEF, Economy, Foreign Direct Investment.

58) 주인도 대사관, 인도외국인 직접투자 유치 동향, 연도별 FDI 현황, 200.5. 9. 23

59) 주인도 대사관, 전게서, 산업별 FDI 현황.

60) 주인도 대사관, 전게서, 국별 대인도 FDI 현황

61) 주인도 대사관, 전게서, 인도의 FDI 유치 확대 주요 제약 요인 62) 상게서.

63) 이데일리, 인도, 루피화 완전태환 추진, 이태호 기자, 2006. 3. 20; 한겨레, 인도 루피화 전면 태환화, 2006. 3. 20.

64) 한국 수출입은행, 인도, 외환관리 제도. 2005. 4. 28.

65) 한겨레, 인도 루피화 전면 태환화, 2006. 3. 20; 국민일보, 인도 외환거래 자유화 추진, 유병석 기자, 2006. 3. 20; 쿠키뉴스, 인도 외환 거래 자유화 촉진, 2006. 3. 20; 서울경제, 인도 외환거래 전면 자유화 추진, 송영규 기자, 2006. 3. 20; 이데일리, 인도 루피화 완전 태환 추진, 이태호 기자, 2006. 3. 20; 한국경제, 인도 외환거래 완전 자유화, 장경영 기자, 2006. 3. 20

66) 주인도 대사관, 인도 통상 · 투자 진출 안내서, 인도의 통상정책, 인도 통상정책 개요, 2005. 12.;

67) 주인도 대사관, 전게서, 인도의 수입 규제 제도 및 현황; 주인도 대사관 재외 공관, 2005년 인도 통상 장벽, 2005, 0. 20. 수입정책 상의 장벽

68) 주인도 대사관 재외 공관, 전게서, 통관문제.

69) 주인도 대사관 재외 공관, 전게서, 수입제한; 한국 수출입은행, 무역제도. 수입 품목 규제, 2005. 4. 28.

70) 주인도 대사관 재외 공관, 전게서, 반덤핑관세 및 긴급수입제한

71) 한국 수출입 은행, 전게서, 수출품목 규제

72) 머니 투데이, 인도 경제 특구 조성붐, 中 따라 잡자, 박희진 기자, 2004. 11.30; 제일 경제, 인도, 경제특구 확대, 2004. 11.30.

73) 제일경제, 인도, 경제 특구 확대, 2004. 11. 30; 서울신문, 인도, 경제 특구 건설, 2004. 12. 1. 이 석우 기자; 머니 투데이, 인도 경제 특구 조성붐, 中 따라 잡자, 박희진 기자, 2004. 11. 30

74) 머니투데이, 인도 경제 특구법안 의회 통과, 이경호 기자, 2005. 5. 12 ;
제일 경제신문, "인도, 중국식 경제특구 추진", 2005. 3. 14 ;
매일경제신문, 인도 29개 州에 중국식 경제특구, 김민구 기자, 2005. 3. 15.

75) IBEF, economy, Consumer Markets. 76) IBEF, economy, consumer Markets.

77) IBEF, economy, Conssumer Markets, The Consumer Pool.

78) 서울경제, "인도 젊은 중산층이 경제 키운다", 김용식 기자, 2003. 10. 22

79) 머니 투데이, 인도, 아웃소싱 천국에서 소비시장 탈바꿈, 이 경호 기자, 2005. 10. 18

80) 한국일보, 인도 고속성장 덕분 소비대국 부상－12억 중상공 지갑이 열린다. 장학민 기자, 2005. 12. 7

81) Wikipedia, Economy of India, Socio-economic characteristics. Poverty.

82) Wikipedia, Poverty line.

83) 매일 경제, 인도 극빈층 3억 성장정책 걸림돌, 김은표 기자, 2006. 3. 18; 머니 투데이, 인도 극빈층, 고성장의 걸림돌, 임지수 기자, 2006. 3. 18

84) 중앙일보, '달리는 코끼리' 개방 15년 인도를 가다(4) 성장의 어두운 그늘, 장세정 기자, 2006. 3. 7.

85) 한겨레, '빚 때문에…' 인도 농민 자살 급증, 2004. 7. 30

86) 매일경제, 인도 극빈층 3억 성장정책 걸림돌, 김은표 기자, 2006. 3. 18

87) 한겨레, 인도 '빈곤과의 전쟁' 나섰다. 박민희 기자, 2006. 3. 6. 88) 상게서

89) 한겨레, 인도 '빈곤과의 전쟁' 나섰다. 박민희 기자. 2006. 3. 6.

90) 중앙일보, '달리는 코끼리' 개방 15년 인도를 가다(4) 성장의 어두운 그늘, 장세정 기자, 2006. 3. 7.

91) 상게서. 92) Wikipedia, Economy of India, Socio-economic characteristics, corruption

93) 주인도 대사관, 인도 외국인 직접투자 유치동향, 인도의 FDI유치 확대 주요 제약요인.

94) 주인도 대사관 재외공관, 인도경제 개황, 제10차 경제개발 5개년 계획 중간평가 발표, 2005. 6. 30.

95) Wikipedia, Economy of India, Regional imbalance

96) Wikipedia, Economy of India, Balance of payments.

97) World Factbook, CIA, India, Economy 98) Ibid.

99) Wikipedia, op.cit, Balance of payment.

100) 삼성경제연구소, Issue paper, 인도 경제 잠재력 평가와 대응, 박번순 수석연구원, 2003. 8. 11.

101) World Factbook, India, Economy, Reserves of foreign exchange and gold.

제2부 [제 13 장]

1) World Factbook, CIA, India, Economy
2) Encyber 두산 세계 대백과, 인도, 인도의 경제, 농업
3) 상게서, 인도의 농업 4) Encyber 두산 세계 대백과, 인도, 인도의 농업
5) IBEF, economy, Agriculture, Biotech Crops
6) 연합뉴스, 인도는 세계 1위 우유 생산국, 정규득 뉴델리 특파원, 2004. 12. 21.
7) 주인도 대사관, 인도 경제 개황, 제10차 경제개발 5개년 계획 중간평가 발표, 2005. 6. 30
8) Wikipedia, Economy of India, Sectors, Agriculture
9) 조선일보, "농산물 · 식품 정보 통신 분야 잠재력 커", 황정은 기자, 2006. 6. 29.
10) 주인도 대사관, 인도 경제 개황, 제10차 경제개발 5개년 계획 중간평가 발표, 2005. 6. 30
11) 주인도 대사관 제외공관(http://wwww. mofat.go.kr) 인도 제조업 육성전략 발표, 수립배경, 2005. 10. 4
12) 주인도 대사관 재외공관, 전게서, 인도경제에서 제조업의 중요성
13) 주인도 대사관 재외공간, 전게서, 인도 제조업의 국제적 위치
14) 주인도 대사관 재외공간, 전게서, 제조업의 주요 과제 및 추진 방향
15) 주인도 대사관, 인도 통상 · 투자 진출 안내서, 주요 산업별 투자 환경, 석유화학. 2005. 12
16) 상게서 17) 주인도 대사관, 전게서
18) 주인도 대사관, 전게서, 부문별 동향. 19) 상게서.
20) 주인도 대사관, 전게서, 철강산업. 21) 상게서.
22) 주인도 대사관, 전게서.
23) 주인도 대사관, 전개서, 인도 정부의 철강산업 정책; IBEF, Industry, steel.
24) IBEF, Industry, Steel, Destination India.
25) 주간한국, 미래 황금 시장 누빌 인도통을 키워라, 김윤현 기자, 2006. 3. 21; 중앙일보, '인도 신화' 도전하는 포스코, 장세정 기자, 2006. 3. 7.
26) 주간 조선, [아시아 시대가 왔다], 인도에 투자 썰물… 모든 산업이 호황, 초치준석 특파원, 2006. 4. 25.
27) IBEF, Industry, Automobiles; 주인도 대사관, 전게서, 자동차.
28) 주인도 대사관, 전게서, 자동차, 외국업체 및 우리 자동차 업체의 인도진출 동향. ; IBEF, Industry, Automobiles, Foreign Players in India.
29) 주인도 대사관, 전게서, 외국업체 및 우리 자동차 업계의 인도 진출 동향.
30) 주간 조선, [21세기 인도순례(8)] "자동차 생산비, 세계에서 제일 낮아", 최준석 특파원, 2006. 4. 25.
31) IBEF, Industry, Auto Components 32) Ibid.
33) 파이낸셜 뉴스, 車 부품업체 인도행 러시, 박대한 기자, 2005. 7. 14.;
34) 머니 투데이, 일본 차부품업체, 인도 진출 박자, 임지수 기자, 2006. 4. 24.
35) 머니 투데이, 일본차 부품업체, 인도 진출 박차, 임지수 기자, 2006. 4. 24.
36) 주인도 대사관, 전게서, 전자산업(하드웨어), 전자산업 일반 현황
37) 주인도 대사관, 전게서, 전자산업 부문별 동향
38) 주인도 대사관, 전게서, 우리 기업 진출 현황
39) IBEF, Industry, Textiles; 주인도 대사관, 전게서, 섬유산업
40) EBN, 인도 섬유 산업, 2010년 1천억 불 규모 성장, 유승범 기자, 2005. 2. 16. ;
한겨레, 인도, 옷수출 날개 달았다, 2005. 1. 7.
41) EBN, 인도 섬유 산업, 2010년 1천억불 규모 성장, 유승범 기자, 2005. 2. 16. ; 한겨레, 인도, 옷 수출 날개 달았다, 상게서 ; 중앙일보, 인도 노동법, 섬유 수출 발목, 장세정 기자, 2005. 12. 2.
42) IBEF, Industry, Pharmaceuticals; 주인도 대사관, 전게서, 제약.
43) 주인도 대사관, 전게서, 제약 산업 전망. 44) IBEF, Industry, Pharmaceuticals
45) 주인도 대사관, 전게서, 우리업계 진출방안; IBEF, Industry, Pharmaceuticals.
46) 머니 투데이, 인도, 제너릭 약 생산 '강자', 최규연 기자, 2003. 2. 11.
47) 서울경제 신문, 인도의 특허약 복제금지, 2005. 3. 24 ;
머니 투데이, 인도, 제너릭 약 생산 '강자', 최규연 기자, 2003. 2. 11 ;

한국경제신문, 인도, 신흥제약 강국 급부상, 유영석 기자, 2005. 4. 28 ;
한경비지니스, Global – 인도, 제약강국 뉴드림, 유영석 기자, 2005. 5. 15.
48) 제일경제신문, 인도 제약산업 급성장 전망, 2005. 5. 24.
49) 상게서
50) 주인도 대사관, 전게서, 인프라 시설
51) 주인도 대사관, 전게서, 인도 건설시장의 특성, 인도 건설 공사 관련 한국 업체가 당하고 있는 사례.
52) 주인도 대사관, 전게서, 우리 업체의 참여 가능성.
53) 주인도 대사관, 전게서, 플랜트
54) 상게서
55) IBEF, Industry, Oil and Gas; 주인도 대사관, 전게서, 석유 · 천연가스.
56) 주인도 대사관, 전게서, 인도 정부의 석유 · 천연가스 정책 및 주요 투자 분야
57) IBEF, Industry, Oil and Gas, Overseas Investments.
58) IBEF, Industry, Gems and Jewellery.
59) 매일경제, 인도 세계 다이아몬드 맹주로, 나영필 기자, 2003. 6. 8. ;
머니 투데이, 보석세공업, 벨기에 지고 인도 뜬다, 김용범 기자, 2006. 1. 2
60) IBEF, Industry, Gems and Jewellery.
61) IBEF, Industry, Gems and Jewellery.
62) IBEF, Industry, Food Industry.
63) Ibid.
64) 경향신문, '와인 강국' 기치 든 인도, 유신모 기자, 2005. 6. 8.
65) 한국경제신문, "인도 맥주 시장을 선점하라"… 다국적 사 들, 물밑 경쟁, 장경영 기자, 2005. 6. 19.
66) IBEF, Industry, Food Industry.
67) 머니 투데이, 인도, 반도체 공장 짓는다, 김유림 기자, 2006. 2. 10. ;
전자신문, 인도, 반도체 강국 '야망', 전경원 기자, 2006. 2. 13. ;
매일경제신문, 인도, 최초의 대규모 팹(반도체 칩 생산설비) 설립, 방정환 기자, 2005. 6. 28.
68) 인도, 최초 대규모 '팹(반도체 칩 생산설비)' 설립, 매일 경제 방정환, 2005. 6. 28.
69) 조선일보, 인도의 실리콘 밸리에 반도체 칩 공장 잇따라, 이세민 기자, 2003. 7. 8. ;
한국경제, 인텔 등 반도체 칩 메이커, 인도에 설계기지 잇따라 건설, 최인한 기자. 2003. 7. 8.

제3부 [제 14 장]

1) Wikipedia, Economy of India, Services ; 주인도 재외공관, 인도 연례 국가 경제 보고서 발표, 2006. 3. 3. ; world Fact Book, CIA, India, Economy.
2) 주인도 대사관, 전게서, IT 산업; 삼성경제연구소, Issue Paper, 인도의 잠재력 평가와 대응, 박번순 수석연구원, 2003. 8. 11.
3) 이 그림은 삼성경제연구소, 전게서의 그림을 토대로하였고, 이를 약간 수정한 것임.
4) 전자신문, 인도를 주목하라, 손영인 KOTRA 해외 조사팀, 2002. 10. 12.
5) 전자신문, 인도 IT 산업 성장 '쉼없다', 전경원 기자, 2006. 4. 25; 머니 투데이, 거침없는 인도 IT 산업 제2도약 준비, 박성희 기자, 2006. 4. 24.
6) 조선일보, '인도의 빌 게이츠' 프렘지 사장… 소프트 웨어 세계 톱 10에 성큼성큼, 이 세민 기자, 2003. 10. 16
7) 전자신문, IT 아웃소싱 시장 선두주자, 인도 위프로, 2002. 10. 14.
8) 주인도 대사관, 전게서, 성장 배경; 인도 바로 보기, http://maincc.hufs.ac.kr~indo/IT 산업의 발전; 주한 인도 대사관, 산업, 정보기술
9) IBEF, Industry, Information Technology; 주인도 대사관, 전게서, 인도 IT 산업 현황
10) 매일경제, 인도 600대 IT 기업 분포 현황, 2000. 8. 25.
11) 동아일보, 〈도시, 미래로 미래로〉 (16) 인도 방갈로르, 정현아 DIA 건축연구소 대표, 2006. 3. 10.
12) 동아일보, 전게서.
13) 동아일보, 전게서.
14) 서울경제, [인재를 잡아라] 인도는 인재수출국, 정상범 · 이규진 · 김현수 · 김홍길 · 김상용 기자, 2006. 3. 21.
15) 이데일리, 美 벤처자금, 인도 방갈로르서 금맥 찾는다, 김경인 기자, 2006. 3. 21.
16) 한겨레, 실리콘 밸리 '지는 해' 인도 '뜨는 해', 이수범 기자, 2003. 7. 19.

한국경제, 美 IT 산업도 '공동화 현상' … MS, 오라클 등 인도 · 중국 · 러시아로, 김동윤 기자, 2003. 7. 21.
서울경제, 인도 방갈로르 새 IT 메카 부상, 이병관 기자, 2003. 7. 18. ; 헤럴드 생생뉴스, 인도, 수년 내 소프트웨어 강국으로 부상할 것, 안현태 기자, 2006. 4. 18.

17) 주인도 대사관, 전게서, IT 산업 전망; 주한 인도 대사관, 산업, 정보기술.
18) 주인도 대사관, 전게서, 우리업계 진출 방안
19) 헤럴드경제, 'IT 하청기지' 인도가 미국 삼킨다, 고지희 기자, 2003. 11. 22.
20) IBEF, Industry, Biotechnology; 주인도 대사관, 전게서, BT 산업.
21) 주인도 대사관, 전게서, BT 시장 주요 특성, BT 산업 전망.
22) 주인도 대사관, 전게서, 성장 배경 및 잠재력; IBEF, Industry, Biotechnology, Government Initiatives
23) 상게서
24) 머니 투데이, 인도 5년내 BT 산업 5배 성장 목표, 황숙혜 기자, 2005. 6. 21.
25) 매일경제신문, "영어통하는 과학 인재들 BT 허브로 키울 것", 2005. 12. 6.
26) IBEF, Industry, Healthcare Sector, 중앙일보, 남정호 특파원, 2006. 4. 18.
27) IBEF, Industry, Healthcare Sector
28) IBEF, ibid; 중앙일보, 전게서. 29) 중앙일보, 전게서.
30) IBEF, Industry, Healthcare Sector.
31) IBEF, op.cit, Ratings 32) IBEF, op.cit, Government support
33) 중앙일보, 남정호 뉴욕 특파원, 2006. 4. 18.
34) IBEF, Industry, Tourism and Hospitality, Health Tourism
35) 서울경제, 인도, 의료여행지로 뜬다, 2004. 10. 8.
36) 세계일보, 인도 "수술관광" 인기, 송은아 기자, 2004. 10. 23; 서울경제, 인도, 의료여행지로 뜬다, 2004. 10. 8; 한국일보, 인도 '의료 관광 대국', 고성호 기자, 2005. 12. 5. 37) IBEF, Industry, Healthcare Sector.
38) 연합뉴스, 인도 외국인 대리모 출산지로 떠올라, 2006. 3. 21.; 동아일보, 인도 '대리母 외화벌이', 조이영 기자, 2006. 4. 21.
39) 동아일보, 인도 '대리母 외화벌이', 조이영 기자, 2006. 4. 21.
40) 문화일보, 中 · 인도 '대리母' 사회 이슈화, 허민 특파원, 신보영 기자.
41) World factbook, op.cit. Telephone system.
42) 주인도 대사관 재외공관, 전게서, 통신
43) 주인도 대사관, 전게서, GSM과 CDMA 시장 점유율
44) IBEF, Industry, Telecommunications, Foreign Interest.
45) 디지털 타임즈, 삼성, 인도 휴대폰 공장 준공, 박건형 기자, 2006. 3. 9; 중앙일보, 삼성전자 인도 공장 올 휴대전화 100만 대 생산, 이희성 기자, 2006. 3. 8.
46) 서울경제, 휴대폰 메이저들 인도로 가자", 김문섭 기자, 2004. 12. 23
47) Wikipedia, Economy of India, Banking and Finance; IBEF, Industry, Banking, Growth Statistics
48) 주인도 대사관, 은행 · 보험, 개요.
49) IBEF, Industry, Banking; 주인도 대사관, 전게서, 은행 · 보험, 은행.
50) 머니 투데이, 씨티, 인도 모기지 시장 공략 강화, 임지수 기자, 2006. 5. 4
51) 주인도 대사관, 전게서, 보험 52) 주인도 대사관, 전게서, 보험, 보험업 현황.
53) 주인도 대사관, 전게서
54) 머니 투데이, 인도, 글로벌 보험업계 '엘도라도' 부상, 김유림 기자, 2006. 3. 22.
55) India Government Homepage, Konw India, Poeple and Lifecycle, science
56) Idif.com, India Facts, Ayurveda
57) 연합뉴스, 인도에서 '아유르베다' 대체의학 국제회의, 2002. 11. 6. ;
연합뉴스, 인도인 호나자, 왜 의사 살해했을까, 정규득 뉴델리 특파원, 2006. 5. 29. ;
서울신문, 인디어 리포트, 메디칼 투어 메카' 로 부상. 이석우 뉴델리 · 뭄바이 특파원.
58) 서울신문, 2006. 3. 30; 씨네 21, 브래드 피트가 인도로 간 까닭은, 2006. 3. 30
59) 서울신문, 2006. 3. 30. 씨네 21
60) http://www.encyber.com, 인도, 인도의 과학기술; 주한 인도대사관 홈페이지, 과학과 기술 61) Ibid.
62) www.voww.net. Indian Winners of the Nobel prize; wikipedia, Chandrasekhara venkata Raman.

63) 주한 인도대사관, 홈페이지, 인도의 과학기술
64) IBEF, Industry, Science & Technology, Nuclear Engery Program. 65) IBEF, op.cit, patents
66) IBEF, op.cit, R&D; IBEF, Industry, Research & Develpment.
67) IBEF, Industry, Science & Technology, Space Programme.
68) 한겨레, 인도 "5년내 달 탐사선 쏜다", 이호을 기자, 2003. 8. 18; 동아일보, 인도, "中에 밀릴 수야..." 중국과 우주개발 경쟁, 황유성 특파원, 2003. 10. 22.
69) 연합뉴스, 인도, 기상 인공위성 첫 발사 성공, 2002. 9. 13.
70) 전자신문, 인도, 김유경 기자, 2002. 9. 18.; IBEF, Industry, Training & Education.
71) 한국경제, '인도공과대학', 송대섭 기자, 2003. 3. 19.
72) 한국경제, 인도, 사설 IT 교육기관, 김철수 기자, 2000. 11. 2; IBEF, Industrym Training & Education.
73) 매일경제신문, 인도, 싱가포르에 교육 수출 나서, 오화석 기자, 2005. 7. 5.
74) 조선일보, 美서 인도인 '인터넷 수학과외 인기', 김기훈 특파원, 2005. 7. 7; 한국경제신문, 인도 온라인 수학과외 美 중고생들에게 인기, 장경영 기자, 2005. 7. 5; 경향신문, 美 '인도인 e 가정교사' 열풍 확산, 2005. 10. 21.
75) IBEF, Industry, Tourism and Hospitality
76) IBEF, Industry, Tourism and Hospitality, Most Popular destination
77) 한겨레, 요가의 나라? 관광의 나라! 인도 관광객 유치 총력, 유강문 기자, 2005. 12. 5
78) 연합뉴스, 인도 '매력적인 여행지' 서 5위 차지, 정규득 뉴델리 특파원, 2005. 1. 13. ;
데일리 서프라이즈, 가고 싶은 나라, 호주, 칠레, 브라질, 뉴질랜드, 인도, 정규득 뉴델리 특파원, 2005. 2. 5. ;
79) IBEF, Industry, Media & Entertainment, Cinema
80) Manas, India, Culture, Cinema; indokorea.net, 영화, 인도영화
81) 한국경제, 인도는 미국과 쌍벽을 이루는 영화대국이다. 유재혁 기자, 2003, 5. 9;
한국경제, 인도 영화 전성시대, 권순철 기자, 2002. 11. 27.;
매일경제, 인도 영화의 매력 듬뿍, 정철진 기자, 2003. 5. 21
경향신문, 발리우드 할리우드 - '인도판 귀여운 여인', 배장수 기자, 2003. 5. 9
82) 동아일보, Bollywood 할리우드 추월 '큐!', 이진 기자, 2003. 10. 13.
83) 세계일보, 인도영화세계공략 이끄는 발리우드 최고 흥행배우 - '미스월드 출신' 라이, 이범준 기자, 2003. 11. 13.
경향신문, 발리우드 할리우드 - '인도판 귀여운 여인', 배장수 기자, 2003. 5. 9.;
한국경제, 인도는 미국과 쌍벽을 이루는 영화 대국이다. 유재혁 기자 2003. 5. 9
한겨레, 인도 영화 발리우드 할리우드, 김영희 기자, 2003. 5. 13;
동아일보, Bollywood 할리우드 추월 '큐', 이진 기자, 2003. 10. 23
84) 머니 투데이, [이제는 인도다] 봄베이 - 제2의 헐리우드로, 박민정 기자, 2003. 1. 1
85) 매일경제, 인도판 헐리우드 '발리우드가 뜬다', 윤자경 기자, 2003. 1. 6
86) 조선일보, 인도, 애니 산업으로 뜬다. 송동훈 기자, 2003. 4. 15
87) 제일경제, 인도, 애니메이션 중심국가로 부상, 2003. 4. 14
88) IBEF, Industry, Media & Entertainment, Music
89) 동아일보, 〈도시, 미래로 미래로〉〈16〉 인도 벵갈루루, 2006. 3. 10
90) 아이뉴스 24, 애플, 인도에 콜센터 건립한다, 김익현 기자, 2006. 3. 10
91) 한국경제, [아시아를 다시 본다] 인도: (1) 경제 성장의 견인차 'BPO', 김병일 기자, 2004. 1. 5
92) 한국경제, [아시아를 다시 본다] 인도: 제조업 생산 거점 노린다. 장경영 기자, 2004. 1. 5
93) Wikipedia, Business process outsourcing in India, Figures from a recent survey carried out by Pricewaterhouse Coopers. 94) IBEF, economy, services
95) 주간동아, 인도 가는길 금융업계도 승차, 2003. 10. 23
96) 주간동아, 인도가는길, 금융업계도 승차, 2003. 10. 23 ;
머니 투데이, 인도, IT이어 의료 아웃소싱 각광, 황숙혜 기자, 2005. 4. 8
97) 전자신문, 법률서비스 아웃소싱 분야도 인도업체가 뜬다. 정소영 기자, 2006. 4. 3
98) 매일 경제신문, 법률자문도 인도서 아웃소싱, 현경식 기자, 2005. 9. 29
99) 동아일보, 美 "인건비 싼 인도변호사 쓰자"... 아웃소싱 업무 싹쓸이, 공종식 특파원, 2005. 9. 30
100) 매일경제신문, 법률자문도 인도서 아웃소싱, 현경식 기자, 2005. 9. 29
101) 전자업계, 美 영화업계 "인도로 가자", 전경원 기자, 2006. 3. 8

102) 머니 투데이, 인도 이제는 미디어 아웃소싱기지, 김은령 기자, 2006. 4. 3
103) 주간동아, 인도가는길 금융업계도 '승차, 2003. 10. 23

제3부 [제 15 장]

1) India Government Homepage, Business, Choosing your form of Business Organization
2) India Government Homepage, Business, Choosing your form of Business organization, Sole Proprietorship.
3) op.cit; Although there is nothing you are required to do legally as a sole proprietor, it is sensible to do the following.
4) op.cit. Advantages. 5) op.cit. Disadvantages 6) op.cit, partnership.
7) op.cit. The main provisions of the Partnership Act are as follows.
8) ibid. ; The proceeds from the sale of assets must be applied in the following order.
9) 이데일리, 김경인 기자, 2006. 3. 28; 전자신문, 명승욱 기자, 2006. 3. 29.
10) India Government Homepage, Limited Liability companies.
11) op.cit. Advantages of the Limited Company.
12) op.cit, Disadvantages of the Limitd Company.
13) op.cit. Requirements for a Private Limited Company
14) India Govermment Homeepage, Know India, Franchising.
15) op.cit, Types of Franchising 16) op.cit, A Distributor ship.
17) op.cit. A Licence to Manufacture. 18) op.cit. The use of a celebrity Name
19) op.cit. The use of a Trade Mark.
20) op.cit., Franchise: Advantages and Disadvantages 21) op.cit. The Franchiser.
22) 주인도 대사관, 인도 통상 · 투자 진출 안내서, 비지니스 진출 방식, 2005. 12.
23) 주인도 대사관, 전게서, 법인
24) 주 인도 한국 대사관, 인도 통상 · 투자 진출 안내서, 주요산업별 투자 환경, 자동차, 외국업체 및 우리 업체의 인도 진출 동향.; 파이낸셜 뉴스, 세계 차부품사 인도로 몰린다, 박찬홍 기자, 2005. 12. 21.
25) 주인도 대사관, 전게서, 자동차, 외국업체 및 우리 업체의 인도 진출 동향.;
26) 이데일리, 미국 부동산 재벌, 인도 시장 진출, 하정민 기자, 2005. 4. 12.
27) 이데일리, 르노, 인도에 합작사 설립, 이태호 기자, 2005. 2. 24.;
28) 파이낸셜 뉴스, 인도 IT 인프라, 삼성의 기술이 구현한다. 이경선 기자, 2004. 4. 27.
29) 이데일리, 현대차 글로벌 경영, 인도 차시장 석권 자신있다. 지영한 기자, 2004. 3. 19.
30) 머니 투데이, BP, 중국이어 인도에도 공격적 투자, 김용범 기자, 2005. 10. 14.
31) 전자신문, AMD, 인도에서 220달러 저가 pc 출시, 전경원 기자. 2005. 10. 18.
32) 주인도 대사관, 전게서, 법인 33) 상게서
34) 주인도 대사관, 전게서, 지사, 연락사무소, 프로젝트 사무소
35) 주인도 대사관, 전게서, 지사.
36) 한국 일보, 기업들 "인도 시장 잡아라", 황양준 기자, 2004. 7. 5
37) 한국일보, 해운업계, 인도 시장 잡자, 황양준 기자, 2005. 5. 20. ;
국내 대형 해운사, 인도 지역 공략 본격화, EBN, 박용환 기자, 2005. 5. 18.
38) 주인도 대사관, 전게서, 연락사무소/대표사무소.
39) 한겨레, 이젠 인도로 간다, 안선희 기자, 2004. 3. 10.
40) 주인도 대사관, 전게서, 프로젝트 사무소.
41) 주인도 대사관, 전게서, 지사, 연락사무소, 프로젝트 사무소. 42) 상게서
43) 주인도 대사관, 인도 통상 · 투자 진출 안내서, 인도의 조세제도, 2005. 12;
한국수출입 은행, 인도, 조세제도, 2005. 4. 28 ; KOTRA, 인도 조세제도 현황, 박민준, 2006. 3. 23.
44) 주인도 대사관 전게서, 법인세; 한국 수출입 은행, 전게서, 법인세; KOTRA, 전게서, 법인세.
45) 주인도 대사관, 전게서, 개인소득세.

46) 주인도 대사관, 전게서, 개인소득세; kotra, 전게서, 개인소득세
47) KOTRA, 전게서, 개인의 과세대상 소득 및 세율 ; 주인도 대사관, 전게서, 개인의 과세 대상 소득 및 세율.
48) 상게서 49) 주인도 대사관, 전게서, 관세; Kotra, 전게서, 관세.
50) 주인도 대사관 전게서, Kotra, 전게서
51) 주인도 대사관, 전게서, 서비스세; Kotra, 전게서, 서비스세
52) 주인도 대사관, 전게서, 조세 부과 주체 및 종류
53) 주인도 대사관, 전게서, 부가가치세
54) 주인도 대사관, 전게서, 물품입시세
55) 주인도 대사관, 전게서, 등록세
56) 주인도 대사관, 전게서, 산업분쟁법; Kotra, 인도 노동법 주요 내용, 박민준, 2006. 4. 14
57) 매일 경제, 인도 노동법 개정, '노동시간 · 임시직 늘린다' , 2006. 2. 21.
58) 한국 수출입은행, 노동 및 기타, 2005. 4. 28; 주인도 대사관, 전게서.
59) 삼성경제연구소, Issue paper, 인도경제 잠재력 평가와 대응, 박번순 수석연구원, 2003. 8. 11;
60) 한국수출입은행, 전게서. 61) 주인도 대사관, 전게서, 계약 노동법.
62) 주인도 대사관, 전게서, 최저임금법.
63) 주인도대사관, 전게서, 고용 및 해고
64) 한국 수출입은행, 노동 및 기타, 임금, 2005. 4. 28.; 주인도 대사관, 전게서.
65) 한국 수출입은행, 노동 및 기타, 임금, 2005. 4. 28.
66) 한국 수출입은행, 전게서; 주인도 대사관, 전게서.
67) 주인도 대사관, 전게서.
68) 주인도 한국 대사관, 인도 통상 · 투자진출 안내서, 주요 주(지방 정부별) 투자환경 주 정부의 기능과 역할 2005.
69) 한국경제, 아시아를 다시 본다. 인도, 외자유치 본격화, 장경영 기자, 2004. 1. 12.
70) 주인도 한국대사관, 전게서, 산업개발 동향
71) 주인도 한국대사관, 전게서, 주별 사업환경순위
72) 주인도 한국대사관, 전게서, 투자장애요인
73) 주인도 한국대사관, 전게서, 주별 산업육성

제4부 [제 16 장]

1) 내일신문, 기회의 땅 인도, 얕잡아 보면 쓴 맛, 박준규 기자, 2006. 3. 9.
2) 상게서 3) 상게서
4) 주 인도 대사관, 인도 통상 · 투자 진출 안내서. 2005. 12.
5) 월마트 인도 진출 가속도, 파이낸셜 뉴스, 김성환 기자, 2005. 5. 31.
6) 세계 유통업체 인도로… 인도로…, 세계일보, 김희균 기자, 2005. 5. 16.
7) 헤럴드 생생 뉴스, 인도, 소매시장 전면 개방… 해외 직접 투자 허용키로, 박영서 기자, 2006. 1. 25;
매일경제, 인도 소매시장 드디어 열린다, 오화석 기자, 2006. 1. 25;
중앙일보, 인도 소매시장 빗장 푼다, 최익재 기자, 2006. 1. 25.
8) 디지털 타임스, 인도, 부동산 투자, 외국인 전면 허용, 김양희 기자, 2005. 2. 28;
서울경제, 세계 부동산 자금 인도로 몰린다, 이대운 뉴욕 특파원, 2006. 2. 9 입력, 2006. 6. 19 수정.
9) 주 인도 대사관, 인도 통상 · 투자 진출 안내서, 2005. 12.
10) 주간한국, 인도 투자, 아는 만큼 돈이 보인다, 2006. 3. 21.
11) 조선일보, 단골에 바가지 씌우는 인도, 최준석 뭄바이 특파원, 2005. 9. 29.
12) 주 인도 대사관, 인도 통상 · 투자 진출 안내서, 2005. 12.
13) 한국경제, 인도, 대백 신소재 지사장의 투자 전략, 김병일 기자, 2004. 1. 15.
14) 주 인도 대사관, 인도 통상 · 투자 진출 안내서, 2005. 12.
15) 주 인도 대사관, 인도 통상 · 투자 진출 안내서, 2005. 12.

16) 주 인도 대사관, 인도 통상 · 투자 진출 안내서, 2005. 12.
17) 주 인도 대사관, 인도 통상 · 투자 진출 안내서, 2005. 12.
18) 한국경제, 인도, 외자유치 '물꼬' 는 열렸지만…, 장경영 기자, 2004. 1. 12.
19) 주 인도 대사관, 인도 통상 · 투자 진출 안내서, 2005. 12.
20) 조선일보, 단골에 바가지 씌우는 인도, 최준석 뭄바이 특파원, 2005. 9. 29;
한국일보, 성공적인 진출을 위한 조건들, 권혁범 기자, 2003. 6. 30.
21) 주 인도 대사관, 인도 통상 · 투자 진출 안내서, 2005. 12.
22) 조선일보, "농산물 · 식품 · 정보 통신 분야 잠재력 커", 황정은 기자, 2006. 6. 29.
23) 주 인도 대사관, 인도 통상 · 투자 진출 안내서, 2005. 12.
24) 매일경제, 인도, 합작사 믿다간 망한다, 장박원 기자, 2004. 10. 1.
25) 조선일보, 단골에 바가지 씌우는 인도, 최준석 뭄바이 특파원, 2005. 9. 29. 26) 상게서.
27) KOTRA, 인도 투자 진출 10계명, 2006. 2. 23.
28) 중앙일보, 인도 투자에서 뒤통수 안 맞는 법, 김승현 기자, 2006. 2. 24.
29) KOTRA, 인도 투자 진출 10계명, 2006. 2. 23.
30) 주간한국, 인도 투자, 아는 만큼 돈이 보인다, 2006. 3. 21.
31) 매일경제, 인도 투자, 중국처럼 덤볐단 낭패, 정욱 기자, 2006. 2. 23.
32) KOTRA, 인도 투자 진출 10계명, 2006. 2. 23.
33) 주간한국, 인도 투자, 아는 만큼 돈이 보인다, 2006. 3. 21. 34) 상게서.
35) 중앙일보, 인도 투자에서 뒤통수 안 맞는 법, 김승현 기자, 2006. 2. 24.
36) 매일경제, 민경현 기자, 2003. 37) KOTRA, 인도 투자 진출 10계명, 2006. 2. 23.
38) 매일경제, 인도, 합작사 믿다간 망한다, 2004. 10. 1, 장박원 기자. 39) 상게서.
40) KOTRA, 인도 투자 진출 10계명, 2006. 2. 23.
41) KOTRA, 인도 투자 진출 10계명, 2006. 2. 23.
42) 매일경제, 인도 투자, 중국처럼 덤볐다간 낭패, 정욱 기자, 2006. 2. 23.
43) KOTRA, 인도 투자 진출 10계명, 2006. 2. 23.
44) 주간한국, 인도 투자, 아는 만큼 돈이 보인다, 2006. 3. 21.
45) 매일경제, 인도 투자, 중국처럼 덤볐다간 낭패, 정욱 기자, 2006. 2. 23.
46) KOTRA, 인도 투자 진출 10계명, 2006. 2. 23.
47) 주간한국, 인도 투자, 아는 만큼 돈이 보인다, 2006. 3. 21.
48) KOTRA, 인도 투자 진출 10계명, 2006. 2. 23.
49) 한국경제, 인도, 합작 투자보다는 단독 투자가 유리, 2004. 5. 12.
50) 문화일보, "11억 시장을 잡아라", 인도로 간 한국 기업들, 뉴델리 노이다 LG전자 공장, 2005. 8. 1.
51) 인도 투자 진출 10계명, KOTRA, 2006. 2. 23.
52) 매일경제, 인도 투자, 중국처럼 덤볐다간 낭패, 정욱 기자, 2006. 2. 23.
53) 이데일리, 인도 시장, 이렇게 공략하라 – 현대硏, 최한나 기자, 2005. 12. 22.
54) http://maincc.hufs.ac.kr~indo/잘 나가는 한국기업, 인도바로보기.
55) KOTRA, 2004년 인도 시장 히트 상품들, 치약, 정은정, 2006. 2. 9.
56) 이데일리, 인도 시장, 이렇게 공략하라-현대硏, 최한나 기자, 2005. 12. 22.
57) 서울신문, 인디아 리포트, 열악한 사회 인프라, 이상일 · 이석우 · 이기철 · 전경하 기자, 이문용 영산대 인도연구소장, 2006. 5. 24. 58) 서울경제, 인도 : 열악한 인프라, 우리가 구축, 2006. 1. 11, 2006. 6. 19.
59) 파이낸셜 뉴스, 전력부족 인도서 댐사업 '황금알' 캔다, 정영철 기자, 2005. 8. 1.
60) 국민일보, 인도내 발전사업 한전기공이 주도, 김태형 기자, 2005. 11. 8.
61) 문화일보, 시파트 화력 발전소 짓는 두산중공업, 김교만 기자, 2005. 8. 18.
62) 이데일리, 인도 시장, 이렇게 공략하라-현대硏, 최한나 기자, 2005. 12. 22.
63) 파이낸셜 뉴스, 이구택 포스코 회장, "인도에선 인도 기업이 돼라", 서정환 기자, 2006. 1. 24.
64) 2004년 인도 시장 히트 상품들, 자동차, 현대자동차 성공사례, 대인도 투자진출 성공사례, 현대자동차, 정은정, 2006. 2. 9. 65) 한겨레, 인도 – '제2의 중국 '을 잡아라, 함석진 기자, 2005. 1. 3.
66) 한겨레, 철저한 현지화가 성공 열쇠 – LG전자 김광로 인도 법인장, 2004. 7. 30.
67) 한겨레, 인도, '제2의 중국' 을 잡아라, 함석진 기자, 2005. 1. 3.

68) 문화일보, 〈"11억 시장을 잡아라" 인도로 간 한국 기업들〉, 현지인 중심 경영 인건비 저렴 강점, 2005. 8. 1.
69) 머니 투데이, 韓기업, 인도 진출 성공비결은?－뉴스위크, 임지수 기자, 2005. 9. 13.
70) 한국일보, 인도 바람이 다시분다, 송용창 기자, 2001. 3. 15
71) 머니 투데이, '기회의 땅' 인도의 6가지 함정, 강호병 경제 부장, 2005. 2. 14.
72) '기회의 땅' 인도의 6가지 함정, 상게서.
73) 연합뉴스 보도자료, 인도시장 따라잡기, 2005. 5. 11 ;
한국경제, 인도, 합작 투자 보다는 단독투자가 유리하다, 2004. 5. 12.
74) '기회의 땅' 인도의 6가지 함정, 상게서
75) 매일경제신문, 'No' 를 금기시하는 인도인들, 이중선 KOTRA 첸나이 무역관장, 2005. 5. 6
76) '기회의 땅' 인도의 6가지 함정, 상게서
77) 매일 경제, 'No' 를 금기시하는 인도인들, 이중선 KOTRA 첸나이 무역관장, 2005. 5. 5 78) 상게서
79) '제2의 중국' 인도－경제 대국 꿈꾸는 '마지막 황금시장' , 2003. 10. 6
NewML ID : 01100101.20031006 KHD 5401. 80) 상게서
81) '기회의 땅' 인도의 6가지 함정, 상게서
82) 한국일보, 떠오르는 거대시장 인도를 잡아라, 성공적인 진출을 위한 조건들, 권혁범 기자, 2003. 6. 30
83) 세계일보, 인도에선 직원 경조사 챙겨라, 인터넷 뉴스부, 2006. 6. 20.
84) 국민일보, 인도 직원 경조사 꼭 챙겨라, 고세욱 기자, 2006. 6. 20.
85) 서울신문, 인도에선 직원 경조사 꼭 챙겨라, 2006. 6. 21.
86) 한국일보, 인도 바람이 다시 분다, 송용창 기자, 2001. 3. 15
주간한국, 인도 투자, 아는 만큼 돈이 보인다, 2006.3.21
87) 한국일보, 떠오르는 거대시장 인도를 잡아라. 일본을 제친 한국상품들, 권혁범 기자, 2003. 6. 16
88) 매일경제신문, '뛰는 코끼리' 인도에 타라, 온기운 논설위원, 2005. 9. 8
89) 한국경제, 시장 주름잡는 한국 기업들, 2004. 1. 14.
90) '제2의 중국' 인도－경제 대국 꿈꾸는 '마지막 황금시장' , 전게서
91) 한국일보, 떠오르는 거대시장 인도를 잡아라, 성공적인 진출을 위한 조건들, 권혁범 기자, 2003. 6. 30.
92) 한국경제, 인도, 합작 투자보다는 단독 투자가 유리, 2004. 5. 12.
93) KOTRA, 현지 히트 상품, KODAK CAMERA (KB 10) (회사명 : KODAK INDIA LTD), 정은정, 2006. 2. 29
94) KOTRA, 2004년 인도 시장 히트 상품들, 모터사이클, 정은정, 2006. 2. 9

색 인

A

B

C

D

F

G

H

I

J

K

L

M

N

O

P

R

색 인

S

T

U

V

W

ㄱ

색 인

ㄴ

ㄷ

ㄹ

색 인

ㅁ

색 인

ㅂ

색 인

ㅅ

색 인

ㅇ

색 인

ㅈ

색 인

ㅊ

ㅋ

색 인

ㅌ

색 인

ㅎ